Hoffmann
Grundlagen der Technischen Informatik

Bleiben Sie auf dem Laufenden!

Unser **Computerbuch-Newsletter** informiert Sie monatlich über neue Bücher und Termine. Profitieren Sie auch von Gewinnspielen und exklusiven Leseproben. Gleich anmelden unter

www.hanser-fachbuch.de/newsletter

Hanser Update ist der IT-Blog des Hanser Verlags mit Beiträgen und Praxistipps von unseren Autoren rund um die Themen Online Marketing, Webentwicklung, Programmierung, Softwareentwicklung sowie IT- und Projektmanagement. Lesen Sie mit und abonnieren Sie unsere News unter

www.hanser-fachbuch.de/update

Dirk W. Hoffmann

Grundlagen der Technischen Informatik

5., aktualisierte Auflage

Mit 357 Bildern, 57 Tabellen und 93 Aufgaben

HANSER

Autor
Prof. Dr. Dirk W. Hoffmann, Hochschule Karlsruhe, Fakultät für Informatik und Wirtschaftsinformatik

Alle in diesem Buch enthaltenen Programme, Verfahren und elektronischen Schaltungen wurden nach bestem Wissen erstellt und mit Sorgfalt getestet. Dennoch sind Fehler nicht ganz auszuschließen. Aus diesem Grund ist das im vorliegenden Buch enthaltene Programm-Material mit keiner Verpflichtung oder Garantie irgendeiner Art verbunden. Autor und Verlag übernehmen infolgedessen keine Verantwortung und werden keine daraus folgende oder sonstige Haftung übernehmen, die auf irgendeine Art aus der Benutzung dieses Programm-Materials oder Teilen davon entsteht.

Die Wiedergabe von Gebrauchsnamen, Handelsnamen, Warenbezeichnungen usw. in diesem Werk berechtigt auch ohne besondere Kennzeichnung nicht zu der Annahme, dass solche Namen im Sinne der Warenzeichen- und Markenschutz-Gesetzgebung als frei zu betrachten wären und daher von jedermann benutzt werden dürften.

Bibliografische Information Der Deutschen Nationalbibliothek
Die Deutsche Nationalbibliothek verzeichnet diese Publikation in der
Deutschen Nationalbibliografie; detaillierte bibliografische Daten sind im
Internet über http://dnb.d-nb.de abrufbar.

Dieses Werk ist urheberrechtlich geschützt.
Alle Rechte, auch die der Übersetzung, des Nachdruckes und der Vervielfältigung des Buches, oder Teilen daraus, vorbehalten. Kein Teil des Werkes darf ohne schriftliche Genehmigung des Verlages in irgendeiner Form (Fotokopie, Mikrofilm oder ein anderes Verfahren), auch nicht für Zwecke der Unterrichtsgestaltung – mit Ausnahme der in den §§ 53, 54 URG genannten Sonderfälle –, reproduziert oder unter Verwendung elektronischer Systeme verarbeitet, vervielfältigt oder verbreitet werden.

© 2016 Carl Hanser Verlag München

Lektorat: Mirja Werner
Herstellung: Franziska Kaufmann
Satz: Dirk W. Hoffmann, Karlsruhe
Covergestaltung: Stephan Rönigk
Datenbelichtung, Druck und Bindung: Kösel, Krugzell
Ausstattung patentrechtlich geschützt. Kösel FD 351, Patent-Nr. 0748702
Printed in Germany

ISBN: 978-3-446-44867-4
E-Book-ISBN: 978-3-446-44903-9

www.hanser.de/computer

Vorwort

Die Computertechnik hat in wenigen Jahrzehnten eine Entwicklung vollzogen, die in ihrer Geschwindigkeit und Intensität einzigartig ist. Setzten sich die ersten Computer noch aus vergleichsweise wenigen Schaltkreisen zusammen, so verrichten in jedem modernen Arbeitsplatzrechner, Tablet-PC oder Smartphone Abermillionen von Transistoren ihren Dienst und führen in jeder Sekunde Milliarden von Berechnungen aus. Doch so rasant die Entwicklung der letzten Jahrzehnte auch war: Vergleichen wir die Maschinen der Pionierzeit mit unseren modernen Rechenboliden, so lassen sich eine Reihe von Grundprinzipien identifizieren, die sich im Laufe der Zeit zwar weiterentwickelt, aber im Kern nicht verändert haben. Diese Grundprinzipien, zusammen mit ihren modernen Ausprägungen, formen das Gebiet der technischen Informatik und sind Gegenstand des vorliegenden Buchs.

Geschrieben habe ich das Buch für Bachelor-Studenten der Fachrichtungen Informatik, Elektrotechnik, Informationstechnik und verwandter Studiengänge. Inhaltlich habe ich mich dabei an den typischen Lehrinhalten orientiert, die im Grundstudium an Hochschulen und Universitäten vermittelt werden. Neben dem Grundlagenwissen aus den Gebieten der Halbleitertechnik, der Zahlendarstellung und der booleschen Algebra werden die Entwurfsprinzipien kombinatorischer und sequenzieller Hardware-Komponenten bis hin zur Beschreibung moderner Prozessor- und Speicherarchitekturen vermittelt. Damit spannt das Buch den Bogen von den mathematischen Grundlagen digitaler Schaltelemente bis hin zu den ausgefeilten Hardware-Optimierungen moderner Hochleistungscomputer.

Es ist mir ein besonderes Anliegen, den Stoff anwendungsorientiert und didaktisch ansprechend zu vermitteln. Damit das Buch sowohl vorlesungsbegleitend als auch zum Selbststudium eingesetzt werden kann, werden die Lehrinhalte aller Kapitel durch zahlreiche Übungsaufgaben komplementiert. Des Weiteren habe ich zahlreiche Anwendungsbezüge mit aufgenommen, um eine enge Verzahnung zwischen Theorie und Praxis zu erreichen.

Seit dem Erscheinen der letzten Auflage habe ich wieder zahlreiche Zuschriften erhalten, über die ich mich sehr gefreut habe. Namentlich bedanken möchte ich mich bei Herrn Sven Badke, Frau Ines Machinek und Herrn Prof. Dr. Martin Rumpler, die mich auf mehrere bisher unentdeckte Fehler aufmerksam gemacht haben. Inzwischen erscheinen die *Grundlagen der technischen Informatik* in der fünften Auflage, und ich bin weiterhin jedem aufmerksamen Leser für Hinweise zu Verbesserungsmöglichkeiten oder Fehlern dankbar.

Karlsruhe, im August 2016   Dirk W. Hoffmann

Symbolwegweiser

   Definition

   Satz, Lemma, Korollar

   Leichte Übungsaufgabe

   Mittelschwere Übungsaufgabe

   Schwere Übungsaufgabe

Lösungen zu den Übungsaufgaben

In wenigen Schritten erhalten Sie die Lösungen zu den Übungsaufgaben:

1. Gehen Sie auf die Seite www.dirkwhoffmann.de/TI
2. Geben Sie den neben der Aufgabe abgedruckten Webcode ein
3. Die Musterlösung wird als PDF-Dokument angezeigt

Inhaltsverzeichnis

1 Einführung **11**
1.1 Was ist technische Informatik? 11
1.2 Vom Abakus zum Supercomputer 13
1.3 Wohin geht die Reise? 30

2 Halbleitertechnik **33**
2.1 Halbleiter 34
    2.1.1 Atommodell von Bohr 34
    2.1.2 Reine Halbleiter 37
    2.1.3 Dotierte Halbleiter 39
2.2 Integrierte Schaltelemente 41
    2.2.1 Halbleiterdioden 41
    2.2.2 Bipolartransistoren 42
    2.2.3 Feldeffekttransistoren 46
2.3 Chip-Fertigung 51
    2.3.1 Produktion integrierter Schaltkreise 51
    2.3.2 Integrationsdichte 57
2.4 Übungsaufgaben 58

3 Zahlendarstellung und Codes **59**
3.1 Zahlensysteme 60
3.2 Rechnerinterne Zahlenformate 67
    3.2.1 Darstellung natürlicher Zahlen 67
    3.2.2 Darstellung rationaler Zahlen 73
3.3 Zahlencodes 80
    3.3.1 Tetraden-Codes 80
    3.3.2 Fehlererkennende Codes 84
3.4 Übungsaufgaben 86

4 Boolesche Algebra **89**
4.1 Axiomatisierung nach Huntington 90
    4.1.1 Mengenalgebra 91
    4.1.2 Schaltalgebra 93
4.2 Boolesche Ausdrücke und Aussagen 95
    4.2.1 Abgeleitete Operatoren 97
    4.2.2 Erfüllbarkeit und Äquivalenz 100
    4.2.3 Strukturelle Induktion 102
    4.2.4 Dualitätsprinzip 105

4.3		Rechnen in booleschen Algebren	109
	4.3.1	Abgeleitete Umformungsregeln	109
	4.3.2	Vereinfachung boolescher Ausdrücke	111
	4.3.3	Vollständige Operatorensysteme	117
4.4		Normalformdarstellungen	119
	4.4.1	Konjunktive und disjunktive Normalform	119
	4.4.2	Reed-Muller-Normalform	122
	4.4.3	Binäre Entscheidungsdiagramme	125
4.5		Übungsaufgaben	133

5 Schaltnetze   **139**

5.1		Grundlagen der Digitaltechnik	140
	5.1.1	Schaltkreisfamilien	140
	5.1.2	MOS-Schaltungstechnik	145
	5.1.3	Lastfaktoren	155
5.2		Schaltungssynthese	156
	5.2.1	Zweistufige Schaltungssynthese	157
	5.2.2	BDD-basierte Schaltungssynthese	158
	5.2.3	FDD-basierte Schaltungssynthese	159
5.3		Formelsynthese	161
	5.3.1	Funktionale Formelsynthese	161
	5.3.2	Relationale Formelsynthese	163
	5.3.3	Definitorische Formelsynthese	164
5.4		Komplexitätsanalyse	167
5.5		Zeitverhalten digitaler Schaltungen	169
	5.5.1	Signalausbreitung und -verzögerung	169
	5.5.2	Störimpulse	171
5.6		Übungsaufgaben	175

6 Minimierung   **181**

6.1		Minimierungsziele	182
6.2		Karnaugh-Veitch-Diagramme	186
	6.2.1	Minimierung partiell definierter Funktionen	190
	6.2.2	Konstruktion Hazard-freier Schaltungen	194
	6.2.3	Minimierung mehrstelliger Funktionen	196
6.3		Quine-McCluskey-Verfahren	197
6.4		Übungsaufgaben	201

7 Standardschaltnetze   **205**

7.1	Motivation	206
7.2	Multiplexer und Demultiplexer	206
7.3	Komparatoren	213
7.4	Präfix-Logik	215

7.5		Addierer	218
	7.5.1	Halb- und Volladdierer	218
	7.5.2	Carry-ripple-Addierer	220
	7.5.3	Carry-look-ahead-Addierer	221
	7.5.4	Conditional-Sum-Addierer	224
	7.5.5	Präfix-Addierer	227
	7.5.6	Carry-save-Addierer	229
7.6		Inkrementierer	232
7.7		Subtrahierer	233
7.8		Multiplizierer	234
	7.8.1	Matrixmultiplizierer	235
	7.8.2	Carry-save-Multiplizierer	238
	7.8.3	Wallace-Tree-Multiplizierer	241
	7.8.4	Dadda-Tree-Multiplizierer	246
7.9		Barrel-Shifter	249
7.10		Arithmetisch-logische Einheit	251
7.11		Programmierbare Logikbausteine	253
7.12		Übungsaufgaben	256

8 Schaltwerke — 265

8.1		Digitale Speicherelemente	266
	8.1.1	Asynchrone Speicherelemente	267
	8.1.2	Taktzustandsgesteuerte Speicherelemente	271
	8.1.3	Taktflankengesteuerte Speicherelemente	274
	8.1.4	Bevorrechtigte Eingänge	281
	8.1.5	CMOS-Implementierung	282
8.2		Vom Flipflop zum Schaltwerk	285
	8.2.1	Endliche Automaten	286
	8.2.2	Schaltwerksynthese	289
8.3		Übungsaufgaben	293

9 Standardschaltwerke — 299

9.1		Register	300
	9.1.1	Auffangregister	300
	9.1.2	Schieberegister	302
	9.1.3	Universalregister	304
	9.1.4	Akkumulatoren	305
9.2		Zähler	308
	9.2.1	Synchrone Binärzähler	309
	9.2.2	Asynchrone Binärzähler	313
	9.2.3	Mischzähler	314
	9.2.4	Instruktionszähler	316

9.3	Hauptspeicher	318
	9.3.1 SRAM-Speicher	318
	9.3.2 DRAM-Speicher	320
	9.3.3 Fehlererkennung und -korrektur	327
9.4	Übungsaufgaben	330

10 Register-Transfer-Entwurf 335

10.1	Entwurf komplexer Systeme	336
	10.1.1 Operationswerksynthese	338
	10.1.2 Steuerwerksynthese	340
10.2	Mikroprogrammierung	343
10.3	Übungsaufgaben	349

11 Mikroprozessortechnik 351

11.1	Elemente eines Mikrorechners	352
	11.1.1 Von-Neumann-Architektur	352
	11.1.2 Aufbau der CPU	356
11.2	Ein einfacher Modellprozessor	360
11.3	Übungsaufgaben	374

12 Rechnerstrukturen 377

12.1	Rechnerklassifikation nach Flynn	378
12.2	Instruktionsarchitekturen	379
	12.2.1 CISC-Prozessoren	380
	12.2.2 RISC-Prozessoren	384
12.3	Methoden zur Leistungssteigerung	388
	12.3.1 Pipelining	388
	12.3.2 Cache-Speicher	393
12.4	Leistungsbewertung	399
	12.4.1 Maßzahlen zur Leistungsbewertung	399
	12.4.2 Benchmarks	402
12.5	Übungsaufgaben	405

A Notationsverzeichnis 411

B Abkürzungsverzeichnis 413

C Glossar 415

Literaturverzeichnis 433

Namensverzeichnis 437

Sachwortverzeichnis 439

1 Einführung

> „The first microprocessor only had 22 hundred transistors. We are looking at something a million times that complex in the next generations – a billion transistors. What that gives us in the way of flexibility to design products is phenomenal."
>
> Gordon E. Moore, Intel Corporation

1.1 Was ist technische Informatik?

Blicken wir auf die Entwicklung der letzten hundert Jahre zurück, so hat keine andere technische Innovation unser Leben mehr verändert als die Erfindung des Computers, wie wir ihn heute kennen. Die Geschwindigkeit, mit der die digitale Revolution immer größere Bereiche unseres täglichen Lebens erobert und umgestaltet hat, ist nicht nur in der Retrospektive atemberaubend. Die Auswirkungen sind heute tief bis in unser kulturelles und gesellschaftliches Leben zu spüren. Ob wir wollen oder nicht: Wir stehen heute an der Schwelle des *ubiquitären Computerzeitalters* und haben sie in manchen Bereichen auch schon überschritten. Mit der Fortsetzung der kontinuierlich voranschreitenden Miniaturisierung und der zunehmenden Vernetzung verschiedenster Geräte ist der Computer von morgen allgegenwärtig und in vielen Fällen nicht einmal mehr als solcher zu erkennen.

Hand in Hand mit der sich rasant entwickelnden Computertechnik wuchs gleichermaßen die Bedeutung der Informatik, die sich in kürzester Zeit von einer Nischendisziplin zu einer eigenständigen Wissenschaft entwickeln konnte (vgl. Abbildung 1.1). Eine ihrer Kernsäulen ist die *technische Informatik*, die sich grob gesprochen mit dem *Entwurf, der logischen Struktur und der technischen Realisierung von Computer-Hardware* beschäftigt.

Ausgehend von der elementaren Hardware-Komponente des *Logikgatters* beschäftigt sich die technische Informatik mit der Konstruktion

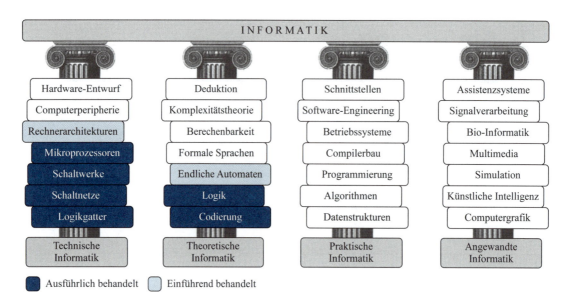

Abbildung 1.1: Die vier Säulen der Informatik

komplexer Digitalschaltungen. Hierzu gehören einfache *Schaltnetze* genauso wie komplexe, mit *Speicherelementen* angereicherte *Schaltwerke*. Durch das wechselseitige Zusammenspiel von Millionen von Schaltelementen sind wir heute in der Lage, Systeme mit einer Komplexität zu konstruieren, die noch vor nicht allzu langer Zeit als unmöglich erachtet wurde. Nichtsdestotrotz lässt sich selbst das komplexeste System stets auf die gleichen Grundprinzipien zurückführen. Die folgenden Kapitel werden diese in ein helleres Licht rücken und den Leser praxisnah in die technische Funktionsweise moderner Computersysteme einführen.

Die technische Informatik ist eng mit der theoretischen Informatik verzahnt. Viele der dort entwickelten Konzepte aus den Bereichen der Codierungstheorie, Logik und der endlichen Automaten dienen uns als das mathematische Fundament zur Beschreibung von Computer-Hardware. In entsprechender Weise werden wir uns auch in diesem Buch mit etlichen Teilaspekten dieser Disziplin beschäftigen. Doch bevor wir vollends in die Welt der Bits und Bytes eintauchen, wollen wir einen kurzen Streifzug durch die junge, aber bewegte Geschichte der Computertechnik wagen und uns mit der Frage beschäftigen, wohin die Reise in den nächsten Jahren führen wird.

1.2 Vom Abakus zum Supercomputer

Die ersten mechanischen Rechenhilfen

Wir beginnen unseren Streifzug durch die Geschichte im elften Jahrhundert vor Christus. Etwa zu dieser Zeit wird in China mit dem *Suan pan* die erste mechanische Rechenhilfe entwickelt – der sogenannte *Abakus*. Obwohl das auf den ersten Blick primitiv anmutende Rechenbrett nicht viel mit der heutigen Computertechnik verbindet, stellt der Abakus einen bedeutenden Schritt in Richtung des maschinellen Rechnens dar und ist mit seiner redundanten Zifferndarstellung ein willkommener Einstieg in die Thematik der Zahlensysteme.

Abbildung 1.2 zeigt das Bild eines chinesischen Abakus, wie er noch heute auf vielen fernöstlichen Warenmärkten die uns vertraute elektronische Kasse ersetzt. Aufgebaut ist der Suan pan aus einer Reihe von Stäben, auf denen jeweils 7 bewegliche Kugeln in zwei unterschiedlichen Segmenten aufgefädelt sind. Das obere Segment – der *Himmel* – enthält jeweils 2 und das untere Segment – die *Erde* – die restlichen fünf Kugeln. Zur Zahlendarstellung verwendet der Abakus das uns geläufige arabische System. Jeder Stab repräsentiert eine einzelne Ziffer, deren Wert sich aus der Stellung und den Wertigkeiten der einzelnen Kugeln bestimmt. In die Berechnung des Ziffernwerts gehen ausschließlich diejenigen Kugeln ein, die nach *innen*, d. h. in Richtung der mittleren Querstrebe, geschoben wurden. Jede Kugel aus dem oberen Segment erhöht den Ziffernwert dabei um 5 und jede Kugel aus dem unteren Segment um 1.

Abbildung 1.3 demonstriert die Darstellung der Zahl 10. Wie das Beispiel zeigt, ist die Zahlendarstellung im Gegensatz zum klassischen Dezimalsystem nicht eindeutig. Der Grund hierfür liegt in der Anzahl und der Wertigkeit der Kugeln, mit denen sich nicht nur die klassischen Dezimalziffern 0 bis 9, sondern auch die Werte 10 bis 15 darstellen lassen.

Der Aufbau des Abakus hat sich im Laufe der Zeit und durch den Einfluss verschiedener Kulturkreise in unterschiedliche Richtungen weiterentwickelt. So besitzt der japanische *Soroban* im Gegensatz zum chinesischen Suan pan nur noch 5 statt 7 Kugeln und der russische *Stschoty* kennt z. B. überhaupt keine Aufteilung in Himmel und Erde mehr.

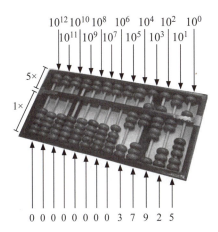

Abbildung 1.2: Der *Suan pan* (chinesischer Abakus)

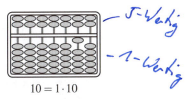

$10 = 1 \cdot 10$

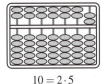

$10 = 2 \cdot 5$

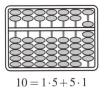

$10 = 1 \cdot 5 + 5 \cdot 1$

Abbildung 1.3: Die Zahl 10 kann mit Hilfe des Abakus auf drei verschiedene Weisen dargestellt werden.

„Dasselbe, was Du auf rechnerischem Weg gemacht hast, habe ich kürzlich mechanisch versucht und eine aus 11 vollständigen und 6 verstümmelten Rädchen bestehende Maschine gebaut, welche gegebene Zahlen im Augenblick automatisch zusammenrechnet: addiert, subtrahiert, multipliziert und dividiert. Du würdest hell auflachen, wenn Du da wärest und sehen könntest, wie sie, so oft es über einen Zehner oder Hunderter weggeht, die Stellen zur Linken ganz von selbst erhöht oder ihnen beim Subtrahieren etwas wegnimmt."

Wilhelm Schickard (1592 - 1635)

Abbildung 1.4: Schickard in einem Brief vom 20.9.1623 an Johannes Kepler

Abbildung 1.5: Die Schickard'sche Rechenuhr

Die Schickard'sche Rechenuhr

Mit dem Abakus lassen sich Zahlen *darstellen* und mit etwas Übung selbst komplexe arithmetische Operationen durchführen. Gleichwohl erfolgen alle Berechnungen stets manuell. Weit mehr als tausend Jahre vergingen, bis der deutsche Astronom, Mathematiker und Theologe Wilhelm Schickard das erste mechanische Rechenwerk ersann, mit dessen Hilfe sich zwei Zahlen zum einen vollautomatisch addieren und subtrahieren und zum anderen halbautomatisch multiplizieren und dividieren ließen. Schickard, der am 22.4.1592 im schwäbischen Herrenberg geboren wurde und 1619 einem Ruf an die Universität Tübingen folgte, verband eine lebenslange Freundschaft mit dem kaiserlichen Mathematiker und Astronomen Johannes Kepler, der für seine umfangreichen Berechnungen zur Planetenbewegung bis dato auf Papier und Bleistift angewiesen war.

Die Schickard'sche Rechenuhr besteht aus drei Teilen, die übereinander angeordnet sind (siehe Abbildung 1.5). Der obere Teil entspricht dem *Multiplikationswerk*, der mittlere dem *Additionswerk* und der untere einem *Speicher*, der die Funktion einer Merkhilfe für Zwischenergebnisse übernimmt. Die Funktionsweise des Multiplikationswerks entspricht im Wesentlichen dem Prinzip der *Napierstäbchen*, die auf den schottischen Mathematiker Lord John Napier of Merchiston zurückgehen [32]. Das Multiplikationswerk und das Additionswerk verfügen über keinerlei mechanische Verbindung. Die verschiedenen bei der Produktberechnung entstehenden Teilsummen mussten deshalb manuell abgelesen und per Hand in das Addierwerk übertragen werden. Aus diesem Grund war die Multiplikation mit Hilfe der Schickard'sche Rechenuhr nur halbautomatisch möglich.

Von der Schickard'schen Rechenuhr wurden nur zwei Exemplare überhaupt gebaut, die in den Wirren des Dreißigjährigen Kriegs für immer verloren gingen. Anhand von Skizzen und Aufzeichnungen aus den Nachlässen von Schickard und Kepler konnte die Rechenuhr jedoch rekonstruiert und die Funktionstüchtigkeit in mehreren Nachbauten nachträglich unter Beweis gestellt werden.

Es war die Pest, die das Leben von Wilhelm Schickard und seiner Familie im sechzehnten Jahr des Dreißigjährigen Kriegs ein tragisches Ende nehmen ließ. Zuerst rafft der schwarze Tod im Jahre 1634 seine Frau und seine drei Töchter dahin. Ein Jahr später, am 24. Oktober 1635, stirbt auch Wilhelm Schickard – zwei Tage, bevor sein neunjähriger Sohn ebenfalls der Seuche erliegt.

Die Rechenmaschinen des Charles Babbage

Weitere Meilensteine im Bereich des maschinellen Rechnens stellen die Rechenmaschinen des britischen Mathematikers und Ökonomen Charles Babbage dar, der am 26. Dezember 1791 in London das Licht der Welt erblickte [45]. Bereits mit 22 Jahren wird Babbage Mitglied in der Royal Society und nimmt 1823 unter Förderung der britischen Regierung die Arbeiten an der *Differenzenmaschine* auf. Im Gegensatz zur Schickard'schen Rechenuhr, die für die automatische bzw. halbautomatische Durchführung von primitiven arithmetischen Operationen konzipiert war, sollte die Differenzenmaschine in der Lage sein, ganze Wertetafeln komplexer Polynome selbstständig zu erzeugen.

Das Prinzip der Maschine beruhte auf der Newton'schen *Differenzenmethode*, mit der solche Berechnungen auf trickreiche Weise unter der ausschließlichen Verwendung von Additionen und Subtraktionen durchgeführt werden können. Um zum Beispiel das Polynom

$$y = x^2 - 2x + 3$$

mit Hilfe der Differenzenmethode an den Stützstellen $y = 0, 1, 2, 3, \ldots$ auszuwerten, gehen wir in drei Schritten vor:

- Im ersten Schritt stellen wir die *initiale Differenzentabelle* auf. Für Polynome n-ten Grades tragen wir zunächst die ersten $n+1$ manuell berechneten Funktionswerte $y(0)$ bis $y(n)$ ein. Die nächsten Spalten werden durch sukzessive Differenzberechnung erzeugt. Dabei enthält die zweite Spalte die Differenzen der Elemente der ersten Spalte, die dritte Spalte die Differenzen der Elemente der zweiten Spalte und so fort. Insgesamt entsteht auf diese Weise die in Abbildung 1.7 (oben) dargestellte Tabelle.

- In der dritten Spalte erhalten wir als Differenz zweiter Ordnung den Wert 2. Egal um wie viele Stützstellen Sie die Tabelle nach unten ergänzen – die Elemente der dritten Spalte sind für unser Beispiel stets gleich. Aus funktionsanalytischer Sicht ist dieses Ergebnis auch nicht weiter verwunderlich, schließlich berechnen wir durch die n-malige Differenzenbildung nichts anderes als die diskrete Ableitung n-ter Ordnung und diese ist für Polynome n-ten Grades stets konstant. Unseren Überlegungen folgend können wir somit die dritte Spalte, wie in Abbildung 1.7 (Mitte) dargestellt, im zweiten Schritt beliebig nach unten erweitern.

- Im dritten Schritt füllen wir fehlende Einträge der Differenzentabelle von rechts nach links auf und können die gesuchten Funktionswerte

„*One evening I was sitting in the rooms of the Analytical Society, at Cambridge, my head leaning forward on the table in a kind of dreamy mood, with a table of logarithms laying open before me. Another member, coming into the room, and seeing me half asleep, called out, 'Well Babbage, what are you dreaming about?' to which I replied, 'I am thinking that all these tables (pointing to the logarithms) might be calculated by machinery.*" [95]

Charles Babbage (1791 – 1871)

Abbildung 1.6: Charles Babbage

- Die initiale Differenzentabelle:

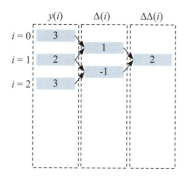

- Fortsetzen der letzte Spalte:

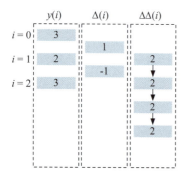

- Ableiten weiterer Stützstellen:

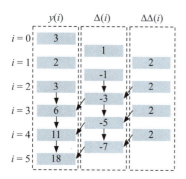

Abbildung 1.7: Stützstellenberechnung mit Hilfe der Differenzenmethode am Beispiel des Polynoms $y = x^2 - 2x + 3$

schließlich in der ersten Spalte ablesen. Die auf diese Weise vervollständigte Differenzentabelle ist für unser Beispiel in Abbildung 1.7 (unten) dargestellt.

Leider wird die Differenzenmaschine nie gebaut. Zum einen gestaltet sich die Fertigung vieler der geschätzten 25.000 Bauteile schwieriger als erwartet, zum anderen bringt Babbage stets neue Ideen und Verbesserungsvorschläge ein, die das Projekt zusätzlich verlangsamen. Als die Kosten schließlich vollends aus dem Ruder laufen, zieht sich die britische Regierung 1842 aus dem Projekt zurück.

In der Folgezeit ersann Babbage neben einer deutlich verbesserten *Differenzenmaschine 2* auch die *analytische Maschine*, die in ihrer Komplexität alle seine bisherigen Entwürfe nochmals weit übertrifft. Obwohl es sich bei der analytische Maschine um eine vollständig mechanische Konstruktion handelt, finden sich in deren Entwurf viele der klassischen Elemente wieder, die auch heute noch die Grundstrukturen moderner Computer prägen. So verfügt die analytische Maschine über einen Speicher und ein getrenntes Rechenwerk (*Mill*). Zur Ausgabe der Ergebnisse sah Babbage einen speziell konstruierten Drucker vor. Programmiert werden sollte die Maschine mit Hilfe von *Lochkarten* – ein Konzept, das zu dieser Zeit bereits bekannt war und erstmals 1805 von dem französischen Buchbinder Joseph-Marie Jacquard zur Automatisierung der Webtechnik eingesetzt wurde. Die analytische Maschine war so allgemein konzipiert, dass sie in der Lage gewesen wäre, selbst komplexe Kontrollstrukturen wie Schleifen, Unterprogrammaufrufe und bedingte Sprünge abzubilden. Leider war der Entwurf nicht nur konzeptionell, sondern auch in seiner Komplexität der damaligen Zeit weit voraus und die analytische Maschine wurde ebenfalls nie vollendet.

Trotz seiner unbestrittenen Erfolge in verschiedenen Gebieten der Wissenschaft war Babbage am Ende seines Lebens tief von dem Scheitern seiner drei Großprojekte gezeichnet. Mit der britischen Regierung, die jeder weiteren finanziellen Förderung eine Absage erteilte, ging er noch zu Lebzeiten hart ins Gericht. Am 18. Oktober 1871 starb Babbage in seinem Haus in London als enttäuschter und verbitterter Mann im Alter von 79 Jahren. 150 Jahre nach ihrer Erfindung schaffte zumindest die Differenzenmaschine 2 dann doch noch den Sprung vom Reißbrett in die Realität. Am Londoner Science Museum wurde die Maschine nach Originalplänen rekonstruiert. 1991 wurden die Arbeiten an der funktionsfähigen Maschine beendet – pünktlich zum 200. Geburtstag ihres Erfinders.

1.2 Vom Abakus zum Supercomputer

Die elektrische Revolution

Die Verwendung elektromechanischer Bauteile stellt einen Quantensprung in der Computergeschichte dar. Mit der elektrischen Spannung als Informationsträger war auf einen Schlag die Konstruktion von Rechenmaschinen möglich, die in ihrer Komplexität und Zuverlässigkeit weit über das hinausgingen, was rein mechanisch arbeitende Apparaturen je zu leisten im Stande gewesen wären. Die ersten Rechenmaschinen dieser Art wurden Anfang der Vierzigerjahre gebaut und verwendeten zunächst *elektromechanische Relais* zur Daten- und Kontrollflusssteuerung. Das Relais, das schon kurz nach seiner Erfindung im Jahre 1835 durch Joseph Henry mit der Telegraphie das Kommunikationszeitalter einläutete, löste damit rund hundert Jahre später eine weitere technologische Revolution aus.

Zeitgleich mit dem Relais, das nur die zwei Zustände *offen* und *geschlossen* unterscheidet, hält das *Binärsystem* endgültig Einzug in die Computertechnik und bildet bis heute die Grundlage aller maßgebenden Computerarchitekturen. Abbildung 1.8 zeigt, wie sich die logischen Grundoperationen mit Hilfe konventioneller elektromechanischer Relais konstruieren lassen. In Kapitel 4 werden wir auf die verschiedenen Logikoperationen im Detail eingehen und in den darauf folgenden Kapiteln zeigen, wie sich unter alleiniger Verwendung der Elementarverknüpfungen NOT, AND und OR Hardware-Schaltungen mit nahezu beliebiger Komplexität in die Praxis umsetzen lassen.

- Die NOT-Verknüpfung:

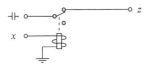

- Die AND-Verknüpfung:

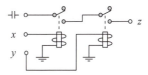

- Die OR-Verknüpfung:

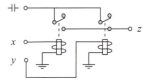

- Der Relais-basierte Zustandsspeicher:

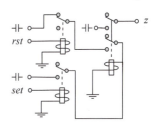

Abbildung 1.8: Die Basiskomponenten eines Relais-Rechners

Die legendäre Z3 des Konrad Zuse

Konrad Zuse konstruierte 1941 mit der Z3 den ersten voll funktionsfähigen Rechner dieser neuen Generation [96]. Im Gegensatz zu der noch weitgehend mechanisch arbeitenden Z1 und dem Versuchsmodell Z2, die aufgrund technischer Mängel beide nur unzuverlässig ihren Dienst verrichteten, verwendete Zuse in der Z3 ausschließlich elektromechanische Relais. Die Maschine war aus ca. 2000 Einzel-Relais aufgebaut und konnte mit einer Taktfrequenz von 5 bis 10 Hertz betrieben werden. Insgesamt kam die Z3 auf ein Gesamtgewicht von ca. 1000 kg und besaß eine Leistungsaufnahme von 4000 Watt. Nicht nur aus der Sicht der Ingenieurkunst war die Z3 bis dato einzigartig – sie war vor allem auch aus konzeptioneller Sicht ein Meisterwerk. Viele Konzepte, die sich heute in modernen Computerarchitekturen wiederfinden, waren bereits in der Z3 vorhanden, wenngleich auch in deutlich primitiverer Form:

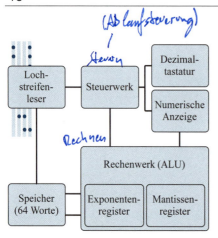

Abbildung 1.9: Blockschaltbild der Z3

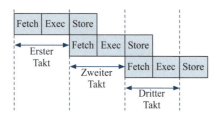

Abbildung 1.10: Die Pipeline-Architektur der Z3

Befehl	Bedeutung	Codierung
Ein- und Ausgabe		
Lu	Eingabe	01110000
Ld	Ausgabe	01111000
Speichertransfer		
Pr z	Lesen	11*Adresse*
Ps z	Schreiben	10*Adresse*
Arithmetik		
Lm	Multiplizieren	01001000
Li	Dividieren	01010000
Lw	Wurzelziehen	01011000
Ls$_1$	Addieren	01100000
Ls$_2$	Subtrahieren	01101000

Tabelle 1.1: Der Befehlssatz der Z3

- Wie das Blockschaltbild in Abbildung 1.9 demonstriert, sind der *Speicher* und der *Prozessor* – bestehend aus *Steuer-* und *Rechenwerk* – klar voneinander getrennt. Diese Zweiteilung findet sich auch heute noch in den allermeisten Computerarchitekturen wieder.

- Intern verwendet die Z3 das *Gleitkommaformat* zur Darstellung rationaler Zahlen. Über die numerische Tastatur eingegebene Operanden wurden automatisch in das interne Gleitkommaformat übersetzt und die Rechenergebnisse für die Anzeige ebenfalls vollautomatisch in das Dezimalsystem zurückkonvertiert. Damit war die Erfindung von Zuse auch hier anderen Maschinen weit voraus, die mit dem *Festkommaformat* eine wesentlich primitivere Art der Darstellung einsetzten. In Kapitel 3 werden wir uns intensiv mit den Unterschieden des Gleit- und Festkommaformats beschäftigen.

- Das Prinzip der *Mikroprogrammierung*, das auch heute die Grundlage vieler moderner Mikroprozessoren bildet, findet sich bereits in der Z3 verwirklicht. Im Zentrum des Steuerwerks befindet sich hierzu der sogenannte *Mikrosequenzer*, mit dessen Hilfe sich komplexe Rechenoperationen in mehrere elementare Berechnungsschritte zerlegen und nacheinander ausführen ließen. Im Zusammenhang mit der CISC- und RISC-Architektur werden wir in Kapitel 12 auf dieses Prinzip der Ablaufsteuerung zurückkommen.

- Zur Geschwindigkeitssteigerung führt die Z3 den Befehlsstrom *überlappend* aus, d. h. während des Zurückschreibens des Ergebniswerts ist der Rechner in der Lage, bereits die nächste Instruktion einzulesen. Wie in Abbildung 1.10 gezeigt, folgte die Z3 damit einer dreistufigen *Pipeline-Architektur*, die mit einem einstufigen Versatz ausgeführt wurde. In Kapitel 12 werden wir uns auch mit diesem Architekturprinzip genauer beschäftigen.

- Auch das verwendete Rechenwerk musste zu seiner Zeit keinen Vergleich scheuen. So setzte die Z3 zur Beschleunigung der Addition die *Carry-look-ahead-Technik* ein, die auch heute noch die Grundlage vieler Addierwerke bildet. In Kapitel 7 werden wir dieses Additionsprinzip im Detail kennen lernen.

Programmiert wurde die Z3 mit Hilfe eines 8-spurigen *Lochstreifens*. Jede Zeile codiert einen einzigen Befehl, zusammen mit den dazugehörigen Operanden. Wie die Befehlsübersicht in Tabelle 1.1 zeigt, lassen sich die insgesamt neun Befehle in die Kategorien *Ein- und Ausgabe*, *Speichertransfer* und *Arithmetik* unterteilen.

Mit Hilfe der Befehle Lu bzw. Ld wird eine Dezimalzahl über die numerische Tastatur eingelesen bzw. auf der numerischen Anzeige ausgegeben. Beide Befehle stoppen die Ausführung der Maschine, bis der Benutzer manuell die Fortsetzung veranlasst. Die Kommunikation mit dem Hauptspeicher wird über die Befehle Pr bzw. Ps gesteuert. Die anzusprechende Speicheradresse wird hierzu in den 8-Bit-Opcode der Befehle hineincodiert. Mit den 5 zur Verfügung stehenden Adressbits lassen sich insgesamt $2^5 = 64$ Speicherworte adressieren. Die restlichen Befehle dienen zur Durchführung der vier arithmetischen Grundrechenarten sowie der Berechnung der Quadratwurzel.

Betrachten wir den Befehlssatz der Z3 genauer, so fällt auf, dass mit den vorhandenen Befehlen weder eine Verzweigung noch eine Schleife programmiert werden kann. Der Programmierung sind hierdurch enge Grenzen gesetzt und die Z3 stellt damit keinen Universalrechner im eigentlichen Sinne dar.

Die Harvard Mark I

Fast zeitgleich mit dem Bau der Z3 wurde an den IBM Laboratories in New York unter der Regie von Howard H. Aiken der größte jemals fertiggestellte elektromechanische Rechner gebaut – der *Automatic Sequence Controlled Calculator* (ASCC) [17]. In einer feierlichen Zeremonie wurde die gigantische Maschine am 7. August 1944 an die Harvard University übergeben und offiziell in Betrieb genommen. Die Komplexität der Konstruktion, die fortan den Namen *Harvard Mark I* trug, lässt sich anhand weniger Kenndaten bereits erahnen. So bestand die gesamte Apparatur aus ca. 765.000 Einzelkomponenten, die über etliche Kilometer Kabel miteinander verbunden waren. Insgesamt füllte die Konstruktion mit 6 Metern Länge und über 2 Metern Höhe eine Werkhalle vollständig aus.

Die Harvard Mark I enthielt 72 *Akkumulatoren*, die jeder für sich eine dezimalcodierte Zahl mit einer Genauigkeit von 23 Ziffern speichern konnten. Neben einem weiteren Kurzzeit- sowie einem Konstantenspeicher verfügte der Rechner über separate Multiplikations- und Divisionseinheiten. Gesteuert wurde die Harvard Mark I über 24-spurige Lochstreifen, deren allgemeiner Aufbau in Abbildung 1.12 dargestellt ist. Jede Zeile codiert einen einzelnen Steuerbefehl, der sich aus drei Komponenten zusammensetzt. So definieren die Einstanzungen der ersten 8 Spuren die Quelladresse und die Einstanzungen der mittleren 8 Spuren die Zieladresse einer Operation. Die restlichen 8 Spuren definieren den Opcode des auszuführenden Befehls. Die Harvard Mark I konnte die so codierten Befehle ausschließlich sequenziell abarbeiten – Befehle für Schleifen, Verzweigungen und Unterprogrammaufrufe sah die Rechne-

Konrad Zuse (1910 – 1995)

Abbildung 1.11: Bronze-Statue in Hünfeld zum Gedenken an Konrad Zuse

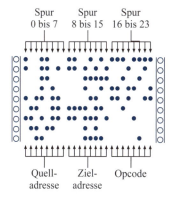

Abbildung 1.12: Aufbau des Lochstreifens zur Steuerung der Harvard Mark I

> Dass wir heute im Software- und Hardware-Bereich Fehler gemeinhin als *Bugs* bezeichnen, wird in vielen Quellen in Zusammenhang mit der Harvard Mark I gebracht. Gerüchten zufolge geriet eine Motte in eines der zahlreichen elektrischen Relais des Rechners und brachte auf diese Weise die gesamte Maschine zum Erliegen. Die Motte wurde entfernt und der Begriff *Debugging* war geboren. In der Tat gehört die Geschichte zu den klassischen Mythen des Computerzeitalters. Die besagte Motte gab es wirklich, allerdings stammte sie nicht aus der Harvard Mark I, sondern von ihrem Nachfolger, der Harvard Mark II. Der Begriff des *Debuggings* wurde jedoch bereits viel früher geprägt, wie z. B. der folgende Ausschnitt aus einem Brief von Thomas Edison vom 18. November 1878 an Theodore Puskas verrät:
>
> „It has been just so in all my inventions. The first step is an intuition – and comes with a burst, then difficulties arise. This thing gives out and then that – 'Bugs' – as such little faults and difficulties are called – show themselves and months of anxious watching, study and labor are requisite before commercial success – or failure – is certainly reached" [47]
>
> Nichtsdestotrotz war die Motte der Harvard Mark II wahrscheinlich der erste richtige *Bug* der Computergeschichte. Howard Aiken selbst bezeichnete sie als den „*first actual case of bug being found*".

rarchitektur noch nicht vor. Damit ließen sich Endlosschleifen nur auf physikalischem Wege durch das Zusammenfügen des Lochstreifens zu einem endlosen Band realisieren.

Das bereits in der Harvard Mark I umgesetzte Konzept, Code und Daten in getrennten Speichern vorzuhalten, hat im Bereich moderner Computerarchitekturen in den letzten Jahren eine wahre Renaissance erlebt. So arbeiten z. B. moderne digitale Signalprozessoren fast ausschließlich nach diesem Prinzip, da sich im Vergleich zur klassischen Von-Neumann-Architektur deutlich höhere Übertragungsraten zwischen der Zentraleinheit und dem Speicher erreichen lassen. In Anlehnung an ihre historischen Wurzeln sprechen wir in diesem Zusammenhang heute immer noch von der *Harvard-Architektur*.

Die Harvard Mark I wurde erst 1959 außer Betrieb gestellt und anschließend zerlegt. Einige Komponenten sind heute noch im *Cabot Science Scenter* der Harvard University zu sehen, der Rest befindet sich im Besitz der IBM Laboratories in New York und des Smithsonian-Instituts in Washington, D.C.

Die ENIAC

Die Frage, ob wir in der Z3 und der in etwa zeitgleich entwickelten Harvard Mark I die ersten richtigen *Computer* vor uns sehen dürfen, ist immer wieder Gegenstand hitziger Diskussionen und in Fachkreisen umstritten. Einige Experten sehen in der freien Programmierbarkeit und der konzeptionellen Untergliederung der Maschinen in Speicher, Rechenwerk und Steuerwerk die wesentlichen Grundzüge eines Computers verwirklicht. Andere Fachleute sind der Meinung, dass die *Universalität* des zu Grunde liegenden Berechnungsmodells das wesentliche Charakteristikum des Computers darstellt. Dieser Interpretation folgend, gelten sowohl die Z3 als auch die Harvard Mark I zwar als die ersten universellen Rechenmaschinen, nicht jedoch als Computer im modernen Sinne.

Den Bau der ersten voll funktionsfähigen Rechenmaschine, die nahezu allen Definitionen des modernen Computer-Begriffs standhält und daher von vielen Experten als der erste wirkliche Computer der Welt angesehen wird, datieren wir auf das Jahr 1946 – das Jahr, in dem die ENIAC[1] der Öffentlichkeit vorgestellt wurde [36, 86]. Der Rechnerkoloss wurde an der Moore School of Electrical Engineering der University of Pennsylvania unter der Leitung von J. Presper Eckert und John

---

[1] Electronic Numerical Integrator And Computer

1.2 Vom Abakus zum Supercomputer

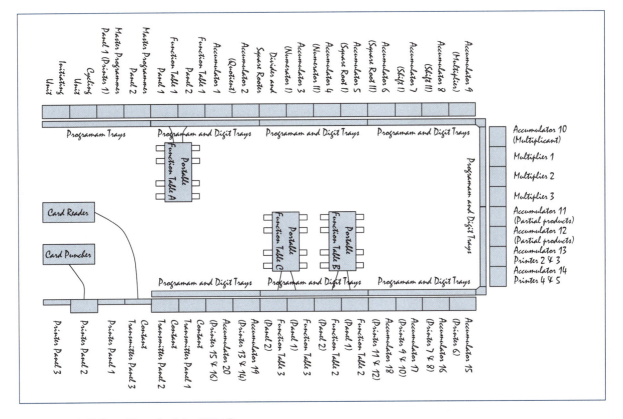

Abbildung 1.13: Der „Floorplan" der ENIAC

W. Mauchly gebaut und beeindruckte schon aufgrund seiner schieren Größe. Wie in Abbildung 1.13 dargestellt, bestand die ENIAC aus insgesamt 30 Einheiten, die U-förmig über den gesamten Raum verteilt angeordnet waren. Die gesamte Konstruktion kam auf ein Gesamtgewicht von knapp 30 Tonnen (Abbildungen 1.15 bis 1.17).

Der Entschluss, einen Rechner dieses Ausmaßes überhaupt zu bauen, wurde aus der Not geboren. Die Intensität, mit der der Zweite Weltkrieg 1939 über die Welt hereinbrach, setzte die U.S.-Armee unter enormen Zeitdruck, sich auf den immer wahrscheinlicher werdenden Kriegseintritt vorzubereiten. Unter anderem experimentierten die U.S.-Streitkräfte mit großkalibrigen ballistischen Geschützen, die anhand von Trajektorien-Tabellen auf ihr Ziel ausgerichtet wurden. Das Aufstellen der Tabellen erforderte das Lösen von Differenzialgleichungen zweiter Ordnung und damit Fähigkeiten außerhalb des Leistungsspektrums damaliger Rechenmaschinen. Die ENIAC, mit deren Hilfe die

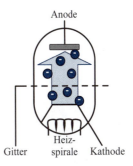

Abbildung 1.14: Die Trioden-Röhre als Schaltelement. Der durch die Heizspirale verursachte Stromfluss von der Kathode zur Anode kann durch das Anlegen einer Spannung an das Metallgitter blockiert oder verstärkt werden – ein einfaches Schaltelement entsteht.

Abbildung 1.15: Teilansicht der ENIAC (U.S.-Armee-Foto)

Abbildung 1.16: Das *Main Control Panel* der ENIAC (U.S.-Armee-Foto)

Abbildung 1.17: Programmiert wurde die ENIAC durch „Kabelstecken" (U.S.-Armee-Foto)

automatisierte Berechnung der Trajektorien-Tabellen möglich werden sollte, war in zweierlei Hinsicht revolutionär:

- Im Gegensatz zur Z3 oder der Harvard Mark I war es möglich, Verzweigungen und Schleifen zu programmieren. Damit unterscheidet sich das formale Berechnungsmodell der ENIAC deutlich von ihren Vorgängern und ist insbesondere mit dem heutiger Computer vergleichbar, auch wenn die Programmierung des Kolosses im Vergleich zur heutigen Technik kaum unterschiedlicher sein könnte.

- In der ENIAC wurde auf die Verwendung elektromechanischer Relais verzichtet und die Schaltlogik stattdessen mit Hilfe von *Vakuumröhren* implementiert. Zwar ist die ENIAC nicht der erste Röhrenrechner der Welt, aber der erste Großrechner, der die Vakuumröhre in Form der *Triode* konsequent als Schaltelement verwendete. Im Vergleich zum Relais zeichnet sich die Röhre durch eine um den Faktor 1000 bis 2000 gesteigerte Schaltgeschwindigkeit aus, so dass die ENIAC mit einer für damalige Verhältnisse beeindruckenden Taktfrequenz von 100 Kilohertz betrieben werden konnte. Eine einzige Multiplikation berechnete die ENIAC in nur knapp 3 Millisekunden.

Auf der negativen Seite brachte die ENIAC konstruktionsbedingt auch gravierende Nachteile mit sich. Ein wesentliches Element der Röhrentriode ist, wie in Abbildung 1.14 skizziert, die Heizspirale. Wird sie zum Glühen gebracht, so beginnt die Kathode Elektronen zu emittieren, die von der Anode angezogen und aufgefangen werden. Konstruktionsbedingt sind Vakuumröhren damit äußerst stromhungrige Bauelemente. Die Leistungsaufnahme der ca. 18.000 in der ENIAC verbauten Vakuumröhren summierte sich auf sagenhafte 174.000 Watt. Des Weiteren besitzen Vakuumröhren im Vergleich zu Relais eine sehr begrenzte Lebensdauer und das langwierige Auffinden und Austauschen defekter Röhren gehörte zur täglichen Arbeit eines ENIAC-Ingenieurs.

Der wohl gravierendste Nachteil betrifft jedoch die Handhabung der Maschine, die nicht auf eine flexible Programmierung ausgelegt war. Der Datenpfad wurde mit Hilfe von Steckverbindungen fest verdrahtet und ein Programm für die ENIAC war damit nichts anderes als ein Verbindungsplan, der die benötigten Steckverbindungen beschrieb. Hierdurch war ein flexibler Wechsel zwischen verschiedenen Programmen von vornherein ausgeschlossen.

Die Limitierungen der ENIAC inspirierten den in Budapest geborenen und später in die USA immigrierten Wissenschaftler John von Neumann zu einer bahnbrechenden Idee [34]. Sein Konzept sah vor, Programme und Daten beide in einem einzigen Speicher abzulegen und damit nicht mehr länger als getrennte Entitäten zu behandeln: Die Idee der *Von-Neumann-Architektur* war geboren (vgl. Abbildung 1.18). In Kapitel 11 werden wir dieses Prinzip, an dem sich auch die meisten modernen Computerarchitekturen heute noch orientieren, im Detail diskutieren.

Trotz aller Limitierungen und Schwierigkeiten war die ENIAC ein eindrucksvoller Beweis für die Funktionstüchtigkeit der Röhrentechnik. In den Folgejahren wurden weitere Großcomputer gebaut, die dem alternden Koloss in ihrer technischen Konzeption und Handhabung in immer größerem Maße überlegen waren. Die ebenfalls legendäre, an der Manchester University entwickelte *Manchester Mark I* und der *Electronic Delay Storage Automatic Calculator* (*EDSAC*) der Cambridge University sind zwei Beispiele aus dieser Zeit. Wie die ENIAC basierten auch diese Rechner auf der Röhrentechnologie und begründen zusammen die Computer der *ersten Generation*.

Der Siegeszug des Transistors

Der hohe Stromverbrauch und die begrenzte Lebensdauer der Vakuumröhre wurden mehr und mehr zum limitierenden Faktor bei der Entwicklung immer ausgefeilterer Rechnerkonstruktionen und für Forscher aus aller Welt zur treibenden Kraft bei der Suche nach neuen Technologien. Am 1. Juli 1948 verkündeten die Bell Laboratories in New York offiziell den Durchbruch und stellten den ersten praxistauglichen *Transistor* vor, der die bis dato dominierende Vakuumröhre vollständig ersetzen sollte:

> *„An amazingly simple device, capable of performing efficiently nearly all the functions of an ordinary vacuum tube, was demonstrated for the first time yesterday at Bell Telephone Laboratories where it was invented. Known as the Transistor, the device works on an entirely new physical principle discovered by the Laboratories in the course of fundamental research into the electrical properties of solids. Although the device is still in the laboratory stage, Bell scientists and engineers expect it may have far-reaching significance in electronics and electrical communication."*
>
> *Bell Laboratories, Press Release [9]*

An der Entwicklung des ersten technisch verwertbaren, voll funktionsfähigen Transistors waren die Ingenieure William Shockley, John Bar-

Abbildung 1.18: John von Neumann begründete die grundlegende Rechnerarchitektur, die auch heute noch die Basis moderner Computer bildet.

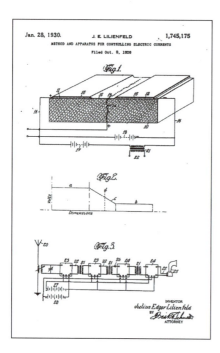

Abbildung 1.19: Julius Lilienfeld patentiert als Erster die Idee des Feldeffekt-Transistors. Die Abbildung zeigt einen Auszug aus der zweiten Patentschrift aus dem Jahre 1928 [56, 57].

deen und Walter Brattain maßgeblich beteiligt und erhielten am 1. Dezember 1956 als Anerkennung ihrer bahnbrechenden wissenschaftlichen Leistung den Nobelpreis [6, 80]. Das Ergebnis der Arbeiten von Shockley, Bardeen und Brattain gilt heute als der erste technisch verwertbare und voll funktionsfähige Transistor – die Idee desselben war jedoch schon weit früher bekannt. So wurde das Prinzip des Transistors bereits 1928 von Julius Edgar Lilienfeld zum Patent angemeldet (Abbildung 1.19).

Der erste Computer auf Transistor-Basis wurde an der Manchester University Anfang der Fünfzigerjahre gebaut. Dem 1953 fertiggestellten Prototyp folgte eine deutlich erweiterte Variante, die zwei Jahre später in Betrieb genommen werden konnte. Aufgrund der noch sehr jungen Transistortechnik war der Rechner den modernen Röhren-Computern von damals sowohl in seiner Leistungsfähigkeit, aber auch in seiner Zuverlässigkeit deutlich unterlegen. Sahen einige Experten den Transistor gegenüber der Röhre zu Anfang im Nachteil, so konnte die neue Technologie den beginnenden Wettstreit jedoch alsbald für sich entscheiden. Mit der zunehmenden Verfeinerung der Technik stand mit dem Transistor ein Schaltelement zur Verfügung, das der Röhrentriode in puncto Leistungsaufnahme, Geschwindigkeit und Zuverlässigkeit haushoch überlegen war.

Der Übergang von der Röhre zum Transistor läutete das Zeitalter der Computer der *zweiten Generation* ein und war von weiteren wichtigen Entwicklungen begleitet. Steuer- und Rechenwerke wurden deutlich komplexer und bis dato fortschrittliche Konzepte wie die Verwendung indizierbarer Register oder der Einsatz von Gleitkomma-Hardware gehörten schnell zum Stand der Technik. Speicherseitig hielt der *Ferritkernspeicher* Einzug, der Daten im Kilobyte-Bereich speichern konnte, allerdings in mühevoller Handarbeit gefertigt werden musste. Auch die ersten Programmiersprachen datieren auf diese Zeit. 1957 wurde der erste FORTRAN-Compiler ausgeliefert und 1960 die Programmiersprache COBOL verabschiedet. Beide Sprachen sind heute immer noch im Einsatz – wenngleich sich deren Verwendungszweck nur noch auf wenige Spezialanwendungen konzentriert.

Der Siegeszug des Transistors begann im Jahre 1958, als es dem für Texas Instruments arbeitenden Ingenieur Jack Kilby gelang, den ersten integrierten Schaltkreis (engl. *Integrated Circuit*, kurz IC) herzustellen. Konnten Transistoren bis zu diesem Zeitpunkt ausschließlich als diskretes Bauelement verbaut werden, war es mit Kilbys Technik nunmehr möglich, mehrere Transistoren auf einem kleinen Stück Silizium zu integrieren. Kilbys Entdeckung, für die er im Jahr 2000 – fünf Jahre vor seinem Tod am 20.5.2005 – mit dem Nobelpreis geehrt wurde, war vielleicht der entscheidendste Durchbruch der Computergeschichte und der Auslöser einer bis heute anhaltenden Leistungsexplosion, die sich zur damaligen Zeit niemand jemals hätte erträumen können.

Bereits ein Jahr nach der Entwicklung des integrierten Schaltkreises gelang es dem Halbleiterhersteller Fairchild Semiconductor, mit der *Planartechnik* die Grundlage der Massenfertigung zu schaffen. Im Folgejahr brachte Fairchild nahezu zeitgleich mit Texas Instruments den ersten kommerziellen IC auf den Markt. Weitere drei Jahre später begann Fairchild 1963 mit der Produktion des Modells 907, der bereits zwei vollständige Logikgatter in einem einzigen Chip vereinte und damit die SSI-Technologie begründete. SSI ist die Abkürzung für *Small-Scale Integration* und bezeichnet eine von mehreren Komplexitätsklassen, in die sich integrierte Schaltklassen einordnen lassen.

Tabelle 1.2 fasst die verschiedenen Komplexitätsklassen zusammen, denen sich integrierte Schaltkreise zuordnen lassen. Zwischen den einzelnen Klassen existiert keine scharfe Trennung und die numerischen Angaben zur Gatteranzahl sind als Orientierungswerte zu verstehen. So unterscheiden sich auch die in der Literatur angegebenen Gattergrenzen mitunter erheblich und insbesondere die Abgrenzung im Bereich der VLSI- und ULSI-Klassen wurde im Laufe der Zeit mit zunehmender Chip-Komplexität immer wieder nach oben korrigiert oder durch neu eingeführte Klassen (SLSI, XLSI, GSI) ergänzt.

Der *Micromosaic*, ebenfalls von Fairchild Semiconductor auf den Markt gebracht, integrierte 1967 bereits 150 Logikgatter und ist aus historischer Sicht in zweierlei Hinsicht interessant. Zum einen gehörte er mit der Anzahl integrierter Gatter zu den ersten ICs der MSI-Technik (*Medium-Scale Integration*), zum anderen ist er der Vorläufer programmierbarer Logikbausteine, die wir in Kapitel 7 genauer betrachten werden.

Für die Herstellung des Micromosaics wurde ein regelmäßig aufgebauter Chip verwendet und die Transistorverbindungen erst später durch das Einbringen einer kundenspezifischen Belichtungsmaske erzeugt. Auf diese Weise war es erstmals möglich, eine speziell auf einen Kunden zugeschnittene Schaltung mit vergleichsweise geringem Aufwand und Kosten zu produzieren.

Eines der ersten vollständigen Computersysteme, das sich die integrierte Schaltkreistechnologie zu Nutze machte, war das legendäre *System/360*, das am 7. April 1964 der Öffentlichkeit vorgestellt wurde [74]. Mit dieser Modellreihe begründete die Firma IBM die Ära der *Mainframe-Computer* und läutete gleichermaßen das Ende der Pionierzeit der Computertechnik ein. Der Aufwand, den IBM in die neue Idee

Small-Scale Integration
- kurz SSI
- weniger als 100 Gatter

Medium-Scale Integration
- kurz MSI
- 100 bis 1000 Gatter

Large-Scale Integration
- kurz LSI
- 1000 bis 10.000 Gatter

Very-Large-Scale Integration
- kurz VLSI
- 10.000 bis 100.000 Gatter

Ultra-Large-Scale Integration
- kurz ULSI
- 100.000 bis 1.000.000 Gatter

Super-Large-Scale Integration
- kurz SLSI
- 1.000.000 bis 10.000.000 Gatter

Extra-Large-Scale Integration
- kurz ELSI oder XLSI
- 10.000.000 – 100.000.000 Gatter

Giga-Scale Integration
- kurz GSI
- mehr als 100.000.000 Gatter

Tabelle 1.2: Klassifizierung integrierter Schaltkreise

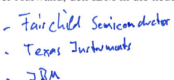

Basistechnologien:

Erste Generation		Zweite Generation	Dritte und vierte Generation
1940 – 1954		1955 – 1964	ab 1965
Relais	Vakuumröhre	Transistor	Integrierter Schaltkreis
Schaltzeit: 10^{-1} s	Schaltzeit: 10^{-4} s	Schaltzeit: 10^{-6} s	Schaltzeit: $< 10^{-9}$ s

Tabelle 1.3: Die Entwicklung der Schaltelemente in der Übersicht

investierte, war gigantisch. Zu Hochzeiten arbeiteten rund 50.000 Mitarbeiter an dem Projekt, dessen Gesamtkosten auf über 5 Milliarden US-Dollar geschätzt werden. Das System/360 brachte einige technische Neuerungen mit sich, die wir noch heute in modernen Computersystemen verwenden. So nutzt die S/360 beispielsweise das *Zweierkomplement* zur Darstellung negativer Zahlen und führt das Prinzip der byteweisen Speicheradressierung ein. Auf beide Konzepte kommen wir in Kapitel 3 im Detail zurück. Neben der Entwicklung von Großrechnern hat die zunehmende Verfügbarkeit leistungsfähigerer und billigerer SSI-, MSI- und LSI-Komponenten auch den Bau immer kleinerer und kostengünstigerer Computer ermöglicht. Die um 1970 gebauten PDP-Rechner (PDP = Programmable Data Processor) der Digital Equipment Corporation (DEC) sind Beispiele solcher *Minicomputer*.

Nach dem elektromagnetischen Relais, der Röhre, und dem Transistor in Form eines diskreten Bauelements ist der *integrierte Schaltkreis* bereits der vierte revolutionäre Wechsel der Basistechnologie, den die Computertechnik in ihrer vergleichsweisen jungen Geschichte erfahren hat. Genau wie die Relais- und Röhrentechnologie stellvertretend für die Computer der ersten Generation und die diskrete Transistortechnik für die Computer der zweiten Generation steht, so werden die frühen Rechner auf Basis integrierter Schaltkreise als Computer der dritten Generation bezeichnet. Bis zum heutigen Tag arbeiten Computer nach diesem Prinzip, wenngleich sich hochintegrierte Schaltkreise der letzten Generationen bezüglich ihrer Leistungsdaten kaum noch mit den ersten integrierten Schaltkreisen vergleichen lassen. Tabelle 1.3 stellt die Basistechnologien der verschiedenen Computergenerationen gegenüber.

Auch die Computertechnik der dritten Generation wurde durch einhergehende Entwicklungen weiter geprägt. Der Ferritkernspeicher hatte ausgedient und wurde nach und nach durch integrierte Speicherchips ersetzt. Diese waren deutlich kleiner und schneller als ihre Vorgänger und ermöglichten hierdurch drastisch höhere Speicherkapazitäten zu geringeren Kosten. Mehr und mehr Lochkartenleser mussten interaktiven *Text-Terminals* weichen und so ging auch die Ära der Lochkarte beständig ihrem Ende zu. Auch die ersten Betriebssysteme entstanden auf Computern dieser Generation. Bereits mit Hilfe der ersten Betriebssysteme war es möglich, verschiedene Programme gleichzeitig auszuführen und zu überwachen. Die Produktivität der Software-Entwicklung nahm hierdurch erst richtig an Fahrt auf.

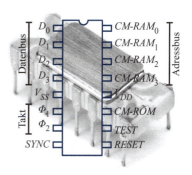

Abbildung 1.20: Der 4004-Mikroprozessor

Der erste Mikroprozessor

1968 verließen Robert Noyce, Gordon Moore und kurze Zeit später Andrew Grove die Firma Fairchild Semiconductor und gründeten die Integrated Electronics Corporation (Intel) im kalifornischen Santa Clara [46]. Bereits zwei Jahre später stellte Intel mit dem *1103* den ersten DRAM-Speicherbaustein vor. Die eigentliche Sternstunde schlug für Intel jedoch im Jahre 1971, als es dem Ingenieur Federico Faggin als Erstem gelang, alle Komponenten eines Prozessors gemeinsam auf einem einzigen Stück Silizium zu integrieren. Bereits kurze Zeit später brachte Intel mit dem *Intel 4004* den ersten Mikroprozessor der Welt auf den Markt und leitete damit den Beginn der vierten und bis dato letzten Computergeneration ein.

Der in einer Strukturbreite von 10 μm gefertigte Prozessor bestand aus 2250 Transistoren und lief mit einer Taktfrequenz von 740 kHz. Wie in Abbildung 1.20 gezeigt, wird das Taktsignal über zwei separate Leitungen zugeführt. Eine steigende Taktflanke im Signal ϕ_2 bewirkte den eigentlichen Zustandswechsel, während das zeitversetzt angelegte Signal ϕ_1 zur internen Steuerung eingesetzt wurde. Die beiden Pins V_{SS} und V_{DD} dienten der Stromaufnahme und versorgten den Prozessor mit einer Spannung von 5 V bzw. -10 V. Intern arbeitete der Prozessor, wie in Abbildung 1.21 skizziert, mit einer Bitbreite von gerade einmal 4 Bit und verfügte neben 16 Datenregistern über 4 Stapelregister zur Speicherung des Programmzählers und der Rücksprungadressen von Unterprogrammaufrufen.

Sprungbefehle	
JUN	Direkter Sprung
JIN	Indirekter Sprung
JCN	Bedingte Verzweigung
JMS	Unterprogrammaufruf
BBL	Unterprogrammende
Ladebefehle	
FIM	Register laden (direkt)
FIN	Register laden (indirekt)
LD	Register $\rightarrow$ Akkumulator
XCH	Register $\leftrightarrow$ Akkumulator
LDM	Wert $\rightarrow$ Akkumulator
Arithmetikbefehle	
INC	Inkrementieren
ISZ	**INC** + bedingter Sprung
ADD	Addition
SUB	Subtraktion
Sonstige Befehle	
NOP	Keine Operation

Tabelle 1.4: Die Grundoperationen des Intel 4004-Prozessors

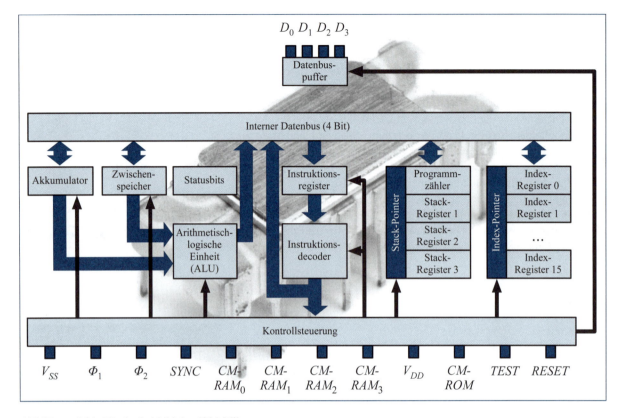

Abbildung 1.21: Blockschaltbild des 4004-Mikroprozessors

Um die mindestens 8 Bit langen Befehlswörter mit Hilfe des 4 Bit breiten Bus des 4004 trotzdem in einem einzigen Takt einlesen zu können, arbeitete der Prozessor im sogenannten *Multiplexing*-Modus. Das bedeutet, dass der Bus mit doppelter Taktfrequenz betrieben wurde, so dass die ersten 4 Bit in der ersten Hälfte und die restlichen 4 Bit in der zweiten Hälfte einer Taktperiode eingelesen werden konnten. Obwohl die Multiplexing-Logik die interne Architektur des 4004 deutlich verkomplizierte, vereinfachte sie erheblich die Produktion. Der Prozessor passte vollständig in ein 16-Pin-Gehäuse.

Tabelle 1.4 vermittelt einen detaillierteren Eindruck über die Grundbefehle des 4004-Prozessors. Sehen wir von der NOP-Instruktion ab, die ausschließlich dazu dient, die Befehlsausführung um einen einzigen Takt zu verzögern, lassen sich die Grundbefehle in drei Kategorien einteilen. Die erste Kategorie enthält eine Ansammlung von Sprungbefehlen zur Steuerung des Kontrollflusses. Die zweite Kategorie dient zum

Datentransfer zwischen ROM, Register und Akkumulator und die dritte Kategorie umfasst alle Arithmetikbefehle. Neben diesen Grundbefehlen verfügt der 4004 über etliche spezialisierte Befehle, die in der Tabelle nicht aufgeführt sind und dem Lesen und Beschreiben des RAM-Speichers dienen. Wie die Liste der Grundbefehle zeigt, besaß der 4004 nur begrenzte Arithmetikfähigkeiten. Befehle zum Multiplizieren oder Dividieren zweier Datenwörter sind ebenso wenig vorhanden wie Befehle zur Durchführung logischer Verknüpfungen. Ebenfalls fehlen Instruktionen zur Interrupt-Steuerung – ein Prinzip, das der 4004 noch gar nicht kannte.

Die Entwicklung bis heute

Die Innovationskraft, die der erste Mikroprozessor mit sich brachte, wurde Anfang der Siebzigerjahre durchaus skeptisch betrachtet und selbst Intel maß dem 4004 zum Zeitpunkt seines Erscheinens bei weitem nicht die Bedeutung zu, die er rückblickend verdient. Trotzdem setzte sich das Prinzip des Mikroprozessors durch und entwickelte sich schließlich zur treibenden Kraft der gesamten Computerbranche.

Die Evolution, die der Mikroprozessor in wenigen Jahren vollzog, lässt sich anhand der Entwicklung der Intel-Prozessoren deutlich nachzeichnen. Obwohl bereits der 4004 in etwa die Leistung einer ENIAC bot, war er mit seiner geringen Bitbreite und dem limitierten Befehlssatz noch nicht für den universellen Einsatz geeignet. Dies änderte sich 1975 mit dem Erscheinen des 8-Bit-Prozessors 8080, den viele Experten zu den ersten universell einsetzbaren Mikroprozessoren zählen. 1978 begründete Intel mit dem 16-Bit-Prozessor 8086 und kurze Zeit später mit dem auf 8 Bit reduzierten 8088 die x86-Architektur. Als kleiner Bruder des 8086 feierte der 8088 im ersten *Personal Computer (PC)* der Firma IBM – dem in Abbildung 1.22 gezeigten IBM-Modell 5150 – sein Debüt. Mit dem beispiellosen Markterfolg der PCs wurde die x86-Architektur gleichermaßen zu einem Massenprodukt.

1982 ersetzte IBM den 8086 durch den 80286, der zwar immer noch mit einer Registerbreite von 16 Bit arbeitete, die Funktionalität des 8086 jedoch durch zahlreiche neue Konzepte, wie das Schützen bestimmter Speicherbereiche (*protected mode*), deutlich übertraf. Der erste Intel-Prozessor mit einer 32-Bit-Architektur erschien drei Jahre später in Form des 80386-Prozessors. 1989 wurde der 80386 durch den deutlich schnelleren 80486 abgelöst, der unter anderem den vormals externen Coprozessor direkt auf dem Prozessorchip integrierte. Der Nachfolger des 80486 kam 1993 auf den Markt – aus patentrechtlichen Gründen

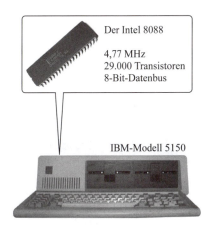

Abbildung 1.22: Das Modell 5150 der Firma IBM begründet das Zeitalter der PCs.

Abbildung 1.23: Computer der heutigen Generation übertreffen die Rechenleistung ehemaliger Großcomputer um ein Vielfaches.

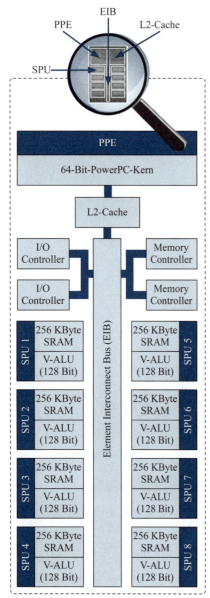

nicht als 80586, sondern unter dem schützungsfähigen Namen *Pentium*. In den Jahren folgten die Modelle Pentium Pro, Pentium II, Pentium III sowie diverse Varianten des Pentium 4. Im Jahr 2006 verabschiedete sich Intel schließlich vom Namen *Pentium* und leitete mit der *Core microarchitecture* die Ära der Mehrkernprozessoren ein. Kurz danach begann Intel, Prozessoren der Core-2-Serie zu vertreiben, und im Jahr 2008 wurde daraus die Intel-Core-i-Serie.

Verglichen mit dem 4004 hat sich die Architektur moderner Prozessoren zwar an unzähligen Stellen weiterentwickelt, jedoch nie grundlegend verändert. In puncto Leistung haben beide trotzdem nicht mehr viel gemein. In einem typischen Arbeitsplatzrechner, Tablet-PC oder Smartphone operieren heute mehrere parallel arbeitende Kerne im Gigahertzbereich, die jeder für sich die Leistung früherer Großrechner um ein Vielfaches übertreffen (Abbildung 1.23). Auch die Anzahl der Transistoren spricht eine deutliche Sprache. Kommt der 4004-Prozessor noch mit 2250 Transistoren aus, so liegt die Anzahl bei modernen Prozessoren heute jenseits der Milliardengrenze.

Als Beispiel für die Topologie einer Mehrkernarchitektur ist in Abbildung 1.24 das Blockschaltbild des *Cell-Prozessors* der Firma IBM dargestellt, der nicht zuletzt durch den Einsatz in der Playstation 3 einen hohen Bekanntheitsgrad erlangte. Der größte Teil der über 230 Millionen Transistoren verteilt sich auf 8 separate *Synergistic Processing Units* (SPUs), die mit ihren SIMD-Vektoreinheiten für die effiziente Ausführung arithmetischer Operationen optimiert sind. Angesteuert werden die SPUs über einen Prozessorkern auf PowerPC-Basis, der sich direkt neben dem L2-Cache befindet und die Kontrolle über den gesamten Chip besitzt. Mit der Einführung der Playstation 4 hat sich Sony von der Cell-Architektur verabschiedet und sich stattdessen für eine x86-CPU der Firma der AMD entschieden. Die Grafikberechnung übernimmt in der neuen Konsole eine GPU (*Graphics Processing Unit*) der Radeon-Familie, ebenfalls von der Firma AMD.

PPE : Power Processor Element
SPU : Synergistic Processing Unit
V-ALU : Vektor-ALU

Abbildung 1.24: Architektur des Cell-Prozessors von IBM

1.3 Wohin geht die Reise?

Blicken wir auf die bewegte Geschichte der Computertechnik zurück, so drängt sich unweigerlich die Frage auf, welchen Weg die Entwicklung in Zukunft einschlagen wird. Wie vorsichtig wir mit voreiligen Schlussfolgerungen sein müssen, lehrt uns abermals die Vergangenheit. So hätte in den Pioniertagen der Computertechnik niemand auch nur zu träumen gewagt, dass sich die Informationstechnologie zu dem entwickelt, was sie heute ist.

1.3 Wohin geht die Reise?

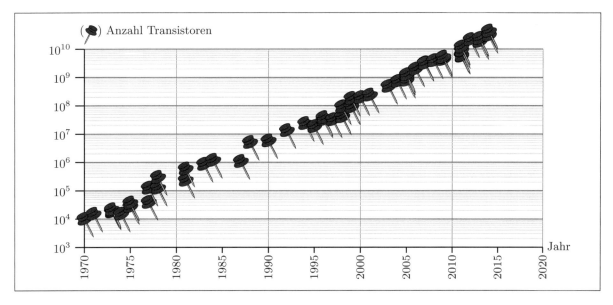

Abbildung 1.25: Die Entwicklung der Hardware-Komplexität am Beispiel der Desktop-Mikroprozessoren. Werden die einzelnen Messpunkte zu einer Linie verbunden, so entsteht eine fast perfekte Gerade. Durch die logarithmische Skala auf der y-Achse lässt sich hieraus ein exponentielles Wachstum der Hardware-Komplexität ableiten.

Der folgende, von Howard Aiken im Jahre 1947 formulierte Satz bringt mit wenigen Worten den Zeitgeist der Pioniertage auf den Punkt: *„Only six electronic digital computers will be required to satisfy the computing needs of the entire United States"*. In die gleiche Kerbe schlägt das folgende Zitat, das ebenfalls um diese Zeit herum datiert wird: *„I think there is a world market for maybe five computers"*. Zugeschrieben wird dieses Zitat keinem anderen als Thomas Watson Sr., dem Gründer der Firma IBM. Ob es wirklich Watson war, der die legendären Worte formulierte, ist jedoch heftig umstritten und konnte bis heute nie zweifelsfrei belegt werden. Doch welchen Nutzen können wir aus den Prognosen der Vergangenheit ziehen, die nicht unzutreffender hätten sein können? Am Ende ist es die Erkenntnis, dass wir von *langfristigen* Vorhersagen zur Entwicklung der Computertechnik absehen sollten. Die rasante Entwicklung der letzten Jahrzehnte barg vielerlei Überraschungen und wir dürfen davon ausgehen, dass weitere folgen.

Gleichwohl lassen sich in den vielen Unstetigkeiten der Vergangenheit auch konstante Entwicklungen erkennen, mit deren Hilfe wir zumindest kurz- und mittelfristige Trends mit einer gewissen Wahrscheinlichkeit prognostizieren können. Eine dieser Entwicklungen betrifft die Zunahme der Hardware-Komplexität, gemessen an der Anzahl der

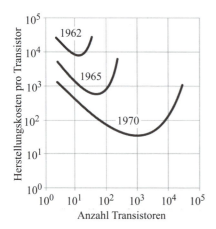

„*The complexity for minimum component costs has increased at a rate of roughly a factor of two per year ... Certainly over the short term this rate can be expected to continue, if not to increase. Over the longer term, the rate of increase is a bit more uncertain, although there is no reason to believe it will not remain nearly constant for at least 10 years. That means by 1975, the number of components per integrated circuit for minimum cost will be 65,000. I believe that such a large circuit can be built on a single wafer.*" [69]

Abbildung 1.26: Im Jahre 1965 prognostizierte Gordon Moore die exponentielle Zunahme der Chip-Komplexität. In leicht abgewandelter Form ist das Moore'sche Gesetz bis heute gültig.

Transistoren, die ein einzelner Silizium-Chip integriert. Betrachten wir die Entwicklung über die Jahre hinweg, so zeigt sich ein beeindruckend stabiles Bild.

Seit dem Erscheinen des Intel-4004-Prozessors hat sich die Anzahl der Transistoren, die auf ein einziges Stück Silizium integriert wurden, ca. alle 20 Monate verdoppelt. Dieser Trend setzt sich bis heute fort und zumindest mittelfristig ist kein Ende in Sicht. Die exponentielle Zunahme der Hardware-Komplexität hat einen berühmten Namen und wird heute als das *Moore'sche Gesetz* bezeichnet (*Moore's law*). Gordon Moore hatte das geschilderte Phänomen im Jahre 1965 vorausgesagt, wenngleich mit einer etwas zu optimistischen Geschwindigkeitsannahme (Abbildung 1.26).

Die Bedeutung, die das Moore'sche Gesetz für die Entwicklung der Computertechnik besitzt, ist selbst in Expertenkreisen bis heute umstritten. Für einige spiegelt sich in der Gesetzmäßigkeit schlicht der kontinuierliche Fortschritt eines ganzen Technologiesektors wider. Andere sehen im Gesetz von Moore eine treibende Kraft, die großen Teilen der Hardware-Industrie die Schlaggeschwindigkeit regelrecht aufzwingt. Ganz von der Hand zu weisen ist eine solch aktive Rolle nicht. Nahezu die gesamte Computerindustrie vertraute früher wie heute auf die Gültigkeit dieser Wachstumsprognose und richtete ihre mittel- und langfristige Planung darauf aus. Einige Experten sehen in *Moore's law* deshalb keinen empirischen Zufall, sondern eine Gesetzmäßigkeit, die im Sinne einer sich selbst erfüllenden Prophezeiung aus eigener Kraft wahr wurde.

Wann der Tag kommen wird, an dem *Moore's law* seine Gültigkeit verliert, ist umstritten. Dass der Tag kommen wird, gilt als sicher – schon aus rein fundamentalen Überlegungen sind exponentielle Wachstumsraten nicht über beliebig lange Zeiträume durchzuhalten. In der Tat wurde durch die gesamte Computergeschichte hindurch immer wieder postuliert, das Ende des Machbaren sei erreicht und jedes Mal waren es findige Tüftler und Ingenieure, die sämtliche Kritiker Lügen straften.

Damit ist es an der Zeit, hinter die Kulissen zu blicken und die Methoden und Techniken genauer zu beleuchten, die eine technische Entwicklung dieses Ausmaßes überhaupt erst möglich machten.

2 Halbleitertechnik

In diesem Kapitel werden Sie . . .

- die elektrischen Eigenschaften von Halbleiterkristallen verstehen,
- mit der Diode und dem Transistor zwei grundlegende Halbleiterelemente kennen lernen,
- die Produktion integrierter Schaltkreise nachvollziehen.

2.1 Halbleiter

Der historische Rückblick in Kapitel 1 hat aufgezeigt, dass die Entwicklung der Computertechnik eng mit den Fortschritten im Bereich der integrierten Schaltungstechnik verbunden ist. Ohne die beeindruckenden Erfolge im Bereich der Hochintegration in der zweiten Hälfte des vorherigen Jahrhunderts wäre die Konstruktion von elektronischen Geräten, wie wir sie heute kennen und fast schon als selbstverständlich erachten, niemals Realität geworden. Im Detail betrachtet, setzen sich moderne Mikrochips aus mehreren Millionen winziger Verknüpfungsglieder zusammen, die in einem komplizierten Fertigungsprozess dicht gepackt auf ein kleines Stück Silizium aufgebracht werden. Dass wir heute technisch in der Lage sind, mikroskopisch kleine Schaltelemente zu erzeugen, die zudem um viele Größenordnungen schneller schalten als die lange Zeit dominierende Röhrentriode, haben wir den chemischen und physikalischen Eigenschaften einer ganz bestimmten Stoffgruppe zu verdanken – den *Halbleitern*.

Halbleiter sind der Grundstoff mikroelektronischer Schaltungen und die daraus gefertigten Transistoren spielen in der Computertechnik die gleiche Rolle wie die Nukleotide in der Genetik. Aufgrund ihrer immensen Bedeutung wollen wir in diesem und den nächsten Abschnitten einen genaueren Blick auf die Grundbausteine wagen, aus denen sich sämtliche modernen Hardware-Schaltungen zusammensetzen. Insbesondere werden wir die Frage klären, was Halbleiterelemente so einzigartig macht und wie wir ihre besonderen Eigenschaften für die Konstruktion komplexer Mikrochips nutzen können.

Im nächsten Abschnitt werden wir zunächst einen kleinen, aber unabdingbaren Ausflug in die Chemie unternehmen und zunächst auf atomarer Ebene klären, wie sich Stromflüsse durch die Bewegung einzelner Elektronen im Detail erklären lassen. Auf den erworbenen Grundkenntnissen aufbauend werden wir in den Abschnitten 2.2.1 bis 2.2.3 mit der Halbleiterdiode und dem Transistor die zentralen Bausteine kennen lernen, die in einem komplexen Zusammenspiel das Verhalten von Mikrochips definieren, mit denen wir tagtäglich hundertfach in Berührung kommen.

2.1.1 Atommodell von Bohr

Nach dem Bohr'schen Atommodell setzt sich ein einzelnes Atom aus *Protonen*, *Neutronen* und *Elektronen* zusammen. Protonen tragen eine

---

Der dänische Physiker Niels Henrik David Bohr wurde 1885 in Kopenhagen geboren und zählt zu den bedeutendsten Physikern des zwanzigsten Jahrhunderts. Im Jahre 1922 wurde Bohr für seine Verdienste um die Erforschung der Struktur der Atome und der von ihnen ausgehenden Strahlung mit dem Nobelpreis ausgezeichnet. Zu seinen wichtigsten Hinterlassenschaften gehört zweifelsfrei das Bohr'sche Atommodell, das neue Erkenntnisse in den inneren Aufbau von Atomen gewährte und zugleich als Wegbereiter für die sich später entwickelnde Quantenmechanik angesehen wird.

Das Modell von Bohr ist eine Weiterentwicklung des Rutherford'schen Modells, das Elektronen wie winzige, den Atomkern umkreisende Planeten interpretiert und damit im Widerspruch zur klassischen Elektrodynamik steht. Diese sagt aus, dass bewegende elektrische Ladungen einen Teil ihrer Energie als elektromagnetische Welle abstrahlen. Genau eine solche bewegliche Ladung stellt das Elektron dar. Aufgrund seiner Rotation um den Atomkern müsste dieses permanent an Energie verlieren und schließlich in den Atomkern stürzen.

Bohr postulierte in seinem Modell die Existenz von *Schalen*, auf denen sich die Elektronen mit unterschiedlichen Energieniveaus verlustfrei bewegen können. Mit Hilfe dieses Modells war es erstmals möglich, viele chemische Reaktionen auf erstaunlich einfache Weise physikalisch zu erklären.

Heute gilt das Bohr'sche Atommodell als veraltet, da es im Widerspruch zu den modernen Erkenntnissen der Quantenmechanik steht. Andere Modelle, wie z. B. das Orbitalmodell, nehmen gegenwärtig dessen Platz ein. Nichtsdestotrotz beschreibt das Bohr'sche Atommodell die Eigenschaften von Atomen und Elektronen so genau, dass sich damit unter anderem das elektrische Verhalten von Halbleiterkristallen präzise erklären lässt.

2.1 Halbleiter

positive, Elektronen eine negative Ladung. Beide weisen die exakt identische Ladungsmenge auf, so dass ein Proton durch jeweils ein Elektron kompensiert wird. Der dritte atomare Baustein – das Neutron – ist ladungsneutral und trägt ausschließlich zur Masse des Atoms bei. In allen chemischen Elementen ist die Beschaffenheit der drei Grundbausteine gleich. Einzig die zahlenmäßige Zusammensetzung von Protonen und Neutronen im Atomkern entscheidet, welches chemische Element wir letztendlich vor uns haben.

Im Normalzustand ist ein Atom nach außen ladungsneutral – es besitzt genauso viele Protonen wie Elektronen. Weicht die Zahl der Elektronen von der Zahl der Protonen ab, so sprechen wir von einem *Ion*. Ein Ion ist stets negativ oder positiv geladen, je nachdem, ob die Anzahl der Elektronen die Anzahl der Protonen übersteigt oder umgekehrt.

Abbildung 2.2 demonstriert den schematischen Aufbau eines Heliumatoms im Bohr'schen Atommodell. Während je zwei Protonen und Neutronen den *Atomkern* bilden, befinden sich die beiden Elekronen in der *Atomhülle*. Diese besteht aus mehreren Schalen, auf denen sich die Elektronen um den Kern bewegen. Beachten Sie, dass die Skizze in Abbildung 2.2 bei weitem nicht maßstabsgetreu gezeichnet ist. In Wirklichkeit ist der Radius der Atomhülle rund 10.000 mal größer als der des Kerns. Trotzdem trägt der Atomkern fast die komplette Masse eines Atoms. Obwohl Protonen und Neutronen eine unglaublich kleine Masse von $1\,6725 \times 10^{-24}$ g bzw. $1\,6748 \times 10^{-24}$ g besitzen, sind sie immer noch knapp 2000 mal schwerer als ein Elektron.

Ein wesentliches Merkmal des Bohr'schen Atommodells betrifft die Abstände, in denen einzelne Elektronen den Atomkern umkreisen können. Anders als z. B. im Rutherford'schen Modell sind diese nicht beliebig. Wie weiter oben angedeutet, wird der Atomkern durch mehrere Schalen eingehüllt, auf denen sich die verschiedenen Elektronen bewegen. Auf welcher Schale sich ein einzelnes Elektron befindet, wird einzig und alleine durch sein Energieniveau bestimmt. Elektronen auf den inneren Schalen besitzen ein niedrigeres, Elektronen auf den äußeren Schalen ein höheres Niveau. Das Energieniveau eines Elektrons ist keine kontinuierliche Größe und kann nur ganz bestimmte, diskrete Werte annehmen. Dies ist der Grund, warum sich ein Elektron immer nur auf einer bestimmten Schale, nie jedoch dazwischen befinden kann.

Zur besseren Unterscheidung wurden die verschiedenen Schalen im Bohr'schen Atommodell mit Buchstaben versehen. Die innerste wird als K-Schale, die zweite als L-Schale, die dritte als M-Schale usw. bezeichnet. Die verschiedenen Schalen eines Atoms unterscheiden sich in der Anzahl der Elektronen, die sich zur gleichen Zeit darauf befinden

Niels Bohr (1885 – 1962)
Albert Einstein (1879 – 1955)

Abbildung 2.1: Niels Bohr (links) im Zwiegespräch mit Albert Einstein im Jahre 1925.

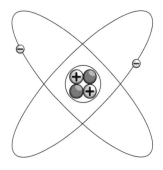

Abbildung 2.2: Das Heliumatom. Im Kern befinden sich je zwei Protonen und Neutronen, die im Bohr'schen Atommodell von zwei Elektronen umkreist werden.

können. So kann die K-Schale nur 2, die L-Schale und die M-Schale dagegen 8 Elektronen aufnehmen.

Abbildung 2.3 demonstriert die Elektronenanordnung am Beispiel von Kohlenstoff- und Wasserstoffatomen. In beiden ist die äußere Schale nicht vollständig besetzt. Die Elektronen auf der ungesättigten Schale werden *Valenzelektronen* genannt und bestimmen maßgeblich, wie sich ein Atom im Zuge einer chemischen Reaktion verhält. Atome sind stets bestrebt, den energetisch ärmsten Zustand anzunehmen und werden demnach versuchen, ihre äußeren Schalen zu vervollständigen. Im Falle von Kohlenstoff und Wasserstoff führt dies dazu, dass jeweils vier Wasserstoffatome ihr freies Valenzelektron mit einem Kohlenstoffatom teilen und diesem dadurch zu einer gesättigten Schale verhelfen. Als Ergebnis entsteht ein Methan-Molekül (Erdgas, CH_4). Wie bei allen anderen chemischen Reaktionen auch, bleiben die inneren Atomschalen durch diese Vorgänge gänzlich unberührt.

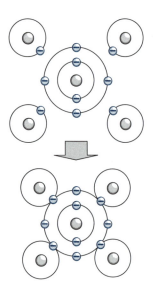

Abbildung 2.3: Vier Wasserstoffatome und ein Kohlenstoffatom im Bohr'schen Atommodell. Über die freien Valenzelektronen vereinigen sich die Atome zu einem stabilen Methanmolekül (CH_4).

Weiter oben haben wir herausgearbeitet, dass einzig und allein das Energieniveau bestimmt, auf welcher Schale sich ein Elektron befindet. Im Umkehrschluss bedeutet dieses Ergebnis, dass ein Elektron durch die Aufnahme oder die Abgabe von Energie zwischen den Schalen hin- und herwechseln kann. Auf atomarer Ebene finden diese Vorgänge in der Tat fortwährend statt. Elektronen, die z. B. aufgrund thermischer Erhitzung Energie aufnehmen, bewegen sich in Richtung der äußeren Schalen. Wird ein gewisses Energieniveau überschritten, so verliert das Elektron gänzlich seine Bindung und kann sich frei im Atomverbund bewegen. Aus dem ehemaligen Valenzelektron ist jetzt ein freies *Leitungselektron* geworden.

Um ein Elektron aus dem Atom zu lösen, muss die sogenannte *Bindungsenergie* aufgebracht werden. Diese unterscheidet sich erheblich zwischen den verschiedenen chemischen Substanzen. In klassischen Isolatoren wie z. B. Hartgummi, ist die aufzubringende Energiemenge so groß, dass selbst bei hohen Temperaturen nur wenige Elektronen diesen Sprung schaffen. Kurzum: Ein Stromfluss kommt so gut wie nicht zustande. In elektrischen Leitern wie z. B. Kupfer oder Silber, reicht hingegen eine sehr geringe Energiemenge aus, um freie Leitungselektronen zu erzeugen.

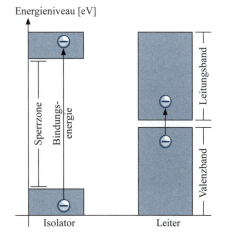

Abbildung 2.4: Bändermodell. Die verschiedenen Energieniveaus von Leitungs- und Valenzelektronen führen zu einer natürlichen Zweiteilung auf der *y*-Achse.

Besonders deutlich wird der Unterschied zwischen Isolatoren und Leitern im *Bändermodell*. Tragen wir die möglichen Energieniveaus eines Elektrons, wie in Abbildung 2.4 gezeigt, auf der *y*-Achse eines Diagramms auf, so lässt die Unterscheidung in Leitungs- und Valenzelektronen eine natürliche Zweiteilung entstehen. Elektronen hohen Energieniveaus befinden sich im *Leitungsband*, während sich Elektronen niedrigen Niveaus im *Valenzband* befinden. Je mehr Bindungsenergie für die Freisetzung eines Elektrons aufgebracht werden muss, desto weiter klaffen das Leitungs- und das Valenzband auseinander. Zwischen beiden Bändern entsteht eine Sperrzone, die keine einnehmbaren Energieniveaus enthält und mit zunehmender Größe von immer weniger Elektronen überwunden werden kann. Wie zu erwarten, zeichnen sich gute Isolatoren durch eine große Sperrzone aus, während das Leitungs- und das Valenzband in guten Leitern fast nahtlos ineinander übergehen.

2.1.2 Reine Halbleiter

Halbleiter sind spezielle Festkörper, die gleichsam als Isolator wie auch als elektrischer Leiter auftreten können. Ihre spezielle Eigenschaft haben diese Stoffe der Energiemenge zu verdanken, die zur Freisetzung eines Valenzelektrons aufgebracht werden muss. Die Bindungsenergie liegt in einem Bereich, der groß genug ist, um das Material bei geringen Temperaturen zu einem Isolator werden zu lassen, gleichzeitig aber klein genug ist, um bei mäßigen Temperaturen von einer größeren Anzahl von Elektronen überwunden zu werden. So reicht z. B. für den Halbleiter Germanium eine Temperatur von ca. 50° C aus, um eine gute elektrische Leitfähigkeit zu erreichen.

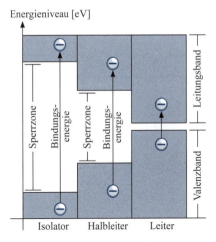

Abbildung 2.5: Einordnung von Halbleitern im Bändermodell

Abbildung 2.5 zeigt die Einordnung von Halbleitern in das Bändermodell. Die eingezeichnete Sperrzone befindet sich zwischen derer von Isolatoren und jener von elektrischen Leitern. Eine exakte Einteilung von Materialien in Leiter, Halbleiter und Isolatoren ist über deren *spezifischen Widerstand* ρ möglich (vgl. Tabelle 2.1). Materialien mit einem Wert kleiner als 10^{-6} Ωm bzw. größer als 10^{10} Ωm gelten als Leiter bzw. als Isolator. Halbleiter besitzen einen spezifischen Widerstand, der zwischen diesen beiden Werten liegt.

Für den Bau elektronischer Schaltungen spielen insbesondere die Halbleiterelemente Silizium (*Si*) und Germanium (*Ge*) eine Rolle. Beide Elemente sind so beschaffen, dass ihre Leitfähigkeit durch äußere Einflüsse vergleichsweise einfach beeinflusst werden kann. Silizium steht an Position 14 des Periodensystems und ist nach dem Sauerstoff das zweithäufigste Element in der Erdkruste. Die 14 Elektronen eines Siliziumatoms verteilen sich auf insgesamt 3 Schalen. Die innerste ist mit 2 und die zweite mit 8 Elektronen vollständig gefüllt. Die M-Schale ist mit 4 Valenzelektronen dagegen ungesättigt.

Im Verbund ordnen sich die Siliziumatome, wie in Abbildung 2.6 skizziert, in Form eines *Kristallgitters* an. Um jedes Atom gruppieren sich 4

Isolatoren	
Material	Widerstand
Hartgummi	10^{16} Ωm
Bernstein	10^{14} Ωm
Halbleiter	
Material	Widerstand
Silizium (rein)	10^{2} Ωm
Germanium (rein)	10^{0} Ωm
Germanium (dotiert)	10^{-4} Ωm
Leiter	
Material	Widerstand
Platin	10^{-7} Ωm
Silber	10^{-8} Ωm

Tabelle 2.1: Über den spezifischen Widerstand lassen sich Materialien in Isolatoren, Halbleiter und Leiter klassifizieren.

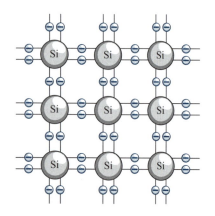

Abbildung 2.6: Struktur des Siliziumkristalls. Jedes Atom ist von 4 weiteren Atomen umgeben, die über jeweils zwei gemeinsam genutzte Valenzelektronen eine stabile Verbindung herstellen.

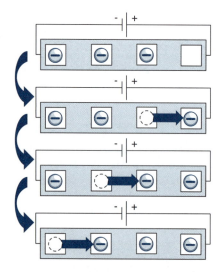

Abbildung 2.7: Eigenleitung im Halbleiterkristall. Die freigesetzten Leitungselektronen richten sich im elektrischen Feld aus und wandern in Richtung der positiven Spannungsquelle. Die gleichzeitig entstehenden Elektronenlöcher bewegen sich in entgegengesetzter Richtung auf den Minuspol zu.

weitere, die über je 2 gemeinsam genutzte Valenzelektronen eine feste Bindung eingehen und die M-Schalen jedes Siliziumatoms damit auf effektiv 8 Elektronen auffüllen. Aufgrund der regulären Struktur der Atomanordnung sprechen wir in diesem Zusammenhang auch von einem *Einkristall* (*single cristal*). Anders als in der schematischen Zeichnung suggeriert, ordnen sich die einzelnen Atome in der Realität dreidimensional an. Bei der skizzierten Struktur handelt es sich um ein vereinfachtes zweidimensionales Modell, das für unsere Anschauungszwecke jedoch völlig ausreichend ist.

Die Struktur des Siliziumkristalls entspricht jener des Diamanten. Beide Materialien unterscheiden sich jedoch erheblich in der Bindungsenergie, die zum Heraustrennen eines Elektrons benötigt wird. Um ein Elektron des Siliziumkristalls in das Leitungsband zu heben, ist eine Energie von ca. 1,1 eV ausreichend. In der wesentlich stabileren Diamantstruktur muss mit 6 eV bereits mehr als die fünffache Energie aufgebracht werden, um ein Elektron von einem einzelnen Kohlenstoffatom zu trennen. Diese hohe Energiemenge macht den Diamant zu einem exzellenten Isolator – wenn auch zu einem sehr kostspieligen.

Durch die *Brown'sche Molekularbewegung* besitzt jedes Elektron eine gewisse Schwingungsenergie, die bei Raumtemperatur im Bereich von 0 025 eV liegt. Der exakte Wert variiert zwischen den einzelnen Atomen, so dass es dem ein oder anderen Elektron immer wieder gelingt, die Bindungsenergie zu überwinden und in das Leitungsband zu gelangen. Steigt oder sinkt die Temperatur, so nimmt mit der thermischen Energie auch die Elektronendichte im Leitungsband kontinuierlich zu bzw. ab. In einem Siliziumkristall befinden sich bei 50° C bereits 10^{10} freie Elektronen pro cm^3 im Leitungsband. Verglichen mit den klassischen elektrischen Leitern ist diese Elektronendichte trotzdem gering. Hier kommt im Durchschnitt auf jedes der ca. 10^{22} Atome pro cm^3 ein freies Leitungselektron.

Die Freisetzung von Elektronen ist der Schlüssel für die elektrische Leitfähigkeit des Halbleiterkristalls. Für jedes herausgetrennte Elektron entsteht eine *Bindungslücke*, die auch als *Elektronenloch* oder als *Defektelektron* bezeichnet wird. Die gleichzeitige Entstehung von Leitungselektronen und Löchern wird mit dem Begriff der *Paarbildung* umschrieben. Diese hat einen entscheidenden Einfluss auf die Ladungsverteilung innerhalb des Kristalls. Wechselt ein Elektron in das Leitungsband, so hinterlässt es ein positiv geladenes Ion, das seinerseits anziehend auf die umliegenden Elektronen wirkt. Entsprechend häufig wird das entstandene Loch entweder durch ein freies Leitungselektron oder durch ein benachbart freigesetztes Elektron aufgefüllt. Wir sprechen in diesem Fall von einer *Rekombination*.

2.1 Halbleiter

Legen wir an den Halbleiterkristall ein elektrisches Feld an, so findet ein gerichteter Stromfluss statt. Wie in Abbildung 2.7 gezeigt, werden die freigesetzten Elektronen durch das elektrische Feld in Richtung des Pluspols getrieben. Da wir die Elektronenlöcher ohne Probleme als positive Ladungsträger interpretieren können, erzeugen diese einen *Löcherstrom*, der dem *Elektronenstrom* entgegengesetzt ist. Obwohl die positiv geladenen Ionen in Wirklichkeit fest in das Kristallgitter integriert sind und sich selbst nicht von der Stelle bewegen, ist es für die Anschauung vollkommen korrekt, sich den Löcherstrom als einen Fluss positiv geladener Ladungsträger vorzustellen (vgl. Abbildung 2.8).

Die Fähigkeit eines Halbleiters, über die Bildung freier Elektronen und Defektelektronen einen Stromfluss zu erzeugen, wird als *Eigenleitung* bezeichnet. Wie oben angedeutet, nimmt die Paarbildung mit zunehmender thermischer Energie stark zu, so dass Halbleiter mit wachsender Temperatur zu einem immer besseren Leiter werden. Von den klassischen elektrischen Leitern kennen wir diese Eigenschaft nicht. Hier stehen sich die Leitungselektronen bei zunehmender Molekularbewegung gegenseitig wie Hindernisse im Weg und sorgen dafür, dass die Leitfähigkeit mit zunehmenden Temperaturen kontinuierlich sinkt.

2.1.3 Dotierte Halbleiter

In einem reinen Siliziumkristall kommen Elektronen und Defektelektronen in gleicher Anzahl vor. Wird dieses Gleichgewicht durch eine gezielte Verunreinigung des Trägermaterials gestört, so lässt sich die elektrische Leitfähigkeit des Kristalls erheblich verbessern. Der Vorgang der Verunreinigung wird als *Dotierung* und die entstehende Kristallstruktur als *dotierter Halbleiter* bezeichnet.

Als erstes dotiertes Halbleitermaterial betrachten wir den *Elektronenüberschussleiter*. Dieser entsteht, indem Fremdatome in das Kristallgitter eingebaut werden, die über ein zusätzliches Valenzelektron verfügen. Wie ein solches Gitter aussehen kann, demonstriert Abbildung 2.9 am Beispiel eines mit Phosphor verunreinigten Siliziumkristalls. Das Phosphoratom besitzt 5 Valenzelektronen in der M-Schale und damit eines mehr als das Siliziumatom (vgl. Abbildung 2.10). Von den 5 Valenzelektronen werden nur 4 für den Einbau in das Kristallgitter benötigt. Das überschüssige fünfte Elektron ist nur schwach eingebunden. Geringe Energiemengen reichen aus, um es zu lösen und zu einem freien Ladungsträger werden zu lassen.

Aufgrund ihrer elektronenspendenen Funktion werden die künstlich eingebauten Phosphoratome als *Donatoren* bezeichnet. Da in einem sol-

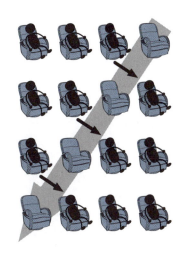

Abbildung 2.8: Eigenleitung einmal anders. Die Bewegung der Ladungsträger lässt sich bildlich mit dem Auffüllen einer Kinoreihe vergleichen. Während die Besucher (Elektronen) von links nach rechts durch die Reihe rücken, scheinen die freien Sitze (Elektronenlöcher) trotz ihrer stationären Montage von rechts nach links zu wandern.

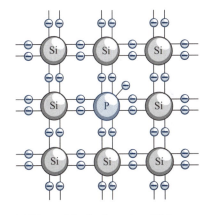

Abbildung 2.9: Struktur eines Elektronenüberschussleiters (n-Leiter). Durch den gezielten Einbau von Phosphoratomen werden zusätzliche Valenzelektronen in das Siliziumgitter eingebracht. Diese können sich nahezu ungehindert durch die Kristallstruktur bewegen.

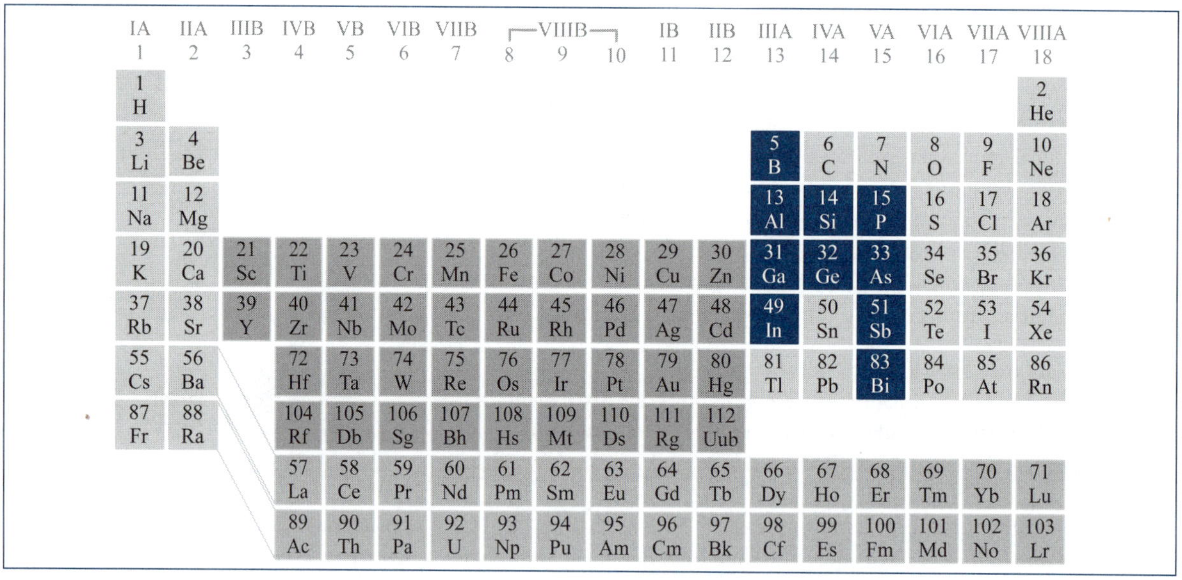

Abbildung 2.10: Das Periodensystem. Die Elemente der dritten, vierten und fünften Hauptgruppe spielen für die Halbleitertechnik eine zentrale Rolle. Um die gewünschte elektrische Leitfähigkeit zu erreichen, werden die Trägersubstanzen Silizium (*Si*) bzw. Germanium (*Ge*) mit Elementen der dritten bzw. der fünften Hauptgruppe gezielt verunreinigt (dotiert). Die Dotierung mit Bor (*B*), Indium (*In*), Aluminium (*Al*) oder Gallium (*Ga*) lässt ein p-Gebiet entstehen, während die Verunreinigung mit Phosphor (*P*), Arsen (*As*), Antimon (*Sb*) oder Bismut (*Bi*) ein n-Gebiet erzeugt.

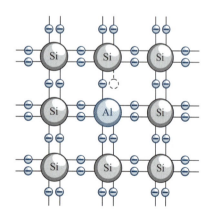

Abbildung 2.11: Struktur eines Elektronenmangelleiters (p-Leiter). Durch den gezielten Einbau von Aluminiumatomen entstehen künstliche Elektronenlöcher, die wie positive Ladungsträger wirken.

chen Halbleiterkristall mehr Elektronen als Elektronenlöcher vorhanden sind, spielen erstere die Rolle des *Majoritätsträgers* und letztere die des *Minoritätsträgers*. Aufgrund des negativen Vorzeichen des Majoritätsträgers sprechen wir im Falle eines Elektronenüberschussleiters auch von einem *n-Leiter*.

Wird der Siliziumträger nicht mit Elementen aus der fünften, sondern mit Elementen aus der dritten Hauptgruppe des Periodensystems dotiert, so entsteht ein *Elektronenmangelleiter*. Die in Frage kommenden Elemente Bor, Indium, Aluminium oder Gallium besitzen mit 3 Valenzelektronen in der M-Schale ein Elektron weniger als der Silizium- oder der Germaniumträger. Wie in Abbildung 2.11 demonstriert, erzeugt der Einbau der Fremdatome künstliche Löcher innerhalb des Kristallgitters. Diese können Elektronen an sich ziehen und werden aufgrund dieser Eigenschaft als *Akzeptoren* bezeichnet. Anders als im Falle des n-Leiters spielen jetzt nicht mehr die Elektronen, sondern die Elektronenlöcher dank ihrer zahlenmäßigen Überlegenheit die Rolle des Majoritätsträgers. Gemäß ihrer positiven Ladung sprechen wir jetzt von einem *p-Leiter*.

2.2 Integrierte Schaltelemente

2.2.1 Halbleiterdioden

Dioden sind spezielle Schaltelemente, die den Stromfluss richtungsabhängig begrenzen. Während sie sich in *Durchlassrichtung* neutral verhalten, wirken sie in *Sperrrichtung* als Isolator.

Wie in Abbildung 2.12 skizziert, lässt sich das Schaltverhalten einer Diode durch den Zusammenschluss zweier komplementär dotierter Halbleiterkristalle erzeugen. Um die physikalischen Vorgänge innerhalb der Kristallverbindung im Detail zu verstehen, betrachten wir zunächst, wie sich der Zusammenschluss eines p-Gebiets und eines n-Gebiets im Ruhezustand verhält. Danach werden wir erarbeiten, wie sich das Anlegen einer Spannung auf die Leitfähigkeit des Kristallverbunds auswirkt.

Die elektrischen Eigenschaften der Halbleiterdiode werden maßgeblich durch die physikalischen Vorgänge an der Grenzschicht des p-Gebiets und des n-Gebiets – dem *pn-Übergang* – bestimmt. Während das p-Gebiet aufgrund seiner speziellen Dotierung viele Elektronenlöcher aufweist, befindet sich innerhalb des n-Gebiets eine große Anzahl freier Leitungselektronen. Werden beide Halbleitermaterialien aneinandergefügt, so beginnen die freien Leitungselektronen in den p-Leiter zu drängen. Auf diese Weise bildet sich um den pn-Übergang eine Grenzschicht aus, die nur noch wenige freie Ladungsträger enthält. Im n-Gebiet lässt der Elektronenabfluss positive Ionen zurück und vermehrt zudem die Anzahl negativer Ionen innerhalb des p-Gebiets. Diese stoßen die nachdrängenden Elektronen in zunehmendem Maße ab. Nach kurzer Zeit stellt sich zwischen den wirkenden Kräften ein Gleichgewicht ein und die Diffusion kommt zum Stillstand.

Die entstandene Zone wird als *Raumladungszone* bezeichnet. Zusammenfassend zeichnet sich diese durch zwei wesentliche Eigenschaften aus. Zum einen wird sie durch die Abstoßungskräfte der entstehenden Ionen räumlich begrenzt. Zum anderen weist sie aufgrund der sich zahlreich ereignenden Rekombinationen nur noch wenige freie Ladungsträger auf und besitzt dadurch eine isolierende Wirkung.

Im Bereich eines pn-Übergangs führt die Rekombination von Elektronen und Elektronenlöchern zu einer Verarmung der freien Ladungsträger. Die entstehende Raumladungszone besitzt eine isolierende Wirkung.

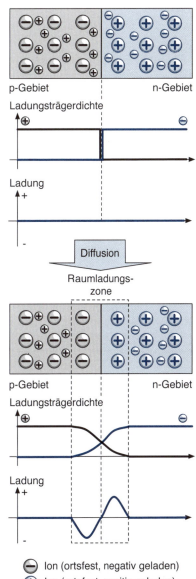

Abbildung 2.12: Aufbau einer Halbleiterdiode. Durch die Diffusion der Ladungsträger bildet sich im pn-Gebiet die *Raumladungszone* aus. Diese wirkt wie eine isolierende Grenzschicht.

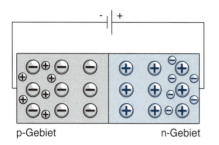

Abbildung 2.13: Anlegen einer Spannung in Sperrrichtung. Der Minuspol wird mit der p-Schicht und der Pluspol mit der n-Schicht verbunden. Die Ladungsträger werden in Richtung der Spannungspole weggezogen und bewirken eine Vergrößerung der Sperrschicht. Der Stromfluss wird unterbunden.

Im Folgenden wollen wir erarbeiten, wie sich die Grenzschicht verhält, wenn wir an die Halbleiterdiode eine elektrische Spannung anlegen. Wir unterscheiden zwei Fälle:

- Anlegen einer Spannung in Sperrrichtung

  Wir schließen die Halbleiterdiode so an eine Spannungsquelle an, dass die p-Schicht mit dem Minuspol und die n-Schicht mit dem Pluspol verbunden ist (Abbildung 2.13). In diesem Fall werden die freien Elektronen des n-Leiters in Richtung des Pluspols und die Elektronenlöcher des p-Leiters in Richtung des Minuspols gezogen. Die Abwanderung der Ladungsträger führt zu einer Vergrößerung der isolierenden Grenzschicht, die jetzt von kaum einem Elektron mehr überwunden werden kann. Kurzum: Die Halbleiterdiode wirkt in der angelegten Spannungsrichtung als Isolator, der den Stromfluss effektiv unterbindet.

- Anlegen einer Spannung in Durchlassrichtung

  Drehen wir die Polarität der angelegten Spannung um, indem wir die p-Schicht mit dem Pluspol und die n-Schicht mit dem Minuspol verbinden, so werden zusätzliche Elektronen in den n-Leiter und Defektelektronen in den p-Leiter gedrängt (Abbildung 2.14). Die Zunahme der freien Leitungsträger im Bereich des pn-Übergangs führt jetzt zu einer Verkleinerung der Sperrschicht. Übersteigt die angelegte Spannung eine bestimmte Schwelle, so können freie Ladungsträger in großer Anzahl in die Sperrschicht eindringen und rekombinieren. Die Halbleiterdiode verliert ihre isolierende Wirkung und ermöglichen einen nahezu ungehinderten Stromfluss.

 Durch das Anlegen einer elektrischen Spannung lässt sich die Sperrzone im Bereich eines pn-Übergangs vergrößern oder verkleinern. Hierdurch wird ein Stromfluss vom p-Leiter in Richtung des n-Leiters ermöglicht, in der Gegenrichtung jedoch blockiert.

2.2.2 Bipolartransistoren

Im vorherigen Abschnitt haben wir mit der Diode ein klassisches Halbleiterelement eingeführt und ihre Funktionsweise auf atomarer Ebene begründet. In diesem Abschnitt werden wir die Überlegungen in der eingeschlagenen Richtung vertiefen und uns dem Herzstück aller modernen Computer zuwenden: dem *Transistor*.

Abbildung 2.14: Anlegen einer Spannung in Durchlassrichtung. Der Minuspol wird mit der n-Schicht und der Pluspol mit der p-Schicht verbunden. Die freien Ladungsträger bewegen sich aufeinander zu und rekombinieren in der Sperrschicht. Strom fließt.

2.2 Integrierte Schaltelemente

Das Wort Transistor ist ein Kunstprodukt aus den Begriffen *Transfer* und *Resistor* und bedeutet so viel wie „steuerbarer Widerstand". In seiner grundlegenden Funktion entspricht der Transistor der in Kapitel 1 eingeführten Röhrentriode und kann dazu verwendet werden, ein elektrisches Signal zu verstärken bzw. im Falle einer digitalen Ansteuerung ein- oder auszuschalten. So sehr sich die beiden Bauelemente funktional gleichen, so unterschiedlich sind jedoch ihre physikalischen Kenndaten. Der Transistor benötigt nur einen Bruchteil der Energie einer Röhrentriode und lässt sie auch in Bezug auf die Schaltgeschwindigkeit um mehrere Größenordnungen hinter sich.

Wie in Abbildung 2.15 skizziert, lassen sich Transistoren auf unterschiedliche Weise realisieren. Im nächsten Abschnitt werden wir zunächst die verschiedenen Spielarten des Bipolartransistors einführen und anschließend zeigen, wie sich diese von den heute meistgebräuchlichen Feldeffekttransistoren unterscheiden.

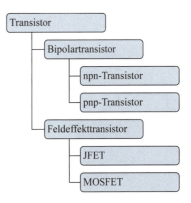

Abbildung 2.15: Transistoren lassen sich auf verschiedene Arten realisieren. Auf der obersten Ebene werden Bipolartransistoren und Feldeffekttransistoren unterschieden.

npn-Transistor

Abbildung 2.16 (oben) zeigt das Symbol und die typische Beschaltung eines npn-Transistors. Genau wie die klassische Triodenröhre besitzt der Transistor drei Anschlüsse. Der *Emitter* und der *Kollektor* dienen dem Zufluss bzw. dem Abfluss von Elektronen. Der Steueranschluss B wird als *Basis* bezeichnet und regelt den Stromfluss zwischen Emitter und Kollektor. Analog zur Funktionsweise der Triodenröhre besitzt der Steueranschluss eine verstärkende Wirkung: Eine geringe Änderung des Stromflusses auf der *Emitter-Basis-Strecke* bewirkt eine große Änderung des Stromflusses auf der *Emitter-Kollektor-Strecke*.

Im Folgenden wollen wir genauer betrachten, welche physikalischen Vorgänge zu diesem Verhalten führen. Werfen wir einen Blick auf den internen Aufbau eines Transistors, so werden Parallelen zu der weiter oben eingeführten Halbleiterdiode sichtbar. Schematisch unterscheidet sich der npn-Transistor einzig durch das Vorhandensein einer dritten Halbleiterschicht. Wie in Abbildung 2.16 (unten) gezeigt, besitzt der Transistor im Inneren einen p-dotierten Kern, der von zwei n-dotierten Schichten eingerahmt wird. Die Basis ist mit dem p-Leiter verbunden, während Emitter und Kollektor an die beiden n-Leiter angeschlossen werden. Im Gegensatz zur Halbleiterdiode sind die eingesetzten Materialien unterschiedlich stark dotiert. So besitzt der p-Leiter eine deutlich niedrigere Dichte an Fremdatomen als die beiden n-Leiter. Diese unterscheiden sich untereinander ebenfalls sowohl im Grad der Dotierung als auch in ihrer Größe, so dass die Emitter- und Kollektoranschlüsse nicht miteinander vertauscht werden dürfen.

- Schaltsymbol

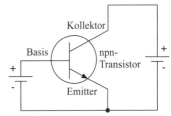

- Interner Aufbau

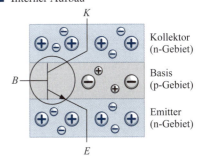

Abbildung 2.16: Beschaltung und Aufbau eines npn-Transistors. Die Basis wird durch ein schwach dotiertes p-Gebiet gebildet, das von zwei stark dotierten n-Gebieten (Kollektor und Emitter) eingerahmt wird.

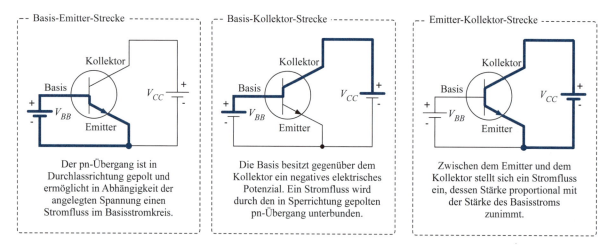

Abbildung 2.17: Stromflüsse innerhalb des npn-Transistors

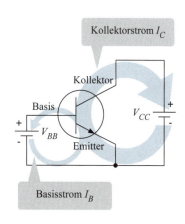

Abbildung 2.18: Stromfluss innerhalb des npn-Transistors. Ein schwacher Stromfluss auf der Basis-Emitter-Strecke verursacht einen starken Stromfluss auf der Kollektor-Emitter-Strecke.

In den Grenzschichten zwischen den beiden n-Leitern und dem mittig eingepassten p-Leiter verhalten sich die freien Ladungsträger genauso wie im Falle der Halbleiterdiode. An beiden pn-Übergängen bildet sich im Rahmen des Diffusionsprozesses eine Raumladungszone aus, in der die freien Ladungsträger rekombinieren und für den Ladungstransport nicht mehr zur Verfügung stehen. Die Polung der Anschlüsse ist für das korrekte Verhalten des Transistors entscheidend (vgl. Abbildung 2.17). Der Emitter wird mit dem Minuspol verbunden, so dass der pn-Übergang auf der Basis-Emitter-Strecke in Durchlassrichtung geschaltet ist. In Abhängigkeit der angelegten Basisspannung V_{BB} fließt also Strom durch den Transistor. Der Kollektor ist mit dem Pluspol verbunden und besitzt gegenüber der Basis ein positives Potenzial. Ein nennenswerter Elektronenfluss von der (negativeren) Basis zum (positiveren) Kollektor wird durch den in Sperrichtung geschalteten pn-Übergang jedoch verhindert. Im Folgenden wollen wir herausarbeiten, wie sich die Änderung der Basisspannung V_{BB} auf die Stromflüsse innerhalb des Transistors auswirkt. Wir unterscheiden zwei Fälle:

- $V_{BB} = 0$

  Basis und Emitter liegen auf dem gleichen elektrischen Potenzial. Die zwischen Emitter und Kollektor anliegende Spannung treibt Elektronen vom Minuspol der Stromquelle über den Emitter-Anschluss in den Halbleiterkristall. Die Elektronen durchfließen zunächst den n-Leiter und dringen anschließend in das p-Gebiet ein, wo sie mit den Elektronenlöchern vollständig rekombinieren. An dieser Stelle gilt es zu beachten, dass der Ladungstransport innerhalb des Kristalls durch den jeweiligen Majoritätsträger, d. h. durch Elektronen innerhalb der n-Gebiete und Elektronenlöcher innerhalb des p-Gebiets, übernommen wird. Da die Elektronen im Fall $V_{BB} = 0$ nicht über die Basis abfließen können, werden keine neuen Elektronenlöcher gebildet. Durch den Mangel an Majoritätsträgern im p-Gebiet wird der Stromfluss auf der Emitter-Kollektor-Strecke nahezu vollständig unterbunden.

- $V_{BB} > 0$

Wie schon im ersten Fall strömen Elektronen über den Emitter-Anschluss in den Halbleiterkristall und rekombinieren im p-Gebiet mit den Elektronenlöchern. Aufgrund der anliegenden Spannung zwischen Basis und Emitter werden einige Elektronen aus dem p-Gebiet herausgezogen. Folgerichtig fließt auf der Emitter-Basis-Strecke ein schwacher Strom. Die im Vergleich zum p-Gebiet starke Dotierung des n-Gebiets führt jetzt dazu, dass deutlich mehr Elektronen in das p-Gebiet eindringen als über die Basis abfließen können. Die große Mehrheit der Elektronen gelangt in den Sog der Kollektorspannung und überwindet den zweiten, in Sperrrichtung geschalteten pn-Übergang. Kurzum: Auf der Emitter-Basis-Strecke fließt Strom (vgl. Abbildung 2.18).

Die Kennlinie in Abbildung 2.19 beschreibt den quantitativen Zusammenhang zwischen dem Basisstrom und dem durch ihn verursachten Kollektorstrom. Beide Stromstärken verhalten sich nahezu proportional zueinander, d. h. die Verdopplung des Basisstroms führt zu einer Verdopplung des Kollektorstroms. Genau diese Eigenschaft macht den Transistor zu einem fast idealen Verstärker.

Wird der Basisanschluss ausschließlich mit zwei diskreten Spannungspegeln angesteuert, so wird der Stromfluss auf der Emitter-Kollektorstrecke an- oder ausgeschaltet. Der Transistor wird auf diese Weise zu einem binären Schaltelement.

Ein schwacher Stromfluss auf der Basis-Emitter-Strecke verursacht einen starken Stromfluss auf der Emitter-Kollektor-Strecke eines npn-Transistors. Das Halbleiterelement lässt sich als Verstärker oder als elektrischer Schalter einsetzen.

- Transistor als Verstärker

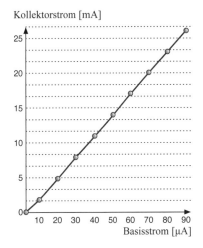

- Transistor als Schaltelement

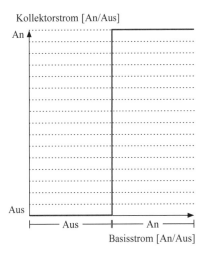

Abbildung 2.19: Die Kennlinie des Transistors drückt aus, wie sich der Kollektorstrom in Abhängigkeit des Basisstroms verändert.

- Schaltsymbol

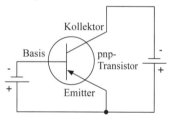

- Interner Aufbau

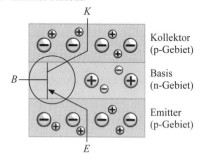

Abbildung 2.20: Beschaltung und Aufbau eines pnp-Transistors.

pnp-Transistor

Der pnp-Transistor ist dem npn-Transistor in Aufbau und Funktion äußerst ähnlich und unterscheidet sich einzig in der Zusammensetzung der Halbleiterschichten. Wie in Abbildung 2.20 gezeigt, wird die Basis durch ein n-Gebiet, Emitter und Kollektor dagegen durch ein p-Gebiet gebildet. Auch die Schaltsymbole unterscheiden sich kaum. Im Falle des pnp-Transistors zeigt die Pfeilspitze nicht länger nach außen, sondern in Richtung der Basis.

Ein vergleichender Blick auf die Abbildungen 2.16 und 2.20 zeigt, dass die Polung beider Transistoren entgegengesetzt verläuft. Um korrekt zu arbeiten, muss der Emitter eines pnp-Transistors mit dem Pluspol und die Basis mit dem Minuspol verbunden werden. Der Kollektor ist ebenfalls mit dem Minuspol verbunden und besitzt gegenüber der Basis ein negatives Potenzial. Genau wie im Falle des npn-Transistors ist der pn-Übergang der Basis-Emitter-Strecke in Durchlassrichtung und der pn-Übergang der Basis-Kollektor-Strecke in Sperrrichtung geschaltet.

Die interne Funktionsweise des pnp-Transistors unterscheidet sich ebenfalls kaum von jener des npn-Transistors – einzig die Majoritätsträger sind in den jeweiligen Halbleitersegmenten vertauscht. Anstelle von Elektronen drängt die positive Spannung am Emitter eine Flut von Elektronenlöchern aus dem p-Leiter in das n-Gebiet. Wird an die Basis eine negative Spannung angelegt, so fließt ein geringer Teil der Defektelektronen über die Basis ab. Der Großteil der Elektronenlöcher wird durch die starke negative Kollektorspannung in die obere p-Schicht gezogen und kann als Kollektorstrom abfließen. Wie schon im Falle des npn-Transistors fließt auf der Emitter-Kollektorstrecke ein Strom, der proportional mit dem Basisstrom stärker wird.

 Ein pnp-Transistor unterscheidet sich von einem npn-Transistor durch die komplementäre Anordnung der Halbleiterschichten. Nach außen besitzen der Basis-, der Emitter- und der Kollektor-Anschluss die entgegengesetzte Polung gegenüber dem npn-Typ.

2.2.3 Feldeffekttransistoren

Die in den vorangegangenen Abschnitten eingeführten npn- und pnp-Transistoren fallen beide in die Gruppe der bipolaren Transistoren.

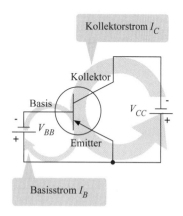

Abbildung 2.21: Stromfluss innerhalb des pnp-Transistors.

Diese zeichneten sich dadurch aus, dass ein kleiner Basisstrom einen großen Kollektorstrom verursacht. In *Feldeffekttransistoren* (*FETs*) wird der fließende Basisstrom durch ein angelegtes elektrisches Feld ersetzt, d. h., es fließt kein Strom über den Steueranschluss ab.

Junction-Feldeffekttransistoren (JFETs)

Abbildung 2.22 zeigt die verschiedenen Schaltsymbole des Junction-Feldeffekttransistors (*JFET*), zusammen mit den bereits bekannten Symbolen des Bipolartransistors. Obwohl sich beide Elemente funktional weitgehend ähneln, besitzen die Anschlüsse völlig unterschiedliche Bezeichnungen. Der *Gate*-Anschluss des JFET entspricht der Basis, der *Drain*-Anschluss dem Kollektor und der *Source*-Anschluss dem Emitter.

Der innere Aufbau eines JFETs ist in Abbildung 2.23 skizziert. Source und Drain sind durch einen dotierten Halbleiterkanal miteinander verbunden, der in der Mitte durch zwei komplementär dotierte Gebiete – dem Gate – eingeschnürt wird. Ist der Kanal n-dotiert und das Gate p-dotiert, so sprechen wir von einem *n-Kanal-JFET*. In analoger Weise besteht ein *p-Kanal-JFET* aus einem p-dotierten Kanal und einem n-dotierten Gate-Gebiet.

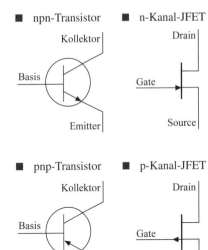

Abbildung 2.22: Schaltsymbole der bipolaren Transistoren und der Junction-Feldeffekttransistoren (JFETs) im Vergleich.

Um die Funktionsweise des Feldeffekttransistors zu verstehen, betrachten wir zunächst, wie sich eine am Gate angelegte Spannung auf die Leitfähigkeit eines n-Kanal-JFETs auswirkt (vgl. Abbildung 2.24 links). Liegt zwischen Gate und Source keine Spannung an, so bildet sich an den pn-Übergängen eine isolierende Raumladungszone aus, die den Kanal zwar verengt, jedoch nicht vollständig schließt. In diesem Zustand ist die Source-Drain-Strecke ein guter elektrischer Leiter, da freie Elektronen in großer Anzahl den n-Kanal passieren können.

Legen wir an den Gate-Anschluss eine negative Spannung an, so bewirkt diese eine Vergrößerung beider Sperrzonen. Mit steigender Spannung verengt sich der Kanal zunehmends und lässt immer weniger Elektronen passieren. Der Widerstand des Halbleiterkristalls nimmt zu und mindert den Stromfluss zwischen Source und Drain. Ab einer gewissen Spannung ist der n-Kanal komplett geschlossen und der Stromfluss kommt vollständig zum Erliegen.

Der p-Kanal-JFET arbeitet nach dem gleichen Grundprinzip, allerdings müssen wir auch hier wieder auf die korrekte Polung achten. Im Gegensatz zu dem eingangs beschriebenen n-Kanal-JFET benötigen wir eine positive Spannung am Gate, um den Stromfluss zu unterbinden.

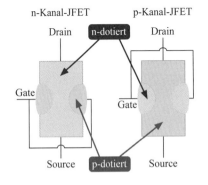

Abbildung 2.23: Interner Aufbau des Junction-Feldeffekttransistors.

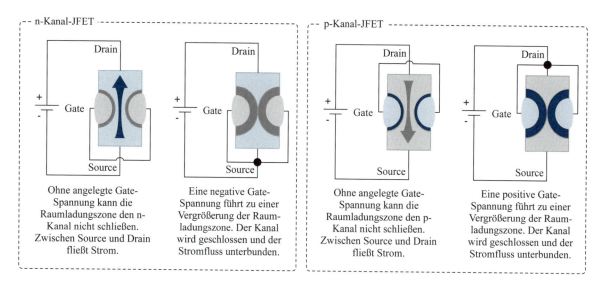

Abbildung 2.24: Arbeitsweise des Junction-Feldeffekttransistors (JFET)

MOS-Feldeffekttransistoren (MOSFETs)

Transistoren in MOS-Technik (MOS = *Metal Oxide Semiconductor*) spielen im Bereich der integrierten Schaltkreise die mit Abstand größte Rolle. Funktional entspricht der MOSFET weitgehend dem JFET – insbesondere wird der Stromfluss zwischen dem Source- und dem Drain-Anschluss durch ein am Gate angelegtes elektrisches Feld beeinflusst. Wie im Falle des JFETs existieren auch für den MOSFET zwei verschiedene Bauformen, die durch die komplementäre Verwendung der dotierten Halbleitermaterialien entstehen. Abbildung 2.25 fasst die Schaltsymbole des n-Kanal-MOSFETs und des p-Kanal-MOSFETs grafisch zusammen.

Im Folgenden wollen wir die Funktionsweise des Transistors am Beispiel des n-Kanal-MOSFETs genauer beleuchten. Das Verhalten des komplementär aufgebauten p-Kanal-MOSFET ergibt sich analog. Intern besteht ein n-Kanal-MOSFET aus einem p-dotierten Substrat, in das die Drain- und Source-Anschlüsse in Form zweier n-dotierter Gebiete eingelassen werden (vgl. Abbildung 2.26). Dazwischen befindet sich das Gate, das als dünne Metall- oder Polysiliziumschicht auf die Substratoberfläche aufgebracht wird. Gate und Substrat sind durch ein isolierendes Dielektrikum voneinander getrennt und verhalten sich wie die Platten eines miskroskopisch kleinen Kondensators.

2.2 Integrierte Schaltelemente

In den weiteren Betrachtungen bezeichnen wir mit V_{DS} die Spannung auf der Drain-Source-Strecke und mit V_{GS} die Spannung auf der Gate-Source-Strecke. Des Weiteren nehmen wir an, dass der Source-Anschluss und das Substrat das gleiche elektrische Potenzial aufweisen. Damit ist V_{GS} gleichermaßen die Spannung zwischen Gate und Substrat.

Abbildung 2.27 zeigt, wie sich der Halbleiterkristall des MOSFETs in Abhängigkeit der Spannungen V_{DS} und V_{GS} verhält. Wir unterscheiden drei Fälle:

- $V_{GS} = 0$

  Drain, Substrat und Source operieren im Sinne eines klassischen npn-Übergangs. Das Halbleiterkristall verhält sich exakt wie zwei entgegengesetzte Dioden, die den Stromfluss in beide Richtungen unterbinden. Wird der Drain-Anschluss an den Pluspol und der Source-Anschluss an den Minuspol angeschlossen, so sperrt der linke pn-Übergang (vgl. Abbildung 2.27 links). Wird dieser durch Umpolen der Spannung in Durchlassrichtung geschaltet, kann trotzdem kein Strom fließen. In diesem Fall geht der rechte Übergang in den sperrenden Zustand über und verhindert den Ladungstransport.

- $V_{GS} > 0, V_{DS} = 0$

  Legen wir an das Gate eine positive Spannung gegenüber dem Source-Anschluss an, so werden die Minoritätsträger – im Falle des p-dotierten Substrats sind dies die Elektronen – nach oben gezogen. In der Grenzschicht zwischen Dielektrikum und Substrat rekombinieren diese mit den Elektronenlöchern und führen zu einer Verarmung der Majoritätsträger. Überschreitet die Spannung eine gewisse Schwelle, so werden mehr Elektronen in die Grenzgeschicht gezogen, als für eine vollständige Rekombination gebraucht werden. Die überschüssigen Minoritätsträger stehen als freie Leitungselektronen zur Verfügung und bilden unter dem Dielektrikum einen schmalen *n-Kanal* (vgl. Abbildung 2.27 Mitte). Dieser verbindet die ebenfalls n-dotierten Drain- und Source-Anschlüsse miteinander und wird mit zunehmender Spannung kontinuierlich breiter. Da die Minoritätsträger den Majoritätsträgern innerhalb des Kanals zahlenmäßig überlegen sind, sprechen wir von einer *Inversionszone*.

- $V_{GS} > 0, V_{DS} > 0$

  Wie im zweiten Fall wird durch das Anlegen einer Spannung zwischen Gate und Source eine leitende Inversionszone zwischen Drain und Source geschaffen. Legen wir zwischen den beiden Anschlüssen eine Spannung an, so beginnt Strom durch den geöffneten Kanal zu fließen. Wie in Abbildung 2.27 schematisch angedeutet, verengt sich

- n-Kanal-MOSFET

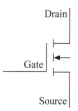

- p-Kanal-MOSFET

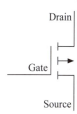

Abbildung 2.25: Schaltsymbole des n-Kanal- und des p-Kanal-MOSFET

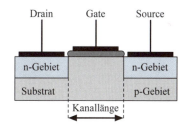

Abbildung 2.26: Interner Aufbau des n-Kanal-MOSFET

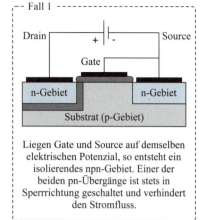 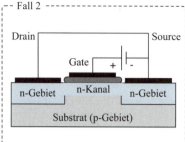 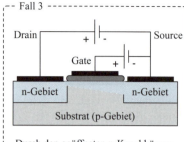

Abbildung 2.27: Arbeitsweise des MOS-Feldeffekttransistors

die Inversionszone durch die entstehenden elektrischen Felder in Richtung des Drain-Anschlusses. Ab einer gewissen Spannung wird der Kanal so weit eingeschnürt, dass er von den freien Ladungsträgern nicht mehr passiert werden kann. Dies ist der Grund, warum die sukzessive Erhöhung der Spannung auf der Drain-Source-Strecke ab einem gewissen Wert zu keiner weiteren Erhöhung des Stromflusses mehr führt.

 Gate und Substrat eines MOSFETs verhalten sich wie die Platten eines miskroskopisch kleinen Kondensators. Eine angelegte Spannung öffnet zwischen dem Drain- und dem Source-Gebiet einen leitenden Kanal.

Im Vergleich zu den weiter oben eingeführten Bipolartransistoren zeichnet sich der MOSFET durch eine vergleichsweise genügsame Leistungsaufnahme aus. Dass er im Bereich der integrierten Halbleitertechnik alle anderen Transistorarten dominiert, geht nicht zuletzt auch auf seine einfache Produzierbarkeit zurück. Im nächsten Abschnitt werden wir sehen, wie sich mit Hilfe der *Planartechnik* Millionen mikroskopisch kleiner Transistoren eng gepackt auf einen einzelnen Siliziumträger aufbringen lassen.

2.3 Chip-Fertigung

In diesem Abschnitt unternehmen wir einen kurzen Ausflug in die faszinierende Welt der industriellen Chip-Fertigung. In Abschnitt 2.3.1 werden zunächst die grundlegenden Produktionstechniken eingeführt, die aus einem einfachen Halbleiterkristall einen komplexen integrierten Schaltkreis entstehen lassen. Anschließend wird in Abschnitt 2.3.2 geklärt, was sich hinter dem bereits mehrfach gefallenen Begriff der *Integrationsdichte* im Detail verbirgt.

2.3.1 Produktion integrierter Schaltkreise

Die Herstellung eines integrierten Schaltkreises gehört zu den kompliziertesten Verfahren, die wir in der industriellen Produktion heute einsetzen. Die Fertigung eines Chips kann bis zu 30 Tage in Anspruch nehmen und setzt sich aus mehreren hundert Einzelschritten zusammen. Das Grundmaterial ist dabei äußerst simpel: Sand.

Selbstverständlich wird es uns nicht gelingen, mit Sand einen Mikrochip zu bauen. Was wir hierfür in großen Mengen benötigen, ist Silizium – ein Element, das in Form von Siliziumdioxid (SiO_2) den Hauptbestandteil von Quarzsand bildet. Um das Silizium herauszutrennen, wird der vorgereinigte Sand in einem aufwendigen Prozess unter hohen Temperaturen in eine Siliziumschmelze überführt. Aus der flüssigen Schmelze wird anschließend ein Einkristall gezogen – der sogenannte *Ingot*. Nach zwei bis drei Tagen ist dieser auf die typische Länge von bis zu 2 Metern gewachsen und wiegt bereits mehrere hundert Kilogramm. Fertigungsbedingt weist der Ingot die Form eines Zylinders auf. In der Vergangenheit ist es gelungen, immer dickere Einkristalle zu produzieren. Waren früher Zylinder mit einem Durchmesser von 150 mm typisch, sind heute Größen von 300 mm bis 450 mm an der Tagesordnung. Ein großer Durchmesser senkt den späteren Materialverschnitt und wirkt sich damit unmittelbar auf die Produktionskosten eines einzelnen Mikrochips aus.

Im nächsten Herstellungsschritt wird der Ingot in 0,5 – 1,5 mm dünne Scheiben zersägt (vgl. Abbildung 2.28). Diese werden als *Wafer* bezeichnet und in einem aufwendigen Polierprozess mit einer fast perfekten ebenen Oberfläche versehen. Die Anforderungen an den Produktionsprozess sind dabei erheblich. Eine Unebenheit von wenigen Nanometern reicht aus, um den Wafer unbrauchbar zu machen. Ebenso führen kleinste Verunreinigungen des Einkristalls zu einer inakzeptablen Veränderung seiner elektrischen Eigenschaften.

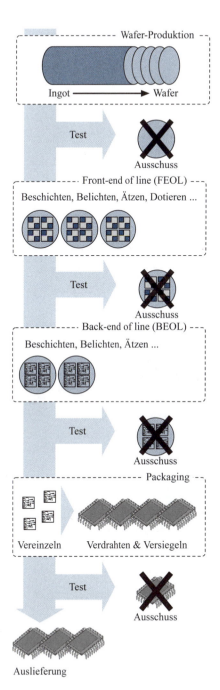

Abbildung 2.28: Chip-Produktion in der Übersicht

Im Anschluss durchläuft der Roh-Wafer mehrere Verarbeitungsschritte, in denen Transistoren, Leiter und Isolatoren mit Hilfe der *Planartechnik* schichtweise aufgebracht werden. Vier grundlegende Fertigungsmethoden werden in einem komplizierten Wechselspiel nacheinander angewendet (vgl. Abbildung 2.29):

- Beschichtungstechnik

  Der Wafer wird in einem Ofen auf ca. 1000° C erhitzt. Durch die Zuleitung von Sauerstoff wird die Oberfläche des Silizium-Substrats oxidiert und auf diese Weise mit einer isolierenden Schicht überzogen. Im Anschluss wird der abgekühlte Kristall im *Spin-Coating-Verfahren* mit einem lichtempfindlichen Fotolack beschichtet. Hierzu wird ein Tropfen des flüssigen Lacks in die Mitte eines drehenden Wafers gegeben und zum Rand hin ausgeschleudert.

- Belichtungstechnik (Lithografie)

  Der mit Fotolack überzogene Wafer wird kurzwelligem UV-Licht ausgesetzt. Die hochfrequenten Strahlen werden vor dem Auftreffen auf die Oberfläche durch eine spezielle Belichtungsmaske geleitet, so dass die Fotoschicht nur partiell aushärtet. Die unbelichteten Lackanteile werden herausgelöst und auf diese Weise die darunterliegenden Oxidstellen freigelegt.

- Ätztechnik

  Der belichtete Wafer wird in eine Ätzflüssigkeit getaucht. Die Lösung greift den Halbleiterkristall an den freiliegenden Stellen an und lässt das lithografisch aufgetragene Muster in die Oxidschicht eindringen. Nach dem Ätzvorgang wird der Wafer gründlich gesäubert. Zu diesem Zweck werden mehrere chemische Reinigungsstufen durchlaufen, die alle verbleibenden Lackreste rückstandslos beseitigen.

- Dotierungstechnik

  Der Siliziumkristall wird erhitzt und die zugänglichen Stellen des Substrats mit Fremdatomen versetzt. In Abhängigkeit der einzubringenden Elemente geschieht die Dotierung durch Ionenbeschuss, durch die Diffusion aus einen Dotiergas oder durch das Aufbringen eines speziellen Dotierlacks. Werden dreiwertige Atome, d. h. Atome mit drei Außenelektronen, in das Siliziumsubstrat eingebracht, so bilden sich wannenförmige, p-dotierte Gebiete aus. In analoger Weise lassen fünfwertige Atome n-Wannen entstehen.

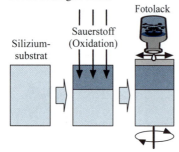
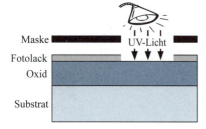
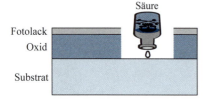
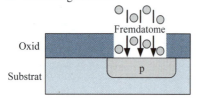

Abbildung 2.29: Basistechnologien der Planartechnik

2.3 Chip-Fertigung

Abbildung 2.30 demonstriert das Zusammenspiel der verschiedenen Basistechnologien anhand eines konkreten Beispiels. Die produzierte Schaltung besteht aus einem n-Kanal- und einem p-Kanal-MOSFET, deren Gate-Anschlüsse durch die gleiche Spannungsquelle angesteuert werden. Beide Transistoren werden in Reihe betrieben, so dass die Gesamtschaltung insgesamt drei Anschlüsse besitzt. Wie sich in Kapitel 5 herausstellen wird, handelt es sich hier um einen in CMOS-Technik gefertigten Inverter und damit um einen der zentralen Grundbausteine des Hardware-Entwurfs.

Die Umsetzung der Schaltung erfolgt in einem mehrstufigen Prozess. Zunächst wird der n-dotierte Roh-Wafer erhitzt und die Siliziumoberfläche durch die Zuleitung von Sauerstoff oxidiert. Im Anschluss erfolgen mehrere Maskendurchläufe, in denen die verschiedenen Bestandteile der beiden Transistoren nach und nach in den Siliziumkristall eingebracht werden.

Im ersten Maskendurchlauf wird eine *p-Wanne* erzeugt, die als Substratkörper für den aufzubringenden n-Kanal-MOSFET dient. Im nächsten Durchlauf werden die positiv dotierten Gebiete der p-Kanal-MOSFETs erzeugt. Wie oben beschrieben, wird das Siliziumkristall in jedem Durchlauf zunächst mit Fotolack überzogen und anschließend litografisch behandelt. An den unbelichteten Stellen wird die Oxidschicht herausgeätzt und die p-Gebiete eindiffundiert. In einem weiteren Durchlauf werden die n-Gebiete des n-Kanal-MOSFETs erzeugt. Hierzu werden über den zu Anfang geschaffenen p-Wannen zwei Kanäle freigelegt und fünfwertige Fremdatome eindiffundiert. Die entstandenen n-Wannen fungieren als Source- und Drain-Anschluss des n-Kanal-MOSFETs.

Nachdem die Dotierung abgeschlossen ist, werden in weiteren Maskendurchläufen die Aussparungen für die Transistoranschlüsse erzeugt. Dort, wo sich die späteren Source- und Drain-Anschlüsse befinden sollen, wird die Oxidschicht vollständig weggeätzt. Im Gegensatz hierzu dringen die Gate-Anschlüsse nur teilweise in das Oxid ein. Die verbleibende Schicht spielt die Rolle des Dielektrikums, das Gate und Substrat voneinander isoliert. In einem letzten Maskendurchlauf werden durch das Aufdampfen einer dünnen Metallschicht die Source-, Drain- und Gate-Anschlüsse geschaffen. Das Metall dringt in die zuvor freigelegten Aussparungen ein und macht die innere Substratschicht von oben zugänglich.

Produktionstechnisch haben wir an dieser Stelle einen wichtigen Meilenstein erreicht. Sämtliche Transistoren unserer Beispielschaltung sind aufgebracht und damit alle Stufen der *Front-end of line*, kurz FEOL, erfolgreich durchlaufen.

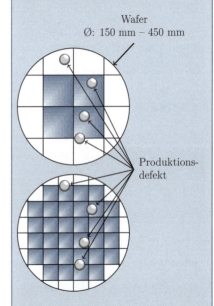

Der Flächenbedarf einer Hardware-Schaltung schlägt sich unmittelbar in den Produktionskosten nieder und ist damit für die Praxis ein zentraler Parameter. Herstellungsbedingt steigen die Kosten jedoch keineswegs linear mit der Chipgröße an. Zwei Phänomene sind hierfür maßgeblich verantwortlich. Zum einen werden Mikrochips heute produktionsbedingt ausschließlich auf runden *Wafern* gefertigt. Dadurch kommt es im Randbereich zu einem geometrischen Verschnitt, der mit der Größe der einzelnen Chips kontinuierlich zunimmt:

Zum anderen wird die Chipausbeute durch partielle Defekte weiter verringert, die ebenfalls produktionsbedingt entstehen. In der Praxis liegt die typische Defektdichte bei 1 bis 2 Defekten pro cm^2. Die Wahrscheinlichkeit, dass die Fläche eines einzelnen Chip durch einen Defekt unbrauchbar wird, steigt statistisch nicht linear, sondern in der vierten Potenz mit der Chipgröße. Dadurch sinkt die typische Ausbeute auf oft weniger als 50 %. Bei komplexen Chips kann die Ausbeute sogar unter 10 % betragen.

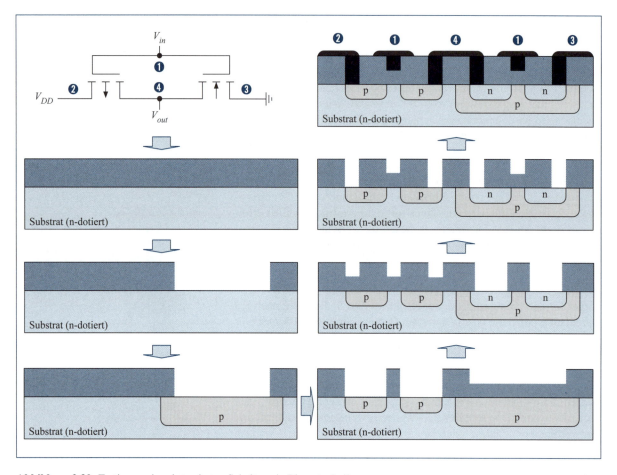

Abbildung 2.30: Fertigung einer integrierten Schaltung in Planartechnik

Im nächsten Schritt werden die Anschlüsse der erzeugten Schaltelemente miteinander verbunden. Hierzu werden erneut mehrere Stufen durchlaufen, die als *Back-end of line*, kurz BEOL, bezeichnet werden. Die eingesetzten Grundtechniken unterscheiden sich kaum von jenen der FEOL – einzig die Dotierungstechnik wird ab jetzt nicht mehr benötigt. Wie in Abbildung 2.31 gezeigt, werden nach und nach mehrere Verdrahtungsebenen (*wiring layers*) aus isolierendem Material aufgetragen. In diese werden die Kanäle für die Leiterbahnen eingeätzt und anschließend der metallische Leiter aufgedampft. Wurden die Leiterbahnen früher durch Aluminium realisiert, kommt heute hauptsächlich das widerstandsärmere und damit schneller leitende Kupfer zum Einsatz. Im direkten Vergleich beider Elemente gestaltet sich die Verarbei-

2.3 Chip-Fertigung

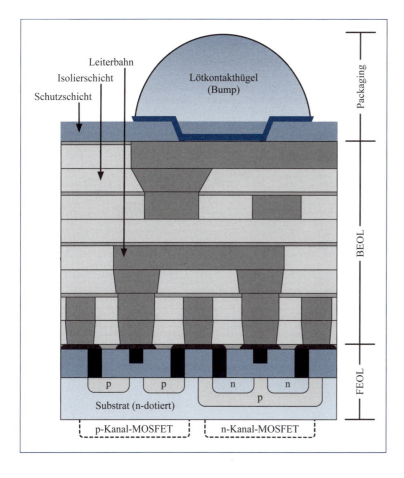

Abbildung 2.31: Querschnitt durch einen in Planartechnik aufgebauten Mikrochip (vgl. [18]). Zunächst werden in den FEOL-Produktionsstufen die Transistoren erzeugt und die Anschlüsse für die Verbindung mit den oberen Schichten geschaffen. Anschließend werden in den BEOL-Produktionsstufen die Verdrahtungsebenen (wiring layers) appliziert. Typische Mikrochips besitzen bis zu 12 Verdrahtungsebenen. Mit nur 4 Ebenen gehört der hier abgebildete Chip damit zu den einfachsten seiner Art. Die oberste Verdrahtungsebene wird durch eine isolierende Schicht nach außen geschützt. Die elektrischen Kontakte werden über Lötkontakthügel hergestellt, die im Flip-Chip-Verfahren direkt mit den Anschlüssen des Pin-Gehäuses verbunden werden.

tung von Kupfer als deutlich schwieriger, da das Material keine unmittelbare Verbindung mit dem Siliziumsubstrat eingehen darf. Bei einem direkten Kontakt mit Kupferatomen gehen die elektrischen Eigenschaften der Halbleiterschicht sofort verloren.

Sobald alle Verbindungsebenen fertiggestellt sind, hat der Produktionsprozess einen weiteren Meilenstein erreicht. Jeder Wafer enthält zu diesem Zeitpunkt eine Vielzahl vollständig ausgebildeter, identischer Chip-Kerne, die im Fachjargon als *Dies* bezeichnet werden. Diese werden vereinzelt, indem der Wafer auf eine spezielle Folie (*blue tape*) aufgeklebt und anschließend mit einem dünnen Diamantsägeblatt vorsichtig durchtrennt wird (*dicing*).

Im Rahmen des *Packagings* werden die herausgetrennten Chip-Kerne in ein Gehäuse eingesetzt und die internen Anschlüsse mit den externen

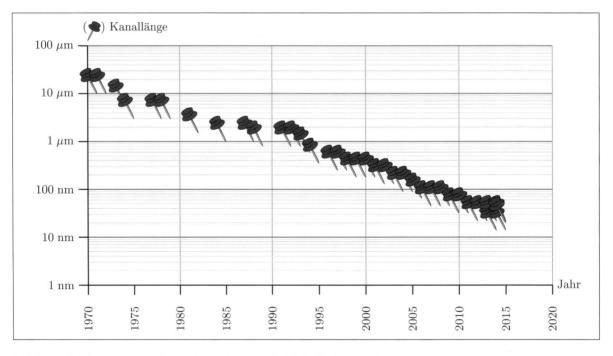

Abbildung 2.32: Entwicklung der Strukturbreite am Beispiel der Desktop-Mikroprozessoren

Pins des Gehäuses verbunden. Früher wurden die internen Anschlüsse seitlich aus dem Chip herausgeführt und im *Wire-Bond-Verfahren* verdrahtet. Die Kontaktstrecken wurden mit filigranen Golddrähten überbrückt. Durch die kontinuierlich zunehmende Chip-Komplexität stieß dieses Verfahren jedoch bald an seine Grenzen. Zum einen führen moderne Prozessoren so viele Pins nach außen, dass es immer schwieriger wird, alle Anschlüsse kollisionsfrei zu verbinden. Zum anderen begrenzen die vergleichsweise langen Golddrähte die Taktfrequenz, mit der ein Chip maximal betrieben werden kann. Aus diesem Grund werden hochgetaktete Schaltungen heute fast nur noch im *Flip-Chip-Verfahren* mit dem Gehäuse verbunden. An die Stelle der Golddrähte treten kleine Lötkontakthügel, die über die gesamte Unterseite des Chips herausgeführt werden und eine direkte Verbindung mit den externen Gehäuseanschlüssen herstellen. Nachdem das Gehäuse versiegelt ist, wird das Endprodukt einer ausführlichen Prüfung unterzogen. Werden alle Tests ohne Beanstandung durchlaufen, so ist es endlich soweit: Der Chip ist bereit für die Auslieferung an den Kunden.

2.3.2 Integrationsdichte

In den vorangegangenen Abschnitten haben wir den Begriff der *Integrationsdichte* mehrfach erwähnt. Neben der Taktfrequenz und der Anzahl der Kerne gehört er heute zu den wichtigsten Klassifikationsmerkmalen von Mikroprozessoren. Grob gesprochen beschreibt die Integrationsdichte, wie viele Transistoren pro Flächeneinheit auf einem Silizium-Chip Platz haben. Angegeben wird die Integrationsdichte meist in Form der *Strukturbreite* eines Transistors. Diese ist mit der *Kanallänge* identisch und entspricht dem Abstand zwischen dem Drain- und dem Source-Gebiet eines einzelnen Transistors (vgl. Abbildung 2.26). Die Kanallänge verhält sich reziprok zur Integrationsdichte, d. h. große Kanallängen bedeuten eine niedrige, kleine eine hohe Integrationsdichte. In der Praxis wird eine möglichst niedrige Kanallänge angestrebt. Zwei Gründe sind hierfür maßgeblich verantwortlich:

- Eine Verringerung der Strukturbreite ermöglicht es, eine größere Anzahl von Transistoren auf der gleichen Fläche zu integrieren. Schaltungen lassen sich kompakter entwerfen und somit billiger produzieren.

- Die Verringerung der Kanallänge führt zu einer Erhöhung der Schaltgeschwindigkeit. Darüber hinaus sinkt die Leistungsaufnahme, so dass nicht nur schnellere, sondern auch stromsparendere Schaltelemente entstehen.

Abbildung 2.32 zeigt, wie die Strukturbreite in der Vergangenheit sukzessive reduziert werden konnte. Während der erste Mikroprozessor, der Intel 4004, in einem 10-μm-Prozess gefertigt wurde, liegt die Kanallänge heute hergestellter Transistoren nur noch im niedrigen zweistelligen Nanometerbereich.

Abbildung 2.33 demonstriert, wie sich die Reduktion der Kanallänge in der Praxis auswirkt. Vergleichen wir moderne, in 14-*nm*-Technik gefertigte Transistoren mit jenen des 4004-Prozessors, so unterscheiden sich die Kanallängen um mehr als das siebenhundertfache. Die zweidimensionale Topologie der Chip-Fläche spielt uns in diesem Fall besonders positiv in die Karten. Da sich die Reduktion der Strukturbreite in beide Richtungen auswirkt, wird der Raumbedarf mit jeder Halbierung gleich um den Faktor 4 verringert. Auf der gleichen Fläche, die von einem einzigen Transistor des originalen Intel-4004-Prozessors eingenommen wurde, haben heute 500.000 in 14-*nm*-Technik gefertigte Transistoren platz.

10-Mikrometer-Prozess

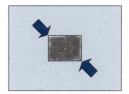
3-Mikrometer-Prozess

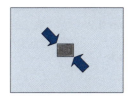
1,5-Mikrometer-Prozess

350-Nanometer-Prozess

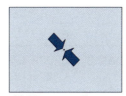
90-Nanometer-Prozess

...

14-Nanometer-Prozess

Abbildung 2.33: Größenvergleich verschiedener Fertigungsprozesse

2.4 Übungsaufgaben

Aufgabe 2.1

Webcode 1227

In Kapitel 1 haben Sie den Aufbau und die Funktionsweise der Röhrentriode kennen gelernt. Bevor sich der Transistor als Schaltelement durchsetzen konnte, wurden elektronische Rechenmaschinen vollständig aus diesen Elementen aufgebaut.

a) Ähnelt die Funktionsweise der Röhrentriode mehr dem Bipolartransistor oder mehr dem Feldeffekttransistor? Begründen Sie Ihre Antwort.

b) Welcher Transistoranschluss entspricht der Kathode bzw. der Anode und welcher dem Gitteranschluss?

Aufgabe 2.2

Webcode 1865

Die folgende Transistorschaltung diente uns in diesem Kapitel als Beispiel, um die Grundzüge der Planartechnik zu demonstrieren.

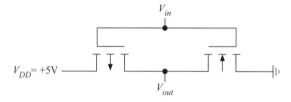

a) Wie hoch ist die Ausgangsspannung V_{out}, wenn die Gate-Anschlüsse beider Transistoren auf Masse liegen ($V_{in} = 0$)? Wie verhält sich die Schaltung, wenn an die Gate-Anschlüsse die Spannung V_{DD} angelegt wird?

b) Zu welchen Zeitpunkten fließt Strom durch den Transistor?

Aufgabe 2.3

Webcode 1770

Mit der Integrationsdichte und der Kanallänge haben Sie zwei wichtige Maßzahlen aus dem Bereich der Chip-Fertigung kennen gelernt.

a) Welcher Zusammenhang besteht zwischen beiden Größen?

b) Der Intel-Core-2-Duo-Prozessor (Yorkfield) aus dem Jahre 2008 wurde in einem 45-Nanometer-Prozess gefertigt und besitzt eine Chip-Fläche von 214 mm². Wie groß wäre die Fläche, wenn er mit demselben 10-μm-Prozess gefertigt worden wäre, der für die Produktion des ersten Mikroprozessors – dem Intel 4004 – zum Einsatz kam?

c) Hohe Integrationsdichten bringen nicht nur Vorteile mit sich. Wie könnte sich die stete Reduktion der Kanallänge Ihrer Meinung nach auf die Hitzentwicklung auswirken? Nehmen Sie vereinfachend an, dass die Wärmeentwicklung eines einzelnen Transistors konstant, d. h. unabhängig von der konkreten Kanallänge bleibt.

3 Zahlendarstellung und Codes

In diesem Kapitel werden Sie . . .

- mit dem Additions- und dem Stellenwertsystem die zwei grundlegenden Prinzipien verschiedener Zahlensysteme kennen lernen,

- sehen, wie sich mit Hilfe der Vorzeichenbitdarstellung, dem Einerkomplement und dem Zweierkomplement sowohl positive als auch negative Zahlen innerhalb eines Computers repräsentieren lassen,

- mit der Festkomma- und der Gleitkommadarstellung die zwei gängigen Zahlenformate zur Darstellung rationaler Zahlen verstehen,

- eine Übersicht über die wichtigsten binärcodierten Zahlensysteme gewinnen,

- die gängigen Formate zur Codierung von Zeichen und Texten erlernen.

3.1 Zahlensysteme

Von den ersten frühzeitlichen Zählversuchen bis hin zu unserem vertrauten Dezimalsystem war es ein langer und steiniger Weg. Das *Kerben-* oder *Strichsystem* gilt als das älteste bekannte Zahlensystem und repräsentiert eine Zahl n schlicht durch die n-fache Aneinanderreihung eines speziellen Zählzeichens. In den frühen Tagen der Menschheitsgeschichte wurde hierzu ein Stück Holz oder Knochen mit einer entsprechenden Anzahl Kerben versehen (Abbildung 3.1 oben). Die ältesten Fundstücke dieser Art wurden mit Hilfe der Radiocarbonmethode auf ca. 30.000 v. Chr. datiert – die Kunst des Zählens geht damit bis in die Altsteinzeit zurück. Heute ist das Strich- oder Kerbensystem nur noch in unserem Sprachgut gegenwärtig und vielleicht kennen auch Sie den ein oder anderen, der „etwas auf dem Kerbholz hat".

Mathematisch gesehen ist das Kerbensystem ein klassisches Beispiel eines *Additionssystems*. Diese Systeme zeichnen sich dadurch aus, dass sich der Wert der dargestellten Zahl ganz einfach aus der Summe der Werte der einzelnen Ziffern berechnet. Im Falle des Kerbensystems gibt es mit dem Strichsymbol eine einzige Ziffer, so dass wir gleichzeitig von einem *unären* System sprechen. Das unäre Zahlensystem hat sich im Laufe der Menschheitsgeschichte auf unterschiedliche Weise weiterentwickelt. Hierzu sind in Abbildung 3.2 einige der Ziffern- und Zahlsymbole zusammengefasst, die sich in den verschiedenen Kulturvölkern über die Zeit herausbildeten. Von den Symbolen der Maya abgesehen, handelt es sich bei allen zu Grunde liegenden Zahlensystemen um reine Additionssysteme, allerdings unterscheiden sich die Wertigkeiten der höheren Ziffern dabei erheblich. So liegt den sumerischen Zahlzeichen eine Sechziger-Einteilung zu Grunde, die auch heute noch die Basis unserer Zeitsysteme bildet.

Die *römischen Zahlen* sind bereits eine Weiterentwicklung des Additionssystems – zumindest dann, wenn wir die sogenannte *Subtraktionsregel* berücksichtigen. Grob gesprochen besagt diese Regel, dass der Wert einer Ziffer negativ in die Summe eingeht, wenn eine der nachfolgenden Ziffern eine größere Wertigkeit besitzt (Abbildung 3.1 unten). Damit wirkt sich die *relative* Position der Ziffern I, V, X, L, C, D und M zueinander in direkter Weise auf den dargestellten Zahlenwert aus. Genau wie bei den klassischen Additionssystemen spielt jedoch die *absolute* Position der Ziffern keine Rolle.

Während sich in reinen Additionssystemen arithmetische Operationen recht einfach ausführen lassen, ist die Darstellung großer Zahlen äußerst umständlich. Sehr große Zahlen lassen sich aufgrund der konstanten

■ Kerben- oder Strichsystem

$$\mathord{|} = 1$$
$$\mathord{||} = 2$$
$$\mathord{|||} = 3$$
$$\mathord{||||} = 4$$
$$\mathrlap{/}{||||} = 5$$

Altertümliches Kerbholz

■ Römische Zahlen

$$I = 1$$
$$II = 2$$
$$III = 3$$
$$IV = 4$$
$$V = 5$$

$$XII = 10 + 1 + 1 = 12$$
$$IX = 10 - 1 = 9$$

$$LXII = 50 + 10 + 1 + 1 = 62$$
$$XLII = 50 - 10 + 1 + 1 = 42$$

Abbildung 3.1: Zwei Beispiele *additiver Zahlensysteme*. Die römischen Zahlen stellen eine Erweiterung dar, da aufgrund der Subtraktionsregel zwar nicht die *absolute*, dafür aber die *relative* Position der Ziffern zueinander den dargestellten Zahlenwert beeinflusst.

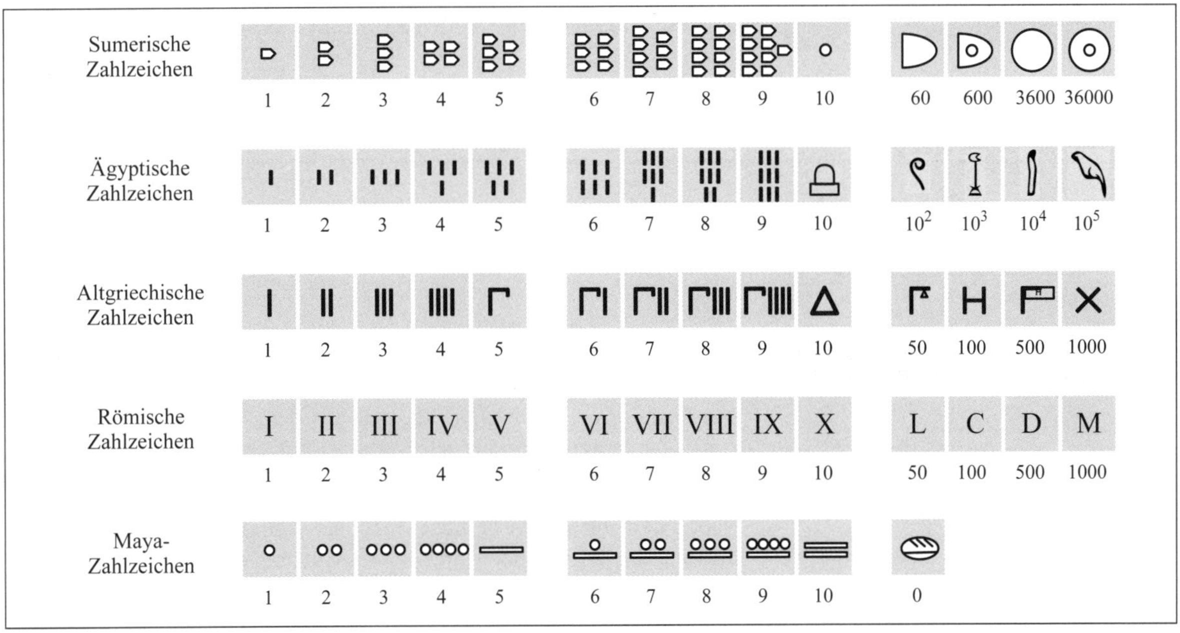

3.1 Zahlensysteme

Abbildung 3.2: Ziffern- und Zahlensymbole wichtiger Kulturvölker

Wertigkeiten der Ziffern faktisch überhaupt nicht mehr darstellen. Den entscheidenden Fortschritt brachte erst das *Dezimalsystem*, das seinen Ursprung in Indien hat und durch die Araber den Weg nach Europa fand. Dem orientalischen Einfluss Rechnung tragend, wird das Dezimalsystem heute auch als *arabisches System* bezeichnet. Im Gegensatz zu den klassischen Additionssystemen spielt im Dezimalsystem nicht nur die verwendete Ziffer, sondern auch deren *absolute* Position innerhalb der Ziffernfolge eine entscheidende Rolle für den dargestellten Zahlenwert. Sind $a_{n-1}, \ldots, a_0$ die Ziffern einer Dezimalzahl, so berechnet sich der dargestellte Wert z bekanntermaßen wie folgt:

$$z = a_0 \cdot 1 + a_1 \cdot 10 + a_2 \cdot 100 + \ldots + a_{n-1} \cdot 1\underbrace{0\ldots0}_{n-1} \qquad (3.1)$$

$$= \sum_{i=0}^{n-1} a_i \cdot 10^i \qquad (3.2)$$

Zahlensysteme mit dieser Eigenschaft werden *Stellensysteme* oder *Stellenwertsysteme* genannt. Das Dezimalsystem offenbart sich damit als ein spezielles Stellenwertsystem zur *Basis* 10. Dass die Zahl 10 der Anzahl unserer Finger entspricht, ist natürlich kein Zufall – mathematisch gesehen lässt sich die Basis 10 jedoch durch jede beliebige Zahl $b \in \mathbb{N}$

Binärsystem ($b = 2$):

	0	1	1	1
+	0	0	1	1
=	1	0	1	0
	1	0	1	0
+	1	1	0	0
=	1 0	0	1	0

Oktalsystem ($b = 8$):

		1	0	1	0
+		1	1	0	0
=		2	1	1	0
		5	2	3	0
+		7	2	4	5
=	1	4	4	7	5

Hexadezimalsystem ($b = 16$):

		5	2	3	0
+		7	2	4	5
=		C	4	7	5
		A	3	C	0
+		7	2	4	D
=	1	1	6	0	D

Tabelle 3.1: In *b-adischen Zahlensystemen* können wir wie gewohnt rechnen. Wir müssen lediglich darauf achten, den Übertrag entsprechend der zu Grunde liegenden Basis korrekt zu bestimmen.

ersetzen.[1] Mit anderen Worten: Jede Zahl z lässt sich in der Form

$$z = \sum_{i=0}^{n-1} a_i \cdot b^i \tag{3.3}$$

$$= a_0 \cdot b^0 + a_1 \cdot b^1 + a_2 \cdot b^2 + \ldots + a_{n-1} \cdot b^{n-1} \tag{3.4}$$

beschreiben, die üblicherweise als die *b-adische Darstellung* von z bezeichnet wird. Fordern wir zusätzlich für alle Ziffern die Beziehung

$$0 \leq a_i < b,$$

so ist die Darstellung darüber hinaus *eindeutig*. In anderen Worten: Zwei Zahlen sind genau dann gleich, wenn ihre Ziffernfolgen übereinstimmen – eine Eigenschaft, die wir aus dem Wissen über unser Dezimalsystem heraus oft als selbstverständlich erachten, die sich bei genauerer Betrachtung jedoch keineswegs als trivial herausstellt.

Neben dem für uns vertrauten Dezimalsystem sind für die technische Informatik die folgenden drei Zahlensysteme von besonderer Bedeutung:

- **Binärsystem**

  Im Binärsystem werden alle Zahlen zur Basis 2 dargestellt. Da sich der Ziffernbereich auf die beiden Elemente 0 und 1 beschränkt, wird das Binärsystem auch als *Dualsystem* bezeichnet. Intern arbeiten moderne Computerarchitekturen nahezu ausnahmslos mit nur zwei verschiedenen Zuständen, so dass das Binärsystem mit Abstand das wichtigste Zahlensystem im Bereich der technischen Informatik darstellt.

- **Oktalsystem**

  Dem Oktalsystem liegt die Basis 8 zu Grunde, so dass zur Darstellung einer Zahl ausschließlich die Ziffern 0 bis 7 verwendet werden. Der große Vorteil des Oktalsystems wird deutlich, wenn wir uns der Konvertierung von Binärzahlen in dieses System zuwenden. Da mit $b = 8$ eine Zweierpotenz als Basis verwendet wird ($8 = 2^3$), entspricht eine einzige Oktalziffer exakt drei Bits in der Binärdarstellung:

  $$110111000010 = \underbrace{110}_{6} \, \underbrace{111}_{7} \, \underbrace{000}_{0} \, \underbrace{010}_{2} = 6702 \tag{3.5}$$

  Die heute gängigen Bitbreiten von 8, 16, 32, 64 und 128 Bit lassen sich jedoch nicht ohne Rest in Dreierpakete zerlegen, so dass das Oktalsystem mehr und mehr an Bedeutung verliert.

---

[1] Für $b = 1$ degradiert das Stellensystem zum klassischen Additionssystem.

3.1 Zahlensysteme

■ Hexadezimalsystem

Im Hexadezimalsystem werden alle Zahlen zur Basis 16 dargestellt. Da wir 16 verschiedene Ziffernsymbole benötigen, reicht der Ziffernvorrat 0 bis 9 nicht mehr aus und wird deshalb um die Buchstaben A bis F ergänzt. Da dem Hexadezimalsystem mit $b = 16$ auch eine Zweierpotenz als Basis zu Grunde liegt ($16 = 2^4$), lassen sich Binärzahlen und Hexadezimalzahlen ebenfalls auf äußerst einfache Weise ineinander überführen. Jede Hexadezimalziffer repräsentiert exakt 4 Bits in der Binärdarstellung:

$$110111000010 = \underbrace{1101}_{D}\underbrace{1100}_{C}\underbrace{0010}_{2} = DC2 \qquad (3.6)$$

Wie die Beispiele in Tabelle 3.1 demonstrieren, können wir in b-adischen Zahlensystemen wie gewohnt rechnen. Alle Rechenregeln, die wir für das Dezimalsystem verinnerlicht haben, gelten auch in jedem anderen b-adischen Zahlensystem. Wir müssen lediglich darauf achten, den Übertrag entsprechend der zu Grunde liegenden Basis korrekt zu bestimmen. Der Übertrag entsteht stets bei der Addition von 1 auf die *höchstwertige Ziffer* (9 im Dezimalsystem, 1 im Binärsystem, 7 im Oktalsystem, F im Hexadezimalsystem).

Zur Angabe der Basis einer Ziffernfolge hat sich die *Suffix-Notation* durchgesetzt, d. h. die Basis des zu Grunde liegenden Zahlensystems wird der Ziffernfolge als Ergänzung angehängt.

$$1100_2 \quad \text{(Binärsystem)} \qquad (3.7)$$
$$14_8 \quad \text{(Oktalsystem)} \qquad (3.8)$$
$$C_{16} \quad \text{(Hexadezimalsystem)} \qquad (3.9)$$

Ist die Zahlenbasis aus dem Kontext heraus ersichtlich, wird auf deren Angabe in der Regel verzichtet. Für die Darstellung von Hexadezimalzahlen hat sich außerdem eine *Präfix-Schreibweise* etabliert. Anstatt die Basis als Suffix anzuhängen, wird der Ziffernfolge der Präfix $0x$ vorangestellt.

Rationale Zahlen können mit der b-adischen Zahlendarstellung ebenfalls notiert werden. Hierzu müssen wir lediglich den Ziffernbereich auf den Nachkommaanteil ausweiten und deren Stelligkeit mit negativen Exponenten versehen. Die Ziffernfolge

$$(a_{n-1}\ldots a_0, a_{-1}\ldots a_{-m})_b$$

Historisch bedingt ist die Notation von Oktalzahlen in vielen Programmiersprachen eher unglücklich gewählt. Als Beispiel betrachten wir die Programmiersprache C, die Anfang der Siebzigerjahre von Dennis Ritchie und Brian Kernighan an den AT&T Bell Labs entwickelt wurde [50, 52, 58]. Aufgrund ihrer Maschinennähe ist C heute immer noch die am häufigsten eingesetzte Programmiersprache in den Bereichen Systemprogrammierung und „Embedded Systems".

In C führen Oktalzahlen immer wieder zu unliebsamen Fehlern, die insbesondere Programmieranfänger oft vor erhebliche Rätsel stellen können. Hierzu betrachten wir das folgende C-Programm:

```
struct { int vorwahl;
         char *city; }
phone_book[] = {
    0721, "Karlsruhe",
    089,  "München" };
```

In der abgebildeten C-Struktur werden verschiedene Telefonvorwahlen definiert und mit den zugehörigen Ortsnamen assoziiert. C interpretiert numerische Ziffernfolgen, die mit einer 0 eingeleitet werden, allerdings nicht wie hier gewünscht im Dezimalsystem, sondern als Oktalzahl. Die Ziffernfolgen werden vom Compiler dadurch völlig falsch umgerechnet. Auch dass die Münchner Vorwahl mit den Ziffern 8 und 9 zwei ungültige Oktalziffern enthält, stört nicht jeden Compiler. Die Ziffernfolge wird in diesen Fällen wie folgt ausgewertet:

$$z = 8 \cdot 8^1 + 9 \cdot 8^0 = 64 + 9 = 73$$

Die unglückliche Notation für Oktalzahlen betrifft nicht nur die Programmiersprache C und deren direkte Abkömmlinge C++, Objective-C und C#. Auch in moderneren Programmiersprachen, wie z. B. Java, werden Oktalzahlen mit einer vorangestellten 0 eingeleitet.

repräsentiert dann die folgende Zahl:

$$z = \sum_{i=-m}^{n-1} a_i \cdot b^i \qquad (3.10)$$
$$= a_{-m} \cdot b^{-m} + \ldots + a_0 \cdot b^0 + \ldots + a_{n-1} \cdot b^{n-1}$$

Für die Basen 2 und 10 existieren für viele der in (3.10) auftretenden Potenzen allgemein gebräuchliche Vorsilben, die in Tabelle 3.2 zusammengefasst sind. Während sich die Bezeichner im Bereich negativer Exponenten ausschließlich auf Zehnerpotenzen beziehen, werden sie im Bereich positiver Exponenten mehrdeutig verwendet. Welche Basis zu Grunde gelegt wird, hängt stark vom Anwendungsfall ab. So bezeichnet 1 Kilometer stets die Strecke von 1000 Metern, 1 Kilobyte wird dagegen nicht mit 1000, sondern mit 1024 Byte gleichgesetzt.

Um die bestehende Mehrdeutigkeit zu beseitigen, wurden 1998 von der *International Electrotechnical Commission (IEC)* neue Einheiten ins Leben gerufen. Die Standardbezeichner existieren weiterhin, beziehen sich dann aber eindeutig auf die Zehnerpotenzen. Für die binären Einheiten wurden stattdessen die neuen Präfixe *Kibi*, *Mebi* und *Gibi* eingeführt. Ein *Kilobyte* (kurz *KByte*) sind dann stets 1000 Byte und ein *KibiByte* (kurz *KiByte*) stets 1024 Byte. Die neuen Einheiten werden in der Praxis aber nur selten verwendet, so dass das Problem der Mehrdeutigkeit heute faktisch immer noch besteht. Die negativen Auswirkungen sind in der Praxis jedoch gering, da sich die Bezeichner im positiven Exponentialbereich in der technischen Informatik nahezu ausnahmslos auf die Zweierpotenzen beziehen.

Präfix	2^n	10^n
Yocto (y)	—	10^{-24}
Zepto (z)	—	10^{-21}
Atto (a)	—	10^{-18}
Femto (f)	—	10^{-15}
Piko (p)	—	10^{-12}
Nano (n)	—	10^{-9}
Mikro (μ)	—	10^{-6}
Milli (m)	—	10^{-3}
Zenti (c)	—	10^{-2}
Dezi (d)	—	10^{-1}
	2^0	10^0
Deka (da)	—	10^1
Hecto (h)	—	10^2
Kilo (k, K)	2^{10}	10^3
Mega (M)	2^{20}	10^6
Giga (G)	2^{30}	10^9
Tera (T)	2^{40}	10^{12}
Peta (P)	2^{50}	10^{15}
Exa (E)	2^{60}	10^{18}
Zetta (Z)	2^{70}	10^{21}
Yotta (Y)	2^{80}	10^{24}

Tabelle 3.2: Bezeichnung der verschiedenen Zweier- bzw. Zehnerpotenzen

Konvertierung zwischen Zahlensystemen

Nachdem wir das allgemeine Schema des Stellenwertsystems eingeführt und mit dem Binär-, Oktal- und Hexadezimalsystem die für die technische Informatik bedeutendsten Zahlensysteme kennen gelernt haben, wollen wir uns jetzt mit der Frage beschäftigen, wie wir eine gegebene Zahlendarstellung in ein anderes Zahlensystem konvertieren können.

Im Folgenden sei mit z eine beliebige Zahl und mit b eine beliebige Basis gegeben. Um z bezüglich der Basis b zu repräsentieren, müssen wir eine Darstellung der Form (3.10) erzeugen. Für die Berechnung der Koeffizienten a_{-m} bis a_{n-1} in Gleichung (3.10) separieren wir z zunächst

3.1 Zahlensysteme

in den Vorkomma- und den Nachkommaanteil:

$$z = \underbrace{\left(\sum_{i=0}^{n-1} a_i \cdot b^i\right)}_{\text{Vorkommaanteil } z_v} + \underbrace{\left(\sum_{i=-m}^{-1} a_i \cdot b^i\right)}_{\text{Nachkommaanteil } z_n} \qquad (3.11)$$

Für beide Formelanteile werden wir die Koeffizienten $a_0, \ldots, a_{n-1}$ bzw. $a_{-m}, \ldots, a_{-1}$ auf unterschiedliche Weise gewinnen. Um die Konvertierung des *Vorkommaanteils* zu verstehen, betrachten wir zunächst, wie sich eine Division durch die Basis b auswirkt. Es gilt:

$$\frac{z_v}{b} = \frac{1}{b} \cdot \left(\sum_{i=0}^{n-1} a_i \cdot b^i\right) = \left(\sum_{i=0}^{n-2} a_{i+1} \cdot b^i\right) \text{ Rest } a_0$$

Die Gleichung zeigt, dass wir den Koeffizienten a_0 berechnen können, indem wir den Vorkommaanteil durch die Basis b dividieren. Der Wert von a_0 entspricht dann unmittelbar dem Divisionsrest. Wiederholen wir die Division auf dem ganzzahligen Divisionsergebnis, so erhalten wir mit dem nächsten Divisionsrest den Wert des Koeffizienten a_1. Unsere Überlegungen führen uns in direkter Weise zu dem in Abbildung 3.3 dargestellten Rekursionsschema. Das Verfahren endet, sobald der ganzzahlige Anteil gleich null wird – in diesem Fall entspricht der Divisionsrest dem letzten gesuchten Koeffizienten a_{n-1}.

Die Koeffizienten des Nachkommaanteils $a_{-1}, \ldots, a_{-m}$ können wir auf ganz ähnliche Weise ermitteln, allerdings müssen wir hier nicht in jedem Iterationsschritt den Vorkommaanteil durch die Basis b dividieren, sondern den Nachkommaanteil mit b multiplizieren. Die Grundlage für dieses Vorgehen liefert die folgende Beziehung:

$$z_n \cdot b = \left(\sum_{i=-m}^{-1} a_i \cdot b^{i+1}\right) = \left(\sum_{i=-m}^{-2} a_i \cdot b^{i+1}\right) + a_{-1} \qquad (3.12)$$

Der Teilausdruck a_{-1} auf der rechten Seite von Gleichung (3.12) ist der einzige Formelanteil größer oder gleich 1. Damit ist der Vorkommaanteil von $z_n \cdot b$ gleichbedeutend mit dem Wert des Koeffizienten a_{-1}. Multiplizieren wir den Nachkommaanteil erneut mit der Basis b, so fällt im nächsten Schritt der Wert des Koeffizienten a_{-2} ab. Insgesamt ergibt sich auf diese Weise das in Abbildung 3.4 dargestellte Berechnungsschema. Die Rekursion bricht ab, sobald der Nachkommaanteil des berechneten Produkts gleich 0 wird – in diesem Fall entspricht der Vorkommaanteil dem Wert des letzten gesuchten Koeffizienten a_{-m}.

Insgesamt erfordert die Konvertierung des Vor- und Nachkommaanteils von z damit die mehrmalige Division und Multiplikation mit der Zielbasis b. Ist z keine Dezimalzahl, so müssen wir die Arithmetikoperationen

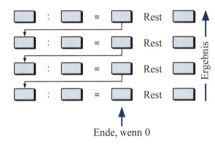

■ Darstellung von 105_{10} zur Basis 2

$$\begin{aligned} 105 : 2 &= 52 \quad \text{Rest} \quad 1 \\ 52 : 2 &= 26 \quad \text{Rest} \quad 0 \\ 26 : 2 &= 13 \quad \text{Rest} \quad 0 \\ 13 : 2 &= 6 \quad \text{Rest} \quad 1 \\ 6 : 2 &= 3 \quad \text{Rest} \quad 0 \\ 3 : 2 &= 1 \quad \text{Rest} \quad 1 \\ 1 : 2 &= 0 \quad \text{Rest} \quad 1 \end{aligned}$$

Ergebnis: $105_{10} = 1101001_2$

Abbildung 3.3: Konvertierung des *Vorkommaanteils* einer Zahl z in ein anderes Zahlensystem.

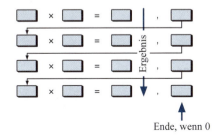

■ Darstellung von $0{,}625_{10}$ zur Basis 2

$$\begin{aligned} 0{,}625 \cdot 2 &= 1{,}25 \\ 0{,}25 \cdot 2 &= 0{,}5 \\ 0{,}5 \cdot 2 &= 1{,}0 \end{aligned}$$

Ergebnis: $0{,}625_{10} = 0{,}101_2$

Abbildung 3.4: Konvertierung des *Nachkommaanteils* einer Zahl z in ein anderes Zahlensystem.

Die Konvertierung von Zahlen verschiedener Zahlensysteme ist eine klassische Fehlerquelle. Ein prominentes Beispiel ist das Raketenabwehrsystem *Patriot*, das unter anderem im ersten Golf-Krieg von der US-Armee zur Abwehr irakischer Scud-Raketen installiert wurde.
Eine Patriot-Batterie verfolgt ein Zielobjekt durch die permanente Berechnung des Zielkorridors, des sogenannten *range gates*. In die Berechnung geht unter anderem die Zeit der letzten Radardetektion in Zehntelsekunden seit Inbetriebnahme der Patriot-Batterie ein. Intern wurde hierzu die ganzzahlige Systemzeit (in Sekunden) mit $\frac{1}{10}$ multipliziert und genau hier nahm das Verhängnis seinen Lauf. Da $\frac{1}{10}$ keine endliche Binärdarstellung besitzt, entstand ein numerischer Fehler, der mit zunehmender Betriebsdauer immer größer wurde. Ab einer Betriebsdauer von 20 Stunden war das range gate so weit verschoben, dass sich jedes Zielobjekt außerhalb befand – ein erfolgreiches Abfangmanöver konnte ab diesem Zeitpunkt in keinem Fall mehr gelingen.
Am 25. Februar 1991 war die betroffene Patriot-Batterie mehr als 100 Stunden im Einsatz – mit fatalen Folgen: In der Nacht schlug eine Scud-Rakete zielgenau in eine amerikanische Kaserne im saudi-arabischen Dharan ein und forderte 28 Todesopfer. Über 90 Menschen wurden durch den Raketeneinschlag teilweise schwer verletzt [59].

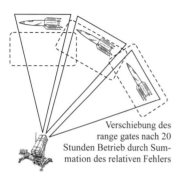

Verschiebung des range gates nach 20 Stunden Betrieb durch Summation des relativen Fehlers

in einem uns fremden Zahlensystem ausführen. Da den meisten von uns das Rechnen im Dezimalsystem ungleich leichter fällt, ist es fast immer ratsam, z vor der Konvertierung zunächst in das Dezimalsystem zu konvertieren. Hierzu setzen wir einfach die Ziffernkoeffizienten von z in Gleichung (3.10) ein und rechnen die Summe einfach aus. Die Umwandlung der Binärzahl 1101001,101 in das Dezimalsystem ergibt sich dann wie folgt:

$$\begin{aligned} z &= 1 \cdot 2^6 + 1 \cdot 2^5 + 1 \cdot 2^3 + 1 \cdot 2^0 + 1 \cdot 2^{-1} + 1 \cdot 2^{-3} \\ &= 64 + 1 \cdot 32 + 1 \cdot 8 + 1 \cdot 1 + 1 \cdot \frac{1}{2} + 1 \cdot \frac{1}{8} \\ &= 105 + \frac{5}{8} = 105{,}625 \end{aligned}$$

Angewendet auf unser Beispiel erhalten wir das folgende Resultat:

$$\begin{aligned} z &= 1 \cdot 2^6 + 1 \cdot 2^5 + 1 \cdot 2^3 + 1 \cdot 2^0 + 1 \cdot 2^{-1} + 1 \cdot 2^{-3} \\ & 1 \cdot 2^6 + 1 \cdot 2^5 + 1 \cdot 2^3 + 1 \cdot 2^0 + \frac{1 \cdot 2^2 + 1 \cdot 2^0}{2^3} \\ & 64 + 1 \cdot 32 + 1 \cdot 8 + 1 \cdot 1 + \frac{1 \cdot 4 + 1 \cdot 1}{8} \\ & 105 + \frac{5}{8} = 105{,}625 \end{aligned}$$

Weiter oben haben wir gezeigt, dass sich Oktal- und Hexadezimalzahlen sehr einfach in das Binärsystem und zurück wandeln lassen. Verallgemeinert trifft diese Eigenschaft auf alle Zahlensysteme zu, denen eine Zweierpotenz als Basis zu Grunde liegt. Jede Ziffer einer Zahl zur Basis 2^n entspricht in der Binärdarstellung einer Bit-Sequenz der Länge n, so dass wir die Darstellungen Ziffer für Ziffer bzw. Block für Block ineinander überführen können. Damit bietet sich das Binärsystem in natürlicher Weise als Zwischenformat an, falls eine Darstellung zur Basis 2^n in eine Darstellung zur Basis 2^m überführt werden soll. Insbesondere lassen sich Oktal- und Hexadezimalzahlen einfach ineinander umrechnen, indem wir zunächst die Binärdarstellung als Zwischenformat erzeugen.

Mit den oben gezeigten Verfahren haben Sie das nötige Handwerkszeug zur Hand, um Zahlen zwischen beliebigen Zahlensystemen konvertieren zu können. Dass Sie dabei stets mit Vorsicht agieren sollten, zeigt die folgende Konvertierung der Dezimalzahl 0,1 in das Binärsystem. Dem Algorithmus in Abbildung 3.4 folgend, führen wir nachstehende Berechnung durch:

$$\begin{aligned} 0{,}1 \cdot 2 &= 0{,}2 \\ 0{,}2 \cdot 2 &= 0{,}4 \end{aligned}$$

3.2 Rechnerinterne Zahlenformate

$$0,4 \cdot 2 = 0,8$$
$$0,8 \cdot 2 = 1,6$$
$$0,6 \cdot 2 = 1,2$$
$$0,2 \cdot 2 = 0,4$$
$$0,4 \cdot 2 = \ldots$$

Die Berechnung zeigt, dass sich die Zwischenergebnisse periodisch wiederholen und der Algorithmus nicht terminiert. Damit haben wir eine wesentliche Eigenschaft von Zahlensystemen herausgearbeitet, die es in der Hard- und Software-Entwicklung stets zu bedenken gilt.

Die Eigenschaft, eine endliche Zifferndarstellung zu besitzen, geht für manche Zahlen bei der Konvertierung in ein anderes Zahlenformat verloren.

Die Konvertierung von Zahlensystemen ist eine klassische, jedoch in der Praxis wenig beachtete Quelle von *Rundungsfehlern* – mitunter mit fatalen Folgen, wie das nebenstehende Beispiel zeigt.

3.2 Rechnerinterne Zahlenformate

3.2.1 Darstellung natürlicher Zahlen

Nachdem wir uns ausgiebig mit der Thematik der Zahlensysteme auseinandergesetzt haben, wollen wir uns jetzt mit der rechnerinternen Darstellung von Zahlen beschäftigen. Nahezu alle der heute eingesetzten Computerarchitekturen unterscheiden intern genau zwei Logikzustände und stellen Zahlen daher durchweg im Binärsystem dar. Jede positive ganze Zahl kann damit ohne Umwege eins zu eins im Speicher repräsentiert werden, indem jede Ziffer (0 oder 1) rechnerintern durch genau ein *Bit* im Speicher codiert wird.

Nahezu alle gängigen Computerarchitekturen fassen je 8 Bit zu einem *Byte* zusammen. Die Anzahl der Bytes, die zur Repräsentation einer einzelnen Zahl intern verwendet werden, definiert den darstellbaren Zahlenbereich und entspricht in der Regel einer Zweierpotenz 2^n. Für die heute gängigen Bitbreiten sind die überdeckten Wertebereiche in Abbildung 3.5 zusammengefasst.

- 1 Byte (8 Bit):

Wertebereich:
$[0; 2^8 - 1] = [0; 255]$

- 2 Byte (16 Bit):

Wertebereich:
$[0; 2^{16} - 1] = [0; 65\,535]$

- 4 Byte (32 Bit):

Wertebereich:
$[0; 2^{32} - 1] = [0; 4\,294\,967\,295]$

- 8 Byte (64 Bit):

Wertebereich:
$[0; 2^{64} - 1] = [0; \sim 1{,}84 \cdot 10^{19}]$

Abbildung 3.5: Darstellung vorzeichenloser ganzer Zahlen mit verschiedenen Bitbreiten

- Little-Endian

Das Byte mit der niedrigsten Wertigkeit wird zuerst gespeichert

- Big-Endian

Das Byte mit der höchsten Wertigkeit wird zuerst gespeichert

Abbildung 3.6: Die Little-Endian und die Big-Endian-Architektur im Vergleich

Die *Speicherordnung* einer Computerarchitektur legt fest, in welcher Reihenfolge die einzelnen Bytes im Arbeitsspeicher abgelegt werden. In Abhängigkeit der Speicherreihenfolge lassen sich die Architekturen moderner Mikroprozessoren in zwei Klassen einteilen und werden dementsprechend als *Little-Endian-* oder als *Big-Endian-Architektur* bezeichnet. Die beiden Speicherauszüge in Abbildung 3.6 demonstrieren die unterschiedliche Anordnung der Bytes anhand einer vorzeichenlosen, positiven Dualzahl mit einer Auflösung von 16 Bit.

Little-Endian-Architekturen speichern die 4 Bytes der Dualzahl in *aufsteigender* Reihenfolge ab, d. h. das Byte mit der niedrigsten Wertigkeit (Bit 0 bis Bit 7) wird zuerst und das Byte mit der höchsten Wertigkeit zuletzt im Speicher abgelegt. Dieses Format wurde bereits mit dem ersten Mikroprozessor, dem Intel 4004, eingeführt. Der Prozessor arbeitete damals intern mit einer Bitbreite von 4, so dass zur Addition zweier längerer Datenwörter mehrere solcher Viererpakete sukzessive addiert werden mussten. Da bei der Addition mit dem niedrigstwertigen Bitpaket begonnen wird, wurden die Datenwörter im Speicher in aufsteigender Reihenfolge abgelegt und die Idee der Little-Endian-Technik war geboren. Obwohl die Bitbreiten heutiger Prozessoren ein Vielfaches betragen, hält Intel bis heute an der Little-Endian-Architektur fest.

Im Gegensatz hierzu speichern *Big-Endian-Architekturen* die einzelnen Bytes in umgekehrter Reihenfolge, d. h., das höchstwertige Byte wird zuerst im Speicher abgelegt. Die Big-Endian-Architektur erscheint als die natürlichere, da das entstehende Speicherbild der uns vertrauten Notation einer Dualzahl entspricht.

Haben wir uns bis jetzt ausschließlich mit der Speicherung *positiver* ganzer Zahlen beschäftigt, wollen wir uns nun der Frage widmen, wie wir die rechnerinterne Repräsentation auf *negative* Zahlen erweitern können. Hierzu werden wir mit der *Vorzeichenbitdarstellung*, dem *Einerkomplement* und dem *Zweierkomplement* die drei am häufigsten verwendeten Zahlenformate kennen lernen. Für die Bewertung der einzelnen Formate werden für uns insbesondere die folgenden drei Kriterien von Bedeutung sein:

- Arithmetik

Die Durchführung arithmetischer Operationen gehört zu den Kernaktivitäten jedes Rechnersystems. Die praktische Eignung einer Zahlendarstellung steigt und fällt mit dem Aufwand, der für die Ausführung elementarer arithmetischer Berechnungen notwendig wird.

- **Eineindeutigkeit**

  Ein Zahlenformat ist *eineindeutig*, wenn jede Zahl genau einem Bitmuster und umgekehrt entspricht. Eineindeutige Darstellungen sind aus zweierlei Gründen erstrebenswert. Zum einen lässt sich der wichtige *Gleichheitstest* zweier Zahlen sehr effizient implementieren – zwei Zahlen sind genau dann gleich, wenn ihre Binärdarstellung Bit für Bit übereinstimmt. Zum anderen wird die Anzahl der vorhandenen Bitmuster optimal genutzt und kein Bit verschenkt. Nicht eineindeutige Zahlensysteme werden aus diesem Grund auch als *redundante Zahlensysteme* bezeichnet.

- **Symmetrie**

  Ein Zahlenformat heißt *symmetrisch*, wenn mit der Zahl z stets auch die Zahl $-z$ dargestellt werden kann. Die Symmetrieeigenschaft ist erstrebenswert, da in diesem Fall die Negationsoperation innerhalb der Menge der darstellbaren Zahlen abgeschlossen ist. Unsymmetrische Zahlensysteme bergen die Gefahr unvorhergesehener Wertüberläufe. Der simple Wechsel des Vorzeichens einer Zahl kann in diesem Fall zu völlig falschen Ergebnissen führen.

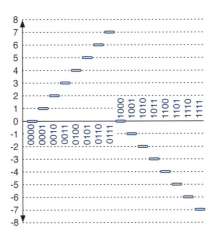

Abbildung 3.7: Die Vorzeichenbitdarstellung, hier demonstriert am Zahlenstrahl. Der abgedeckte Wertebereich ist symmetrisch, allerdings besitzt die Null zwei Darstellungen. Bei der Durchführung arithmetischer Operationen muss das Vorzeichenbit gesondert ausgewertet werden.

Vorzeichenbitdarstellung

Die einfachste Möglichkeit, negative Zahlen zu repräsentieren, ist die explizite Darstellung des Vorzeichens durch ein festgelegtes Bit. Die meisten Vorzeichenbitdarstellungen repräsentieren positive Zahlen mit einer 0 und negative Zahlen mit einer 1 an der höchstwertigen Bitstelle. Diese Art der Festlegung kommt nicht von ungefähr, da nur so die Bitmuster der positiven Zahlen mit den Bitmustern der vorzeichenlosen Darstellung übereinstimmen. Abbildung 3.7 demonstriert die Vorzeichenbitdarstellung am Beispiel der vierstelligen Dualzahlen.

Die Vorzeichenbitdarstellung bietet mehrere Vorteile. So ist z. B. das Invertieren einer Zahl sehr einfach möglich. Hierzu müssen wir lediglich das Vorzeichenbit kippen – alle anderen Bits bleiben unverändert. Da wir auf diese Weise für jede Zahl $+z$ auch den negierten Wert $-z$ repräsentieren können, ist die Zahlendarstellung symmetrisch. Wie in Abbildung 3.7 deutlich zu sehen ist, ist die Vorzeichenbitdarstellung allerdings nicht eineindeutig, da die Null verschiedene Repräsentationen besitzt. Unabhängig von der Bitbreite gelten die folgenden Beziehungen:

$$+0 = 000\ldots000$$
$$-0 = 100\ldots000$$

Beispiel 1:				
	5		0101	(5)
+	−6	+	1110	(−6)
=	−1	=	10011	(−3)
Beispiel 2:				
	5		0101	(5)
+	−3	+	1011	(−3)
=	2	=	10000	(−0)

Tabelle 3.3: Vorsicht bei arithmetischen Operationen! Wie die Beispiele zeigen, erhalten wir falsche Ergebnisse, wenn wir das Vorzeichenbit bei der Addition zweier Dualzahlen als ganz normales Bit behandeln.

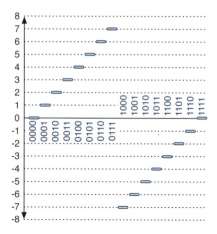

Abbildung 3.8: In der Einerkomplementdarstellung wird eine Zahl durch das Invertieren *aller* Bits negiert. Genau wie bei der Vorzeichenbitdarstellung ist der abgedeckte Wertebereich symmetrisch, die Null besitzt jedoch weiterhin zwei Darstellungen. Unter Beachtung der Übertragsadditionsregel lassen sich Einerkomplementzahlen fast wie vorzeichenlose Dualzahlen addieren.

Beispiel 1:			
5		0101	(5)
+ −6	+	1001	(−6)
= −1	=	1110	(−1)

Beispiel 2:			
		0101	(5)
	+	1100	(−3)
5	=	1|0001	(−14)
+ −3	+	1	(1)
= 2	=	̶1|0010	(2)

Tabelle 3.4: Die Durchführung arithmetischer Operationen ist im Einerkomplement möglich. Um das korrekte Ergebnis zu erhalten, muss ein entstandener Übertrag, wie im unteren Beispiel demonstriert, zusätzlich auf den Ergebniswert aufaddiert werden (Übertragsadditionsregel).

Leider funktioniert auch die Binärarithmetik nicht mehr wie gewohnt, d. h., wir dürfen das Vorzeichenbit bei der Durchführung arithmetischer Operationen nicht wie die anderen Bits behandeln. Tun wir dies trotzdem, erhalten wir falsche Ergebnisse, wie das Beispiel in Tabelle 3.3 auf eindringliche Weise demonstriert.

Einerkomplement

Einen anderen Weg, negative Zahlen zu repräsentieren, verfolgt das Einerkomplement. Statt ein einzelnes festgelegtes Bit zur Repräsentation des Vorzeichens zu verwenden, wird eine Zahl z negiert, indem ihr Bitmuster, wie in Abbildung 3.8 dargestellt, vollständig invertiert wird. Wie schon im Falle der Vorzeichenbitdarstellung ist der abgedeckte Zahlenbereich symmetrisch und die Bitmuster der positiven Zahlen sind identisch mit den Mustern der vorzeichenlosen Darstellung. Ungelöst bleibt jedoch das Problem der Doppeldarstellung der Null:

$$+0 = 000\ldots000$$
$$-0 = 111\ldots111$$

Damit teilt das Einerkomplement einen wesentlichen Nachteil mit der Vorzeichenbitdarstellung. Da die Null immer noch auf zwei verschiedene Weisen abgebildet werden kann, ist die Eineindeutigkeit der Zahlendarstellung nicht gegeben.

Der große Vorteil der Einerkomplementdarstellung kommt erst zum Tragen, wenn wir uns den arithmetischen Eigenschaften zuwenden. Anders als bei vorzeichenbehafteten Zahlen können wir Einerkomplementzahlen auf recht einfache Weise addieren. Die Addition erfolgt in drei Schritten:

1. Ausführen der gewöhnlichen Binäraddition
2. Aufaddieren des Übertrags *(Übertragsadditionsregel)*
3. Streichen verbleibender Überträge

Tabelle 3.4 demonstriert die Addition im Einerkomplement anhand zweier konkreter Beispiele. Im ersten Beispiel lassen sich beide Summanden übertragsfrei addieren und wir erhalten ohne Umwege das gewünschte Ergebnis. Das zweite Beispiel demonstriert die Anwendung der Übertragsadditionsregel.

3.2 Rechnerinterne Zahlenformate

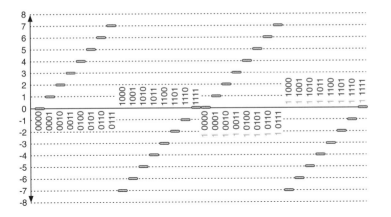

Abbildung 3.9: Im Einerkomplement besitzt die Null zwei verschiedene Darstellungen. Starten wir bei einer negativen Zahl, so bewegen wir uns mit der Addition von 1 auf dem Zahlenstrahl einen Schritt nach rechts. Wegen der Doppeldarstellung der Null erhalten wir beim Übergang vom negativen in den positiven Zahlenraum ein um 1 zu geringes Ergebnis. Zum Ausgleich des numerischen Fehlers muss die *Übertragsadditionsregel* angewendet werden, die besagt, dass entstehende Überträge stets auf das Endergebnis aufaddiert werden müssen.

Warum wir die Übertragsadditionsregel benötigen, um im Einerkomplement korrekte Ergebnisse zu erhalten, wird in Abbildung 3.9 deutlich. Der dargestellte Zahlenstrahl zeigt, wie sich die Generierung eines Übertrags auf eine Einerkomplementzahl auswirkt. Da wir auf einer festen Bitbreite – in unserem Beispiel 4 Bit – operieren, wird die Zahl 1 000 genau wie 0000 interpretiert. Wie der erweiterte Zahlenstrahl zeigt, entsteht ein Übertragsbit genau an der Stelle, an der der negative Zahlenbereich in den positiven Bereich übergeht. Durch die Doppeldarstellung der Null ist der Zahlenstrahl an diesem Punkt jedoch nicht vollständig durchgängig. Das Ergebnis ist damit stets um 1 zu gering, sobald wir durch die Addition einer Zahl vom negativen in den positiven Wertebereich übergehen. Durch exakt diese Differenz begründet sich die Übertragsadditionsregel, die den Rechenfehler durch die einfache Addition des Übertragsbits wieder ausgleicht.

Zweierkomplement

Betrachten wir die Arithmetikeigenschaften der vorgestellten Zahlendarstellungen, so ist das Einerkomplement bereits ein großer Fortschritt gegenüber der Vorzeichenbitdarstellung. Einzig die durch die Doppeldarstellung der Null verursachte Verschiebung des Zahlenstrahls zwingt uns, entstehende Rechenfehler über die Übertragsadditionsregel auszugleichen. Genau hier setzt die *Zweierkomplementdarstellung* an, die uns ermöglicht, vorzeichenbehaftete Zahlen genauso wie vorzeichenlose Zahlen zu addieren und zu subtrahieren.

Im Zweierkomplement wird eine Zahl negiert, indem zunächst das Einerkomplement durch das Kippen *aller* Bits gebildet und anschließend

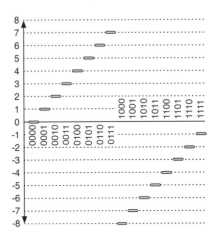

Abbildung 3.10: Das Zweierkomplement einer Zahl wird erzeugt, indem das Einerkomplement gebildet und anschließend um eins erhöht wird. Die Zweierkomplementdarstellung wird dadurch eineindeutig, verliert jedoch die Eigenschaft der Symmetrie. In dieser Darstellung können Zahlen durch die Anwendung der gewöhnlichen Regeln der Binärarithmetik addiert werden.

Abbildung 3.11: Im Gegensatz zum Einerkomplement ist der Zahlenstrahl im Zweierkomplement bei einem Wechsel vom negativen in den positiven Zahlenbereich durchgängig. Jetzt lassen sich Zahlen entsprechend den gewöhnlichen Regeln der Binärarithmetik addieren, ohne dass zusätzliche Sonderfälle beachtet werden müssen. Des Weiteren besitzt die Null durch die Absenkung des negativen Zahlenbereichs nur noch eine einzige Darstellung. Beim Zweierkomplement haben wir es daher mit einer eineindeutigen Zahlendarstellung zu tun.

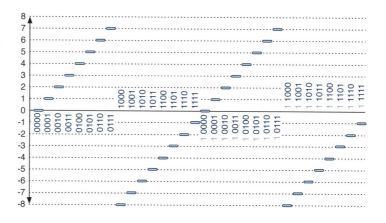

1 addiert wird. Die zusätzliche Addition von 1 führt, wie der Zahlenstrahl in Abbildung 3.10 zeigt, zu einer Absenkung des negativen Zahlenbereichs um 1. Dadurch verlieren wir zwar die Symmetrieeigenschaft (der negative Zahlenbereich ist jetzt um 1 größer als der positive), beim Übergang vom negativen in den positiven Zahlenbereich ist der Zahlenstrahl jetzt aber durchgängig. Der „Knick", der uns in der Einerkomplementdarstellung bei der Addition zu schaffen machte, ist im Zweierkomplement nicht mehr vorhanden. Hierdurch können wir, wie in Tabelle 3.5 gezeigt, im Zweierkomplement auf die Anwendung der eher künstlich wirkenden Übertragsadditionsregel vollständig verzichten.

Aufgrund seiner arithmetischen Eigenschaften und seiner Eineindeutigkeit ist das Zweierkomplement die am häufigsten eingesetzte Darstellung für vorzeichenbehaftete ganze Zahlen. Der Verlust der Symmetrieeigenschaft wird dabei bewusst in Kauf genommen. In der Praxis kann die Asymmetrie jedoch fatale Folgen haben, nämlich dann, wenn der kleinste darstellbare negative Wert invertiert wird. Bei einer Breite von 4 Bit ist die kleinste negative Zahl -8 (1000). Die Invertierung des Bitmusters liefert $0111 + 1 = 1000$ und damit wieder die Zahl -8.

Beispiel 1:				
	5		0101	(5)
+	−6	+	1010	(−6)
=	−1	=	1111	(−1)

Beispiel 2:				
	5		0101	(5)
+	−3	+	1101	(−3)
=	2	=	1|0010	(2)

Tabelle 3.5: Im Zweierkomplement können wir vorzeichenbehaftete Zahlen nach den üblichen Regeln der Binärarithmetik addieren. Spezielle Regeln zur Behandlung des Übertrags, wie sie im Einerkomplement noch nötig waren, entfallen hier vollständig. Ein entstehender Übertrag wird, wie das zweite Beispiel zeigt, ersatzlos gestrichen.

Vielleicht sind Sie an dieser Stelle versucht, ein Zahlenformat zu konstruieren, das die Eigenschaften der Symmetrie und die Eigenschaft der Eineindeutigkeit in sich vereint. Eine einfache theoretische Überlegung zeigt jedoch, dass ein solches Format nicht existieren kann. Erfüllt ein Zahlenformat die Eigenschaft der Symmetrie, so lässt sich zu jeder positiven Zahl auch deren Negation abbilden. Zusätzlich benötigen wir eine Repräsentation der Null, so dass sich insgesamt eine ungerade Anzahl an darzustellenden Zahlenwerten ergibt. Mit n Bit lassen sich jedoch stets 2^n Bitmuster unterscheiden, d. h., zur Codierung von einer ungeraden Anzahl von Zahlenwerten steht uns eine gerade Anzahl von Bitmustern zur Verfügung. Folgerichtig muss es mindestens ein Bitmuster geben, dass keine oder gleich mehrere Zahlenwerte codiert und damit die Eigenschaft der Eineindeutigkeit verletzt.

3.2.2 Darstellung rationaler Zahlen

Für die Repräsentation rationaler Zahlen haben sich mit dem *Festkommaformat* und dem *Gleitkommaformat* zwei Darstellungen etabliert, die wir im Folgenden genauer betrachten werden.

Festkommazahlen

Die *Festkommadarstellung* ist die einfachste Möglichkeit, rationale Zahlen abzubilden. Genau wie bei der Vorzeichenbitdarstellung, die wir im vorherigen Abschnitt kennen gelernt haben, bestimmt das erste Bit, ob eine positive oder negative Zahl dargestellt wird. Alle anderen Bits bilden gemeinsam die *Mantisse M* und werden als die Nachkommastellen der abgebildeten Zahl interpretiert. Bei einer Bitbreite von 16 Bit besitzt das Festkommaformat damit die folgende Form:

```
15  14                                        0
| Vz |               M                         |
 ←1→ ←——————————————15——————————————————→
```

Bezeichnet n die Bitbreite der Festkommazahl, so lässt sich die repräsentierte Zahl wie folgt berechnen:

$$z = (-1)^{Vz} \cdot 0,M$$
$$= (-1)^{Vz} \cdot \left(\sum_{i=1}^{n-1} M_{n-1-i} \cdot \frac{1}{2^i} \right) \quad (3.13)$$

Damit erlaubt die Festkommadarstellung die Repräsentation von Zahlen aus dem *offenen* Intervall $]-1;+1[$. Durch die Erhöhung der Bitbreite n nähern sich die darstellbaren Zahlen immer weiter an die Intervallgrenzen -1 und 1 an, können diese jedoch nie erreichen. Das Intervall $]-1;+1[$ besitzt die gutmütige Eigenschaft, bezüglich der Multiplikation abgeschlossen zu sein. Das Produkt zweier Zahlen aus $]-1;+1[$ liegt also stets wieder in $]-1;+1[$.

Die größte und die kleinste darstellbare Festkommazahl lässt sich aus der Definition des Zahlenformats direkt ableiten. Hierzu betrachten wir zunächst die Bitmuster der gesuchten Zahlen z_{max} und z_{min}. Wir erhalten:

$$z_{max} = \boxed{0\,1\,1\,1\,\ldots\,1\,1\,1}$$
$$z_{min} = \boxed{1\,1\,1\,1\,\ldots\,1\,1\,1}$$

Entsprechend der Gleichung (3.13) repräsentiert z_{max} den folgenden Wert:

$$z_{max} = \sum_{i=1}^{n-1} \frac{1}{2^i}$$

Mit einem kleinen Trick können wir die obige Dezimaldarstellung von z_{max} in eine geschlossene Form bringen. Hierzu stellen wir z_{max} zunächst wieder als Binärzahl dar:

$$z_{max} = 0,\underbrace{111\ldots 111}_{n-1}$$

Addieren wir auf beiden Seiten den Wert $2^{-(n-1)}$, so berechnet sich die rechte Seite entsprechend den Regeln der Binäraddition wie folgt:

$$\begin{array}{r} 0,111\ldots 111 \\ +\quad 0,000\ldots 001 \\ \hline =\quad 1,000\ldots 000 \end{array}$$

Ziehen wir den Wert $2^{-(n-1)}$ auf beiden Seiten wieder ab, so erhalten wir auf einen Schlag eine geschlossene Form für z_{max}:

$$z_{max} = 1 - 2^{-(n-1)}$$

Aufgrund des Vorzeichenbits ist der darstellbare Zahlenbereich symmetrisch und wir erhalten z_{min} ohne Umweg durch die Negation von z_{max}:

$$z_{min} = -z_{max}$$
$$= -1 + 2^{-(n-1)}$$

Der Pentium-I-Prozessor der Firma Intel sorgte 1993 bereits kurz nach seiner Markteinführung für Schlagzeilen, als ein Fehler in dessen Gleitkommaeinheit bekannt wurde. Professor Thomas Nicely vom Lynchburg College in Virginia, USA, bemerkte als Erster, dass die Gleitkommadivision des Pentium I für ausgewählte Zahlen marginal falsche Ergebnisse lieferte. Zur Division zweier Zahlen verwendet der Pentium I die *Radix-4-SRT-Division* – ein sequenzielles Divisionsverfahren, das in jedem Iterationsschritt zwei Ziffern des Divisionsergebnisses auf einen Schlag berechnet [20, 76, 87]. Ein Kernelement der SRT-Division ist eine Koeffizientenmatrix, auf die in jedem Iterationsschritt zugegriffen wird.

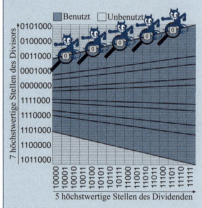

Was war nun die Ursache für den vielleicht bekanntesten Fehler der IT-Geschichte? Der Pentium-FDIV-Bug geht schlicht auf exakt fünf falsche Tabelleneinträge der Koeffizientenmatrix zurück [26, 73]. Anstelle des Werts 2 enthalten diese Zellen in fehlerhaften Pentium-Prozessoren den Wert 0. Dass der Fehler nur bei wenigen Zahlenkombinationen auftritt, liegt an der ungleichen Wahrscheinlichkeitsverteilung, mit der die Zellen ausgelesen werden. Mit dem Erscheinen der Nachfolgemodelle Pentium Pro und Pentium MMX gehörte der FDIV-Bug der Vergangenheit an.

Eine weitere wichtige Eigenschaft der Festkommadarstellung betrifft den numerischen *Abstand* zweier darstellbarer Zahlen. Bei einer Bitbreite von insgesamt n Bit besteht die Mantisse einer Festkommazahl aus $n-1$ Bits, so dass sich der numerische Abstand zweier benachbarter Zahlen z_1 und z_2 zu $2^{-(n-1)}$ berechnet. Der Abstand ist unabhängig von den konkreten Werten von z_1 und z_2, so dass die darstellbaren Festkommazahlen das Intervall $]-1;+1[$ gleichmäßig überdecken. Die Festkommazahlen fallen damit in die Klasse der *äquidistanten Zahlenformate*.

Aufgrund der Äquidistanzeigenschaft bietet sich die Verwendung des Festkommaformats immer dann an, wenn für den gesamten Wertebereich eine gleichmäßige Darstellungsgenauigkeit gefordert wird. Eingesetzt wird die Festkommaarithmetik insbesondere im Bereich der Signalverarbeitung und entsprechend viele *digitale Signalprozessoren* (DSPs) sind mit leistungsfähigen Festkommaarithmetikeinheiten ausgestattet. Klassische Mikroprozessoren (CPUs) wie auch moderne Grafikprozessoren (GPUs) setzen stattdessen auf die *Gleitkommaarithmetik*, die wir im folgenden Abschnitt genauer untersuchen werden.

Gleitkommazahlen

Die *Gleitkommadarstellung* erweitert die Festkommadarstellung um einen *Exponenten E*. Bezeichnen wir die Bitbreite der Mantisse mit m, so berechnet sich der Wert einer Gleitkommazahl wie folgt:

$$z = (-1)^{Vz} \cdot 0,M \cdot 2^E \tag{3.14}$$

$$= (-1)^{Vz} \cdot \left(\sum_{i=1}^{m} M_{m-i} \cdot \frac{1}{2^i} \right) \cdot 2^E \tag{3.15}$$

$$= (-1)^{Vz} \cdot \sum_{i=1}^{m} M_{m-i} \cdot 2^{E-i} \tag{3.16}$$

Die Bezeichnung des Zahlenformats geht auf die Eigenschaft des Exponenten zurück, die Position des Kommas in der dargestellten Zahl *gleiten* zu lassen. So entspricht z. B. die Multiplikation einer Dualzahl mit 2 der Verschiebung des Kommas um eine Stelle nach rechts. Im Allgemeinen bedingt die Multiplikation mit dem Term 2^E die Verschiebung des Kommas um $|E|$ Stellen nach rechts ($E > 0$) oder links ($E < 0$). In Anlehnung an die englische Bezeichnung *floating point number* werden Gleitkommazahlen im Deutschen auch als *Fließkommazahlen* bezeichnet.

3.2 Rechnerinterne Zahlenformate

Die gewählte Aufteilung der Speicherbits zwischen der Mantisse und dem Exponenten hat einen massiven Einfluss auf den darstellbaren Wertebereich. Während die Mantisse die *Auflösungsgenauigkeit* des Zahlenformats festlegt, beeinflusst der Exponent vor allem die *Intervallgrenzen* und bestimmt damit maßgeblich die kleinste und die größte darstellbare Zahl. Das Bezeichnungsschema *sXeY* hat sich als Kurzform für die Beschreibung eines Gleitkommaformats etabliert, das neben einem separaten Bit zur Darstellung des Vorzeichens X Bits für die Mantisse und Y Bits für den Exponenten aufwendet. Als Beispiel betrachten wir das Format *s10e5*:

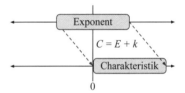

Um uns mit dem Format näher vertraut zu machen, wollen wir versuchen, die Zahl $z = 0{,}001101_2$ in diesem Format darzustellen. Hierzu bringen wir z zunächst in die Form von Gleichung (3.14). Wie die folgenden Beispiele zeigen, ist die Darstellung allerdings keineswegs eindeutig:

$$0{,}001101 = 00000{,}1101 \cdot 2^{-2} \quad (3.17)$$
$$= 0000{,}01101 \cdot 2^{-1} \quad (3.18)$$
$$= 000{,}001101 \cdot 2^{0} \quad (3.19)$$
$$= 00{,}0001101 \cdot 2^{1} \quad (3.20)$$
$$= 0{,}00001101 \cdot 2^{2} \quad (3.21)$$
$$= \ldots$$

Folgerichtig handelt es sich bei der Gleitkommadarstellung nicht um ein eineindeutiges Zahlenformat. Die Beispiele zeigen auch, dass wir den Wertebereich des Exponenten im Allgemeinen nicht auf den positiven Zahlenbereich beschränken dürfen. Insbesondere dann, wenn die Darstellung sehr kleiner Zahlen möglich sein soll, kommen wir um die Speicherung negativer Exponenten nicht herum.

In Abschnitt 3.2.2 haben wir mit der Vorzeichenbitdarstellung, dem Einerkomplement und dem Zweierkomplement bereits drei Möglichkeiten kennen gelernt, wie wir einen vorzeichenbehafteten ganzzahligen Exponenten speichern können. Tatsächlich wird in den gängigen Gleitkommaformaten keine dieser drei Möglichkeiten eingesetzt und der Exponent stattdessen in Form der sogenannten *Charakteristik* gespeichert.

Abbildung 3.12: In den gängigen Gleitkommaformaten wird der Exponent in Form der *Charakteristik* gespeichert. Der Wertebereich der Charakteristik entspricht dem ins Positive verschobenen Wertebereich des Exponenten und wird durch die Addition einer Konstanten k zum Exponenten berechnet. Der Wert von k entspricht dem Betrag des kleinsten darstellbaren Exponenten.

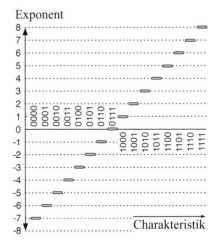

Abbildung 3.13: Darstellung der Charakteristik am Zahlenstrahl. Die Charakteristik C ist auf der x-Achse und der Exponent E auf der y-Achse angetragen. Das Beispiel zeigt die Repräsentation eines 4-Bit-Exponenten mit dem Wertebereich $[-7; 8]$. Die Charakteristik berechnet sich durch die Addition der Konstanten $k = 7$.

- $00000{,}1101 \cdot 2^{-2}$

  $Vz = 0$
  $C = 15 - 2 = 13$
  $M = 1101000000_2$

- $0000{,}01101 \cdot 2^{-1}$

  $Vz = 0$
  $C = 15 - 1 = 14$
  $M = 0110100000_2$

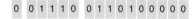

- $000{,}001101 \cdot 2^0$

  $Vz = 0$
  $C = 15 - 0 = 15$
  $M = 0011010000_2$

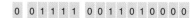

- $00{,}0001101 \cdot 2^1$

  $Vz = 0$
  $C = 15 + 1 = 16$
  $M = 0001101000_2$

- $0{,}00001101 \cdot 2^2$

  $Vz = 0$
  $C = 15 + 2 = 17$
  $M = 0000110100_2$

Abbildung 3.14: Darstellung von Gleitkommazahlen im Format *s10e5*

Die Charakteristik C verfolgt die Idee, den Wertebereich des Exponenten, wie in den Abbildungen 3.12 und 3.13 gezeigt, durch die Addition einer Konstanten k in den positiven Wertebereich zu verschieben. Hierdurch können wir das Bitmuster der Charakteristik als vorzeichenlose Dualzahl behandeln und den Exponenten jederzeit durch die Subtraktion der Konstanten k zurückerhalten.

Obwohl nicht zwingend erforderlich, verwenden die meisten in der Praxis eingesetzten Gleitkommaformate einen nahezu symmetrischen Zahlenbereich für den Exponenten. Im Falle unseres Beispielformats *s10e5* können wir mit den fünf Bits des Exponenten 32 verschiedene Werte darstellen. Wählen wir das Intervall $[-15; 16]$ als Wertebereich, so berechnet sich die Charakteristik als $C = E + 15$.

Wie in Abbildung 3.14 skizziert, sind wir mit Hilfe dieser Vorarbeit in der Lage, die verschiedenen Gleitkommadarstellungen (3.17) bis (3.21) ohne Umwege in entsprechende Bitmuster zu übertragen. Die Mehrdeutigkeit des Zahlenformats würde uns in der Praxis allerdings vor nicht zu unterschätzende Probleme stellen. Da zwei Zahlen trotz unterschiedlicher Bitmuster trotzdem gleich sein können, ist die Implementierung des Gleichheitstests sehr aufwendig. Des Weiteren wird die Anzahl der darstellbaren Zahlen durch die Mehrfachbelegung von Bitmustern kleiner als nötig. In der Praxis werden Gleitkommazahlen deshalb fast immer *normalisiert* gespeichert, d. h., die Position des Kommas wird mit Hilfe einer entsprechenden *Normalisierungsregel* eindeutig festgelegt. Typischerweise kommt eine der folgenden beiden Normalisierungsregeln zum Einsatz:

- Nachkommanormalisierung

  Die erste *Nachkommastelle* enthält die höchste Ziffer ungleich 0.

- Vorkommanormalisierung

  Die erste *Vorkommastelle* enthält die höchste Ziffer ungleich 0.

Im Falle der Vorkommanormalisierung ist das erste Bit der Mantisse eine *Vorkommastelle*, so dass wir Gleichung (3.14) dementsprechend anpassen müssen. Die dargestellte Zahl berechnet sich dann wie folgt:

$$z = (-1)^{Vz} \cdot (M_{m-1}, M_{m-2} \ldots M_0) \cdot 2^E \qquad (3.22)$$

$$= (-1)^{Vz} \cdot \left(\sum_{i=1}^{m} M_{m-i} \cdot \frac{1}{2^{i-1}} \right) \cdot 2^E \qquad (3.23)$$

$$= (-1)^{Vz} \cdot \sum_{i=1}^{m} M_{m-i} \cdot 2^{E-i+1} \qquad (3.24)$$

Durch die normalisierte Speicherung von Gleitkommazahlen erreichen wir nicht nur die Eineindeutigkeit der Zahlendarstellung, sondern erhalten zusätzlich die Möglichkeit, die Genauigkeit der dargestellten Zahl zu erhöhen. Da das erste Bit der Mantisse durch die Normalisierung stets 1 ist, können wir auf dessen Speicherung verzichten und haben damit Platz für ein zusätzliches Bit. Wird das erste Bit auf diese Art eingespart, so sprechen wir von einer *gepackten* oder *impliziten Darstellung*. Werden stattdessen, wie bisher, alle Bits der Mantisse gespeichert, so sprechen wir von einer *ungepackten* oder *expliziten Darstellung*. Damit ergeben sich insgesamt die vier in Abbildung 3.15 zusammengefassten Möglichkeiten, eine Gleitkommazahl normalisiert abzuspeichern.

Die gepackte Darstellung bietet uns zwar die willkommene Möglichkeit, die *Auflösungsgenauigkeit* des Zahlenformats zu erhöhen, bringt auf der anderen Seite aber auch Nachteile mit sich. Durch die implizite Eins an der ersten Vor- oder Nachkommastelle haben wir in dem entstandenen Zahlenformat keine Möglichkeit mehr, die Null darzustellen, und damit ein Format geschaffen, das in dieser Form für die Praxis nahezu nutzlos wäre. Um trotzdem eine Repräsentation der Null zu ermöglichen, definieren die meisten gepackten Zahlenformate reservierte Bitmuster, die eine Sonderbedeutung besitzen und damit nicht im Sinne der allgemeinen Berechnungsformeln (3.16) bzw. (3.24) interpretiert werden. Mit den IEEE-754-Gleitkommaformaten werden wir im nächsten Abschnitt zwei dieser Zahlenformate genauer unter die Lupe nehmen.

Die IEEE-754-Gleitkommaformate

Die *IEEE-754-Norm* wurde 1985 vom *Institute of Electrical and Electronics Engineers (IEEE)* zum Zweck der Standardisierung ins Leben gerufen und definiert mit dem *Single-precision-* und dem *Double-precision-Format* zwei der wichtigsten Formate zur Darstellung von Gleitkommazahlen. Nahezu alle der gängigen Mikroprozessoren unterstützen heute die IEEE-754-Norm und auch die Sprache Java stellt Gleitkommazahlen durchgängig in diesen Formaten dar.

Das Single-precision-Format speichert eine Gleitkommazahl in einem 32 Bit breiten Datenwort ab. Der Exponent E kann Werte zwischen -126 und 127 annehmen und wird in Form einer 8 Bit breiten Charakteristik abgelegt. Die restlichen 24 Bit werden zur Speicherung des Vorzeichens und der 23 Bit breiten Mantisse verwendet. Gegenüber dem Single precision-Format verdoppelt das Double-precision-Format die Bitbreite auf 64 Bit. Für den Exponenten E sind jetzt 11 Bit und ein Wertebereich von -1022 bis 1023 vorgesehen.

■ Nachkommanormalisiert, ungepackt:

$$0{,}001101 = 0{,}1101 \cdot 2^{-2}$$
$$Vz = 0$$
$$C = 15 - 2 = 13$$
$$M = 1101_2$$

| 0 | 0 1 1 0 1 | 1 1 0 1 0 0 0 0 0 0 |

■ Nachkommanormalisiert, gepackt:

$$0{,}001101 = 0{,}1101 \cdot 2^{-2}$$
$$Vz = 0$$
$$C = 15 - 2 = 13$$
$$M = (1)101_2$$

| 0 | 0 1 1 0 1 | 1 0 1 0 0 0 0 0 0 0 |

■ Vorkommanormalisiert, ungepackt:

$$0{,}001101 = 1{,}101 \cdot 2^{-3}$$
$$Vz = 0$$
$$C = 15 - 3 = 12$$
$$M = 1101_2$$

| 0 | 0 1 1 0 0 | 1 1 0 1 0 0 0 0 0 0 |

■ Vorkommanormalisiert, gepackt:

$$0{,}001101 = 1{,}101 \cdot 2^{-3}$$
$$Vz = 0$$
$$C = 15 - 3 = 12$$
$$M = (1)101_2$$

| 0 | 0 1 1 0 0 | 1 0 1 0 0 0 0 0 0 0 |

Abbildung 3.15: Durch die Kombination der beiden Normierungsformate mit der ungepackten und gepackten Mantissendarstellung entstehen insgesamt vier Möglichkeiten, eine Gleitkommazahl normalisiert darzustellen.

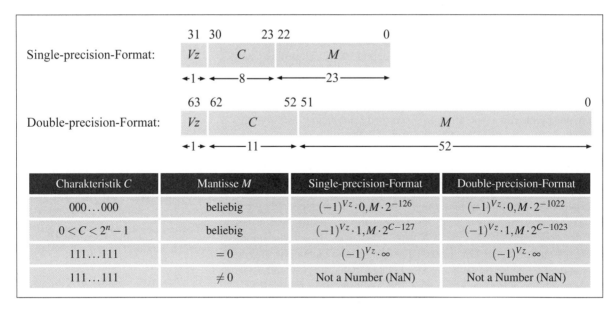

Abbildung 3.16: Definition der Single-precision- und Double-precision-Gleitkommaformate der IEEE-Norm 754

- Normalisierte Darstellung:

```
31                23              0
0 0 1 1 1 1 1 0 0 1 0 0 0 0 ... 0
Vz  Charakteristik C   Mantisse M
```

$Vz = 0$
$E = 124 - 127 = -3$
$M = (1),1_2$
$z = (-1)^{Vz} \cdot 1,M \cdot 2^E$
$ = 1,1_2 \cdot 2^{-3}$
$ = 0,0011_2$
$ = 0,1875$

Abbildung 3.17: Das IEEE-754-Single-precision-Format. Sind in der Charakteristik sowohl Nullen als auch Einsen enthalten, wird das Bitmuster als normalisierte, gepackte Gleitkommazahl interpretiert.

Wie die Übersichtstabelle in Abbildung 3.16 zeigt, stellen die IEEE-Formate Gleitkommazahlen in den allermeisten Fällen *vorkommanormalisiert* dar, d. h., das erste 1-Bit befindet sich stets vor dem Komma. Die Mantisse wird gepackt abgelegt, so dass das erste *gespeicherte* Mantissen-Bit nicht der Vorkomma-Eins, sondern der ersten Nachkommastelle entspricht (siehe Abb. 3.17). In beiden Formaten liegt ein reserviertes Bitmuster vor, wenn entweder alle Charakteristik-Bits gleich 0 oder gleich 1 sind:

- Alle Bits der Charakteristik sind 0

  In diesem Fall wird das Bitmuster der Mantisse als eine spezielle Festkommazahl interpretiert (siehe Abb. 3.18). Da das verwendete Zahlenformat weder normalisiert noch gepackt ist, lässt sich die 0 darstellen, indem alle Bits der Mantisse auf 0 gesetzt werden. Der Wert des Vorzeichenbits besitzt in diesem Fall keine Bedeutung ($0 = -0$), so dass es sich bei den IEEE-754-Gleitkommaformaten streng genommen nicht um eine eineindeutige Darstellung handelt.

- Alle Bits der Charakteristik sind 1

  Ist gleichzeitig die Mantisse gleich null, wird abhängig vom Wert des Vorzeichenbits die Zahl $+\infty$ bzw. $-\infty$ dargestellt. Dieses Bitmuster entsteht z. B. immer dann, wenn innerhalb der Gleitkommaeinheit eine Division durch null erfolgt oder zwei Zahlen addiert werden, deren Summe außerhalb des gültigen Wertebereichs liegt. Nicht definierte oder unbekannte Werte (*NaN*, „*Not a Number*") werden dargestellt, indem neben den Charakteristik-Bits mindestens ein Bit der Mantisse ebenfalls gleich 1 ist. Alle algebraisch undefinierten Operationen wie z. B. $0/0$, $\sqrt{-1}$ oder $0 \cdot \infty$ generieren ein derartiges Bitmuster als Ergebnis.

Obwohl z. B. die Intel-Mikroprozessoren nach *außen* das IEEE-754-Format unterstützen, werden die Berechnungen *innerhalb* der Gleitkommaeinheit mit einer erhöhten Genauigkeit von 80 Bit durchgeführt. Dieses wurde von Intel bereits 1980 zusammen mit dem 8087-Coprozessor eingeführt und ist in Abbildung 3.19 zusammengefasst. Wie bei Gleitkommazahlen üblich, werden positive und negative Zahlen mit Hilfe eines separaten Vorzeichenbits unterschieden. Der Exponent wird mit einer Breite von 15 Bit und die Mantisse mit einer Breite von 64 Bit dargestellt. Zur einfacheren Implementierung der elementaren Arithmetikoperationen ist das Format ungepackt, d. h. alle Bits sind Bestandteil der gespeicherten Mantisse. Trotzdem ist auch das Extended-precision-Format normalisiert. Wird ein Operand in die Gleitkommaeinheit geladen, werden die IEEE-754-Bitmuster entpackt und auf die interne Bitbreite von 80 Bit erweitert. Sämtliche arithmetischen Operationen werden auf dem erweiterten Format durchgeführt und die interne Darstellung erst beim Zurückschreiben des Ergebniswerts in die IEEE-Formate zurückkonvertiert. Hierdurch werden Rundungsfehler effektiv vermieden.

■ Denormalisierte Darstellung:

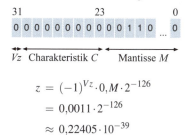

$$z = (-1)^{Vz} \cdot 0{,}M \cdot 2^{-126}$$
$$= 0{,}0011 \cdot 2^{-126}$$
$$\approx 0{,}22405 \cdot 10^{-39}$$

Abbildung 3.18: Das IEEE-754-Single-precision-Format. Sind alle Bits der Charakteristik gleich null, wird das Bitmuster als denormalisierte, ungepackte Gleitkommazahl interpretiert.

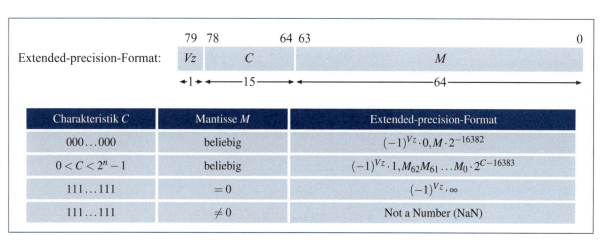

Charakteristik C	Mantisse M	Extended-precision-Format
000…000	beliebig	$(-1)^{Vz} \cdot 0{,}M \cdot 2^{-16382}$
$0 < C < 2^n - 1$	beliebig	$(-1)^{Vz} \cdot 1{,}M_{62}M_{61}\ldots M_0 \cdot 2^{C-16383}$
111…111	$= 0$	$(-1)^{Vz} \cdot \infty$
111…111	$\neq 0$	Not a Number (NaN)

Abbildung 3.19: Intel-Prozessoren führen Gleitkommaoperationen intern im 80 Bit breiten *Extended-precision-Format* aus

- Interne Binärdarstellung:

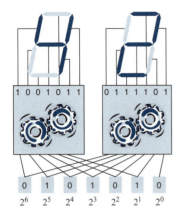

- Interne BCD-Darstellung:

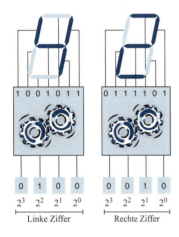

Abbildung 3.20: In einigen Anwendungsfällen sind binär codierte Dezimalsysteme gegenüber dem klassischen Binärsystem im Vorteil. Wird der darzustellende Wert in der gezeigten 7-Segment-Anzeige wie gewöhnlich im Binärformat gespeichert, so ist eine komplexe Decodierungslogik notwendig. Wird der Wert stattdessen ziffernweise abgelegt, vereinfacht sich die Decodierung auf ein Minimum.

3.3 Zahlencodes

Alle bisher eingeführten Zahlenformate basieren auf dem Binärsystem. Für die Darstellung von Zahlen im Oktal- oder Hexadezimalsystem bedeutet dieser Umstand keine Einschränkung, da wir jede Oktal- oder Hexadezimalziffer ohne Umwege auf eine Gruppe von drei oder vier Bits abbilden können. Jedes der intern gespeicherten Bits lässt sich damit eindeutig einer bestimmten Oktal- bzw. Hexadezimalziffer zuordnen. Obwohl wir jede ganze *Dezimalzahl* durch eine entsprechende Umrechnung ebenfalls intern im Binärsystem speichern können, ist es für einige Anwendungen hilfreich, die dezimale Darstellung auf Bitebene so weit wie möglich zu erhalten. Als Beispiel betrachten wir die in Abbildung 3.20 dargestellte *7-Segment-Anzeige*. Die Anzeige setzt sich aus zwei Ziffern zusammen, die aus jeweils sieben Leuchtsegmenten besteht. Die Segmente werden durch eine gemeinsame Hardware-Schaltung angesteuert und in Abhängigkeit der darzustellenden Zahl an- bzw. abgeschaltet.

Repräsentieren wir die Zahl z intern wie gewöhnlich als Binärzahl der Breite n, so müssen für jede Ziffer alle n Bits ausgewertet werden, um die Leuchtsegmente korrekt anzusteuern (Abb. 3.20 oben). Speichern wir stattdessen jede Dezimalziffer einzeln ab, so vereinfacht sich die Ansteuerungslogik erheblich. In diesem Fall muss die Ansteuerungslogik für jede Ziffer nur noch jeweils *vier* Bit, eine sogenannte *Tetrade*, auswerten. Besser noch, wir können jetzt *jede* Ziffer ausnahmslos mit der gleichen Ansteuerungslogik betreiben und erhalten eine skalierbare Hardware-Schaltung, die problemlos um weitere Ziffern ergänzt werden kann (Abb. 3.20 unten).

Mit der optimierten Variante der 7-Segment-Anzeige haben wir bereits den ersten Zahlencode kennen gelernt. Die verwendete Darstellung wird als *BCD-Code* bezeichnet *(BCD = Binary Coded Decimal)* und wir sprechen in diesem Zusammenhang auch von einem *binärcodierten Dezimalsystem*. Da der BCD-Code vier Bit zur Speicherung einer einzelnen Ziffer verwendet, fällt er in die Klasse der *Tetraden-Codes*. Neben dem BCD-Code existieren weitere wichtige Tetraden-Codes, die wir im nächsten Abschnitt genauer betrachten werden.

3.3.1 Tetraden-Codes

Allgemein verstehen wir unter einem Tetraden-Code einen Binärcode, der eine Zahl ziffernweise codiert. Jede Ziffer wird durch eine vier Bit

3.3 Zahlencodes

Dezimal	BCD	Stibitz-Code (Excess-3)	Aiken-Code	Gray-Code	Erweiterter Gray-Code
0	0000	0011	0000	0000	0000
1	0001	0100	0001	0001	0001
2	0010	0101	0010	0011	0011
3	0011	0110	0011	0010	0010
4	0100	0111	0100	0110	0110
5	0101	1000	1011	0111	0111
6	0110	1001	1100	0101	0101
7	0111	1010	1101	0100	0100
8	1000	1011	1110	1100	1100
9	1001	1100	1111	1101	1101
10	0001 0000	0100 0011	0001 0000	0001 0000	1111
11	0001 0001	0100 0100	0001 0001	0001 0001	1110
12	0001 0010	0100 0101	0001 0010	0001 0011	1010
13	0001 0011	0100 0110	0001 0011	0001 0010	1011
14	0001 0100	0100 0111	0001 0100	0001 0110	1001
15	0001 0101	0100 1000	0001 1011	0001 0111	1000

Tabelle 3.6: Tetraden-Codes in der Übersicht

breite *Tetrade* dargestellt. Da wir im Falle von Dezimalzahlen zur Codierung der Ziffern 0 bis 9 nur zehn der sechzehn möglichen Bitmuster benötigen, existieren in jedem Tetraden-Code jeweils sechs *Pseudo-Tetraden*, die nicht benutzt werden. Tabelle 3.6 gibt eine Übersicht über die am häufigsten verwendeten Codes.

Der BCD-Code

Der BCD-Code ist der am häufigsten eingesetzte Tetraden-Code und ist uns bereits weiter oben im Zusammenhang mit der 7-Segment-Anzeige begegnet. Der Code weist den einzelnen Bits innerhalb einer Tetrade die Wertigkeiten 8, 4, 2 und 1 zu und wird aus diesem Grund auch als *8421-Code* bezeichnet.

Den Wertigkeiten entsprechend können wir jede Tetrade wie eine gewöhnliche Binärzahl interpretieren, so dass sich jede Dezimalzahl auf einfache und natürliche Weise in das BCD-Format übersetzen lässt. Das Codewort einer Ziffer z wird konstruiert, indem wir zunächst die Binärdarstellung von z erzeugen und durch das Voranstellen von Nullen auf vier Bit ergänzen.

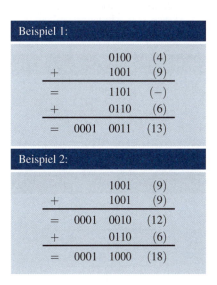

Tabelle 3.7: Numerische Überläufe lassen bei der Addition zweier BCD-Zahlen falsche Ergebnisse entstehen und müssen durch die Addition der Korrektur-Tetrade 0110 ausgeglichen werden. Hierdurch wird der ungültige Zahlenbereich der *Pseudo-Tetraden* übersprungen.

Anders als in den klassischen Zahlensystemen ist die Durchführung arithmetischer Operationen in Tetraden-Codes deutlich erschwert. Tabelle 3.7 demonstriert die Addition von BCD-Zahlen anhand zweier Beispiele. Im ersten Beispiel ergibt die Summe der beiden einstelligen Dezimalzahlen 4 und 9 das Bitmuster 1101 und damit ein ungültiges Bitmuster. Im zweiten Beispiel entsteht durch die Addition von 9 und 9 ebenfalls ein um den Wert 6 zu kleines Ergebnis. Schuld daran sind die Pseudo-Tetraden, die durch die unterschiedlichen Zahlenbereiche des Binär- und des Dezimalsystems entstehen. Wie die Beispieladditionen zeigen, können wir den Rechenfehler allerdings recht einfach ausgleichen, indem wir zusätzlich die *Korrektur-Tetrade* 0110 addieren, sobald die Summe zweier BCD-Ziffern entweder eine Pseudo-Tetrade ergibt (Beispiel 1) oder einen Übertrag generiert (Beispiel 2).

Der Stibitz-Code

Die Bitmuster des *Stibitz-Codes* sind im Vergleich zu den Bitmustern der BCD-Darstellung um drei verschoben. Aus diesem Grund wird der Stibitz-Code auch als *Excess-3-Code* bezeichnet. Im Gegensatz zum BCD-Code kann das *Neunerkomplement*, das zu einer Dezimalziffer z den Wert $9 - z$ berechnet, durch das simple Kippen aller Bits berechnet werden. In anderen Worten: Der Stibitz-Code ist *symmetrisch*. Das Neunerkomplement wird zum Ausführen der Subtraktion benötigt, so dass sich die Differenz zweier Stibitz-codierter Zahlen einfacher berechnen lässt als die Differenz zweier BCD-codierter Zahlen. Ein weiterer Vorteil betrifft die Wahl der Pseudo-Tetraden, unter die jetzt insbesondere das Bitmuster 0000 fällt. Da die Ziffer 0 in vielen Hardware-Schaltungen über den Spannungspegel von 0 Volt dargestellt wird, führt ein Systemausfall stets zu einer Pseudo-Tetrade und kann so auf einfache Weise erkannt werden.

Die im Vergleich zur BCD-Codierung verschobenen Bitmuster bringen allerdings auch Nachteile mit sich. Insbesondere können wir den einzelnen Bitstellen keine Wertigkeit mehr zuordnen, so dass die Konvertierung einer Stibitz-codierten Zahl in das Binärsystem wesentlich schwieriger wird. Auch das Rechnen im Stibitz-Code erweist sich als deutlich komplizierter, wie die beiden Beispiele in Tabelle 3.8 unterstreichen. Besteht das Ergebnis der Addition zweier Zahlen im Stibitz-Code aufgrund eines numerischen Überlaufs aus zwei Tetraden, so müssen wir beide Zahlen um den Wert 3 *vergrößern*. Bleibt ein numerischer Überlauf dagegen aus, so müssen wir die Ergebnis-Tetrade um den Wert 3 *verkleinern*, um den Rechenfehler korrekt auszugleichen.

Beispiel 1:

	0101	(2)
+	1001	(6)
=	1110	(?)
−	0011	
=	1011	(8)

Beispiel 2:

		1001	(6)
+		1100	(9)
=	0001	0101	(?)
+	0011	0011	
=	0100	1000	(15)

Tabelle 3.8: Abhängig davon, ob bei der Addition zweier Stibitz-Ziffern eine oder zwei Ergebnis-Tetraden entstehen, muss die Korrektur-Tetrade 0011 entweder subtrahiert oder addiert werden.

Beispiel 1:

		1100	(6)
+		1100	(6)
=	0001	1000	(?)
−		0110	
=	0001	0010	(12)

Beispiel 2:

	0010	(2)
+	0100	(4)
=	0110	(?)
+	0110	
=	1100	(6)

Tabelle 3.9: Bei der Addition im Aiken-Code werden Pseudo-Tetraden durch die Subtraktion bzw. Addition der Korrektur-Tetraden 0110 korrigiert, je nachdem, ob mit der Pseudo-Tetrade ein zusätzlicher Übertrag entstanden ist oder nicht.

Der Aiken-Code

Der Aiken-Code teilt mit dem Stibitz-Code die erstrebenswerte Eigenschaft der Symmetrie, d. h., das Neunerkomplement lässt sich auf einfache Weise durch das simple Invertieren aller Bits erzeugen. Anders als im Stibitz-Code lässt sich jeder Bitposition mit 2, 4, 2 und 1 jedoch wieder eine feste Stelligkeit zuordnen. Aus diesem Grund wird der Aiken-Code landläufig auch als *2421-Code* bezeichnet. Ein Nachteil des Aiken-Codes gegenüber dem Stibitz-Code betrifft die Tetrade 0000. Da alle Bitpositionen durchweg eine positive Stelligkeit besitzen, muss die Null zwangsläufig mit dem Bitmuster 0000 codiert werden.

Wie die Beispielrechnungen in Tabelle 3.9 zeigen, lassen sich auch für den Aiken-Code Additionsregeln formulieren, die denen des BCD- und des Stibitz-Codes sehr ähnlich sind. Entsteht bei der Addition zweier Ziffern eine Pseudo-Tetrade mit zusätzlichem Übertrag, so muss der Ergebniswert durch die *Subtraktion* der Korrektur-Tetrade 0110 um 6 verringert werden. Entsteht eine Pseudo-Tetrade ohne zusätzlichen Übertrag, so wird die Korrektur-Tetrade *addiert*.

Der Gray-Code

Der *Gray-Code* zeichnet sich dadurch aus, dass sich die Bitmuster zweier benachbarter Ziffern in genau einem Bit unterscheiden [35]. Damit fällt der Gray-Code in die Klasse der *progressiven* oder *einschrittigen Codes*. Genau wie im Falle der *mehrschrittigen* BCD-, Stibitz- und Aiken-Codes können wir jede Dezimalzahl ziffernweise mit dem Gray-Code codieren. Wie Tabelle 3.6 zeigt, geht die Eigenschaft der Einschrittigkeit allerdings beim Wechsel von 9 auf 0 verloren. Abhilfe schafft der *erweiterte Gray-Code*, der den gesamten Zahlenraum einer Tetrade ausnutzt und alle Zahlen zwischen 0 und 15 in einer einzigen Tetrade codiert. Hierdurch bleibt die Einschrittigkeit auch bei einem Überlauf erhalten – das Bitmuster 1000 geht dann durch den Wechsel eines einzigen Bits in das Bitmuster 0000 über.

Obwohl der Gray-Code in den Fünfzigerjahren für spezielle Aufgaben aus der Automatisierungstechnik entwickelt wurde, wird er heute auch in ganz anderen Bereichen eingesetzt. So werden wir in Abschnitt 6.2 im Zusammenhang mit der Konstruktion von Karnaugh-Veitch-Diagrammen erneut auf den Gray-Code stoßen. Anders als die weiter oben definierten BCD-, Stibitz- und Aiken-Codes eignet sich der Gray-Code nicht zur Durchführung arithmetischer Operationen. Selbst

Im Bereich der Automatisierungstechnik wird der Gray-Code unter anderem zur Codierung von Messwerten verwendet, die über mechanische oder optoelektronische Sensoren erfasst werden. Als Beispiel betrachten wir die folgende Apparatur:

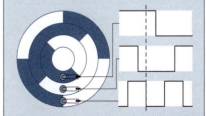

Die Messscheibe ist in 3 konzentrische Ringe unterteilt, die wechselweise mit unterschiedlichen Materialien beschichtet sind. Jeder Ring wird von einem separaten Sensor abgetastet und erzeugt in Abhängigkeit der Oberflächenbeschaffenheit ein binäres Signal (0 oder 1). Die Ringsegmente sind so angeordnet, dass sie innerhalb einer Umdrehung alle Bitmuster des dreistelligen Gray-Codes erzeugen.

Der Vorteil des Gray-Codes wird deutlich, wenn wir uns vorstellen, dass alle Sensoren leicht zeitversetzt arbeiten. In *mehrschrittigen* Codes sind in diesem Fall Fehlmessungen vorprogrammiert, wie das folgende Zeitdiagramm unterstreicht:

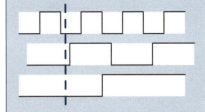

Die Fehlmessung entsteht, da zum Zeitpunkt der Abtastung eines der sich ändernden Bits bereits gekippt ist, das andere Bit dagegen noch seinen alten Wert besitzt. In *einschrittigen* Codes sind Fehlmessungen dieser Art nicht möglich.

Code:	74210-Code	Interleaved-2-aus-5-Code	Walking-Code	Biquinär-Code	Reflektierter Biquinär-Code	One-Hot-Code
Kategorie:	2-aus-5	2-aus-5	2-aus-5	2-aus-7	2-aus-7	1-aus-10
Wertigkeit:	74210	—	—	5043210	—	987654321
0	11000	00110	00011	0100001	0100001	0000000001
1	00011	10001	00101	0100010	0100010	0000000010
2	00101	01001	00110	0100100	0100100	0000000100
3	00110	11000	01010	0101000	0101000	0000001000
4	01001	00101	01100	0110000	0110000	0000010000
5	01010	10100	10100	1000001	1010000	0000100000
6	01100	01100	11000	1000010	1001000	0001000000
7	10001	00011	01001	1000100	1000100	0010000000
8	10010	10010	10001	1001000	1000010	0100000000
9	10100	01010	10010	1010000	1000001	1000000000

Tabelle 3.10: Fehlererkennende Codes in der Übersicht

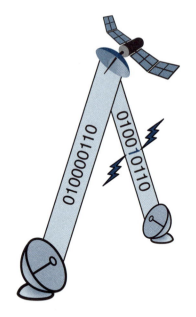

Abbildung 3.21: Fehlererkennende Codes werden insbesondere im Bereich der Datenübertragung eingesetzt. Wir sprechen von einem n-fehlererkennenden Code, wenn der Empfänger das Kippen von bis zu n beliebigen Bits zweifelsfrei erkennen kann.

für die einfachste der arithmetischen Operationen – die Addition – lassen sich für den Gray-Code keine systematischen Rechenregeln ableiten.

3.3.2 Fehlererkennende Codes

Die im vorherigen Abschnitt vorgestellten Tetraden-Codes sind nicht für jeden Anwendungsfall geeignet. Insbesondere bei der Datenübertragung treten bei diesen Codes erhebliche Defizite zu Tage, da sich viele der verwendeten Bitmuster oft nur in einem einzigen Bit unterscheiden. Kippt, wie in Abbildung 3.21 gezeigt, bei der Datenübertragung nur ein einziges Bit, so hat der Empfänger der Nachricht im Allgemeinen keine Möglichkeit, den Übertragungsfehler überhaupt auch nur zu bemerken. Kurzum: Alle der im vorhergehenden Abschnitt vorgestellten Tetraden-Codes sind nicht *fehlererkennend*.

Typische fehlererkennende Codes zeichnen sich dadurch aus, dass sich die verwendeten Bitmuster untereinander in möglichst vielen Bitstellen unterscheiden. Kippt in einem Codewort bei der Übertragung ein einzelnes Bit, so entsteht in jedem Fall ein nicht verwendetes Bitmuster. Der Nachrichtenempfänger kann hierdurch den Fehler auf einfache Weise erkennen und das Datenpaket beispielsweise erneut anfordern. Können auf Empfängerseite alle Übertragungsfehler erkannt werden, die bis zu *n* Bits eines Codeworts verfälschen, so sprechen wir von einem *n-fehlererkennenden* Code.

In der Vergangenheit wurden zahlreiche fehlererkennende Codes entwickelt, darunter die sogenannten *m-aus-n-Codes*. Von einem *m-aus-n*-Code sprechen wir immer dann, wenn die Codewörter eine Bitlänge von *n* besitzen und genau *m* Bitstellen mit 1 belegt sind. In Tabelle 3.10 sind einige der häufig verwendeten *m-aus-n*-Codes gegenübergestellt.

Im *74210-Code* sind die Bitstellen so angeordnet, dass wir ihnen wieder eine Wertigkeit zuweisen können. Sehen wir von der speziellen Bit-Repräsentation der Null ab, können wir die dargestellte Zahl berechnen, indem wir die Wertigkeiten der beiden Eins-Stellen einfach addieren. Im Gegensatz hierzu lässt sich den Bitstellen im *Walking-Code* keine Wertigkeit zuordnen. Stattdessen sind die Codewörter hier so gewählt, dass sich die Bitmuster zweier aufeinander folgender Werte in genau 2 Bits unterscheiden. Beim Übergang von 9 nach 0 geht diese Eigenschaft jedoch verloren.

Der *Biquinär-Code* und seine *reflektierte* Variante sind 2-aus-7-Codes. Die Codewörter sind zwar länger, ermöglichen aufgrund der größeren Redundanz jedoch eine verbesserte Fehlererkennung. Wie der Name *Biquinär* bereits andeutet, setzt sich der Code aus zwei Teilen zusammen. Die ersten beiden Bits bilden zusammen einen 1-aus-2-Code, während die restlichen fünf Bits für sich alleine einen 1-aus-5-Code darstellen. Die reflektierende Variante bietet zusätzlich den Vorteil, dass sich das Neunerkomplement besonders einfach bilden lässt – durch die Symmetrie in der Fünfergruppe brauchen wir lediglich die ersten beiden Bits zu vertauschen.

Der 1-aus-10-Code wird auch als *One-Hot-Codierung* bezeichnet. Da stets nur ein einziges Bit den Wert 1 besitzen darf, werden zur Codierung von *n* verschiedenen Werten *n* Bitstellen benötigt. Die One-Hot-Codierung wird uns im Zusammenhang mit dem Schaltelement des Demultiplexers in Abschnitt 7.2 erneut begegnen.

Die Fehlererkennungseigenschaft eines Codes lässt sich mit Hilfe der *Code-Distanz* d_C exakt berechnen. Definiert ist die Code-Distanz als die kleinste *Hamming-Distanz* zweier seiner Codewörter. Zwei Codewörter besitzen die Hamming-Distanz *n*, wenn sich deren Bitmuster in exakt *n* Bits unterscheiden. Als Beispiel betrachten wir den folgenden dreistelligen Binärcode:

$$\{000, 011, 101, 111\}$$

Die Codewörter 000 und 011 unterscheiden sich an zwei Bitstellen und die Hamming-Distanz ist damit gleich 2. Die Code-Distanz lässt sich für dreistellige Codes aus dem sogenannten *Hamming-Würfel* mit einem gezielten Blick ablesen und entspricht der minimalen Anzahl Kanten zwischen zwei Codewörtern:

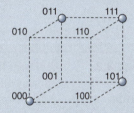

Ein Code ist genau dann *k*-fehlererkennend, wenn d_C größer als *k* ist. Unser Code besitzt eine Distanz von 1 und ist damit nicht fehlererkennend. Durch eine kleine Änderung können wir die Code-Distanz jedoch auf 2 vergrößern und erhalten einen Code, mit dessen Hilfe wir alle Einzelfehler sicher erkennen können. Kippt ein einzelnes Bit, so entsteht ein Bitmuster, das keinem anderen Codewort mehr entspricht.

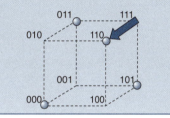

3.4 Übungsaufgaben

Aufgabe 3.1
Webcode 2154

Ermitteln Sie die Werte der hier dargestellten Zahlen:

Handelt es sich bei den zu Grunde liegenden Zahlensystemen um Additionssysteme oder Stellenwertsysteme?

Aufgabe 3.2
Webcode 2743

Wie viele Fehler enthält die folgende Konvertierung der Dezimalzahl 65,015625 in das Oktalsystem?

$$65 : 8 = 8 \text{ Rest } 1 \qquad 1{,}015625 \cdot 8 = 8{,}125$$
$$8 : 8 = 1 \text{ Rest } 0 \qquad 0{,}125 \cdot 8 = 1{,}0$$

Ergebnis: 10,81

Aufgabe 3.3
Webcode 2366

In diesem Kapitel haben Sie verschiedene binäre Formate für die Speicherung ganzer Zahlen kennen gelernt.

a) In der Vorzeichenbitdarstellung definiert das erste Bit, ob eine Zahl positiv oder negativ ist. Gilt diese Eigenschaft auch im Einer- bzw. Zweierkomplement?

b) Schätzungen zufolge besteht das Universum aus einer Tredezillion Atomen (10^{78}). Welche Bitbreite ist mindestens notwendig, um diese Zahl im Rechner zu speichern?

Aufgabe 3.4
Webcode 2918

Vervollständigen Sie die leeren Felder:

Dezimal	Binär	Oktal	Hexadezimal
198	=	=	=
	= 1010 1101	=	=
	=	= 535	=
	=	=	= 4AC

Aufgabe 3.5

Webcode 2131

Vervollständigen Sie die leeren Felder:

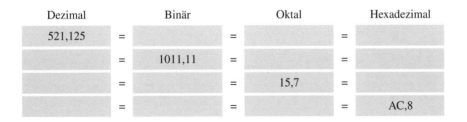

Dezimal	Binär	Oktal	Hexadezimal
521,125			
	1011,11		
		15,7	
			AC,8

Aufgabe 3.6

Webcode 2822

Betrachten Sie die folgenden beiden Zahlenstrahldarstellungen.

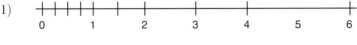

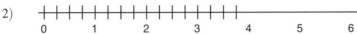

Welcher Zahlenstrahl repräsentiert ein Festkommaformat und welcher ein Gleitkommaformat? Definieren Sie für beide Darstellungen ein Zahlenformat, das exakt die mit einem senkrechten Strich markierten Zahlen als Wertebereich besitzt.

Aufgabe 3.7

Webcode 2927

Während der Fehlersuche stoßen Sie auf das folgende Speicherabbild:

C0 98 00 00 00 00 00 00

Welche Werte werden dargestellt, wenn Sie die Werte

a) als zwei IEEE-Gleitkommazahlen einfacher Genauigkeit bzw.

b) als eine IEEE-Gleitkommazahl doppelter Genauigkeit interpretieren?

Nehmen Sie für Ihre Betrachtung an, dass die Bytes in natürlicher Reihenfolge im Speicher abgelegt sind (Big-Endian-Format).

Aufgabe 3.8

Webcode 2741

Gegeben seien zwei Formate für die Darstellung von Gleitkommazahlen:

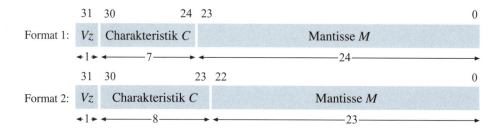

Das Vorzeichenbit Vz bestimmt, ob es sich bei der dargestellten Zahl um eine positive ($Vz = 0$) oder eine negative ($Vz = 1$) Zahl handelt. Der Exponent wird in Form einer Charakteristik gespeichert, die sich durch Addition der Konstanten 64 (Format 1) oder 128 (Format 2) aus dem Exponenten berechnet. Sind alle Bits der Mantisse gleich 0, so wird die Zahl Null dargestellt. Ist mindestens ein Bit der Mantisse gleich 1, so berechnet sich der Zahlenwert über die Formel $(-1)^{Vz} \cdot 1,M \cdot 2^E$.

a) Welche Art der Normalisierung wird hier verwendet?

b) Welches ist die größte positive, die kleinste positive, die größte negative und die kleinste negative Zahl, die in den obigen Formaten dargestellt werden können? Geben Sie neben den Zahlen im Dezimalsystem auch die entsprechenden Bitmuster der Gleitkommadarstellung an. Was stellen Sie fest?

c) Was ändert sich, wenn die Charakteristik durch die Addition der Konstanten 128 (Format 1) bzw. 256 (Format 2) berechnet wird?

d) Was ändert sich, wenn die Charakteristik direkt als Exponent verwendet wird?

Aufgabe 3.9

Webcode 2501

Die folgende Tabelle enthält die ersten zehn Bitmuster des *Glixon-Codes*:

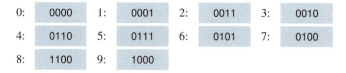

Wie Sie vielleicht bereits bemerkt haben, weist der Glixon-Code eine große Ähnlichkeit mit dem Gray-Code auf. In welchen Anwendungsfällen ist er besser geeignet, in welchen schlechter?

4 Boolesche Algebra

In diesem Kapitel werden Sie . . .

- mit der booleschen Algebra das mathematische Gerüst des Schaltungsentwurfs erwerben,
- die Schaltalgebra als eine spezielle boolesche Algebra verstehen,
- die wichtigsten Logikoperatoren und Umformungsregeln kennen lernen,
- die Fähigkeit erwerben, boolesche Ausdrücke algebraisch zu vereinfachen,
- die Normalformdarstellungen boolescher Funktionen erlernen.

$$\overline{x \vee y} =$$
$$\overline{(x \vee y) \vee 0} =$$
$$\overline{(x \vee y) \vee ((\overline{x} \wedge \overline{y}) \wedge \overline{(\overline{x} \wedge \overline{y})})} =$$
$$\overline{((x \vee y) \vee (\overline{x} \wedge \overline{y})) \wedge ((x \vee y) \vee \overline{(\overline{x} \wedge \overline{y})})} =$$
$$\overline{((x \vee y \vee \overline{x}) \wedge (x \vee y \vee \overline{y})) \wedge ((x \vee y) \vee \overline{(\overline{x} \wedge \overline{y})})} =$$
$$\overline{(((x \vee \overline{x}) \vee y) \wedge (x \vee (y \vee \overline{y}))) \wedge ((x \vee y) \vee \overline{(\overline{x} \wedge \overline{y})})} =$$
$$\overline{((1 \vee y) \wedge (x \vee 1)) \wedge ((x \vee y) \vee \overline{(\overline{x} \wedge \overline{y})})} =$$
$$\overline{(1 \wedge 1) \wedge ((x \vee y) \vee \overline{(\overline{x} \wedge \overline{y})})} =$$
$$\overline{1 \wedge ((x \vee y) \vee \overline{(\overline{x} \wedge \overline{y})})} =$$
$$\overline{((\overline{x} \wedge \overline{y}) \vee (\overline{x} \wedge \overline{y})) \wedge ((x \vee y) \vee \overline{(\overline{x} \wedge \overline{y})})} =$$
$$\overline{(\overline{x} \wedge \overline{y}) \vee ((\overline{x} \wedge \overline{y}) \wedge (x \vee y))} =$$
$$\overline{(\overline{x} \wedge \overline{y}) \vee ((\overline{x} \wedge \overline{y} \wedge x) \vee (\overline{x} \wedge \overline{y} \wedge y))} =$$
$$\overline{(\overline{x} \wedge \overline{y}) \vee (((\overline{x} \wedge x) \wedge \overline{y}) \vee (\overline{x} \wedge (\overline{y} \wedge y)))} =$$
$$\overline{(\overline{x} \wedge \overline{y}) \vee ((0 \wedge \overline{y}) \vee (\overline{x} \wedge 0))} =$$
$$\overline{(\overline{x} \wedge \overline{y}) \vee (0 \vee 0)} =$$
$$\overline{(\overline{x} \wedge \overline{y}) \vee 0} =$$
$$\overline{\overline{(\overline{x} \wedge \overline{y})}} =$$
$$(\overline{x} \wedge \overline{y})$$

4.1 Axiomatisierung nach Huntington

„The design of the following treatise is to investigate the fundamental laws of those operations of the mind by which reasoning is performed; to give expression to them in the symbolic language of a Calculus, and upon this foundation to establish the science of Logic and construct its method."

George Boole [11]

Der Begriff der *booleschen Algebra* beschreibt eine algebraische Struktur, die bereits Mitte des neunzehnten Jahrhunderts von dem britischen Mathematiker und Philosophen George Boole entwickelt wurde [11, 12]. Zur damaligen Zeit waren Computer heutiger Bauart noch in weiter Ferne und die ersten Schritte zur Definition logischer Strukturen und Kalküle entstanden aus der Motivation heraus, das menschliche Denken und Handeln mit Hilfe formaler Methoden präzise zu beschreiben. Damals ahnte noch niemand, dass die boolesche Algebra in Form der *Schaltalgebra* zum mathematischen Fundament der gesamten technischen Informatik avancieren und damit den Weg bereiten würde für die Spezifikation, den Entwurf und die Analyse digitaler Hardware-Schaltungen.

In diesem Kapitel werden wir uns detailliert mit der booleschen Algebra und deren verschiedenen Ausprägungen beschäftigen und die technische Informatik damit auf eine solide mathematische Grundlage stellen. Wundern Sie sich deshalb nicht, wenn es in diesem Kapitel etwas formaler zugeht und wir auch nicht umhin kommen werden, den einen oder anderen mathematischen Beweis zu führen. Erfahrungsgemäß bereiten insbesondere die booleschen Umformungen, wie wir sie z. B. für die Herleitung der abgeleiteten Rechenregeln extensiv verwenden werden, beim ersten Kontakt mit der Materie häufig Schwierigkeiten. Mit ein wenig Rechenpraxis wird der Umgang mit booleschen Ausdrücken schnell zum alltäglichen Handwerkszeug.

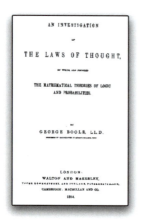

Abbildung 4.1: George Boole legte 1854 mit seinem aus heutiger Sicht historischen Werk „The laws of thought" den Grundstein der mathematischen Logik und damit gleichermaßen die formale Basis der modernen Computertechnik [11].

Boolesche Algebren lassen sich auf vielfältige Weise definieren und werden auch in der Literatur auf ganz unterschiedliche Weise eingeführt. Eine mögliche und häufig verwendete Begriffsdefinition geht auf den amerikanischen Mathematiker Edward Vermilye Huntington zurück, der 1904 zeigen konnte, dass sich die algebraische Struktur der booleschen Algebra durch die Angabe von lediglich vier Axiomen vollständig beschreiben lässt [42]:

4.1 Axiomatisierung nach Huntington

 Definition 4.1 (Boolesche Algebra)

Gegeben seien eine nicht leere Menge V sowie die beiden binären Operatoren $+: V \times V \to V$ und $\bullet : V \times V \to V$. Das Tripel $(V, +, \bullet)$ ist genau dann eine *boolesche Algebra*, wenn die folgenden vier *Huntington'schen Axiome* erfüllt sind:

- Kommutativgesetze:

  Die Reihenfolge der Operanden darf vertauscht werden:
  $$x \bullet y = y \bullet x \quad \text{(K1)}$$
  $$x + y = y + x \quad \text{(K2)}$$

- Distributivgesetze:

  Gleiche Elemente dürfen ausgeklammert werden:
  $$x \bullet (y + z) = (x \bullet y) + (x \bullet z) \quad \text{(D1)}$$
  $$x + (y \bullet z) = (x + y) \bullet (x + z) \quad \text{(D2)}$$

- Neutrale Elemente:

  Es existieren Elemente $e, n \in V$, für die gilt:
  $$x \bullet e = x \quad \text{(N1)}$$
  $$x + n = x \quad \text{(N2)}$$

- Inverse Elemente:

  Für alle $x \in V$ existiert ein $x^{-1} \in V$, für das gilt:
  $$x \bullet x^{-1} = n \quad \text{(I1)}$$
  $$x + x^{-1} = e \quad \text{(I2)}$$

4.1.1 Mengenalgebra

Tabelle 4.1 demonstriert die mathematische Struktur der booleschen Algebra anhand zweier konkreter Ausprägungen. Als erstes dieser Beispiele betrachten wir die *Mengenalgebra*. Ausgehend von einer beliebigen nicht leeren *Trägermenge* T wählen wir für die Menge V aus Definition 4.1 die Potenzmenge 2^T. Mit anderen Worten: Die Menge V ist die Menge aller Teilmengen von T. Die Operation $\bullet$ interpretieren wir als die Schnittmengenoperation ($\cap$) und $+$ als die Mengenvereinigung ($\cup$). Die neutralen Elemente e und n aus Definition 4.1 belegen wir mit der Trägermenge T bzw. der leeren Menge $\emptyset$ – beide sind aufgrund der

Edward Vermilye Huntington wurde am 26. April 1874 in Clinton, New York, geboren und starb am 25. November 1952 in Cambridge, Massachusetts. Sein akademisches Vermächtnis umfasst zahlreiche Arbeiten zur axiomatischen Beschreibung verschiedener mathematischer Strukturen aus den Bereichen der Gruppen- und Zahlentheorie sowie der Geometrie. Bekannt wurde Huntington jedoch vor allem durch seine Axiomatisierung der booleschen Algebra, die er erstmals 1904 veröffentlichte. 29 Jahre später konnte Huntington zeigen, dass die vollständige Beschreibung einer booleschen Algebra sogar mit nur drei Axiomen möglich ist, die ausschließlich eine Aussage über den binären Operator $+$ und den unären Operator $^{-1}$ machen [43, 44]:

$$x + y = y + x$$
$$(x + y) + z = x + (y + z)$$
$$(x^{-1} + y)^{-1} + (x^{-1} + y^{-1})^{-1} = x$$

Diese spezielle Art der Axiomatisierung wurde insbesondere im Zusammenhang mit den Axiomen von Robbins bekannt, die sich geringfügig unterscheiden und die *Robbins-Algebra* definieren:

$$x + y = y + x$$
$$(x + y) + z = x + (y + z)$$
$$((x + y)^{-1} + (x + y^{-1})^{-1})^{-1} = x$$

Schnell wurde die These postuliert, dass jede Robbins-Algebra eine boolesche Algebra ist und umgekehrt. Ein Beweis dieser *Robbins'schen Vermutung* blieb die Wissenschaft jedoch 60 Jahre lang schuldig. 1996 konnte die Vermutung schließlich auf spektakuläre Weise bestätigt werden. Es war kein Mensch, sondern ein Computer, der das Problem mit Hilfe automatischer Beweiser selbstständig löste [24, 61, 62]. Der Beweis der Robbins'schen Vermutung gehört seitdem zu den Sternstunden der computergestützten Mathematik.

Boolesche Algebra	Mengen-algebra		Schalt-algebra	
V	2^T	Potenzmenge ($T \neq \emptyset$)	$\{0,1\}$	Wahrheitswerte
$\bullet$	$\cap$	Schnittmenge	$\wedge$	Konjunktion
$+$	$\cup$	Vereinigungsmenge	$\vee$	Disjunktion
e	T	Trägermenge	1	Wahr (True)
n	$\emptyset$	Leere Menge	0	Falsch (False)
-1	$T\backslash$	Komplementärmenge	$\neg$	Negation

Tabelle 4.1: Die algebraische Struktur der booleschen Algebra am Beispiel der Mengen- und der Schaltalgebra (vgl. [33])

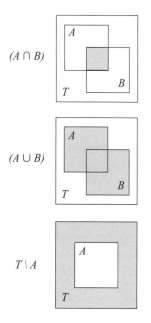

Abbildung 4.2: Venn-Diagramme der drei elementaren Mengenoperationen

obigen Definition Elemente von V. Zu guter Letzt definieren wir das inverse Element A^{-1} einer Menge $A \in V$ als die Komplementärmenge $T \backslash A$. Abbildung 4.2 veranschaulicht die verschiedenen Mengenoperationen auf grafische Weise mit Hilfe sogenannter *Venn-Diagramme*.

Dass es sich bei dem Tripel $(2^T, \cap, \cup)$ tatsächlich um eine boolesche Algebra handelt, können wir anhand der Gültigkeit der vier Huntington'schen Axiome leicht überprüfen. Die Gültigkeit des Kommutativgesetzes liegt auf der Hand, es macht schließlich keinen Unterschied, ob wir z. B. bei der Vereinigung zweier Mengen A und B erst die Elemente von A hinzunehmen und dann die Elemente von B oder umgekehrt. Die Argumentation für die Schnittoperation erfolgt analog.

Auch die Gesetze der neutralen Elemente sind in der Mengenalgebra unmittelbar einsichtig. Vereinigen wir eine beliebige Menge A mit ihrem neutralen Element $\emptyset$, so erhalten wir als Ergebnis wieder die Ausgangsmenge A und damit das gleiche Ergebnis, das der Schnitt der Menge A mit der Trägermenge T liefert. Um die Gesetze der inversen Elemente zu überprüfen, müssen wir gemäß Definition 4.1 zeigen, dass die Vereinigung einer Menge A mit ihrem inversen Element, d. h. mit der Menge $T \backslash A$, das neutrale Element T der Schnittoperation produziert und der Schnitt einer Menge A mit ihrem inversen Element $T \backslash A$ das neutrale Element $\emptyset$ der Vereinigungsoperation hervorbringt. In der Mengenalgebra liegt auch diese Gesetzmäßigkeit auf der Hand.

Einzig im Fall des Distributivgesetzes müssen wir genauer hinsehen, um uns von dessen Gültigkeit zu überzeugen. Hierzu sind in Abbildung 4.3 die Venn-Diagramme der linken und rechten Seiten der beiden Distributivgesetze eingezeichnet. Das grafisch ermittelte Ergebnis zeigt, dass beide Ergebnismengen jeweils gleich sind.

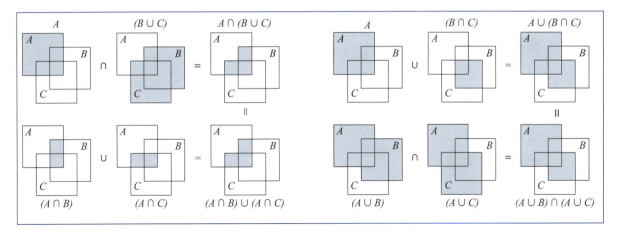

Abbildung 4.3: Veranschaulichung der beiden Distributivgesetze in der Sprache der Mengenalgebra

4.1.2 Schaltalgebra

Als weiteres Beispiel einer booleschen Algebra betrachten wir die *Schaltalgebra*, die in der technischen Informatik eine dominante Rolle spielt. Mit ihrer Hilfe werden wir in der Lage sein, die funktionalen Aspekte nahezu aller Digitalschaltungen mathematisch zu beschreiben. Wie in der rechten Hälfte von Tabelle 4.1 gezeigt, besteht die Grundmenge V hier nur noch aus den beiden Wahrheitswerten 1 (*Wahr*) und 0 (*Falsch*) und die Operationen • und + werden durch den *Konjunktionsoperator* $\wedge$ und den *Disjunktionsoperator* $\vee$ ersetzt. Die Konjunktion $\wedge$ wird auch als *UND-Verknüpfung* bezeichnet, da der Ausdruck $x \wedge y$ genau dann gleich 1 ist, wenn x gleich 1 und y gleich 1 ist. Im Gegensatz hierzu ist der entsprechende disjunktiv verknüpfte Ausdruck $x \vee y$ bereits dann gleich 1, wenn x gleich 1 oder y gleich 1 ist. Folgerichtig wird die Disjunktion $\vee$ auch als *ODER-Verknüpfung* bezeichnet.

Das inverse Element wird in der Schaltalgebra durch die logische *Negation* $\neg$ berechnet, die den entsprechenden Wahrheitswert invertiert. Mit anderen Worten: Jeder der Wahrheitswerte 1 und 0 ist das inverse Element des anderen.

Mit den booleschen Operatoren $\neg$, $\wedge$ und $\vee$ haben wir bereits drei konkrete Beispiele *boolescher Funktionen* kennen gelernt. Später werden wir sehen, wie sich mit Hilfe dieser *Elementarverknüpfungen* beliebige Funktionen realisieren lassen. Doch zunächst definieren wir den Begriff der booleschen Funktion wie folgt:

Da im Bereich der technischen Informatik die boolesche Algebra nahezu ausschließlich in Form der Schaltalgebra Verwendung findet, werden die Begriffe *boolesche Algebra* und *Schaltalgebra* in der Praxis nicht scharf voneinander getrennt und mitunter auch synonym verwendet. Den babylonischen Sprachverwirrungen zum Trotz sollten Sie sich stets des Unterschieds bewusst sein: Die Schaltalgebra ist eine spezielle boolesche Algebra, aber nicht jede boolesche Algebra ist eine Schaltalgebra. Eine ähnliche Begriffsvermischung betrifft den Begriff der *booleschen Funktion*, der nahezu ausnahmslos mit dem spezielleren Begriff der *Schaltfunktion* gleichgesetzt wird. Eine boolesche Funktion beschreibt damit stets eine Funktion über dem Wertebereich $\{0, 1\}$ und nicht wie vielleicht erwartet eine Funktion in einer beliebigen booleschen Algebra. Der gängigen Praxis folgend, werden wir den Begriff der *Schaltfunktion* und den Begriff der *booleschen Funktion* daher ebenfalls synonym verwenden.

- Konjunktion: $z = x \wedge y$

	x	y	z
0	0	0	0
1	0	1	0
2	1	0	0
3	1	1	1

- Disjunktion: $z = x \vee y$

	x	y	z
0	0	0	0
1	0	1	1
2	1	0	1
3	1	1	1

- Negation: $z = \neg x$

	x	z
0	0	1
1	1	0

Tabelle 4.2: Definition der elementaren Grundoperationen $\wedge$, $\vee$ und $\neg$

Definition 4.2 (Boolesche Funktion)

Jede Funktion der Form

$$y = f(x_1, x_2, \ldots, x_n) \text{ mit } x_1, x_2, \ldots, x_n, y \in \{0, 1\}$$

heißt *boolesche Funktion* oder *Schaltfunktion* der *Stelligkeit n*. $x_1, \ldots, x_n$ werden als *freie* Variablen und y als *abhängige* Variable bezeichnet.

Entsprechend Definition 4.2 können wir den Negationsoperator $\neg$ als *einstellige*, den Konjunktions- und Disjunktionsoperator als *zweistellige* boolesche Funktion interpretieren. Dass es sich bei der Schaltalgebra tatsächlich um eine boolesche Algebra handelt, können wir auf direktem Weg über *Wahrheitstabellen* beweisen. Wahrheitstabellen ermöglichen uns, beliebige boolesche Funktionen auf strukturierte Art und Weise zu beschreiben. Zur Darstellung einer n-stelligen Funktion werden in der Wahrheitstabelle alle möglichen Kombinationen der Eingangsvariablen $(x_n, \ldots, x_1)$ zusammen mit dem entsprechenden Funktionswert $y = f(x_n, \ldots, x_1)$ zeilenweise aufgelistet. Dabei werden die einzelnen Belegungen der Eingangsvariablen so angeordnet, dass sie – interpretiert als Binärzahl – in aufsteigender Reihenfolge erscheinen. Als Beispiele enthält Tabelle 4.2 die Wahrheitstabellen der booleschen Grundoperatoren $\wedge$, $\vee$ und $\neg$. Wahrheitstabellen werden in der Literatur auch als *Wahrheitstafeln* oder *Funktions(wert)tabellen* bezeichnet. Alle diese Begriffe bezeichnen die gleiche tabellarische Beschreibungsweise einer booleschen Funktion.

In Tabelle 4.3 sind alle vier Huntington'schen Axiome in der Notation der Schaltalgebra dargestellt. Wie die Wahrheitstafeln zeigen, ist jedes der vier Axiome erfüllt und damit der Beweis erbracht, dass wir mit der Schaltalgebra ebenfalls eine boolesche Algebra vor uns haben. Neben der Mengenalgebra und der Schaltalgebra existieren weitere boolesche Algebren, die in der Vergangenheit ausführlich untersucht wurden [37, 66–68].

Abschließend wollen wir uns mit der Frage beschäftigen, warum die reellen Zahlen mit der uns bekannten Addition und Multiplikation keine boolesche Algebra bilden können. Das Kommutativgesetz und das Assoziativgesetz sind erfüllt und es existieren für beide Operationen neutrale Elemente. Ein Blick auf das Distributivgesetz zeigt jedoch schnell, dass die reellen Zahlen keine boolesche Algebra bilden. Zwar dürfen wir die Summe zweier Zahlen mit einem Faktor ausmultiplizieren, die Rechnung wird jedoch falsch, sobald wir beide Operatoren vertauschen.

4.2 Boolesche Ausdrücke und Aussagen

z	y	x	D1 $x\wedge(y\vee z)$	D1 $(x\wedge y)\vee(x\wedge z)$	D2 $x\vee(y\wedge z)$	D2 $(x\vee y)\wedge(x\vee z)$	K1 $x\wedge y$	K1 $y\wedge x$	K2 $x\vee y$	K2 $y\vee x$	N1 $x\wedge 1$	N2 $x\vee 0$	I1 $x\wedge\bar{x}$	I2 $x\vee\bar{x}$
0	0	0	0	0	0	0	0	0	0	0	0	0	0	1
0	0	1	0	0	1	1	0	0	1	1	1	1	0	1
0	1	0	0	0	0	0	0	0	1	1				
0	1	1	1	1	1	1	1	1	1	1				
1	0	0	0	0	0	0								
1	0	1	1	1	1	1								
1	1	0	0	0	1	1								
1	1	1	1	1	1	1								

Tabelle 4.3: Formulierung der vier Huntington'schen Axiome in der Notation der Schaltalgebra. Wie die Werte der Wahrheitstafeln zeigen, sind in der Schaltalgebra alle Axiome erfüllt, so dass es sich tatsächlich um eine boolesche Algebra handelt.

4.2 Boolesche Ausdrücke und Aussagen

Im vorherigen Abschnitt haben wir den Begriff der *booleschen Funktion* definiert und gezeigt, dass wir den Negationsoperator ¬ als einstellige boolesche Funktion und den Konjunktions- und Disjunktionsoperator als zweistellige boolesche Funktionen interpretieren können. Wir haben uns bisher jedoch noch keine detaillierteren Gedanken gemacht, wie wir boolesche Funktionen repräsentieren, sprich „hinschreiben" können. Um boolesche Funktionen zu notieren, haben sich im Laufe der Zeit drei verschiedene Möglichkeiten etabliert, von denen wir zwei bereits eingesetzt haben, ohne uns dessen explizit bewusst gewesen zu sein:

- Darstellung durch Wahrheitstafeln

  Die Wahrheitstafeldarstellung haben wir verwendet, um die booleschen Operatoren ¬, ∧ und ∨ zu definieren. Hierzu werden alle möglichen Belegungen der freien Variablen zusammen mit dem zugehörigen Funktionswert tabellarisch aufgelistet. Da die Anzahl der Variablenbelegungen exponentiell mit der Anzahl der Variablen wächst, stoßen Wahrheitstafeln bei der Darstellung vielstelliger Funktionen jedoch schnell an ihre Grenzen.

- Wahrheitstafeldarstellung

	x_3	x_2	x_1	y
0	0	0	0	0
1	0	0	1	1
2	0	1	0	1
3	0	1	1	0
4	1	0	0	1
5	1	0	1	0
6	1	1	0	0
7	1	1	1	1

- Graphbasierte Darstellung

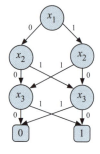

- Formeldarstellung

$$y = (\neg x_3 \wedge \neg x_2 \wedge x_1) \vee$$
$$(\neg x_3 \wedge x_2 \wedge \neg x_1) \vee$$
$$(x_3 \wedge \neg x_2 \wedge \neg x_1) \vee$$
$$(x_3 \wedge x_2 \wedge x_1)$$

Abbildung 4.4: Wahrheitstafel, Binäres Entscheidungsdiagramm und Formeldarstellung der dreistelligen Paritätsfunktion

- Darstellung durch Graphstrukturen

  Graphbasierte Darstellungen sind vergleichsweise neu und eignen sich vor allem als Datenstrukturen für die computerinterne Repräsentation boolescher Funktionen. Die bekanntesten Graphstrukturen sind die *Binären Entscheidungsdiagramme*, deren gängigste Varianten wir in Abschnitt 4.4.3 im Detail kennen lernen werden.

- Darstellung durch boolesche Ausdrücke

  Eine andere Möglichkeit der Repräsentation stellen boolesche Ausdrücke (Formeln) dar, die wir ebenfalls schon kennen gelernt haben. Beispielsweise ist der Ausdruck $x \wedge y$ ein boolescher Ausdruck, der die logische Konjunktion (UND-Funktion) beschreibt. Damit ist ein boolescher Ausdruck zunächst nichts anderes als eine Zeichenfolge, die neben den booleschen Konstanten 0 und 1 sowohl die Variablen x_i als auch die booleschen Operatoren $\neg$, $\wedge$ und $\vee$ enthält.

In diesem Abschnitt werden wir uns mit den booleschen Ausdrücken im Detail auseinandersetzen. Zunächst stellen wir den Begriff auf eine formale Basis, indem wir die Menge der booleschen Ausdrücke durch die folgenden Rekursionsbeziehungen eindeutig definieren:

> **Definition 4.3** (Boolesche Ausdrücke)
>
> Sei $V = \{x_1, \ldots, x_n\}$ eine Menge boolescher Variablen. Die Menge aller *booleschen Ausdrücke* definieren wir wie folgt:
>
> - $0, 1, x_i$ sind boolesche Ausdrücke.
> - Mit ϕ ist auch $\neg \phi$ ein boolescher Ausdruck.
> - Mit ϕ und ψ sind auch $\phi \wedge \psi$ und $\phi \vee \psi$ boolesche Ausdrücke.
> - Mit ϕ ist auch (ϕ) ein boolescher Ausdruck.

Eine alternative Möglichkeit, rekursive Definitionen zu beschreiben, sind *Grammatiken*. Eine Grammatik, die den Aufbau boolescher Ausdrücke beschreibt, ist in Abbildung 4.5 dargestellt. Durch den rekursiven Charakter boolescher Formeln bildet jeder Ausdruck, wie in Abbildung 4.6 gezeigt, eine *Baumstruktur*. Jedes Blatt entspricht einem der nicht zusammengesetzten Teilausdrücke – hierunter fallen die booleschen Konstanten 0 und 1 sowie die Variablen x_i – und jeder innere Knoten einem booleschen Operator ($\neg$, $\wedge$ oder $\vee$).

4.2 Boolesche Ausdrücke und Aussagen

In naheliegender Weise können wir jeden booleschen Ausdruck als boolesche Funktion interpretieren, indem wir die Variablen durch konkrete Wahrheitswerte ersetzen und den booleschen Ausdruck, entsprechend den weiter oben eingeführten Wahrheitstafeln der Operatoren ¬, ∧ und ∨, *bottom-up* auswerten. Ist ein boolescher Ausdruck vollständig geklammert, ist die Auswertungsreihenfolge offensichtlich. Fehlen Klammerpaare, so greifen die folgenden Vorrangregeln, die in der DIN-Norm 66000 eindeutig festgelegt sind:

- ¬ wird stets zuerst ausgewertet.

  Beispiele:
  $$\neg x \wedge y = ((\neg x) \wedge y)$$
  $$x \vee \neg y = (x \vee (\neg y))$$

- ∧ und ∨ werden linksassoziativ ausgewertet.

  Beispiele:
  $$x \wedge y \wedge z = ((x \wedge y) \wedge z)$$
  $$x \vee y \vee z = ((x \vee y) \vee z)$$
  $$x \wedge y \vee z = ((x \wedge y) \vee z)$$
  $$x \vee y \wedge z = ((x \vee y) \wedge z)$$

So sehr boolesche Ausdrücke und boolesche Funktionen auch miteinander verzahnt sind – beide Begriffe sind nicht dasselbe und wir wollen uns an dieser Stelle den Unterschied nochmals explizit bewusst machen. So entspricht zwar jeder boolesche Ausdruck genau einer booleschen Funktion, die Umkehrung dieser Aussage gilt jedoch keineswegs: Jede boolesche Funktion kann durch mehrere, ja sogar unendlich viele boolesche Ausdrücke dargestellt werden. So repräsentieren beispielsweise die Ausdrücke $\neg x$, $\neg(x \wedge x)$, $\neg(x \wedge x \wedge x)$ etc. allesamt die logische Negationsfunktion.

4.2.1 Abgeleitete Operatoren

Wie wir später sehen werden, sind die drei Elementaroperatoren ∧, ∨ und ¬ ausreichend, um alle erdenkbaren booleschen Funktionen darzustellen – sie bilden zusammen ein *vollständiges Operatorensystem*. Trotzdem lassen sich viele boolesche Funktionen unter Hinzunahme weiterer, sogenannter *abgeleiteter Operatoren* wesentlich eleganter und

<Atom>	→	0
<Atom>	→	1
<Atom>	→	x_i
<Expr>	→	<Atom>
<Expr>	→	¬ <Expr>
<Expr>	→	<Expr> ∧ <Expr>
<Expr>	→	<Expr> ∨ <Expr>
<Expr>	→	(<Expr>)

Abbildung 4.5: Grammatik zur Erzeugung boolescher Ausdrücke

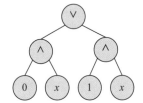

$$y = ((0 \wedge x) \vee (1 \wedge x))$$

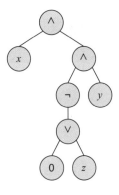

$$y = x \wedge ((\neg(0 \vee z)) \wedge y)$$

Abbildung 4.6: Baumdarstellung boolescher Ausdrücke

Tabelle 4.4: Nebenstehend: Wahrheitstabellen der abgeleiteten booleschen Operatoren. Unten: Schreib- und Sprechweise, Klammerung und Priorität der elementaren und abgeleiteten Operatoren. Die DIN-Norm 66000 definiert neben den Symbolen der verschiedenen Logikverknüpfungen auch deren Klammerungsregeln sowie die Bindungspriorität. Die Negation $\neg$ besitzt die höchste, die Operatoren $\wedge$, $\vee$, $\overline{\wedge}$ und $\overline{\vee}$ haben die nächsthöhere und die Operatoren $\rightarrow$, $\leftrightarrow$ sowie $\not\leftrightarrow$ die niedrigste Priorität. Entsprechend der DIN 66000 besitzen die Operatoren $\wedge$ und $\vee$ die gleiche Priorität, so dass der Ausdruck $x \vee y \wedge z$ als $(x \vee y) \wedge z$ interpretiert wird. Eine Ausnahme bildet die verkürzte Notation xy, die stets stärker bindet als die Disjunktion. Der Ausdruck $x \vee yz$ wird folgerichtig als $x \vee (y \wedge z)$ interpretiert. Analog zu den Elementaroperatoren gilt auch für die abgeleiteten Operatoren, dass Ausdrücke mit drei oder mehr gleichlautenden Operatoren stets linksassoziativ geklammert werden. Neben den Symbolen der DIN 660000 haben sich für bestimmte Verknüpfungen weitere Symbole etabliert, deren wichtigste Vertreter in der Spalte „Alternative Notation" in die Tabelle aufgenommen sind.

$z = x \rightarrow y$

	x	y	z
0	0	0	1
1	0	1	1
2	1	0	0
3	1	1	1

Implikation

$z = x \leftrightarrow y$

	x	y	z
0	0	0	1
1	0	1	0
2	1	0	0
3	1	1	1

Äquivalenz (NOXOR)

$z = x \overline{\wedge} y$

	x	y	z
0	0	0	1
1	0	1	1
2	1	0	1
3	1	1	0

Sheffer-Funktion (NAND)

$z = x \leftarrow y$

	x	y	z
0	0	0	1
1	0	1	0
2	1	0	1
3	1	1	1

Inverse Implikation

$z = x \not\leftrightarrow y$

	x	y	z
0	0	0	0
1	0	1	1
2	1	0	1
3	1	1	0

Antivalenz (XOR)

$z = x \overline{\vee} y$

	x	y	z
0	0	0	1
1	0	1	0
2	1	0	0
3	1	1	0

Peirce-Funktion (NOR)

DIN 66000		Alternative Notation		Gesprochen	Klammerung [Richtung]	Bindung [Priorität]
Symbol	Verwendung	Symbol	Verwendung			
$\neg$	$\neg x$	$-$, $\overline{}$	$-x$, $\overline{x}$	nicht x	n/a	Hoch
$\wedge$	$x \wedge y$	$\cdot$	$x \cdot y$, xy	x und y	$(x_1 \wedge x_2) \wedge x_3$	Mittel
$\vee$	$x \vee y$	$+$	$x + y$	x oder y	$(x_1 \vee x_2) \vee x_3$	Mittel
$\overline{\wedge}$	$x \overline{\wedge} y$		$\overline{x \cdot y}$, $\overline{xy}$	x nand y	$(x_1 \overline{\wedge} x_2) \overline{\wedge} x_3$	Mittel
$\overline{\vee}$	$x \overline{\vee} y$		$\overline{x + y}$	x nor y	$(x_1 \overline{\vee} x_2) \overline{\vee} x_3$	Mittel
$\rightarrow$	$x \rightarrow y$			x impliziert y	$(x_1 \rightarrow x_2) \rightarrow x_3$	Niedrig
$\leftrightarrow$	$x \leftrightarrow y$	$\equiv$	$x \equiv y$	x äquivalent y	$(x_1 \leftrightarrow x_2) \leftrightarrow x_3$	Niedrig
$\not\leftrightarrow$	$x \not\leftrightarrow y$	$\oplus$, $\not\equiv$	$x \oplus y$, $x \not\equiv y$	x xor y	$(x_1 \not\leftrightarrow x_2) \not\leftrightarrow x_3$	Niedrig

übersichtlicher formulieren. Die wichtigsten abgeleiteten Operatoren sind in Tabelle 4.4 zusammengefasst.

Der *Implikationsoperator* → bildet das logische Prinzip der Schlussfolgerung nach. Entsprechend wird im Ausdruck $x \to y$ die Variable x als *Prämisse* und y als *Konklusion* bezeichnet. Wie die Wahrheitstabelle zeigt, ist der Ausdruck nur dann gleich 0, wenn die Prämisse gleich 1 und die Konklusion gleich 0 ist. Dies entspricht dem mathematischen Prinzip der Schlussfolgerung, dass aus einer wahren Aussage nie eine falsche folgt. Andererseits können wir aus einer falschen Annahme alles folgern und damit insbesondere auch falsche Aussagen. Deshalb ist der Funktionswert der Implikation bereits dann 1, wenn die Prämisse gleich 0 ist.

Die *Äquivalenz-Operation* ↔ ist genau dann gleich 1, wenn beide Operanden den gleichen Wahrheitswert besitzen. Die duale Operation ist die *Antivalenz-Operation* ↮, die für gewöhnlich auch als *XOR-Verknüpfung* (*eXclusive OR*) bezeichnet wird. Der Ausdruck $x \leftrightarrow y$ ist genau dann gleich 1, wenn einer der Operanden gleich 1 und der andere Operand gleich 0 ist.

Ebenfalls von Bedeutung sind die *Sheffer-Funktion* ($\overline{\wedge}$) und die *Peirce-Funktion* ($\overline{\vee}$). Die Funktionen entsprechen der Konjunktion bzw. der Disjunktion mit anschließender Negation des Ergebniswerts, so dass sich für diese Verknüpfungen die Bezeichnungen *NAND* bzw. *NOR* etabliert haben. Wie wir später sehen werden, haben diese beiden Operatoren eine ungeahnte Ausdrucksfähigkeit. Beide Verknüpfungen sind für sich jeweils ausreichend, um jede erdenkliche boolesche Funktion auszudrücken. Die boolesche Algebra lässt sich somit prinzipiell auf einem einzigen Operator begründen, allerdings ist beim Rechnen mit NAND und NOR Vorsicht angebracht! Einige der Rechenregeln, die für die meisten booleschen Operatoren gelten und in vielen Fällen fast schon als selbstverständlich erscheinen, gelten nicht für die NAND- und NOR-Verknüpfung. Insbesondere darf für diese Operatoren die Auswertungsreihenfolge, wie übrigens auch im Fall der Implikation, nicht vertauscht werden. In anderen Worten: Die Operatoren sind nicht assoziativ, wie die Beispiele in Tabelle 4.5 belegen.

Ein besonderes Augenmerk wollen wir an dieser Stelle auch auf die DIN-Symbole $\overline{\wedge}$ und $\overline{\vee}$ richten. Erfahrungsgemäß wird der in den Symbolen enthaltene Überstrich immer wieder als eine Art der Operatorennegation fehlinterpretiert, so dass für diese Operatoren vornehmlich die Schreibweise $\overline{x \wedge y}$ und $\overline{x \vee y}$ anstelle von $x \overline{\wedge} y$ und $x \overline{\vee} y$ verwendet wird. Die Notation der anderen Logikoperatoren orientiert sich dagegen durchweg an den standardisierten Symbolen der DIN 66000.

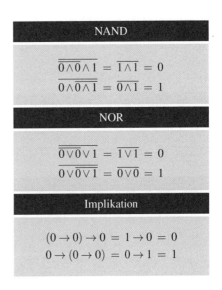

Tabelle 4.5: Vorsicht mit den Logikoperatoren $\overline{\wedge}$, $\overline{\vee}$ und →. Die NAND- und NOR-Verknüpfung sowie die Implikation sind nicht assoziativ.

Die verschiedenen Logikoperatoren werden international nicht nur mit verschiedenen Symbolen notiert, sondern auch bezüglich ihrer *Bindungspriorität* unterschiedlich behandelt. Wie in Tabelle 4.4 beschrieben, besitzen sowohl die Konjunktion als auch die Disjunktion die gleiche Bindungspriorität. Im amerikanischen Sprachraum werden für beide Operationen meist die Symbole „·" und „+" verwendet und entsprechend der *Punkt-vor-Strich-Regel* die UND-Operation stets vor der ODER-Operation ausgewertet. In der Konsequenz bedeutet dies, dass viele Ausdrücke zusätzlich geklammert werden müssen, sobald sie in die Notation nach DIN 66000 übertragen werden. Um Missverständnissen vorzubeugen, sollten Sie daher im Zweifelsfall ruhig das ein oder andere zusätzliche Klammerpaar spendieren.

Tabelle 4.6

Implikation
$x \rightarrow y = \bar{x} \vee y$

Inverse Implikation
$x \leftarrow y = x \vee \bar{y}$

Äquivalenz
$x \leftrightarrow y = (\bar{x} \wedge \bar{y}) \vee (x \wedge y)$
$ = (\bar{x} \vee y) \wedge (x \vee \bar{y})$

Antivalenz
$x \nleftrightarrow y = (\bar{x} \wedge y) \vee (x \wedge \bar{y})$
$ = (\bar{x} \vee \bar{y}) \wedge (x \vee y)$

NAND-Verknüpfung
$x \overline{\wedge} y = \overline{x \wedge y}$

NOR-Verknüpfung
$x \overline{\vee} y = \overline{x \vee y}$

Tabelle 4.6: Reduktion der abgeleiteten Operatoren auf die Elementaroperatoren ¬, ∧ und ∨

Alle in Tabelle 4.4 neu eingeführten Logikverknüpfungen werden als *abgeleitete Operatoren* bezeichnet, da sie sich, wie in Tabelle 4.6 gezeigt, allesamt mit Hilfe der drei Elementaroperatoren ¬, ∧ und ∨ ausdrücken lassen. In diesem Sinne können die abgeleiteten Operatoren als rein syntaktische Konstrukte verstanden werden, mit deren Hilfe sich viele boolesche Funktionen prägnanter beschreiben lassen. Die Aussagekraft der zu Grunde liegenden Logik wird durch die neuen Operatoren jedoch nicht verändert.

Mit den Elementaroperatoren ¬, ∧, ∨ und den abgeleiteten Operatoren →, ←, ↔, ↮, $\overline{\wedge}$ und $\overline{\vee}$ haben wir jetzt bereits 9 zweistellige boolesche Funktionen kennen gelernt. An dieser Stelle drängt sich die Frage auf, wie viele zweistellige boolesche Funktionen es überhaupt gibt? Da der Wertebereich auf die zwei Wahrheitswerte 0 und 1 beschränkt ist, kommen wir auf eine erstaunlich kleine Zahl, wie die folgende Überlegung zeigt: Zweistellige Funktionen besitzen vier Zeilen in der Wahrheitstabelle, so dass sich jede Funktion durch einen Bitvektor der Länge 4 eindeutig charakterisieren lässt. Da es genau 2^n verschiedene Bitvektoren der Länge n gibt, existieren exakt $2^4 = 16$ zweistellige boolesche Funktionen, die in Tabelle 4.7 vollständig aufgelistet sind.

4.2.2 Erfüllbarkeit und Äquivalenz

In diesem Abschnitt wollen wir uns mit einigen wichtigen Begrifflichkeiten vertraut machen, die uns im Zusammenhang mit der booleschen Algebra immer wieder begegnen werden.

 Definition 4.4

> Mit ϕ sei ein beliebiger boolescher Ausdruck gegeben. ϕ heißt
> - *erfüllbar*, wenn es Werte $x_1, \ldots, x_n$ gibt, mit $\phi(x_1, \ldots, x_n) = 1$.
> - *unerfüllbar*, wenn $\phi(x_1, \ldots, x_n)$ immer gleich 0 ist.
> - *allgemeingültig*, wenn wenn $\phi(x_1, \ldots, x_n)$ immer gleich 1 ist.
>
> Einen allgemeingültigen Ausdruck bezeichnen wir auch als *Tautologie*.

Einige Beispiele erfüllbarer, unerfüllbarer und allgemeingültiger Funktionen sind in Tabelle 4.8 aufgeführt.

Ebenfalls von zentraler Bedeutung ist der Begriff der *Äquivalenz*.

4.2 Boolesche Ausdrücke und Aussagen

x	y	0	$x \wedge y$	$x \wedge \bar{y}$	x	$\bar{x} \wedge y$	y	$x \leftrightarrow y$	$x \vee y$	$\overline{x \vee y}$	$x \leftrightarrow y$	$\bar{y}$	$x \leftarrow y$	$\bar{x}$	$x \rightarrow y$	$\overline{x \wedge y}$	1
		f_0	f_1	f_2	f_3	f_4	f_5	f_6	f_7	f_8	f_9	f_{10}	f_{11}	f_{12}	f_{13}	f_{14}	f_{15}
0	0	0	0	0	0	0	0	0	0	1	1	1	1	1	1	1	1
0	1	0	0	0	0	1	1	1	1	0	0	0	0	1	1	1	1
1	0	0	0	1	1	0	0	1	1	0	0	1	1	0	0	1	1
1	1	0	1	0	1	0	1	0	1	0	1	0	1	0	1	0	1
		Nullfunktion	Konjunktion					Antivalenz	Disjunktion	NOR	Äquivalenz		Inverse Implikation		Implikation	NAND	Einsfunktion

Tabelle 4.7: Alle zweistelligen booleschen Funktionen in der Übersicht (vgl. [33])

 Definition 4.5 (Äquivalenz boolescher Funktionen)

Zwei boolesche Ausdrücke ϕ und ψ sind äquivalent, falls sie dieselbe Funktion repräsentieren. In anderen Worten: ϕ und ψ sind genau dann äquivalent, wenn für alle Variablenbelegungen $x_1, \ldots, x_n$ die folgende Beziehung gilt:

$$\phi(x_1, \ldots, x_n) \;=\; \psi(x_1, \ldots, x_n)$$

Erinnern Sie sich noch an die Definition des Äquivalenzoperators $\leftrightarrow$? Da der Ausdruck $x \leftrightarrow y$ genau dann gleich 1 ist, wenn x und y den gleichen Wahrheitswert besitzen, können wir die Eigenschaft der Äquivalenz in direkter Weise auf den Begriff der oben eingeführten Tautologie reduzieren:

 Zwei boolesche Ausdrücke ϕ und ψ sind genau dann äquivalent, wenn der Ausdruck $\phi \leftrightarrow \psi$ eine Tautologie ist.

Insgesamt eröffnen sich uns damit drei verschiedene Möglichkeiten, um die Äquivalenz zweier boolescher Ausdrücke festzustellen (vgl. Abbildung 4.7):

Erfüllbare Funktionen

$\phi_1 = \neg x$
$\phi_2 = x \wedge y$
$\phi_3 = x \vee y$

Unerfüllbare Funktionen

$\phi_1 = 0$
$\phi_2 = x \wedge \neg x$
$\phi_3 = \neg(x \vee \neg x)$

Allgemeingültige Funktionen

$\phi_1 = 1$
$\phi_2 = x \vee \neg x$
$\phi_3 = \neg(x \wedge \neg x)$

Tabelle 4.8: Beispiele erfüllbarer, unerfüllbarer und allgemeingültiger boolescher Ausdrücke

- Vergleich der Wahrheitstabellen

  Wahrheitstafel für ϕ:

x	ϕ
0	0
1	1

  Wahrheitstafel für ψ:

x	ψ
0	0
1	1

- Algebraische Umformung

  $$\begin{aligned}\phi &= x \wedge x \\ &= (x \vee 0) \wedge (x \vee 0) \\ &= x \vee (0 \wedge 0) \\ &= x \vee 0 \\ &= x \\ &= \psi\end{aligned}$$

- Erzeugung einer Normalform

  Graph-Normalform für ϕ:

  Graph-Normalform für ψ:

Abbildung 4.7: Die drei Möglichkeiten der Äquivalenzprüfung, demonstriert am Beispiel der Formeln $\phi = x \wedge x$ und $\psi = x$

- Vergleich der Wahrheitstafeldarstellungen

  Die einfachste Möglichkeit der Äquivalenzprüfung besteht in dem Aufstellen der Wahrheitstafeln für ϕ und ψ und dem direkten Vergleich der Funktionswertspalte. Den Wahrheitstafelansatz haben wir uns bereits weiter oben zu Nutze gemacht und damit die Gültigkeit der Huntington'schen Axiome in der Schaltalgebra bewiesen. Da die Wahrheitstafeldarstellung exponentiell mit der Anzahl der freien Variablen einer Funktion zunimmt, bietet sie sich allerdings nur für den Äquivalenztest einfacher boolescher Funktionen an.

- Algebraische Umformung

  Die zweite Möglichkeit, die Äquivalenz zweier Ausdrücke ϕ und ψ zu zeigen, besteht in der algebraischen Umformung der Ausdrücke ϕ bzw. ψ. Durch die sukzessive Anwendung von Rechenregeln, wie sie z. B. die Huntington'schen Axiome darstellen, können wir entweder ϕ in ψ überführen oder alternativ zeigen, dass $\phi \leftrightarrow \psi$ eine Tautologie ist. Hierzu müssen wir den Ausdruck $\phi \leftrightarrow \psi$ zu 1 vereinfachen. In Abschnitt 4.3.1 werden wir eine Reihe nützlicher Rechenregeln herleiten und die algebraische Umformung als ein leistungsfähiges Instrument kennen lernen.

- Erzeugung einer Normalform

  Eine dritte Möglichkeit besteht in der Transformation der Ausdrücke ϕ und ψ in eine Normalformdarstellung. Normalformen besitzen die Eigenschaft, dass jede boolesche Funktion eine *eindeutige* Darstellung besitzt und nicht, wie z. B. im Fall der booleschen Ausdrücke, unzählige Darstellungsmöglichkeiten existieren. Die bereits an verschiedenen Stellen eingeführten Wahrheitstabellen sind eine solche Normalform, so dass der wahrheitstafelbasierte Äquivalenztest damit ein Spezialfall des Normalformansatzes ist. In Abschnitt 4.4 werden wir mit der disjunktiven und konjunktiven Normalform, der Reed-Muller-Normalform sowie den binären und funktionalen Entscheidungsdiagrammen weitere wichtige Normalformdarstellungen zusammen mit ihren Vor- und Nachteilen kennen lernen.

4.2.3 Strukturelle Induktion

Die rekursive Definition boolescher Ausdrücke können wir in vielerlei Hinsicht zu unseren Gunsten nutzen. So lassen sich viele wichtige Eigenschaften boolescher Ausdrücke mit dem Mittel der *strukturellen Induktion* beweisen. Die strukturelle Induktion ist ein mathematisches Beweisschema, das uns erlaubt, Induktionsbeweise über beliebige rekursiv

4.2 Boolesche Ausdrücke und Aussagen

definierte Strukturen zu führen. Das Beweisprinzip ist eng verwandt mit der aus der Schulmathematik bekannten *vollständigen Induktion*.

Genau wie im Fall der vollständigen Induktion beweisen wir in strukturellen Induktionsbeweisen die Behauptung für einen oder mehrere Basisfälle und zeigen anschließend im Induktionsschritt, dass sich die Gültigkeit der Behauptung auf das nächstkomplexere Objekt übertragen lässt. Die Basisfälle umfassen dabei alle nicht zusammengesetzten Elemente – in unserem Fall also die elementaren Wahrheitswerte 0 und 1, sowie die booleschen Ausdrücke, die ausschließlich aus einer einzigen Variablen bestehen. Da sich die Wahrheitswerte 0 und 1 auf die Ausdrücke $x \wedge \bar{x}$ bzw. $x \vee \bar{x}$ zurückführen lassen, reicht es für die meisten Aussagen aus, im Induktionsanfang den Ausdruck $f = x$ als einzigen Basisfall zu betrachten.

Im Induktionsschritt müssen wir zeigen, dass die Behauptung auch für beliebig zusammengesetzte Ausdrücke gültig ist. Dem Induktionsprinzip folgend, dürfen wir als Induktionsvoraussetzung dabei annehmen, dass die Behauptung für alle Teilausdrücke bereits bewiesen ist. Für allgemeine boolesche Ausdrücke reicht es aus, im Induktionsschritt nur die drei Elementaroperatoren $\neg$, $\wedge$ und $\vee$ zu behandeln, da sich alle anderen Operatoren, wie weiter oben gezeigt, auf diese Verknüpfungen reduzieren lassen.

Die Korrektheit der strukturellen Induktion folgt unmittelbar aus der Korrektheit der klassischen Induktion. Schließlich können wir die strukturelle Induktion als einen speziellen Induktionsbeweis ansehen, in dem die Induktionsvariable n als die Formellänge interpretiert wird. Die Länge einer Formel setzen wir dabei mit der Anzahl der Teilterme gleich. Die elementaren Ausdrücke 0, 1 und x_i sind die einzigen booleschen Ausdrücke der Länge 1, so dass der Induktionsanfang die Aussage für $n = 1$ vollständig beweist. Im Induktionsschritt betrachten wir einen beliebigen zusammengesetzten booleschen Ausdruck, d. h. einen Ausdruck der Länge n mit $n > 1$. Dem klassischen Induktionsschema entsprechend, dürfen wir annehmen, dass die Behauptung für alle Ausdrücke mit einer Länge kleiner oder gleich $n - 1$ und damit für alle Teilausdrücke bereits bewiesen ist. Das Zusammenspiel von Induktionsanfang und Induktionsschritt ist in Abbildung 4.8 grafisch zusammengefasst.

Wir wollen das Prinzip der strukturellen Induktion demonstrieren, indem wir den folgenden Satz beweisen, der eine wichtige Aussage über den Implikationsoperator macht:

- Induktionsanfang

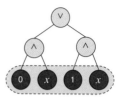

- Induktionsschluss

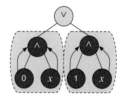

- Erneuter Induktionsschluss

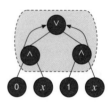

Abbildung 4.8: Das Prinzip der strukturellen Induktion: Zuerst wird im Induktionsanfang die Behauptung explizit für alle Ausdrücke der Länge 1 bewiesen. Legen wir die Baumdarstellung zu Grunde, ist die Aussage damit für alle Blätter erfüllt. Jede Anwendung des allgemein bewiesenen Induktionsschlusses garantiert die Gültigkeit der Aussage für die nächsthöhere Ebene, bis die Wurzel erreicht ist.

Die *vollständige Induktion* ist neben dem direkten Deduktionsbeweis und dem indirekten Widerspruchsbeweis die dritte grundlegende Beweistechnik der Mathematik. Anwenden lässt sich die vollständige Induktion im Prinzip auf alle Aussagen, die von einem aufzählbaren Parameter n abhängen, wobei die Aussage *für alle n* bewiesen werden soll. In vielen Fällen ist n eine ganze Zahl, wie in dem folgenden Beispiel der Gauß'schen Summenformel. Wir wollen beweisen, dass *für alle* $n \in \mathbb{N}$ die folgende Gleichung gilt:

$$\sum_{i=1}^{n} i = \frac{n(n+1)}{2} \qquad (4.1)$$

Ein Beweis per vollständiger Induktion besteht aus drei Teilen:

- Induktionsanfang

  Wir beweisen die Behauptung zunächst für ein oder einige „kleine" n. Im Fall der Gauß'schen Summenformel zeigen wir die Behauptung für $n = 1$, das kleinste Element, für das die Behauptung gelten soll:

  $$\sum_{i=1}^{n} i = \sum_{i=1}^{1} i = 1 = \frac{2}{2} = \frac{1(1+1)}{2} = \frac{n(n+1)}{2}$$

- Induktionsannahme

  Wir nehmen jetzt an, dass n ein beliebiger Wert aus der Menge $\mathbb{N}$ ist und wir alle Aussagen für Werte kleiner oder gleich n bereits bewiesen haben. Für unser Beispiel bedeutet das, dass die Formel (4.1) für alle Summen mit n oder weniger Elementen gültig ist.

- Induktionsschritt

  Unter der Induktionsannahme führen wir jetzt den Beweis, dass die zu beweisende Aussage für $n+1$ ebenfalls gültig ist. Im Fall der Gauß'schen Summenformel extrahieren wir zunächst den letzten Summanden aus der Summenformel und erhalten so eine Summe mit n Gliedern plus einen Zusatzterm. Auf die neu entstandene Summenform können wir jetzt die Induktionsvoraussetzung anwenden und erhalten nahezu auf einen Schlag die Aussage für $n+1$:

  $$\sum_{i=1}^{n+1} i = \left(\sum_{i=1}^{n} i\right) + (n+1) = \frac{n(n+1)}{2} + (n+1) = \frac{n(n+1) + 2(n+1)}{2} = \frac{(n+1)((n+1)+1)}{2}$$

Der Induktionsanfang, die Induktionsvoraussetzung und der Induktionsschritt stellen zusammen sicher, dass die Aussage *für alle n* Gültigkeit besitzt. Im Fall der Gauß'schen Summenformel ist die Aussage für $n = 1$ durch den Induktionsanfang sichergestellt. Die Gültigkeit für $n = 2$ folgt durch Anwendung des Induktionsschritts auf den Fall $n = 1$, die Gültigkeit für $n = 3$ durch Anwendung des Induktionsschritts auf den Fall $n = 2$ und so fort. Induktionsbeweise kommen in der Praxis in verschiedenen Varianten vor, so z. B. in der Form der *strukturellen Induktion*, die Eigenschaften von Formeln induktiv über die Formellänge beweist.

Exkurs 3.1: Das Beweisprinzip der vollständigen Induktion

4.2 Boolesche Ausdrücke und Aussagen

 Satz 4.1

Sei ϕ ein beliebiger boolescher Ausdruck, in dem neben den Variablen $x_1, \ldots, x_n$ ausschließlich der Implikationsoperator vorkommt. Dann ist ϕ stets erfüllbar.

Beweis

Wir beweisen die Behauptung mit Hilfe der strukturellen Induktion, indem wir zeigen, dass $\phi(x_1, \ldots, x_n)$ stets gleich 1 ist, wenn wir alle Variablen $x_1, \ldots, x_n$ auf 1 setzen.

Induktionsanfang (IA): ϕ sei ein nicht zusammengesetzter boolescher Term. Da keine Konstanten in der Formeldarstellung vorkommen dürfen, hat ϕ die Form x_i. Dann gilt offensichtlich $\phi(1) = 1$.

Induktionsvoraussetzung (IV): ϕ sei ein zusammengesetzter boolescher Ausdruck, in dem neben den Variablen $x_1, \ldots, x_n$ ausschließlich der Implikationsoperator vorkommt. Wir nehmen an, die Behauptung sei für alle Unterterme von ϕ bereits bewiesen.

Induktionsschritt (IS): Da die Implikation der einzige Operator ist, der in ϕ vorkommen darf, hat ϕ die Form $\phi_1 \rightarrow \phi_2$. Dann ist

$$\phi(1, \ldots, 1) = \phi_1(1, \ldots, 1) \rightarrow \phi_2(1, \ldots, 1) = 1 \rightarrow 1 = 1$$

und die Behauptung für den zusammengesetzten Ausdruck ϕ bewiesen. □

4.2.4 Dualitätsprinzip

In diesem Abschnitt werden wir das Beweisprinzip der strukturellen Induktion einsetzen, um das *Dualitätsprinzip* zu beweisen – eines der wichtigsten Grundprinzipien aller booleschen Algebren. Der Grundstein hierzu wird durch das *Negationstheorem* gelegt, das einen elementaren Zusammenhang zwischen zusammengesetzten Aussagen und deren Verneinung herstellt. Das Theorem erlaubt es uns, die Negation eines komplexen booleschen Ausdrucks direkt zu berechnen, indem wir alle vorkommenden Konstanten und Variablen negieren und die Operatoren $\wedge$ und $\vee$ gegeneinander austauschen.

Vorsicht bei Induktionsbeweisen! Die vollständige Induktion verfolgt ein einfaches Grundprinzip, ihre Anwendung sollte jedoch stets mit Bedacht geschehen, wie das folgende Beispiel zeigt.

„Wenn sich unter n Bären ein Eisbär befindet, dann sind alle Bären Eisbären."

Diese Behauptung lässt sich augenscheinlich mit Hilfe der vollständigen Induktion beweisen. Im Induktionsanfang beweisen wir die Aussage für $n = 1$. Besteht eine Gruppe aus einem einzigen Bären und ist darin ein Eisbär enthalten, so sind offensichtlich alle Bären dieser Gruppe Eisbären.

Als Induktionsvoraussetzung nehmen wir jetzt an, die Aussage sei für eine Gruppe von n Bären richtig und zeigen im Induktionsschritt, dass die Aussage dann auch für Gruppen von $n+1$ Bären gilt. Zunächst wissen wir, dass sich in der Gruppe von $n+1$ Bären (mindestens) ein Eisbär befindet. Wir stellen nun alle Bären derart in einer Reihe auf, dass der Eisbär ganz vorne steht:

Jetzt betrachten wir die Gruppe der ersten n Bären. Da unsere Aussage für n per Induktionsannahme richtig ist und ein Eisbär in dieser Gruppe ist, so müssen alle anderen Bären dieser Gruppe ebenfalls Eisbären sein und wir erhalten das folgende Zwischenergebnis:

Jetzt können wir die Induktionsvoraussetzung auch auf die letzten n Bären anwenden, da sich unter diesen auf jeden Fall auch mindestens ein Eisbär befindet:

Voilà: Alle Bären sind Eisbären!

Satz 4.2 (Negationstheorem)

Sei $f(0,1,x_1,\ldots,x_n,\wedge,\vee,\neg)$ ein boolescher Ausdruck, in dem neben den Konstanten 1 und 0 und den Variablen $x_1,\ldots,x_n$ die booleschen Operatoren $\wedge$, $\vee$ und $\neg$ vorkommen. Dann gilt:

$$\overline{f(0,1,x_1,\ldots,x_n,\wedge,\vee,\neg)} = f(1,0,\overline{x_1},\ldots,\overline{x_n},\vee,\wedge,\neg)$$

Beweis

Induktionsanfang (IA): Sei ϕ ein nicht zusammengesetzter Ausdruck. Wir betrachten alle Ausdrücke f der Länge 1:

- Fall 1: $\phi = 0$
$$\overline{\phi(0,1,x_1,\ldots,x_n,\wedge,\vee,\neg)} = \overline{0} = 1 = \phi(1,0,\overline{x_1},\ldots,\overline{x_n},\vee,\wedge,\neg)$$

- Fall 2: $\phi = 1$
$$\overline{\phi(0,1,x_1,\ldots,x_n,\wedge,\vee,\neg)} = \overline{1} = 0 = \phi(1,0,\overline{x_1},\ldots,\overline{x_n},\vee,\wedge,\neg)$$

- Fall 3: $\phi = x_i$
$$\overline{\phi(0,1,x_1,\ldots,x_n,\wedge,\vee,\neg)} = \overline{(x_i)} = (\overline{x_i}) = \phi(1,0,\overline{x_1},\ldots,\overline{x_n},\vee,\wedge,\neg)$$

Induktionsvoraussetzung (IV): Wir nehmen an, die Behauptung sei für alle Unterterme von f bereits bewiesen.

Induktionsschritt (IS): Wir unterscheiden drei Fälle:

- Fall 1: $\phi = \overline{\phi_1}$
$$\begin{aligned}
&\overline{\phi(0,1,x_1,\ldots,x_n,\wedge,\vee,\neg)} \\
=\ & \overline{\overline{\phi_1(0,1,x_1,\ldots,x_n,\wedge,\vee,\neg)}} \\
\stackrel{IV}{=}\ & \overline{\phi_1(1,0,\overline{x_1},\ldots,\overline{x_n},\vee,\wedge,\neg)} \\
=\ & \phi(1,0,\overline{x_1},\ldots,\overline{x_n},\vee,\wedge,\neg)
\end{aligned}$$

- Fall 2: $\phi = \phi_1 \wedge \phi_2$
$$\begin{aligned}
&\overline{\phi(0,1,x_1,\ldots,x_n,\wedge,\vee,\neg)} \\
=\ & \overline{\phi_1(0,1,x_1,\ldots,x_n,\wedge,\vee,\neg) \wedge \phi_2(0,1,x_1,\ldots,x_n,\wedge,\vee,\neg)} \\
=\ & \overline{\phi_1(0,1,x_1,\ldots,x_n,\wedge,\vee,\neg)} \vee \overline{\phi_2(0,1,x_1,\ldots,x_n,\wedge,\vee,\neg)} \\
\stackrel{IV}{=}\ & \phi_1(1,0,\overline{x_1},\ldots,\overline{x_n},\vee,\wedge,\neg) \vee \phi_2(1,0,\overline{x_1},\ldots,\overline{x_n},\vee,\wedge,\neg) \\
=\ & \phi(1,0,\overline{x_1},\ldots,\overline{x_n},\vee,\wedge,\neg)
\end{aligned}$$

4.2 Boolesche Ausdrücke und Aussagen

■ Fall 3: $\phi = \phi_1 \vee \phi_2$

$$\overline{\phi(0,1,x_1,\ldots,x_n,\wedge,\vee,\neg)}$$
$$= \overline{\phi_1(0,1,x_1,\ldots,x_n,\wedge,\vee,\neg) \vee \phi_2(0,1,x_1,\ldots,x_n,\wedge,\vee,\neg)}$$
$$= \overline{\phi_1(0,1,x_1,\ldots,x_n,\wedge,\vee,\neg)} \wedge \overline{\phi_2(0,1,x_1,\ldots,x_n,\wedge,\vee,\neg)}$$
$$\stackrel{IV}{=} \phi_1(1,0,\overline{x_1},\ldots,\overline{x_n},\vee,\wedge,\neg) \wedge \phi_2(1,0,\overline{x_1},\ldots,\overline{x_n},\vee,\wedge,\neg)$$
$$= \phi(1,0,\overline{x_1},\ldots,\overline{x_n},\vee,\wedge,\neg)$$

□

Im Beweis des Negationstheorems haben wir mit der Rechenregel (M) bereits im Vorgriff die klassische *De Morgansche Regel* angewendet, die wir an dieser Stelle ohne Beweis als gegeben hinnehmen wollen. In Abschnitt 4.3.1 werden wir zeigen, wie sich diese Rechenregel direkt aus den Huntington'schen Axiomen ableiten lässt.

Die Tragweite des Negationstheorems ist größer, als Sie im Moment vielleicht vermuten. Sie wird erst richtig deutlich, wenn wir das Theorem auf boolesche Gleichungen der Form $\phi = \psi$ anwenden. Wir erhalten dann auf einen Schlag das *Dualitätsprinzip* – eine Symmetrieeigenschaft, die in jeder booleschen Algebra erfüllt ist und tief in die inneren Zusammenhänge dieser mathematischen Struktur blicken lässt.

 Satz 4.3 (Dualitätsprinzip der booleschen Algebra)

> Sei
>
> $$\phi(0,1,x_1,\ldots,x_n,\wedge,\vee,\neg) = \psi(0,1,x_1,\ldots,x_n,\wedge,\vee,\neg)$$
>
> ein Gesetz der booleschen Algebra, in der neben Variablen und den Konstanten 0 und 1 ausschließlich die Elementarverknüpfungen $\neg$, $\wedge$ und $\vee$ vorkommen. Dann ist auch die *duale Gleichung*
>
> $$\phi(1,0,x_1,\ldots,x_n,\vee,\wedge,\neg) = \psi(1,0,x_1,\ldots,x_n,\vee,\wedge,\neg)$$
>
> ein Gesetz der booleschen Algebra.

Beweis
Mit $\phi(0,1,x_1,\ldots,x_n,\wedge,\vee,\neg) = \psi(0,1,x_1,\ldots,x_n,\wedge,\vee,\neg)$ ist auch

$$\overline{\phi(0,1,\overline{x_1},\ldots,\overline{x_n},\wedge,\vee,\neg)} = \overline{\psi(0,1,\overline{x_1},\ldots,\overline{x_n},\wedge,\vee,\neg)}$$

eine gültige Gleichung und die Behauptung folgt sofort aus der Anwendung des Negationstheorems 4.2. □

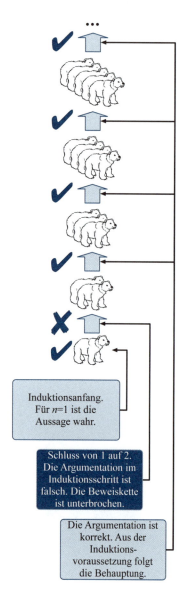

Abbildung 4.9: Eine Analyse des Induktionsbeweises zeigt, dass die Beweiskette an einer einzigen Stelle unterbrochen ist.

Dem Dualitätsprinzip zufolge können wir aus der Gültigkeit einer Gleichung in jeder booleschen Algebra damit stets die Gültigkeit der dualen Gleichung – also jener Gleichung, die durch Vertauschen der Wahrheitswerte und der Operatoren $\wedge$ und $\vee$ entsteht – ableiten. Aufgrund dieser Symmetriebeziehung werden $\wedge$ und $\vee$ auch als *duale Operatoren* bezeichnet.

Eine erste Anwendung des Dualitätsprinzips werden wir im Zusammenhang mit den in Abschnitt 4.3.1 eingeführten Rechenregeln erschließen. Wie bereits im Fall der Huntington'schen Axiome, die jeweils in zwei zueinander dualen Varianten formuliert sind, existiert auch zu jeder abgeleiteten Rechenregel eine duale Variante. Für den Beweis der Rechenregeln wird es dann jedoch völlig ausreichend sein, nur eine der Varianten zu zeigen. Die jeweils duale Rechenregel fällt uns aufgrund des Dualitätsprinzips sozusagen umsonst in die Hände. Eine Ausnahme bilden die Regeln von De Morgan, von denen wir streng genommen beide Varianten beweisen müssen, um einen klassischen Ringschluss zu vermeiden. Der Grund hierfür ist, dass wir die Regeln von De Morgan bereits hier für den Beweis des Dualitätsprinzips benötigt haben und sie daher nicht später aus dem Dualitätsprinzip selbst schließen dürfen.

Abschließend kommen wir noch einmal auf den auf Seite 105 vorgeführten Induktionsbeweis zurück. Natürlich sind nicht alle Bären Eisbären, machen wir uns also auf die Suche nach dem Fehler. Der Induktionsanfang ist trivialerweise richtig – wenn eine Gruppe von Bären aus einem einzigen Bär besteht und wir wissen, dass es in dieser Gruppe einen Eisbären gibt, so sind alle Bären dieser Gruppe Eisbären. Der Fehler muss also im Induktionsschluss verborgen sein. Die Argumentation, mit der wir die Gültigkeit der Aussage für $n+1$ aus der Gültigkeit für den Fall n gefolgert haben, ist zwar im Kern richtig, allerdings gilt sie nur für $n \geq 2$ und damit nicht für den Schluss von $n=1$ auf $n=2$. Besteht eine Gruppe nur aus zwei Bären, so können wir diese, wie alle anderen Gruppen endlicher Größe auch, natürlich so umsortieren, dass ein Eisbär vorne steht. Auch die Anwendung der Induktionsvoraussetzung ist für den Fall $n=1$ richtig, wenngleich er keine weiteren Informationen bringt – wir wissen schließlich bereits, dass an der ersten Stelle ein Eisbär steht. Im Folgenden haben wir argumentiert, dass sich unter den hinteren n Bären *mindestens ein* Eisbär befindet, wenn wir wissen, dass *alle* der vorderen n Bären Eisbären sind. Nur so waren wir in der Lage, die Induktionsvoraussetzung auch auf die hinteren Eisbären auszuweiten. Dieser Schluss ist jedoch nur dann gültig, wenn die Menge der vorderen n Bären und die Menge der hinteren n Bären keine leere Schnittmenge besitzen. Das ist für alle Gruppen mit mindestens drei Bären auch der Fall, für eine Zweiergruppe dagegen nicht. Genau an dieser Stelle ist die Beweiskette unterbrochen (siehe Abbildung 4.9).

4.3 Rechnen in booleschen Algebren

4.3.1 Abgeleitete Umformungsregeln

Mit den vier Huntington'schen Axiomen haben wir bereits die ersten Rechenregeln an der Hand, mit deren Hilfe wir boolesche Ausdrücke umformen können. Erstaunlicherweise lässt sich aus den vier Axiomen eine ganze Schar weiterer Rechenregeln ableiten, die wir im Folgenden näher betrachten wollen. Alle in diesem Abschnitt hergeleiteten Rechenregeln sind in der Notation der Schaltalgebra beschrieben, lassen sich jedoch in direkter Weise auf jede andere boolesche Algebra übertragen. Insbesondere haben alle der folgenden Aussagen eine direkte Entsprechung in der Mengenlehre.

Herleitung von (ID1):   **Idempotenzgesetze**

$x \vee x$ (ID1) $x \vee x = x$
$= (x \vee x) \wedge 1$ (N)   (ID2) $x \wedge x = x$
$= (x \vee x) \wedge (x \vee \bar{x})$ (I)
$= x \vee (x \wedge \bar{x})$ (D)
$= x \vee 0$ (I)
$= x$ (N)

Herleitung von (E1):   **Eliminationsgesetze**

$x \vee 1$ (E1) $x \vee 1 = 1$
$= (x \vee 1) \wedge 1$ (N)   (E2) $x \wedge 0 = 0$
$= (x \vee 1) \wedge (x \vee \bar{x})$ (I)
$= x \vee (1 \wedge \bar{x})$ (D)
$= x \vee \bar{x}$ (N)
$= 1$ (I)

Herleitung von (AB1):   **Absorptionsgesetze**

$x \vee (x \wedge y)$ (AB1) $x \vee (x \wedge y) = x$
$= (x \wedge 1) \vee (x \wedge y)$ (N)   (AB2) $x \wedge (x \vee y) = x$
$= x \wedge (1 \vee y)$ (D)
$= x \wedge (y \vee 1)$ (K)

$$= x \wedge 1 \tag{E}$$
$$= x \tag{N}$$

Assoziativgesetze

(A1)　$x \vee (y \vee z) = (x \vee y) \vee z$
(A2)　$x \wedge (y \wedge z) = (x \wedge y) \wedge z$

Herleitung von (A1):

$x \vee (y \vee z)$
$$= (x \vee (y \vee z)) \wedge 1 \tag{N}$$
$$= (x \vee (y \vee z)) \wedge (x \vee \bar{x}) \tag{I}$$
$$= [(x \vee (y \vee z)) \wedge x] \vee [(x \vee (y \vee z)) \wedge \bar{x}] \tag{D}$$
$$= [x] \vee [(x \vee (y \vee z)) \wedge \bar{x}] \tag{AB}$$
$$= [x \vee (x \wedge z)] \vee [(x \vee (y \vee z)) \wedge \bar{x}] \tag{AB}$$
$$= [(x \wedge (x \vee y)) \vee (x \wedge z)] \vee [(x \vee (y \vee z)) \wedge \bar{x}] \tag{AB}$$
$$= [x \wedge ((x \vee y) \vee z)] \vee [(x \vee (y \vee z)) \wedge \bar{x}] \tag{D}$$
$$= [((x \vee y) \vee z) \wedge x] \vee [(x \vee (y \vee z)) \wedge \bar{x}] \tag{K}$$
$$= [((x \vee y) \vee z) \wedge x] \vee [\bar{x} \wedge (x \vee (y \vee z))] \tag{K}$$
$$= [((x \vee y) \vee z) \wedge x] \vee [(\bar{x} \wedge x) \vee (\bar{x} \wedge (y \vee z))] \tag{D}$$
$$= [((x \vee y) \vee z) \wedge x] \vee [0 \vee (\bar{x} \wedge (y \vee z))] \tag{I}$$
$$= [((x \vee y) \vee z) \wedge x] \vee [\bar{x} \wedge (y \vee z)] \tag{N}$$
$$= [((x \vee y) \vee z) \wedge x] \vee [(\bar{x} \wedge y) \vee (\bar{x} \wedge z)] \tag{D}$$
$$= [((x \vee y) \vee z) \wedge x] \vee [(0 \vee (\bar{x} \wedge y)) \vee (\bar{x} \wedge z)] \tag{N}$$
$$= [((x \vee y) \vee z) \wedge x] \vee [((\bar{x} \wedge x) \vee (\bar{x} \wedge y)) \vee (\bar{x} \wedge z)] \tag{I}$$
$$= [((x \vee y) \vee z) \wedge x] \vee [(\bar{x} \wedge (x \vee y)) \vee (\bar{x} \wedge z)] \tag{D}$$
$$= [((x \vee y) \vee z) \wedge x] \vee [\bar{x} \wedge ((x \vee y) \vee z)] \tag{D}$$
$$= [((x \vee y) \vee z) \wedge x] \vee [((x \vee y) \vee z) \wedge \bar{x}] \tag{K}$$
$$= ((x \vee y) \vee z) \wedge [x \vee \bar{x}] \tag{D}$$
$$= ((x \vee y) \vee z) \wedge 1 \tag{I}$$
$$= (x \vee y) \vee z \tag{N}$$

Doppelnegation

(DN)　$\bar{\bar{x}} = x$

Herleitung:

$\bar{\bar{x}}$
$$= \bar{\bar{x}} \wedge 1 \tag{N}$$
$$= \bar{\bar{x}} \wedge (x \vee \bar{x}) \tag{I}$$
$$= (\bar{\bar{x}} \wedge x) \vee (\bar{\bar{x}} \wedge \bar{x}) \tag{D}$$
$$= (\bar{\bar{x}} \wedge x) \vee 0 \tag{I}$$
$$= (\bar{\bar{x}} \wedge x) \vee (x \wedge \bar{x}) \tag{I}$$

4.3 Rechnen in booleschen Algebren

$$
\begin{aligned}
&= (\bar{\bar{x}} \wedge x) \vee (\bar{x} \wedge x) && \text{(K)} \\
&= (\bar{\bar{x}} \vee \bar{x}) \wedge x && \text{(D)} \\
&= (\bar{x} \vee \bar{\bar{x}}) \wedge x && \text{(K)} \\
&= 1 \wedge x && \text{(I)} \\
&= x && \text{(N)}
\end{aligned}
$$

Herleitung von (M1):

$$
\begin{aligned}
&\overline{x \vee y} \\
&= \overline{(x \vee y) \vee 0} && \text{(N)} \\
&= \overline{(x \vee y) \vee ((\bar{x} \wedge \bar{y}) \wedge \overline{(\bar{x} \wedge \bar{y})})} && \text{(I)} \\
&= \overline{((x \vee y) \vee (\bar{x} \wedge \bar{y})) \wedge ((x \vee y) \vee \overline{(\bar{x} \wedge \bar{y})})} && \text{(D)} \\
&= \overline{((x \vee y \vee \bar{x}) \wedge (x \vee y \vee \bar{y})) \wedge ((x \vee y) \vee \overline{(\bar{x} \wedge \bar{y})})} && \text{(D)} \\
&= \overline{(((x \vee \bar{x}) \vee y) \wedge (x \vee (y \vee \bar{y}))) \wedge ((x \vee y) \vee \overline{(\bar{x} \wedge \bar{y})})} && \text{(K+A)} \\
&= \overline{((1 \vee y) \wedge (x \vee 1)) \wedge ((x \vee y) \vee \overline{(\bar{x} \wedge \bar{y})})} && \text{(I)} \\
&= \overline{(1 \wedge 1) \wedge ((x \vee y) \vee \overline{(\bar{x} \wedge \bar{y})})} && \text{(E)} \\
&= \overline{1 \wedge ((x \vee y) \vee \overline{(\bar{x} \wedge \bar{y})})} && \text{(N)} \\
&= \overline{((\overline{\bar{x} \wedge \bar{y}}) \vee (\bar{x} \wedge \bar{y})) \wedge ((x \vee y) \vee \overline{(\bar{x} \wedge \bar{y})})} && \text{(I)} \\
&= \overline{\overline{(\bar{x} \wedge \bar{y})} \vee ((\bar{x} \wedge \bar{y}) \wedge (x \vee y))} && \text{(K+D)} \\
&= \overline{\overline{(\bar{x} \wedge \bar{y})} \vee ((\bar{x} \wedge \bar{y} \wedge x) \vee (\bar{x} \wedge \bar{y} \wedge y))} && \text{(D)} \\
&= \overline{\overline{(\bar{x} \wedge \bar{y})} \vee (((\bar{x} \wedge x) \wedge \bar{y}) \vee (\bar{x} \wedge (\bar{y} \wedge y)))} && \text{(K+A)} \\
&= \overline{\overline{(\bar{x} \wedge \bar{y})} \vee ((0 \wedge \bar{y}) \vee (\bar{x} \wedge 0))} && \text{(I)} \\
&= \overline{\overline{(\bar{x} \wedge \bar{y})} \vee (0 \vee 0)} && \text{(E)} \\
&= \overline{\overline{(\bar{x} \wedge \bar{y})} \vee 0} && \text{(N)} \\
&= \overline{\overline{(\bar{x} \wedge \bar{y})}} && \text{(N)} \\
&= (\bar{x} \wedge \bar{y}) && \text{(DN)}
\end{aligned}
$$

Die Regeln von De Morgan

(M1) $\overline{x \vee y} = \bar{x} \wedge \bar{y}$
(M2) $\overline{x \wedge y} = \bar{x} \vee \bar{y}$

„The contrary of an aggregate is the compound of the contraries of the aggregants: the contrary of a compound is the aggregate of the contraries of the components."

Augustus De Morgan [70, 71]
(Abbildung 4.10)

4.3.2 Vereinfachung boolescher Ausdrücke

Mit Hilfe der Huntington'schen Axiome und den abgeleiteten Rechenregeln können wir komplexe boolesche Ausdrücke effektiv vereinfa-

Augustus De Morgan
(1806 – 1871)

Abbildung 4.10: Augustus De Morgan gilt neben George Boole als einer der bedeutendsten Mitbegründer der mathematischen Logik. Geboren wurde der Mathematiker am 27. Juni 1806 im indischen Bundesstaat Madras, kehrte aber bereits im Alter von 7 Monaten mit seiner Familie nach England zurück. Nach seinem Studium am Trinity College in Cambridge wurde er 1828 als Professor an das neu gegründete University College in London berufen. Im Laufe seines Lebens verfasste bedeutende Arbeiten in den Bereichen der Arithmetik, der Trigonometrie und der Logik.

Trotz seines großen wissenschaftlichen Vermächtnisses wird sein Name vor allem mit den beiden Komplementärbeziehungen assoziiert, die wir heute als die *Regeln von De Morgan* bezeichnen. Umso erstaunlicher ist es, dass er mitnichten der Erste war, der sie entdeckte. Wie die Ausführungen von William of Ockham in der *Summa Totius Logicae* nahelegen, waren bereits in der Mitte des vierzehnten Jahrhunderts die Gesetzmäßigkeiten bekannt, die hinter den De Morgan'schen Regeln stecken. De Morgan starb am 18. März 1871 in London.

chen. Für die allermeisten Ausdrücke bietet sich das folgende Vorgehen an:

1. Auflösen aller abgeleiteten Operatoren

   Da alle bisher hergeleiteten Rechenregeln ausschließlich Aussagen über die Elementaroperatoren machen, führen wir zunächst alle abgeleiteten Operatoren auf die Verknüpfungen $\neg$, $\wedge$ und $\vee$ zurück.

2. Anwendung der zur Verfügung stehenden Rechenregeln

   Sind alle abgeleiteten Operatoren aufgelöst, vereinfachen wir den entstandenen booleschen Ausdruck Schritt für Schritt durch die Anwendung eines der Huntington'schen Axiome oder einer der abgeleiteten Rechenregeln.

Rechnung 4.1

$$
\begin{aligned}
& (x \leftrightarrow y) \vee (x \leftrightarrow y) \\
={} & (\overline{x} \wedge y) \vee (x \wedge \overline{y}) \vee (\overline{x} \wedge \overline{y}) \vee (x \wedge y) && \text{(Def)} \\
={} & [(\overline{x} \wedge y) \vee (\overline{x} \wedge \overline{y})] \vee [(x \wedge \overline{y}) \vee (x \wedge y)] && \text{(K+A)} \\
={} & (\overline{x} \wedge (y \vee \overline{y})) \vee (x \wedge (y \vee \overline{y})) && \text{(D)} \\
={} & (\overline{x} \wedge 1) \vee (x \wedge 1) && \text{(I)} \\
={} & \overline{x} \vee x && \text{(N)} \\
={} & 1 && \text{(I)}
\end{aligned}
$$

Rechnung 4.2

$$
\begin{aligned}
& (x \leftrightarrow y) \wedge ((x \wedge \overline{y}) \vee y) \\
={} & ((\overline{x} \wedge y) \vee (x \wedge \overline{y})) \wedge ((x \wedge \overline{y}) \vee y) && \text{(Def)} \\
={} & ((x \wedge \overline{y}) \vee (\overline{x} \wedge y)) \wedge ((x \wedge \overline{y}) \vee y) && \text{(K)} \\
={} & (x \wedge \overline{y}) \vee ((\overline{x} \wedge y) \wedge y) && \text{(D)} \\
={} & (x \wedge \overline{y}) \vee (\overline{x} \wedge y) && \text{(A+ID)} \\
={} & (x \leftrightarrow y) && \text{(Def)}
\end{aligned}
$$

Rechnung 4.3

$$
\begin{aligned}
& x_3 \overline{x_1} \vee x_4 \overline{x_3} \overline{x_2} \vee \overline{x_4} x_2 x_3 \overline{x_1} \vee x_4 x_3 \overline{x_2} x_1 \\
={} & x_3 \overline{x_1} \vee \overline{x_4} x_2 x_3 \overline{x_1} \vee x_4 x_3 \overline{x_2} x_1 \vee x_4 \overline{x_3} \overline{x_2} && \text{(K+A)} \\
={} & x_3 \overline{x_1} \vee x_4 x_3 \overline{x_2} x_1 \vee x_4 \overline{x_3} \overline{x_2} && \text{(AB)} \\
={} & x_3 (\overline{x_1} \vee x_4 \overline{x_2} x_1) \vee x_4 \overline{x_3} \overline{x_2} && \text{(D)}
\end{aligned}
$$

4.3 Rechnen in booleschen Algebren

$$
\begin{aligned}
&= x_3\left((\overline{x_1} \vee x_4) \wedge (\overline{x_1} \vee \overline{x_2}) \wedge (\overline{x_1} \vee x_1)\right) \vee x_4 \overline{x_3} \overline{x_2} &&\text{(D)}\\
&= x_3\left((\overline{x_1} \vee x_4) \wedge (\overline{x_1} \vee \overline{x_2}) \wedge 1\right) \vee x_4 \overline{x_3} \overline{x_2} &&\text{(I)}\\
&= x_3\left((\overline{x_1} \vee x_4) \wedge (\overline{x_1} \vee \overline{x_2})\right) \vee x_4 \overline{x_3} \overline{x_2} &&\text{(N)}\\
&= x_3\left(\overline{x_1} \vee (x_4 \overline{x_2})\right) \vee x_4 \overline{x_3} \overline{x_2} &&\text{(D)}\\
&= x_3 \overline{x_1} \vee x_3 x_4 \overline{x_2} \vee x_4 \overline{x_3} \overline{x_2} &&\text{(D)}\\
&= x_3 \overline{x_1} \vee x_4 \overline{x_2} (x_3 \vee \overline{x_3}) &&\text{(D)}\\
&= x_3 \overline{x_1} \vee x_4 \overline{x_2} &&\text{(I+N)}
\end{aligned}
$$

Rechnung 4.4

$$
\begin{aligned}
&\quad x \rightarrow (((y \leftrightarrow z) \wedge \overline{x}) \leftrightarrow y) \\
&= \overline{x} \vee (((y \leftrightarrow z) \wedge \overline{x}) \leftrightarrow y) &&\text{(Def)}\\
&= \overline{x} \vee (\overline{((y \leftrightarrow z) \wedge \overline{x})} \wedge \overline{y}) \vee (((y \leftrightarrow z) \wedge \overline{x}) \wedge y) &&\text{(Def)}\\
&= \overline{x} \vee (\overline{((y \leftrightarrow z) \wedge \overline{x})} \wedge \overline{y}) \vee ((\overline{x} \wedge (y \leftrightarrow z)) \wedge y) &&\text{(K)}\\
&= \overline{x} \vee (\overline{((y \leftrightarrow z) \wedge \overline{x})} \wedge \overline{y}) \vee (\overline{x} \wedge ((y \leftrightarrow z) \wedge y)) &&\text{(A)}\\
&= \overline{x} \vee (\overline{((y \leftrightarrow z) \wedge \overline{x})} \wedge \overline{y}) &&\text{(AB)}\\
&= \overline{x} \vee ((\overline{(y \leftrightarrow z)} \vee x) \wedge \overline{y}) &&\text{(M)}\\
&= \overline{x} \vee ((\overline{((\overline{y} \vee \overline{z}) \wedge (y \vee z))} \vee x) \wedge \overline{y}) &&\text{(Def)}\\
&= \overline{x} \vee (((\overline{\overline{y} \vee \overline{z}}) \vee \overline{(y \vee z)}) \vee x) \wedge \overline{y}) &&\text{(M)}\\
&= \overline{x} \vee (((y \wedge z) \vee (\overline{y} \wedge \overline{z}) \vee x) \wedge \overline{y}) &&\text{(M)}\\
&= \overline{x} \vee (y \wedge z \wedge \overline{y}) \vee (\overline{y} \wedge \overline{z} \wedge \overline{y}) \vee (x \wedge \overline{y}) &&\text{(D)}\\
&= \overline{x} \vee (\overline{y} \wedge \overline{z}) \vee (x \wedge \overline{y}) &&\text{(I+N)}\\
&= (\overline{y} \wedge \overline{z}) \vee (\overline{x} \vee x)(\overline{x} \vee \overline{y}) &&\text{(D)}\\
&= (\overline{y} \wedge \overline{z}) \vee \overline{x} \vee \overline{y} &&\text{(I+N)}\\
&= \overline{x} \vee \overline{y} &&\text{(AB)}\\
&= \overline{x \wedge y} &&\text{(M)}\\
&= x \overline{\wedge} y &&\text{(Def)}
\end{aligned}
$$

Insbesondere das letzte Beispiel zeigt, dass die Rückführung der abgeleiteten Operatoren auf die Elementarverknüpfungen ¬, ∧, ∨ aufwendige Umformungen nach sich ziehen kann. Insbesondere für die Operatoren ↔ und ↮ ist die Auflösung nicht immer sinnvoll, da die Repräsentation durch die Elementaroperationen exponentiell größer wird als der Originalausdruck und sich zudem viele der elementaren Rechenregeln auf diese Operatoren übertragen lassen. Die wichtigsten abgeleiteten Rechenregeln für ↔ und ↮ sind im Folgenden zusammengefasst:

Kommutativgesetze

(XK1) $x \leftrightarrow y = y \leftrightarrow x$
(XK2) $x \nleftrightarrow y = y \nleftrightarrow x$

Herleitung von (XK1):

$\quad x \leftrightarrow y$
$= (\bar{x} \wedge \bar{y}) \vee (x \wedge y)$ \hfill (Def)
$= (\bar{y} \wedge \bar{x}) \vee (y \wedge x)$ \hfill (K)
$= y \leftrightarrow x$ \hfill (Def)

Komplementärgesetze

(XP1) $\bar{x} \leftrightarrow y = x \nleftrightarrow y$
(XP2) $\bar{x} \nleftrightarrow y = x \leftrightarrow y$

Herleitung von (XP1):

$\quad \bar{x} \leftrightarrow y$
$= (\bar{x} \wedge y) \vee (\bar{\bar{x}} \wedge \bar{y})$ \hfill (Def)
$= (\bar{x} \wedge y) \vee (x \wedge \bar{y})$ \hfill (DN)
$= x \nleftrightarrow y$ \hfill (Def)

Gesetze der neutralen Elemente

(XN1) $x \nleftrightarrow 1 = x$
(XN2) $x \leftrightarrow 0 = x$

Herleitung von (XN1):

$\quad x \nleftrightarrow 1$
$= (\bar{x} \wedge \bar{1}) \vee (x \wedge 1)$ \hfill (Def)
$= 0 \vee x$ \hfill (E+N)
$= x$ \hfill (N)

Gesetze der inversen Elemente

(XI1) $x \leftrightarrow \bar{x} = 0$
(XI2) $x \nleftrightarrow \bar{x} = 1$

Herleitung von (XI1):

$\quad x \leftrightarrow \bar{x}$
$= (\bar{x} \wedge \bar{\bar{x}}) \vee (x \wedge \bar{x})$ \hfill (Def)
$= (\bar{x} \wedge x) \vee (x \wedge \bar{x})$ \hfill (DN)
$= (\bar{x} \wedge x)$ \hfill (ID)
$= 0$ \hfill (I)

Inversionsgesetze

(XE1) $x \leftrightarrow 0 = \bar{x}$
(XE2) $x \nleftrightarrow 1 = \bar{x}$

Herleitung von (XE1):

$\quad x \leftrightarrow 0$
$= (\bar{x} \wedge \bar{0}) \vee (x \wedge 0)$ \hfill (Def)

4.3 Rechnen in booleschen Algebren

$= \bar{x} \vee 0$ (E+N)

$= \bar{x}$ (N)

Herleitung von (XA1):

Assoziativgesetze

(XA1) $(x \leftrightarrow y) \leftrightarrow z = x \leftrightarrow (y \leftrightarrow z)$
(XA2) $(x \nleftrightarrow y) \nleftrightarrow z = x \nleftrightarrow (y \nleftrightarrow z)$

$(x \leftrightarrow y) \leftrightarrow z$

$= \overline{((x \leftrightarrow y) \wedge \bar{z})} \vee ((x \leftrightarrow y) \wedge z)$ (Def)

$= \overline{(((\bar{x} \vee y) \wedge (x \vee \bar{y})) \wedge \bar{z})} \vee (((\bar{x} \wedge \bar{y}) \vee (x \wedge y)) \wedge z)$ (Def)

$= (\overline{(\bar{x} \vee y)} \vee \overline{(x \vee \bar{y})} \vee \bar{z}) \vee (((\bar{x} \wedge \bar{y}) \vee (x \wedge y)) \wedge z)$ (M)

$= ((x \wedge \bar{y}) \vee (\bar{x} \wedge y) \vee \bar{z}) \vee (((\bar{x} \wedge \bar{y}) \vee (x \wedge y)) \wedge z)$ (M)

$= (x \wedge \bar{y} \wedge \bar{z}) \vee (\bar{x} \wedge y \wedge \bar{z}) \vee (\bar{x} \wedge \bar{y} \wedge z) \vee (x \wedge y \wedge z)$ (D)

$= (\bar{x} \wedge y \wedge \bar{z}) \vee (\bar{x} \wedge \bar{y} \wedge z) \vee (x \wedge \bar{y} \wedge \bar{z}) \vee (x \wedge y \wedge z)$ (K+A)

$= (\bar{x} \wedge ((y \wedge \bar{z}) \vee (\bar{y} \wedge z))) \vee (x \wedge ((\bar{y} \wedge \bar{z}) \vee (y \wedge z)))$ (D)

$= (\bar{x} \wedge (\overline{(\bar{y} \vee z)} \vee \overline{(y \vee \bar{z})})) \vee (x \wedge ((\bar{y} \wedge \bar{z}) \vee (y \wedge z)))$ (M)

$= (\bar{x} \wedge \overline{((\bar{y} \vee z) \wedge (y \vee \bar{z}))}) \vee (x \wedge ((\bar{y} \wedge \bar{z}) \vee (y \wedge z)))$ (M)

$= (\bar{x} \wedge \overline{(y \leftrightarrow z)}) \vee (x \wedge (y \leftrightarrow z))$ (Def)

$= x \leftrightarrow (y \leftrightarrow z)$ (Def)

Herleitung von (XNG1):

Negationsgesetze

(XNG1) $\overline{x \leftrightarrow y} = x \nleftrightarrow y$
(XNG2) $\overline{x \nleftrightarrow y} = x \leftrightarrow y$

$\overline{x \leftrightarrow y}$

$= \overline{(x \wedge y) \vee (\bar{x} \wedge \bar{y})}$ (Def)

$= \overline{(x \wedge y)} \wedge \overline{(\bar{x} \wedge \bar{y})}$ (M)

$= (\bar{x} \vee \bar{y}) \wedge (\bar{\bar{x}} \vee \bar{\bar{y}})$ (M)

$= (\bar{x} \vee \bar{y}) \wedge (x \vee y)$ (DN)

$= x \nleftrightarrow y$ (Def)

Herleitung von (XDN1):

Doppelnegationsgesetze

(XDN1) $\bar{x} \leftrightarrow \bar{y} = x \leftrightarrow y$
(XDN2) $\bar{x} \nleftrightarrow \bar{y} = x \nleftrightarrow y$

$\bar{x} \leftrightarrow \bar{y}$

$= (\bar{x} \wedge \bar{y}) \vee (\bar{\bar{x}} \wedge \bar{\bar{y}})$ (Def)

$= (\bar{x} \wedge \bar{y}) \vee (x \wedge y)$ (DN)

$= x \leftrightarrow y$ (Def)

Distributivgesetze

(XD1) $(x \land z) \leftrightarrow (y \land z) = (x \leftrightarrow y) \land z$
(XD2) $(x \lor z) \leftrightarrow (y \lor z) = (x \leftrightarrow y) \lor z$

Herleitung von (XD1):

$(x \land z) \leftrightarrow (y \land z)$
$= ((\overline{x \land z}) \land (y \land z)) \lor ((x \land z) \land (\overline{y \land z}))$ (Def)
$= ((\overline{x} \lor \overline{z}) \land y \land z) \lor (x \land z \land (\overline{y} \lor \overline{z}))$ (M)
$= (\overline{x} \land y \land z) \lor (\overline{z} \land y \land z) \lor (x \land z \land \overline{y}) \lor (x \land z \land \overline{z})$ (D)
$= (\overline{x} \land y \land z) \lor 0 \lor (x \land z \land \overline{y}) \lor 0$ (I)
$= (\overline{x} \land y \land z) \lor (x \land z \land \overline{y})$ (N)
$= ((\overline{x} \land y) \lor (x \land \overline{y})) \land z$ (D)
$= (x \leftrightarrow y) \land z$ (Def)

Herleitung von (XD2):

$(x \lor z) \leftrightarrow (y \lor z)$
$= \overline{x \lor z} \leftrightarrow \overline{y \lor z}$ (XDN)
$= (\overline{x} \land \overline{z}) \leftrightarrow (\overline{y} \land \overline{z})$ (M)
$= \overline{(\overline{x} \land \overline{z}) \leftrightarrow (\overline{y} \land \overline{z})}$ (XNG)
$= \overline{(\overline{x} \leftrightarrow \overline{y}) \land \overline{z}}$ (XD)
$= \overline{(\overline{x} \leftrightarrow \overline{y})} \lor z$ (M)
$= (\overline{x} \leftrightarrow \overline{y}) \lor z$ (XNG)
$= (x \leftrightarrow y) \lor z$ (XDN)

Mit Hilfe dieser Rechenregeln können wir den Beispielausdruck 4.4 jetzt deutlich effizienter und eleganter vereinfachen:

$x \rightarrow (((y \leftrightarrow z) \land \overline{x}) \leftrightarrow y)$
$= \overline{x} \lor (((y \leftrightarrow z) \land \overline{x}) \leftrightarrow y)$ (Def)
$= (((y \leftrightarrow z) \land \overline{x}) \lor \overline{x}) \leftrightarrow (y \lor \overline{x})$ (XD)
$= \overline{x} \leftrightarrow (y \lor \overline{x})$ (AB)
$= (0 \lor \overline{x}) \leftrightarrow (y \lor \overline{x})$ (N)
$= (0 \leftrightarrow y) \lor \overline{x}$ (XD)
$= \overline{y} \lor \overline{x}$ (XE)
$= \overline{y \land x}$ (M)
$= x \overline{\land} y$ (Def)

4.3.3 Vollständige Operatorensysteme

In Abschnitt 4.2 haben wir den engen Zusammenhang zwischen booleschen Ausdrücken und booleschen Funktionen kennen gelernt. Wir haben dabei festgestellt, dass jeder Ausdruck eine boolesche Funktion repräsentiert. In diesem Abschnitt wollen wir uns mit der Umkehrung dieser Aussage beschäftigen, uns also der Frage widmen, ob für jede boolesche Funktion ein entsprechender boolescher Ausdruck existiert, der sie beschreibt. Die Antwort auf diese Frage hängt maßgeblich von der Menge der Operatoren ab, die wir in Konstruktion des Ausdrucks zulassen, und führt uns direkt zum Begriff des *vollständigen Operatorensystems*.

Definition 4.6 (Vollständiges Operatorensystem)

> M sei eine beliebige Menge von Operatoren. M ist ein *vollständiges Operatorensystem*, wenn sich jede boolesche Funktion durch einen Ausdruck beschreiben lässt, in dem neben den Variablen $x_1, \ldots, x_n$ ausschließlich Operatoren aus M vorkommen.

C.S.S. Peirce (1839 – 1914)

Abbildung 4.11: Charles Sanders Santiago Peirce bewies als Erster die Existenz einelementiger Operatorensysteme. Er konnte bereits 1880 zeigen, dass sich sämtliche Operatoren der booleschen Algebra mit Hilfe der NAND- bzw. NOR-Operation ausdrücken lassen. Seine Erkenntnisse hatte Peirce zu Lebzeiten jedoch nie systematisch publiziert [40]. Insbesondere die NAND-Funktion wird heute daher seltener mit Peirce, sondern vor allem mit dem Briten Henry Maurice Sheffer verbunden, der die Vollständigkeitseigenschaft für diesen Operator 1913 als Erster in strukturierter Form publizierte [79]. Aus dieser Zeit stammt auch die Schreibweise $x|y$ für die NAND-Verknüpfung von x und y. Das Symbol „|" wird als *Sheffer-Stroke* bezeichnet und findet auch heute noch vereinzelt Verwendung.

Die Definition der Operatorenmenge M schließt ein, dass neben ein- und mehrstelligen Operatoren auch die Wahrheitswerte 0 und 1 enthalten sein dürfen, da wir diese mathematisch gesehen als 0-stellige Operatoren interpretieren dürfen.

Wie wir später sehen werden, lässt sich jede n-stellige boolesche Funktion durch einen booleschen Ausdruck beschreiben, in dem neben den Variablen $x_1, \ldots, x_n$ ausschließlich die Operatoren $\wedge$, $\vee$ und $\neg$ vorkommen. Damit haben wir eines der wichtigsten vollständigen Operatorensysteme bereits identifiziert:

> Die Elementaroperatoren $\wedge$, $\vee$ und $\neg$ bilden zusammen ein vollständiges Operatorensystem.

Den Beweis der Vollständigkeit wollen wir an dieser Stelle zurückstellen, da er im Rahmen unserer Betrachtungen über die verschiedenen Normalformdarstellungen in Abschnitt 4.4 nebenbei in unsere Hände fallen wird.

Reduktion von ∧, ∨, ¬ auf NAND

$$\bar{x} = \overline{x \wedge x}$$
$$x \wedge y = \overline{\overline{x \wedge y}}$$
$$= \overline{\overline{x \wedge y} \wedge \overline{x \wedge y}}$$
$$x \vee y = \overline{\overline{x \vee y}}$$
$$= \overline{\bar{x} \wedge \bar{y}}$$
$$= \overline{\overline{x \wedge x} \wedge \overline{y \wedge y}}$$

Reduktion von ∧, ∨, ¬ auf NOR

$$\bar{x} = \overline{x \vee x}$$
$$x \wedge y = \overline{\overline{x \wedge y}}$$
$$= \overline{\bar{x} \vee \bar{y}}$$
$$= \overline{\overline{x \vee x} \vee \overline{y \vee y}}$$
$$x \vee y = \overline{\overline{x \vee y}}$$
$$= \overline{\overline{x \vee y} \vee \overline{x \vee y}}$$

Reduktion von ∧, ∨, ¬ auf {→, 0}

$$\bar{x} = x \to 0$$
$$x \wedge y = \overline{\overline{x \wedge y}}$$
$$= \overline{\bar{x} \vee \bar{y}}$$
$$= \overline{x \to \bar{y}}$$
$$= (x \to (y \to 0)) \to 0$$
$$x \vee y = \bar{\bar{x}} \vee y$$
$$= \bar{x} \to y$$
$$= (x \to 0) \to y$$

Tabelle 4.9: Reduktion der Elementaroperatoren auf die Operatorenmengen $\{\overline{\wedge}\}$ (oben), $\{\overline{\vee}\}$ (Mitte) und $\{\to, 0\}$ (unten).

Obwohl $\{\wedge, \vee, \neg\}$ das am häufigsten verwendete vollständige Operatorensystem bildet, ist es bei weitem nicht das einzige und vor allem auch nicht das kompakteste. Insbesondere ist es möglich, jede boolesche Funktion ausschließlich mit Hilfe des NAND- bzw. des NOR-Operators darzustellen.

Die Operatoren NAND und NOR bilden jeder für sich bereits ein vollständiges Operatorensystem.

Wir können die Korrektheit dieser Behauptung recht einfach zeigen, indem wir unser Wissen ausnutzen, dass die drei Elementaroperatoren $\wedge$, $\vee$ und $\neg$ bereits ein vollständiges Operatorensystem bilden. Die Eigenschaft einer Menge M, ein vollständiges Operatorensystem zu sein, lässt sich dann durch die einfache *Reduktion* der Elementaroperatoren auf die Operatoren in M beweisen. Können wir sicherstellen, dass sich alle Elementaroperatoren mit den neuen Operatoren ausdrücken lassen, so lassen sich auch alle zusammengesetzten Ausdrücke und damit alle booleschen Funktionen mit Hilfe der Operatoren aus M formulieren. In anderen Worten: M bildet dann ebenfalls ein vollständiges Operatorensystem. Im Fall der Operatoren NAND und NOR können wir die Elementaroperatoren, wie in Tabelle 4.9 dargestellt, reduzieren.

Tabelle 4.9 zeigt ebenfalls, dass sich die Elementaroperatoren alternativ auch mit Hilfe der Implikation und der Konstanten 0 ausdrücken lassen. Damit haben wir die Existenz eines weiteren – wenn auch für die Praxis weniger relevanten – vollständigen Operatorensystems kennen gelernt:

Der Implikationsoperator → bildet zusammen mit der Konstante 0 ebenfalls ein vollständiges Operatorensystem.

Die Hinzunahme der Konstanten 0 ist an dieser Stelle unabdingbar, d. h. der Implikationsoperator bildet alleine kein vollständiges Operatorensystem mehr. So lässt sich insbesondere die Negation ¬ nicht ausschließlich durch die Implikation → ausdrücken.

4.4 Normalformdarstellungen

4.4.1 Konjunktive und disjunktive Normalform

Unter einer *Normalform* verstehen wir eine *eindeutige* Darstellung. Bezogen auf boolesche Funktionen bedeutet dies nichts anderes, als dass jede von ihnen auf exakt eine einzige Art und Weise repräsentiert wird. Mit der Wahrheitstafeldarstellung haben wir bereits eine Normalformdarstellung für boolesche Funktionen kennen gelernt – zwei Funktionen sind genau dann gleich, wenn ihre Wahrheitstafeldarstellung identisch ist. Boolesche Ausdrücke hingegen sind keine Normalformdarstellung, da sich jede boolesche Funktion durch unendlich viele Ausdrücke beschreiben lässt. Aufgrund des textuellen Erscheinungsbilds zweier Ausdrücke lässt sich dadurch nicht entscheiden, ob beide Ausdrücke äquivalent sind oder nicht.

In diesem Abschnitt werden wir mit der konjunktiven und disjunktiven Normalform zwei Formeldarstellungen kennen lernen, mit deren Hilfe wir boolesche Funktionen – der prinzipiellen Mehrdeutigkeit boolescher Ausdrücke zum Trotz – eindeutig repräsentieren können. Dazu schicken wir die folgenden Begriffsdefinitionen voraus:

> **Definition 4.7** (Minterm, Maxterm, Literal)
>
> Sei $f(x_1, \ldots, x_n)$ eine beliebige n-stellige boolesche Funktion. Jeder Ausdruck der Form
>
> $$\hat{x}_1 \wedge \ldots \wedge \hat{x}_n \quad \text{mit } \hat{x}_i \in \{\overline{x_i}, x_i\}$$
>
> heißt *Minterm*, jeder Ausdruck der Form
>
> $$\hat{x}_1 \vee \ldots \vee \hat{x}_n \quad \text{mit } \hat{x}_i \in \{\overline{x_i}, x_i\}$$
>
> wird *Maxterm* genannt. Der Teilausdruck $\hat{x}_i$, der entweder aus einer negierten oder einer unnegierten Variablen besteht, heißt *Literal*.

Min- und Maxterme besitzen jeweils für sich eine wichtige Eigenschaft. So nimmt jeder Minterm für exakt eine Variablenbelegung den Wert 1 an und jeder Maxterm für exakt eine Variablenbelegung den Wert 0. Um welche Belegung es sich handelt, lässt sich leicht an den Variablen des Min- bzw. Maxterms ablesen. Ein Minterm $\hat{x}_1 \wedge \ldots \wedge \hat{x}_n$ ist genau dann gleich 1, wenn jede unnegierte Variable x_i mit 1 und jede negierte Variable $\overline{x_j}$ mit 0 belegt wird. Bei Maxtermen müssen wir die Belegung

	x_4	x_3	x_2	x_1	y
0	0	0	0	0	0
1	0	0	0	1	1
2	0	0	1	0	1
3	0	0	1	1	1
4	0	1	0	0	0
5	0	1	0	1	0
6	0	1	1	0	0
7	0	1	1	1	1
8	1	0	0	0	0
9	1	0	0	1	1
10	1	0	1	0	1
11	1	0	1	1	1
12	1	1	0	0	0
13	1	1	0	1	1
14	1	1	1	0	0
15	1	1	1	1	1

- Einsmenge $\mathfrak{E}$
  $\mathfrak{E} = \{1, 2, 3, 7, 9, 10, 11, 13, 15\}$
- Nullmenge $\mathfrak{N}$
  $\mathfrak{N} = \{0, 4, 5, 6, 8, 12, 14\}$

Tabelle 4.10: Vollständige Beschreibung einer booleschen Funktion durch die Angabe der Eins- und der Nullmenge

Tabelle 4.11: Konstruktionsschema der konjunktiven und der disjunktiven Normalform. Die disjunktive Normalform wird erzeugt, indem für jede Variablenbelegung $(x_1,\ldots,x_n)$ mit $f(x_1,\ldots,x_n) = 1$ ein Minterm erzeugt wird. Die Variable x_i wird unverändert in den Minterm aufgenommen, wenn x_i in der entsprechenden Variablenbelegung gleich 1 ist, und negiert aufgenommen, falls x_i mit 0 belegt ist. Anschließend werden alle Minterme miteinander disjunktiv verknüpft. Die Konstruktion der konjunktiven Normalform verläuft analog, indem für jede Variablenbelegung $(x_1,\ldots,x_n)$ mit $f(x_1,\ldots,x_n) = 0$ ein Maxterm erzeugt wird. Jetzt wird die Variable x_i jedoch unverändert in den Maxterm aufgenommen, wenn x_i in der entsprechenden Variablenbelegung gleich 0 ist, und negiert aufgenommen, falls x_i mit 1 belegt ist. Anschließend werden alle Maxterme miteinander konjunktiv verknüpft.

	x_4	x_3	x_2	x_1	y	
$x_4 \vee x_3 \vee x_2 \vee x_1$	0	0	0	0	0	
	0	0	0	1	1	$\overline{x_4} \wedge \overline{x_3} \wedge \overline{x_2} \wedge x_1$
	0	0	1	0	1	$\overline{x_4} \wedge \overline{x_3} \wedge x_2 \wedge \overline{x_1}$
	0	0	1	1	1	$\overline{x_4} \wedge \overline{x_3} \wedge x_2 \wedge x_1$
$x_4 \vee \overline{x_3} \vee x_2 \vee x_1$	0	1	0	0	0	
$x_4 \vee \overline{x_3} \vee x_2 \vee \overline{x_1}$	0	1	0	1	0	
$x_4 \vee \overline{x_3} \vee \overline{x_2} \vee x_1$	0	1	1	0	0	
	0	1	1	1	1	$\overline{x_4} \wedge x_3 \wedge x_2 \wedge x_1$
$\overline{x_4} \vee x_3 \vee x_2 \vee x_1$	1	0	0	0	0	
	1	0	0	1	1	$x_4 \wedge \overline{x_3} \wedge \overline{x_2} \wedge x_1$
	1	0	1	0	1	$x_4 \wedge \overline{x_3} \wedge x_2 \wedge \overline{x_1}$
	1	0	1	1	1	$x_4 \wedge \overline{x_3} \wedge x_2 \wedge x_1$
$\overline{x_4} \vee \overline{x_3} \vee x_2 \vee x_1$	1	1	0	0	0	
	1	1	0	1	1	$x_4 \wedge x_3 \wedge \overline{x_2} \wedge x_1$
$\overline{x_4} \vee \overline{x_3} \vee \overline{x_2} \vee x_1$	1	1	1	0	0	
	1	1	1	1	1	$x_4 \wedge x_3 \wedge x_2 \wedge x_1$

genau umgekehrt wählen, d. h., der Ausdruck $\hat{x}_1 \vee \ldots \vee \hat{x}_n$ ist genau dann gleich 0, wenn jede unnegierte Variable x_i mit 0 und jede negierte Variable $\overline{x_j}$ mit 1 belegt wird.

 Definition 4.8 (Nullmenge, Einsmenge)

> Sei $f(x_1,\ldots,x_n)$ eine beliebige n-stellige boolesche Funktion. Die *Einsmenge* $\mathfrak{E}$ und die *Nullmenge* $\mathfrak{N}$ sind wie folgt definiert:
>
> $$\mathfrak{E} := \{(x_1,\ldots,x_n) : f(x_1,\ldots,x_n) = 1\}$$
> $$\mathfrak{N} := \{(x_1,\ldots,x_n) : f(x_1,\ldots,x_n) = 0\}$$

Die Einsmenge $\mathfrak{E}$ einer booleschen Funktion f enthält somit alle Variablenbelegungen, für die f zu 1 wird. Alle anderen Variablenbelegungen sind Elemente der Nullmenge $\mathfrak{N}$. Zur Verkürzung der Schreibweise werden die Variablenbelegungen in den Mengen $\mathfrak{E}$ und $\mathfrak{N}$, wie in Tabelle 4.10 gezeigt, nicht direkt aufgeführt und stattdessen durch die entsprechenden Zeilennummern der Wahrheitstafel beschrieben.

4.4 Normalformdarstellungen

Die Eigenschaft eines Minterms bzw. Maxterms, für genau eine Variablenbelegung gleich 1 bzw. 0 zu sein, ermöglicht uns, jede n-stellige boolesche Funktion $f(x_1, \ldots, x_n)$ systematisch zu konstruieren. Uns eröffnen sich zwei prinzipielle Möglichkeiten. So können wir für jede Variablenbelegung der Einsmenge von f einen Minterm konstruieren, der genau für diese Variablenbelegung zu 1 wird. Verknüpfen wir anschließend alle Minterme disjunktiv ($\vee$), so erhalten wir auf direktem Wege eine Formeldarstellung der Funktion f. Alternativ können wir eine Formeldarstellung für f auch anhand der Nullmenge entwickeln. Dazu erzeugen wir für jede Variablenbelegung der Nullmenge einen Maxterm, der genau für diese Variablenbelegung zu 0 wird. Verknüpfen wir die Maxterme anschließend konjunktiv ($\wedge$), so erhalten wir ebenfalls einen booleschen Ausdruck, der f repräsentiert. Da die Wahrheitstafeldarstellung für jede Funktion eindeutig ist, ist auch die erzeugte konjunktive bzw. disjunktive Formeldarstellung eindeutig. In anderen Worten: Es handelt sich ebenfalls um Normalformdarstellungen. Je nachdem, ob wir die Funktion über die Minterm- oder die Maxtermdarstellung erzeugt haben, sprechen wir daher von der *disjunktiven* oder der *konjunktiven Normalform*.

Für unsere Beispielfunktion aus Tabelle 4.10 sind die entsprechenden Min- und Maxterme in Tabelle 4.11 dargestellt. Die disjunktive bzw. konjunktive Verknüpfung der Einzelausdrücke liefert das folgende Ergebnis:

- Disjunktive Normalform

$$\begin{aligned} y = & (\overline{x_4} \wedge \overline{x_3} \wedge \overline{x_2} \wedge x_1) \vee (\overline{x_4} \wedge \overline{x_3} \wedge x_2 \wedge \overline{x_1}) \vee \\ & (\overline{x_4} \wedge \overline{x_3} \wedge x_2 \wedge x_1) \vee (\overline{x_4} \wedge x_3 \wedge x_2 \wedge x_1) \vee \\ & (x_4 \wedge \overline{x_3} \wedge \overline{x_2} \wedge x_1) \vee (x_4 \wedge \overline{x_3} \wedge x_2 \wedge \overline{x_1}) \vee \\ & (x_4 \wedge \overline{x_3} \wedge x_2 \wedge x_1) \vee (x_4 \wedge x_3 \wedge \overline{x_2} \wedge x_1) \vee \\ & (x_4 \wedge x_3 \wedge x_2 \wedge x_1) \end{aligned}$$

- Konjunktive Normalform

$$\begin{aligned} y = & (x_4 \vee x_3 \vee x_2 \vee x_1) \wedge (x_4 \vee \overline{x_3} \vee x_2 \vee x_1) \wedge \\ & (x_4 \vee \overline{x_3} \vee x_2 \vee \overline{x_1}) \wedge (x_4 \vee \overline{x_3} \vee \overline{x_2} \vee x_1) \wedge \\ & (\overline{x_4} \vee x_3 \vee x_2 \vee x_1) \wedge (\overline{x_4} \vee \overline{x_3} \vee x_2 \vee x_1) \wedge \\ & (\overline{x_4} \vee \overline{x_3} \vee \overline{x_2} \vee x_1) \end{aligned}$$

	x_3	x_2	x_1	y
0	0	0	0	0
1	0	0	1	1
2	0	1	0	1
3	0	1	1	0
4	1	0	0	1
5	1	0	1	0
6	1	1	0	0
7	1	1	1	1

$$\begin{aligned} \text{DNF}(y) = & (\overline{x_3} \wedge \overline{x_2} \wedge x_1) \vee (\overline{x_3} \wedge x_2 \wedge \overline{x_1}) \\ & \vee (x_3 \wedge \overline{x_2} \wedge \overline{x_1}) \vee (x_3 \wedge x_2 \wedge x_1) \\ \text{KNF}(y) = & (x_3 \vee x_2 \vee x_1) \wedge (x_3 \vee \overline{x_2} \vee \overline{x_1}) \\ & \wedge (\overline{x_3} \vee x_2 \vee \overline{x_1}) \wedge (\overline{x_3} \vee \overline{x_2} \vee x_1) \end{aligned}$$

Tabelle 4.12: Die mehrstellige Antivalenzfunktion (Paritätsfunktion). Die Einsmenge und die Nullmenge enthalten exakt gleich viele Elemente, so dass weder die konjunktive noch die disjunktive Normalform zu einer kompakten Formeldarstellung führt.

Was wir in diesem Buch unter einer disjunktiven bzw. einer konjunktiven Normalform verstehen, wird in anderen Werken als *kanonische Normalform* bezeichnet. Dort liegt z. B. schon dann eine disjunktive Normalform vor, wenn eine Formel eine Disjunktion von konjunktiv verknüpften Literalen ist. Ein solche Formel ist z. B. $x_1 \overline{x_2} \vee x_2 \overline{x_3}$. Kanonisch ist diese Formel nicht, da die verknüpften Terme keine Minterme sind. Glücklicherweise ist eine solch filigrane Begriffsunterscheidung für uns nicht nötig. Wenn in diesem Buch von einer disjunktiven oder konjunktiven Normalform gesprochen wird, sind stets Formeln gemeint, die Minterme bzw. Maxterme miteinander verknüpfen. Unsere Normalformen sind also stets *kanonisch*, ohne dass wir diesen Begriff explizit verwenden.

4.4.2 Reed-Muller-Normalform

Mit Hilfe der konjunktiven und der disjunktiven Normalform kann jede boolesche Funktion auf eindeutige Weise dargestellt werden, jedoch eignet sich die Art der Darstellung nicht für alle Formelklassen. Dem Konstruktionsschema entsprechend, enthält die konjunktive Normalform für jedes Element der Nullmenge einen Maxterm und die disjunktive Normalform für jedes Element der Einsmenge einen Minterm. Damit garantiert die disjunktive Normalform für dünn besetzte und die konjunktive Normalform für dicht besetzte Funktionen eine kompakte Darstellung. Für andere Formelklassen steigt die Länge sowohl der konjunktiven als auch der disjunktiven Form exponentiell mit der Anzahl der freien Variablen der dargestellten Funktion. Ein ausgezeichnetes Beispiel finden wir in der Klasse der Antivalenzfunktionen A_n mit

$$A_n(x_1,\ldots,x_n) \;=\; x_1 \leftrightarrow x_2 \leftrightarrow x_3 \leftrightarrow \ldots \leftrightarrow x_n \qquad (4.2)$$

wieder, deren Eins- und Nullmenge exakt gleich viele Elemente beinhalten. Damit ermöglicht weder die konjunktive noch die disjunktive Normalform eine kompakte Darstellung. Exemplarisch ist die Wahrheitstabelle der Funktion A_3 in Tabelle 4.12 zusammen mit der abgeleiteten disjunktiven und konjunktiven Normalform abgebildet.

Für einige Formelklassen bietet sich als Alternative die Darstellung in der *Reed-Muller-Normalform* an, die im Gegensatz zur konjunktiven und disjunktiven Normalform, die ausschließlich die Elementaroperatoren verwenden, auf dem Antivalenzoperator als Basisverknüpfung aufbaut:

 Definition 4.9 (Reed-Muller-Form)

> Ein Ausdruck liegt in (positiver) Reed-Muller-Form vor, wenn er die Form
>
> $$\phi \;=\; B_1 \leftrightarrow B_2 \leftrightarrow \ldots \leftrightarrow B_n$$
>
> besitzt und jeder der Basisterme B_i entweder aus der Konstanten 1 oder einer bzw. mehreren Variablen x_i besteht, die untereinander konjunktiv verknüpft sind und ausschließlich positiv, d. h. unnegiert auftreten.

Für n-stellige Funktionen existieren genau 2^n Basisterme, die in Tabelle 4.13 für die Fälle $n = 1$, $n = 2$ und $n = 3$ explizit aufgelistet sind.

Als Nächstes wollen wir uns mit der Frage beschäftigen, wie wir für eine gegebene boolesche Funktion die Formeldarstellung in Reed-Muller-Form auf systematische Weise konstruieren können. Ausgehend von der

---

Einstellige Funktionen

$B_0 = 1$
$B_1 = x_1$

Zweistellige Funktionen

$B_0 = 1$
$B_1 = x_1$
$B_2 = x_2$
$B_3 = x_2 \wedge x_1$

Dreistellige Funktionen

$B_0 = 1$
$B_1 = x_1$
$B_2 = x_2$
$B_3 = x_2 \wedge x_1$
$B_4 = x_3$
$B_5 = x_3 \wedge x_1$
$B_6 = x_3 \wedge x_2$
$B_7 = x_3 \wedge x_2 \wedge x_1$

Tabelle 4.13: Die (positiven) Reed-Muller-Basisterme für boolesche Funktionen verschiedener Stelligkeit

4.4 Normalformdarstellungen

	x_3	x_2	x_1	y	1 B_0	x_1 B_1	x_2 B_2	$x_2 x_1$ B_3	x_3 B_4	$x_3 x_1$ B_5	$x_3 x_2$ B_6	$x_3 x_2 x_1$ B_7
0	0	0	0	0	░							
1	0	0	1	1	░	░						
2	0	1	0	1	░		░					
3	0	1	1	0	░	░	░	░				
4	1	0	0	1	░				░			
5	1	0	1	0	░	░			░	░		
6	1	1	0	0	░		░		░		░	
7	1	1	1	1	░	░	░	░	░	░	░	░

Tabelle 4.14: Die Vorbereitung zur Erzeugung der Reed-Muller-Form aus der Wahrheitstafeldarstellung

Wahrheitstafeldarstellung erzeugen wir hierzu für jeden möglichen Basisterm eine zusätzliche Spalte. Für den Basisterm B_i erzeugen wir jedoch nicht in jeder Zeile ein Feld, sondern nur in denjenigen Zeilen, für die B_i mit der betreffenden Variablenbelegung gleich 1 ist. Tabelle 4.14 zeigt die in dieser Art erweiterte Tabelle für unsere Beispielfunktion $A_3(x_1, x_2, x_3)$.

Im nächsten Schritt berechnen wir die Reed-Muller-Form, indem wir Basisterm für Basisterm entscheiden, ob er in der Formeldarstellung enthalten sein muss oder nicht. Wir beginnen mit unserer Überlegung in Zeile 0 der Wahrheitstafel. Da der Basisterm $B_0 = 1$ als einziger Basisterm für die Variablenbelegung $(0,0,0)$ zu 1 wird und der Funktionswert für diese Variablenbelegung 0 ergeben muss, darf B_0 nicht in der Formeldarstellung auftauchen. Daher weisen wir dem Basisterm den Koeffizienten 0 zu und vermerken den Wert, wie in Tabelle 4.15 gezeigt, in der Spalte von B_0.

Jetzt wenden wir uns der zweiten Zeile zu. Für die Variablenbelegung $(0,0,1)$ werden genau zwei Basisterme zu 1. Da wir bereits wissen, dass B_0 nicht in der Formeldarstellung vorkommen darf, können wir den korrekten Funktionswert ausschließlich über den Basisterm B_1 einstellen. Da $f(0,0,1) = 1$ ist, müssen wir erreichen, dass eine ungerade Anzahl von Basistermen zu 1 wird. Damit bleibt uns als einzige Möglichkeit, den Koeffizienten für B_1 auf 1 zu setzen. In entsprechender Weise wiederholen wir unsere Überlegung jetzt sukzessive für jede Zeile der Wahrheitstabelle.

Sind wir am Ende der Tabelle angekommen, können wir die Reed-Muller-Form sofort angeben, indem wir diejenigen Basisterme mit Hilfe der XOR-Verknüpfung zusammenfassen, deren Koeffizient auf 1 ge-

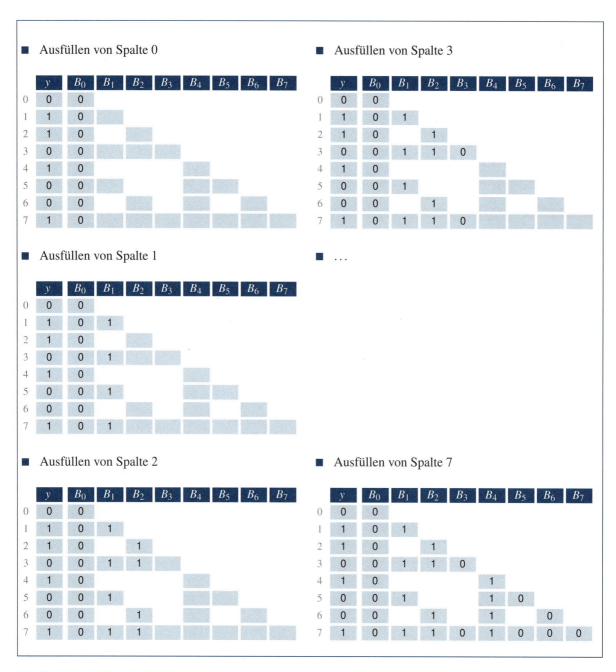

Tabelle 4.15: Schrittweise Konstruktion der Reed-Muller-Form. In jedem Schritt wird festgelegt, ob der Basisterm B_i in der Formeldarstellung vorkommt (Koeffizient 1) oder nicht (Koeffizient 0). Der Koeffizient wird dabei so gewählt, dass die Anzahl der Einsen in der entsprechenden Zeile genau dann ungerade ist, wenn der Funktionswert y gleich 1 ist.

setzt wurde. Für unsere Beispielfunktion erhalten wir damit die folgende Darstellung:

$$y = B_1 \leftrightarrow B_2 \leftrightarrow B_4 = x_1 \leftrightarrow x_2 \leftrightarrow x_3$$

Aus dem Konstruktionsschema können wir zwei wichtige Eigenschaften der Reed-Muller-Form ableiten. Zum einen funktioniert das Verfahren unabhängig von den Funktionswerten der dargestellten Funktion, d. h., wir können für jede beliebige Wahrheitstabelle eine Formel in Reed-Muller-Form konstruieren. Zum anderen hatten wir nie wirklich eine Wahlmöglichkeit, welchen Koeffizienten wir mit welchem Wert belegen. In der i-ten Iteration des Verfahrens fiel die Entscheidung, ob der Basisterm B_i in der Formeldarstellung vorkommen muss, stets eindeutig aus. In anderen Worten: Das Verfahren ist deterministisch und jede Funktion besitzt somit eine eindeutige Darstellung in Reed-Muller-Form. Genau wie im Fall der konjunktiven und disjunktiven Normalform handelt es sich bei der Reed-Muller-Form damit ebenfalls um eine Normalformdarstellung.

4.4.3 Binäre Entscheidungsdiagramme

Binäre Entscheidungsdiagramme (engl. *Binary Decision Diagrams*, kurz BDDs) sind eine grafische Repräsentation boolescher Funktionen und gehen zurück auf die vergleichsweise jungen Arbeiten von Lee, Akers und Bryant [1,14,54]. Wie im Falle der Wahrheitstafeldarstellung wird eine Funktion f beschrieben, indem jede konkrete Variablenbelegung $(x_1,\ldots,x_n)$ mit dem entsprechenden Funktionswert $f(x_1,\ldots,x_n)$ assoziiert wird. Statt jedoch sämtliche Belegungen zusammen mit dem Funktionswert tabellarisch aufzulisten, greifen Binäre Entscheidungsdiagramme auf eine *Graph-Struktur* zurück, in der jeder *Pfad* von der Wurzel zu den Blättern auf eindeutige Weise eine bestimmte Variablenbelegung repräsentiert. Der zugehörige Funktionswert wird als Blattmarkierung in den Baum eingetragen.

Als Beispiel betrachten wir das in Abbildung 4.12 dargestellte Binäre Entscheidungsdiagramm der dreistelligen Paritätsfunktion. Für jede konkrete Variablenbelegung können wir den Funktionswert durch die Traversierung des Graphen von der Wurzel zu den Blättern bestimmen. In jedem Knoten wird die linke Kante weiterverfolgt, wenn die entsprechende Knotenvariable x_i mit 0 belegt ist. Ist x_i gleich 1, wird die Traversierung mit der rechten Kante fortgesetzt. Den Funktionswert können wir an der Markierung des erreichten Blatts ablesen.

Das Entscheidungsdiagramm in Abbildung 4.12 besitzt bereits eine wichtige Eigenschaft. Egal welchen Pfad wir von der Wurzel zu den

---

Die mehrstellige Antivalenzfunktion

$$x_1 \leftrightarrow x_2 \leftrightarrow \ldots \leftrightarrow x_n$$

besitzt eine für die Praxis wichtige Eigenschaft. Die spezielle Semantik der XOR-Verknüpfung stellt sicher, dass die Funktion genau dann zu 1 wird, wenn eine *ungerade* Anzahl der Variablen $x_1,\ldots,x_n$ gleich 1 ist. Aufgrund dieser Eigenschaft wird die Funktion auch als *Paritätsfunktion* bezeichnet. In der Praxis setzt man die Funktion im Bereich der Datenübertragung ein, um das *Paritätsbit* einer übertragenen Nachricht zu berechnen. Sind $x_1,\ldots,x_n$ die zu übertragenden Datenbits, so wird die Nachricht

$$x_1,\ldots,x_n, x_1 \leftrightarrow \ldots \leftrightarrow x_n$$

gesendet. Das angehängte Paritätsbit stellt sicher, dass die Anzahl der Einsen in der gesendeten Nachricht stets gerade ist. Jeder Bitkipper führt zu einer ungeraden Anzahl Einsen, so dass der Übertragungsfehler auf Empfängerseite erkannt werden kann. Obwohl der Nachricht nur ein einziges Bit hinzugefügt wird, ist der so entstandene *Paritätscode* vergleichsweise mächtig – alle Übertragungsfehler, die durch eine ungerade Anzahl an Bitkippern entstehen, werden zuverlässig erkannt. Kippt jedoch eine gerade Anzahl Bits, so stößt der Paritätscode an seine Grenzen.

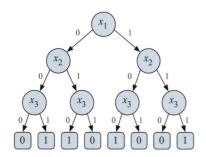

Abbildung 4.12: Unreduziertes Binäres Entscheidungsdiagramm der dreistelligen Paritätsfunktion

■ Verschmelzung gleicher Teilbäume

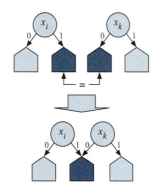

■ Knotenelimination

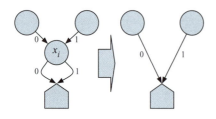

Abbildung 4.13: Reduktion Binärer Entscheidungsdiagramme. Identische Teilbäume können zusammengefasst und Knoten mit gleichen Nachfolgern gelöscht werden, ohne die Funktion zu verändern.

Blättern verfolgen, die einzelnen Variablen kommen auf jedem Pfad in der gleichen Reihenfolge vor.

Definition 4.10

> Ein Binäres Entscheidungsdiagramm heißt *geordnet* (engl. *Ordered Binary Decision Diagram*, kurz OBDD), falls die Reihenfolge der Variablen auf allen Pfaden von der Wurzel zu den Blättern gleich ist.

Ein genauerer Blick auf das Entscheidungsdiagramm in Abbildung 4.12 offenbart, dass die Darstellung in dieser Form noch ein erhebliches Maß an Redundanz birgt, die durch die folgenden Vereinfachungsregeln beseitigt werden kann:

■ Verschmelzen gleicher Teilgraphen

Dazu reduzieren wir zunächst die Anzahl der Blätter des Graphen auf zwei. Eines dieser Blätter repräsentiert den Wahrheitswert 0, das andere den Wahrheitswert 1. Anschließend traversieren wir den Graph von den Blättern zurück zur Wurzel und verschmelzen in jedem Schritt identische Teilbäume, wie in Abbildung 4.13 (oben) gezeigt. Wir betrachten dabei zwei Teilbäume als identisch, wenn deren linke und deren rechte Kanten jeweils zu den gleichen Nachfolgeknoten zeigen.

■ Löschen von Knoten mit zwei gleichen Nachfolgern

Während der Verschmelzung identischer Teilbäume entstehen gelegentlich Knoten, deren ausgehende Kanten auf denselben Nachfolgeknoten verweisen. Der konkrete Wert der Knotenvariablen hat damit keinen Einfluss auf den Funktionswert. Somit können wir den Knoten löschen, ohne die repräsentierte boolesche Funktion selbst zu ändern. Die Kanten, die auf den gelöschten Knoten zeigen, werden, wie in Abbildung 4.13 (unten) verdeutlicht, direkt auf den Nachfolgeknoten umgesetzt.

Die Reduktion des Binären Entscheidungsdiagramms für die dreistellige Paritätsfunktion ist in Abbildung 4.14 dargestellt. Bereits nach zwei Reduktionsschritten ist keine weitere Regel mehr anwendbar und das BDD damit vollständig reduziert.

4.4 Normalformdarstellungen

Definition 4.11

Ein geordnetes Entscheidungsdiagramm heißt *reduziert* (*Reduced Ordered Binary Decision Diagram*, kurz ROBDD), wenn keine Vereinfachungsregel mehr anwendbar ist.

Randal Bryant konnte 1986 zeigen, dass Binäre Entscheidungsdiagramme, die sowohl reduziert als auch geordnet sind, jede boolesche Funktion auf eindeutige Weise darstellen. In anderen Worten: ROBDDs sind eine weitere Normalformdarstellung boolescher Funktionen.

In der Praxis werden ROBDDs häufig eingesetzt, um die Äquivalenz zweier boolescher Ausdrücke zu bestimmen. Für eine beliebige, aber fest gewählte Variablenordnung wird für beide Ausdrücke zunächst das reduzierte Binäre Entscheidungsdiagramm gebildet. Aufgrund der Normalformeigenschaft sind die Ausdrücke genau dann äquivalent, wenn die beiden erzeugten Entscheidungsdiagramme identisch sind. In der Praxis stehen hierzu zahlreiche Software-Bibliotheken zur Verfügung, die entsprechende Datenstrukturen bereitstellen [13]. In nahezu allen Bibliotheken werden die BDD-Datenstrukturen in Hash-Tabellen verwaltet, so dass sich der Test auf Äquivalenz auf einen einfachen Vergleich zweier Speicherreferenzen reduziert.

Die Normalformeigenschaft von ROBDDs ist jedoch nicht der einzige Grund, warum sich diese Datenstruktur zur Repräsentation boolescher Funktionen reger Beliebtheit erfreut – schließlich ist die klassische Wahrheitstafel ebenfalls eine Normalformdarstellung. Anders als die Wahrheitstafel, die stets exponentiell mit der Anzahl der freien Variablen einer Funktion wächst, besitzen viele Formelklassen eine kompakte ROBDD-Darstellung. Die n-stellige Paritätsfunktion belegt diese Eigenschaft auf eindrucksvolle Weise. Wie das reduzierte Entscheidungsdiagramm in Abbildung 4.14 bereits vermuten lässt, steigt die Größe des ROBDDs nur linear mit der Anzahl der freien Variablen. An dieser Stelle gilt es jedoch unbedingt zu beachten, dass ROBDDs nicht für alle Formelklassen eine kompakte Darstellung bieten. Im Allgemeinen wächst auch die Größe von ROBDDs exponentiell mit der Anzahl der freien Variablen der dargestellten Funktion.

Obwohl sich Binäre Entscheidungsdiagramme von den in Abschnitt 4.2 eingeführten booleschen Ausdrücken in Aufbau und Struktur stark unterscheiden, hängen beide enger zusammen, als der erste Blick vermuten lässt. So ist es insbesondere möglich, jedes BDD auf direkte Weise in eine Formeldarstellung zu übersetzen. Die Grundlage hierfür bildet der *Shannon'sche Entwicklungssatz* [78]:

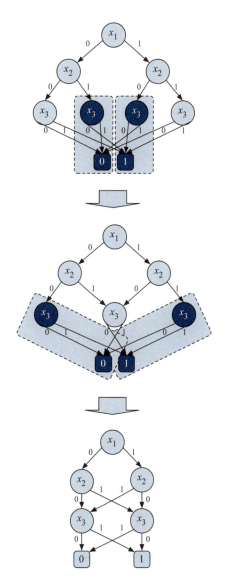

Abbildung 4.14: Schrittweise Konstruktion des reduzierten Binären Entscheidungsdiagramms (ROBDD)

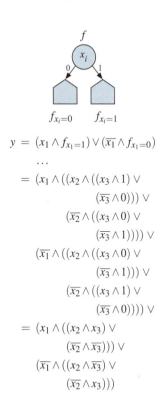

$y = (x_1 \wedge f_{x_1=1}) \vee (\overline{x_1} \wedge f_{x_1=0})$

$\ldots$

$= (x_1 \wedge ((x_2 \wedge ((x_3 \wedge 1) \vee$
$\qquad (\overline{x_3} \wedge 0))) \vee$
$\qquad (\overline{x_2} \wedge ((x_3 \wedge 0) \vee$
$\qquad (\overline{x_3} \wedge 1)))) \vee$
$\quad (\overline{x_1} \wedge ((x_2 \wedge ((x_3 \wedge 0) \vee$
$\qquad (\overline{x_3} \wedge 1))) \vee$
$\qquad (\overline{x_2} \wedge ((x_3 \wedge 1) \vee$
$\qquad (\overline{x_3} \wedge 0))))) \vee$

$= (x_1 \wedge ((x_2 \wedge x_3) \vee$
$\qquad (\overline{x_2} \wedge \overline{x_3}))) \vee$
$\quad (\overline{x_1} \wedge ((x_2 \wedge \overline{x_3}) \vee$
$\qquad (\overline{x_2} \wedge x_3)))$

Abbildung 4.15: Assoziieren wir einen mit der Variablen x_i markierten BDD-Knoten mit der booleschen Funktion f, dann entspricht der rechte (linke) Nachfolgeknoten dem positiven (negativen) Kofaktor $f_{x_i=1}$ ($f_{x_i=0}$). Durch die rekursive Anwendung des Shannon'schen Entwicklungssatzes können wir damit jedes BDD auf direkte Weise in eine Formeldarstellung transformieren. Angewendet auf das Entscheidungsdiagramm der dreistelligen Paritätsfunktion erhalten wir das hier abgebildete Ergebnis.

 Satz 4.4 (Entwicklungssatz von Shannon)

Sei f eine beliebige n-stellige boolesche Funktion. Dann gilt:

$$f(x_1,\ldots,x_n) = (x_i \wedge f_{x_i=1}) \vee (\overline{x_i} \wedge f_{x_i=0})$$

$f_{x_i=1}$ und $f_{x_i=0}$ bezeichnen den *positiven* und den *negativen Kofaktor* von f und sind wie folgt definiert:

$$f_{x_i=1} := f(x_1,\ldots,x_{i-1},1,x_{i+1},\ldots,x_n)$$
$$f_{x_i=0} := f(x_1,\ldots,x_{i-1},0,x_{i+1},\ldots,x_n)$$

Der Teilausdruck $f_{x_i=1}$ entsteht demnach aus f, indem die Variable x_i durch 1 substituiert wird. Ersetzen wir x_i durch 0, so erhalten wir analog den negativen Kofaktor $f_{x_i=0}$. Die beiden Kofaktoren $f_{x_i=1}$ und $f_{x_i=0}$ sind damit nichts anderes als das Ergebnis einer Fallunterscheidung bezüglich der faktorierten Variablen x_i und der Entwicklungssatz von Shannon zeigt, wie wir die Originalfunktion f aus beiden Fällen wiederherstellen können.

Die Kofaktor-Berechnung ist ebenfalls die Grundlage für die Darstellung einer booleschen Funktion mit Hilfe von BDDs. Assoziieren wir den mit der Variablen x_i markierten Knoten mit der booleschen Funktion f, so entspricht der linke Nachfolgeknoten dem negativen Kofaktor $f_{x_i=0}$ und der rechte Nachfolger dem positiven Kofaktor $f_{x_i=1}$. Damit können wir jedes BDD sofort in einen booleschen Ausdruck transformieren, indem wir den Entwicklungssatz von Shannon rekursiv auf alle BDD-Knoten anwenden. Bezogen auf das ROBDD der dreistelligen Paritätsfunktion erhalten wir das in Abbildung 4.15 dargestellte Ergebnis.

Neben der charakteristischen Eigenschaft von ROBDDs, eine für viele Formelklassen sehr kompakte Normalformdarstellung zu ermöglichen, bietet diese Datenstruktur den Vorteil, dass auch logische Verknüpfungen direkt auf der reduzierten BDD-Repräsentation ausgeführt werden können. Im Folgenden bezeichnen $\mathfrak{F}$ und $\mathfrak{G}$ die ROBDDs zweier beliebiger boolescher Funktionen f und g. Die Berechnung des ROBDDs für die Funktion $\neg f$ können wir auf einfache Weise erzeugen, indem wir die Markierungen 0 und 1 der beiden Blätter von $\mathfrak{F}$ schlicht vertauschen. Für jeden zweistelligen Operator $\otimes$ ist der Entwicklungssatz von Shannon erneut der Schlüssel zur Berechnung des ROBDDs $\mathfrak{F} \otimes \mathfrak{G}$:

$$\begin{aligned}y &= f \otimes g \\ &= ((x_i \wedge f_{x_i=1}) \vee (\overline{x_i} \wedge f_{x_i=0})) \otimes ((x_i \wedge g_{x_i=1}) \vee (\overline{x_i} \wedge g_{x_i=0})) \\ &= (x_i \wedge (f_{x_i=1} \otimes g_{x_i=1})) \vee (\overline{x_i} \wedge (f_{x_i=0} \otimes g_{x_i=0}))\end{aligned} \quad (4.3)$$

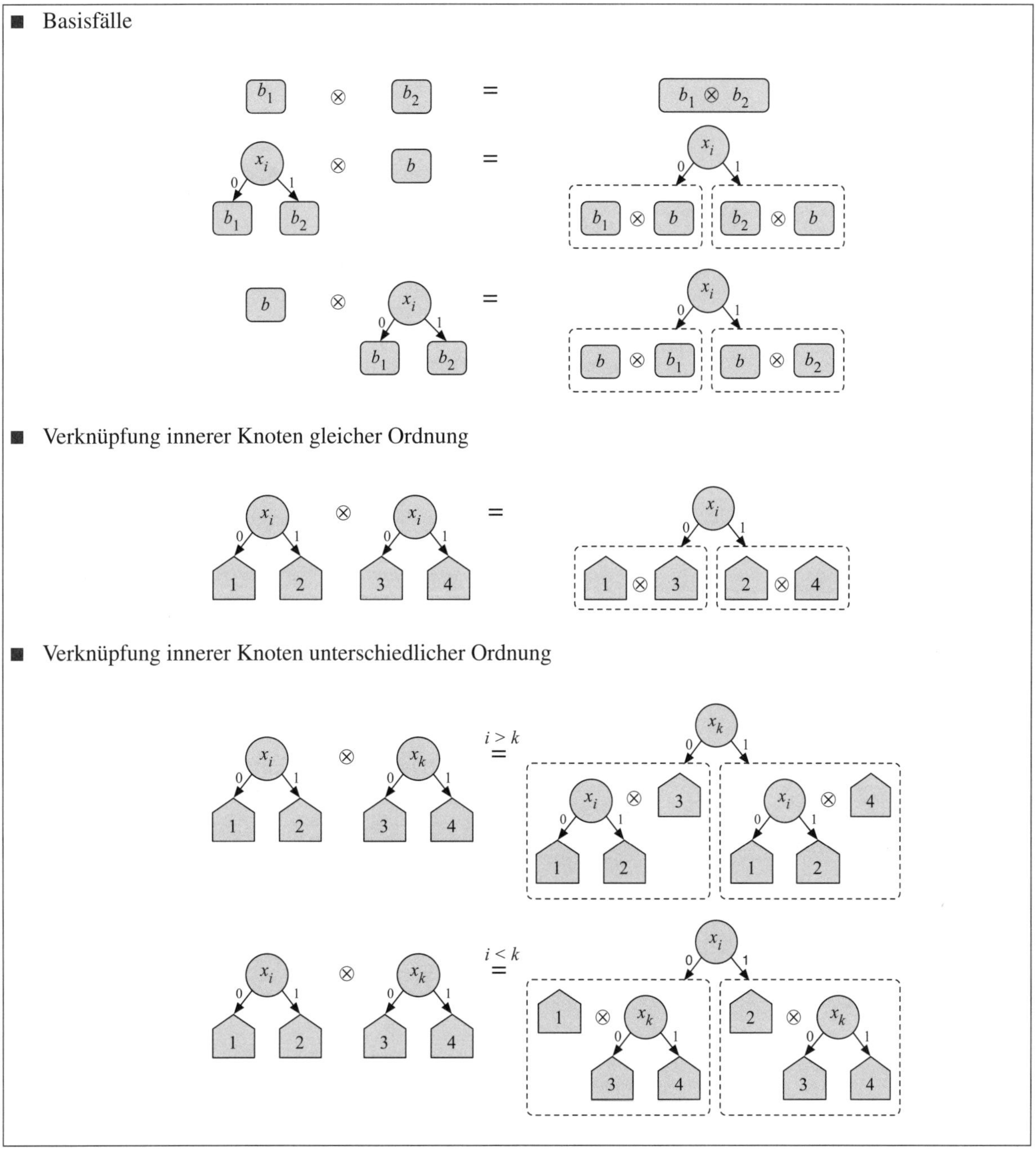

4.4 Normalformdarstellungen

- Basisfälle

- Verknüpfung innerer Knoten gleicher Ordnung

- Verknüpfung innerer Knoten unterschiedlicher Ordnung

Abbildung 4.16: Rekursive Verknüpfung zweier ROBDDs

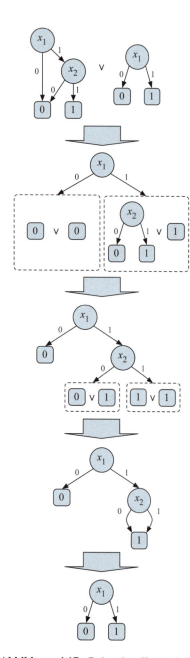

Diesem Rekursionsschema folgend können wir das ROBDD $\mathfrak{F} \otimes \mathfrak{G}$ konstruieren, indem wir an den Wurzelknoten von $\mathfrak{F}$ und $\mathfrak{G}$ beginnen und den Operator $\otimes$ entsprechend Gleichung (4.3) in die Teilbäume bis hinunter zu den Blättern der Graphen propagieren. Auf den Blättern lässt sich der boolesche Operator $\otimes$ dann auf den konkreten Wahrheitswerten direkt auswerten. Genau betrachtet sind bei der Propagierung sechs verschiedene Fälle zu beachten, die in Abbildung 4.16 zusammengefasst sind. Wird die neu erzeugte Graph-Struktur von $\mathfrak{F} \otimes \mathfrak{G}$ zusätzlich in jedem Schritt reduziert, so ist sichergestellt, dass $\mathfrak{F} \otimes \mathfrak{G}$ am Ende ebenfalls in reduzierter Form vorliegt. Abbildung 4.17 zeigt die Konstruktion des ROBDDs für die ODER-Verknüpfung von $x_1 \wedge x_2$ und x_1.

Alternative BDD-Darstellungen

Neben den klassischen Binären Entscheidungsdiagrammen, wie wir sie bisher kennen gelernt haben, existieren zahlreiche Varianten, die für bestimmte Formelklassen eine kompaktere Darstellung bieten und damit für spezielle Anwendungsfälle besser geeignet sind. Eine dieser Varianten sind die *geordneten funktionalen Entscheidungsdiagramme* (*Ordered Functional Decision Diagrams*, kurz OFDDs), denen eine modifizierte Knotensemantik zu Grunde liegt. Während sich ROBDDs direkt an dem Entwicklungssatz von Shannon orientieren, basieren OFDDs, wie in Abbildung 4.18 gezeigt, auf der *positiven* bzw. *negativen Davio-Entwicklung*:

 Definition 4.12 (Davio-Entwicklung)

$$f(x_1,\ldots,x_n) = f_{x_i=0} \leftrightarrow \left(x_i \wedge \frac{\partial f}{\partial x_i} \right) \quad (4.4)$$

$$f(x_1,\ldots,x_n) = f_{x_i=1} \leftrightarrow \left(\overline{x_i} \wedge \frac{\partial f}{\partial x_i} \right) \quad (4.5)$$

Abbildung 4.17: Rekursive Konstruktion des ROBDDs von $(x_1 \wedge x_2) \vee x_1$

Gleichung (4.4) wird die *positive* und Gleichung (4.5) die *negative Davio-Entwicklung* genannt. Der Ausdruck

$$\frac{\partial f}{\partial x_i} := f_{x_i=0} \leftrightarrow f_{x_i=1}$$

bezeichnet die *boolesche Differenz* von f bezüglich x_i.

4.4 Normalformdarstellungen

Abbildung 4.19 zeigt das vollständig entwickelte (positive) OFDD für die dreistellige Paritätsfunktion. Im Gegensatz zu ROBDDs, in denen jeder Pfad von der Wurzel zu den Blättern jeweils eine bestimmte Variablenbelegung und damit einen einzelnen Minterm repräsentiert, haben Pfade in der OFDD-Darstellung eine andere Bedeutung. Rollen wir die Rekursionsbeziehung (4.4) vollständig auf, so entspricht jeder Pfad dem booleschen Ausdruck, der in Abbildung 4.19 als zusätzliche Blattmarkierung eingetragen ist. Der Davio-Entwicklung entsprechend, setzt sich die boolesche Funktion aus der XOR-Verknüpfung all dieser Terme zusammen, deren Blatt mit 1 markiert ist. Damit versteckt sich hinter der Struktur eines OFDDs nichts anderes als die graphbasierte Darstellung einer booleschen Funktion in Reed-Muller-Form, die wir in Abschnitt 4.4.2 kennen gelernt haben. Jeder Pfad entspricht einem der Basisterme B_i und die Blattmarkierung bestimmt, ob der Basisterm B_i in der Reed-Muller-Darstellung vorkommt oder nicht.

Bei der Reduktion von OFDDs müssen wir ebenfalls Vorsicht walten lassen, insbesondere können wir die Vereinfachungsregeln für ROBDDs nicht ohne weiteres übertragen. Sind beispielsweise beide Nachfolger eines mit x_i markierten Knotens identisch, bedeutet dies in der ROBDD-Darstellung, dass $f_{x_i=1} = f_{x_i=0}$ gilt und aufgrund des Expansionssatzes von Shannon die folgende Vereinfachung möglich ist:

$$f = (x_i \wedge f_{x_i=1}) \vee (\overline{x_i} \wedge f_{x_i=0})$$
$$(x_i \vee \overline{x_i}) \wedge f_{x_i=1}$$
$$f_{x_i=1}$$

Aus diesem Grunde ist es legitim, Knoten mit gleichen Nachfolgern in ROBDDs zu löschen und deren Vorgängerknoten direkt mit den entsprechenden Nachfolgeknoten zu verbinden.

Im Gegensatz zu ROBDDs ist das Löschen von Knoten mit gleichen Nachfolgern in der OFDD-Darstellung nicht mehr erlaubt, da wir hier effektiv die repräsentierte boolesche Funktion verändern würden. Stattdessen dürfen wir Knoten löschen, deren *rechter* Nachfolger auf ein Blatt zeigt, das mit 0 markiert ist. Diese Regel gilt sowohl für positiv als auch negativ entwickelte OFDDs und folgt sofort aus den Gleichungen (4.4) bzw. (4.5) und der nachstehenden Vereinfachung:

$$f = f_{x_i=0} \leftrightarrow (x_i \wedge 0)$$
$$f_{x_i=0} \leftrightarrow 0$$
$$f_{x_i=0}$$

Darüber hinaus dürfen, wie im Falle von ROBDDs, identische Teilbäume miteinander verschmolzen werden. Als Beispiel zeigt Abbil-

- Positive Davio-Entwicklung

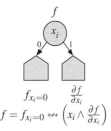

$$f = f_{x_i=0} \leftrightarrow \left(x_i \wedge \frac{\partial f}{\partial x_i} \right)$$

- Negative Davio-Entwicklung

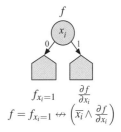

$$f = f_{x_i=1} \leftrightarrow \left(\overline{x_i} \wedge \frac{\partial f}{\partial x_i} \right)$$

Abbildung 4.18: Das Konstruktionsschema von OFDDs basiert auf der positiven bzw. der negativen Davio-Entwicklung einer booleschen Funktion.

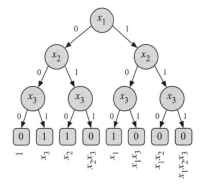

Abbildung 4.19: Vollständig expandiertes OFDD der dreistelligen Paritätsfunktion

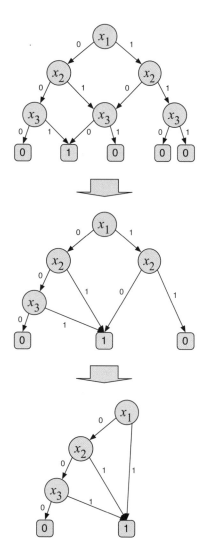

Abbildung 4.20: Schrittweise Konstruktion des reduzierten funktionalen Entscheidungsdiagramms

dung 4.20 die schrittweise Reduktion des OFDDs der dreistelligen Paritätsfunktion.

Neben BDDs und FDDs wurden in den letzten Jahren zahlreiche weitere Varianten postuliert, darunter MTBDDs, ZBDDs, FBDDs oder OKBDDs [15]. *Multi-terminal BDDs* (MTBDDs, [19, 31]) sind auch unter dem Namen *Arithmetic BDDs* (ADDs, [5]) bekannt und verallgemeinern das BDD-Paradigma dahingehend, dass nicht nur die Wahrheitswerte 0 und 1, sondern Elemente einer beliebigen Menge und damit auch z. B. komplette Bitvektoren als Blattmarkierung vorkommen dürfen. *Zero-suppressed BDDs* (ZBDDs, [64]) sind eine spezielle Variante, die für dünn besetzte Funktionen, d. h. Funktionen mit einer kleinen Eins- bzw. Nullmenge, eine sehr kompakte Darstellung bietet. Die starre Variablenordnung, die uns bei den klassischen BDDs die Normalformeigenschaft garantiert, wurde in anderen Varianten aufgeweicht und führt auf direktem Wege zu den sogenannten *Free BDDs* (FBDDs [2]). Schließlich kombinieren *Ordered Kronecker Functional Decision Diagrams* (OKFDDs, [25]) verschiedene Dekompositionsvarianten, wie z. B. die Shannon- oder die Davio-Entwicklung, in einem einzigen Diagramm.

Obwohl jede BDD-Variante für sich Vorteile für gewisse Formelklassen bietet und damit für spezielle Anwendungen besonders geeignet ist, darf an dieser Stelle nicht vergessen werden, dass wir selbst für die ausgefeilteste BDD-Variante eine Formelklasse konstruieren können, die eine exponentielle Darstellung besitzt. In anderen Worten: Es gibt keine Normalformdarstellung für boolesche Funktionen, die für jede boolesche Formel eine nicht exponentielle Darstellung bietet. Dass es keine solche Darstellung geben kann, ist ein Ergebnis der Komplexitätstheorie, die uns hier eine fundamentale Grenze aufzeigt. Dieser Grenze können wir durch ausgetüftelte Formeldarstellung zwar näher kommen, wir werden jedoch nie im Stande sein, sie zu überwinden.

4.5 Übungsaufgaben

Aufgabe 4.1
Webcode 3117

In der Schaltalgebra gelten die folgenden alternativen Absorptionsgesetze:

$$(1)\ (x \vee \bar{y}) \wedge y = x \wedge y$$
$$(2)\ (x \wedge \bar{y}) \vee y = x \vee y$$

a) Beweisen Sie die Behauptung, indem Sie die nachstehenden Wahrheitstabellen ergänzen:

	x	y	$\bar{x}$	$\bar{y}$	$x \vee \bar{y}$	$x \wedge \bar{y}$	$(x \vee \bar{y}) \wedge y$	$x \wedge y$	$(x \wedge \bar{y}) \vee y$	$x \vee y$
0	0	0								
1	0	1								
2	1	0								
3	1	1								

b) Führen Sie den Beweis erneut, diesmal aber auf algebraische Weise.

c) Übertragen Sie die Gesetze in die Sprache der Mengenalgebra. Sind sie dort auch gültig?

Aufgabe 4.2
Webcode 3183

Zeigen Sie, dass die booleschen Ausdrücke

$$\phi = x \wedge y \vee \overline{((x \vee \bar{y}) \wedge y)}$$
$$\psi = \overline{x \wedge y} \vee x \vee y$$

Tautologien sind, indem Sie

a) für beide Funktionen eine Wahrheitstafel aufstellen,

b) den Beweis durch algebraische Umformung führen.

Aufgabe 4.3
Webcode 3273

Bildet das Tripel $(V, \bullet, +)$ mit

$$V := \{1, 2, 3, 6\}$$
$$\bullet := \text{kgV} \quad \text{(kleinstes gemeinsames Vielfaches)}$$
$$+ := \text{ggT} \quad \text{(größter gemeinsamer Teiler)}$$

eine boolesche Algebra?

Aufgabe 4.4
Webcode 3640

Ihre Aufgabe ist es, die Steuerung einer Ampelanlage zu entwerfen. Die gesamte Anlage besteht aus einer dreifarbigen Verkehrsampel und einer zweifarbigen Fußgängerampel. Jedes der fünf Lichter kann unabhängig voneinander über die Steuersignale r_1, y_1, g_1 bzw. r_2, g_2 an- und ausgeschaltet werden:

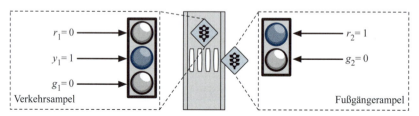

Für die Steuerung der Ampel existiert ein Dualzähler, der die Funktion eines Taktgebers übernimmt. Der Zählerstand wird durch die Variablen $x_3, \ldots, x_0$ repräsentiert. Ferner existiert ein separates *Bedarfssignal b*, das angibt, ob Fußgänger über die Straße möchten ($b = 1$) oder nicht ($b = 0$). Nehmen Sie an, dass sich der Wert von b nur dann ändern kann, wenn der Dualzähler von 1111 auf 0000 zurückspringt.

Die Ampelanlage funktioniert wie folgt: Ist $b = 0$, so steht die Verkehrsampel für die vollen 16 Takte einer Zählphase konstant auf Grün und die Fußgängerampel konstant auf Rot. Ist $b = 1$, so steht die Verkehrsampel ebenfalls zunächst auf Grün und die Fußgängerampel auf Rot. Die Grünphase der Verkehrsampel dauert 7 Takte. Danach wechselt die Verkehrsampel über Gelb auf Rot. Nach einem weiteren Takt Wartezeit wechselt die Fußgängerampel für 5 Takte auf Grün. Im Anschluss daran wird nach dem gleichen Schema wieder gewechselt.

Modellieren Sie die Steuerlogik der Ampelanlage mit Hilfe einer Wahrheitstabelle.

Aufgabe 4.5
Webcode 3230

Vereinfachen Sie die folgenden booleschen Ausdrücke so weit wie möglich durch die Anwendung der algebraischen Umformungsregeln.

a) $x_1 \overline{x_2} \overline{x_3} \overline{x_4} \vee x_1 x_2 \overline{x_3} \overline{x_4} \vee x_1 x_2 \overline{x_3} x_4 \vee x_1 \overline{x_2} \overline{x_3} x_4 \vee \overline{x_1} x_2 \overline{x_3} \overline{x_4} \vee x_1 x_2 x_3 \overline{x_4} \vee \overline{x_1} x_2 x_3 \overline{x_4}$

b) $\overline{x_1} \overline{x_2} \overline{x_3} \vee x_1 \overline{x_2} \overline{x_3} \vee x_1 \overline{x_2} x_3 \vee \overline{x_1} \overline{x_2} x_3 \vee \overline{x_1} x_2 \overline{x_3} \vee x_1 x_2 \overline{x_3}$

Aufgabe 4.6
Webcode 3837

Nachstehend sind die *erweiterten De Morgan'schen Regeln* aufgeführt.

a) $\overline{x_1 \wedge x_2 \wedge \ldots \wedge x_n} = \overline{x_1} \vee \overline{x_2} \vee \ldots \vee \overline{x_n}$

b) $\overline{x_1 \vee x_2 \vee \ldots \vee x_n} = \overline{x_1} \wedge \overline{x_2} \wedge \ldots \wedge \overline{x_n}$

Beweisen Sie die Regeln mit Hilfe der vollständigen Induktion.

4.5 Übungsaufgaben

Aufgabe 4.7

Webcode 3829

Für die folgende 7-Segment-Anzeige soll eine Ansteuerungslogik konstruiert werden:

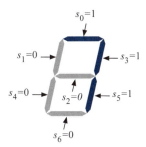

Über die vier Eingangssignale $x_4, \ldots, x_1$ nimmt die Schaltung eine beliebige BCD-Ziffer entgegen. Jedes Leuchtsegment wird über eines der sieben Ausgangssignale $s_0, \ldots, s_6$ angesprochen und leuchtet genau dann, wenn der Wert der Steuerleitung gleich 1 ist. Modellieren Sie die Ansteuerungslogik, indem Sie zunächst die abgebildete Wahrheitstabelle vervollständigen. Stellen Sie anschließend für jedes der Ausgangssignale s_i eine boolesche Formel auf und vereinfachen Sie diese algebraisch so weit wie möglich.

	x_4	x_3	x_2	x_1	s_6	s_5	s_4	s_3	s_2	s_1	s_0
0	0	0	0	0							
1	0	0	0	1							
2	0	0	1	0							
3	0	0	1	1							
4	0	1	0	0							
5	0	1	0	1							
6	0	1	1	0							
7	0	1	1	1							
8	1	0	0	0							
9	1	0	0	1							
10	1	0	1	0							
11	1	0	1	1							
12	1	1	0	0							
13	1	1	0	1							
14	1	1	1	0							
15	1	1	1	1							

Welche Werte haben Sie für die Bitkombinationen gewählt, die keiner BCD-Ziffer entsprechen? War Ihre Wahl für diese Bitkombinationen eindeutig?

Aufgabe 4.8
Webcode 3133

Zeigen oder widerlegen Sie die folgende Beziehung zwischen den Operatoren $\leftrightarrow$ und $\not\leftrightarrow$:

a) $x \leftrightarrow y \leftrightarrow z = x \not\leftrightarrow y \not\leftrightarrow z$

Zeigen Sie, dass die folgenden Varianten des Distributivgesetzes für $\leftrightarrow$ und $\not\leftrightarrow$ *falsch* sind:

b) $(x \vee z) \not\leftrightarrow (y \vee z) = (x \not\leftrightarrow y) \vee z$

c) $(x \wedge z) \leftrightarrow (y \wedge z) = (x \leftrightarrow y) \wedge z$

Aufgabe 4.9
Webcode 3475

Zeigen oder widerlegen Sie, dass die folgenden Operatorenmengen jeweils ein vollständiges Operatorensystem bilden:

a) $\{\rightarrow, 1\}$ b) $\{\not\leftrightarrow\}$ c) $\{\not\leftrightarrow, 0\}$ d) $\{\not\leftrightarrow, 1\}$

e) $\{\not\leftrightarrow, \wedge\}$ f) $\{\not\leftrightarrow, \wedge, 1\}$ g) $\{\not\rightarrow\}$

Der Operator $\not\rightarrow$ sei dabei definiert als $x \not\rightarrow y := \overline{x \rightarrow y}$.

Aufgabe 4.10
Webcode 3844

Gegeben seien die folgenden drei booleschen Funktionen:

a) $\phi_1 := (x \rightarrow y) \rightarrow z$

b) $\phi_2 := x \rightarrow (y \rightarrow z)$

c) $\phi_3 := \overline{x \wedge y} \vee \overline{x \wedge \overline{z}}$

Stellen Sie ϕ_1 unter ausschließlicher Verwendung der NOR-Funktion, ϕ_2 unter ausschließlicher Verwendung der NAND-Funktion und ϕ_3 unter ausschließlicher Verwendung der Implikation dar.

Aufgabe 4.11
Webcode 3889

Beweisen Sie die folgende Summenformel mit Hilfe der vollständigen Induktion:

$$\sum_{i=1}^{n} i^2 = \frac{n(n+1)(2n+1)}{6}$$

4.5 Übungsaufgaben

Aufgabe 4.12

Webcode 3592

Erzeugen Sie die positive Reed-Muller-Normalform für die in der Wahrheitstafel beschriebene Funktion. Tragen Sie hierzu zunächst die Koeffizienten für alle Basisterme in die abgebildete Tabelle ein.

	x_3	x_2	x_1	y	B_0 (1)	B_1 (x_1)	B_2 (x_2)	B_3 ($x_2 x_1$)	B_4 (x_3)	B_5 ($x_3 x_1$)	B_6 ($x_3 x_2$)	B_7 ($x_3 x_2 x_1$)
0	0	0	0	1								
1	0	0	1	1								
2	0	1	0	0								
3	0	1	1	1								
4	1	0	0	0								
5	1	0	1	0								
6	1	1	0	0								
7	1	1	1	0								

Aufgabe 4.13

Webcode 3142

Eine alternative Möglichkeit, die Reed-Muller-Normalform zu erzeugen, besteht in der sukzessiven Anwendung der folgenden Ersetzungsregeln auf eine beliebige Formel:

$$x \vee y \Rightarrow (x \wedge y) \leftrightarrow x \leftrightarrow y$$
$$\overline{x} \Rightarrow x \leftrightarrow 1$$
$$x \wedge 1 \Rightarrow x$$
$$x \wedge x \Rightarrow x$$
$$x \wedge (y \leftrightarrow \ldots \leftrightarrow z) \Rightarrow (x \wedge y) \leftrightarrow \ldots \leftrightarrow (x \wedge z)$$
$$x \leftrightarrow x \Rightarrow 0$$
$$x \leftrightarrow 0 \Rightarrow x$$
$$x \wedge 0 \Rightarrow 0$$

Erzeugen Sie auf diese Weise die Reed-Muller-Form von $(\overline{x_3} \wedge (\overline{x_2} \vee x_1))$.

5 Schaltnetze

In diesem Kapitel werden Sie ...

- den Zusammenhang zwischen der Schaltalgebra und der Halbleitertechnik verstehen,
- die elementaren Logikgatter kennen lernen,
- sehen, wie sich boolesche Funktionen in Hardware implementieren lassen,
- die Unterschiede zwischen booleschen Formeln und Schaltkreisen erkennen,
- Einblicke in das physikalische Schaltverhalten digitaler Schaltkreise erhalten,
- ein Verständnis für die Phänomene endlicher Schaltgeschwindigkeit entwickeln,
- den Unterschied zwischen Logik- und Funktions-Hazards verstehen.

5.1 Grundlagen der Digitaltechnik

In diesem Kapitel beschäftigen wir uns mit der technischen Realisierung boolescher Funktionen in Form digitaler Hardware-Schaltungen. Jede Hardware-Schaltung kommuniziert mit der Außenwelt über eine Menge von *Eingangssignalen* $x_1, \ldots, x_n$ und eine Menge von *Ausgangssignalen* $y_1, \ldots, y_m$. Obwohl nicht zwingend erforderlich, unterscheiden nahezu alle Digitalschaltungen nur zwei Signalzustände an den Eingangs- und Ausgangsleitungen. In anderen Worten: Digitale Hardware-Schaltungen arbeiten intern mit dem Binärsystem.

Sehen wir von speziellen Nischenanwendungen ab, so beruht die physikalische Implementierung komplexer boolescher Funktionen heute nahezu ausnahmslos auf der Halbleitertechnik. Wie in Abschnitt 2.3 ausführlich dargelegt wurde, sind Halbleiterschaltungen aus Transistoren aufgebaut, die sich mit den Mitteln der Hochintegration millionenfach auf einem kleinen Stück Silizium replizieren lassen.

5.1.1 Schaltkreisfamilien

Logische Verknüpfungsglieder lassen sich auf verschiedene Arten und Weisen aus Transistoren aufbauen. Zu diesem Zweck haben sich im Laufe der Zeit verschiedene *Basistechnologien* etabliert, die sich insbesondere in den verwendeten Transistortypen als auch in der konkreten Zusammenschaltung derselben unterscheiden.

Jede Basistechnologie begründet für sich eine eigene *Schaltkreisfamilie* (vgl. Abbildung 5.1). Der Begriff geht auf die Eigenschaft der meisten Schaltungen zurück, für alle Verknüpfungsglieder die gleiche Basistechnologie zu verwenden. In der Praxis werden Glieder unterschiedlicher Schaltkreisfamilien nur in Einzelfällen miteinander kombiniert. Die unterschiedlichen Betriebsspannungen und Signalpegel erschweren die Kombination und erfordern in der Regel den aufwendigen Einbau spezieller *Zwischenglieder*. Im Bereich der Computertechnik sind die folgenden Basistechnologien von Bedeutung:

- TTL-Schaltkreisfamilie

  Die TTL-Schaltkreisfamilie ist die älteste der hier vorgestellten Basistechnologien und verwendet bipolare Transistoren zur Erzeugung der logischen Grundverknüpfungen. Die TTL-Technik ist besonders robust und im Vergleich zu den meisten anderen Technologien unempfindlich gegenüber elektrostatischer Aufladung.

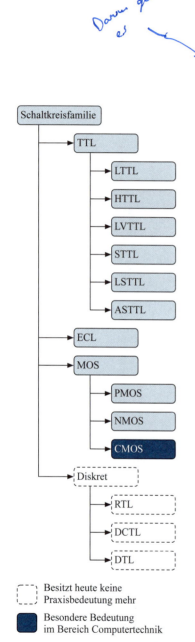

Abbildung 5.1: Verschiedene Schaltkreisfamilien und -unterfamilien in der Übersicht

Die TTL-Technik kommt in verschiedenen Varianten vor, die jeweils einen bestimmten Kompromiss zwischen Stromaufnahme und Schaltgeschwindigkeit eingehen. Die bekanntesten Vertreter sind LTTL (*Low-Power-TTL*), HTTL (*High-Speed-TTL*), LV-TTL (*Low-Voltage-TTL*), STTL (*Shottky-TTL*), LSTTL (*Low-Power-Shottky-TTL*), ASTTL (*Advanced-Shottky-TTL*) und ALSTTL (*Advanced-Low-Power-Shottky-TTL*). Aufgrund des Konstruktionsschemas eines TTL-Transistors (*Multiemitterstruktur*) lassen sich NAND-Glieder besonders einfach fertigen. Die NAND-Verknüpfung ist daher die bevorzugte Logikoperation in TTL-Schaltkreisen.

■ ECL-Schaltkreisfamilie

Die ECL-Technik (*Emitter Coupled Logic*) verwendet ebenfalls bipolare Transistoren und wurde mit dem Ziel geschaffen, Schaltungen mit äußerst geringen Schaltzeiten zu ermöglichen. Der Preis hierfür ist eine stark steigenden Verlustleistung der ECL-Komponenten, die nur mit einer hohen Leistungsaufnahme der Gesamtschaltung kompensiert werden kann. Darüber hinaus lassen sich ECL-Glieder aufgrund der komplexen Schaltungsstruktur weniger dicht integrieren als eine vergleichbare Schaltung in CMOS-Technik. ECL-Schaltglieder besitzen die interessante Eigenschaft, dass stets zu jedem Signal auch das invertierte Signal am Ausgang zur Verfügung steht. Damit kann jede Schaltung vollständig ohne Negationsglieder und dadurch mit einer geringeren Anzahl an Schaltelementen aufgebaut werden.

■ Metall-Oxid-Halbleiter (MOS)

Die diversen MOS-Techniken (*Metal Oxide Semiconductor*) gehören zu den modernsten Basistechnologien, die im Bereich der Halbleitertechnik Verwendung finden. Die entstehenden Schaltungen zeichnen sich durch eine vergleichsweise geringe Stromaufnahme aus, sind im Gegensatz zu TTL jedoch besonders empfindlich gegenüber statischer Aufladung. Zum Einsatz kommen Feldeffekt-Transistoren, die neben einer kompakten Bauform verhältnismäßig einfach hergestellt werden können. Die MOS-Techniken kommen in zahlreichen Varianten vor. Werden ausschließlich selbstsperrende p-Kanal- bzw. n-Kanal-Feldeffekt-Transistoren eingesetzt, so sprechen wir von der PMOS- bzw. NMOS-Technologie. Die häufig eingesetzte CMOS-Technologie (*Complementary Metal Oxide Semiconductor*) verwendet sowohl n-Kanal- als auch p-Kanal-Feldeffekt-Transistoren.

Alle genannten Basistechnologien sind *integrierbar*, d. h., es lassen sich mehrere Verknüpfungsglieder zu einem einzigen Halbleiterelement

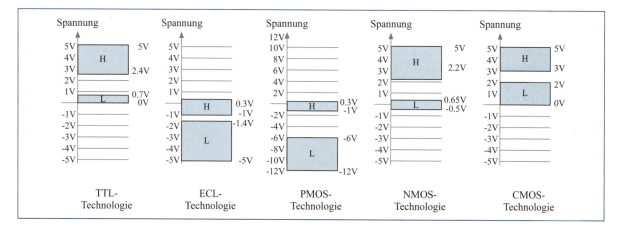

Abbildung 5.2: Beispiele für die Definition des Low- und High-Pegels in verschiedenen Basistechnologien

vereinen. In älteren Technologien, wie der *Resistor-Transistor-Logik* (*RTL*), der Direct-Coupled-Transistor-Logik (*DCTL*) und den frühen Varianten der Dioden-Transistor-Logik (*DTL*), wurde jedes Verknüpfungsglied in Form eines diskreten Bauelements realisiert. Sie besitzen heute so gut wie keine Bedeutung mehr und werden in diesem Buch nicht behandelt.

Die Wahl der Basistechnologie hat einen gravierenden Einfluss auf die Schaltgeschwindigkeit, die Leistungsaufnahme und die Störsicherheit einer Hardware-Schaltung. Dies ist der Grund, warum sich bis heute keine der oben genannten Basistechnologien anwendungsübergreifend durchsetzen konnte.

Den physikalischen Unterschieden zum Trotz teilen alle vorgestellten Schaltkreisfamilien die Eigenschaft, dass sie *binär* arbeiten und beide Logikzustände anhand der angelegten Spannung unterscheiden. Jedem Logikzustand wird hierzu ein gewisses Spannungsintervall zwischen $-\infty$ und $+\infty$ zugewiesen, das als *Low-Pegelbereich* bzw. *High-Pegelbereich* bezeichnet wird. Jeder Spannungswert innerhalb dieser Bereiche wird als *Low-* bzw. *High-Pegel* interpretiert (kurz *L-Pegel* bzw. *H-Pegel*). Spannungen außerhalb der festgelegten Pegelbereiche beschreiben keinen definierten Logikwert und dürfen nicht für längere Zeit anliegen.

In Abhängigkeit der verwendeten Basistechnologie werden unterschiedliche Pegelbereiche verwendet. So liegt der H-Pegel bei der NMOS-, CMOS- und der TTL-Technik im positiven Spannungsspektrum und der L-Pegel im Bereich der Nulllinie. Im Unterschied hier-

5.1 Grundlagen der Digitaltechnik

zu verwendet beispielsweise die ECL- und die PMOS-Technologie den negativen Spannungsbereich zur Unterscheidung der beiden Pegelzustände. Folgerichtig stehen die Bezeichnungen *Low* und *High* nicht für absolute Spannungswerte, sondern bringen lediglich die relative Lage der Pegelintervalle zum Ausdruck:

> Zur Unterscheidung der binären Logikzustände definiert jede Basistechnologie zwei disjunkte Spannungsintervalle. Als *High-Pegelbereich* bezeichnen wir das Intervall, das sich näher bei $+\infty$ befindet, und als *Low-Pegelbereich* das Intervall, das näher bei $-\infty$ liegt.

Abbildung 5.2 stellt die Spannungsbereiche der verschiedenen Basistechnologien exemplarisch gegenüber. Die angegebenen absoluten Spannungswerte der Intervallgrenzen sind als typische Werte zu verstehen und können in der Praxis von Schaltung zu Schaltung erheblich variieren. Moderne Mikroprozessoren sind heute in der Lage, die Betriebsspannung während des Betriebs dynamisch anzupassen, so dass sich hierdurch auch die Spannungsbereiche des L- und H-Pegels dynamisch verschieben. Eine solche Anpassung erfolgt in der Regel lastabhängig, so dass der Prozessor nur unter Volllast mit der maximalen Betriebsspannung betrieben wird. Ist der Prozessor weniger ausgelastet, so wird die Betriebsspannung vermindert und damit die Leistungsaufnahme deutlich abgesenkt. Ohne derartige Stromspartechniken wären die heute üblichen Laufzeiten moderner mobiler Endgeräte nicht mehr erreichbar.

Wie Sie sicher bereits erahnen, werden in jeder Digitalschaltung der Low- und der High-Pegel mit einem der Wahrheitswerte 0 und 1 assoziiert und damit der direkte Zusammenhang mit der booleschen Algebra geschaffen. Die Zuordnung ist jedoch nicht eindeutig und es kommen, wie in Tabelle 5.1 dargestellt, zwei prinzipielle Möglichkeiten in Frage:

- Positive Logik

  Der *High-Pegel* entspricht dem Wahrheitswert 1 und der *Low-Pegel* dem Wahrheitswert 0. Die meisten Schaltungen basieren auf dieser Art der Zuordnung.

- Negative Logik

  Der *High-Pegel* entspricht dem Wahrheitswert 0 und der *Low-Pegel* dem Wahrheitswert 1. Diese Art der Zuordnung verliert mehr und mehr an Bedeutung.

■ Pegelzustände

	x	y	z
0	L	L	L
1	L	H	L
2	H	L	L
3	H	H	H

■ Positive Logik

	x	y	z
0	0	0	0
1	0	1	0
2	1	0	0
3	1	1	1

■ Negative Logik

	x	y	z
0	1	1	1
1	1	0	1
2	0	1	1
3	0	0	0

Tabelle 5.1: Interpretation der beiden Pegelzustände *Low* und *High* in positiver und negativer Logik

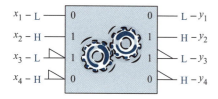

Abbildung 5.3: Zuordnung der Pegelzustände L und H zu den Logikzuständen 0 und 1 mit und ohne Polaritätsindikator

An dieser Stelle gilt es zu beachten, dass der Begriff der positiven bzw. negativen Logik nur eine relative Beziehung zwischen den für die Wahrheitswerte 0 und 1 verwendeten Spannungspegeln ausdrückt und keinerlei Aussage über die absoluten Spannungswerte macht. Insbesondere lässt sich aus der Verwendung negativer bzw. positiver Logik keinesfalls ableiten, ob sich einer der verwendeten Spannungspegel im negativen bzw. positiven Bereich befindet.

Normalerweise wird innerhalb einer Schaltung die gewählte Logikpolarität (positiv oder negativ) beibehalten. Von der technischen Seite aus betrachtet spricht jedoch nichts dagegen, positive und negative Logik zu mischen. In diesem Fall kann jeder Schaltungsein- und -ausgang mit Hilfe eines *Polaritätsindikators* gekennzeichnet werden. Ist der Indikator vorhanden, wird für den entsprechenden Ein- oder Ausgang die negative Logik zu Grunde gelegt. Fehlt der Indikator, so wird die positive Logikzuordnung als Standardschema verwendet. Abbildung 5.3 zeigt die Zuordnung der außerhalb der Schaltung verwendeten Pegelzustände L und H zu den innerhalb der Schaltung verwendeten Logikzuständen 0 und 1 mit und ohne Polaritätsindikator.

An dieser Stelle wollen wir einen zweiten Blick auf die Wahrheitstabellen in Tabelle 5.1 werfen und uns mit der Frage beschäftigen, wie sich der Wechsel von positiver zu negativer Logik auf die realisierte Schaltfunktion auswirkt. Wie die Tabelle darlegt, entsteht der H-Pegel am Ausgang der Beispielschaltung genau dann, wenn an beiden Eingangssignalen ebenfalls der H-Pegel anliegt. Legen wir positive Logik zu Grunde, so realisiert die Schaltung nichts anderes als die Konjunktion ($z = x \wedge y$). In negativer Logik hingegen wird die Disjunktion realisiert ($z = x \vee y$). An dieser Stelle offenbart sich eine zentrale Eigenschaft der Logikpolarität:

- Pegelzustände:

x	z
0	L	H
1	H	L

- Positive Logik:

x	z
0	0	1
1	1	0

- Negative Logik:

x	z
0	1	0
1	0	1

Tabelle 5.2: Wie die logische Negationsfunktion demonstriert, sind einige wenige boolesche Funktionen gegen die Änderung der Logikpolarität immun.

 Die Änderung der Logikpolarität bewirkt die Änderung des Schaltverhaltens der zu Grunde liegenden Hardware-Schaltung.

Berechnet eine Schaltung in positiver Logik die Funktion $f(x_1, \ldots, x_n)$, so führt die Änderung der Logikpolarität zur Berechnung der Funktion $\overline{f(\overline{x_1}, \ldots, \overline{x_n})}$. Wie Tabelle 5.2 am Beispiel der Negationsfunktion demonstriert, wirkt sich die Änderung der Logikpolarität nicht auf alle Funktionen aus. In der Tat ist die logische Negation eine der wenigen Funktionen, die gegen eine Polaritätsänderung immun ist, da für diese Funktion für alle x die Beziehung $f(x) = \overline{f(\overline{x})}$ gilt.

5.1.2 MOS-Schaltungstechnik

In diesem Abschnitt schließen wir die Lücke zwischen der mathematisch geprägten booleschen Algebra und der physikalischen Halbleitertechnik. Wir werden zeigen, wie sich beliebige boolesche Funktionen durch die geschickte Zusammenschaltung von Transistoren berechnen lassen. In den folgenden Betrachtungen beschränken wir uns auf die diversen MOS-Techniken, da diese mit Abstand die größte Bedeutung im Bereich der modernen Computertechnik besitzen.

In Kapitel 4 haben wir erarbeitet, dass sich jede noch so komplizierte boolesche Funktion aus wenigen elementaren Operatoren aufbauen lässt. Sind wir in der Lage, die Transistorimplementierungen dieser Grundverknüpfungen zu verstehen, so haben wir unser Ziel erreicht. In der gleichen Art und Weise, wie wir auf der Ebene der booleschen Algebra komplexe Ausdrücke bilden können, lassen sich auch auf der Ebene der Transistoren komplexe Schaltungen durch die Kombination der elementaren Verknüpfungsglieder erzeugen.

PMOS-Schaltungen

Die PMOS-Technik setzt ausschließlich p-Kanal-Feldeffekttransistoren (Abschnitt 2.2.3) für den Aufbau der logischen Verknüpfungsglieder ein. Abbildung 5.4 (oben) demonstriert, wie sich ein einzelner p-Kanal-MOSFET verhält, wenn dieser als Schaltelement betrieben wird. In diesem Fall spielen Gate und Source die Rolle der Eingänge und können unabhängig voneinander mit dem Low-Pegel L oder dem High-Pegel H beschaltet werden. Für jeden der vier Fälle ist dargestellt, welcher Spannungspegel sich am Drain-Ausgang einstellt.

Wird an den Gate-Anschluss der Low-Pegel angelegt, so geht der Transistor in den leitenden Zustand über und der Drain-Anschluss übernimmt den Spannungspegel des Source-Anschlusses. Liegt der Gate-Anschluss dagegen auf dem High-Pegel, so sperrt der Transistor und es kann kein Strom mehr fließen. Der vom Stromfluss abgetrennte Drain-Ausgang befindet sich jetzt in einem *Schwebezustand* (*floating state*) und übernimmt den am anderen Ende anliegenden Spannungspegel. In der Schalttabelle wird dieser besondere Zustand mit dem neu eingeführten Symbol Z bezeichnet.

Abbildung 5.5 zeigt die drei am häufigsten eingesetzten Grundschaltungen der PMOS-Technik. Die zusätzlich dargestellten Wahrheitstabellen fassen zusammen, wie sich die Schaltung in positiver bzw. negativer Logik verhält.

■ p-Kanal-MOSFET

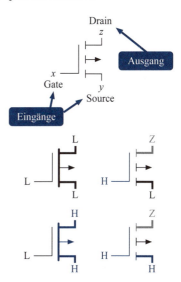

■ n-Kanal-MOSFET

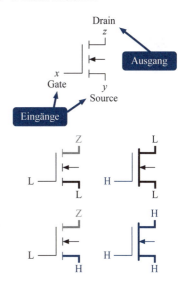

Abbildung 5.4: MOS-Transistoren als Schaltelemente. Die Gate- und Source-Anschlüsse wirken als Eingänge, der Drain-Anschluss als Ausgang.

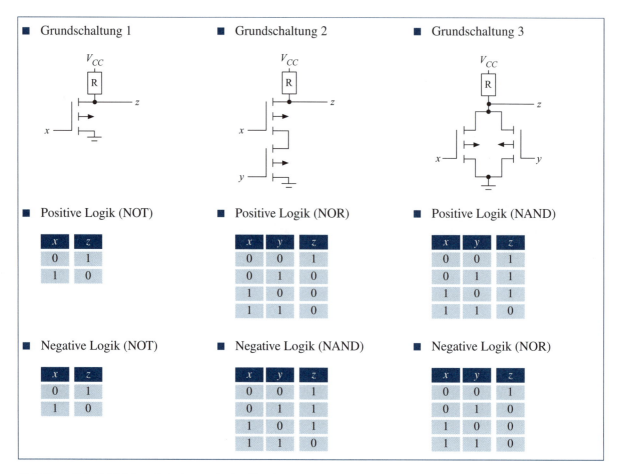

Abbildung 5.5: PMOS-Grundschaltungen in der Übersicht

Die erste Grundschaltung ist so konstruiert, dass am Ausgang z stets der zum Eingang x invertierte Spannungspegel anliegt. Mit anderen Worten: Die Schaltung realisiert die boolesche Negation. Den Kern des Inverters bildet ein einziger p-Kanal-MOSFET, dessen Gate-Anschluss mit dem Eingangssignal x verbunden ist.

Die zweite Grundschaltung ist ganz ähnlich aufgebaut. Der p-Kanal-MOSFET wird lediglich um einen zweiten, in Reihe geschalteten Transistor ergänzt. Wie die Wahrheitstabelle offenbart, berechnet die Schaltung in positiver Logik die NOR-Funktion. Legen wir stattdessen die negative Logik zu Grunde, so wird die NAND-Funktion implementiert. Die dritte Grundschaltung erhalten wir, indem die beiden Transistoren

5.1 Grundlagen der Digitaltechnik

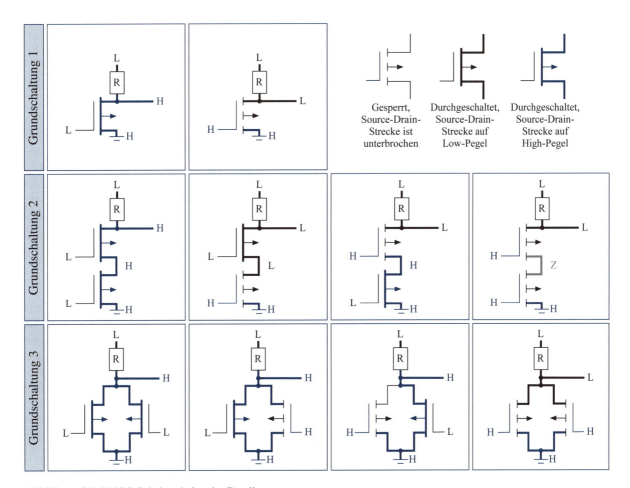

Abbildung 5.6: PMOS-Schaltverhalten im Detail

nicht in Reihe, sondern parallel geschaltet werden. Das entstehende Verknüpfungsglied realisiert in positiver Logik die NAND- und in negativer Logik die NOR-Funktion. In Abschnitt 4.3.3 haben wir herausgearbeitet, dass NAND und NOR jeweils für sich ein vollständiges Operatorensystem bilden. Damit sind wir auf einen Schlag in der Lage, mit den abgebildeten Grundschaltungen alle nur denkbaren booleschen Funktionen in eine integrierte Schaltung umzusetzen.

Abbildung 5.6 demonstriert anhand der Stromflüsse, wie das beschriebene Schaltverhalten der PMOS-Verknüpfungsglieder zustande kommt. Für jede Grundschaltung zeigen die Einzelskizzen, wie sich die Transistoren im Zusammenspiel verhalten. Die in Abbildung 5.5 dargestell-

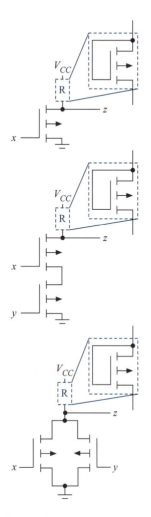

Abbildung 5.7: Im Halbleiterkristall wird der Widerstand in Form eines strombegrenzenden, permanent in Durchlassrichtung geschalteten Transistors realisiert.

ten Wahrheitstabellen ergeben sich auf direktem Weg, indem die beiden Pegelzustände L und H durch die logischen Wahrheitswerte 0 und 1 (positive Logik) bzw. 1 und 0 (negative Logik) ersetzt werden.

An dieser Stelle wollen wir einen erneuten Blick auf die Struktur der drei PMOS-Grundschaltungen werfen. Wahrscheinlich ist Ihnen bereits aufgefallen, dass die p-Kanal-MOSFETs nicht die einzigen elektrischen Elemente sind, die zum Aufbau der Verknüpfungsglieder gebraucht werden. Alle Grundschaltungen enthalten einen zusätzlichen Lastwiderstand. Dieser wird benötigt, um den Stromfluss zu begrenzen, der im entriegelten Zustand durch den Transistor fließt. In der Praxis wird der Wiederstand durch einen speziell für diesen Zweck konstruierten MOSFET realisiert, der permanent in Durchlassrichtung geschaltet ist (vgl. Abbildung 5.7). Der zusätzliche Transistor ist der Grund, warum sich ein PMOS-Inverter in der physikalischen Realisierung aus 2 und ein NAND- bzw. NOR-Glied aus insgesamt 3 Transistoren zusammensetzt.

Ein Rückblick auf Abbildung 5.2 zeigt, dass typische PMOS-Schaltungen mit einer Versorgungsspannung von -12 V betrieben werden. Die im Vergleich zu den anderen Technologien hohe Spannung hat zweierlei Konsequenzen. Auf der positiven Seite lassen sich Low- und High-Pegel wesentlich deutlicher voneinander trennen, schließlich liegt zwischen den gültigen Pegelbereichen eine Spannungsdifferenz von 5 V. Der vergleichsweise große Abstand sorgt dafür, dass PMOS-Schaltungen sehr störsicher arbeiten. Auf der negativen Seite besitzen PMOS-Schaltglieder eine merklich größere Umschaltzeit als entsprechende Elemente, die in NMOS- oder CMOS-Technik gefertigt sind. Aufgrund dieser Eigenschaften bietet sich der Einsatz der PMOS-Technik immer dann an, wenn hohe Störsicherheitsanforderungen moderaten Laufzeitanforderungen gegenüberstehen.

 PMOS-Verknüpfungsglieder werden ausschließlich mit p-Kanal-MOSFETs aufgebaut. Aufgrund der vergleichsweise hohen Versorgungsspannung wird eine hohe Störsicherheit erreicht. Für den Bau sehr schneller Schaltungen ist die PMOS-Technik nicht geeignet.

NMOS-Schaltungen

NMOS-Glieder unterscheiden sich im Aufbau kaum von ihren PMOS-Verwandten – einzig die p-Kanal-MOSFETs werden durch ihre Gegenspieler in n-Kanal-Technik ersetzt (Abbildung 5.8). Auf die realisierte

5.1 Grundlagen der Digitaltechnik

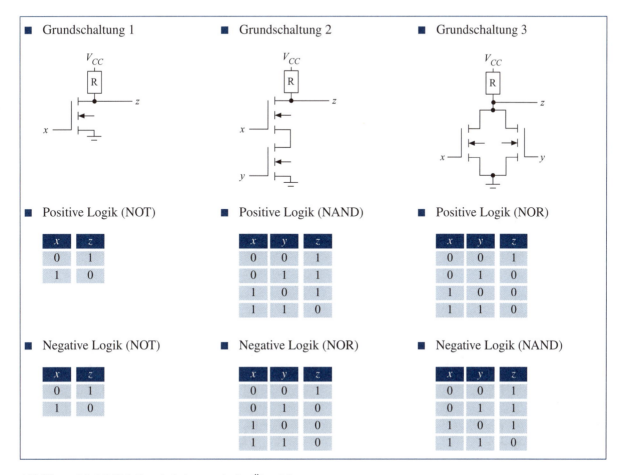

Abbildung 5.8: NMOS-Grundschaltungen in der Übersicht

Logikverknüpfung hat der Austausch der Transistoren eine komplementäre Wirkung. Steuern wir die Verknüpfungsglieder in positiver Logik an, so entsteht die NAND-Verknüpfung durch die serielle und die NOR-Verknüpfung durch die parallele Beschaltung der Transistoren. Auch hier beeinflusst der Wechsel der Logikpolarität das Schaltverhalten.

Über die genaue Wirkungsweise der NMOS-Verknüpfungsglieder gibt Abbildung 5.9 Auskunft. Für jede Grundschaltung und Kombination der Eingangspegel sind die internen Transistorzustände separat aufgezeichnet. Bei der Analyse der Schaltungen ist zu beachten, dass die Versorgungsspannung mit ca. 5 V ein höheres Potenzial besitzt als die Masse. In den weiter oben behandelten PMOS-Schaltungen lag die

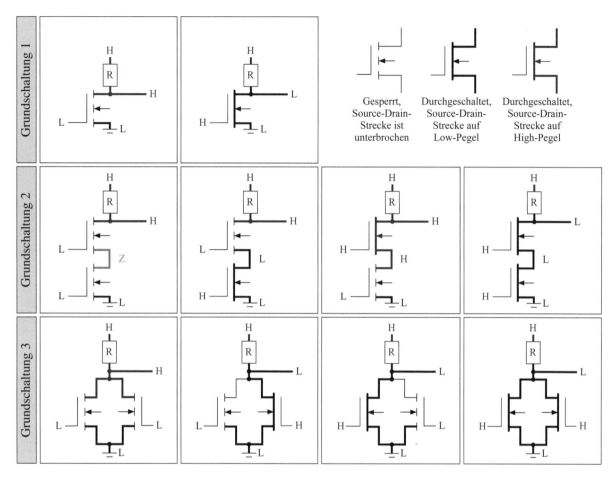

Abbildung 5.9: NMOS-Schaltverhalten im Detail

Betriebsspannung mit ca. -12 V auf einem negativeren Potenzial. Im Falle eines PMOS-Verknüpfungsglieds entspricht die Masse damit dem High-Pegel, im Falle eines NMOS-Glieds dem Low-Pegel.

Im Vergleich zu PMOS-Verknüpfungsgliedern lassen sich NMOS-Glieder mit geringeren Kanalwiderständen und kürzeren Umschaltzeiten fertigen. Die Betriebsspannung einer typischen NMOS-Schaltung lässt sich auf 5 V senken und ist damit weniger als halb so stark wie die Spannung einer entsprechenden PMOS-Schaltung. Durch die Reduzierung verringert sich zwangsläufig der Abstand zwischen den Pegelbereichen, so dass NMOS-Schaltungen eine geringere Störsicherheit aufweisen als vergleichbare Schatungen in PMOS-Technik. Die Redu-

5.1 Grundlagen der Digitaltechnik

zierung der Spannung auf 5 V führt zu einem positiven Nebeneffekt, da die verwendeten Pegelbereiche weitgehend mit jenen der TTL-Logik übereinstimmen. In der Tat lassen sich Verknüpfungsglieder beider Basistechnologien nahezu problemlos miteinander kombinieren.

> NMOS-Verknüpfungsglieder werden ausschließlich mit n-Kanal-MOSFETs aufgebaut. Im Vergleich zur PMOS-Technik werden NMOS-Schaltungen mit einer geringeren Spannung betrieben. Der höheren Schaltgeschwindigkeit steht eine reduziertere Störsicherheit gegenüber.

CMOS-Schaltungen

Die CMOS-Technik ist die heute vorherrschende Basistechnologie für die Konstruktion integrierter Schaltkreise. In der Vergangenheit wurde diese Technik in verschiedene Richtungen weiterentwickelt – das Grundprinzip bleibt jedoch stets das gleiche: Durch die symmetrische Zusammenschaltung von n-Kanal- und p-Kanal-Feldeffekttransistoren werden extrem stromsparende und zugleich hoch integrierbare Verknüpfungsglieder geschaffen.

Abbildung 5.11 demonstriert den Aufbau der drei CMOS-Grundschaltungen. Der CMOS-Inverter besteht aus zwei in Serie geschalteten MOSFETs, die beide durch das Eingangssignal x angesteuert werden. Liegt an den Gate-Anschlüssen der Low-Pegel an, so ist der obere Transistor (p-Kanal-MOSFET) in Durchlassrichtung und der untere Transistor (n-Kanal-MOSFET) in Sperrrichtung geschaltet. In diesem Fall liegt der Ausgang z auf dem elektrischen Potenzial der Spannungsquelle und damit auf High. Liegt an den Gate-Anschlüssen der High-Pegel an, so ist der obere Transistor in Sperrrichtung und der untere Transistor in Durchlassrichtung geschaltet. Jetzt liegt der Ausgang z auf dem elektrischen Potenzial des Masseanschlusses und damit auf Low.

Der CMOS-Inverter offenbart eine zentrale Eigenschaft, die alle anderen CMOS-Verknüpfungsglieder teilen. Die Transistoren öffnen und sperren in einer Art und Weise, dass zu keiner Zeit ein konstanter Stromfluss zustande kommen kann. Nur in dem Moment, in dem beide Transistoren ihren Zustand wechseln, fließt ein geringer *Umladestrom*. Folgerichtig wird die Leistungsaufnahme maßgeblich durch die Anzahl der Umladevorgänge und damit in direkter Weise durch die Taktfrequenz (Abschnitt 8.1.2) bestimmt, mit der eine Schaltung betrieben wird.

Moderne Mikroprozessoren werden heute fast ausschließlich in CMOS-Technik gefertigt. Einer der großen Vorteile dieser Technologie ist die hohe Integrierbarkeit der einzelnen Feldeffekttransistoren. Mit Kanallängen im zweistelligen Nanometerbereich sind die heute gefertigten Transistoren bereits kleiner als ein Grippevirus, das selbst nur ca. 100 nm groß und damit tausendmal kleiner als die Breite eines menschlichen Haares ist. Ohne die extrem hohe Integrationsdichte wären Taktraten im Gigahertzbereich undenkbar, schließlich sinkt mit der Strukturbreite auch die Schaltzeit der einzelnen Transistoren. Trotzdem bringt die Hochintegration im Nanometerbereich nicht zu unterschätzende Probleme mit sich. Selbst mit der stromsparenden CMOS-Technik steigt die Verlustleistung durch Leckströme rapide an und ist einer der Hauptgründe für den Stromhunger moderner Mikroprozessoren (vgl. Abbildung 5.10). Neben den ökonomischen und ökologischen Aspekten der Leistungsaufnahme rückt die hohe Wärmeentwicklung hochintegrierter Schaltungen immer stärker in den Vordergrund. So erreichen moderne Prozessoren mit einer Wärmedichte von ca. 100 $\frac{W}{cm^2}$ bereits den zehnfachen Wert einer Herdplatte.

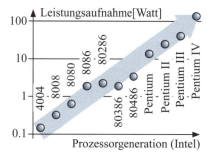

Abbildung 5.10: Der Stromhunger moderner CPUs stieg über viele Jahren exponentiell an, hier demonstriert am Beispiel der Intel-Mikroprozessoren.

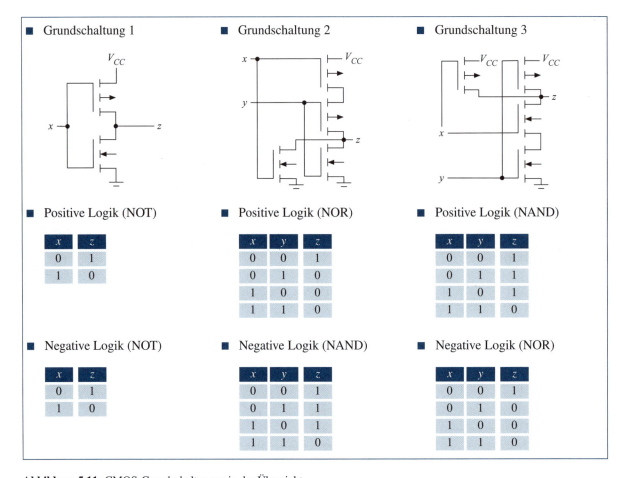

Abbildung 5.11: CMOS-Grundschaltungen in der Übersicht

Die anderen beiden Grundschaltungen arbeiten nach dem gleichen Grundprinzip. Je zwei n-Kanal- und p-Kanal-MOSFETs werden so zusammengeschaltet, dass ein permanenter Stromfluss von der Spannungsquelle zur Masse unterbunden wird. Beide Grundschaltungen sind so aufgebaut, dass eines der Transistorenpaare seriell und das andere parallel zusammengeschaltet ist. Auf diese Weise lassen sich sowohl die NOR-Verknüpfung als auch die NAND-Verknüpfung realisieren. Abbildung 5.12 zeigt im Detail, wie sich die CMOS-Verknüpfungsglieder intern verhalten.

Nicht alle Schaltelemente lassen sich mit der CMOS-Technik so einfach aufbauen, wie es die vorgestellten Grundschaltungen suggerie-

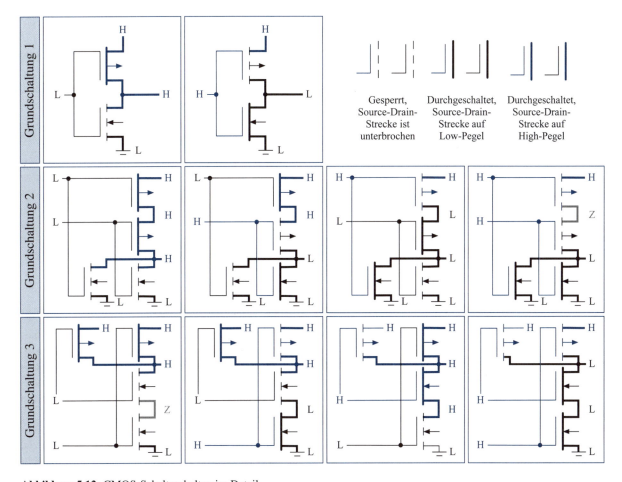

Abbildung 5.12: CMOS-Schaltverhalten im Detail

ren mögen. Ein Grundproblem geht auf die elektrischen Eigenschaften der eingesetzten Feldeffekttransistoren zurück. Im sperrenden Zustand sind diese hinreichend hochohmig, um den Stromfluss fast vollständig zu unterbinden. Sind die Transistoren jedoch in Durchlassrichtung geschaltet, so hat die am Source-Eingang anliegende Spannung einen bedeutenden Einfluss auf die Kanalleitfähigkeit. In der Nähe der Versorgungsspannung (High-Pegel) sind p-Kanal-MOSFETs fast ideale Leiter. Liegt der Source-Eingang dagegen auf Masse (Low-Pegel), so fällt über dem Transistor eine nicht vernachlässigbare Spannung ab. n-Kanal-MOSFETs verhalten sich hierzu komplementär. An der Masse angeschlossen ist die Leitfähigkeit nahezu optimal, während Pegel im Bereich der Betriebsspannung einen messbaren Widerstand erzeugen.

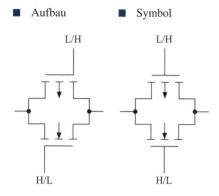

Abbildung 5.13: Grundschaltung des Transmissionsglieds. Korrekt angesteuert realisiert das Element einen perfekten Schalter, über dem im durchgeschalteten Zustand keine Spannung mehr abfällt.

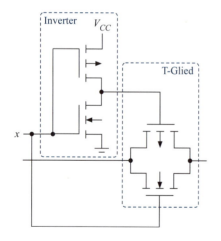

Abbildung 5.14: Ein vollständig aufgebautes Transmissionsglied. Der zusätzlich eingebaute Inverter sorgt für die korrekte Ansteuerung der Gate-Anschlüsse.

Die oben skizzierten Grundschaltungen sind bewusst so konstruiert, dass wir die Widerstandsproblematik getrost ignorieren können. Ein gezielter Blick zeigt, dass die Source-Eingänge der p-Kanal-MOSFETs ausnahmslos mit dem High-Pegel und die Source-Eingänge der n-Kanal-MOSFETs ausnahmslos mit dem Low-Pegel gespeist werden. Für die Konstruktion anderer Schaltelemente stellt uns das elektrische Schaltverhalten jedoch durchaus vor ein Problem. Insbesondere ist es nicht möglich, einen verlustfreien Schalter mit Hilfe eines einzigen Feldeffekttransistors aufzubauen.

Abhilfe schafft an dieser Stelle das *Transmissionsglied* (*transmission gate*), kurz *T-Glied* (*T gate*). Wie in Abbildung 5.13 gezeigt, werden je ein p-Kanal- und ein n-Kanal-MOSFET parallel zusammengeschaltet und die Gate-Anschlüsse mit der jeweils inversen Spannung angesteuert. Hierdurch sind beide Transistoren entweder gleichzeitig leitend oder gleichzeitig sperrend. Der sperrende Zustand bedarf keiner erhöhten Aufmerksamkeit – wie bisher wird der Stromfluss vollständig unterbrochen. Die Besonderheit des Transmissionsglieds ist seine Eigenschaft, im durchgeschalteten Zustand ein idealer Leiter zu sein.

Ermöglicht wird das Verhalten durch die geschickte Zusammenschaltung der beiden Transistoren. Liegt der Low-Pegel an, so wirkt der p-Kanal-MOSFET als Widerstand, der Strom kann jedoch über den n-Kanal-Gegenspieler verlustfrei abfließen. Im Falle des High-Pegels verhalten sich die Transistoren komplementär. Jetzt fließt der Strom durch den ideal leitenden p-Kanal-MOSFET.

Aufgrund der symmetrischen Konstruktion des T-Glieds können die Source- und Drain-Anschlüsse der Feldeffekttransistoren vertauscht werden. In den meisten Schaltplänen wird dieser Eigenschaft Rechnung getragen, indem die Gate-Anschlüsse der betreffenden Transistoren nicht mehr länger am Ende, sondern in der Mitte der Gate-Linie angezeichnet werden (vgl. Abbildungen 5.13 und 5.14).

Das Transmissionsglied ist ein zentrales CMOS-Schaltelement und wird uns in Abschnitt 8.1.5 im Zusammenhang mit der Konstruktion digitaler Speicherelemente erneut begegnen.

 CMOS-Verknüpfungsglieder sind sowohl mit n-Kanal-MOSFETs als auch mit p-Kanal-MOSFETs aufgebaut. CMOS-Schaltungen lassen sich in sehr hoher Integrationsdichte herstellen und zeichnen sich durch eine geringe Leistungsaufnahme aus.

5.1.3 Lastfaktoren

In den vorherigen Abschnitten haben wir uns im Detail mit den einzelnen MOS-Verknüpfungsgliedern beschäftigt, jedoch noch keine weitergehenden Gedanken über deren Zusammenschaltung angestellt. Auf der abstrakten Ebene der booleschen Algebra können wir Ausdrücke problemlos zu beliebig komplexen Gebilden kombinieren. Auf der realen Ebene der Transistoren werden uns durch die Halbleiterphysik jedoch deutliche Grenzen gesetzt.

Eine dieser Grenzen wird durch die Spannungen und Ströme definiert, die jedes Halbleiterelement für den korrekten Betrieb benötigt. Wird z. B. der Ausgang eines Verknüpfungsglieds mit zu vielen Eingängen anderer Glieder verbunden, so sinkt der Ausgangspegel so stark ab, dass die Schaltvorgänge nicht mehr korrekt durchgeführt werden. Wie sich ein Verknüpfungsglied im Zusammenspiel mit anderen Gliedern verhält, wird durch zwei individuelle *Lastfaktoren* beschrieben:

Der Eingangslastfaktor (Fan-In) bestimmt, wie stark der Ausgang eines vorangeschalteten Elements belastet wird.

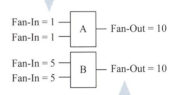

Die Summe der Eingangslasten der angeschlossenen Elemente darf den Ausgangslastfaktor (Fan-Out) nicht überschreiten.

- Eingangslastfaktor (*Fan-In*)

  Der Eingangslastfaktor (Fan-In) eines Schaltelements gibt an, wie stark er den Ausgang des vorangeschalteten Elements belastet. Die elementaren Verknüpfungsglieder besitzen im Normalfall einen Eingangslastfaktor von 1. Zusammengesetzte Schaltungsblöcke verursachen häufig eine höhere Eingangslast.

- Ausgangslastfaktor (*Fan-Out*)

  Der Ausgangslastfaktor (Fan-Out) eines Verknüpfungsglieds gibt an, wie viele nachgeschaltete Verknüpfungsglieder maximal gespeist werden können, ohne die vorgegebenen Pegelwerte zu verletzen. Alle nachgeschalteten Glieder gehen mit ihren jeweiligen Eingangslastfaktoren gewichtet in die Summe ein. Besitzen alle Schaltelemente einen Fan-In von 1, so entspricht der Fan-Out schlicht der Anzahl der anschließbaren Verknüpfungsglieder.

Abbildung 5.15 demonstriert den Zusammenhang zwischen beiden Lastfaktoren anhand eines konkreten Beispiels. Die verbauten Schaltelemente besitzen einen Fan-In von 1 (Typ A) bzw. 5 (Typ B) und einen Fan-Out von 10. Folgerichtig belastet ein Typ-B-Glied den treibenden Ausgang des vorangeschalteten Elements fünfmal so stark wie ein Typ-A-Glied. Die gezeigte Zusammenschaltung führt zu einer Überlastung des links unten eingesetzten Typ-B-Glieds. Um die Schaltung korrekt zu betreiben, muss das zu niedrig dimensionierte Schaltelement entweder durch eines mit höherem Ausgangslastfaktor ersetzt oder die Schaltung um zusätzliche Zwischenglieder ergänzt werden.

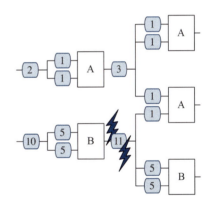

Abbildung 5.15: Die Lastfaktoren der Verknüpfungsglieder müssen bei der Zusammenschaltung beachtet werden. In dem dargestellten Szenario kommt es zu einer Überlast am Ausgang des links unten eingebauten Typ-B-Glieds.

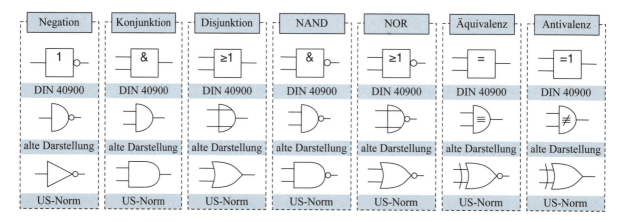

Abbildung 5.16: Symbolische Darstellung der verschiedenen Logikgatter

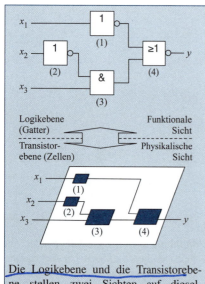

Die Logikebene und die Transistorebene stellen zwei Sichten auf dieselbe Hardware-Schaltung dar. Während die Transistorebene die physikalischen Aspekte der Schaltung beinhaltet, abstrahiert die Logikebene von den physikalischen Parametern. Eine Gatternetzliste ist damit ein funktionales Modell der Hardware-Schaltung und deshalb die am häufigsten in der technischen Informatik eingesetzte Beschreibungsform.

5.2 Schaltungssynthese

Der Begriff der *Schaltungssynthese* umschreibt die systematische Umsetzung einer booleschen Funktion in eine Hardware-Schaltung. Wie Ihnen bereits bekannt ist, besteht eine solche Schaltung auf der physikalischen Ebene aus Transistoren, die entsprechend der gewählten Basistechnologie implementiert sind. Mehrere Transistoren bilden zusammen ein einzelnes Verknüpfungsglied, das im Jargon der Hardware-Entwicklung auch als *Logikzelle* bezeichnet wird. In der Praxis stehen dem Hardware-Entwickler für jede boolesche Verknüpfung mehrere verschiedene Zellimplementierungen zur Verfügung, die sich in ihrem elektrischen Schaltverhalten und ihrer Topologie unterscheiden.

Da das Wissen über das elektrische Schaltverhalten erst in den späten Entwicklungsphasen einer Halbleiterschaltung eine Rolle spielt, wird eine Hardware-Implementierung üblicherweise mit Hilfe von *Logikgattern* beschrieben. Ein Logikgatter spiegelt die rein funktionale Sicht einer booleschen Verknüpfung wider, d. h., aus den Signalen der Eingangsleitung wird entsprechend der implementierten booleschen Funktion das entsprechende Ausgangssignal erzeugt. Nicht funktionale Aspekte wie die entstehende Signalverzögerung oder der Flächenbedarf bleiben dabei unberücksichtigt. Folgerichtig können wir den Begriff der *Logikzelle* in direkter Weise mit der physikalischen Implementierung eines Logikgatters gleichsetzen.

Abbildung 5.16 fasst die für die Praxis wichtigsten Logikgatter zusammen. Wie die Darstellung zeigt, sind die verwendeten Symbole nicht

5.2 Schaltungssynthese

einheitlich – insbesondere wird im amerikanischen Sprachraum eine andere Notation verwendet als im deutschen. Die für den deutschen Sprachraum relevante Notation wurde 1984 im Teil 12 der Deutschen Industrienorm 40900 definiert und hat die vorher gebräuchlichen Symbole heute fast vollständig verdrängt. Da sich die Symbole in manch altem Dokument trotzdem wiederfinden, sind die vor 1984 verwendeten Darstellungen zusätzlich in die Tabelle mit aufgenommen worden.

Unabhängig von der konkreten Ausprägung der Schaltsymbole werden in allen drei Notationen die Signalleitungen meist links in das Gatter hinein- und rechts aus dem Gatter herausgeführt. In vereinzelten Fällen werden Gatter jedoch auch gedreht oder gespiegelt wiedergegeben. Inverter können als eigenständiges Logikgatter auftauchen oder, wie in Abbildung 5.17 dargestellt, durch einen Negationskreis am Eingang des nachfolgenden Gatters symbolisiert werden. Welche Notation Sie auch verwenden, Sie sollten sich stets an dieser Stelle bewusst sein, dass die Gatterdarstellung ein *funktionales Modell* der Schaltung ist und das gezeichnete Strukturbild nicht mit der physikalischen Umsetzung der Schaltung auf Transistorebene verwechselt werden darf.

Die verschiedenen Logikgatter können wir zu komplexen *Schaltnetzen* kombinieren. Da wir bisher nur rein kombinatorische Logikgatter kennen gelernt haben – keines der Elemente kann sein Ausgangssignal bei Wegfall der Eingangssignale speichern –, sprechen wir auch von *kombinatorischen Schaltungen*. Mitunter werden Schaltnetze auch als *Gatternetzliste* oder kurz als *Netzliste* bezeichnet.

In den folgenden Abschnitten werden wir uns damit beschäftigen, wie sich beliebige boolesche Funktionen in Form eines Schaltnetzes implementieren lassen. Insbesondere die in Abschnitt 4.4 eingeführten Normalformdarstellungen ebnen uns hierzu den Weg auf systematische Weise.

5.2.1 Zweistufige Schaltungssynthese

In Abschnitt 4.4.1 haben wir mit der disjunktiven und der konjunktiven Normalform zwei wichtige Normalformdarstellungen kennen gelernt, die uns ermöglichen, jede boolesche Funktion unter ausschließlicher Verwendung der Operatoren $\neg$, $\wedge$ und $\vee$ aufzubauen. Mit Hilfe der Logikgatter in Abbildung 5.16 können wir diese Normalformen direkt in ein *Schaltnetz* umsetzen. Als Beispiel ist in Abbildung 5.18 die Hardware-Implementierung der in Tabelle 4.12 hergeleiteten disjunktiven und konjunktiven Normalform der dreistelligen Paritätsfunktion dargestellt.

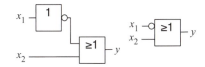

Abbildung 5.17: Darstellung der Negation durch ein separates Negationsglied (links) oder durch die implizite Invertierung der Eingangsleitung des nachfolgenden Logikgatters (rechts). Beide Schaltungen implementieren die gleiche Funktion, in diesem Fall die logische Implikation $y = x_1 \rightarrow x_2$.

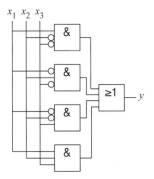

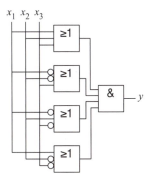

Abbildung 5.18: Zweistufige Implementierung der dreistelligen Paritätsfunktion

Die entstehenden Schaltnetze sind allesamt *zweistufig*, da ein Signal von den Eingängen zu den Ausgängen stets zwei Logikgatter durchläuft. Im Allgemeinen bezeichnet die *Stufigkeit* eines Schaltnetzes die *maximale* Anzahl an Logikgattern, die ein Signal von den Eingängen zu den Ausgängen durchlaufen muss. In aller Regel werden Inverter nicht mitgezählt, da sich ein Signal auf Transistorebene entweder direkt innerhalb einer Logikzelle invertieren lässt oder – je nach eingesetzter Basistechnologie – ohnehin in beiden Polaritäten zur Verfügung steht.

Die Stufigkeit einer Schaltung wird oft als Näherungsmaß für die Schaltgeschwindigkeit einer Hardware-Implementierung herangezogen. Damit liefert die direkte Umsetzung der disjunktiven bzw. konjunktiven Normalform eine vergleichsweise schnelle Schaltung. Der Preis, den wir für die hohe Geschwindigkeit zahlen müssen, wird deutlich, wenn wir uns der Schaltungsgröße zuwenden, also der Anzahl der Gatter, die wir zur Realisierung der booleschen Funktion benötigen. Genau wie die Anzahl der Min- bzw. Maxterme in der disjunktiven bzw. konjunktiven Normalform exponentiell zunimmt, wächst auch die Anzahl der Gatter in der entsprechenden Hardware-Implementierung. Der Zusammenhang zwischen Geschwindigkeit und Schaltungsgröße, den die zweistufige Schaltungssynthese in diesem Beispiel offenbart, ist kein Einzelfall. Stattdessen wird hier einer der fundamentalsten Zusammenhänge sichtbar, der die gesamte Entwurfsmethodik digitaler Schaltungen prägt.

Geschwindigkeit und Größe einer Hardware-Schaltung sind zueinander duale Größen. Schnelle Schaltungen benötigen in der Regel viel Fläche, während kompakte Schaltungen selten zu den schnellsten Implementierungen gehören.

5.2.2 BDD-basierte Schaltungssynthese

Binäre Entscheidungsdiagramme können ebenfalls direkt zur Schaltungssynthese herangezogen werden. Die Grundlage hierzu bildet erneut der Shannon'sche Entwicklungssatz, der den Zusammenhang zwischen den Knoten eines ROBDD und der dargestellten booleschen Funktion herstellt:

$$f(x_1,\ldots,x_n) \;=\; (x_i \wedge f_{x_i=1}) \vee (\overline{x_i} \wedge f_{x_i=0}) \qquad (5.1)$$

5.2 Schaltungssynthese

Entsprechend Gleichung (5.1) können wir jeden Knoten innerhalb eines ROBDDs in eine boolesche Formel und damit direkt in ein Schaltnetz übersetzen:

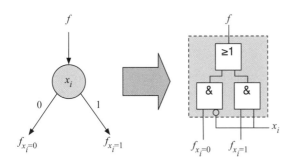

Entgegen der üblichen Konvention werden die Signalleitungen von unten in die Logikgatter hinein- und oben aus den Gattern herausgeführt. Auf diese Weise wird der Zusammenhang zwischen der ROBDD- und der Schaltungsstruktur direkt deutlich. Als Beispiel der Übersetzung eines vollständigen ROBDDs ist in Abbildung 5.19 die Umsetzung des ROBDDs der dreistelligen Paritätsfunktion aus Abbildung 4.14 dargestellt.

Aufgrund des systematischen Konstruktionsschemas wächst die Anzahl der Gatter in der so erstellten Hardware-Schaltung proportional mit der Anzahl der Knoten des zu Grunde liegenden ROBDDs. Da Binäre Entscheidungsdiagramme für viele, wenn auch niemals für alle Formelklassen eine kompakte Repräsentation ermöglichen, benötigen die generierten Schaltungen oft weniger Fläche als Schaltnetze, die aus der disjunktiven oder konjunktiven Normalform generiert wurden. Auf der anderen Seite steigt die Schaltungstiefe im Allgemeinen proportional mit der Anzahl der Eingangsvariablen, so dass die aus ROBDDs erzeugten Schaltungen in der Regel ein schlechteres Laufzeitverhalten zeigen. Auch hier offenbart sich erneut der duale Charakter der beiden Größen *Laufzeit* und *Fläche*.

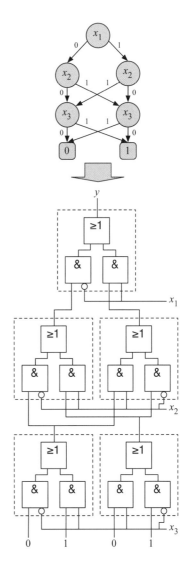

Abbildung 5.19: Direkte Umsetzung eines Binären Entscheidungsdiagramms in eine Hardware-Schaltung

5.2.3 FDD-basierte Schaltungssynthese

Auch die in Abschnitt 4.4.3 diskutierten funktionalen Entscheidungsdiagramme (FDDs) lassen sich in direkter Weise in eine Hardware-Schaltung übersetzen. Im Gegensatz zur BDD-Darstellung basieren FDDs nicht auf dem Entwicklungssatz von Shannon, sondern auf der in Definition 4.12 eingeführten positiven und negativen Davio-Entwicklung:

$$f(x_1,\ldots,x_n) = f_{x_i=0} \leftrightarrow \left(x_i \wedge \frac{\partial f}{\partial x_i}\right) \qquad (5.2)$$

$$f(x_1,\ldots,x_n) = f_{x_i=1} \leftrightarrow \left(\overline{x_i} \wedge \frac{\partial f}{\partial x_i}\right) \qquad (5.3)$$

Zur Schaltungssynthese wenden wir die gleiche Vorgehensweise an, die uns schon bei ROBDDs zum Erfolg verhalf. Entsprechend der in Gleichung (5.2) bzw. (5.3) definierten Knotensemantik ersetzen wir das vorliegende FDD Knoten für Knoten durch eine Gatternetzliste. Je nachdem, ob wir die positive oder negative Davio-Entwicklung zu Grunde legen, kommen wir zu einem der folgenden Konstruktionsschemata:

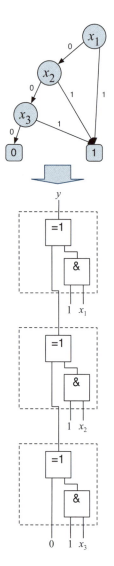

Abbildung 5.20: Direkte Umsetzung eines Funktionalen Entscheidungsdiagramms in eine Hardware-Schaltung

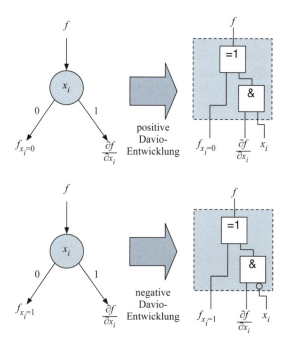

Als Beispiel demonstriert Abbildung 5.20 die direkte Hardware-Umsetzung des positiv entwickelten FDDs der dreistelligen Paritätsfunktion.

5.3 Formelsynthese

In den vorherigen Abschnitten haben wir uns damit befasst, eine boolesche Funktion ohne große Umwege in ein Schaltnetz zu übersetzen. In diesem Abschnitt wollen wir den umgekehrten Weg beschreiten und uns mit den Möglichkeiten beschäftigen, ein vorgegebenes Schaltnetz in eine boolesche Funktion zu überführen. Auch hier bieten sich uns mehrere Wege, die wir im Folgenden zusammen mit ihren jeweiligen Vor- und Nachteilen kennen lernen werden.

5.3.1 Funktionale Formelsynthese

Für die folgenden Betrachtungen sei ein beliebiges Schaltnetz mit den Eingangssignalen $x_1, \ldots, x_n$ und den Ausgangssignalen $y_1, \ldots, y_m$ gegeben. Eine *funktionale Darstellung* des Schaltnetzes erhalten wir, indem wir für jedes Ausgangssignal, wie in Abbildung 5.21 gezeigt, eine boolesche Funktion aufstellen, die die Werte der Eingangssignale $x_1, \ldots, x_n$ auf den Wert des entsprechenden Ausgangssignals y_i abbildet.

Bei der Übersetzung eines Schaltnetzes in eine boolesche Funktion machen uns vor allem *Rekonvergenzen* Probleme. Eine Rekonvergenz entsteht durch die Verzweigung einer Signalleitung am Ausgang eines Gatters und die spätere Zusammenführung an den Eingängen eines weiteren Gatters.

Abbildung 5.22 zeigt ein Beispiel eines rekonvergenten Schaltnetzes. Die Ausgangsleitung spaltet sich am Ausgang des XOR-Gatters auf und dient beiden UND-Gattern gleichermaßen als Eingangssignal. Die Rekonvergenz entsteht durch die erneute Zusammenführung der beiden Signalwege an den Eingängen des finalen ODER-Gatters. Rekonvergente Schaltungen können wir nicht eins zu eins in einen booleschen Ausdruck überführen. Der Grund hierfür liegt in der Baumstruktur boolescher Ausdrücke, die sich direkt aus dem rekursiven Konstruktionsschema ergibt. Graphentheoretisch betrachtet erzeugt jede Schaltnetzrekonvergenz eine Maschenstruktur, die sich folgerichtig nicht mehr direkt auf einen booleschen Ausdruck abbilden lässt.

Die einfachste Möglichkeit, die Rekonvergenzproblematik in den Griff zu bekommen, besteht im vollständigen Ausrollen des Strukturgraphen. Dazu traversieren wir zunächst das Schaltnetz von seiner Ausgangsleitung zurück zu den Eingängen und lösen sämtliche Leitungsverzweigungen mit Hilfe einer Kopie des entsprechenden Schaltungszweigs

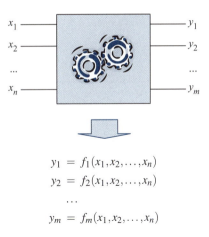

Abbildung 5.21: Das Prinzip der funktionalen Schaltungsdarstellung. Jedes Ausgangssignal wird durch eine separate boolesche Funktion beschrieben.

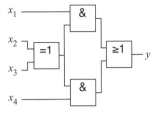

Abbildung 5.22: Eine *Rekonvergenz* entsteht, indem sich eine Signalleitung verzweigt und die unterschiedlichen Signalwege in einem nachfolgenden Gatter wieder zusammengeführt werden.

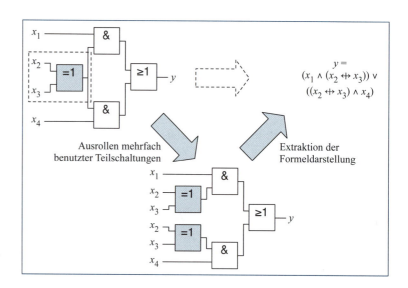

Abbildung 5.23: Formelextraktion durch Auflösen der Rekonvergenzen

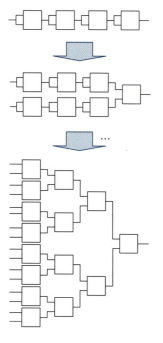

Abbildung 5.24: Die sukzessive Auflösung von Rekonvergenzen kann zu einer exponentiellen Zunahme der Schaltungsgröße führen.

auf. In dem so entstehenden Schaltnetz ist sichergestellt, dass der Ausgang jedes Logikgatters mit genau einem Eingang eines anderen Gatters verbunden ist. In anderen Worten: Das Schaltnetz zeigt jetzt eine Baumstruktur und kann eins zu eins in einen booleschen Ausdruck überführt werden. Abbildung 5.23 zeigt, wie eine funktionale Formeldarstellung für unsere Beispielschaltung auf diese Weise erzeugt werden kann. Wir erhalten das folgende Ergebnis:

$$y = (x_1 \wedge (x_2 \leftrightarrow x_3)) \vee ((x_2 \leftrightarrow x_3) \wedge x_4)$$

Das Duplizieren von Teilschaltungen fordert allerdings seinen Preis. Wie Abbildung 5.24 demonstriert, steigt die Anzahl der Gatter eines Schaltnetzes im Allgemeinen exponentiell an. Folgerichtig wächst auch die Größe der extrahierten Formeldarstellung exponentiell – mit dramatischen Auswirkungen für die Praxis. Durch die exponentielle Zunahme der Formelgröße lassen sich die booleschen Funktionen auf diese Art und Weise für typische in der Industrie auftretende Schaltnetze praktisch nicht mehr erzeugen.

Ein weiterer Nachteil der funktionalen Darstellung betrifft die Anzahl der erzeugten Funktionen, die linear mit der Anzahl der Ausgangsvariablen zunimmt. Dieses Problem wird erst durch die relationale Formeldarstellung behoben, die wir im nächsten Abschnitt genauer untersuchen werden.

5.3.2 Relationale Formelsynthese

In der relationalen Darstellung wird das komplette Schaltnetz mit Hilfe einer einzigen booleschen Funktion beschrieben, der sogenannten *charakteristischen Funktion*:

Definition 5.1 (Charakteristische Funktion)

> Gegeben sei ein beliebiges Schaltnetz mit den Eingangssignalen $x_1,\ldots,x_n$ und den Ausgangssignalen $y_1,\ldots,y_m$. Die *charakteristische Funktion*
> $$\chi : \{0,1\}^{n+m} \to \{0,1\}$$
> wird für die Variablenbelegung $(x_1,\ldots,x_n,y_1,\ldots,y_m)$ genau dann zu 1, wenn das Schaltnetz für die Eingangsbelegung $(x_1,\ldots,x_n)$ die Ausgangsbelegung $(y_1,\ldots,y_m)$ erzeugt.

Diese Art der Darstellung wird *relationale Darstellung* genannt, da die charakteristische Funktion bestimmt, ob der Eingangsvektor $(x_1,\ldots,x_n)$ in einer konsistenten Relation zu den Werten $(y_1,\ldots,y_m)$ der Schaltnetzausgänge steht. Genau dann, wenn der Eingangsvektor $(x_1,\ldots,x_n)$ und der Ausgangsvektor $(y_1,\ldots,y_m)$ zueinander passen, ist die charakteristische Funktion gleich 1.

Für Schaltnetze mit einem einzigen Ausgang y können wir die funktionale Darstellung $y = f(x_1,\ldots,x_n)$ und die relationale Darstellung $\chi(x_1,\ldots,x_n,y)$ ohne Umwege wie folgt ineinander überführen:

- Umwandlung der funktionalen in die relationale Darstellung:
$$\chi(x_1,\ldots,x_n,y) = y \leftrightarrow f(x_1,\ldots,x_n) \qquad (5.4)$$

- Umwandlung der relationalen in die funktionale Darstellung:
$$y = \chi(x_1,\ldots,x_n,1) \qquad (5.5)$$

Für unsere Beispielschaltung aus Abbildung 5.22 berechnet sich die charakteristische Funktion $\chi(x_1,x_2,x_3,x_4,y)$ wie folgt:

$$\chi = y \leftrightarrow ((x_1 \wedge (x_2 \leftrightarrow x_3)) \vee ((x_2 \leftrightarrow x_3) \wedge x_4))$$

- Einfügen von Zwischenvariablen:

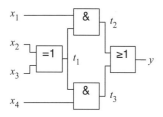

- Konsistente Variablenbelegung:

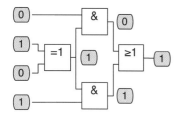

- Inkonsistente Variablenbelegung:

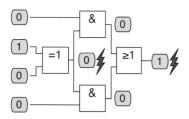

Abbildung 5.25: Zur Konstruktion der definitorischen Form werden die Ausgänge aller inneren Logikgatter mit Zwischenvariablen t_i markiert (oben). Eine Belegung der Eingangs-, Zwischen- und Ausgangsvariablen heißt konsistent, wenn die Werte der Ein- und Ausgänge dem Schaltverhalten der Logikgatter folgen (Mitte). Alle anderen Variablenbelegungen heißen inkonsistent (unten).

Einer der großen Vorteile der relationalen Schaltungsdarstellung ist die Möglichkeit, auch Schaltnetze mit mehreren Ausgangsleitungen mit einer einzigen booleschen Formel zu modellieren. Dem Konstruktionsschema aus Definition 5.1 folgend, fließen die zusätzlichen Ausgangssignale $y_2, \ldots, y_m$ einfach als weitere Eingangsvariablen in die charakteristische Funktion ein.

5.3.3 Definitorische Formelsynthese

Unabhängig davon, ob wir die funktionale oder die relationale Formelsynthese betrachten – das durch Rekonvergenzen verursachte Komplexitätsproblem wird bisher durch keine der beiden Darstellungsweisen gelöst. Durch das sukzessive Ausrollen der mehrfach verwendeten Schaltungsteile wächst sowohl die funktionale als auch die relationale Darstellung im Allgemeinen exponentiell mit der Anzahl der Logikgatter. Hier schafft erst die *definitorische Formelsynthese* Abhilfe. Diese Art der Darstellung verfolgt die Idee, die booleschen Werte der Ausgänge aller Logikgatter durch neu eingeführte Zwischenvariablen t_i zu beschreiben. Mit Hilfe dieser Zwischenvariablen können wir den Signalwert an verschiedenen Stellen innerhalb der booleschen Formel wiederverwenden, ohne die zugehörige Teilformel wieder und wieder zu replizieren. Abbildung 5.25 (oben) zeigt unsere Beispielschaltung, in der die Ausgänge der drei inneren Gatter um die Zwischenvariablen t_1, t_2 und t_3 ergänzt wurden.

Stellen Sie sich nun vor, die Eingangs-, Ausgangs- und Zwischenvariablen seien mit konkreten Werten belegt. Eine solche Variablenbelegung nennen wir *konsistent*, wenn die Werte der Variablen an den Gatterausgängen den physikalischen Werten entsprechen, die durch das zugehörige Logikgatter berechnet werden. Abbildung 5.25 zeigt ein Beispiel sowohl einer konsistenten (Mitte) als auch einer *inkonsistenten* Variablenbelegung (unten). Die *Konsistenzfunktion*

$$\kappa(x_1, \ldots, x_n, t_1, \ldots, t_k, y_1, \ldots, y_m)$$

eines Schaltnetzes enthält alle Eingangs-, Ausgangs- sowie die neu eingeführten Zwischenvariablen als freie Variablen und ist genau dann gleich 1, wenn die Werte eine konsistente Variablenbelegung bilden. Wie in Abbildung 5.26 gezeigt, kann die Funktion auf einfache Weise konstruiert werden, indem wir für jedes Logikgatter einen Äquivalenzausdruck erzeugen, der den Gatterausgang mit den Gattereingängen in Bezug setzt. Anschließend werden alle Ausdrücke konjunktiv miteinander verknüpft. Da die Gleichung für jedes Logikgatter genau einen konjunktiven Term enthält, steigt deren Größe nur linear mit der Anzahl der Logikgatter und lässt sich selbst für riesige Schaltnetze problemlos erzeugen.

Zwischen dem Blackbox-Verhalten eines Schaltnetzes und dem Konsistenzbegriff besteht eine direkte Beziehung:

Der Ausgang eines Schaltnetzes mit n Eingängen und m Ausgängen generiert für die Eingangsbelegung $(x_1,\ldots,x_n)$ genau dann die Ausgangsbelegung $(y_1,\ldots,y_m)$, wenn es Werte für die Zwischenvariablen $t_1,\ldots,t_k$ gibt, so dass $(x_1,\ldots,x_n,t_1,\ldots,t_k,y_1,\ldots,y_m)$ eine konsistente Belegung ist.

Die Forderung nach der *Existenz* einer erfüllenden Belegung – wie in diesem Fall für die Zwischenvariablen t_i verlangt – lässt sich mit Hilfe der *booleschen Quantoren* $\exists$ und $\forall$ auf elegante Weise ausdrücken und in die Konsistenzformel integrieren. Formal definieren wir die booleschen Quantoren wie folgt:

 Definition 5.2 (Boolesche Quantoren)

Sei f eine beliebige n-stellige boolesche Funktion. Die Funktion

$$\exists x_i f \; : \; \{0,1\}^{n-1} \to \{0,1\}$$

ist für die Belegung $(x_1,\ldots,x_{i-1},x_{i+1},\ldots,x_n)$ genau dann gleich 1, wenn ein Wert für x_i *existiert*, so dass $f(x_1,\ldots,x_i,\ldots,x_n)$ gleich 1 ist. Die Funktion

$$\forall x_i f \; : \; \{0,1\}^{n-1} \to \{0,1\}$$

ist für die Belegung $(x_1,\ldots,x_{i-1},x_{i+1},\ldots,x_n)$ genau dann gleich 1, wenn $f(x_1,\ldots,x_i,\ldots,x_n)$ *für alle* Werte von x_i gleich 1 gleich.

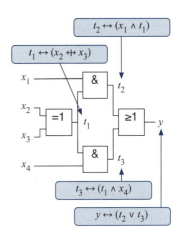

$$\kappa = \begin{array}{l}(t_1 \leftrightarrow (x_2 \leftrightarrow x_3)) \;\wedge \\ (t_2 \leftrightarrow (x_1 \wedge t_1)) \;\wedge \\ (t_3 \leftrightarrow (t_1 \wedge x_4)) \;\wedge \\ (y \leftrightarrow (t_2 \vee t_3))\end{array}$$

Abbildung 5.26: Erzeugung der Konsistenzfunktion κ für unser Beispielschaltnetz. Die Funktion ist genau dann gleich 1, wenn die Werte aller Eingangs-, Ausgangs- und Zwischenvariablen dem Schaltverhalten der Logikgatter entsprechen.

Anders als z. B. in der *Prädikatenlogik*, in der die Quantoren $\exists$ und $\forall$ die Ausdrucksfähigkeit der Logik erhöhen, lassen sich die booleschen Quantoren der Schaltalgebra auf die elementaren Logikverknüpfungen reduzieren. In diesem Sinne stellen die booleschen Quantoren, genau wie die abgeleiteten Operatoren aus Abschnitt 4.2.1, eine rein syntaktische Erweiterung der Logik dar („*syntactic sugar*"). Es gilt:

$$\exists x_i : f = f_{x_i=1} \vee f_{x_i=0} \quad (5.6)$$
$$\forall x_i : f = f_{x_i=1} \wedge f_{x_i=0} \quad (5.7)$$

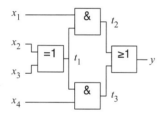

- Funktional, nicht definitorisch:
$$y = \begin{array}{l}(x_1 \wedge (x_2 \leftrightarrow x_3)) \vee \\ ((x_2 \leftrightarrow x_3) \wedge x_4)\end{array}$$

- Relational, nicht definitorisch:
$$\chi = \begin{array}{l}y \leftrightarrow \\ ((x_1 \wedge (x_2 \leftrightarrow x_3)) \vee \\ ((x_2 \leftrightarrow x_3) \wedge x_4))\end{array}$$

- Relational, definitorisch:
$$\chi = \begin{array}{l}\exists t_1 \exists t_2 \exists t_3 : \\ (t_1 \leftrightarrow (x_2 \leftrightarrow x_3)) \wedge \\ (t_2 \leftrightarrow (x_1 \wedge t_1)) \wedge \\ (t_3 \leftrightarrow (t_1 \wedge x_4)) \wedge \\ (y \leftrightarrow (t_2 \vee t_3))\end{array}$$

- Funktional, definitorisch:
$$y = \begin{array}{l}\exists t_1 \exists t_2 \exists t_3 : \\ (t_1 \leftrightarrow (x_2 \leftrightarrow x_3)) \wedge \\ (t_2 \leftrightarrow (x_1 \wedge t_1)) \wedge \\ (t_3 \leftrightarrow (t_1 \wedge x_4)) \wedge \\ (t_2 \vee t_3)\end{array}$$

Abbildung 5.27: Die vier Möglichkeiten der Formelsynthese im Vergleich

Die Reduktion der Quantoren auf die Elementarverknüpfungen ist möglich, da der Wertebereich boolescher Variablen auf die Elemente 0 und 1 beschränkt und damit endlich ist. Auf einem endlichen Wertebereich lassen sich die in Gleichung (5.6) und (5.7) verankerten Begriffe „*existiert*" bzw. „*für alle*" durch das konjunktive bzw. disjunktive Aufzählen aller Belegungsmöglichkeiten ausdrücken.

Mit Hilfe des booleschen Existenzquantors lässt sich das Blackbox-Verhalten der Gleichung jetzt auf elegante Weise beschreiben: Der Ausgang eines Schaltnetzes mit n Eingängen und m Ausgängen generiert für die Eingangsbelegung $(x_1,\ldots,x_n)$ genau dann die Ausgangsbelegung $(y_1,\ldots,y_m)$, wenn die Funktion

$$\chi : \{0,1\}^{n+m} \to \{0,1\}$$

mit

$$\chi = \exists t_1 \ldots \exists t_k : \kappa(x_1,\ldots,x_n,t_1,\ldots,t_k,y_1,\ldots,y_m)$$

gleich 1 ist.

Erinnern Sie sich noch an die relationale Formelsynthese aus Abschnitt 5.3.2? Die soeben konstruierte Funktion ist nichts anderes als die charakteristische Funktion des zu Grunde liegenden Schaltnetzes. Durch die Verwendung der definitorischen Form ist es uns jedoch gelungen, eine relationale Darstellung des Schaltnetzes zu generieren, deren Größe nur linear mit der Anzahl der Logikgatter steigt. Im Gegensatz zur vergleichsweise naiven Formelsynthese in Abschnitt 5.3.1 sind wir hiermit in der Lage, auch sehr große Schaltungen in eine Formeldarstellung zu überführen – unabhängig von der Anzahl der vorhandenen Rekonvergenzen.

Konstruieren wir die definitorische Form wie hier dargestellt, so erhalten wir eine relationale Darstellung des Schaltnetzes. Bei Schaltnetzen mit einem einzigen Ausgang können wir jedoch auch hier die relationale Form in die funktionale Form entsprechend Gleichung (5.5) umwandeln. Insgesamt ergeben sich damit vier Kombinationsmöglichkeiten, die in Abbildung 5.27 abschließend gegenübergestellt sind.

5.4 Komplexitätsanalyse

In den vorherigen Abschnitten sind wir gleich an mehreren Stellen auf die Begriffe des *linearen* und des *exponentiellen Wachstums* gestoßen und haben damit, ohne es zu wissen, bereits auf zwei wichtige Vokabeln der *Komplexitätstheorie* zurückgegriffen. In diesem Abschnitt wollen wir die Grundlagen des *O-Kalküls* einführen und damit den Komplexitätsbegriff auf ein formales Fundament stellen.

Um nicht im Nebel der Theorie zu versinken, werden wir die folgenden Überlegungen an den beiden in Abbildung 5.28 dargestellten Schaltungen durchführen. Beide Schaltungen sind funktional identisch und implementieren die *n*-stellige Paritätsfunktion. Die Berechnungen erfolgen jedoch auf völlig unterschiedliche Art und Weise. Während die erste Schaltung das Ergebnis durch eine seriell geschaltete XOR-Kette berechnet, ist die zweite Schaltung in einer Baumstruktur organisiert und realisiert die zweistellige XOR-Verknüpfung jeweils durch die Zusammenschaltung zweier UND-Gatter mit einem ODER-Gatter.

Zur Vereinfachung des Sachverhalts nehmen wir an, dass alle Logikgatter die gleiche Größe besitzen und gleich schnell schalten. Vernachlässigen wir zusätzlich die Signalverzögerungen, die durch die Verbindungsleitungen verursacht werden, so können wir den Flächenbedarf und das Laufzeitverhalten beider Schaltungen exakt angeben:

	Variante 1	Variante 2
Gatteranzahl	$n-1$	$3n-3$
Laufzeit	$n-1$	$2\lceil \log_2 n \rceil$

Der Grundgedanke der *Komplexitätsanalyse* besteht nun darin, die Größe oder das Laufzeitverhalten der Schaltung für den Fall $n \to \infty$ zu bestimmen. Da wir den Parameter n gegen unendlich streben lassen, sprechen wir auch von der *asymptotischen Komplexität* der Schaltung. Zwei Punkten wollen wir an dieser Stelle unser besonderes Augenmerk schenken:

- In dem Ausdruck $n-1$ spielt die Subtraktion der 1 für sehr große Werte von n kaum noch eine Rolle. Der relative Fehler, der durch das Weglassen der Addition oder Subtraktion einer Konstanten entsteht, strebt für große n gegen 0, so dass wir den Ausdruck bedenkenlos durch n ersetzen können, ohne die asymptotische Komplexität zu verändern.

- Variante 1:

  Basisfall ($n = 2$):

  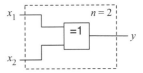

  Rekursionsschema:

  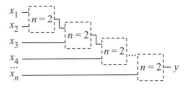

- Variante 2:

  Basisfall ($n = 2$):

  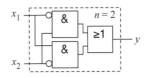

  Rekursionsschema:

  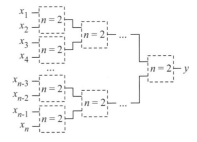

Abbildung 5.28: Zwei unterschiedliche Implementierungen der *n*-stelligen Paritätsfunktion

Vorsicht bei der Interpretation der O-Notation! Die Komplexitätsanalyse macht eine Aussage für den Fall $n \to \infty$, in der Praxis haben wir es jedoch mit Schaltungen endlicher Größe zu tun. Sind die in der Praxis verwendeten Schaltungsgrößen zum Beispiel kleiner als die Konstante N aus Definition 5.3, so lässt das asymptotische Verhalten der Schaltung überhaupt keine Rückschlüsse auf die vorliegende Schaltung zu. Des Weiteren dürfen wir den konstanten Faktor c, über dessen konkreten Wert in Definition 5.3 ebenfalls keine Angaben gemacht werden, für kleine Schaltungen nicht vernachlässigen. Hier kann die Konstante dafür sorgen, dass beispielsweise eine Schaltung der Laufzeitkomplexität $O(n)$ für gewisse Schaltungsgrößen schneller ist als eine Schaltung der Komplexität $O(\log n)$. Dieses Phänomen können wir auch für die beiden oben konstruierten Paritätsschaltungen beobachten. Wie die folgende Abbildung zeigt, ist die zweite Variante erst ab einer Schaltungsgröße von $n > 9$ stets schneller als die erste Variante.

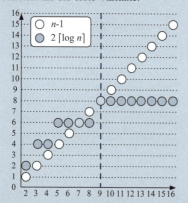

Eine Folgerung können wir aus der Komplexitätsklasse trotzdem ableiten: Jede Schaltung der Laufzeitkomplexität $O(\log n)$ wird *irgendwann* schneller sein als eine Schaltung der Komplexität $O(n)$. Ab welchem n dies gilt, können wir aus der Komplexitätsklasse alleine jedoch nicht herleiten.

- Auf die Angabe von konstanten Faktoren können wir ebenfalls verzichten. Der Grund hierfür liegt in der Tatsache, dass wir mit der Anzahl der Logikgatter bzw. der Schaltungstiefe ausschließlich abstrakte Messgrößen zur Komplexitätsbestimmung heranziehen und damit bewusst mit einheitenlosen Zahlen agieren. In anderen Worten: Die wichtige Information ist für uns die logarithmische Zunahme der Kenngröße und nicht deren realer Wert.

Diese Überlegungen führen uns auf dem direkten Weg zur Definition des *O-Kalküls*:

 Definition 5.3 (O-Kalkül)

Die Funktion f gehört zur Komplexitätsklasse

$$O(g(n)),$$

wenn es ein $c \in \mathbb{R}^+$ und ein $N \in \mathbb{N}$ gibt, so dass für alle $n \geq N$ gilt:

$$f(n) \leq c \cdot g(n)$$

In Definition 5.3 wird nur gefordert, dass die Beziehung $f(n) \leq c \cdot g(n)$ für alle n erfüllt sein muss, die *größer oder gleich* einer gewissen Konstanten N sind. Die Definition trägt der Absicht Rechnung, lediglich eine Aussage über das asymptotischen Verhalten der Schaltung zu machen. In diesem Fall spielt es keine Rolle, welche Werte die untersuchte Funktion auf einem endlichen Anfangsstück annimmt. In der Sprache des O-Kalküls können wir die oben ermittelten Kenngrößen wie folgt formulieren:

	Variante 1	Variante 2
Gatteranzahl	$O(n)$	$O(n)$
Laufzeit	$O(n)$	$O(\log n)$

Der Ausdruck $O(g(n))$ beschreibt eine *Menge von Funktionen*, so dass die mathematisch korrekte Schreibweise $f(n) \in O(g(n))$ ausdrückt, dass die Funktion f in die durch g definierte Komplexitätsklasse fällt. Trotzdem hat sich in der Praxis die Notation

$$f(n) = O(g(n))$$

durchgesetzt. Obwohl die Schreibweise mathematisch gesehen völlig falsch ist, ist sie in der Informatik so weit verbreitet, dass wir uns an dieser Stelle nicht dagegen sträuben wollen.

5.5 Zeitverhalten digitaler Schaltungen

Die boolesche Algebra stellt uns das mathematische Grundgerüst zur Verfügung, um den *funktionalen Zusammenhang* zwischen den Signalwerten der Eingangsleitungen und den Signalwerten der Ausgangsleitungen zu beschreiben. Neben diesen rein funktionalen Aspekten müssen wir auf Schaltnetzebene zusätzlich physikalische Effekte berücksichtigen, wie sie beispielsweise durch die endliche Ausbreitungsgeschwindigkeit der digitalen Signale hervorgerufen werden. Ändern wir den Signalwert einer Eingangsleitung, so ändern sich die Signalwerte der Ausgänge leicht zeitversetzt. Obwohl die Zeitunterschiede, gemessen in absoluten Maßstäben, äußerst gering sind – ein elektrisches Signal bewegt sich in einer typischen Halbleiterschaltung mit ca. 0,6-facher Lichtgeschwindigkeit –, darf die Zeitproblematik auf keinen Fall unterschätzt werden. Insbesondere können durch das ungünstige Zusammenspiel verschiedener Signalwege ungewollte Signalwechsel, sogenannte *Störimpulse* (*Hazards*), entstehen, die drastische Auswirkungen auf die Funktionsfähigkeit einer Hardware-Schaltung haben können.

5.5.1 Signalausbreitung und -verzögerung

In diesem Abschnitt beschäftigen wir uns zunächst mit der Wirkung einzelner Logikzellen auf die charakteristischen Eigenschaften eines elektrischen Signals. Hierzu zeigt Abbildung 5.29 das physikalische Zeitverhalten einer einfachen Inverter-Zelle. Legen wir am Eingang x ein Rechtecksignal an, entsteht am Ausgang des Inverters eine Art Wannenkurve. Der produzierte Signalverlauf wird durch zwei wichtige Parameter beeinflusst:

- Verzögerungscharakteristik

  Erfährt der Spannungspegel am Eingang x des Inverters einen negativen bzw. positiven Flankenwechsel, so bleibt das Ausgangssignal y für einen gewissen Zeitraum

  t_D = Verzögerungszeit (*delay time*) bzw.

  t_S = Speicherzeit (*storage time*)

  konstant. Jedes Logikgatter verursacht hierdurch eine zeitliche Verschiebung des elektrischen Signalpegels. In der Praxis gilt es außerdem zu berücksichtigen, dass der Signalpegel am Eingang kein perfektes Rechtecksignal bildet. Je nach Beschaffenheit der Signalflan-

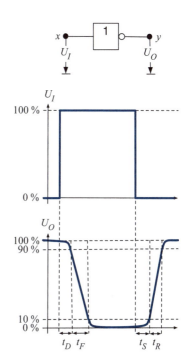

Abbildung 5.29: Das physikalische Zeitverhalten einer Logikzelle, hier demonstriert am Beispiel eines Logikinverters. In Abhängigkeit von den elektrischen Eigenschaften der Logikzelle wird die Signalflanke verbreitert oder verkürzt (Zeitintervalle t_F und t_R). Zusätzlich zur Verformung der Signalflanke wird das Impulsfenster aufgrund der Schaltverzögerung zeitlich verschoben (Zeitintervalle t_D und t_S).

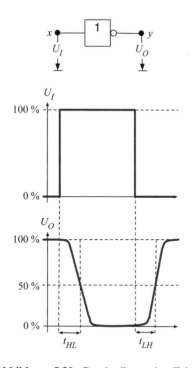

Abbildung 5.30: Beschreibung des Zeitverhaltens einer Logikzelle mit Hilfe der Zeitintervalle t_{HL} und t_{LH}. Der arithmetische Mittelwert Δt definiert die Verzögerungszeit der Logikzelle.

ken wird die Verzögerungs- und Speicherzeit hierdurch zusätzlich verlängert.

- **Wechselcharakteristik**

Die Beschaffenheit der Signalflanke wird durch ein Logikgatter ebenfalls geringfügig verändert. In Abhängigkeit der elektrischen Eigenschaften der Logikzelle wird die Flanke entweder verbreitert oder verkürzt. Die *Breite* der Signalflanke wird, wie in Abbildung 5.29 gezeigt, durch die beiden Zeitspannen

t_F = Fallzeit (*fall time*) und

t_R = Anstiegszeit (*rise time*)

beschrieben. Die verschiedenen Logikgatter eines Schaltnetzes können somit einen *degenerativen* oder einen *aufbereitenden* Effekt auf das elektrische Signal ausüben, je nachdem ob sich die Fall- bzw. Anstiegszeiten verlängern oder verkürzen.

In vielen Fällen wird das Zeitverhalten eines Logikgatters, wie in Abbildung 5.30 gezeigt, auf einfachere Weise durch die Angabe von nur zwei Zeitintervallen t_{HL} und t_{LH} beschrieben. Ausgehend vom Zeitpunkt der Änderung des Eingangssignals beschreiben die Intervalle t_{HL} bzw. t_{LH} die verstrichene Zeit, bis das Ausgangssignal 50 % des neuen Pegels erreicht – jeweils separat für die fallende bzw. steigende Flanke. Aus den beiden Zeitintervallen wird die Verzögerungszeit des Logikgatters durch das arithmetische Mittel Δt berechnet:

$$\Delta t = \frac{t_{HL} + t_{LH}}{2}$$

In einigen Fällen ist es erforderlich, das elektrische Signal innerhalb einer Halbleiterschaltung künstlich zu verzögern ohne die Funktionalität der Schaltung zu beeinflussen. Hierzu stehen uns *Pufferelemente* (*Buffer*) zur Verfügung, deren Schaltsymbol dem Logikinverter sehr ähnlich ist – einzig der Negationskreis am Gatterausgang entfällt:

Neben der Erzeugung einer künstlichen Verzögerung werden Pufferelemente immer dann eingefügt, wenn ein elektrisches Signal auf einem bestimmten Signalweg aufbereitet werden muss. So kann das elektrische Signal gezielt verstärkt oder seine Flanken verkürzt werden.

Neben der Verzögerung, die ein Signal beim Durchlaufen einer Zelle erfährt (*cell delay*), verzögern auch die Leitungsnetze zwischen den

5.5 Zeitverhalten digitaler Schaltungen

Logikzellen die Signalausbreitung (*net delay*). Beide Effekte sind insbesondere abhängig von der Integrationsdichte, in der eine Schaltung gefertigt ist.

 Mit steigender Integrationsdichte nimmt der Cell-delay-Anteil ab und der Net-delay-Anteil zu.

Je höher wir die Schaltelemente auf dem Silizium-Chip integrieren, desto mehr dominiert die Verzögerungszeit der Leitungsnetze das Zeitverhalten der Schaltung. Auf den ersten Blick scheint diese Erkenntnis harmlos zu sein, ein zweiter Blick offenbart allerdings, dass hierdurch der gesamte Prozess des Hardware-Entwurfs betroffen ist. Der Grund hierfür liegt in den Modellen zur Laufzeitabschätzung einer Schaltung, die während der frühen Entwurfsphasen einer Hardware-Schaltung eingesetzt werden und nahezu ausschließlich die Gatterlaufzeiten als Schätzgröße einbeziehen. Schlimmer noch: Die durch die Leitungsnetze verursachten Verzögerungen lassen sich nur sehr schwer abschätzen, da die Verdrahtung der Zellen von der physikalischen Topologie des Chips abhängt, die in frühen Entwurfsphasen noch gar nicht vorhanden ist. Kurzum: Etablierte Modelle zur Abschätzung des Laufzeitverhaltens digitaler Schaltnetze verlieren für hochintegrierte Halbleiterschaltungen, wie wir sie heute produzieren, mehr und mehr an Aussagekraft und die Suche nach integrierten Modellen ist gegenwärtig unter dem Stichwort *Timing closure* ein Forschungsschwerpunkt im Bereich des computergestützten Hardware-Entwurfs (*Electronic Design Automation*, kurz EDA) [63].

- Statische Hazard-Impulse:

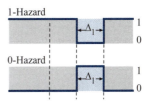

- Dynamische Hazard-Impulse:

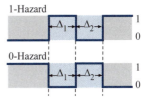

Abbildung 5.31: Unterscheidung der Störimpulse in statische Hazard-Impulse (oben) und dynamische Hazard-Impulse (unten)

5.5.2 Störimpulse

Als *Störimpuls* bezeichnen wir den kurzzeitigen Wechsel des physikalischen Pegels eines Signals, der nach den klassischen Regeln der booleschen Algebra nicht auftreten dürfte. Störimpulse werden auch als *Hazards* bezeichnet und anhand ihrer Auftrittscharakteristik in *statische* und *dynamische Hazards* unterteilt:

- Statische Hazard-Impulse

    Als *statische* Hazard-Impulse bezeichnen wir den einmaligen temporären Wechsel des Signalpegels. Wir sprechen von einem 1-Hazard, wenn der Störimpuls während der 1-Phase auftritt, und von einem 0-Hazard, wenn der Störimpuls während der 0-Phase auftritt.

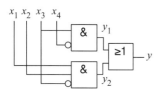

Abbildung 5.32: Hardware-Schaltung zur Demonstration von Logik-Hazards

- Dynamische Hazard-Impulse

  Ein Hazard-Impuls heißt *dynamisch*, wenn der Signalpegel beim Wechsel seines Werts mehrfach fluktuiert, bis der Ausgangswert stabil eingenommen wird. Tritt die Fluktuation bei einem Wechseln von 0 auf 1 auf, so sprechen wir von einem 1-Hazard, ansonsten von einem 0-Hazard.

Abbildung 5.31 verdeutlicht die Struktur statischer und dynamischer Störimpulse anhand zweier Signaldiagramme.

Hazards können nicht nur nach ihrer Signalcharakteristik, sondern auch bezüglich ihrer Entstehungsursache klassifiziert werden. Eine solche Ursachenanalyse führt uns unmittelbar zu den Begriffen des *Logik-Hazards* und des *Funktions-Hazards*.

Logik-Hazards

Ein Schaltnetz enthält einen *Logik-Hazard*, falls der alleinige Signalwechsel einer einzigen Eingangsleitung zu einem Störimpuls führt. Damit es in einem Schaltnetz überhaupt zu einem Logik-Hazard kommen kann, müssen zwei Bedingungen zwingend gelten:

- Vorliegen einer Rekonvergenz

  Zu einem Logik-Hazard kann es nur kommen, wenn das Schaltnetz Rekonvergenzen enthält. Wie oben beschrieben, entsteht eine Rekonvergenz immer dann, wenn eine Signalleitung verzweigt und an späterer Stelle an den Eingängen eines Logikgatters wieder zusammengeführt wird. Damit stellen uns Rekonvergenzen nicht nur im Zusammenhang mit der Formelsynthese vor Herausforderungen, sondern zeichnen auch für viele Laufzeitprobleme verantwortlich.

- Laufzeitunterschiede auf den Signalwegen

  Eine Rekonvergenz alleine verursacht noch keinen Logik-Hazard. Erst wenn das aufgespaltete Signal auf beiden Signalwegen unterschiedlich verzögert wird, kann es zu einem Störimpuls kommen. In diesem Fall kommen die Signale an dem zusammenführenden Gatter zeitverzögert an, so dass der Gatterausgang unter gewissen Umständen kurzfristig einen falschen Wert erzeugt.

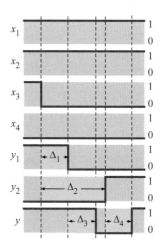

Abbildung 5.33: In unserem Beispiel nehmen wir an, dass die Schaltzeit Δ_2 größer ist als die Summe der Schaltzeiten Δ_1 und Δ_3. Wechselt das Signal x_3 jetzt von 1 auf 0, so ist die Zeit, in der sowohl y_1 als auch y_2 auf 0 liegen, lange genug, um y für kurze Zeit ebenfalls auf 0 abfallen zu lassen. Kurzum: Ein Störimpuls entsteht.

Die Entstehung eines Logik-Hazards wollen wir nun an einem konkreten Beispiel nachvollziehen und betrachten hierzu das Schaltnetz in Abbildung 5.32. Mit $\Delta(x,y)$ bezeichnen wir die Verzögerungszeit zwischen

5.5 Zeitverhalten digitaler Schaltungen

den Signalen x und y, d. h. die Zeitspanne, bis sich nach einer Änderung des Signals x auch das Signal y ändert. Für unser Beispiel definieren wir die vier Verzögerungszeiten Δ_1 bis Δ_4 wie folgt:

$$\Delta_1 := \Delta(x_3, y_1)$$
$$\Delta_2 := \Delta(x_3, y_2)$$
$$\Delta_3 := \Delta(y_1, y)$$
$$\Delta_4 := \Delta(y_2, y)$$

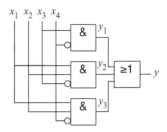

Abbildung 5.34: Logik-Hazards können durch das Hinzufügen weiterer Gatter beseitigt werden.

Für die weiteren Betrachtungen nehmen wir an, dass die Verzögerungszeit Δ_2 aufgrund der physikalischen Schaltungstopologie größer ausfällt als die Summe der Verzögerungszeiten Δ_1 plus Δ_3. Weiter nehmen wir an, dass die Signale x_1, x_2, x_3 auf 1 liegen und das Signal x_4 entsprechend auf 0. Wechselt nun das Signal x_3 von 1 auf 0 und bleibt der Wert aller anderen Eingangssignale unverändert, so entsteht der in Abbildung 5.33 dargestellte Signalverlauf. Durch das Abfallen des Signals x_3 fällt nach der Zeitspanne Δ_1 zunächst das Signal y_1 auf 0. Jetzt sind sowohl y_1 als auch y_2 gleich 0, so dass der Ausgang y des ODER-Gatters nach der Zeitspanne Δ_3 ebenfalls auf 0 abfällt und einen statischen Störimpuls auslöst. Erst jetzt ist die Zeit Δ_2 verstrichen, so dass das Signal y_2 wieder ansteigt und nach weiteren Δ_4 Zeiteinheiten auch das Ausgangssignal seinen stabilen Wert 1 einnimmt.

Logik-Hazards können durch das Einfügen zusätzlicher Logikgatter vermieden werden. Diese Korrekturgatter müssen die Signalverläufe so beeinflussen, dass Logik-Hazards nicht mehr auftreten können, ohne eine funktionale Auswirkung auf die realisierte boolesche Funktion auszuüben. Die auf diese Weise gegen Logik-Hazards geschützte Schaltung sowie der zugehörige Signalverlauf sind in den Abbildungen 5.34 und 5.35 dargestellt.

An dieser Stelle drängt sich unmittelbar die Frage auf, wie wir Anzahl und Beschaffenheit der Korrekturgatter berechnen können. Die Antwort auf diese Frage wollen wir für den Moment zurückstellen, da uns eine entsprechende Berechnungsvorschrift in Abschnitt 6.2.2 als Nebenprodukt der Schaltungsminimierung nach Karnaugh und Veitch in die Hände fallen wird.

Statische Hazards können sich zu dynamischen Hazards ausweiten, wenn sie vor dem permanenten Wechsel eines Ausgangssignals auftreten. Die beiden Beispiele in Abbildung 5.36 zeigen, wie aus einem statischen 0-Hazard oder einem statischen 1-Hazard ein dynamischer 1-Hazard bzw. 0-Hazard entstehen kann.

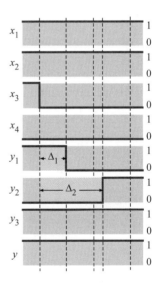

Abbildung 5.35: Wie der Signalverlauf zeigt, bleibt der Ausgang des neu eingefügten Gatters y_3 konstant auf 1, so dass auch die Änderungen von y_1 und y_2 am Ausgang y keine Auswirkung mehr haben.

- Dynamischer 1-Hazards

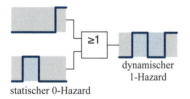

- Dynamischer 0-Hazards

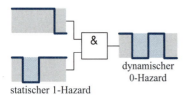

Abbildung 5.36: Aus statischen Hazards können dynamische Hazards entstehen.

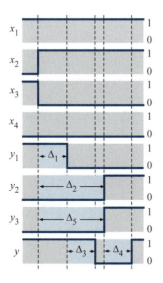

Abbildung 5.37: Als Funktions-Hazards bezeichnen wir Störimpulse, die durch die gleichzeitige Änderung mehrerer Eingangssignale entstehen. Selbst wenn ein Schaltnetz gegen Logik-Hazards geschützt ist, können trotzdem Funktions-Hazards entstehen, wie dieses Beispiel demonstriert.

Funktions-Hazards

Ein Schaltnetz enthält einen *Funktions-Hazard*, falls der gleichzeitige Wechsel mehrerer Eingangssignale zu einem Störimpuls führt. Genau wie Logik-Hazards werden Funktions-Hazards durch Laufzeitunterschiede der verschiedenen Signalwege verursacht. Im Gegensatz zu Logik-Hazards treten Funktions-Hazards jedoch weit häufiger auf.

 Funktions-Hazards können in einem Schaltnetz selbst dann auftreten, wenn es vollständig frei von Logik-Hazards ist.

Als Beispiel hierzu betrachten wir erneut unsere Schaltung aus Abbildung 5.34. Obwohl die Schaltung gegen Logik-Hazards abgesichert ist – der Wechsel eines einzigen Eingangssignals führt niemals zu einem Störimpuls –, kann ein Funktions-Hazard entstehen, indem die Werte der Signale x_2 und x_3 gleichzeitig wechseln. Die im Signaldiagramm in Abbildung 5.37 zusätzlich auftretende Verzögerungszeit $\Delta_5 := \Delta(x_2, y_3)$ bezeichnet dabei die Zeitspanne zwischen dem Wechsel des Eingangssignals x_2 und dem hierdurch verursachten Wechsel von y_3, dem Ausgang des neu eingefügten UND-Gatters. Für unser Beispiel nehmen wir an, dass die Zeitspanne Δ_5 der Zeitspanne Δ_2 entspricht.

Die Behebung von Funktions-Hazards ist ungleich schwieriger als die Behebung von Logik-Hazards. Eine Möglichkeit besteht in der Serialisierung der Signalübergänge, wie sie z. B. durch das explizite Einfügen zusätzlicher Verzögerungselemente erreicht werden kann. Die schwierige Elimination funktionaler Hazards ist einer der Gründe, warum Schaltwerke, wie wir sie in Kapitel 8 kennen lernen werden, meist synchron ausgelegt sind. In synchronen Schaltungen wirken sich die konkreten Signalpegel immer nur zu fest definierten Zeitpunkten aus, so dass zwischenzeitlich entstehende Störimpulse folgenlos bleiben.

Hazards können nicht nur die Funktionalität einer Halbleiterschaltung negativ beeinflussen, sondern auch deren Stromverbrauch in die Höhe treiben. In CMOS-Schaltungen wird ein großer Teil der Leistungsaufnahme durch *Umladeströme* verursacht, die durch das Aufladen einer elektrischen Kapazität entstehen. Bei positiver Logik sind also insbesondere die Signalwechsel von 0 auf 1 und bei negativer Logik die Signalwechsel von 1 auf 0 für einen großen Teil der Leistungsaufnahme verantwortlich. Damit trägt jeder Störimpuls unmittelbar zur Steigerung des Stromverbrauchs einer Halbleiterschaltung bei.

5.6 Übungsaufgaben

Aufgabe 5.1

Webcode 4099

In diesem Kapitel haben Sie gelernt, dass der Wechsel der Logikpolarität das funktionale Verhalten der zugrunde liegenden Hardware-Schaltung beeinflusst. Wie wirkt sich die Änderung der Logikpolarität auf die Funktionen $f_1, \ldots, f_6$ aus, wenn für diese in positiver Logik die folgenden Beziehungen gelten:

a) $f_1(x_1, x_2) = x_1 \rightarrow x_2$

b) $f_2(x_1, x_2) = x_1 \leftarrow x_2$

c) $f_3(x_1, x_2) = x_1 \leftrightarrow x_2$

d) $f_4(x_1, x_2) = x_1 \leftrightarrow x_2$

e) $f_5(x_1, x_2, x_3) = x_1 \leftrightarrow x_2 \leftrightarrow x_3$

f) $f_6(x_1, x_2, x_3) = x_1 \leftrightarrow x_2 \leftrightarrow x_3$

Aufgabe 5.2

Webcode 4712

Bei den folgenden CMOS-Verknüpfungsgliedern handelt es sich um sogenannte *Komplexgatter*:

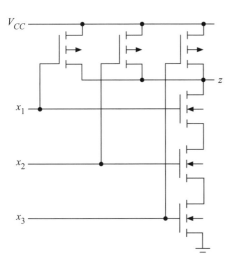
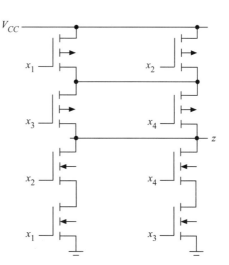

Welche boolesche Funktionen realisieren die Schaltungen?

Aufgabe 5.3

Webcode 4657

Gegeben sei die folgende boolesche Funktion:

	x_4	x_3	x_2	x_1	y			x_4	x_3	x_2	x_1	y
0	0	0	0	0	1		8	1	0	0	0	1
1	0	0	0	1	1		9	1	0	0	1	0
2	0	0	1	0	1		10	1	0	1	0	0
3	0	0	1	1	1		11	1	0	1	1	0
4	0	1	0	0	0		12	1	1	0	0	0
5	0	1	0	1	1		13	1	1	0	1	1
6	0	1	1	0	1		14	1	1	1	0	0
7	0	1	1	1	0		15	1	1	1	1	0

Erzeugen Sie die disjunktive Normalform und konstruieren Sie daraus ein Schaltnetz, das die Funktion implementiert.

Aufgabe 5.4

Webcode 4541

Konstruieren Sie für die abgebildeten Entscheidungsdiagramme jeweils ein Schaltnetz, das die dargestellte boolesche Funktion implementiert.

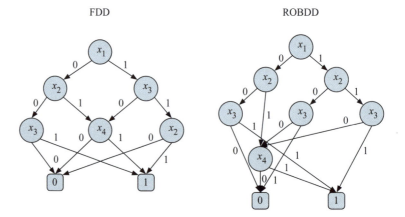

Sind beide Schaltnetze äquivalent?

Setzen Sie jedes der beiden Schaltnetze in einen booleschen Ausdruck um und stellen Sie die zugehörige Wahrheitstafel auf.

Aufgabe 5.5

Webcode 4285

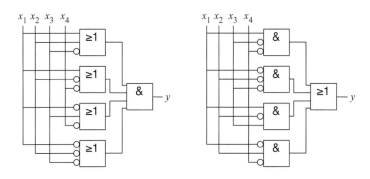

Gegeben sei das folgende Schaltnetz. Nehmen Sie an, dass die Verzögerungszeit aller Gatter 2 ns beträgt und vernachlässigen Sie die Leitungsverzögerung.

Aufgabe 5.6

Webcode 4577

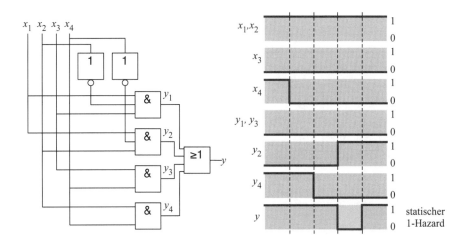

Wie Sie aus dem Signaldiagramm erkennen können, produziert das Schaltnetz für den angegebenen Signalwechsel einen Logik-Hazard. Analysieren Sie die Schaltung und finden Sie heraus, ob Logik-Hazards auch noch durch andere Signalwechsel verursacht werden können.

Aufgabe 5.7

Webcode 4128

Gegeben sei das folgende Schaltnetz. Erzeugen Sie eine Formeldarstellung in

a) funktionaler, nicht definitorischer Darstellung,

b) relationaler, nicht definitorischer Darstellung,

c) funktionaler, definitorischer Darstellung und

d) relationaler, definitorischer Darstellung.

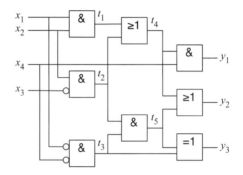

Aufgabe 5.8

Webcode 4395

Gegeben seien die booleschen Ausdrücke

$$\phi(x_1,\ldots,x_n) \quad \text{und} \quad \psi(x_1,\ldots,x_n)$$

Die Variable x_n kommt sowohl in ϕ als auch in ψ vor. Beweisen oder widerlegen Sie die folgenden Rechenregeln für die booleschen Quantoren $\exists$ und $\forall$:

a) $\exists x_n (\phi \wedge \psi) = (\exists x_n \phi) \wedge (\exists x_n \psi)$

b) $\exists x_n (\phi \vee \psi) = (\exists x_n \phi) \vee (\exists x_n \psi)$

c) $\forall x_n (\phi \wedge \psi) = (\forall x_n \phi) \wedge (\forall x_n \psi)$

d) $\forall x_n (\phi \vee \psi) = (\forall x_n \phi) \vee (\forall x_n \psi)$

Eine zentrale Eigenschaft der definitorischen Formeldarstellung ist der lineare Zusammenhang zwischen der Formellänge und der Anzahl der Gatter eines Schaltnetzes. Bleibt diese Eigenschaft erhalten, wenn wir die booleschen Quantoren $\exists$ und $\forall$, wie in den Gleichungen (5.6) und (5.7) gezeigt, mit Hilfe der elementaren Operatoren ausdrücken?

Aufgabe 5.9

Gegeben seien die Funktionen f und g und es gelte $f(n) = O(g(n))$. Welcher der folgenden Graphen beschreibt die Beziehung zwischen f und g? Welche Beziehungen drücken die anderen Graphen aus?

Webcode 4009

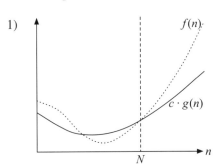

1)

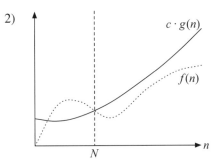

2)

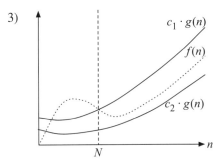

3)

Aufgabe 5.10

Komplexitätsanalyse:

Webcode 4583

a) Ordnen Sie die Funktionen... den folgenden Komplexitätsklassen zu...

$f_1 := 4 \cdot n^2 + 12 \cdot n$

$f_2 := \ln n$

$f_3 := 3 \cdot n + 2 \cdot n \log_2 n$

$f_4 := 3 \cdot n^2 + 2 \cdot n \log_2 n$

1) $O(1)$
2) $O(\log_2 n)$
3) $O(n \cdot \log_2 n)$
4) $O(n^2)$

b) Beweisen Sie die folgende Komplexitätsbeziehung:

$$\sum_{i=1}^{n} \sum_{j=1}^{i} j = O(n^3)$$

6 Minimierung

In diesem Kapitel werden Sie . . .

- die typischen Minimierungsziele des Schaltungsentwurfs kennen lernen,
- ein Grundverständnis für Kostenfunktionen entwickeln,
- das Konstruktionsprinzip von Karnaugh-Veitch-Diagrammen verstehen,
- erlernen, wie sich boolesche Funktionen mit Hilfe von Karnaugh-Veitch-Diagrammen grafisch minimieren lassen,
- mit dem Quine-McCluskey-Verfahren einen alternativen Weg zur Schaltungsminimierung beschreiten.

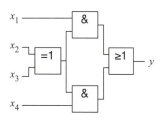

	x_4	x_3	x_2	x_1	y
0	0	0	0	0	0
1	0	0	0	1	0
2	0	0	1	0	0
3	0	0	1	1	1
4	0	1	0	0	0
5	0	1	0	1	1
6	0	1	1	0	0
7	0	1	1	1	0
8	1	0	0	0	0
9	1	0	0	1	0
10	1	0	1	0	1
11	1	0	1	1	1
12	1	1	0	0	1
13	1	1	0	1	1
14	1	1	1	0	0
15	1	1	1	1	0

Abbildung 6.1: Strukturbild und Wahrheitstabelle unseres Schaltnetzbeispiels

6.1 Minimierungsziele

In den beiden vorangegangenen Kapiteln haben wir mit der booleschen Algebra das mathematische Fundament zur formalen Beschreibung beliebiger Schaltfunktionen geschaffen und gezeigt, wie sich mit Hilfe der elementaren Logikgatter selbst komplexe Funktionen auf direktem Weg in Hardware-Schaltungen übersetzen lassen. Eine wichtige Erkenntnis dieser Überlegungen wollen wir an dieser Stelle nochmals aufgreifen: Auf der Logikebene besitzt jede boolesche Funktion mehr als eine Darstellung, die jede für sich zu einer ganz unterschiedlichen Implementierung auf der Hardware-Ebene führt. Zwei der möglichen Darstellungen haben wir in Form der disjunktiven Normalform (DNF) und der konjunktiven Normalform (KNF) bereits ausführlich untersucht. Für die direkte Umsetzung in eine Digitalschaltung sind beide Normalformdarstellungen allerdings nur bedingt geeignet, da deren Größe, wie in Abschnitt 4.4.1 gezeigt, für die meisten Schaltfunktionen exponentiell mit der Anzahl der Eingangsvariablen wächst.

In der Praxis stellt uns die große Auswahl an Implementierungsmöglichkeiten vor ein ernst zu nehmendes Problem und die Suche nach der optimalen Darstellung ist ein wichtiger Teil der täglichen Arbeit eines Hardware-Entwicklers. In diesem Kapitel wollen wir uns deshalb mit der Frage auseinandersetzen, wie wir unter den vielen verschiedenen Möglichkeiten der Schaltungsdarstellung die optimale Variante auswählen oder von Grund auf konstruieren können.

Zur Lösung dieses Problems bleibt der Hardware-Entwickler glücklicherweise nicht auf sich alleine gestellt. Heute stehen uns zur Minimierung boolescher Ausdrücke leistungsfähige Verfahren zur Seite, mit deren Hilfe die optimale Hardware-Implementierung einer booleschen Funktion nahezu automatisiert erzeugt werden kann. Bevor wir jedoch in die Tiefen der verschiedenen Minimierungsverfahren eintauchen, wollen wir uns nochmals genauer mit der Frage beschäftigen, was wir unter dem Begriff der *optimalen Schaltung* in diesem Zusammenhang eigentlich verstehen müssen.

Hierzu betrachten wir das Schaltnetz in Abbildung 6.1, das uns bereits im vorherigen Kapitel als fruchtbares Beispiel diente. Durch die sukzessive Rückverfolgung der Ausgangsleitung y bis hin zu den Eingängen konnten wir die funktionale Formeldarstellung direkt aus dem Strukturbild ableiten:

$$y = (x_1 \wedge (x_2 \oplus x_3)) \vee (x_4 \wedge (x_2 \oplus x_3))$$

6.1 Minimierungsziele

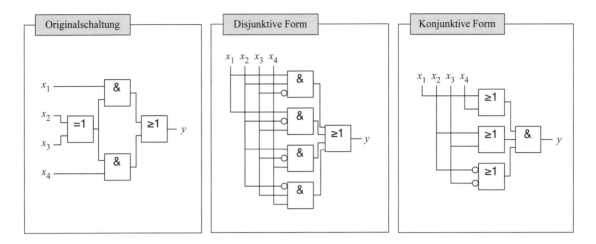

Abbildung 6.2: Die drei Beispielschaltungen im Vergleich

Indem wir den XOR-Operator durch seine disjunktive Darstellung $x_2\overline{x_3} \vee \overline{x_2}x_3$ ersetzen, können wir den Ausdruck wie folgt umformen:

$$(x_1 \wedge (x_2 \oplus x_3)) \vee (x_4 \wedge (x_2 \oplus x_3))$$
$$= (x_1 \wedge (x_2\overline{x_3} \vee \overline{x_2}x_3)) \vee (x_4 \wedge (x_2\overline{x_3} \vee \overline{x_2}x_3))$$
$$= x_1x_2\overline{x_3} \vee x_1\overline{x_2}x_3 \vee x_2\overline{x_3}x_4 \vee \overline{x_2}x_3x_4$$

In der transformierten Gleichung wird die boolesche Funktion durch vier konjunktive Terme aufgebaut, die auf der obersten Ebene disjunktiv verknüpft sind. In anderen Worten: Die Formel liegt in *disjunktiver Form* vor.

Die vorgenommene Schaltungstransformation ist natürlich bei weitem nicht die einzig mögliche. Genauso gut können wir die Teilformel $x_2 \oplus x_3$ zunächst mit Hilfe des Distributivgesetzes separieren und den XOR-Operator anschließend durch den äquivalenten Ausdruck $(x_2 \vee x_3) \wedge (\overline{x_2} \vee \overline{x_3})$ ersetzen. Auf diese Weise erhalten wir die folgende alternative Schaltungsdarstellung:

$$(x_1 \wedge (x_2 \oplus x_3)) \vee (x_4 \wedge (x_2 \oplus x_3))$$
$$= (x_1 \vee x_4) \wedge (x_2 \oplus x_3)$$
$$= (x_1 \vee x_4) \wedge (x_2 \vee x_3) \wedge (\overline{x_2} \vee \overline{x_3})$$

Die drei disjunktiven Unterterme sind auf der obersten Ebene UND-verknüpft, d. h., der erzeugte boolesche Ausdruck liegt jetzt in *konjunktiver Form* vor. Zusammen mit der Originalschaltung haben wir für

> Neben den klassischen Minimierungszielen *Fläche* und *Laufzeit* kommen in der Praxis weitere Minimierungsziele hinzu. Insbesondere im Bereich der mobilen Endgeräte spielt die Leistungsaufnahme einer Hardware-Schaltung heute eine zentrale Rolle, da sich der Stromverbrauch unmittelbar auf die Batterielaufzeit auswirkt.
>
> Auch im Bereich des *Home Entertainments* (Wohnzimmer-PC) sind der Leistungsaufnahme enge Grenzen gesetzt. Die hier eingesetzten lüfterlosen Geräte können die mit zunehmendem Stromverbrauch entstehende Wärme weit weniger effizient abführen als z. B. ein aktiv gekühlter Desktop-Computer.

dieselbe boolesche Funktion damit insgesamt drei verschiedene Darstellungen erzeugt, deren direkte Umsetzungen in Hardware in Abbildung 6.2 dargestellt sind.

Bevor wir unter den drei Schaltungen die optimale Implementierungsvariante bestimmen können, müssen wir uns zunächst auf die *Kriterien* einigen, die wir der Bewertung einer Schaltung zu Grunde legen wollen. Zwei der klassischen Bewertungskriterien im industriellen Hardware-Entwurf haben wir bereits an mehreren Stellen kennen gelernt: den *Flächenbedarf* und die *Laufzeit* einer Hardware-Schaltung.

Kostenfunktionen

In der Praxis wird das Minimierungsziel mit Hilfe einer *Kostenfunktion* modelliert, die jede Schaltung entsprechend der definierten Gütekriterien analysiert und in Form von *Kosten* quantitativ bewertet. Mit der so entstehenden Metrik können verschiedene Hardware-Implementierungen untereinander verglichen werden – je niedriger die Kosten einer Schaltung sind, desto stärker erfüllt die Schaltung die gesetzten Gütekriterien. Die weiter oben formulierten Minimierungsziele *Flächenbedarf* und *Laufzeit* lassen sich beispielsweise wie folgt quantitativ approximieren:

Originalschaltung:

| $C_A = 4$ | $C_S = 3$ |

Disjunktive Form:

| $C_A = 5$ | $C_S = 2$ |

Konjunktive Form:

| $C_A = 4$ | $C_S = 2$ |

Tabelle 6.1: Im Hinblick auf den Flächenverbrauch der verschiedenen Implementierungsvarianten bescheinigt die Metrik C_A sowohl der Originalschaltung als auch der konjunktiven Form die geringsten Kosten. In Bezug auf die Schaltgeschwindigkeit sind, wie die Auswertung der Metrik C_S nahelegt, sowohl die disjunktive als auch die konjunktive Variante der Originalschaltung vorzuziehen.

- C_S = Schaltungstiefe

  Die Tiefe einer Schaltung ist definiert als die Anzahl der Logikgatter, die ein Signal von den Eingängen zu den Ausgängen *maximal* durchlaufen muss. Die Schaltungstiefe wird im Hardware-Entwurf als grobes Maß für die Geschwindigkeit einer Hardware-Implementierung eingesetzt.

- C_A = Gatteranzahl

  Die Anzahl der Logikgatter ist ein guter Anhaltspunkt für den Flächenbedarf einer Schaltung. Inverter (NOT-Gatter) zählen wir in diesem Fall nicht zu den Gattern hinzu, da diese auf Transistorebene in Abhängigkeit der gewählten Basistechnologie ohnehin vorliegen oder sich oft ohne zusätzlichen Platzbedarf in die benachbarten Logikgatter integrieren lassen und damit keinen weiteren physikalischen Platz benötigen.

Tabelle 6.1 fasst die Auswertungsergebnisse der beiden Kostenfunktionen C_A und C_S für alle drei Implementierungsvarianten zusammen. Für beide der verfolgten Minimierungsziele gibt es jedoch keinen eindeutigen Sieger. Offensichtlich sind die Metriken C_A und C_S noch zu grob gewählt und die Frage ist berechtigt, ob wir die Definition der beiden Kostenfunktionen nicht in die eine oder die andere Richtung präzisieren können.

Untersuchen wir die physikalische Implementierung einer Hardware-Schaltung auf Transistorebene, so würden wir feststellen, dass nicht alle Logikgatter die gleiche physikalische Größe besitzen. Gatter mit vielen Eingängen benötigen deutlich mehr Platz als Gatter mit wenigen Eingängen – die Anzahl der Eingänge eines Gatters haben wir in der Definition von C_A bisher jedoch vollständig ignoriert. Die Metrik C_A können wir verbessern, indem wir jedes Gatter mit der Anzahl seiner Eingänge gewichten. Dies führt uns direkt zur Definition der Metrik C_A':

$$C_A' = \sum_{\text{Gatter } g} \text{Anzahl der Eingänge von } g$$

Die Laufzeitmetrik C_S können wir ebenfalls weiter präzisieren, indem wir sie mit der Flächenmetrik C_A' verschmelzen. Dabei gewichten wir die Laufzeitkosten so hoch, dass sie weiterhin dominieren und die Flächenkosten nur bei gleich schnellen Schaltungen eine Rolle spielen:

$$C_S' = (100 \times C_S) + C_A'$$

Die Auswertung der optimierten Metriken C_A' und C_S' ist in Tabelle 6.2 zusammengefasst. Jetzt sprechen die berechneten Werte eine eindeutige Sprache: Wollen wir eine kompakte und damit kostenökonomische Schaltung herstellen, so sind wir mit der Originalschaltung am besten beraten. Ist uns stattdessen die Schaltgeschwindigkeit wichtig, eignet sich die konjunktive Variante am besten. Die disjunktive Form schaltet zwar gleich schnell, verbraucht jedoch mehr Fläche und ist damit nicht mehr die erste Wahl.

Unsere Betrachtungen zeigen eindringlich, dass die Güte einer Schaltung keine allgemeingültige Eigenschaft ist, sondern in Abhängigkeit des Minimierungsziels stark variiert. Kurzum: Die Güte einer Schaltung ist relativ. Durch die Aufstellung einer geeigneten Kostenfunktion haben wir jedoch die Möglichkeit, den Erfüllungsgrad der Minimierungsziele quantitativ zu messen und damit ein Mittel an der Hand, aus verschiedenen Implementierungen die für uns optimale Schaltung auszuwählen. Ein konkretes Verfahren, mit dessen Hilfe sich eine minimierte Darstellung systematisch erstellen lässt, sind wir bisher allerdings schuldig geblieben. Genau hiermit werden wir uns im nächsten Abschnitt beschäftigen und sehen, wie sich beliebige boolesche Funktionen auf überraschend einfache Weise grafisch minimieren lassen.

> In der Praxis stehen dem Hardware-Entwickler weitere Möglichkeiten zur Verfügung, um die Kostenfunktionen zu optimieren. Genau wie im Software-Entwurf auf bestehende Programmbibliotheken zurückgegriffen wird, werden im Hardware-Entwurf *Zellbibliotheken* eingesetzt, die genaue Daten über die zur Verfügung stehenden Logikgatter enthalten. Neben der funktionalen Beschreibung jeder Zelle sind dort auch deren Flächenverbrauch und Schaltgeschwindigkeit exakt spezifiziert.
>
> Wie wir bereits in Abschnitt 5.5 herausgearbeitet haben, muss zur Abschätzung der Geschwindigkeit in zunehmendem Maße auch die Leitungsverzögerung in die Kostenfunktion integriert werden. Der Grund hierfür liegt in den heute üblichen, extrem geringen Strukturbreiten im zweistelligen Nanometerbereich. Mit der beständigen Zunahme der Integrationsdichte wird die Gesamtgeschwindigkeit immer mehr durch die Leitungsverzögerung (*net delay*) und immer weniger durch die Gatterverzögerung (*gate delay*) bestimmt.

Originalschaltung:

| $C_A' = 8$ | $C_S' = 308$ |

Disjunktive Form:

| $C_A' = 16$ | $C_S' = 216$ |

Konjunktive Form:

| $C_A' = 9$ | $C_S' = 209$ |

Tabelle 6.2: Auswertung der erweiterten Kostenfunktionen für unsere Beispielschaltungen. Die verfeinerte Metrik zeigt, dass die Originalschaltung am kompaktesten und für die Realisierung einer schnellen Schaltung die konjunktive Variante am besten geeignet ist.

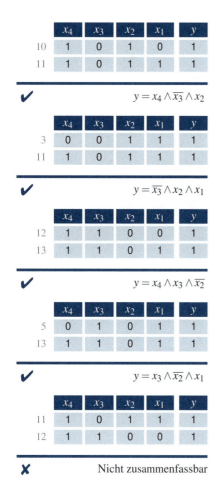

Tabelle 6.3: Einige benachbarte Zeilen lassen sich durch einen einzigen booleschen Ausdruck gemeinsam repräsentieren, bei anderen ist eine solche Zusammenfassung nicht möglich.

6.2 Karnaugh-Veitch-Diagramme

Karnaugh-Veitch-Diagramme, kurz KV-Diagramme, sind eine spezielle grafische Darstellung für boolesche Funktionen, aus der sich eine minimierte zweistufige Schaltungsdarstellung auf einfache Weise ableiten lässt [49, 90]. Um die Idee, die hinter der grafischen Minimierung steckt, genauer zu verstehen, erinnern wir uns zunächst noch einmal an die Ableitungsregel zur Extraktion der disjunktiven Normalform einer booleschen Funktion. Ausgehend von der Wahrheitstafeldarstellung erzeugen wir für jede Variablenbelegung der *Einsmenge* einen *Minterm*, der genau für diese Variablenbelegung zu 1 und für alle anderen Variablenbelegungen zu 0 wird. Die disjunktive Normalform ergibt sich auf einen Schlag durch einfache ODER-Verknüpfung aller Minterme. Das Konstruktionsschema der disjunktiven Normalform wirft die Frage auf, ob wir wirklich für jedes Element der Einsmenge einen eigenen Minterm erzeugen müssen oder vielleicht mehrere Variablenbelegungen durch einen gemeinsamen Teilausdruck repräsentieren können. Die fünf Beispiele in Tabelle 6.3 zeigen, dass sich einige Zeilen der Wahrheitstafel durchaus durch einen einzigen Term charakterisieren lassen, andere hingegen nicht. Damit haben wir die Grundidee der Minimierung nach Karnaugh und Veitch bereits umrissen. Anders als im Fall der Normalform versuchen wir, die Elemente der Einsmenge mit *möglichst wenigen* konjunktiven Termen *vollständig* zu beschreiben. Je mehr Elemente der Einsmenge wir mit einem einzigen konjunktiven Term repräsentieren können, desto kürzer wird die erzeugte Formeldarstellung.

Das unterste Beispiel in Tabelle 6.3 zeigt, dass nicht alle Paare von Variablenbelegungen durch einen einzigen Term charakterisiert werden. Die abgebildeten Beispiele lassen vermuten, dass die Zusammenfassung genau dann möglich ist, wenn sich die Variablenbelegungen in genau einer Variablen – der sogenannten *freien Variablen* – unterscheiden:

 Definition 6.1

> Gegeben seien zwei Belegungen der Variablen $x_1, \ldots, x_n$. Die Variable x_i heißt *gebunden*, falls sie in beiden Belegungen den gleichen Wert besitzt. Ist die Variable x_i unterschiedlich belegt, so wird sie als *frei* bezeichnet. Zwei Variablenbelegungen heißen *benachbart*, wenn sie sich in genau einer freien Variablen unterscheiden.

Damit lässt sich unsere Vermutung wie folgt formulieren:

6.2 Karnaugh-Veitch-Diagramme

 Satz 6.1

> Zwei Variablenbelegungen lassen sich genau dann durch einen einzigen konjunktiv verknüpften Term repräsentieren, wenn sie im Sinne von Definition 6.1 benachbart sind.

Die Gültigkeit des Satzes ergibt sich ohne Umwege durch Anwendung der Rechenregeln der booleschen Algebra, wie die folgende Umformung exemplarisch an den Variablenbelegungen der zehnten und elften Zeile der Wahrheitstafel zeigt.

$$(x_4 \wedge \overline{x_3} \wedge x_2 \wedge \overline{x_1}) \vee (x_4 \wedge \overline{x_3} \wedge x_2 \wedge x_1)$$
$$= ((x_4 \wedge \overline{x_3} \wedge x_2) \wedge \overline{x_1}) \vee ((x_4 \wedge \overline{x_3} \wedge x_2) \wedge x_1)$$
$$= (x_4 \wedge \overline{x_3} \wedge x_2) \wedge (\overline{x_1} \vee x_1)$$
$$= (x_4 \wedge \overline{x_3} \wedge x_2) \wedge 1$$
$$= (x_4 \wedge \overline{x_3} \wedge x_2)$$

In der obigen Umformung werden zunächst die gebundenen Variablen ausgeklammert. Die anschließende Anwendung der Regeln der inversen und neutralen Elemente löscht den verbleibenden Ausdruck aus und die freie Variable verschwindet. Finden wir zwei oder mehr freie Variablen vor, so lassen sich die gebundenen Variablen zwar ebenfalls ausklammern, die Variablen des Restausdrucks löschen sich jedoch nicht mehr aus. Die Zusammenfassung scheitert.

Damit haben wir eines der Kernelemente der von Karnaugh und Veitch verfolgten Minimierungsstrategie freigelegt: Durch die Zusammenfassung benachbarter Variablenbelegungen reduzieren wir sukzessive die Anzahl der zur Darstellung benötigten Teilausdrücke und erhalten auf diese Weise eine minimierte disjunktive Darstellung der Schaltfunktion. Ein Blick auf die Beispiele in Tabelle 6.3 zeigt jedoch, dass es recht schwierig ist, benachbarte Variablenbelegungen im Sinne von Definition 6.1 aus der Wahrheitstafel abzulesen. Weder sind alle benachbarten Belegungen untereinander angeordnet noch sind untereinander angeordnete Variablenbelegungen stets benachbart. Kurzum: Die Wahrheitstafeldarstellung ist zur Schaltungsminimierung denkbar ungeeignet.

Karnaugh und Veitch erkannten als Erste, dass sich die Wahrheitswerte einer booleschen Funktion intelligenter anordnen lassen, indem wir uns von der tabellarischen Darstellung lösen und die Wahrheitswerte stattdessen in ein zweidimensionales Diagramm eintragen, das nach den Konstruktionsregeln in Abbildung 6.3 erzeugt wird. Das einfachste KV-Diagramm besteht aus genau zwei Feldern und dient zur Darstellung

Die grafische Minimierung mit Hilfe von KV-Diagrammen, wie wir sie heute kennen, geht auf die Arbeiten der beiden Amerikaner Maurice Karnaugh und Edward W. Veitch zurück, die ihre Ergebnisse bereits Anfang der Fünfzigerjahre publizierten. Das folgende Diagramm stammt aus der Originalarbeit von E. Veitch aus dem Jahre 1952 [90]:

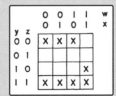

Veitch hatte als Erster die Idee, die Wahrheitswerte einer booleschen Funktion in einer Matrix anzuordnen. Genau wie im Falle der heute verwendeten Karnaugh-Veitch-Diagramme wird jede konkrete Variablenbelegung durch ein einzelnes Feld repräsentiert. Statt den Funktionswert 0 oder 1 in die Diagrammfelder einzutragen, markierte Veitch alle Einsfelder mit einem Kreuz. Von den Notationsfeinheiten abgesehen, unterscheiden sich die *Veitch-Diagramme* in einem wesentlichen Punkt: Wie die Abbildung zeigt, ordnete Veitch die Variablenbelegungen an den Diagrammrändern entsprechend der normalen binären Zählweise an, so dass sich die Variablenbelegungen benachbarter Felder nicht jeweils in einer einzigen Variablen unterschieden. Erst Karnaugh entwickelte die Darstellung zur heutigen Form weiter, indem er für die Randmarkierungen nicht mehr das Binärsystem, sondern den Gray-Code als Ordnungsrelation wählte. Erst so ist sichergestellt, dass sich die Variablenbelegungen benachbarter Felder in genau einer Variablen unterscheiden. In dieser Form wurden KV-Diagramme zu dem, was sie heute sind: einem der wichtigsten Hilfsmittel der manuellen zweistufigen Schaltungsminimierung.

Abbildung 6.3: Das Konstruktionsschema von Karnaugh-Veitch-Diagrammen. Jedes Feld des KV-Diagramms repräsentiert eindeutig eine bestimmte Belegung der Eingangsvariablen, die sich anhand der Randmarkierung rekonstruieren lässt. Die Variable x_i wird genau dann mit 1 belegt, wenn sich das entsprechende Feld im Bereich der Randmarkierung x_i befindet. Jedes Feld eines KV-Diagramms entspricht damit genau einer Zeile in der Wahrheitstafel und kann durch Übertragung der Funktionswerte ausgefüllt werden. Die optional angegebenen Zahlen innerhalb der Felder entsprechen den Zeilennummern in der Wahrheitstafeldarstellung.

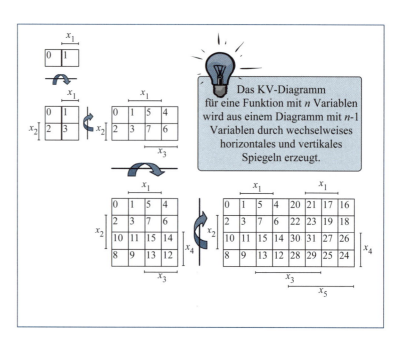

einstelliger Funktionen $y = f(x_1)$. Das linke Feld beschreibt den Funktionswert $f(0)$ und das rechte Feld den Funktionswert $f(1)$. Größere Diagramme werden durch wechselseitiges horizontales und vertikales Spiegeln erzeugt, so dass sich in jedem Schritt die Anzahl der Variablen um eins erhöht und die Anzahl der Felder verdoppelt. Folgerichtig werden zur Konstruktion des KV-Diagramms für die Darstellung einer n-stelligen Funktion $y = f(x_n, \ldots, x_1)$ exakt $(n-1)$ Spiegelschritte benötigt. Abbildung 6.4 zeigt das ausgefüllte KV-Diagramm für unser Eingangsbeispiel.

Durch das spiegelbasierte Konstruktionsprinzip von KV-Diagrammen ist gewährleistet, dass nebeneinanderliegende Felder im Sinne von Definition 6.1 benachbart sind – eine Eigenschaft, die sich im Übrigen auch über die Ränder des KV-Diagramms hinaus erstreckt. Hierdurch sind wir in der Lage, benachbarte Variablenbelegungen durch die Bildung von Blöcken grafisch zusammenzufassen. Angewendet auf das KV-Diagramm unseres Eingangsbeispiels erhalten wir die in Abbildung 6.5 dargestellte Blocküberdeckung. Sind alle Einsen des KV-Diagramms überdeckt, können wir daraus sofort eine disjunktive Darstellung der repräsentierten Schaltfunktion erzeugen. Dazu berechnen wir die konjunktiven Teilterme für jeden Block und verknüpfen diese anschließend mit Hilfe der ODER-Operation. Die konjunktiven Terme werden als *Implikanten* bezeichnet. Der entstandene Gesamtausdruck ist genau für

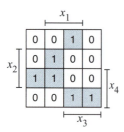

Abbildung 6.4: Das fertig ausgefüllte KV-Diagramm für unser Eingangsbeispiel

6.2 Karnaugh-Veitch-Diagramme

diejenigen Variablenbelegungen gleich 1, die in der Überdeckungsmenge liegen, und repräsentiert damit die gesuchte Funktion. Für unser Beispiel ergibt sich die folgende Darstellung, die exakt der weiter oben auf algebraischem Wege gewonnenen disjunktiven Form entspricht:

$$y = (x_1 x_2 \overline{x_3}) \vee (x_1 \overline{x_2} x_3) \vee (x_2 \overline{x_3} x_4) \vee (\overline{x_2} x_3 x_4)$$

Das skizzierte Vorgehen zur Schaltungsminimierung wollen wir anhand der in Tabelle 6.4 spezifizierten Funktion weiter vertiefen. Genau wie in unserem ersten Beispiel konstruieren wir zunächst das KV-Diagramm durch wechselweise Spiegelung und übertragen die Werte der Wahrheitstafel. Anschließend werden benachbarte Felder der Einsmenge durch die Bildung von Zweierblöcken zusammengefasst. Wie in Abbildung 6.6 gezeigt, gibt es hier im Gegensatz zum ersten Beispiel mehrere Möglichkeiten, die Einsmenge zu überdecken. Damit haben wir eine wichtige Eigenschaft der Blockbildung herausgearbeitet:

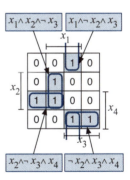

Abbildung 6.5: Benachbarte Felder können zu Blöcken zusammengefasst werden. Jeder Block lässt sich durch einen einzigen konjunktiven Term beschreiben.

 Die Überdeckung der Einsmenge eines KV-Diagramms ist im Allgemeinen nicht eindeutig.

Eine zweite wichtige Eigenschaft betrifft benachbarte Blöcke, die eine zentrale Eigenschaft der Einzelfelder erben:

 Die Implikanten gleich großer benachbarter Blöcke unterscheiden sich in genau einer Variablen.

Als Beispiel betrachten wir die benachbarten Zweierblöcke der KV-Diagramme in Abbildung 6.6. Im ersten Diagramm unterscheiden sich beide Implikanten in der Belegung der Variablen x_3, im zweiten Diagramm in der Belegung der Variablen x_2. Damit können wir auch hier Satz 6.1 anwenden und, wie in Abbildung 6.7 gezeigt, beide Blöcke zu einem Viererblock zusammenfassen. Mit jeder Verschmelzung verschwindet die freie Variable im Implikanten des neuen Blocks, so dass der neue Viererblock durch den Implikanten $x_1 \wedge \overline{x_4}$ vollständig und eindeutig beschrieben ist.

	x_4	x_3	x_2	x_1	y
0	0	0	0	0	0
1	0	0	0	1	1
2	0	0	1	0	0
3	0	0	1	1	1
4	0	1	0	0	0
5	0	1	0	1	1
6	0	1	1	0	0
7	0	1	1	1	1
8	1	0	0	0	0
9	1	0	0	1	0
10	1	0	1	0	0
11	1	0	1	1	0
12	1	1	0	0	0
13	1	1	0	1	1
14	1	1	1	0	0
15	1	1	1	1	0

Tabelle 6.4: Die spezifizierte Funktion ist genau dann gleich 1, wenn der aus den Eingangsvariablen gebildete Binärwert ungerade und nur durch eins und sich selbst teilbar ist.

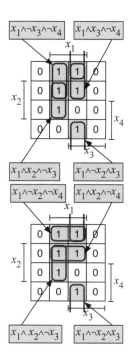

Abbildung 6.6: Die Einsmenge der dargestellten booleschen Funktion kann mit Zweierblöcken auf verschiedene Weise überdeckt werden.

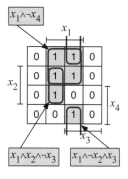

Abbildung 6.7: Benachbarte Zweierblöcke lassen sich zu Viererblöcken zusammenfassen.

Definition 6.2

Kann ein Block in einem KV-Diagramm nicht weiter vergrößert werden, so sprechen wir von einem *Primblock*. In entsprechender Weise bezeichnen wir den zu einem Primblock gehörigen konjunktiven Term als *Primimplikant*.

Die Bildung von Primblöcken bringt uns die folgenden Vorteile:

- Mit zunehmender Blockgröße sinkt die *Anzahl der Variablen*, die zu dessen Beschreibung benötigt werden, und damit die *Größe eines einzelnen Implikanten* in der Formeldarstellung.

- Mit zunehmender Blockgröße sinkt die *Anzahl der Blöcke*, die zur Überdeckung der Einsmenge benötigt werden, und damit die *Gesamtzahl der Implikanten* in der Formeldarstellung.

Damit ist der Weg zur Schaltungsminimierung mit Hilfe von KV-Diagrammen klar umrissen. Nachdem das KV-Diagramm ausgefüllt ist, versuchen wir die Einsmenge mit einer *minimalen Anzahl* von Primblöcken zu überdecken. Ist die Überdeckung konstruiert, so erzeugen wir die minimierte Darstellung durch die disjunktive Verknüpfung aller zugehörigen Primimplikanten.

Damit können wir die minimierte Schaltungsdarstellung für unsere Beispielfunktion sofort aus Abbildung 6.7 ablesen:

$$y = (x_1 \wedge \overline{x_4}) \vee (x_1 \wedge x_2 \wedge \overline{x_3}) \vee (x_1 \wedge \overline{x_2} \wedge x_3)$$

Die korrespondierende Hardware-Schaltung ist in Abbildung 6.9 zu sehen. Abschließend sind in Abbildung 6.8 die einzelnen Schritte des Minimierungsverfahrens in Form einer Übersicht zusammengefasst.

6.2.1 Minimierung partiell definierter Funktionen

Viele der in der Praxis auftretenden Schaltfunktionen sind nur unvollständig definiert. In anderen Worten: Für gewisse Eingabekombinationen spielt der Ausgabewert keine Rolle. Häufig treten partiell definierte Funktionen dann auf, wenn die modellierte Hardware-Komponente als Teilkomponente in eine größere Schaltung eingebettet ist und aufgrund der Struktur der Umgebungslogik nur ganz bestimmte Bitmuster an den

6.2 Karnaugh-Veitch-Diagramme

Schritt 1: Erstellung des KV-Diagramms

Ausgehend von dem einfachsten KV-Diagramm mit zwei Feldern wird das KV-Diagramm für n-stellige Funktionen durch abwechselndes horizontales und vertikales Spiegeln erzeugt. Anschließend werden die Funktionswerte aus der Wahrheitstafel in das Diagramm eingezeichnet. Die Variablenbelegung für jedes Feld kann aus der Randmarkierung abgelesen werden.

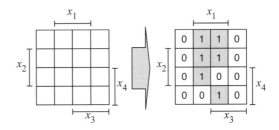

Schritt 2: Bestimmung der Primblöcke

Jedes Feld der Einsmenge des KV-Diagramms wird mit einem Einerblock belegt. Gleich große Nachbarblöcke werden sukzessive zu immer größeren Blöcken zusammengefasst. Die Zusammenfassung wird fortgesetzt, bis keine größeren Blöcke mehr gebildet werden können und damit alle Primblöcke gefunden sind. Bei jeder Zusammenfassung verdoppelt sich die Größe des neu entstehenden Blocks.

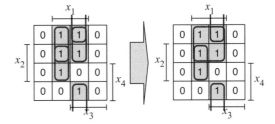

Schritt 3: Bestimmung einer vollständigen Überdeckung

Gesucht ist die *kleinste* Menge von Primblöcken, die zusammen die Einsmenge *vollständig* überdecken. Dazu wählen wir zunächst alle Primblöcke aus, die ein einzelnes Feld der Einsmenge *alleine* überdecken. Reichen diese noch nicht zur Überdeckung aller Einsfelder aus, nehmen wir weitere Primblöcke hinzu, bis eine vollständige Überdeckung erreicht ist.

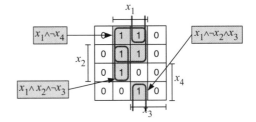

Schritt 4: Extraktion der disjunktiven Minimalform

Jeder Primblock mit 2^k Feldern wird durch einen Primimplikanten mit $n - k$ Variablen charakterisiert. Die *disjunktiven Minimalform* erhalten wir durch einfache ODER-Verknüpfung aller Primimplikanten. Im Allgemeinen gibt es mehrere minimale Überdeckungen für die Einsmenge einer Funktion, so dass auch die disjunktive Minimalform nicht immer eindeutig ist.

$$y = (x_1 \wedge \overline{x_4}) \vee \\ (x_1 \wedge x_2 \wedge \overline{x_3}) \vee \\ (x_1 \wedge \overline{x_2} \wedge x_3)$$

Abbildung 6.8: Die Minimierung nach Karnaugh und Veitch im Überblick

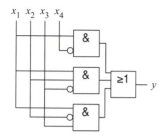

Abbildung 6.9: Hardware-Umsetzung der minimierten disjunktiven Form unserer Beispielfunktion

Eingängen generiert werden. In anderen Fällen beschränkt die Spezifikation einer Hardware-Schaltung die auftretenden Eingabekombinationen auf bestimmte Bitmuster.

So könnte beispielsweise die Spezifikation unserer Beispielfunktion aus Abbildung 6.4 regeln, dass die Schaltung ausschließlich für die Klassifikation von BCD-Ziffern verwendet werden darf. Da die gültigen Eingabekombinationen damit nur noch die Zahlen im Bereich von 0 bis 9 umfassen, muss die konstruierte Schaltung nur noch für die Bitmuster 0000 (0) bis 1001 (9) eine definierte Ausgabe erzeugen. Für alle anderen Bitmuster, die sogenannten *Don't-Care-Belegungen*, können wir die Ausgabe stattdessen nach Belieben auf 0 oder 1 setzen. Obwohl der gewählte Wahrheitswert der Don't-Care-Kombinationen für das korrekte Funktionieren keine Rolle spielt, ist eine vorzeitige Festlegung auf einen speziellen Wert nicht ratsam – wir würden uns auf einen Schlag eines erheblichen Minimierungspotenzials entledigen. Aus diesem Grund markieren wir die Funktionswerte aller Don't-Care-Belegungen zunächst mit einem Bindestrich („-"), wie in Tabelle 6.5 dargestellt.

Genau wie oben tragen wir jetzt die Funktionswerte in das durch wechselweise Spiegelung erzeugte KV-Diagramm ein und fassen benachbarte Felder zu immer größeren Blöcken zusammen. Für alle Felder, die mit „-" markiert sind, haben wir die freie Wahl, ob wir sie mit einem Block überdecken oder unberücksichtigt lassen. Damit wird das Optimierungspotenzial deutlich, das durch die unvollständige Definition einer booleschen Funktion entsteht. Eine Don't-Care-Kombination nehmen wir genau dann zur Einsmenge hinzu, wenn wir dadurch größere Blöcke und damit eine kürzere Formeldarstellung erhalten.

Abbildung 6.10 zeigt, dass wir für unsere Beispielfunktion eine minimale Überdeckung erhalten, wenn wir *keine* der Don't-Care-Belegungen in die Blockbildung einbeziehen. Damit ist die Schaltfunktion für alle Belegungen der Don't-Care-Menge gleich 0. Wie im abgebildeten KV-Diagramm zu erkennen ist, können wir die Einsmenge dann mit einem einzigen Primblock überdecken und erhalten die folgende reduzierte Schaltungsdarstellung:

$$y = x_1 \wedge \overline{x_4}$$

Das Beispiel zeigt, dass durch die geschickte Ausnutzung der Don't-Care-Belegungen die Größe der Hardware-Implementierung deutlich reduziert werden kann. Die modifizierte Schaltung besteht, wie in Abbildung 6.11 dargestellt, nur noch aus einem einzigen UND-Gatter mit zwei Eingängen und benötigt damit weniger als ein Viertel des Platzbedarfs der Originalschaltung. Wir halten die Strategie für die Minimierung partiell definierter Funktionen wie folgt fest:

	x_4	x_3	x_2	x_1	y
0	0	0	0	0	0
1	0	0	0	1	1
2	0	0	1	0	0
3	0	0	1	1	1
4	0	1	0	0	0
5	0	1	0	1	1
6	0	1	1	0	0
7	0	1	1	1	1
8	1	0	0	0	0
9	1	0	0	1	0
10	1	0	1	0	-
11	1	0	1	1	-
12	1	1	0	0	-
13	1	1	0	1	-
14	1	1	1	0	-
15	1	1	1	1	-

Tabelle 6.5: Beschränken wir die Menge der Eingabekombinationen auf die Menge der gültigen BCD-Ziffern, so erhalten wir durch die entstehenden Don't-Care-Belegungen zusätzliche Freiheitsgrade für die Minimierung.

6.2 Karnaugh-Veitch-Diagramme

Don't-Care-Belegungen werden zunächst in das KV-Diagramm übernommen. Die Funktionswerte werden während der Blockbildung so gewählt, dass maximal große Primblöcke entstehen.

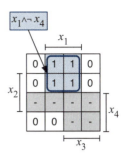

Abbildung 6.10: KV-Diagramm unserer modifizierten Beispielfunktion

Inverse Blockbildung

Die Minimierung einer Schaltfunktion mit Hilfe von KV-Diagrammen produziert eine minimierte Schaltungsdarstellung in disjunktiver Form. Die Auswahl der kleinsten Menge von Primblöcken zur Überdeckung aller Einsfelder stellt sicher, dass es keine andere disjunktive Form gibt, mit der die gleiche Schaltfunktion kürzer dargestellt werden kann. In anderen Worten: Das Verfahren von Karnaugh und Veitch liefert uns eine disjunktive Minimalform. Mit einem kleinen Trick können wir mit Hilfe des gleichen Verfahrens neben einer disjunktiven Minimalform auch eine konjunktive Minimalform aus dem KV-Diagramm ableiten. Dazu konstruieren wir das KV-Diagramm wie gewohnt, überdecken im Zuge der Blockbildung jedoch nicht die Einsmenge, sondern die Nullmenge der zu minimierenden Funktion.

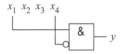

Abbildung 6.11: Hardware-Implementierung unserer Beispielfunktion unter geschickter Ausnutzung der Don't-Care-Belegungen

Zur vollständigen Überdeckung der Nullmenge unserer Primzahlfunktion sind drei Blöcke notwendig, wie das entsprechende KV-Diagramm in Abbildung 6.12 zeigt. Haben wir eine vollständige Überdeckung gefunden, können wir für jeden Block, wie im Falle disjunktiver Form, einen Primimplikanten ableiten und auf oberster Ebene mit Hilfe der ODER-Operation verbinden. Da wir aber im Gegensatz zu oben die Nullmenge und nicht die Einsmenge überdeckt haben, bildet die resultierende disjunktive Form nicht die Funktion y, sondern deren Negation $\bar{y}$ ab. Fassen wir alle Primimplikanten aus Abbildung 6.12 wie gewohnt zusammen, so erhalten wir das folgende Zwischenergebnis:

$$\bar{y} = (\overline{x_1}) \vee (\overline{x_2} \wedge \overline{x_3} \wedge x_4) \vee (x_2 \wedge x_3 \wedge x_4)$$

Obwohl die Funktion in disjunktiver Form vorliegt, sind wir fast am Ziel. Mit Hilfe der Doppelnegation und der Regel von De Morgan können wir die disjunktive Minimalform der Funktion $\bar{y}$ auf einen Schlag in die gesuchte konjunktive Minimalform der Originalfunktion y überführen:

$$y = \bar{\bar{y}} = \overline{(\overline{x_1}) \vee (\overline{x_2} \wedge \overline{x_3} \wedge x_4) \vee (x_2 \wedge x_3 \wedge x_4)}$$
$$= \overline{(\overline{x_1})} \wedge \overline{(\overline{x_2} \wedge \overline{x_3} \wedge x_4)} \wedge \overline{(x_2 \wedge x_3 \wedge x_4)}$$
$$= (x_1) \wedge (x_2 \vee x_3 \vee \overline{x_4}) \wedge (\overline{x_2} \vee \overline{x_3} \vee \overline{x_4})$$

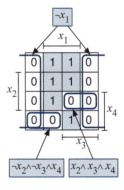

Abbildung 6.12: Erster Schritt zur Erzeugung einer konjunktiven Minimalform: Überdeckung der Nullmenge

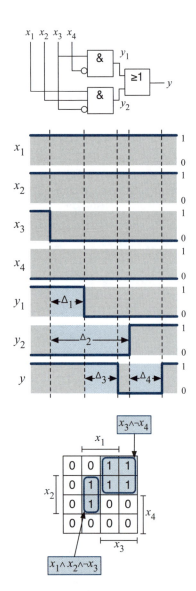

Abbildung 6.13: Das abgebildete Schaltnetz produziert für den dargestellten Signalwechsel einen Logik-Hazard, wenn die Schaltzeit Δ_2 größer ist als die Summe der Schaltzeiten Δ_1 und Δ_3. Im KV-Diagramm lassen sich potenzielle Hazards auf einfache Weise erkennen.

Es gilt an dieser Stelle unbedingt zu beachten, dass sich die Polarität aller Variablen durch die Anwendung der Regel von De Morgan umkehrt. Da sich jedoch weder die Anzahl der Primimplikanten ändert noch Variablen hinzukommen oder entfallen, können wir die konjunktive Normalform auch direkt aus dem Diagramm ablesen. Bei der Bestimmung der Primimplikanten müssen wir im Vergleich mit dem Originalverfahren daher die Variablen einfach in umgekehrter Polarität aufnehmen und mit Hilfe der ODER- anstelle der UND-Verknüpfung verbinden. Anschließend werden alle Primimplikanten auf oberster Ebene mit Hilfe der UND-Verknüpfung zu einer konjunktiven Minimalform verbunden.

6.2.2 Konstruktion Hazard-freier Schaltungen

Neben der Erzeugung einer minimierten Darstellung in disjunktiver oder konjunktiver Form können KV-Diagramme dazu verwendet werden, bestimmte Aspekte des Schaltverhaltens einer Hardware-Implementierung zu untersuchen. Insbesondere eröffnet uns die spezielle visuelle Anordnung der Funktionswerte die Möglichkeit, mit wenigen Blicken zu erkennen, ob ein Schaltnetz anfällig gegenüber Logik-Hazards ist. Wie wir in Abschnitt 5.5.2 bereits gelernt haben, sprechen wir von einem Logik-Hazard immer dann, wenn der Wechsel eines einzigen Eingangssignals kurzzeitig zu einem Wechsel des Ausgangssignals führen kann, obwohl der Wert des Schaltnetzausgangs nach den Regeln der booleschen Algebra konstant bleiben müsste. Als Grund für die auftretenden *Störimpulse* (*Hazards*) haben wir die Laufzeitdifferenzen der verschiedenen Signalwege ausgemacht.

Wir wollen uns der Problematik der Logik-Hazards nun von der Seite der KV-Diagramme aus nähern und betrachten hierzu erneut die Hardware-Schaltung, die wir bereits in Abschnitt 5.5.2 zur Demonstration eines Logik-Hazards herangezogen haben. Das Schaltnetz und der verursachende Signalverlauf sind zusammen mit dem entsprechenden KV-Diagramm in Abbildung 6.13 dargestellt.

Der Störimpuls entstand, da wir in unserem Beispiel die Verzögerungszeit Δ_2 größer als die Summe der Verzögerungszeiten Δ_1 plus Δ_3 wählten. Sind die Signale x_1, x_2, x_3 auf 1 und x_4 auf 0, so verursacht der Wechsel von x_3 auf 0 einen Logik-Hazard am Schaltnetzausgang y. Ein genauerer Blick auf den Signalverlauf offenbart, dass der Störimpuls genau deshalb entsteht, da sich aufgrund der Signallaufzeiten *alle* Ausgänge der UND-Stufe kurzzeitig im Zustand 0 befinden.

Hier kommt uns die Anordnung der Funktionswerte innerhalb des KV-Diagramms zugute und ermöglicht, das potenzielle Auftreten eines

Logik-Hazards einfach zu erkennen. Den im Zeitdiagramm festgehaltenen Störimpuls haben wir erzeugt, indem wir die Belegung der Eingangsvariablen (x_1, x_2, x_3, x_4) von $(1,1,1,0)$ auf $(1,1,0,0)$ wechseln ließen. Die Belegung der Eingangssignale mit $(1,1,1,0)$ wird im KV-Diagramm durch das Feld in der zweiten Zeile und dritten Spalte repräsentiert. Wie in Abbildung 6.14 dargestellt, entspricht der Wechsel der Variablen x_3 von 1 auf 0 der Bewegung um ein Feld nach links.

Werfen wir jetzt einen Blick auf die von uns gebildeten Primblöcke, so wird klar, warum die Ausgänge beider UND-Gatter gleichzeitig den Wert 0 einnehmen können: Beide Blöcke liegen *überlappungsfrei* nebeneinander. Durch das Verlassen des rechten Blocks $x_3 \wedge \overline{x_4}$ fällt das Signal y auf 0 und wird mit dem gegebenen zeitlichen Verhalten erst später durch das Betreten des linken Blocks $x_1 x_2 \overline{x_3}$ wieder zu 1. Wir halten unsere Beobachtung wie folgt fest:

Ein Logik-Hazard kann immer dann entstehen, wenn zwei Primblöcke im KV-Diagramm überlappungsfrei aneinandergrenzen.

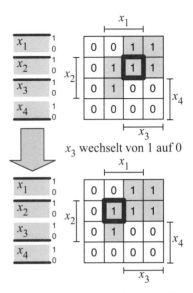

Abbildung 6.14: Der Wechsel des Signals x_3 von 1 auf 0 entspricht im KV-Diagramm der Bewegung um ein Feld nach links.

Anders formuliert bedeutet die angestellte Überlegung nichts anderes, als dass Logik-Hazards effektiv verhindert werden, wenn für jeden Übergang zwischen zwei Eingangsbelegungen der Einsmenge stets ein Gatter existiert, dessen Ausgangssignal für beide Belegungen gleich 1 ist. In anderen Worten: Eine Schaltfunktion ist gegen Logik-Hazards abgesichert, falls alle Paare benachbarter Einsfelder im KV-Diagramm mindestens einem gemeinsamen Primblock angehören.

Wir bekommen hiermit unmittelbar ein Verfahren zur Seite gestellt, mit dem wir eine Schaltfunktion nachträglich gegen Logik-Hazards absichern können. Anhand des KV-Diagramms überprüfen wir zunächst, ob die Primblöcke so gewählt sind, dass überlappungsfreie Einsübergänge existieren. Ist dies der Fall, überdecken wir sukzessive jede dieser *Nahtstellen* mit einem zusätzlichen Block. Für unsere Beispielschaltung können wir den einzigen überlappungsfreien Übergang beseitigen, indem wir, wie in Abbildung 6.15 gezeigt, den Zweierblock $x_1 \wedge x_2 \wedge \overline{x_4}$ als weiteren Primblock hinzunehmen. Die entstehende Hardware-Implementierung ist ebenfalls dargestellt und entspricht exakt der bereits in Abschnitt 5.5.2 ohne Begründung eingeführten Implementierung.

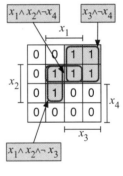

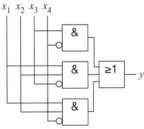

Abbildung 6.15: Beseitigung der Hazard-Problematik durch Hinzufügen eines weiteren Blocks

- Zweidimensionale Darstellung:

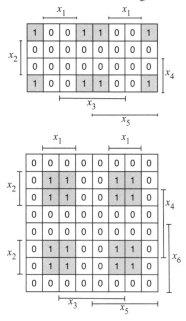

- Dreidimensionale Darstellung:

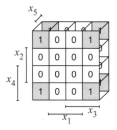

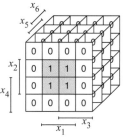

Abbildung 6.16: In KV-Diagrammen mit fünf oder mehr Variablen wird die Blockbildung schwierig.

6.2.3 Minimierung mehrstelliger Funktionen

Alle der bisher betrachteten Beispielschaltungen konnten wir mit Hilfe von KV-Diagrammen auf recht einfache und vor allem effiziente Weise in eine disjunktive oder konjunktive Minimalform überführen. Die Schaltnetze, die wir zur Minimierung herangezogen haben, waren jedoch allesamt vergleichsweise klein, so dass wir uns in diesem Abschnitt mit der Frage beschäftigen wollen, ob sich Schaltfunktionen mit fünf oder mehr Eingangsvariablen genauso einfach minimieren lassen.

Dazu betrachten wir die beiden KV-Diagramme in Abbildung 6.16. Wie im Falle kleinerer Diagramme sind die Variablenbelegungen zweier nebeneinander angeordneter Felder im Sinne von Definition 6.1 benachbart. In anderen Worten: Sie unterscheiden sich in der Belegung von genau einer Variablen. In Diagrammen mit bis zu vier Variablen galt bisher auch die Umkehrung, d. h., die Felder benachbarter Variablenbelegungen grenzen im KV-Diagramm unmittelbar aneinander. Genau diese Eigenschaft geht in Diagrammen mit fünf oder mehr Variablen verloren, mit einschneidenden Konsequenzen für die Blockbildung: Da die Felder benachbarter Variablenbelegungen jetzt weit voneinander entfernt angeordnet sein können, setzen sich viele Blöcke aus mehreren Fragmenten zusammen. Konnten wir die Primblöcke in kleineren Diagrammen mit nahezu einem einzigen Blick ausmachen, so müssen wir jetzt schon genauer hinsehen, um alle zusammenfassbaren Felder zu erkennen. So lassen sich die Einsmengen beider Beispielfunktionen aus Abbildung 6.16 (oben) mit einem einzigen Block überdecken und wir erhalten die folgende Formeldarstellung:

$$\text{Erstes Diagramm:} = \overline{x_1} \wedge \overline{x_2}$$
$$\text{Zweites Diagramm:} = x_1 \wedge x_2$$

Eine Möglichkeit, das Nachbarschaftsproblem für Diagramme mit fünf oder mehr Variablen zu lösen, ist die dreidimensionale Anordnung der einzelnen Felder, wie in Abbildung 6.16 (unten) gezeigt. Diese Art der Darstellung besitzt jedoch zwei wesentliche Nachteile. Zum einen lässt sich die räumliche Verteilung der Diagrammfelder nur schwierig auf Papier bringen. Zum anderen ist die Erkennung von Blöcken über drei Dimensionen hinweg ein recht schwieriges Unterfangen, so dass diese Diagrammart für die praktische Arbeit insgesamt keine ernsthafte Alternative bietet. Ohnehin wird das Problem durch das Ausweichen in die dritte Dimension lediglich verlagert, da sich auf diese Weise nur Funktionen mit bis zu sechs Variablen darstellen lassen.

6.3 Quine-McCluskey-Verfahren

Mit den KV-Diagrammen haben wir ein effizientes Hilfsmittel zur Minimierung boolescher Funktionen kennen gelernt. Obwohl die Anwendung des Verfahrens auf Funktionen mit fünf oder sechs Variablen immer noch möglich ist, wird die Minimierung durch die kompliziertere Blockbildung erheblich erschwert. Betrachten wir noch größere Funktionen mit sieben oder mehr Variablen, so stößt die grafische Minimierung vollends an ihre Grenzen.

Genau hier setzen die tabellarischen Minimierungsverfahren an, mit deren Hilfe auch vielstellige Funktionen minimiert werden können. Das Quine-McCluskey-Verfahren (QMCV) ist deren bekanntester Vertreter und geht auf die bereits Mitte der Fünfzigerjahre veröffentlichten Arbeiten der beiden Amerikaner Willard Van Orman Quine und Edward J. McCluskey zurück [60,75]. Die Minimierung nach Quine und McCluskey läuft in drei Schritten ab.

Schritt 1: Konstruktion der ersten Quine'schen Tabelle

Ähnlich der Minimierung mit Hilfe von KV-Diagrammen werden im Verfahren von Quine und McCluskey benachbarte Variablenbelegungen zu immer größeren Blöcken zusammengefasst. Die Blöcke werden dabei jedoch nicht grafisch markiert, sondern in Form von Tabelleneinträgen untereinander aufgelistet. Die erste Quine'sche Tabelle wird konstruiert, indem zunächst alle Implikanten nullter Ordnung bestimmt werden. Ein solcher Implikant repräsentiert exakt eine Variablenbelegung der Einsmenge und entspricht damit genau einer einzigen Zeile der Wahrheitstafel. Folgerichtig können wir die Implikanten, wie in Tabelle 6.6 gezeigt, ohne weiteres Zutun aus der Wahrheitstafel der zu minimierenden Funktion ablesen.

Ausgehend von den Implikanten nullter Ordnung konstruieren wir, wie in Tabelle 6.7 dargestellt, die Implikanten der Ordnung eins, zwei usw., indem wir alle Variablenbelegungen, die sich in genau einer Variablen unterscheiden, zusammenfassen und in die Tabelle aufnehmen. Zur einfacheren Orientierung tragen wir in die erste Spalte jeweils die Indizes der zusammengefassten Zeilen ein und markieren die zusammengefassten Variablenbelegungen zusätzlich mit einem Haken. Damit das Verfahren eine optimale Lösung produziert, müssen wir darauf achten, *alle* möglichen Implikanten zu berechnen. Das bedeutet, dass wir zur Konstruktion der Implikanten der Ordnung $n+1$ *alle Paare* von Implikanten der Ordnung n untersuchen müssen. Des Weiteren gibt es zu beachten,

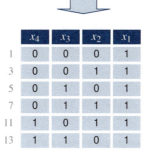

Tabelle 6.6: Als Vorbereitung zur Konstruktion der ersten Quine'schen Tabelle werden alle Variablenbelegungen der Einsmenge aus der Wahrheitstafel extrahiert.

Quine'sche Tabelle nullter Ordnung:

	x_4	x_3	x_2	x_1	
1	0	0	0	1	✔
3	0	0	1	1	✔
5	0	1	0	1	✔
7	0	1	1	1	✔
11	1	0	1	1	✔
13	1	1	0	1	✔

Quine'sche Tabelle erster Ordnung:

	x_4	x_3	x_2	x_1	
1,3	0	0	–	1	✔
1,5	0	–	0	1	✔
3,7	0	–	1	1	✔
3,11	–	0	1	1	
5,7	0	1	–	1	✔
5,13	–	1	0	1	

Quine'sche Tabelle zweiter Ordnung:

	x_4	x_3	x_2	x_1
1,3,5,7	0	–	–	1

Tabelle 6.7: Die vollständig entwickelte Quine'sche Tabelle für unsere Beispielfunktion

dass Implikanten der Ordnung zwei oder höher während des Aufbaus der ersten Quine'schen Tabelle stets mehrfach erzeugt werden. Um Duplikate zu vermeiden, wird die Quine'sche Tabelle daher nur mit neuen Implikanten erweitert.

Zwischen den Einträgen der Quine'schen Tabelle und den Blöcken in KV-Diagrammen besteht eine direkte Beziehung. Jeder Implikant der ersten Quine'schen Tabelle der Ordnung n entspricht einem Block im KV-Diagramm, der exakt 2^n Felder überdeckt. Auch die Primimplikanten besitzen einen direkten Partner in der ersten Quine'schen Tabelle – sie entsprechen genau denjenigen Einträgen, die nicht mehr weiter zusammengefasst werden können und daher nicht mit einem Haken markiert sind.

Schritt 2: Konstruktion der Primimplikantentafel

Ist die erste Quine'sche Tabelle vollständig aufgebaut, werden alle Primimplikanten in die zweite Quine'sche Tabelle – die *Primimplikantentafel* – übertragen. Die zweite Quine'sche Tabelle enthält für jede Variablenbelegung der Einsmenge eine separate Spalte sowie für jeden Primimplikanten eine eigene Zeile. Die von einem Primimplikanten abgedeckten Variablenbelegungen werden in der entsprechenden Spalte mit einem Kreuz markiert. Für unsere Beispielfunktion ist die zweite Quine'sche Tabelle in Tabelle 6.8 dargestellt.

Schritt 3: Konstruktion einer minimalen Überdeckung

Ist die zweite Quine'sche Tabelle ausgefüllt, so versuchen wir, analog zur grafischen Minimierung mit KV-Diagrammen, die Einsmenge mit einer minimalen Anzahl von Primimplikanten zu erfassen. Folgerichtig gehen wir auch hier in zwei Schritten vor:

■ Zunächst bestimmen wir diejenigen Primimplikanten, die eine Variablenbelegung *alleine* überdecken, da wir diese zur Funktionsdarstellung auf jeden Fall benötigen. In der Primimplikantentafel sind diese Belegungen mit dem puren Auge zu erkennen – wir müssen lediglich nach Spalten suchen, die mit einem einzigen Kreuz markiert sind. In unserem Beispiel decken die Primimplikanten (–,0,1,1), (–,1,0,1), (0,–,–,1) jeweils eine bestimmte Variablenbelegung alleine ab und werden daher vorab ausgewählt.

6.3 Quine-McCluskey-Verfahren

	x_4	x_3	x_2	x_1	1	3	5	7	11	13
3,11	-	0	1	1		✗			✗	
5,13	-	1	0	1			✗			✗
1,3,5,7	0	-	-	1	✗	✗	✗	✗		

Tabelle 6.8: In der zweiten Quine'schen Tabelle werden alle Primimplikanten zeilenweise angeordnet. Die Kreuze markieren alle von einem Primimplikanten abgedeckten Elemente der Einsmenge.

- Jetzt fügen wir so lange weitere hinzu, bis eine vollständige Überdeckung erreicht wird. In unserem Beispiel decken bereits die im ersten Schritt ausgewählten Primimplikanten alle Elemente der Einsmenge ab, so dass wir keine weiteren Implikanten benötigen.

Anschließend werden die ausgewählten Primimplikanten in ihre Formeldarstellung übersetzt und disjunktiv verknüpft. So erhalten wir auf einen Schlag eine disjunktive Minimalform. Angewendet auf unsere Beispielfunktion, erhalten wir exakt die gleiche Lösung wie im Fall der Minimierung mit Hilfe von KV-Diagrammen:

$$y = (x_1 \wedge \overline{x_4}) \vee (x_1 \wedge x_2 \wedge \overline{x_3}) \vee (x_1 \wedge \overline{x_2} \wedge x_3)$$

Im direkten Vergleich mit der grafischen Minimierung nach Karnaugh und Veitch besticht das Verfahren von Quine und McCluskey vor allem durch seine gute Automatisierbarkeit und findet sich in abgewandelter Form in vielen Algorithmen der computergestützten Schaltungssynthese wieder. Bedingt durch seine mechanische Natur kann das Verfahren auf boolesche Ausdrücke mit einer beliebigen Anzahl Variablen angewendet werden.

Minimierung partiell definierter Funktionen

Partiell definierte Funktionen können ebenfalls mit Hilfe des Quine-McCluskey-Verfahrens minimiert werden. Um das Potenzial der Don't-Care-Belegungen optimal zu nutzen, dürfen wir uns entsprechend der Minimierung mit KV-Diagrammen nicht frühzeitig auf einen festen Funktionswert festlegen. Deshalb nehmen wir alle Don't-Care-Belegungen, wie in Tabelle 6.9 demonstriert, zunächst in die erste Quine'sche Tabelle mit auf. Anschließend vervollständigen wir die Tabelle wie bisher durch die sukzessive Zusammenfassung passender Implikanten. Das Beispiel lässt deutlich werden, dass durch die Hinzunahme aller Don't-Care-Belegungen innerhalb der ersten Quine'schen Tabelle erheblich mehr Kombinationsmöglichkeiten entstehen. Je mehr zusammenfassbare Implikanten vorhanden sind, desto höher wird die Wahrscheinlichkeit, auch größere Implikanten bilden zu können.

Die Minimierung boolescher Funktionen fällt in die Klasse der *NP-harten* Probleme. Dies bedeutet für die Praxis, dass die Laufzeit eines Algorithmus, der das Minimierungsproblem exakt löst, exponentiell mit der Anzahl der Variablen der zu minimierenden Schaltfunktion wächst. Genau wie die Methode von Karnaugh und Veitch gehört auch die Vorgehensweise von Quine und McCluskey zu den exakten Verfahren, so dass die Komplexität des Minimierungsproblems die praktische Anwendbarkeit der Algorithmen stark limitiert. In der Praxis wird das Quine-McCluskey-Verfahren deshalb nicht in seiner Reinform eingesetzt. Stattdessen wird der Algorithmus mit zahlreichen Heuristiken kombiniert, die das exponentielle Anwachsen von Speicherplatz und Rechenzeit verhindern. Die Exaktheit des Verfahrens wird aus Komplexitätsgründen bewusst aufgegeben, mit der Konsequenz, dass nicht mehr in jedem Fall die optimale Lösung gefunden wird. Zu den bekanntesten heuristischen Verfahren zur Schaltungsminimierung gehört das an der UC Berkeley entwickelte Espresso-System [63], das sowohl im akademischen als auch im industriellen Umfeld gleichermaßen Verwendung findet.

Implikanten nullter Ordnung:

	x_4	x_3	x_2	x_1	
1	0	0	0	1	✓
3	0	0	1	1	✓
5	0	1	0	1	✓
7	0	1	1	1	✓
10	1	0	1	0	✓
11	1	0	1	1	✓
12	1	1	0	0	✓
13	1	1	0	1	✓
14	1	1	1	0	✓
15	1	1	1	1	✓

Implikanten erster Ordnung:

	x_4	x_3	x_2	x_1	
1,3	0	0	-	1	✓
1,5	0	-	0	1	✓
3,7	0	-	1	1	✓
3,11	-	0	1	1	✓
5,7	0	1	-	1	✓
5,13	-	1	0	1	✓
7,15	-	1	1	1	✓
10,11	1	0	1	-	✓
10,14	1	-	1	0	✓
11,15	1	-	1	1	✓
12,13	1	1	0	-	✓
12,14	1	1	-	0	✓
13,15	1	1	-	1	✓
14,15	1	1	1	-	✓

Implikanten zweiter Ordnung:

	x_4	x_3	x_2	x_1
1,3,5,7	0	-	-	1
3,7,11,15	-	-	1	1
12,13,14,15	1	1	-	-
5,7,13,15	-	1	-	1
10,11,14,15	1	-	1	-

	x_4	x_3	x_2	x_1	1	3	5	7	10	11	12	13	14	15
1,3,5,7	0	-	-	1	✗	✗	✗	✗						
3,7,11,15	-	-	1	1		✗		✗		✗				✗
12,13,14,15	1	1	-	-							✗	✗	✗	✗
5,7,13,15	-	1	-	1			✗	✗				✗		✗
10,11,14,15	1	-	1	-					✗	✗			✗	✗

Tabelle 6.9: Boolesche Minimierung von Don't-Care-Funktionen mit dem Quine-McCluskey-Verfahren. Die oberen drei Tabellen bilden zusammen die erste Quine'sche Tabelle. Unten ist die Primimplikantentafel abgebildet.

Ist die erste Quine'sche Tabelle vollständig konstruiert, übertragen wir alle berechneten Primimplikanten in die zweite Quine'sche Tabelle und bestimmen wie gewohnt eine minimale Überdeckung der *Einsmenge*. An dieser Stelle gilt es zu beachten, dass die Variablenbelegungen der Don't-Care-Menge nicht überdeckt werden *müssen*. Zur besseren Unterscheidung sind die entsprechenden Belegungen in Tabelle 6.9 grau unterlegt. Ein Blick auf die zweite Quine'sche Tabelle zeigt, dass die Elemente der Einsmenge bereits durch einen einzigen Primimplikanten abgedeckt werden, und wir erhalten mit

$$y = x_1 \wedge \overline{x_4}$$

die gleiche Minimalform, die wir bereits weiter oben mit der Hilfe von KV-Diagrammen ermittelt haben.

6.4 Übungsaufgaben

Aufgabe 6.1

Webcode 5865

Ein KV-Diagramm für *n*-stellige Funktionen wird durch (1)_____-faches wechselseitiges (2)_____ und (3)_____ spiegeln konstruiert. Ein KV-Diagramm für *n*-stellige Funktionen enthält genau (4)_____ Felder. Zwei Blöcke lassen sich genau dann zu einem größeren Block zusammenfassen, falls sie (5)_____ und (6)_____ sind. Ein Block, der nicht mehr vergrößert werden kann, heißt (7)_____. Jeder Block wird durch einen booleschen Ausdruck beschrieben, den sogenannten (8)_____. Zur Erzeugung einer (9)_____ Minimalform wird die Einsmenge mit Primblöcken überdeckt. Durch die Überdeckung der Nullmenge lässt sich in analoger Weise eine (10)_____ Minimalform entwickeln.

Variablenbelegungen, die an den Eingängen einer Schaltung nicht anliegen können oder dürfen, werden als (11)_____-Belegung bezeichnet und im KV-Diagramm mit (12)_____ markiert. Die entsprechenden Felder werden in der Blockbildungsphase genau dann überdeckt, wenn hierdurch (13)_____ Blöcke entstehen.

In KV-Diagrammen ab (14)_____ Variablen stehen benachbarte Variablenbelegungen nicht mehr in jedem Fall unter- oder nebeneinander. Mit Hilfe dreidimensionaler Diagramme können Funktionen mit maximal (15)_____ Variablen minimiert werden.

Störimpulse, die dann entstehen, wenn sich genau eine Eingangsvariable ändert, werden als (16)_____ bezeichnet. Eine mit Hilfe von KV-Diagrammen minimierte Funktion ist gegen solche Störimpulse abgesichert, wenn es keine (17)_____ Primblöcke gibt. Selbst in abgesicherten Schaltungen können Störimpulse entstehen, die als (18)_____ bezeichnet werden.

Aufgabe 6.2
Webcode 5235

Erzeugen Sie für die beiden unten abgebildeten Funktionen y_1 und y_2 ein KV-Diagramm und berechnen Sie eine disjunktive Minimalform.

	x_3	x_2	x_1	y_1
0	0	0	0	1
1	0	0	1	1
2	0	1	0	1
3	0	1	1	1
4	1	0	0	1
5	1	0	1	0
6	1	1	0	0
7	1	1	1	1

	x_4	x_3	x_2	x_1	y_2
0	0	0	0	0	1
1	0	0	0	1	1
2	0	0	1	0	1
3	0	0	1	1	1
4	0	1	0	0	0
5	0	1	0	1	0
6	0	1	1	0	0
7	0	1	1	1	0
8	1	0	0	0	1
9	1	0	0	1	1
10	1	0	1	0	0
11	1	0	1	1	0
12	1	1	0	0	0
13	1	1	0	1	0
14	1	1	1	0	0
15	1	1	1	1	0

Aufgabe 6.3
Webcode 5421

Sind die folgenden beiden Schaltnetze äquivalent? Stellen Sie zur Beantwortung der Frage für beide Schaltungen ein KV-Diagramm auf und tragen Sie die Funktionswerte sowie die durch die UND-Glieder repräsentierten Blöcke ein. Was stellen Sie fest?

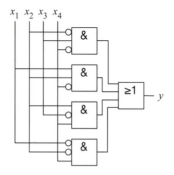
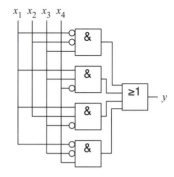

Aufgabe 6.4

Webcode 5129

Minimieren Sie die booleschen Funktionen, die durch die folgenden KV-Diagramme gegeben sind:

Beachten Sie, dass in KV-Diagrammen mit fünf oder mehr Variablen benachbarte Variablenbelegungen nicht mehr in jedem Fall nebeneinander angeordnet sind und Blöcke dadurch aus verschiedenen Fragmenten zusammengesetzt sein können.

Aufgabe 6.5

Webcode 5954

Betrachten Sie das folgende Schaltnetz sowie das zugehörige KV-Diagramm. Ist die Schaltung gegen Logik-Hazards abgesichert? Falls ja, warum? Falls nein, sichern Sie das Schaltnetz gegen Logik-Hazards ab.

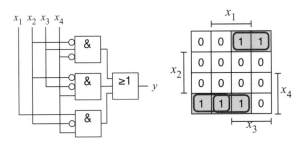

Aufgabe 6.6

Webcode 5392

Bei dem abgebildeten Schaltnetz handelt es sich um dasjenige, das Sie im Übungsteil des letzten Kapitels bereits auf Hazards untersucht haben. Tragen Sie die implementierte Funktion in das abgebildete KV-Diagramm ein und sichern Sie das Schaltnetz gegen Logik-Hazards ab.

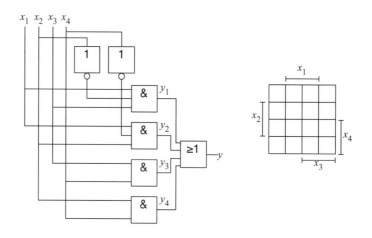

Überprüfen Sie anhand Ihrer Lösung, ob Sie bei Ihrer Analyse im letzten Kapitel alle Hazards gefunden haben.

Aufgabe 6.7

Webcode 5112

In Kapitel 4 haben Sie die Reed-Muller-Normalform kennen gelernt, die eine boolesche Funktion durch die XOR-Verknüpfung mehrerer Basisterme darstellt, die ausschließlich nicht negierte, konjunktiv verknüpfte Variablen enthalten dürfen. Können Sie sich eine Blockbildungsvorschrift vorstellen, mit deren Hilfe sich die Reed-Muller-Normalform aus einem KV-Diagramm extrahieren lässt?

Aufgabe 6.8

Webcode 5343

Geben Sie alle vierstelligen Funktionen an, für die die disjunktive Minimalform gleich der disjunktiven Normalform und gleichzeitig die konjunktive Minimalform gleich der konjunktiven Normalform ist.

Tipp: Überlegen Sie sich hierzu zunächst, wie das KV-Diagramm dieser Funktionen aussehen müsste.

7 Standardschaltnetze

In diesem Kapitel werden Sie ...

- sehen, wie sich mit Hilfe von Multiplexern und Demultiplexern der Kontrollfluss einer Hardware-Schaltung steuern lässt,

- einen Einblick in die verschiedenen Architekturen von Addier- und Multiplizierwerken erhalten,

- erlernen, wie sich mit dem Komparator Zahlenwerte vergleichen lassen,

- mit dem Barrel-Shifter eine schnelle Schieberegisterimplementierung kennen lernen,

- die Struktur und den Aufbau einer arithmetisch-logischen Einheit verstehen,

- in der programmierbaren Logik ein alternatives Prinzip des Schaltungsentwurfs erkennen.

7.1 Motivation

Die in den vorangegangenen Kapiteln eingeführten Methoden und Verfahren geben uns das nötige Rüstzeug an die Hand, um eine beliebige kombinatorische Hardware-Schaltung zu *modellieren*, zu *minimieren* und zu *synthetisieren*:

- Wie in Abbildung 7.1 gezeigt, beginnt der Entwurf einer kombinatorischen Schaltung mit der Erstellung eines funktionalen Modells des Schaltverhaltens. Das Schaltverhalten kann, wie in den vorangegangenen Kapiteln verdeutlicht, in Form einer Wahrheitstabelle, aber auch mit Hilfe einer speziellen Hardware-Beschreibungssprache spezifiziert werden.

- Im Anschluss daran wird das funktionale Modell in eine minimierte Schaltungsbeschreibung überführt. Mit der grafischen Methode nach Karnaugh und Veitch sowie der tabellarischen Methode nach Quine und McCluskey haben wir zwei Verfahren zur Schaltungsminimierung bereits kennen gelernt.

- Zum Schluss erfolgt die Umsetzung der minimierten Schaltungsbeschreibung in eine Hardware-Schaltung. Einige der uns hierfür zur Verfügung stehenden Methoden und Techniken haben wir in Abschnitt 5.2 im Rahmen der Schaltungssynthese im Detail besprochen.

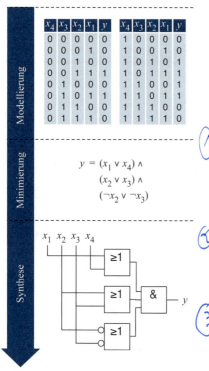

Abbildung 7.1: Modellierung, Minimierung und Synthese eines kombinatorischen Schaltnetzes

Im Allgemeinen können wir diese Vorgehensweise auf jede beliebige boolesche Funktion anwenden, egal ob es sich hierbei um eine arithmetische Funktion wie die Addition, die Multiplikation oder eine kontrollflusslastige Ansteuerungslogik handelt. In der Praxis kommen bestimmte Schaltnetze jedoch wieder und wieder vor, so dass zum Aufbau einer Hardware-Schaltung in vielen Fällen ein komponentenbasierter Ansatz besser geeignet ist. Dem Baukastenprinzip ähnlich, setzen wir die zu konstruierende Hardware-Schaltung aus einer Reihe von Standardkomponenten zusammen. Einige der wichtigsten dieser Komponenten wollen wir in den folgenden Abschnitten genauer untersuchen.

7.2 Multiplexer und Demultiplexer

Mit dem *Multiplexer* und dem *Demultiplexer* stehen uns zwei Standardschaltnetze zur Verfügung, mit deren Hilfe sich der Datenfluss innerhalb einer Hardware-Schaltung auf einfache Weise steuern lässt.

Multiplexer

Multiplexer kommen immer dann zum Einsatz, wenn eine Signalleitung mit einem Wert beschaltet werden soll, der potenziell aus mehreren verschiedenen Quellen stammen kann. In anderen Worten: Ein Multiplexer führt Datenpfade gezielt zusammen.

Als Beispiel betrachten wir die in Abbildung 7.2 skizzierte Schaltung. Das dargestellte Rechenwerk nimmt zwei Zweierkomplementzahlen x_1 und x_2 entgegen und berechnet in Abhängigkeit der Steuerleitung s_0 entweder die Summe oder das Produkt der beiden Operanden. Zu diesem Zweck hält die Schaltung intern sowohl eine Addier- als auch eine Multipliziereinheit vor, die durch das Auftrennen der Eingangsleitungen vollständig parallel arbeiten. In anderen Worten: Zu jedem Zeitpunkt stehen intern sowohl die Summe als auch das Produkt der Operanden zur Verfügung.

Damit an den ausgehenden Signalleitungen der korrekte Wert ausgegeben wird, muss das Rechenwerk in Abhängigkeit der Steuerleitung s_0 eines der beiden internen Ergebnisse auswählen und nach außen leiten. Anders als bei der eingangsseitigen Verzweigung können wir die Datenpfade jedoch nicht einfach physikalisch miteinander verbinden. Stattdessen benötigen wir eine Schaltkomponente, die in der Lage ist, mehrere Datenquellen als Eingabe entgegenzunehmen und eine davon in Abhängigkeit der Steuersignale auf den Ausgang durchzuschalten.

Genau dies ist die Aufgabe eines Multiplexers. Bildlich gesprochen entspricht das Verhalten eines Multiplexers, wie in Abbildung 7.3 gezeigt, exakt dem Funktionsprinzip einer Zugweiche. In Abhängigkeit des Stellsignals wird genau eines der beiden ankommenden Schienensegmente mit dem nachfolgenden Schienenstrang verbunden.

Abbildung 7.4 zeigt, wie sich die Implementierung des oben skizzierten Rechenwerks mit Hilfe eines 1-aus-2-Multiplexers vervollständigen lässt. Ist s_0 gleich 0, so wird der Ausgang y mit dem oberen Eingang des Multiplexers und damit mit der Summe aus x_1 und x_2 beschrieben. Ist s_0 gleich 1, so wird der untere Eingang und damit das Produkt aus x_1 und x_2 durchgeschaltet.

Neben dem hier eingesetzten 1-aus-2-Multiplexer stehen in der Praxis auch deutlich größere Varianten zur Verfügung. Im allgemeinen Fall verfügt ein 1-aus-n-Multiplexer (n:1 MUX) über die Eingangsleitungen x_1 bis x_n, die Steuerleitungen s_0 bis s_m und eine einzige Ausgangsleitung y. In Abhängigkeit der Wertebelegung von s_0 bis s_m schaltet der Multiplexer genau eine der Eingangsleitungen x_1 bis x_n auf den Aus-

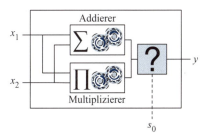

Abbildung 7.2: Ein einfaches Rechenwerk. In Abhängigkeit der Steuerleitung s_0 werden die Operanden x_1 und x_2 entweder addiert ($s_0 = 0$) oder multipliziert ($s_0 = 1$).

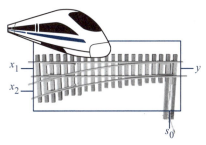

Abbildung 7.3: Schienenanalogon. Das Verhalten eines Multiplexers ist dem einer Schienenweiche vergleichbar. In Abhängigkeit des Stellsignals wird genau einer der Eingänge mit dem Ausgang verbunden.

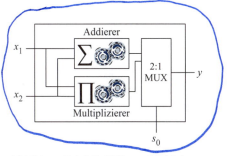

Abbildung 7.4: Mit Hilfe von Multiplexern werden Datenströme kanalisiert. In Abhängigkeit der Steuerleitung wird entweder das obere Eingangssignal ($s_0 = 0$) oder das untere Eingangssignal ($s_0 = 1$) auf den Ausgang durchgeschaltet.

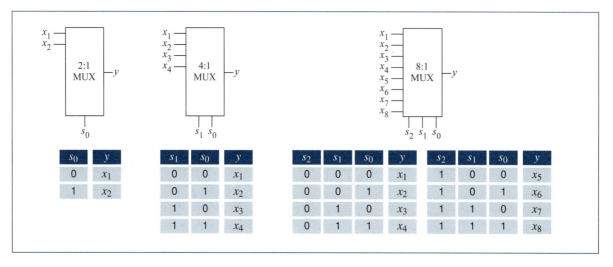

Abbildung 7.5: Multiplexer-Bausteine verschiedener Größen

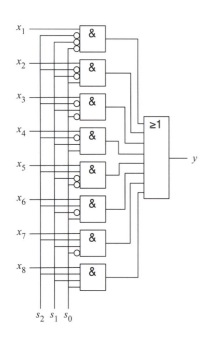

Abbildung 7.6: Realisierung eines 1-aus-8-Multiplexers mit Hilfe der elementaren Logikgatter

gang y durch. Alle anderen Eingänge werden durch den Multiplexer faktisch vom Rest der Schaltung abgetrennt, so dass die dort anliegenden Signalwerte für den Ausgangswert keine Rolle spielen. Da mit m Steuerleitungen 2^m verschiedene Möglichkeiten unterschieden werden können, entspricht die Anzahl der Eingänge eines Multiplexers in aller Regel einer Zweierpotenz. Abbildung 7.5 fasst die Wahrheitstabellen und Schaltsymbole von Multiplexern verschiedener Größe zusammen.

An dieser Stelle wollen wir uns der Frage zuwenden, wie sich ein Multiplexer-Baustein mit Hilfe der elementaren Logikgatter implementieren lässt. Hierzu überführen wir die Wahrheitstabelle des 1-aus-8-Multiplexers in einen booleschen Ausdruck und erhalten das folgende Ergebnis:

$$\begin{aligned} y = \ &(\overline{s_2} \wedge \overline{s_1} \wedge \overline{s_0} \wedge x_1) \vee (\overline{s_2} \wedge \overline{s_1} \wedge s_0 \wedge x_2) \vee \\ &(\overline{s_2} \wedge s_1 \wedge \overline{s_0} \wedge x_3) \vee (\overline{s_2} \wedge s_1 \wedge s_0 \wedge x_4) \vee \\ &(s_2 \wedge \overline{s_1} \wedge \overline{s_0} \wedge x_5) \vee (s_2 \wedge \overline{s_1} \wedge s_0 \wedge x_6) \vee \\ &(s_2 \wedge s_1 \wedge \overline{s_0} \wedge x_7) \vee (s_2 \wedge s_1 \wedge s_0 \wedge x_8) \end{aligned}$$

Das hieraus resultierende Schaltnetz ist in Abbildung 7.6 dargestellt. Wie das Strukturbild bereits vermuten lässt, ist der Flächenbedarf großer Multiplexer-Bausteine nicht unerheblich. Implementieren wir die Schaltung, wie hier gezeigt, als zweistufiges Schaltnetz, so benötigen wir zur Umsetzung eines 1-aus-n-Multiplexers n UND-Gatter mit jeweils $\log_2 n + 1$ Eingängen. Gehen wir davon aus, dass die Größe eines UND-Gatters proportional mit der Anzahl seiner Eingänge steigt,

7.2 Multiplexer und Demultiplexer

so erhalten wir für die Laufzeit und den Flächenbedarf eines 1-aus-n-Multiplexers das folgende Ergebnis:

> Die zweistufige Implementierung eines 1-aus-n-Multiplexers besitzt die folgende Komplexität:
>
> | Schaltungstiefe | Flächenbedarf |
> |---|---|
> | $O(1)$ | $O(n \cdot \log n)$ |

Wir können den Flächenbedarf eines 1-aus-n-Multiplexers reduzieren, indem wir den Multiplexer nicht mehr als zweistufiges Schaltnetz implementieren, sondern, wie in Abbildung 7.7 gezeigt, schrittweise auf kleinere Multiplexer-Bausteine zurückführen. Wenden wir das Ersetzungsschema rekursiv an, so entsteht ein baumartiges Schaltnetz, das ausschließlich 1-aus-2-Multiplexer enthält. Im direkten Vergleich mit der zweistufigen Implementierungsvariante ist die neu konstruierte Schaltung wesentlich flächenökonomischer – die Anzahl der benötigten Logikgatter steigt jetzt nur noch linear mit der Anzahl der Eingangsvariablen an. Verschlechtert hat sich hingegen die Laufzeit. Ist die Schaltungstiefe in der zweistufigen Implementierungsvariante konstant und damit unabhängig von der Größe des Multiplexers, so durchläuft ein Signal in dem neu konstruierten Schaltnetz $O(\log n)$ viele Stufen von den Ein- zu den Ausgängen.

> Die rekursive Implementierung eines 1-aus-n-Multiplexers besitzt die folgende Komplexität:
>
> | Schaltungstiefe | Flächenbedarf |
> |---|---|
> | $O(\log n)$ | $O(n)$ |

Erneut offenbart sich uns an diesem Beispiel der duale Charakter der beiden Optimierungsziele *Laufzeit* und *Fläche*: Auch im Falle des Multiplexers führt die Verbesserung von einem der Parameter zu einer Verschlechterung des anderen.

Obwohl wir mit dem 1-aus-2-Multiplexer ein vergleichsweise einfaches Schaltelement vor uns haben, ist dessen Ausdrucksstärke größer, als es auf den ersten Blick erscheinen mag. Wie das in Abbildung 7.8 skizzierte Konstruktionsschema zeigt, sind Multiplexer mächtig genug, um jede

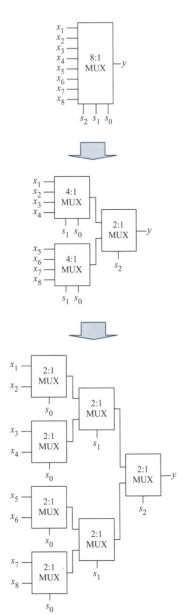

Abbildung 7.7: 1-aus-2-Multiplexer reichen aus, um alle anderen Multiplexer zu implementieren. Die dargestellte Reduktion zeigt, wie ein 1-aus-8-Multiplexer auf ein Schaltnetz reduziert werden kann, das ausschließlich 1-aus-2-Multiplexer enthält.

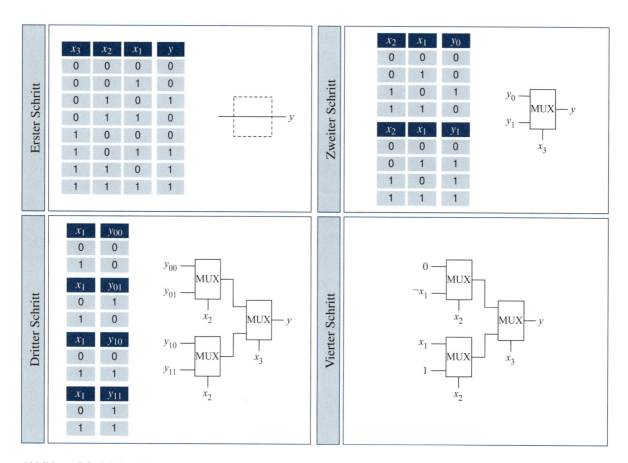

Abbildung 7.8: Schrittweise Transformation einer beliebigen booleschen Funktion in ein Multiplexer-Schaltnetz

nur erdenkliche boolesche Funktion zu implementieren. Als Ausgangspunkt verwenden wir die Wahrheitstafeldarstellung einer booleschen Funktion $f(x_1, \ldots, x_n)$ und setzen diese schrittweise in eine Multiplexer-basierte Schaltung um. Hierzu unterteilen wir die Tabelle jeweils in eine obere und eine untere Hälfte, so dass die Variablenbelegungen der oberen Hälfte durch die Bedingung $x_n = 0$ und die Belegungen der unteren Hälfte durch die Bedingung $x_n = 1$ charakterisiert sind. Folgerichtig können wir die boolesche Funktion erzeugen, indem wir die Steuerleitung eines 1-aus-2-Multiplexers mit der Variablen x_n beschalten und an dem oberen bzw. unteren Eingang des Multiplexers die boolesche Funktion der oberen bzw. unteren Hälfte der Wahrheitstafel erzeugen. Durch die wiederholte Zerlegung entsteht ein Schaltnetz für f, das ausschließlich aus 1-aus-2-Multiplexern besteht.

7.2 Multiplexer und Demultiplexer

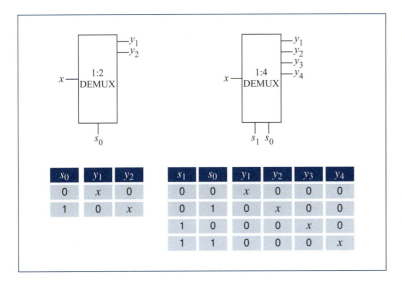

Abbildung 7.9: Demultiplexer-Bausteine verschiedener Größen

Abbildung 7.10: Genau wie im Falle des Multiplexers ist das Verhalten eines Demultiplexers mit dem einer Weiche vergleichbar. Beide Bausteine unterscheiden sich lediglich in der Flussrichtung der ein- und ausgehenden Signale.

Demultiplexer

Bewirken Multiplexer die kontrollierte Zusammenführung von Datenpfaden, so bewerkstelligen Demultiplexer deren Aufspaltung. Entsprechend verfügt ein 1-zu-n-Demultiplexer (1:n DEMUX) über eine einzige Eingangsleitung x, die Steuerleitungen s_0 bis s_m und n Ausgangsleitungen $y_1, \ldots, y_n$. In Abhängigkeit der Wertebelegung schaltet der Demultiplexer das Eingangssignal x auf genau eine der Ausgangsleitungen y_1 bis y_n durch und belegt alle anderen Ausgänge mit 0. Abbildung 7.9 zeigt die Wahrheitstabellen und Schaltsymbole eines 1-zu-2- und eines 1-zu-4-Demultiplexers. Da mit n Steuerleitungen 2^n verschiedene Möglichkeiten unterschieden werden können, entspricht die Anzahl der *Ausgänge* eines typischen Demultiplexers in aller Regel einer Zweierpotenz.

Das Schienenanalogon, das wir zur Veranschaulichung des Multiplexer-Verhaltens herangezogen haben, können wir in direkter Weise auf die Demultiplexer-Schaltung übertragen, indem wir schlicht die Richtung drehen. Wie in Abbildung 7.10 gezeigt, wird der ankommende Schienenstrang in Abhängigkeit des Stellsignals mit genau einem der beiden ausgehenden Schienenstränge verbunden.

Aus der Wahrheitstabelle des Demultiplexers lässt sich unmittelbar eine einstufige Implementierung ableiten. Jedes der Ausgangssignale y_i kann durch ein einzelnes UND-Gatter erzeugt werden, das neben dem Ein-

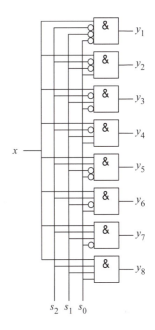

Abbildung 7.11: Realisierung eines 1-zu-8-Demultiplexers mit Hilfe der elementaren Logikgatter

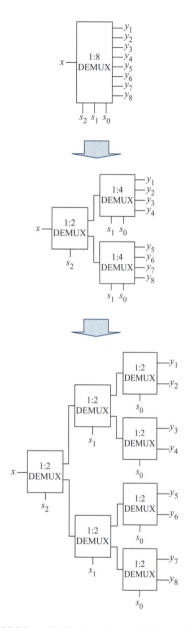

Abbildung 7.12: 1-zu-2-Demultiplexer reichen aus, um alle anderen Demultiplexer zu implementieren. Die dargestellte Reduktion zeigt, wie ein 1-zu-8-Demultiplexer auf ein Schaltnetz reduziert werden kann, das ausschließlich 1-zu-2-Demultiplexer enthält.

gang x die Signale der Steuerleitungen $s_0, \ldots, s_m$ entgegennimmt. Die entsprechende Schaltung ist in Abbildung 7.11 dargestellt. Gehen wir auch hier davon aus, dass die Größe eines UND-Gatters mit der Anzahl der Eingangsleitungen steigt, so erhalten wir die folgende Komplexitätsabschätzung:

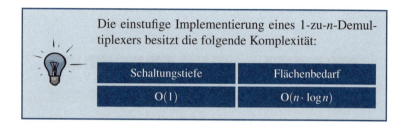

Die einstufige Implementierung eines 1-zu-n-Demultiplexers besitzt die folgende Komplexität:

Schaltungstiefe	Flächenbedarf
$O(1)$	$O(n \cdot \log n)$

Genau wie im Falle des Multiplexers lässt sich auch hier der Flächenbedarf reduzieren, indem wir den 1-zu-n-Demultiplexer rekursiv in immer kleinere Komponenten aufspalten. Abbildung 7.12 demonstriert das Konstruktionsschema anhand eines 1-zu-8-Demultiplexers, der bereits nach zwei Reduktionsschritten vollständig auf insgesamt 7 elementare 1-zu-2-Demultiplexer reduziert werden kann. Insgesamt können wir auf diese Weise eine Demultiplexer-Implementierung erzeugen, deren Fläche nur noch linear und deren Laufzeit logarithmisch mit der Anzahl der Schaltungsausgänge zunimmt:

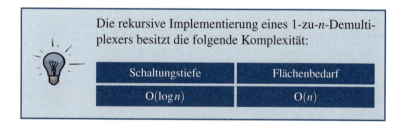

Die rekursive Implementierung eines 1-zu-n-Demultiplexers besitzt die folgende Komplexität:

Schaltungstiefe	Flächenbedarf
$O(\log n)$	$O(n)$

Demultiplexer werden auch als *Decoder* bezeichnet. Der Begriff geht auf deren Eigenschaft zurück, die 2^m an den Steuerleitungen auftretenden Bitkombinationen zu separieren und auf die 2^m Ausgangsleitungen zu verteilen. Damit entspricht jeder Ausgang eines Demultiplexers genau einem Minterm und wir können jede n-stellige boolesche Funktion mit Hilfe eines Multiplexers mit n Steuerleitungen und einem zusätzlichen ODER-Gatter realisieren. Hierzu müssen wir lediglich den Eingang des Demultiplexers mit 1 beschalten und diejenigen Ausgänge des Multiplexers disjunktiv verknüpfen, die einem Minterm der disjunktiven Normalform entsprechen.

7.3 Komparatoren

x_3	x_2	x_1	x_0	y_3	y_2	y_1	y_0	$x>y$	$x=y$	$x<y$
1	–	–	–	0	–	–	–	1	0	0
0	–	–	–	1	–	–	–	0	0	1
$=y_3$	1	–	–	$=x_3$	0	–	–	1	0	0
$=y_3$	0	–	–	$=x_3$	1	–	–	0	0	1
$=y_3$	$=y_2$	1	–	$=x_3$	$=x_2$	0	–	1	0	0
$=y_3$	$=y_2$	0	–	$=x_3$	$=x_2$	1	–	0	0	1
$=y_3$	$=y_2$	$=y_1$	1	$=x_3$	$=x_2$	$=x_1$	0	1	0	0
$=y_3$	$=y_2$	$=y_1$	0	$=x_3$	$=x_2$	$=x_1$	1	0	0	1
$=y_3$	$=y_2$	$=y_1$	$=y_0$	$=x_3$	$=x_2$	$=x_1$	$=x_0$	0	1	0

Abbildung 7.13: Schaltsymbol und Wahrheitstabelle des 4-Bit-Komparatorbausteins

7.3 Komparatoren

Ein Komparator ist ein einfacher Logikbaustein, der die numerischen Vergleichsrelationen „<", „>" und „=" implementiert. Das Schaltnetz nimmt zwei Zahlen x und y der Breite n über die Eingangsleitungen $x_0, \ldots, x_{n-1}$ und $y_0, \ldots, y_{n-1}$ entgegen und berechnet hieraus die Wertebelegung für die drei Ausgangsleitungen z_0 ($x > y$), z_1 ($x = y$) und z_2 ($x < y$). Die Signalwerte der Eingangsleitungen repräsentieren die Bitstellen der beiden Zahlen x und y, die wir für unsere Betrachtungen zunächst als vorzeichenlose Dualzahlen interpretieren wollen. In Abhängigkeit des angelegten Bitmusters ist genau eine der Ausgangsleitungen gleich 1, je nachdem ob x größer, gleich oder kleiner y ist.

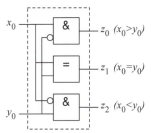

Abbildung 7.14: Implementierung des 1-Bit-Komparators

Abbildung 7.13 zeigt das Schaltsymbol und die Wahrheitstabelle eines 4-Bit-Komparators. Um nicht alle 256 (2^8) Eingabekombinationen auflisten zu müssen, ist die Wahrheitstabelle *reduziert* dargestellt. Ist in einer Zeile der Wert einer Eingabevariable x_i mit – markiert, so steht die Zeile stellvertretend für die beiden Fälle $x_i = 0$ und $x_i = 1$.

Um die Implementierungsidee des Komparatorbausteins zu verstehen, betrachten wir zunächst den einfachsten Fall – den Vergleich zweier einzelner Binärziffern x_0 und y_0. Da x_0 genau dann größer ist als y_0, falls x_0 gleich 1 und y_0 gleich 0 ist, erhalten wir ohne Umwege die in Abbildung 7.14 dargestellte Implementierung des 1-Bit-Komparators.

Bevor wir uns dem Aufbau größerer Komparatoren zuwenden, wollen wir den 1-Bit-Komparator um einen zusätzlichen *Enable-Eingang E* erweitern. Auf Deutsch bedeutet „Enable" so viel wie „aktivieren" oder „anschalten" und genau dies ist auch die Funktion des zusätzlichen Ein-

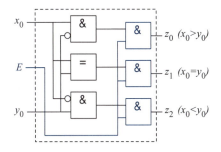

Abbildung 7.15: Der zusätzliche *Enable*-Eingang wirkt wie eine Sperre. In Abhängigkeit des Werts von E ist der Komparator aktiviert ($E = 1$) oder gesperrt ($E = 0$).

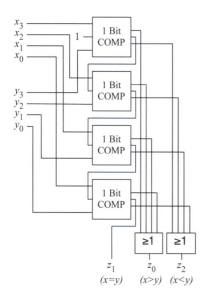

Abbildung 7.16: Vollständige Implementierung des 4-Bit-Komparators für vorzeichenlose Zahlen

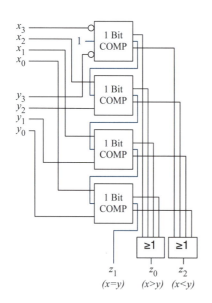

Abbildung 7.17: Vollständige Implementierung des 4-Bit-Komparators für vorzeichenbehaftete Zahlen im Zweierkomplement

gangs. Ist der Wert von E gleich 1, so verhält sich der Komparator unverändert. Setzen wir E dagegen auf 0, ist die Komponente deaktiviert, d. h., die Ausgangsleitungen liegen konstant auf dem Wert 0 – unabhängig von den Werten der Eingangssignale. Wie in Abbildung 7.15 gezeigt, können wir den erweiterten Komparatorbaustein implementieren, indem wir die Ausgänge durch weitere UND-Gatter führen, die zusätzlich mit dem *Enable*-Signal E beschaltet sind. Im Falle $E = 1$ werden die UND-Gatter für das zweite angelegte Signal durchlässig. Ist $E = 0$, blockieren die UND-Gatter alle Signale und erzeugen eine 0 an den Ausgängen.

Durch die Zusammenschaltung mehrerer solcher 1-Bit-Komparatoren können wir auf einfache Weise einen vollwertigen Komparatorbaustein der Länge n erzeugen (siehe Abbildung 7.16). Die Werte der Ausgangssignale z_0 ($x > y$) und z_2 ($x < y$) werden durch die beiden ODER-Gatter am unteren Ende der Schaltung nach außen geführt. Der *Enable*-Eingang E des ersten 1-Bit-Komparators ist stets mit 1 beschaltet, so dass der Baustein immer aktiv ist. Im Gegensatz hierzu wird das Signal z_1, das genau dann gleich 1 ist, wenn x_0 und y_0 gleich sind, mit dem *Enable*-Signal des nächsten Komparators verbunden. Dies hat zur Konsequenz, dass die nachfolgenden Komparatoren deaktiviert werden, sobald feststeht, welche der beiden Zahlen x und y größer bzw. kleiner ist. Nur wenn durchweg alle Bits von x und y den gleichen Wert besitzen, wird die 1 des *Enable*-Signals des obersten Komparators bis ganz nach unten durchgereicht. Damit erhalten wir zugleich die folgende Komplexitätsabschätzung für den n-Bit-Komparator:

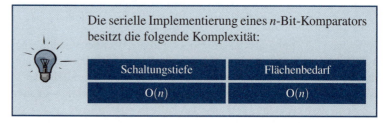

Die Implementierung des n-Bit-Komparators lässt sich, wie in Abbildung 7.17 gezeigt, auf einfache Weise für den Vergleich vorzeichenbehafteter Zahlen anpassen, sofern diese in der Zweierkomplementdarstellung vorliegen. In diesem Fall müssen wir lediglich die Behandlung des höchstwertigen Bits anpassen, da dieses auch im Zweierkomplement über das Vorzeichen Auskunft gibt. Indem wir die Signalwerte invertiert in den ersten Komparator führen, werden die Zweierkomplementzahlen in eine natürliche Ordnung gebracht und negative Zahlen korrekterweise kleiner eingestuft als positive.

7.4 Präfix-Logik

Schaltnetze zur *Präfix-Berechnung* kommen immer dann zum Einsatz, wenn eine rekursiv aufgebaute Logikfunktion $f_n(x_0, \ldots, x_n)$ nicht nur für eine feste Bitbreite n, sondern auch für alle der sogenannten *Präfixe* $f_i(x_0, \ldots, x_i)$ mit $0 \leq i < n$ berechnet werden soll. Ein Beispiel einer solchen rekursiven Funktion haben wir mit der mehrstelligen Paritätsfunktion bereits in Abschnitt 4.4.2 kennen gelernt. Die in Gleichung (4.2) gegebene Definition der Paritätsfunktion lässt sich wie folgt rekursiv formulieren:

$$A_0(x_0) = x_0$$
$$A_n(x_0, \ldots, x_n) = A_{n-1}(x_0, \ldots, x_{n-1}) \leftrightarrow x_n$$

Für ein gegebenes n besteht die Aufgabe der *Präfix-Berechnung* in der Bestimmung der Funktionswerte $A_i(x_0, \ldots, x_i)$ *für alle* i im Bereich von 0 bis n. Lösen wir das Problem, indem wir das oben abgebildete Rekursionsschema eins zu eins in ein entsprechendes Schaltnetz übertragen, so entsteht die in Abbildung 7.18 dargestellte Serienstruktur. Durch die rein serielle Konstruktion wächst neben der Gatteranzahl allerdings auch die Schaltungstiefe und damit die Laufzeit proportional mit der Bitbreite n, so dass wir die folgende Komplexitätsabschätzung als Zwischenergebnis festhalten können:

> Die serielle Präfix-Berechnung besitzt die folgende Komplexität:
>
> | Schaltungstiefe | Flächenbedarf |
> |---|---|
> | $O(n)$ | $O(n)$ |

Im Folgenden werden wir zeigen, dass wir durch eine trickreichere Anordnung der Logikgatter die Signallaufzeit auf $O(\log n)$ verringern können, ohne die lineare Komplexität des Flächenbedarfs aufzugeben. Die Grundidee, die wir hierbei verfolgen werden, besteht in der geschickten Erzeugung und Wiederverwendung von Zwischenergebnissen, so dass die Berechnung im Gegensatz zu der rein seriellen Struktur aus Abbildung 7.18 hochgradig parallel verlaufen wird. Bevor wir in die Details der Implementierung eintauchen, führen wir die *parallele Präfix-Funktion* formal ein und verallgemeinern unsere Überlegung gleichzeitig auf beliebige zweistellige assoziative Operatoren.

■ Basiszelle:

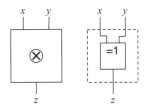

■ Serielle Präfix-Berechnung:

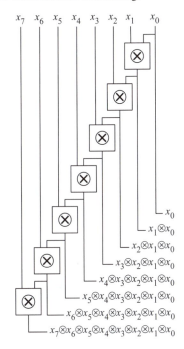

Abbildung 7.18: Serielle Berechnung der ersten 8 XOR-Präfixe x_0 bis $x_0 \otimes \ldots \otimes x_7$

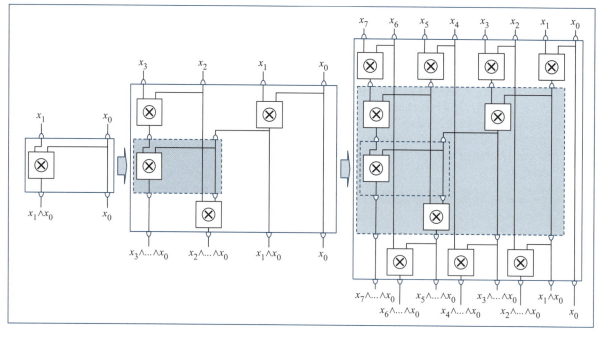

Abbildung 7.19: Rekursive Konstruktion des Schaltnetzes zur Berechnung der parallelen Präfix-Funktion

 Definition 7.1 (Parallele Präfix-Funktion)

Sei M eine beliebige nicht leere Menge und $\otimes : M \times M \rightarrow M$ eine beliebige zweistellige assoziative Abbildung, d. h., für alle $x, y, z \in M$ sei $(x \otimes y) \otimes z = x \otimes (y \otimes z)$. Wir definieren die *parallele Präfix-Funktion* $PP_n : \{M\}^n \rightarrow \{M\}^n$ wie folgt:

$$PP_1(x_0) = (x_0)$$
$$PP_2(x_1, x_0) = (x_1 \otimes x_0, x_0)$$
$$PP_3(x_2, x_1, x_0) = (x_2 \otimes x_1 \otimes x_0, x_1 \otimes x_0, x_0)$$
$$\ldots = \ldots$$
$$PP_n(x_{n-1}, \ldots, x_1, x_0) = (x_{n-1} \otimes \ldots \otimes x_0, \ldots, x_1 \otimes x_0, x_0)$$

Abbildung 7.19 zeigt drei Beispielschaltnetze zur Berechnung der Präfix-Funktionen PP_2, PP_4 und PP_8 für den speziellen Fall $M = \{0,1\}$. Genau wie im Fall der sequenziellen Berechnung wird das Schaltnetz rekursiv konstruiert – statt jedoch bei der Implementierung von PP_n auf die Implementierung von PP_{n-1} zurückzugreifen und mit entsprechen-

7.4 Präfix-Logik

der Logik zu ergänzen, greift das Schaltnetz auf $PP_{\frac{n}{2}}$ zurück. Damit erhöht sich die Schaltungstiefe nicht mehr bei jeder Erhöhung der Bitbreite n, sondern nur noch bei deren Verdoppelung. Aus dem allgemeinen Konstruktionsschema in Abbildung 7.20 können wir sofort die folgende Rekursionsbeziehung für die Schaltungstiefe $C_S(n)$ ableiten:

$$C_S(n) = C_S(\frac{n}{2}) + 2 = C_S(\frac{n}{2}) + O(1)$$

Trotz des Geschwindigkeitsgewinns hat sich die Komplexität des Flächenzuwachses im Vergleich zur seriellen Variante nicht geändert. Gemessen in absoluten Zahlen benötigen wir zwar mehr Gatter, die Anzahl steigt jedoch immer noch proportional mit der Bitbreite n. Insgesamt erhalten wir damit das folgende Ergebnis:

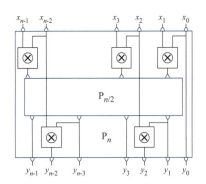

Abbildung 7.20: Das allgemeine Rekursionsschema der parallelen Präfix-Berechnung (vgl. [7])

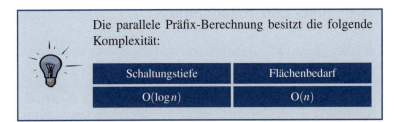

Die parallele Präfix-Berechnung besitzt die folgende Komplexität:

Schaltungstiefe	Flächenbedarf
$O(\log n)$	$O(n)$

Legen wir der Präfix-Berechnung die Basiszelle aus Abbildung 7.18 zu Grunde, so erhalten wir eine Schaltung, die die mehrstellige Antivalenzfunktion in logarithmischer Laufzeit und damit deutlich schneller als die rein serielle Variante berechnet.

Die Leistung der Präfix-Logik ist hiermit aber bei weitem noch nicht erschöpft. Durch entsprechende Modifikationen an der Basiszelle sind wir in der Lage, deutlich komplexere Funktionen zu berechnen, als es die Grundstruktur vermuten lässt. Als Beispiel betrachten wir die Basiszelle in Abbildung 7.21. Hier werden pro Operand und Ergebniswert jeweils zwei Leitungen in die Zelle hinein- bzw. hinausgeführt, d. h., die Menge M aus Definition 7.1 ergibt sich in diesem Fall zu $M = \{0,1\} \times \{0,1\}$. Mit dieser Basiszelle berechnet die parallele Präfix-Schaltung die folgende Funktion:

$$PP_2 = (g_1 \vee g_0 p_1, p_0 p_1) \tag{7.1}$$
$$PP_3 = (g_2 \vee g_1 p_2 \vee g_0 p_1 p_2, p_0 p_1 p_2)$$
$$PP_4 = (g_3 \vee g_2 p_3 \vee g_1 p_2 p_3 \vee g_0 p_1 p_2 p_3, p_0 p_1 p_2 p_3) \tag{7.2}$$

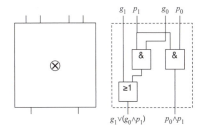

Abbildung 7.21: Schema und Beispielimplementierung einer komplexeren Basiszelle mit $M = \{0,1\} \times \{0,1\}$. Diese spezielle Zelle wird uns im nächsten Abschnitt in die Lage versetzen, einen schnellen und zugleich flächenökonomischen Addierer zu konstruieren.

So willkürlich die Funktion erscheint, so wertvoll wird sie für uns im nächsten Abschnitt werden, in dem wir uns ausführlich mit den verschiedenen Implementierungsvarianten binärer Additionswerke beschäftigen werden.

Fall 1		Fall 2	
	0		0
+	0	+	1
= 0	0	= 0	1

Fall 3		Fall 4	
	1		1
+	0	+	1
= 0	1	= 1	0

Tabelle 7.1: Bei der Addition zweier Binärziffern müssen wir vier Fälle unterscheiden.

7.5 Addierer

Die Durchführung arithmetischer Operationen gehört zu den Kernaufgaben eines jeden Computersystems. In diesem Abschnitt werden wir die verschiedenen Möglichkeiten kennen lernen, wie sich die *Addition* in Form eines Schaltnetzes implementieren lässt. Hierzu werden wir mit dem *Halb-* und dem *Volladdierer* zunächst die arithmetischen Basiskomponenten einführen und anschließend zeigen, wie sich diese zu komplexen Addierwerken kombinieren lassen. Auch hier werden wir unser besonderes Augenmerk wieder auf die Laufzeit und den Flächenverbrauch der betreffenden Schaltungen richten.

7.5.1 Halb- und Volladdierer

Der Halbaddierer ist die einfachste arithmetische Basiskomponente und bildet die Addition zweier Binärziffern x und y nach. Da beide Summanden nur die Werte 0 und 1 annehmen können, müssen wir lediglich die vier in Tabelle 7.1 dargestellten Fälle unterscheiden. Wie die Rechenbeispiele zeigen, setzt sich das Ergebnis der Addition aus dem Summenbit z und dem Übertragsbit c (*Carry-Bit*) zusammen, so dass der Halbaddierer neben den beiden Eingangsleitungen x und y über insgesamt zwei Ausgangsleitungen verfügt. Das Schaltsymbol des Halbaddierers ist zusammen mit seiner Wahrheitstafel in Abbildung 7.22 dargestellt. Die Wahrheitstabelle ergibt sich ohne Umwege aus den binären Additionsregeln.

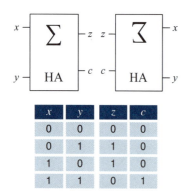

x	y	z	c
0	0	0	0
0	1	1	0
1	0	1	0
1	1	0	1

Abbildung 7.22: Schaltsymbol und Wahrheitstafel eines Halbaddierers

Wie aus der Tabelle hervorgeht, ist das Summenbit genau dann gleich 1, wenn einer der beiden Summanden gleich 1, der andere dagegen gleich 0 ist. Dagegen wird das Übertragsbit nur dann gesetzt, wenn beide Summanden gleich 1 sind. Damit erhalten wir für die booleschen Funktionen von z und c das folgende Ergebnis:

$$z = x_1 \leftrightarrow x_2$$
$$c = x_1 \wedge x_2$$

Aus den beiden Gleichungen ergibt sich ohne Umwege die in Abbildung 7.23 skizzierte Implementierung, die aus lediglich zwei Logikgattern besteht.

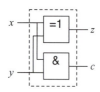

Abbildung 7.23: Implementierung der Halbaddiererschaltung

Mit Hilfe von Halbaddierern sind wir in der Lage, beliebige Dualziffern zu addieren, für die vollständige Addition mehrziffriger Dualzahlen ist die Funktionalität jedoch noch nicht ausreichend. Als Beispiel betrachten wir die Berechnung der Summe $92 + 106$, die zusammen mit dem

7.5 Addierer

allgemeinen Additionsschema in Abbildung 7.24 dargestellt ist. Wie die Rechnung zeigt, ist die Funktionalität des Halbaddierers nur für die Berechnung von z_0, d. h. für das Bit mit der geringsten Wertigkeit ausreichend. Für die Berechnung der Summenbits z_i mit $i > 0$ müssen wir zusätzlich den Übertrag mit einbeziehen, der während der Addition der vorangegangenen Binärziffer entstehen kann.

Unsere Überlegung führt uns auf direkter Weise zur Definition des Volladdierers, dessen Schaltsymbol und Wahrheitstabelle in Abbildung 7.25 zusammengefasst sind. Im Unterschied zum Halbaddierer besitzt der Volladdierer einen dritten Eingang für das Übertragsbit. Die Wahrheitstabelle können wir vollständig aus dem Rechenbeispiel in Abbildung 7.24 ableiten. Die beiden Summanden 92 und 106 wurden mit Absicht so gewählt, dass die bitweise Addition nacheinander alle Bitkombinationen von x_i, y_i und c_i erzeugt.

Zur Implementierung des Volladdierers extrahieren wir aus der Wahrheitstafel zunächst die disjunktive Normalform von z_i und c_{i+1}:

$$z_i = (\overline{x_i} \wedge \overline{y_i} \wedge c_i) \vee (\overline{x_i} \wedge y_i \wedge \overline{c_i}) \vee (x_i \wedge \overline{y_i} \wedge \overline{c_i}) \vee (x_i \wedge y_i \wedge c_i)$$

$$c_{i+1} = (\overline{x_i} \wedge y_i \wedge c_i) \vee (x_i \wedge \overline{y_i} \wedge c_i) \vee (x_i \wedge y_i \wedge \overline{c_i}) \vee (x_i \wedge y_i \wedge c_i)$$

Formen wir die Ausdrücke mit Hilfe der Rechenregeln der booleschen Algebra um, so erhalten wir schließlich das folgende Ergebnis:

- Summenbit z_i:

$$\begin{aligned}
z_i &= (\overline{x_i} \wedge \overline{y_i} \wedge c_i) \vee (\overline{x_i} \wedge y_i \wedge \overline{c_i}) \vee (x_i \wedge \overline{y_i} \wedge \overline{c_i}) \vee (x_i \wedge y_i \wedge c_i) \\
&= c_i((\overline{x_i} \wedge \overline{y_i}) \vee (x_i \wedge y_i)) \vee \overline{c_i}((\overline{x_i} \wedge y_i) \vee (x_i \wedge \overline{y_i})) \\
&= c_i(x_i \leftrightarrow y_i) \vee \overline{c_i}(x_i \nleftrightarrow y_i) \\
&= c_i(\overline{x_i \nleftrightarrow y_i}) \vee \overline{c_i}(x_i \nleftrightarrow y_i) \\
&= c_i \leftrightarrow (x_i \nleftrightarrow y_i)
\end{aligned}$$

- Übertragsbit c_{i+1}:

$$\begin{aligned}
c_{i+1} &= (\overline{x_i} \wedge y_i \wedge c_i) \vee (x_i \wedge \overline{y_i} \wedge c_i) \vee (x_i \wedge y_i \wedge \overline{c_i}) \vee (x_i \wedge y_i \wedge c_i) \\
&= (((\overline{x_i} \wedge y_i) \vee (x_i \wedge \overline{y_i})) \wedge c_i) \vee ((x_i \wedge y_i) \wedge (c_i \vee \overline{c_i})) \\
&= (((\overline{x_i} \wedge y_i) \vee (x_i \wedge \overline{y_i})) \wedge c_i) \vee (x_i \wedge y_i) \\
&= ((x_i \nleftrightarrow y_i) \wedge c_i) \vee (x_i \wedge y_i)
\end{aligned}$$

Abbildung 7.26 zeigt die direkte Umsetzung der umgeformten Ausdrücke in eine Hardware-Schaltung. Wie das Strukturbild zeigt, ist es uns gelungen, die Funktionalität des Volladdierers auf zwei Halbaddierer und ein zusätzliches ODER-Gatter zurückzuführen.

- Allgemein:

	x_n	...	x_3	x_2	x_1	x_0
+	y_n	...	y_3	y_2	y_1	y_0
	c_n	...	c_3	c_2	c_1	
c_{n+1}	z_n	...	z_3	z_2	z_1	z_0

- Beispiel: 92 + 106

```
    0 1 0 1 1 1 0 0
 +  0 1 1 0 1 0 1 0
    1 1 1 1 0 0 0
  ─────────────────
  0 1 1 0 0 0 1 1 0
```

Abbildung 7.24: Addition mehrstelliger Dualzahlen

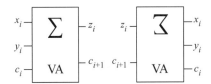

x_i	y_i	c_i	z_i	c_{i+1}
0	0	0	0	0
0	0	1	1	0
0	1	0	1	0
0	1	1	0	1
1	0	0	1	0
1	0	1	0	1
1	1	0	0	1
1	1	1	1	1

Abbildung 7.25: Wahrheitstafel und Schaltsymbol eines Volladdierers

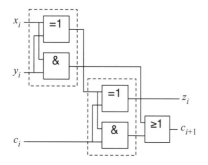

Abbildung 7.26: Implementierung der Volladdiererschaltung unter Verwendung zweier Halbaddierer

7.5.2 Carry-ripple-Addierer

Mit Hilfe von Volladdierern sind wir bereits jetzt in der Lage, ein vollständiges Addierwerk aufzubauen, das zwei Dualzahlen $x = x_{n-1} \ldots x_0$ und $y = y_{n-1} \ldots y_0$ entgegennimmt und daraus das Ergebnis $z = c_n z_{n-1} \ldots z_0$ berechnet. Der *Carry-ripple-Addierer* bildet exakt die Addition nach, wie wir sie auch auf dem Papier ausführen: Beginnend mit dem Bit der geringsten Wertigkeit, bestimmen wir das Summenbit und übernehmen den Übertrag in die nächste Bitstelle. Wie in Abbildung 7.27 dargestellt ist, besteht das Addierwerk aus n Volladdierern. Jeder der Volladdierer wird mit je zwei Bits der Summanden und dem Übertragsbit des vorausgehenden Addierers beschaltet.

Im direkten Vergleich mit den alternativen Implementierungen, die wir weiter unten untersuchen werden, stellt der Carry-ripple-Addierer die mit Abstand primitivste Variante dar. Trotz seiner Einfachheit arbeitet das Schaltnetz äußerst flächenökonomisch. Da die Anzahl der benötigten Volladdierer der Bitbreite n entspricht, steigt der Flächenbedarf nur linear an. Damit erreicht der Carry-ripple-Addierer das theoretische Minimum, da zur Berechnung der Summe alle Bits der Quelloperanden ausgewertet werden müssen.

Problematisch ist dagegen die Laufzeit des Addierwerks, die ebenfalls linear mit der Bitbreite der Summanden zunimmt. Schuld daran ist das Übertragsbit – durch die sequenzielle Anordnung der Volladdierer stellt sich das korrekte Ergebnis an den Ausgängen erst ein, wenn das Übertragsbit vollständig durch die gesamte Volladdiererkaskade hindurchgereicht wurde. Damit können wir die Komplexitätseigenschaften wie folgt zusammenfassen:

Abbildung 7.27: Aufbau eines n-Bit-Carry-ripple-Addierers. Für die Addition der Dualzahlen x und y werden n Volladdierer in Reihe geschaltet. Neben den beiden Summanden-Bits nimmt jeder Addierer das durch den Vorgänger erzeugte Carry-Bit entgegen, so dass der Übertrag von rechts nach links schrittweise durch alle Addierer hindurchgereicht wird. Dieser Eigenschaft verdankt der Addierer auch seinen Namen: „ripple" bedeutet so viel wie „dahinplätschern".

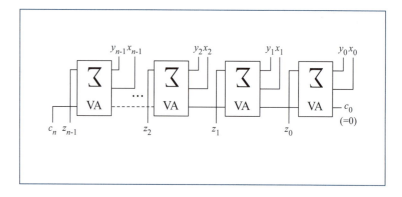

7.5 Addierer

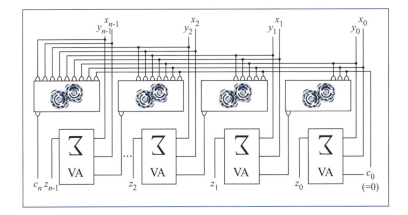

Abbildung 7.28: Schematischer Aufbau des Carry-look-ahead-Addierers. Anstatt das Übertragsbit durch die Addiererkette hindurchzureichen, rechnet der Carry-look-ahead-Addierer alle Übertragsbits mit Hilfe zweistufiger Schaltnetze parallel aus. Damit stehen alle Übertragsbits zur gleichen Zeit an den Volladdierern zur Verfügung, so dass die Addition in konstanter Zeit und damit unabhängig von der Bitbreite durchgeführt werden kann.

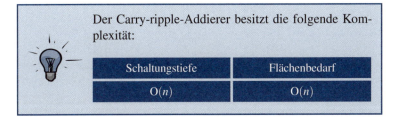

Der Carry-ripple-Addierer besitzt die folgende Komplexität:

Schaltungstiefe	Flächenbedarf
$O(n)$	$O(n)$

7.5.3 Carry-look-ahead-Addierer

Wie im Falle des Carry-ripple-Addierers verwendet der Carry-look-ahead-Addierer n Volladdierer zur Addition zweier n-Bit breiter Dualzahlen. Das Übertragsbit wird jedoch nicht mehr von Addierer zu Addierer durchgereicht. Stattdessen werden alle der n Übertragsbits c_1 bis c_n mit Hilfe eines separaten zweistufigen Schaltnetzes gleichzeitig berechnet und parallel in die entsprechenden Volladdierer geleitet (Abbildung 7.28). Auf diese Weise entsteht ein Addierwerk, das zwei Zahlen in konstanter Zeit summiert und damit nicht mehr mit steigender Bitbreite stetig an Geschwindigkeit verliert.

Um die Konstruktion des Schaltnetzes zur Übertragsberechnung zu verstehen, betrachten wir erneut, wie das Übertragsbit in einem Carry-ripple-Addierer berechnet wird. Erinnern wir uns an die Implementierung des Volladdierers, so können wir die in Abbildung 7.29 skizzierte Rekursionsbeziehung ableiten. Ersetzen wir die Variable c_i sukzessive durch ihre Definition, so lässt sich die Rekursionsgleichung wie folgt

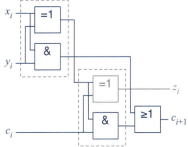

- Rekursionsschema:

$$c_{i+1} = (x_i \wedge y_i) \vee (c_i \wedge (x_i \leftrightarrow y_i))$$

- Abkürzende Schreibweise:

$$g_i := x_i \wedge y_i$$
$$p_i := x_i \leftrightarrow y_i$$

- Dann gilt:

$$c_{i+1} = g_i \vee (c_i \wedge p_i)$$

Abbildung 7.29: Rekursionsschema zur Berechnung der Überträge

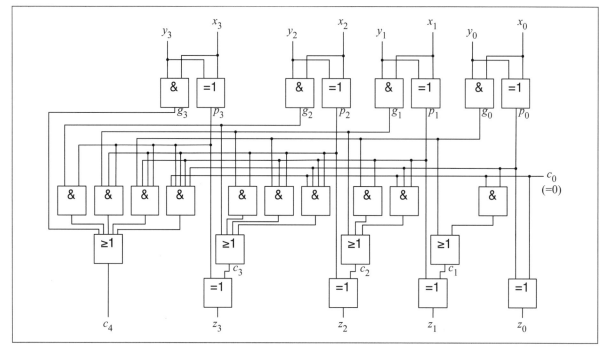

Abbildung 7.30: Strukturbild des vollständig zusammengesetzten 4-Bit-Carry-look-ahead-Addierers

ausrollen:

$$c_1 = g_0 \vee c_0 p_0 \tag{7.3}$$
$$\begin{aligned}c_2 &= g_1 \vee c_1 p_1 \\ &= g_1 \vee (g_0 \vee c_0 p_0) p_1 \\ &= g_1 \vee g_0 p_1 \vee c_0 p_0 p_1\end{aligned} \tag{7.4}$$
$$\begin{aligned}c_3 &= g_2 \vee c_2 p_2 \\ &= g_2 \vee (g_1 \vee g_0 p_1 \vee c_0 p_0 p_1) p_2 \\ &= g_2 \vee g_1 p_2 \vee g_0 p_1 p_2 \vee c_0 p_0 p_1 p_2\end{aligned} \tag{7.5}$$
$$\begin{aligned}c_4 &= g_3 \vee (c_3 p_3) \\ &= g_3 \vee (g_2 \vee g_1 p_2 \vee g_0 p_1 p_2 \vee c_0 p_0 p_1 p_2) p_3 \\ &= g_3 \vee g_2 p_3 \vee g_1 p_2 p_3 \vee g_0 p_1 p_2 p_3 \vee c_0 p_0 p_1 p_2 p_3\end{aligned} \tag{7.6}$$

Setzen wir die Formeln 7.3 bis 7.6 direkt in eine Hardware-Schaltung um, so erhalten wir das in Abbildung 7.30 dargestellte Schaltnetz. Das Strukturbild offenbart bereits mit wenigen Blicken die zentralen Eigenschaften des Carry-look-ahead-Addierers. Zum einen ist die Tiefe der Schaltung konstant, d. h., unabhängig von der Bitbreite durchläuft ein

Signal von den Eingängen zu den Ausgängen stets eine konstante Anzahl an Logikgattern. Zum anderen scheint die Anzahl der Logikgatter für die Berechnung des i-ten Übertragsbits kontinuierlich zuzunehmen. Wie die nebenstehende Analyse zeigt, steigt der Flächenbedarf in der Tat kubisch mit der Bitbreite an, so dass wir das Komplexitätsverhalten insgesamt wie folgt festhalten können:

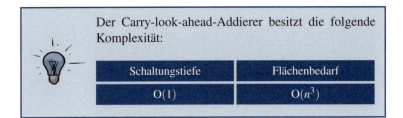

Schaltungstiefe	Flächenbedarf
$O(1)$	$O(n^3)$

Der Carry-look-ahead-Addierer besitzt die folgende Komplexität:

Mit dem Carry-ripple- und dem Carry-look-ahead-Addierer haben wir jetzt zwei Implementierungsvarianten vor uns, deren Komplexitätseigenschaften sich diametral unterscheiden. Während wir mit der Carry-ripple-Architektur in der Lage sind, ein flächenökonomisches, aber vergleichsweise langsames Addierwerk zu implementieren, können wir mit Hilfe der Carry-look-ahead-Struktur einen schnellen, aber flächenintensiven Addierer realisieren.

So verschieden die beiden Konzepte sind, so einfach lassen sie sich glücklicherweise miteinander kombinieren. Ausgehend von dem Carry-ripple-Addierer verkürzen wir den Signalweg des Übertragsbits, indem die einzelnen Volladdierer durch größere, parallel arbeitende Carry-look-ahead-Blöcke ersetzt werden. Abbildung 7.31 zeigt einen auf diese Weise konstruierten 4-Bit-Addierer, aufgebaut mit Hilfe von zwei in Reihe geschalteter 2-Bit-Carry-look-ahead-Addierern.

Die optimale Größe der Carry-look-ahead-Blöcke hängt dabei unmittelbar von den geforderten Schaltungseigenschaften ab und lässt sich beispielsweise durch einen iterativen Prozess ermitteln. Den Ausgangspunkt bildet ein reiner Carry-ripple-Addierer. In jedem Schritt wird der aktuelle Flächenbedarf der Schaltung ermittelt und die Volladdierer durch immer größere Carry-look-ahead-Addierer ersetzt. Der Prozess bricht erst ab, wenn die spezifizierte Laufzeit erreicht oder das vorgegebene Flächenlimit überschritten ist. In der Praxis werden Optimierungen dieser Art softwaregestützt durchgeführt und in einem vollautomatischen oder semiautomatischen Prozess berechnet.

Entsprechend dem Strukturbild in Abbildung 7.30 durchläuft ein Signal von den Eingängen zu den Ausgängen maximal vier Gatterstufen. Um den Flächenbedarf eines n-Bit-Carry-look-ahead-Addierers abzuschätzen, bestimmen wir zunächst die Anzahl der verbauten Logikgatter. Bezeichnen wir mit $G_i(n)$ die Anzahl der Gatter in der i-ten Stufe, so gilt:

$$G_1(n) = 2 \cdot n$$
$$G_2(n) = \sum_{i=1}^{n} i$$
$$G_3(n) = n$$
$$G_4(n) = n$$

Für die Komplexitätsabschätzung im O-Kalkül ist nur der Anteil $G_2(n)$ relevant. Mit Hilfe der Gauß'schen Summenformel, die wir auf Seite 104 im Zusammenhang mit dem Beweisprinzip der vollständigen Induktion kennen gelernt haben, gilt:

$$G_2(n) = \frac{n(n+1)}{2} = O(n^2)$$

$G_2(n)$ ist ein erster Anhaltspunkt für den Flächenbedarf des Carry-look-ahead-Addierers. Für eine präzise Abschätzung müssen wir in Betracht ziehen, dass die Größe der UND-Gatter mit zunehmender Bitbreite ebenfalls steigt. Bezeichnen wir mit $E_2(n)$ die Summe der Eingänge aller Gatter der mittleren UND-Stufe, so können wir aus dem Strukturbild die folgende Beziehung ableiten:

$$E_2(n) = \sum_{i=1}^{n} \sum_{j=2}^{i+1} j$$

Auf eine doppelte Summe dieser Bauart sind wir bereits im Übungsteil auf Seite 179 gestoßen und wir erhalten auf einen Schlag das folgende Ergebnis:

$$E_2(n) = O(n^3)$$

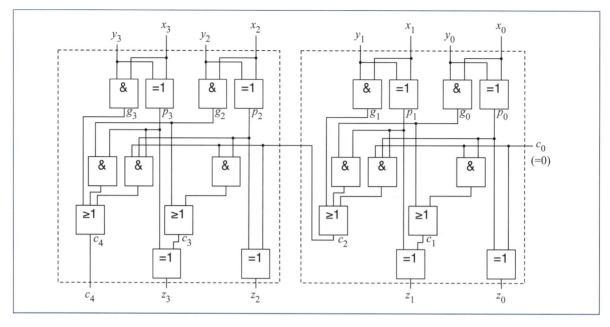

Abbildung 7.31: Serielle Zusammenschaltung zweier Carry-look-ahead-Addierer

- Beispiel 1: $14 + 1$

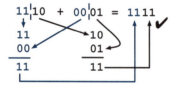

- Beispiel 2: $11 + 9$

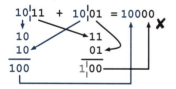

Abbildung 7.32: Addition nach dem Teile-und-herrsche-Prinzip. Bei der Verrechnung der rechten Bithälften kann ein Übertrag entstehen, den wir nicht ignorieren dürfen. Tun wir dies doch, wie im zweiten Beispiel, so erhalten wir ein falsches Ergebnis.

7.5.4 Conditional-Sum-Addierer

Der Conditional-Sum-Addierer löst das Additionsproblem mit einem Prinzip, das in der Informatik unter dem Namen *Teile-und-herrsche* bekannt ist. Dahinter verbirgt sich die Idee, ein Problem solange in kleinere Teilprobleme zu zerlegen, bis sich diese auf einfache Art lösen lassen. Sobald die Lösungen aller Teilprobleme berechnet sind, werden sie schrittweise zu einer Lösung des Gesamtproblems zusammengefügt.

Für die Addition zweier n-Bit-Zahlen bedeutet das Teile-und-herrsche-Prinzip das Folgende: Zunächst werden die beiden n-Bit-Operanden in eine linke und eine rechte Hälfte aufgeteilt und diese separat addiert. Anschließend werden die beiden berechneten Bitsequenzen zu dem gesuchten Gesamtergebnis zusammengefügt. Für die oberen Beispielwerte aus Abbildung 7.32 funktioniert dieses Vorgehen einwandfrei; die unteren Beispielwerte zeigen aber, dass das Teile-herrsche-Prinzip nicht ohne Einschränkungen funktioniert. Hier ist bei der Addition der rechten Bithälften ein Übertragsbit entstanden, das wir bei der Verrechnung der linken Bithälften ignoriert haben. Da wir nicht vorab wissen, ob bei der Addition der rechten Bithälften ein Übertragsbit entsteht, können wir mit der Verarbeitung der linken Bithälften eigentlich erst dann

7.5 Addierer

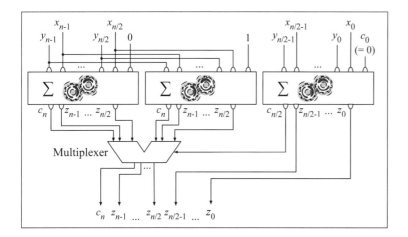

Abbildung 7.33: Schematischer Aufbau des Conditional-Sum-Addierers. Die eingehenden Bitsequenzen werden in der Mitte aufgeteilt und beide Hälften separat addiert. Die Addition der linken Hälfte wird doppelt durchgeführt, einmal für den Fall, dass bei der Addition der rechten Hälfte ein Übertragsbit generiert wird und einmal für den Fall, dass kein Übertrag entsteht. Über den nachgeschalteten Multiplexer wird das passende Ergebnis ausgewählt.

beginnen, wenn die rechte Hälfte ausgerechnet ist. Wir erhielten dann einen Schaltung, die das gleiche Zeitverhalten wie der Carry-ripple-Addierer aufweist, und damit wäre nichts gewonnen.

Der Conditional-Sum-Addierer löst dieses Problem dadurch, dass die Addition der linken Bithälften doppelt durchgeführt wird, einmal für den Fall, dass die Addition der rechten Bithälften einen Übertrag erzeugt und einmal für den Fall, dass kein Übertrag entsteht. Jetzt stehen beide Ergebnisse parallel zur Verfügung und wir brauchen am Ende nur noch das passende auszuwählen.

Mit den angestellten Vorüberlegungen ist es nicht mehr schwer, den in Abbildung 7.33 skizzierten Aufbau des n-Bit-Conditional-Sum-Addierers zu verstehen. Zuallererst werden die Eingangsleitungen in zwei Hälften aufgetrennt und auf drei separate Addierwerke verteilt. Der linke und der mittlere Addierer bilden die Summe der linken Bithälften, einmal ohne Übertrag und einmal mit. Der rechte Addierer summiert die rechten Bithälften und steuert mit seinem Übertragsausgang den nachgeschalteten Multiplexer an. Ist kein Übertrag entstanden, so wird das Ergebnis des linken Addierers übernommen, ansonsten wird der Inhalt des mittleren Addierers durchgeschaltet.

Die drei Teiladdierer lassen sich rekursiv durch kleinere Conditional-Sum-Addierer ersetzen. Ist n eine Zweierpotenz, so können wir die Substitution so lange durchführen, bis nur noch einzelne Bits summiert werden müssen. Wir können die Teiladdierer dann durch gewöhnliche Volladdierer ersetzen und erhalten als Ergebnis eine Schaltung, wie sie in Abbildung 7.34 für den Fall $n = 4$ gezeigt ist.

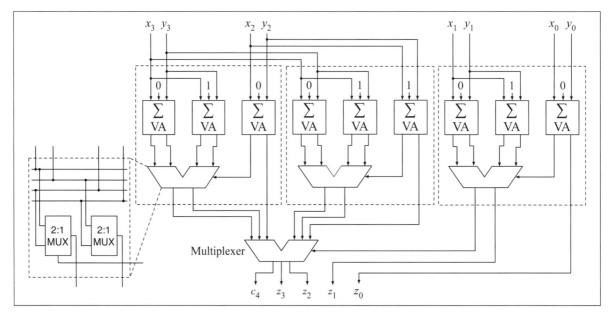

Abbildung 7.34: Schaltbild des vollständig aufgebauten 4-Bit-Conditional-Sum-Addierers

Um die Laufzeit- und die Flächenkomplexität des Conditional-Sum-Addierers zu verstehen, werfen wir erneut einen Blick auf die schematische Zeichnung in Abbildung 7.33. Das Laufzeitverhalten ist leicht zu analysieren. Da wir die Bitbreite der Conditional-Sum-Addierer bei jeder rekursiven Ersetzung halbieren, erreichen wir nach $\log n$ Schritten den Basisfall. Die Schaltungstiefe nimmt also nur logarithmisch mit der Bitbreite der Operanden zu, so dass wir mit dem Conditional-Sum-Addierer eine Schaltung erhalten, die geringfügig langsamer als der Carry-look-ahead-Addierer, aber deutlich schneller als der Carry-ripple-Addierer ist.

Um den Flächenbedarf abzuschätzen, müssen wir genauer hinsehen. Bezeichnen wir die Anzahl der Gatter für einen n-Bit-Addierer mit $C_A(n)$, so können wir aus dem Konstruktionsschema des Conditional-Sum-Addierers die folgende Rekurrenzgleichung herleiten:

$$C_A(n) = \mathrm{O}\left(3 \cdot C_A\left(\frac{n}{2}\right)\right) \qquad (7.7)$$

Die Beziehung gilt, da wir zum Bau eines n-Bit-Addierers 3 Addierer der Bitbreite $\frac{n}{2}$ benötigen. Ist n eine Zweierpotenz, gilt also $n = 2^m$ für eine natürliche Zahl m, so können wir Gleichung (7.7) folgendermaßen umschreiben:

$$\begin{aligned}C_A(n) &= O\left(3 \cdot C_A\left(\frac{n}{2}\right)\right) = O\left(3 \cdot 3 \cdot C_A\left(\frac{n}{4}\right)\right) = \ldots = O(3^m \cdot C_A(1)) \\ &= O\left(2^{\log_2 3^m} \cdot C_A(1)\right) = O\left(2^{m \cdot \log_2 3} \cdot C_A(1)\right) \\ &= O\left((2^m)^{\log_2 3} \cdot C_A(1)\right) = O\left(n^{\log_2 3} \cdot C_A(1)\right) = O\left(n^{\log_2 3}\right)\end{aligned}$$

Wir halten fest:

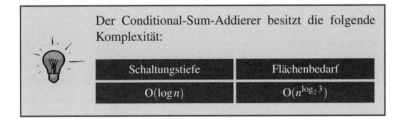

Der Conditional-Sum-Addierer besitzt die folgende Komplexität:

Schaltungstiefe	Flächenbedarf
$O(\log n)$	$O(n^{\log_2 3})$

Der Preis, den wir für die Steigerung der Geschwindigkeit gegenüber dem Carry-ripple-Addierer zahlen müssen, ist nun sichtbar. Der Flächenbedarf des Conditional-Sum-Addierers steigt mit $O(n^{\log_2 3})$ ($\log_2 3 \approx 1{,}57$) immer noch so schnell an, dass er für die Realisierung von Addierwerken mit großen Bitbreiten nicht geeignet ist.

7.5.5 Präfix-Addierer

In diesem Abschnitt werden wir zeigen, wie dem ansteigenden Flächenbedarf des Conditional-Sum-Addierers begegnet werden kann, ohne die Laufzeit zu verschlechtern. Unsere Überlegungen werden uns direkt zur Architektur des parallelen Präfix-Addierers führen. Die konstantstufige Übertragslogik des Carry-look-ahead-Addierers wird hierbei durch eine äquivalente Schaltung logarithmischer Tiefe ersetzt, deren Gatteranzahl gerade einmal linear mit der Bitbreite zunimmt.

Den Ansatzpunkt liefert uns ein erneuter Blick auf das Strukturbild in Abbildung 7.30. Dem Aufbau des Addierers entsprechend werden die einzelnen Übertragsbits mit separaten Schaltnetzen berechnet, die völlig unabhängig voneinander arbeiten. Sehen wir von der gemeinsamen Nutzung der vorberechneten Signale p_i und g_i ab, so findet keinerlei Wiederverwendung einzelner Teile der Berechnungslogik statt.

Genau hier setzt der parallele Präfix-Addierer an, dessen prinzipieller Aufbau in Abbildung 7.35 skizziert ist. Der parallele Präfix-Addierer

Abbildung 7.35: Schema des parallelen Präfix-Addierers. Im Unterschied zum Carry-look-ahead-Addierer werden die Übertragsbits für die einzelnen Volladdierer nicht in separaten zweistufigen Schaltnetzen, sondern mit Hilfe eines einzigen kombinierten Schaltnetzes berechnet. Mit Hilfe einer entsprechenden Basiszelle kann das Schaltnetz in der Form der parallelen Präfix-Schaltung entworfen werden, die wir am Anfang dieses Kapitels kennen gelernt haben. Hierdurch erreicht der Addierer logarithmische Laufzeit bei nur linearem Flächenbedarf.

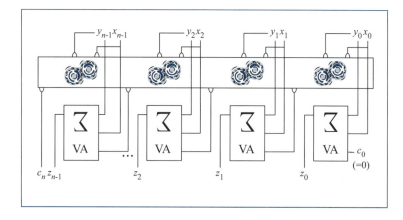

ersetzt die separat implementierten Schaltnetze konstanter Tiefe durch ein einziges Schaltnetz, das auf der in Abschnitt 7.4 eingeführten Rekursionsstruktur basiert und damit eine logarithmische Tiefe aufweist.

Um die Berechnung der Überträge mit Hilfe des neuen Schaltnetzes zu verstehen, werfen wir wiederum einen Blick auf die Gleichungen, die uns schon bei der Konstruktion des Carry-look-ahead-Addierers als Grundlage zur Berechnung der Übertragsbits dienten:

$$c_1 = g_0 \vee c_0 p_0 \tag{7.8}$$
$$c_2 = g_1 \vee g_0 p_1 \vee c_0 p_0 p_1 \tag{7.9}$$
$$c_3 = g_2 \vee g_1 p_2 \vee g_0 p_1 p_2 \vee c_0 p_0 p_1 p_2 \tag{7.10}$$
$$c_4 = g_3 \vee g_2 p_3 \vee g_1 p_2 p_3 \vee g_0 p_1 p_2 p_3 \vee c_0 p_0 p_1 p_2 p_3 \tag{7.11}$$

Vergleichen wir die Struktur der Gleichungen (7.10) und (7.11) mit den Gleichungen (7.1) bis (7.2) aus Abschnitt 7.4, so sind wir schon so gut wie am Ziel. Wir können die Übertragsbits c_1 bis c_4 parallel berechnen, indem wir zunächst die parallele Präfix-Schaltung wie in Abbildung 7.21 aufbauen und anschließend die Ausgänge, wie in Abbildung 7.36 gezeigt, zusammenschalten. Auf diese Weise haben wir einen Addierer mit linearem Flächenbedarf konstruiert, dessen Schaltungstiefe nur logarithmisch zunimmt.

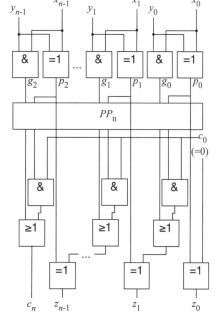

Abbildung 7.36: Implementierung eines parallelen Präfix-Addierers

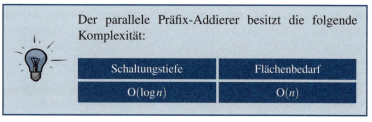

Der parallele Präfix-Addierer besitzt die folgende Komplexität:

Schaltungstiefe	Flächenbedarf
$O(\log n)$	$O(n)$

7.5.6 Carry-save-Addierer

Obwohl sich die bisher vorgestellten Addierwerke in ihrer Laufzeit- und Flächenkomplexität erheblich unterscheiden, dienen sie doch stets dem gleichen Zweck: der Addition *zweier* Binärzahlen. Müssen dagegen drei oder mehr Operanden addiert werden, so sind die bisherigen Addierer aufgrund ihrer auf zwei Operanden optimierten Struktur nur bedingt geeignet. Genau an dieser Stelle setzt der *Carry-save-Addierer* an, der eine gleichermaßen effiziente und platzsparende Addition von drei oder mehreren Binärzahlen ermöglicht.

Die Grundidee der Carry-save-Addition besteht in der Verwendung eines speziellen Zwischenformats, das im Vergleich zur Binärdarstellung eine einfache und schnelle Implementierung der Addition erlaubt. Zunächst werden alle Additionen in diesem Zwischenformat ausgeführt und das Ergebnis erst im letzten Schritt in das Binärsystem zurückkonvertiert. Die Rückkonversion geschieht mit Hilfe eines traditionellen Addierers, so dass wir ein Carry-save-Addierwerk als eine Erweiterung eines konventionellen Addierers auf die Verarbeitung von n Operanden interpretieren können.

■ Beispiel 1

	0	0	0	1	
+	0	0	0	1	
+	0	0	0	1	
	0	0	0	1	$(=s)$
	0	0	1	0	$(=c)$

■ Beispiel 2

	0	1	1	1	
+	1	1	0	1	
+	1	1	0	0	
	0	0	1	1	0	$(=s)$
	1	1	0	1	0	$(=c)$

Abbildung 7.37: Schreiben wir die Summen- und Übertragsbits bei der Addition dreier Binärzahlen getrennt auf, so erhalten wir ohne Umwege die Darstellung des Ergebnisses im Carry-save-Format.

Definition 7.2 (Carry-save-Format)

> z, s und c seien drei Zahlen im Binärformat. Jedes Tupel (s, c) mit
>
> $$z = s + c$$
>
> ist eine *Carry-save-Darstellung* von z.

Auf den ersten Blick wirkt die Carry-save-Darstellung reichlich umständlich und kaum hilfreich – schließlich interpretieren wir eine Binärzahl in diesem Format schlicht mit Hilfe zweier weiterer Binärzahlen. Auf den zweiten Blick zeigt sich der Vorteil dieses Ansatzes. Addieren wir drei Binärzahlen, so lässt sich deren Summe ganz einfach im Carry-save-Format ermitteln, indem wir das Tupel (s, c), wie in Abbildung 7.37 gezeigt, mit Hilfe der getrennt notierten Summen- und Übertragsbits erzeugen.

Setzen wir das Additionsschema in ein Schaltnetz um, so entsteht die in Abbildung 7.38 dargestellte Implementierung einer Carry-save-Additionszelle. Die Schaltung nimmt als Eingabe drei Binärzahlen entgegen und berechnet daraus die Summe in Carry-save-Darstellung. Hierzu werden für jede Bitstelle die drei Eingabebits mit Hilfe eines

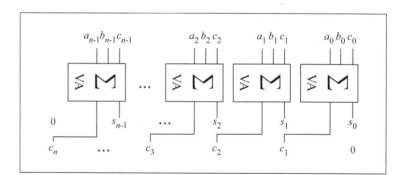

Abbildung 7.38: Strukturbild einer Carry-save-Additionszelle. Die drei an den Eingängen anliegenden Binärzahlen werden addiert und das Ergebnis im Carry-save-Format berechnet. Da das Carry-save-Format selbst eine Summendarstellung ist, können wir die Schaltung als eine Reduktionszelle auffassen, die drei Eingabewerte auf zwei Ausgabewerte verdichtet.

Volladdierers separat addiert und das Summen- und Übertragsbit ohne Änderung nach außen geführt. Da das Übertragsbit ganz rechts sowie das Summenbit ganz links stets 0 sind, ist die Bitbreite des berechneten Ergebnisses wie erwartet um eins größer als die Bitbreite der Operanden.

Zwei Eigenschaften der Schaltung sind für die weiteren Betrachtungen von besonderer Bedeutung. Zum einen ist die für die Addition benötigte Logik äußerst einfach – zur Addition dreier n-Bit-Zahlen werden ausschließlich n Volladdierer benötigt. Zum anderen erfolgt die Berechnung der Ergebnisbits vollkommen parallel und damit in konstanter Zeit.

Obwohl die Carry-save-Addiererzelle noch kein vollwertiges Addierwerk für drei Binärzahlen implementiert, sind wir der Lösung einen großen Schritt näher gekommen. Durch die Additionszelle werden die drei Binärzahlen effektiv auf zwei Binärzahlen verdichtet, so dass wir in diesem Zusammenhang auch von einer *3:2-Reduktionszelle* sprechen. Ergänzen wir die Reduktionszelle, wie in Abbildung 7.39 gezeigt, um einen gewöhnlichen Addierer, so erhalten wir ein vollständiges Addierwerk für drei Binärzahlen. Durch den nachgeschalteten Addierer wird das im Carry-save-Format vorliegende Ergebnis effektiv in das Binärformat zurückgewandelt.

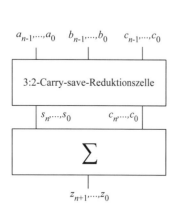

Abbildung 7.39: Das von der Carry-save-Zelle erzeugte Zahlentupel wird durch einen gewöhnlichen Addierer in das Binärsystem zurückkonvertiert. Auf diese Weise wird aus der Reduktionszelle ein konventionelles Addierwerk.

Ihren großen Vorteil spielt die Carry-save-Addition jedoch erst dann aus, wenn viele Operanden addiert werden müssen. Auch hier wird die Addition in zwei Stufen durchgeführt. Zunächst werden die n zu addierenden Binärzahlen mit Hilfe einer $n{:}2$-Reduktionszelle auf 2 Binärzahlen verdichtet und anschließend mit einem konventionellen Addierer in das Binärsystem zurückübersetzt.

Ein auf diese Weise aufgebauter Carry-save-Addierer, der die Summe von 32 Binärzahlen berechnet, ist in Abbildung 7.40 skizziert. Den Hauptteil der Schaltung nimmt dabei die 32:2-Reduktionszelle ein, die

7.5 Addierer

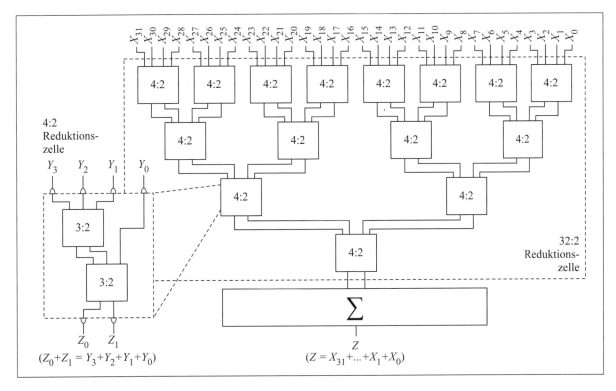

Abbildung 7.40: Carry-save-Schaltnetz zur parallelen Addition von 32 Binärzahlen

aus insgesamt 15 baumartig angeordneten 4:2-Reduktionszellen aufgebaut ist. Jede 4:2-Reduktionszelle entsteht ihrerseits aus der Zusammenschaltung von jeweils zwei der weiter oben eingeführten 3:2-Reduktionszellen.

Durch die baumartige Struktur des Carry-save-Addierers steigt die Tiefe der Schaltung nur logarithmisch mit der Anzahl der zu addierenden Binärzahlen an. Implementieren wir den letzten Additionsschritt mit Hilfe eines zweistufigen Carry-look-ahead-Addierers, so entsteht ein Schaltnetz, das die Addition von n Binärzahlen alles in allem in logarithmischer Zeit berechnet.

In der Praxis wird der Carry-save-Addierer unter anderem für die schnelle Multiplikation zweier Binärzahlen eingesetzt. Hierzu wird die Multiplikation zweier n Bit breiter Zahlen auf die n-fache Addition zurückgeführt und die Summe mit Hilfe eines Carry-save-Addierers berechnet. In Abschnitt 7.8.2 kommen wir im Detail auf dieses Multiplikationsprinzip zurück.

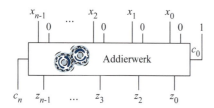

Abbildung 7.41: Schema zur Konstruktion eines Inkrementierers. Ausgehend von einem beliebigen Addierer lässt sich ein Inkrementierer ableiten, indem die Signale des zweiten Operanden auf konstant 0 und der Übertragseingang des ersten Volladdierers c_0 auf konstant 1 gesetzt werden. Anschließend wird das Schaltnetz entsprechend den Regeln der booleschen Algebra optimiert.

7.6 Inkrementierer

Der n-Bit-Inkrementierer verfügt über n Eingangs- und $n+1$ Ausgangsleitungen und erhöht den an den Eingängen angelegten Wert um 1. Die Inkrementierung gehört zu den am häufigsten ausgeführten arithmetischen Operationen innerhalb eines Mikroprozessors. Beispielsweise wird der Adresszähler sukzessive um eins erhöht, sobald die CPU zusammenhängende Datenblöcke aus dem Hauptspeicher liest oder dorthin überträgt. Auch in den klassischen Kontrollstrukturen gewöhnlicher Programmiersprachen spielt die Inkrementierung eine große Rolle. So wird in der häufig verwendeten *For-Next-Schleife* die Schleifenvariable in jeder Iteration um eins erhöht.

Implementierungsseitig handelt es sich bei dem Inkrementierer um einen Spezialfall des Addierers. Belegen wir die Übertragsleitung c_0 mit 1 und die Eingangsleitungen y_{n-1} bis y_0 des zweiten Operanden konstant mit 0 und vereinfachen das resultierende Schaltnetz, so erhalten wir auf direkte Weise eine optimierte Hardware-Implementierung des Inkrementierers. Wenden wir das Schema beispielsweise auf den Carry-look-ahead-Addierer aus Abbildung 7.30 an, entsteht das in Abbildung 7.42 dargestellte Schaltnetz.

 Der n-Bit-Inkrementierer ist ein Spezialfall des n-Bit-Addierers. Die Komplexität der Implementierung entspricht der Komplexität des zu Grunde liegenden Addierwerks.

Abbildung 7.42: Das dargestellte Schaltnetz implementiert einen 4-Bit-Inkrementierer mit Hilfe eines Schaltnetzes konstanter Tiefe. Die Schaltung ist durch die Anwendung des allgemeinen Konstruktionsschemas auf den Carry-look-ahead-Addierer aus Abbildung 7.30 entstanden.

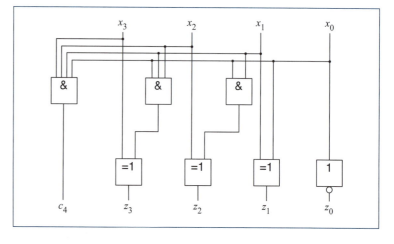

7.7 Subtrahierer

In Abschnitt 3.2.1 haben wir mit dem Zweierkomplement die gängigste Form zur Darstellung vorzeichenbehafteter Dualzahlen kennen gelernt. Da sich, anders als z. B. im Einerkomplement, Zahlen im Zweierkomplement auf natürliche Weise addieren lassen, können wir die Differenz $x-y$ direkt auf die Addition und die Negation zurückführen:

$$x - y = x + (-y)$$

Somit lässt sich jedes Addierwerk, wie in Abbildung 7.43 am Beispiel des Carry-look-ahead-Addierers dargestellt, durch das Hinzufügen einer Negationsstufe zu einem kombinierten Additions- und Subtraktionswerk erweitern. Wie im Falle des Inkrementierers können wir auch hier ein beliebiges Addierwerk einsetzen. Da wir den gewählten n-Bit-Addierer nur um n XOR-Gatter erweitern und die Schaltungstiefe unabhängig von n um 1 erhöhen, erbt das kombinierte Additions- und Subtraktionswerk die Komplexität des zu Grunde liegenden Addierers.

Jeder Addierer lässt sich durch eine zusätzliche Negationsstufe zu einem kombinierten Additions- und Subtraktionswerk erweitern. Die Komplexität wird durch das zu Grunde gelegte Addierwerk bestimmt.

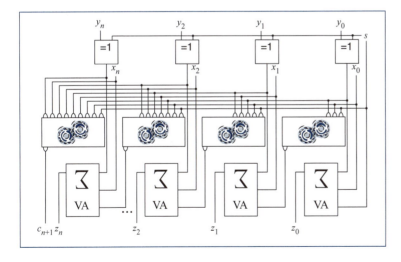

Abbildung 7.43: Aufbau eines kombinierten n-Bit-Additions- und Subtraktionswerks auf der Basis eines Carry-look-ahead-Addierers. Die Steuerleitung s bestimmt, ob die Summe $x+y$ oder die Differenz $x-y$ berechnet wird. Ist s gleich 0, so verhält sich die Schaltung exakt wie der Carry-look-ahead-Addierer. Ist s gleich 1, wird durch die XOR-Gatter zunächst das Einerkomplement und durch die zusätzliche Einspeisung von s in den ersten Volladdierer das Zweierkomplement von y erzeugt.

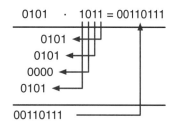

Abbildung 7.44: Multiplikation nach der Schulmethode

- Vorzeichenbitdarstellung

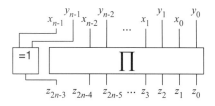

- Einer- bzw. Zweierkomplement

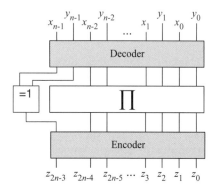

Abbildung 7.45: Die vorzeichenbehaftete Multiplikation lässt sich auf die vorzeichenlose Multiplikation zurückführen, indem nur die Beträge der Operanden multipliziert und die Vorzeichen separat behandelt werden.

7.8 Multiplizierer

Nachdem wir uns ausführlich mit den verschiedenen Implementierungsmöglichkeiten binärer Additionswerke beschäftigt haben, gehen wir in den folgenden beiden Abschnitten der Frage nach, wie sich das Produkt zweier Dualzahlen x und y mit Hilfe kombinatorischer Schaltnetze effizient berechnen lässt. Bevor wir uns in die Tiefen der verschiedenen Implementierungsmöglichkeiten stürzen, erinnern wir uns für den Moment an die klassische Schulmethode zur Multiplikation zweier Zahlen.

Abbildung 7.44 demonstriert die Multiplikation am Beispiel der Zahlen $5 (0101_2)$ und $11 (1011_2)$. Wie das Berechnungsschema zeigt, wird das Produkt zweier Zahlen nach der Schulmethode gebildet, indem wir die einzelnen Ziffern des zweiten Operanden jeweils mit dem ersten Operanden multiplizieren und die auf diese Weise entstehenden *Partialprodukte* anschließend aufsummieren. Da sich im Binärsystem der Wertebereich der Ziffern auf die Werte 0 und 1 beschränkt, lassen sich die Partialprodukte besonders einfach bilden und sind entweder mit dem ersten Operanden identisch (Ziffer = 1) oder gleich 0...0 (Ziffer = 0). Insgesamt haben wir damit die Multiplikation erfolgreich auf die Addition und die Schiebeoperation zurückgeführt und genau dieses Grundmuster wird sich auch in den jetzt vorgestellten Multiplikationswerken widerspiegeln.

Um die nachfolgenden Betrachtungen nicht zu verkomplizieren, nehmen wir an, dass es sich bei den zu multiplizierenden Faktoren x und y stets um *positive* Dualzahlen handelt. Diese Annahme stellt keine Beschränkung im eigentlichen Sinne dar, da sich jedes Schaltnetz zur Durchführung der vorzeichenlosen Multiplikation auf die Verarbeitung vorzeichenbehafteter Zahlen erweitern lässt. Bezeichnen wir mit $V_x \in \{1, -1\}$ und $V_y \in \{1, -1\}$ das Vorzeichen der Operanden x und y, so gilt $x \cdot y = V_x \cdot V_y \cdot |x| \cdot |y|$. In anderen Worten: Das Produkt zweier vorzeichenbehafteter Zahlen lässt sich berechnen, indem wir zunächst die (positiven) Beträge der Operanden miteinander multiplizieren und das Vorzeichen getrennt behandeln.

Werden die Zahlen x und y mit Hilfe eines separaten Vorzeichenbits dargestellt, so lässt sich jeder Multiplizierer, wie in Abbildung 7.45 gezeigt, zu einem vorzeichenbehafteten Multiplikationswerk erweitern. Die Schaltung ist so konzipiert, dass nur der Betrag der Operanden x und y in den Multiplizierer geleitet wird – das Vorzeichenbit wird um das Multiplizierwerk herumgeführt und separat mit Hilfe eines zusätzlichen XOR-Gatters berechnet. Liegen die beiden Faktoren x und y dage-

7.8 Multiplizierer

gen im Einer- oder Zweierkomplement vor, so müssen wir das Multiplizierwerk zusätzlich um eine Encoder- und eine Decoderstufe ergänzen, mit deren Hilfe die Operanden x und y zunächst in die Vorzeichenbitdarstellung überführt und anschließend in das Einer- oder Zweierkomplement zurückübersetzt werden.

7.8.1 Matrixmultiplizierer

Bevor wir uns der exakten Struktur des Matrixmultiplizierers zuwenden, wollen wir zunächst die oben dargestellte Schulmethode auf die Multiplikation zweier n bzw. m Bit breiter Operanden $x = x_{n-1} \ldots x_0$ und $y = y_{m-1} \ldots y_0$ verallgemeinern. Genau wie in unserem Zahlenbeispiel berechnen wir das Produkt im allgemeinen Fall über die Addition der m Partialprodukte

$$P_i = y_i \cdot x, \quad i \in \{0, \ldots, m-1\}$$

Das Partialprodukt P_i geht jeweils um i Stellen nach links verschoben in die Gesamtsumme ein, so dass wir die Zwischenergebnisse wie folgt in einer Matrix anordnen können:

$$\begin{pmatrix} 0 & 0 & y_0 \cdot x_{n-1} & \ldots & y_0 \cdot x_1 & y_0 \cdot x_0 \\ 0 & y_1 \cdot x_{n-1} & \ldots & y_1 \cdot x_1 & y_1 \cdot x_0 & 0 \\ \vdots & \vdots & \vdots & \vdots & \vdots & \vdots \\ y_{m-1} \cdot x_{n-1} & \ldots & y_{m-1} \cdot x_1 & y_{m-1} \cdot x_0 & 0 & 0 \end{pmatrix}$$

Die zu berechnenden Matrixkoeffizienten sind entweder gleich 0 oder das Produkt zweier Dualziffern. Da das Produkt $y_i \cdot x_j$ genau dann gleich 1 ist, wenn beide Faktoren gleich 1 sind, lässt sich das Ziffernprodukt mit einem einzigen UND-Gatter berechnen und wir können die Matrix wie folgt umschreiben:

$$\begin{pmatrix} 0 & 0 & y_0 \wedge x_{n-1} & \ldots & y_0 \wedge x_1 & y_0 \wedge x_0 \\ 0 & y_1 \wedge x_{n-1} & \ldots & y_1 \wedge x_1 & y_1 \wedge x_0 & 0 \\ \vdots & \vdots & \vdots & \vdots & \vdots & \vdots \\ y_{m-1} \wedge x_{n-1} & \ldots & y_{m-1} \wedge x_1 & y_{m-1} \wedge x_0 & 0 & 0 \end{pmatrix}$$

Damit sind wir schon fast am Ziel – wir können die Multiplikation auf einfache Weise in Hardware nachbilden, indem für jedes Element der Matrix ungleich 0 ein UND-Gatter sowie ein Volladdierer erzeugt und

- UND-Kaskade

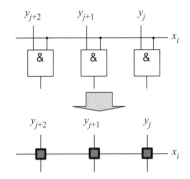

- Volladdierer-Kaskade

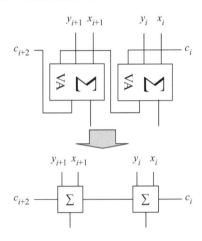

Abbildung 7.46: Abkürzende Notation zur übersichtlichen Darstellung der Multiplikationsschaltung

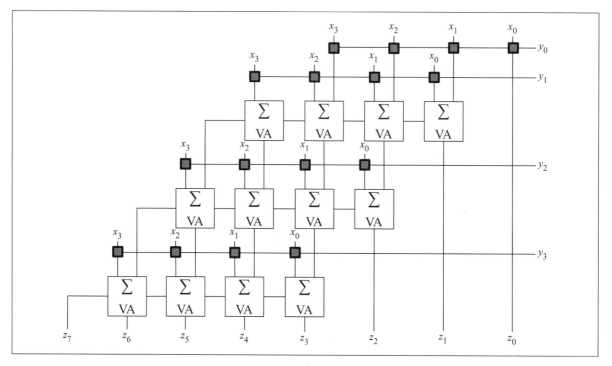

Abbildung 7.47: Strukturbild des parallelen Matrixmultiplizierers

genau wie in der Matrix vorgegeben angeordnet wird. Die Beschaltung der Gatter können wir ebenfalls an den Matrixkoeffzienten ablesen. In der i-ten Zeile werden die Eingänge der UND-Gatter mit der Eingangsleitung y_i und jeweils einem Bit des Operanden x verbunden. Die Volladdierer werden so beschaltet, dass alle Partialprodukte entsprechend ihrer korrekten Position aufaddiert werden.

Verwenden wir die abkürzende Schreibweise aus Abbildung 7.46, so können wir das Strukturbild des entstandenen Multiplikationswerks, wie in Abbildung 7.47 am Beispiel des 4×4-Multiplizierers gezeigt, sehr übersichtlich darstellen. Dass die Schaltung tatsächlich das Produkt der beiden Eingabewerte x und y berechnet, lässt sich anhand einiger konkreter Eingabewerte leicht verifizieren. Als Beispiel ist in Abbildung 7.48 das Strukturbild des Matrixmultiplizierers erneut gezeichnet, jedoch sind an den Eingängen die Bitmuster der beiden Operanden 5 und 11 unseres Eingangsbeispiels angelegt. Wie die eingetragenen Zwischenergebnisse zeigen, produziert die Schaltung mit dem Bitmuster $00110111_2 (= 55_{10})$ das korrekte Ergebnis.

7.8 Multiplizierer

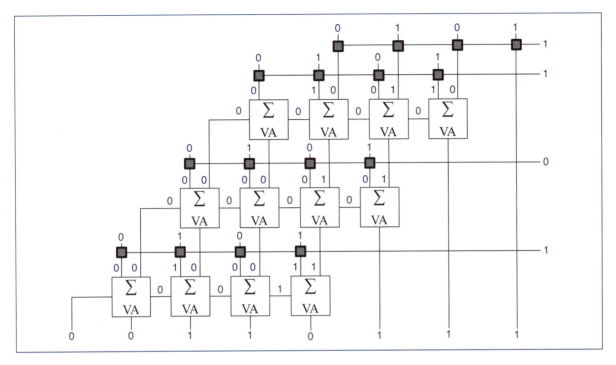

Abbildung 7.48: Multiplikation von $5(0101_2)$ und $11(1011_2)$ mit Hilfe des Matrixmultiplizierers

Zur Ermittlung der Komplexität des Matrixmultiplizierers nehmen wir an, dass beide Operanden die gleiche Bitbreite n besitzen. Aus dem Strukturbild können wir ersehen, dass die Schaltung aus n Stufen mit jeweils n UND-Gattern sowie $n-1$ Stufen mit jeweils n Volladdierern besteht. Folgerichtig wächst der Flächenbedarf quadratisch mit der Bitbreite der Operanden. Die Laufzeit wird durch den längsten Signalpfad von den Eingängen zu den Ausgängen bestimmt. Wie schon im Falle des Carry-ripple-Addierers machen uns hier die Übertragsbits zu schaffen, die durch das komplette Schaltnetz hindurchgereicht werden. Auf dem längsten Pfad durchläuft ein Signal $n + (n-1)$ Volladdierer, so dass die Laufzeit linear mit der Bitbreite der Operanden zunimmt.

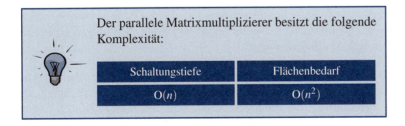

Der parallele Matrixmultiplizierer besitzt die folgende Komplexität:

Schaltungstiefe	Flächenbedarf
$O(n)$	$O(n^2)$

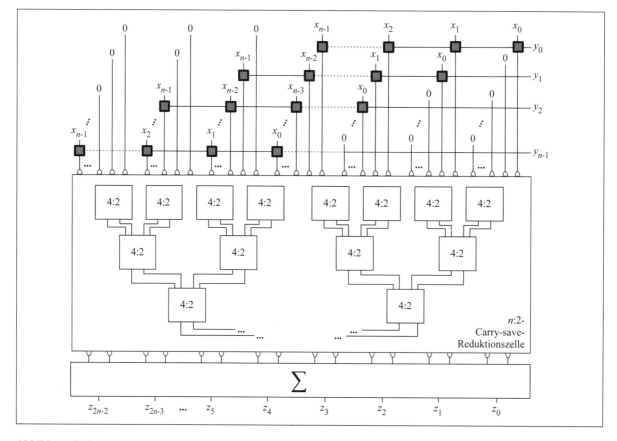

Abbildung 7.49: Das allgemeine Konstruktionsschema des *n*-Bit-Carry-save-Multiplizierers

7.8.2 Carry-save-Multiplizierer

Der Matrixmultiplizierer besticht vor allem durch seine reguläre und äußerst einfach zu verdrahtende Struktur, ist jedoch aufgrund seiner linearen Laufzeit nur bedingt für die Multiplikation großer Binärzahlen geeignet. Komplexe, auf Geschwindigkeit optimierte Prozessoren setzen daher nur selten Matrixmultiplizierer ein. Stattdessen wird die Multiplikation in einer Form implementiert, die das Produkt zweier Zahlen in nur logarithmischer Zeit berechnet und damit auch für große Bitbreiten äußerst effizient arbeitet.

Den Schlüssel für die schnelle Multiplikation bildet die in Abschnitt 7.5.6 vorgestellte Carry-save-Technik. Wie in Abbildung 7.49 gezeigt, erfolgt die Produktberechnung in drei Stufen. Zunächst wer-

7.8 Multiplizierer

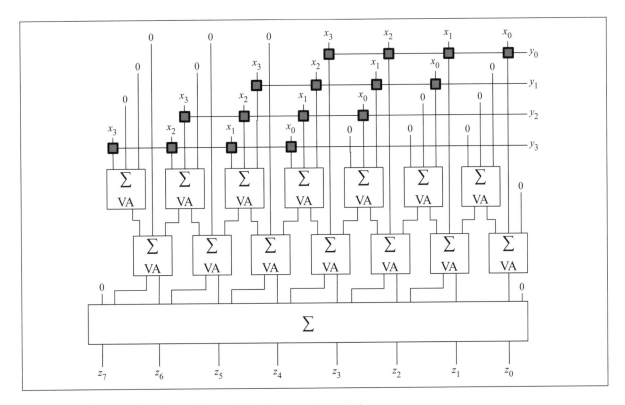

Abbildung 7.50: Der vollständig aufgebaute 4-Bit-Carry-save-Multiplizierer

den, genau wie im Fall des Matrixmultiplizierers, die Partialprodukte mit Hilfe mehrerer UND-Gatter berechnet. Anschließend werden die Teilergebnisse in einer Carry-save-Reduktionszelle auf zwei Binärzahlen verdichtet und im letzten Schritt durch einen gewöhnlichen Addierer summiert und damit in das Binärsystem zurückkonvertiert.

Abbildung 7.50 zeigt das Strukturbild eines vollständig aufgebauten 4-Bit-Carry-save-Multiplizierer. Für die Verdichtung der 4 Operanden auf 2 sind zwei 3:2-Reduktionszellen ausreichend, die jeweils durch eine separate Volladdiererkette implementiert werden. Abbildung 7.50 demonstriert die Funktionsweise anhand der Multiplikation 5×11.

Um die Flächen- und Laufzeitkomplexität des Carry-save-Addierers zu bestimmen, betrachten wir die Komplexität zunächst für jede Verarbeitungsstufe separat. Zur Berechnung der n Partialprodukte benötigen wir n^2 UND-Gatter, die allesamt parallel durchlaufen werden. Damit steigt der Flächenbedarf quadratisch mit der Bitbreite der Operanden an, wäh-

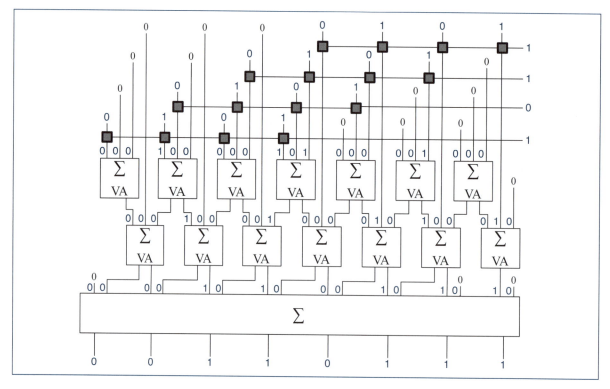

Abbildung 7.51: Multiplikation von 5 (0101_2) und 11 (1011_2) mit Hilfe des Carry-save-Multiplizierers

rend die Laufzeit für alle Bitbreiten konstant bleibt. Die Komplexität der n:2-Reduktionszelle haben wir bereits in Abschnitt 7.5.6 im Detail kennen gelernt – sie verfügt über eine Flächen- und Laufzeitkomplexität von $O(n^2)$ respektive $O(\log n)$. Legen wir zur Berechnung der abschließenden Addition einen parallelen Präfix-Addierer zu Grunde, so trägt dieser linear bzw. logarithmisch zum Anstieg des Flächen- bzw. Laufzeitbedarfs der Gesamtschaltung bei. Insgesamt steigt die Komplexität des parallelen Carry-save-Multiplizierers hierdurch zwar quadratisch in der Fläche, dafür aber nur logarithmisch in der Laufzeit.

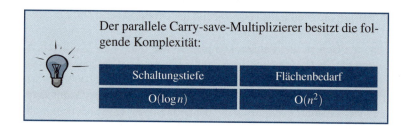

Der parallele Carry-save-Multiplizierer besitzt die folgende Komplexität:

Schaltungstiefe	Flächenbedarf
$O(\log n)$	$O(n^2)$

7.8 Multiplizierer

Ein zweiter Blick auf das Strukturbild des Carry-save-Multiplizierers zeigt, dass sich mehrere Volladdierer am Rand der Reduktionszelle aufgrund der speziellen Struktur der Koeffizientenmatrix entfernen lassen ohne die Funktionalität der Schaltung zu beeinflussen. Obwohl die Optimierung zu einer Reduzierung der absoluten Gatteranzahl führt, hat sie keine Auswirkung auf die asymptotische Komplexität des Carry-save-Multiplizierers. Aus Gründen der Übersichtlichkeit wurde die Carry-save-Reduktionszelle in den Strukturbildern daher in ihrer ursprünglichen Form belassen.

7.8.3 Wallace-Tree-Multiplizierer

Mit dem Carry-save-Multiplizierer haben wir eine erste Schaltung kennen gelernt, mit deren Hilfe wir das Produkt zweier Zahlen in logarithmischer Zeit berechnen können. Obwohl die Schaltung damit das komplexitätstheoretische Optimum erreicht, ist sie in zweierlei Hinsicht nicht perfekt:

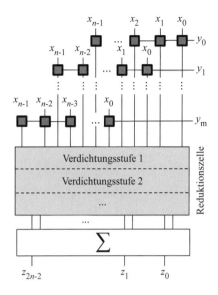

Abbildung 7.52: Allgemeiner Aufbau eines Wallace-Tree-Multiplizierers

- Den Aufbau des Multiplizierwerks haben wir ausschließlich für Bitbreiten formuliert, die einer Zweierpotenz entsprechen. Diese Annahme werden wir in den folgenden Betrachtungen fallen lassen und zwei Konstruktionsschemata kennen lernen, die den systematischen Aufbau von Multiplizierern mit beliebiger Bitbreite erlauben.

- Der Multiplizierer verwendet eine vollständige Carry-save-Reduktionszelle zur Verdichtung der Partialprodukte. Im Gegensatz zur allgemeinen Addition haben wir im Falle der Multiplikation jedoch keine gleichmäßig besetzte Koeffizientenmatrix vor uns. Wie in Abschnitt 7.8.1 gezeigt, besitzt die Matrix die Form einer Raute, da viele Randelemente mit dem konstanten Wert 0 belegt sind. Der im vorigen Abschnitt vorgestellte Carry-save-Multiplizierer macht sich diese spezielle Eigenschaft nicht explizit zu Nutze.

Anfang der Sechzigerjahre schlug der australische Computerwissenschaftler Christopher Stewart Wallace ein Multiplizierwerk vor, das die geschilderten Limitierungen des Carry-save-Multiplizierers beseitigt [92]. Wie in Abbildung 7.52 skizziert, arbeitet der Wallace-Tree-Multiplizierer ebenfalls nach demselben dreischrittigen Grundprinzip wie der Carry-save-Multiplizierer, unterscheidet sich jedoch in der Art und Weise, wie die im ersten Schritt berechneten Partialprodukte auf zwei Operanden verdichtet werden.

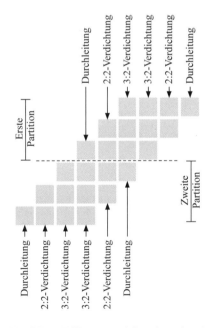

Abbildung 7.53: Konstruktion einer einzelnen Verdichtungsstufe

- Koeffizientenmatrix:

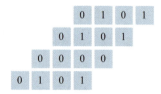

- Erste Verdichtung:

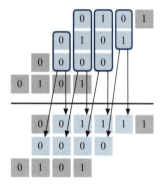

- Zweite Verdichtung:

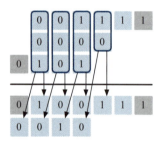

Abbildung 7.54: Wallace-Tree-Reduktion für die Multiplikation von 5 und 11. Am Ende der Berechnung ist die Koeffizientenmatrix auf zwei Zeilen reduziert und enthält das Ergebnis in Carry-save-Darstellung.

Die Reduktionszelle des Wallace-Tree-Multiplizierers besteht aus mehreren untereinander angeordneten Verdichtungsstufen, die in einem iterativen Prozess erzeugt werden. In jeder Stufe werden die Koeffizientenbits mit Hilfe von Halb- und Volladdierern zu einer neuen Koeffizientenmatrix zusammengefasst, die rund ein Drittel weniger Zeilen besitzt als die vorhergehende. Die Verdichtung wird so lange fortgesetzt, bis die resultierende Koeffizientenmatrix nur noch aus 2 Zeilen besteht. Wie schon im Falle des Carry-save-Addierers werden diese anschließend mit Hilfe eines konventionellen Addierwerks zu dem gesuchten Ergebniswert aufsummiert.

Die Konstruktion einer einzelnen Verdichtungsstufe erfolgt mit Hilfe eines einfachen Partitionierungsverfahrens. Zunächst werden die Zeilen der Koeffizientenmatrix in Dreiergruppen unterteilt (vgl. Abbildung 7.53). Ist die letzte Partition nicht vollständig gefüllt, so bleiben die entsprechenden Bits unbearbeitet und werden der nächsten Verdichtungsstufe unverändert zugeführt. Anschließend wird für jede Spalte einer vollständig gefüllten Dreierpartition die Anzahl der zu addierenden Koeffizientenbits bestimmt. Ist ein einzelnes Bit vorhanden, so wird dieses ebenfalls unverändert in die nächste Verdichtungsstufe geleitet. Sind zwei bzw. drei Bits mit der Stelligkeit 2^i zu addieren, so werden diese mit Hilfe eines Halb- bzw. eines Volladdierers zusammengefasst. Als Ergebnis erhalten wir ein Summenbit mit derselben Stelligkeit 2^i sowie ein Übertragsbit mit der Stelligkeit 2^{i+1}. Folgerichtig sprechen wir im Fall der Halbaddition von einer *2:2-Verdichtung* und im Fall der Volladdition von einer *3:2-Verdichtung*. Als Ergebnis erhalten wir eine reduzierte Koeffizientenmatrix, die der nächsten Verdichtungsstufe als Eingabe dient.

Als Beispiel zeigt Abbildung 7.54 die Reduktion der Koeffzientenmatrix für die Multiplikation von 5 und 11. Die initiale Koeffizientenmatrix besteht aus insgesamt 4 Zeilen mit jeweils 4 Bits. Vor der Verdichtung werden die ersten drei Zeilen zu einer Partition zusammengefasst. Die Koeffizienten der vierten Zeile bleiben zunächst unbeachtet und werden direkt an die nächste Stufe weitergereicht. Innerhalb der gebildeten Partition werden die Bits mit Hilfe von 2 Halbadditionsschritten und 2 Volladditionsschritten verdichtet. Als Ergebnis erhalten wir eine Koeffizientenmatrix, die nur noch aus 3 Zeilen besteht. Nach weiteren 3 Voll- und einer Halbaddition wird diese Matrix im zweiten Verdichtungsschritt auf eine Matrix mit nur noch 2 Zeilen reduziert. Jetzt liegt das gesuchte Multiplikationsergebnis in Carry-save-Darstellung vor und die Reduktion ist abgeschlossen.

Wie in Abbildung 7.55 dargestellt, lässt sich das skizzierte Multiplikationsschema eins zu eins in eine Hardware-Schaltung übersetzen. Im

7.8 Multiplizierer

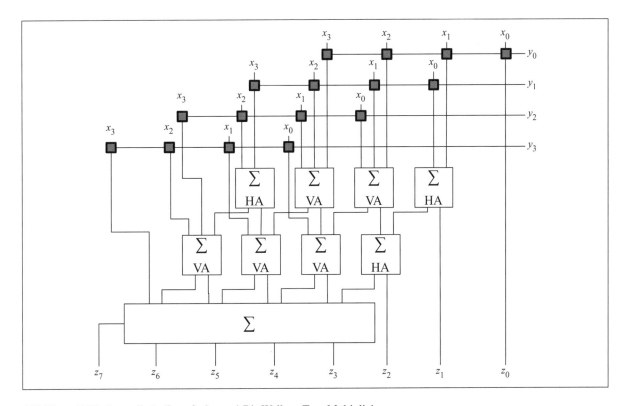

Abbildung 7.55: Der vollständig aufgebaute 4-Bit-Wallace-Tree-Multiplizierer

direkten Vergleich unterscheidet sich der Aufbau des Wallace-Tree-Multiplizierer nicht allzu sehr von dem des Carry-save-Multiplizierers aus Abbildung 7.50. Der Grund hierfür ist die vergleichsweise geringe Breite der Operanden von lediglich 4 Bit. Erst bei größeren Bitbreiten treten die strukturellen Unterschiede zwischen den entstehenden Reduktionszellen deutlich zum Vorschein.

Die genaue Beschaffenheit einer Wallace-Tree-Reduktionszelle lässt sich für größere Bitbreiten mit Hilfe eines speziellen *Punktdiagramms* übersichtlich darstellen. Hierzu werden sowohl die ursprünglichen als auch die im Laufe der Verdichtung erzeugten Koeffizientenbits mit einem Kreis symbolisiert. Bitpaare, die als Ergebnis einer Halb- oder einer Volladdition neu entstanden sind, werden durch einen Pfeil als solche gekennzeichnet. In Abbildung 7.56 ist der allgemeine Aufbau der Reduktionszelle eines 4×4-Bit- und eines 8×8-Bit-Wallace-Tree-Multiplizierers mit Hilfe der Punktnotation skizziert. Um die Halb- und Volladditionsschritte voneinander zu unterscheiden, sind sie in unter-

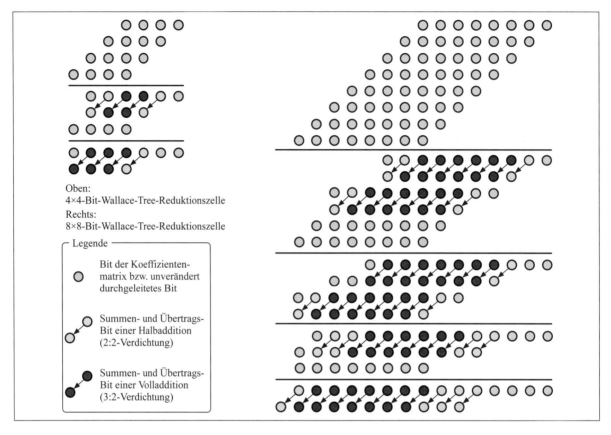

Abbildung 7.56: Punktdiagramm der Reduktionszelle eines 4×4- und eines 8×8-Bit-Wallace-Tree-Multiplizierers

schiedlichen Farben gezeichnet. In den Grundzügen entspricht die Darstellung dem Mitte der Sechzigerjahre von Luigi Dadda entwickelten *dot diagram* [23].

Das Punktdiagramm vereint gleich mehrere Vorteile in sich. Es gibt Auskunft über die genaue Position der für die Verdichtung benötigten Halb- und Volladdierer und lässt außerdem einen direkten Rückschluss auf die Komplexität des Wallace-Tree-Multiplizierers zu. Genau wie im Falle des Carry-save-Multiplizierers wird die Laufzeitkomplexität des Wallace-Tree-Multiplizierers durch die Tiefe der Reduktionszelle bestimmt. Um diese zu berechnen, betrachten wir zunächst, wie die Anzahl der Zeilen der Koeffizientenmatrix in jedem Verdichtungsschritt reduziert wird. Bezeichnen wir die Anzahl der Zeilen im letzen Verdichtungsschritt mit N_1, im vorletzten Verdichtungsschritt mit N_2, etc., so lässt sich aufgrund des gewählten Partitionierungsschemas die fol-

7.8 Multiplizierer

gende Rekursionsbeziehung ableiten:

$$N_1 = 2$$
$$N_{i+1} \leq \lfloor \frac{3}{2} N_i \rfloor$$

Aus der Rekursionsbeziehung folgt unmittelbar, dass die Anzahl der Zeilen der zu durchlaufenden Verdichtungsstufen von unten nach oben durch die nachstehende Zahlenfolge nach oben beschränkt ist:

$$2, 3, 4, 6, 9, 13, 19, 28, 42, 63, 94, 141, 211, 316, \ldots \quad (7.12)$$

Im Umkehrschluss können wir aus der Zahlenfolge ohne Umwege die Anzahl der Verdichtungsstufen ermitteln, die für den Aufbau eines $n \times n$-Wallace-Tree-Multiplizierers benötigt werden. Tabelle 7.2 fasst das Ergebnis für einige der gängigen Bitbreiten zusammen. Die Werte zeigen, dass die Anzahl der Stufen einer Wallace-Tree-Reduktionszelle und damit die Laufzeit des Multiplizierwerks nur logarithmisch mit der Bitbreite der Operanden zunimmt:

Bitbreite	Verdichtungsstufen
4×4	2
8×8	4
16×16	6
32×32	8
64×64	10
128×128	12
256×256	14

Tabelle 7.2: Die Anzahl der Verdichtungsstufen steigt nur logarithmisch mit der Bitbreite der Operanden an. Diese Eigenschaft ist der Schlüssel für die nur logarithmisch zunehmende Laufzeit eines Wallace-Tree-Multiplizierers.

Der Wallace-Tree-Multiplizierer besitzt die folgende Komplexität:

Schaltungstiefe	Flächenbedarf
$O(\log n)$	$O(n^2)$

Der Wallace-Tree-Multiplizierer fällt demnach in exakt die gleiche Laufzeit- und Flächenkomplexitätsklasse wie der Carry-save-Multiplizierer. Die Vorteile der Wallace-Tree-Architektur werden erst deutlich, wenn nicht die asymptotische Komplexität, sondern die absolute Anzahl der benötigten Gatter für die Messung herangezogen wird. Hier zeigt sich, dass der Wallace-Tree-Multiplizierer mit deutlich weniger Gattern aufgebaut werden kann.

Im nächsten Abschnitt werden wir sehen, wie sich das ausgefeilte Konstruktionsschema des Wallace-Tree-Multiplizierers durch einen einfachen Trick sogar noch weiter optimieren lässt.

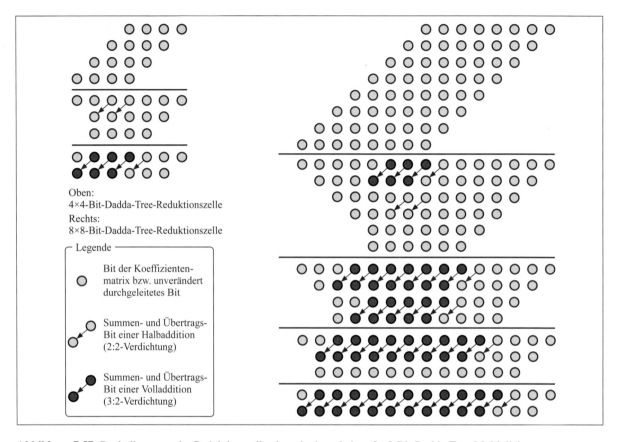

Abbildung 7.57: Punktdiagramm der Reduktionszelle eines 4×4- und eines 8×8-Bit-Dadda-Tree-Multiplizierers

7.8.4 Dadda-Tree-Multiplizierer

Der Dadda-Tree-Multiplizierer ist nach dem italienischen Computerwissenschaftler Luigi Dadda benannt. Auch dieses Multiplikationswerk arbeitet nach demselben dreistufigen Prinzip der Partialproduktberechnung, Verdichtung und Addition, das bereits im Carry-save-Multiplizierer und im Wallace-Tree-Multiplizierer zum Einsatz kam.

Dadda orientierte sich bei seinem Entwurf eng am Konstruktionsschema des Wallace-Tree-Multiplizierers, erkannte jedoch, dass sich die absolute Anzahl der für die Reduktionszelle benötigten Gatter durch eine geschickte Neuordnung der Verdichtungselemente weiter verringern lässt. Genau wie im Falle des Wallace-Tree-Multiplizierers besteht die Reduktionszelle eines Dadda-Tree-Multiplizierers aus einer Reihe

7.8 Multiplizierer

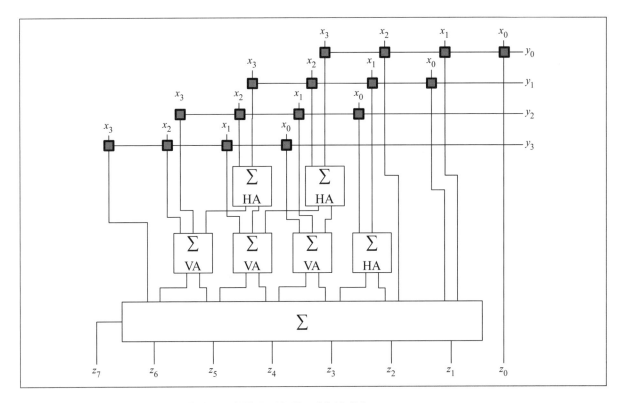

Abbildung 7.58: Der vollständig aufgebaute 4-Bit-Dadda-Tree-Multiplizierer

nacheinander durchlaufener Verdichtungsstufen. Erneut wird die Koeffizientenmatrix so reduziert, dass die Anzahl der Zeilen in den einzelnen Stufen durch die Zahlenfolge (7.12) beschränkt und damit die logarithmische Laufzeit gewährleistet ist. Beide Multiplizierer verteilen die für die Reduktion benötigten Halb- und Volladdierer jedoch völlig unterschiedlich auf die einzelnen Verdichtungsstufen:

- Der Wallace-Tree-Multiplizierer reduziert die Anzahl der Koeffizientenbits mit gleicher Stelligkeit so früh wie möglich. Erreicht wird dies durch die Partitionierung der Zeilen in Dreiergruppen.

- Der Dadda-Tree-Multiplizierer reduziert die Anzahl der Koeffizientenbits mit gleicher Stelligkeit so spät wie möglich. In jedem Schritt werden nur so viele Koeffizientenbits reduziert, bis die Anzahl der Zeilen unterhalb der durch die Zahlenfolge (7.12) beschriebenen Grenze liegt.

- Dadda-Tree-Multiplizierer

Bitbreite	Fläche	Relativ
4×4	120	100 %
8×8	573	100 %
16×16	2440	100 %
32×32	10013	100 %

Bitbreite	Laufzeit	Relativ
4×4	15	100 %
8×8	29	100 %
16×16	43	100 %
32×32	54	100 %

- Wallace-Tree-Multiplizierer

Bitbreite	Fläche	Relativ
4×4	112	93 %
8×8	582	102 %
16×16	2557	105 %
32×32	10475	105 %

Bitbreite	Laufzeit	Relativ
4×4	18	120 %
8×8	31	107 %
16×16	45	105 %
32×32	56	104 %

Tabelle 7.3: Beide Multiplizierer weisen mit $O(n^2)$ und $O(\log n)$ die gleiche asymptotische Komplexität auf. Werden die Laufzeit und der Flächenbedarf auf Gatterebene ermittelt, so zeigt der Dadda-Tree-Multiplizierer leichte Vorteile.

Das Punktdiagramm macht den Unterschied zwischen den beiden Konstruktionsprinzipien auf einen Blick deutlich. Abbildung 7.57 zeigt den Aufbau der Dadda-Tree-Reduktionszelle eines 4×4- und eines 8×8-Multiplizierers. Bereits der winzige 4×4-Multiplizierer bringt den zentralen Unterschied zwischen beiden Varianten zum Vorschein. Während der Wallace-Tree-Multiplizierer im ersten Verdichtungsschritt zwei Halb- und zwei Volladditionen durchführt, beschränkt sich der Dadda-Tree-Multiplizierer auf zwei Halbadditionen. Diese sind ausreichend, um die Höhe der Koeffizientenmatrix auf 4 Zeilen zu reduzieren. Insgesamt besteht die Reduktionszelle des Dadda-Tree-Multiplizierers aus 3 Voll- und 3 Halbadditionsschritten und benötigt damit 2 Volladditionen weniger als der Wallace-Tree-Multiplizierer. Ein ähnliches Bild zeichnet der 8×8-Dadda-Tree-Multiplizierer, der mit 35 Volladditionen und 7 Halbadditionen auskommt. Der Wallace-Tree-Multiplizierer gleicher Größe benötigt 38 Volladditionen und 15 Halbadditionen.

Es wäre verfrüht, den Dadda-Tree-Multiplizierer aufgrund dieser Ergebnisse zum eindeutigen Sieger zu küren. Eine genauere Analyse der Schaltungsarchitekturen zeigt in der Tat, dass sich der Vergleich beider Multiplizierwerke als komplizierter erweist, als auf den ersten Blick ersichtlich. Der Grund liegt in der finalen Addition, die für Rückkonvertierung des Carry-save-Formats in das Binärformat benötigt wird. Wie ein vergleichender Blick auf die Abbildungen 7.55 und 7.58 zeigt, benötigt der Dadda-Tree-Multiplizierer einen Addierer größerer Bitbreite. Die hierfür zusätzlich benötigten Gatter zehren die Einsparung der Halb- und Volladdierer zumindest teilweise wieder auf. Eine von Townsend, Swartzlander und Abraham durchgeführte Analyse kommt zu dem Schluss, dass der Dadda-Tree-Multiplizierer im direkten Vergleich mit dem Wallace-Tree-Multiplizierer in Punkto Geschwindigkeit und Flächenbedarf trotz der komplexeren finalen Additionsstufe leichte Vorteile aufweist [88]. Die ermittelten Flächen- und Laufzeitanalysen sind in Tabelle 7.3 zusammengefasst.

Auf die asymptotische Komplexität wirkt sich die Gatterersparnis des Dadda-Tree-Multiplizierers jedoch nicht aus. Er fällt in die exakt gleiche Laufzeit- und Flächenkomplexitätsklasse wie der Carry-save-Multiplizierer und der Wallace-Tree-Multiplizierer.

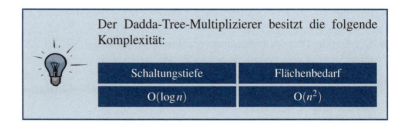

Der Dadda-Tree-Multiplizierer besitzt die folgende Komplexität:

Schaltungstiefe	Flächenbedarf
$O(\log n)$	$O(n^2)$

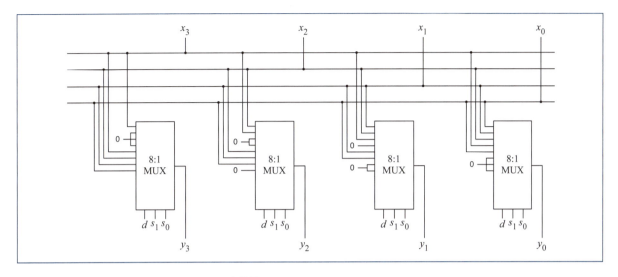

Abbildung 7.59: Strukturbild des 4-Bit-Barrel-Shifters

7.9 Barrel-Shifter

Barrel-Shifter werden immer dann eingesetzt, wenn ein Bitvektor $x_0, \ldots, x_{n-1}$ besonders effizient um mehrere Bits nach links oder rechts verschoben werden muss. Anders als das allgemeine Schieberegister, das wir in Abschnitt 9.1.2 kennen lernen werden, führt der Barrel-Shifter sämtliche Operationen stets in konstanter Zeit aus – unabhängig von der Anzahl der zu verschiebenden Bitstellen.

Hierzu verfügt das Schaltnetz über n Datenleitungen $x_0, \ldots, x_{n-1}$, an denen der zu verschiebende Bitvektor angelegt wird. In Abhängigkeit der m Steuerleitungen $s_0, \ldots, s_{m-1}$ wird der Vektor um eine gewisse Anzahl Bits verschoben und an den n Ausgangsleitungen $y_0, \ldots, y_{n-1}$ wieder ausgegeben. Als Beispiel ist in Tabelle 7.4 die Wahrheitstabelle des 4-Bit-Barrel-Shifters dargestellt.

Barrel-Shifter lassen sich, wie in Abbildung 7.59 gezeigt, auf elegante Weise mit Hilfe von Multiplexern implementieren. In der dargestellten Schaltung wird jedes der 4 Ausgangssignale $y_0, \ldots, y_3$ durch einen separaten 1-aus-8-Multiplexer erzeugt, dessen Steuerleitungen mit den Signalen d, s_1 und s_0 verbunden sind. Die Beschaltung der Multiplexer-Eingänge erfolgt analog zur Wahrheitstabelle des Barrel-Shifters und ist so gewählt, dass der Wert von d die Schieberichtung und die Bitsequenz s_1, s_0 die Anzahl der zu verschiebenden Bitstellen codiert.

■ Rechts-Shift ($d = 0$)

s_1	s_0	y_3	y_2	y_1	y_0
0	0	x_3	x_2	x_1	x_0
0	1	0	x_3	x_2	x_1
1	0	0	0	x_3	x_2
1	1	0	0	0	x_3

■ Links-Shift ($d = 1$)

s_1	s_0	y_3	y_2	y_1	y_0
0	0	x_3	x_2	x_1	x_0
0	1	x_2	x_1	x_0	0
1	0	x_1	x_0	0	0
1	1	x_0	0	0	0

Tabelle 7.4: Wahrheitstafel des 4-Bit-Barrel-Shifters

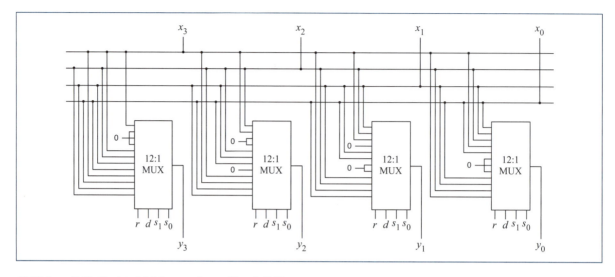

Abbildung 7.60: Strukturbild des erweiterten Barrel-Shifters

■ Rechts-Rotation ($d = 0, r = 1$)

s_1	s_0	y_3	y_2	y_1	y_0
0	0	x_3	x_2	x_1	x_0
0	1	x_0	x_3	x_2	x_1
1	0	x_1	x_0	x_3	x_2
1	1	x_2	x_1	x_0	x_3

Tabelle 7.5: Über die Steuerleitung $r = 1$ wird der Barrel-Shifter in den Rotationsmodus versetzt. Im Gegensatz zur Schiebeoperation, die wir in beide Richtungen implementieren müssen, reicht in diesem Falle eine einzige Richtung aus (d ist stets gleich 0). Die Rotation um i nach links wird ganz einfach durch die Rotation um $n - i$ Bits nach rechts realisiert.

Frei werdende Bitstellen füllt der Barrel-Shifter mit 0 auf. Für viele Anwendungsfälle ist dieses Verhalten erwünscht, in anderen ist es dagegen notwendig, die Bits *rotieren* zu lassen: Sobald der Barrel-Shifter ein Bit auf einer Seite herausschiebt, wird es auf der anderen Seite wieder eingefügt. Unsere Implementierung des Barrel-Shifters lässt sich leicht zu einem Rotations-Shifter erweitern, indem wir Multiplexer mit einem zusätzlichen Eingang wählen und wie in Abbildung 7.60 beschalten. Der zusätzliche Steuereingang r bestimmt, ob die Datenbits geschoben oder rotiert werden. Wie die Wahrheitstafel in Tabelle 7.5 zeigt, ist die Rotation in eine Richtung völlig ausreichend – eine Rotation um i Bit nach rechts führt zu demselben Ergebnis wie eine Rotation um $n - i$ Bit nach links.

Die Laufzeit und der Flächenbedarf des Barrel-Shifters hängen einzig und alleine von der Implementierung der Multiplexer-Bausteine ab. Legen wir die zweistufige Implementierung aus Abschnitt 7.2 zu Grunde, so erhalten wir die folgende Komplexitätsabschätzung:

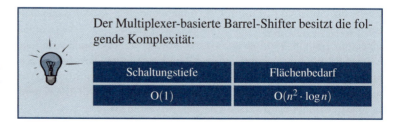

Der Multiplexer-basierte Barrel-Shifter besitzt die folgende Komplexität:

Schaltungstiefe	Flächenbedarf
$O(1)$	$O(n^2 \cdot \log n)$

7.10 Arithmetisch-logische Einheit

In den vorangegangenen Abschnitten haben wir einige der wichtigsten Grundkomponenten kennen gelernt, die sich in jedem modernen Mikroprozessor auf die ein oder andere Weise wiederfinden. Typische Prozessoren fassen die einzelnen Komponenten in einer *arithmetisch-logischen Einheit (ALU)* zusammen – einer Art Universalbaustein, der befehlsgesteuert eine einzige oder auch mehrere der bereitgestellten Operationen parallel ausführt.

Mit Hilfe von Multiplexern und einer vorgeschalteten Decoder-Logik lässt sich eine arithmetisch-logische Einheit auf strukturierte Weise erzeugen. Dazu werden, wie in Abbildung 7.61 gezeigt, die Eingangsleitungen aufgetrennt und parallel in die unterschiedlichen Logik- und Arithmetikeinheiten geführt. Über die Multiplexer am Ausgang der ALU werden die parallelen Datenströme wieder zusammengeführt. Die Beschaltung der Steuerleitungen der einzelnen Multiplexer erfolgt durch einen *Befehlsdecoder*, der neben der Umsetzung der Befehlsbitmuster auf die Multiplexer-Steuerleitungen auch die Ansteuerung der zusätzlichen Leitungen der Logik- und Arithmetikeinheiten übernimmt. In einfachen ALUs wird auf den Befehlsdecoder mitunter verzichtet – die Steuersignale der ALU werden dann direkt auf die Multiplexer-Steuerleitungen geschaltet.

Die ALU-Architektur aus Abbildung 7.61 besitzt den Charme der beliebigen Erweiterbarkeit – durch den modularen Aufbau können wir jederzeit weitere Logik- oder Arithmetikeinheiten hinzufügen. Trotzdem werden ALUs in der Praxis nur selten modular konstruiert. Stattdessen wird die Verknüpfungslogik der einzelnen Einheiten so ineinander verwoben, dass eine möglichst flächensparende Implementierung entsteht. Bei der Analyse der Gatterstrukturen einer realen ALU können die einzelnen Komponenten daher weniger klar voneinander abgegrenzt werden, als es unser Konstruktionsschema vermuten lässt.

Genauso unterschiedlich wie ihre Implementierung ist auch der Funktionsumfang der arithmetisch-logischen Einheiten, die in der Praxis Verwendung finden. Das Spektrum reicht von winzigen ALUs, die nur über einen auf eine Spezialanwendung optimierten Funktionsvorrat verfügen, bis hin zu Hochleistungsrechenwerken, wie wir sie unter anderem in vielen digitalen Signalprozessoren vorfinden können.

Als Beispiel einer spezialisierten arithmetisch-logischen Einheit betrachten wir das Schaltnetz in Abbildung 7.62. Die ALU verfügt über die Dateneingänge $x_0, \ldots, x_3$ und $y_0, \ldots, y_3$, die Steuerleitungen s_0 bis s_3 und die Ausgangsleitungen $z_0, \ldots, z_3, c_4$. Intern werden die eingehenden

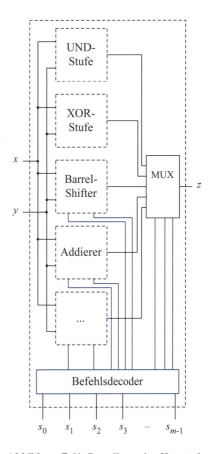

Abbildung 7.61: Das allgemeine Konstruktionsschema einer arithmetisch-logischen Einheit (ALU)

Abbildung 7.62: Beispiel einer spezialisierten ALU. Die Einheit besteht aus einem Addierwerk sowie zwei vorgeschalteten Gatterstufen. In Abhängigkeit der Steuersignale s_0 bis s_4 werden die angelegten Operanden auf ihrem jeweiligen Datenpfad separat modifiziert und anschließend im Addierwerk aufsummiert. Mit Hilfe der UND-Stufe können die Operanden einzeln ausgeblendet ($s_3 = 0$ bzw. $s_2 = 0$) oder durchgeleitet ($s_3 = 1$ bzw. $s_2 = 1$) werden. Die XOR-Stufe erlaubt das gemeinsame Kippen der einzelnen Datenbits. Da s_0 zusätzlich mit dem Übertragseingang des Addierers verbunden ist, konvertiert $s_1 = 1$ bzw. $s_0 = 1$ die Operanden zu $-x-1$ bzw. $-y$.

Signale zunächst durch die obere UND-Stufe, danach durch die mittlere XOR-Stufe und anschließend in das Addierwerk geleitet. Die Ausgänge des Addierers sind direkt mit den Ausgängen der ALU verbunden.

In Abhängigkeit der Steuersignale werden die Datenworte $x = x_3 \ldots x_0$ und $y = y_3 \ldots y_0$ auf dem Datenpfad verändert. Durch das Setzen von s_3 bzw. s_2 auf 0 können wir x bzw. y ausblenden – alle Bits werden durch das UND-Gatter ausnahmslos auf 0 gesetzt. Ist s_3 bzw. s_2 auf 1 gesetzt, so verhalten sich die UND-Gatter transparent, d. h., der Wert des anderen Gattereingangs bestimmt den Wert des Gatterausgangs.

Mit Hilfe der anschließend durchlaufenen XOR-Gatter können wir die Werte weiter beeinflussen. Legen wir an das Steuersignal s_1 bzw. s_0 die Werte 0 an, so verhalten sich die XOR-Gatter aufgrund der Beziehung $x \leftrightarrow 0 = x$ ebenfalls transparent – der aktuelle Wert auf dem Datenpfad von x bzw. y wird unverändert durchgereicht. Setzen wir die Steuerleitungen auf 1, so kippt das XOR-Gatter das ankommende Bit aufgrund der Beziehung $x \leftrightarrow 1 = \bar{x}$. Entspricht die Invertierung aller Bits im Einerkomplement der arithmetischen Negation, so ist der Wert im Zweierkomplement noch um Eins kleiner. Legen wir also wie üblich das Zweierkomplement zu Grunde, so bewirkt die Invertierung aller Bits die Negation von x bzw. y und die anschließende Subtraktion von 1. Damit sind wir in der Lage, die Funktionsweise der ALU für jede Kombination der Steuerleitungen herzuleiten, und wir erhalten als Ergebnis das in Tabelle 7.6 dargestellte Schaltnetzverhalten.

	s_3	s_2	s_1	s_0	z
0	0	0	0	0	0
1	0	0	0	1	0
2	0	0	1	0	-1
3	0	0	1	1	-1
4	0	1	0	0	y
5	0	1	0	1	$-y$
6	0	1	1	0	$y - 1$
7	0	1	1	1	$-y - 1$
8	1	0	0	0	x
9	1	0	0	1	x
10	1	0	1	0	$-x - 1$
11	1	0	1	1	$-x - 1$
12	1	1	0	0	$x + y$
13	1	1	0	1	$x - y$
14	1	1	1	0	$-x + y - 1$
15	1	1	1	1	$-x - y - 1$

Tabelle 7.6: Wahrheitstabelle der spezialisierten arithmetisch-logischen Einheit aus Abbildung 7.62

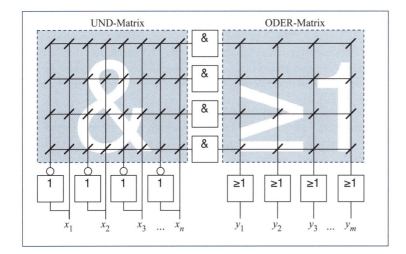

Abbildung 7.63: Mit Hilfe von *Programmable Logic Arrays* (PLAs) können beliebige boolesche Funktionen realisiert werden. In der Konjunktions-Matrix lassen sich durch das Setzen von Verbindungspunkten beliebige Minterme erzeugen, die anschließend in der Disjunktions-Matrix zu zweistufigen booleschen Funktionen kombiniert werden können. Auf diese Weise lässt sich jede boolesche Funktion, die in disjunktiver Normalform vorliegt, eins zu eins mit einem PLA realisieren.

7.11 Programmierbare Logikbausteine

Alle der bisher betrachteten Standardkomponenten verfügten über eine fest definierte Funktionalität, d. h., es war nicht möglich, die Schaltungen für einen speziellen Anwendungszweck anzupassen oder zu spezialisieren. Im Gegensatz hierzu gestatten die sogenannten PLDs (*Programmable Logic Devices*), das genaue Schaltverhalten vor der ersten Benutzung zu konfigurieren. In einigen PLDs ist der Prozess reversibel, so dass die Bausteine mehrfach umprogrammiert werden können. Einige Schaltungen aus dem FPGA-Bereich lassen sogar eine Umprogrammierung während des laufenden Betriebs zu (*reconfigurable computing*). Andere PLDs können dagegen nur einmal angepasst werden, so dass wir für diese Schaltungen meist von einer *Individualisierung* anstelle einer Programmierung sprechen. Oft werden solche PLDs bereits bei der Herstellung individualisiert und fertig konfiguriert an den Kunden ausgeliefert.

Als Beispiel eines PLDs betrachten wir die Schaltung in Abbildung 7.63. Das dargestellte Schaltnetz verfügt über die Eingangsleitungen x_1 bis x_n und die Ausgangsleitungen y_1 bis y_m. Aufgrund der matrixartigen Implementierung wird das Element auch als *Programmable Logic Array* (PLA) bezeichnet. Wie die Abbildung zeigt, besteht ein PLA aus zwei separaten Matrizen – der *Konjunktions*- und der *Disjunktions-Matrix*. Mit Hilfe der Konjunktions-Matrix können wir durch das Setzen von Verbindungen an den Knotenpunkten in jeder *Zeile* der Matrix einen UND-verknüpften Term erzeugen (siehe Abbildung 7.64) – jede der Eingangsvariablen x_1 bis x_n steht uns hier-

■ Permanente Verbindungen:

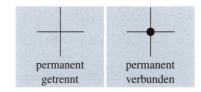

■ Individualisierte Verbindungen:

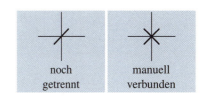

Abbildung 7.64: Ob ein Knotenpunkt in der Konjunktions- bzw. Disjunktions-Matrix verbunden oder getrennt ist, wird durch eines der vier hier dargestellten Symbole verdeutlicht.

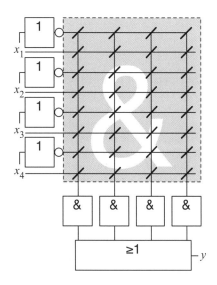

Abbildung 7.65: Beispiel eines PALs mit einer einzigen Ausgangsleitung

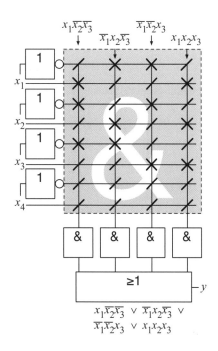

Abbildung 7.66: Realisierung der dreistelligen Paritätsfunktion $x_1 \leftrightarrow x_2 \leftrightarrow x_3$ mit Hilfe des vorgestellten PALs

für sowohl positiv (nicht negiert) als auch negativ (negiert) zur Verfügung. In analoger Weise können wir mit Hilfe der Disjunktions-Matrix einen oder mehrere der erzeugten konjunktiven Terme mit der ODER-Operation zusammenfassen. Auf diese Weise entsteht in jeder *Spalte* eine separate boolesche Funktion, die über die Leitungen y_1 bis y_m nach außen geführt wird.

PAL-Bausteine stellen eine spezielle Variante von PLAs dar, in der die Disjunktions-Matrix vorprogrammiert ist. Genau wie im Falle von PLAs unterscheiden sich die in der Praxis verwendeten PAL-Komponenten neben ihrer physikalischen Realisierung erheblich in der Anzahl der Eingangs- und Ausgangsleitungen. Als Beispiel zeigt Abbildung 7.65 den Aufbau eines PAL-Bausteins mit einer einzigen Ausgangsleitung. Die Beschaltung entspricht einer vorprogrammierten Disjunktions-Matrix, die alle in der Konjunktions-Matrix erzeugten Terme mit der ODER-Operation verbindet. Mit dem PAL-Baustein können wir alle vierstelligen booleschen Funktionen realisieren, deren disjunktive Darstellung mit vier konjunktiv verknüpften Teilausdrücken auskommt.

Die mehrstellige Paritätsfunktion $x_1 \leftrightarrow \ldots \leftrightarrow x_n$ diente uns bereits mehrfach als Beispiel, so dass wir sie erneut implementieren wollen – in diesem Fall mit Hilfe eines PAL-Bausteins. Hierzu übersetzen wir die Funktion zunächst in ihre disjunktive Minimalform und erzeugen anschließend in jeder Spalte der Konjunktions-Matrix einen der Teilausdrücke. Für die Paritätsfunktion ist die disjunktive Minimalform gleich der disjunktiven Normalform, so dass sich für die dreistellige Variante die folgende Darstellung ergibt:

$$x_1 \leftrightarrow x_2 \leftrightarrow x_3 = x_1 \overline{x_2}\,\overline{x_3} \vee \overline{x_1} x_2, \overline{x_3} \vee \overline{x_1}\,\overline{x_2} x_3 \vee x_1 x_2 x_3$$

Die disjunktive Darstellung können wir eins zu eins auf die PAL-Struktur übertragen und erhalten das in Abbildung 7.66 gezeigte Ergebnis. Die Leitungen x_4 und $\overline{x_4}$ bleiben im Falle der dreistelligen Paritätsfunktion unbeschaltet. Für die Implementierung der vierstelligen Paritätsfunktion $x_1 \leftrightarrow x_2 \leftrightarrow x_3 \leftrightarrow x_4$ reicht die Größe des PALs nicht aus, da die disjunktive Form aus 8 Teilausdrücken besteht und wir somit einen PAL-Baustein mit 8 Ausgangsleitungen benötigen würden.

Genau wie ein PAL aus einem PLA durch die Nutzung einer vorprogrammierten Disjunktions-Matrix entsteht, können wir durch die Verwendung einer vorprogrammierten Konjunktions-Matrix einen einfachen *Festwertspeicher* (*Read-Only Memory*, kurz *ROM*) konstruieren. Durch das Anlegen eines bestimmten Bitmusters an den Eingangsleitungen $x_1, \ldots, x_n$ – der *Adresse* – wird der vorprogrammierte Speicherinhalt auf die Ausgangsleitungen $y_1, \ldots, y_m$ gelegt. Abbildung 7.67

7.11 Programmierbare Logikbausteine

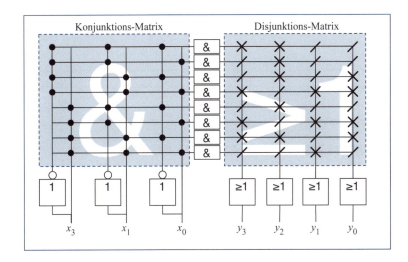

Abbildung 7.67: ROM-Bausteine (*Read-Only Memory*) besitzen eine vorprogrammierte Konjunktions-Matrix und eine individualisierbare Disjunktions-Matrix.

zeigt einen ROM-Baustein mit 3 Eingangsleitungen, der an jeder seiner $2^3 = 8$ Adressen ein 4-Bit-Datenwort speichert.

Innerhalb eines ROM-Bausteins ist die Konjunktions-Matrix so vorprogrammiert, dass jede Zeile eineindeutig einem bestimmten Bitmuster entspricht. Legen wir nacheinander die Adressen $00\ldots0$ bis $11\ldots1$ an, so werden die internen UND-Glieder der Reihe nach von oben nach unten aktiviert. Hierdurch lässt sich der ROM-Speicher auf einfache Weise programmieren, indem das Bitmuster des Datenworts in Adresse i in der i-ten Zeile der Disjunktions-Matrix eingetragen wird. Tabelle 7.7 fasst die gespeicherten Datenwörter unseres Beispiel-ROMs tabellarisch zusammen. Im Unterschied zu konventionellen Speicherbausteinen ist die Programmierung eines ROMs irreversibel, so dass die Daten nach der Individualisierung ausschließlich ausgelesen, jedoch nicht mehr verändert werden können.

Aufgrund des matrixartigen Aufbaus von PLAs, PALs und ROMs können wir die Komplexitätseigenschaften programmierbarer Logikbausteine abschließend wie folgt festhalten:

Ein programmierbarer Logikbaustein mit z Zeilen und s Spalten besitzt die folgende Komplexität:	
Schaltungstiefe	Flächenbedarf
$O(1)$	$O(z \cdot s)$

Adresse	Inhalt (binär)	Inhalt (dezimal)
000	1100	12
001	0100	4
010	0101	5
011	1011	11
100	0100	4
101	1011	11
110	1101	13
111	0010	2

Tabelle 7.7: Inhalt des in Abbildung 7.67 dargestellten ROMs

7.12 Übungsaufgaben

Aufgabe 7.1

Webcode 6592

Stellen Sie das Schaltnetz eines

a) 1-aus-2-Multiplexers (2:1 MUX)

b) 1-zu-2-Demultiplexers (1:2 DEMUX)

mit Hilfe von UND-, ODER- und NICHT-Gattern auf.

Aufgabe 7.2

Webcode 6944

Gegeben seien die folgenden Multiplexer-Schaltnetze:

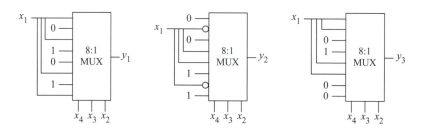

Minimieren Sie die dargestellten Funktionen und geben Sie Implementierungen an, die mit einem einzigen 1-aus-4-Multiplexer auskommen.

Aufgabe 7.3

Webcode 6104

Entwerfen Sie ein Schaltnetz, das über die Eingänge x_3, x_2, x_1, x_0 und den Ausgang y verfügt. Am Ausgang y soll genau dann eine 1 anliegen, wenn die Anzahl der Einsen der vierstelligen Dualzahl $x_3 x_2 x_1 x_0$ ungerade ist.

a) Stellen Sie die Wahrheitstabelle auf. Welche Ihnen bekannte Funktion wird hier implementiert?

b) Realisieren Sie die Funktion mit Hilfe eines einzigen Multiplexers. Gehen Sie davon aus, dass Ihnen die Eingangssignale auch invertiert zur Verfügung stehen, und beschalten Sie die Daten- und Steuereingänge entsprechend.

c) Realisieren Sie die gleiche Funktion unter ausschließlicher Verwendung von 1-aus-2-Multiplexern. Auch hier stehen Ihnen die Eingangssignale sowohl positiv als auch negativ zur Verfügung.

Aufgabe 7.4

Webcode 6105

Gegeben sei das folgende Schaltnetz:

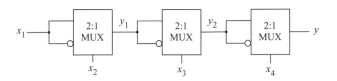

Welche Funktion wird hier berechnet? Vervollständigen Sie zur Beantwortung der Frage die nachstehende Wahrheitstabelle.

x_4	x_3	x_2	x_1	y_1	y_2	y
0	0	0	0			
0	0	0	1			
0	0	1	0			
0	0	1	1			
0	1	0	0			
0	1	0	1			
0	1	1	0			
0	1	1	1			

x_4	x_3	x_2	x_1	y_1	y_2	y
1	0	0	0			
1	0	0	1			
1	0	1	0			
1	0	1	1			
1	1	0	0			
1	1	0	1			
1	1	1	0			
1	1	1	1			

Aufgabe 7.5

Webcode 6319

Vervollständigen Sie die Wahrheitstabelle der folgenden Multiplexer-Schaltung:

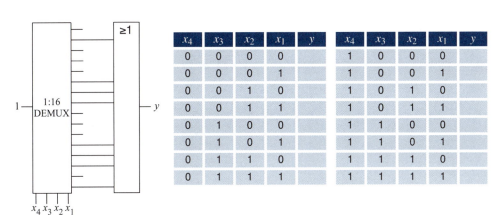

x_4	x_3	x_2	x_1	y
0	0	0	0	
0	0	0	1	
0	0	1	0	
0	0	1	1	
0	1	0	0	
0	1	0	1	
0	1	1	0	
0	1	1	1	

x_4	x_3	x_2	x_1	y
1	0	0	0	
1	0	0	1	
1	0	1	0	
1	0	1	1	
1	1	0	0	
1	1	0	1	
1	1	1	0	
1	1	1	1	

a) Welche boolesche Funktion wird hier realisiert?

b) Lässt sich jede boolesche Funktion mit Hilfe von Demultiplexern realisieren?

Aufgabe 7.6
Webcode 6370

Vervollständigen Sie die Wahrheitstabelle der abgebildeten Demultiplexer-Schaltung:

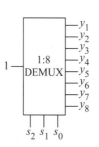

s_2	s_1	s_0	y_1	y_2	y_3	y_4	y_5	y_6	y_7	y_8
0	0	0								
0	0	1								
0	1	0								
0	1	1								
1	0	0								
1	0	1								
1	1	0								
1	1	1								

Was berechnet die Schaltung?

Aufgabe 7.7
Webcode 6209

Realisieren Sie die Funktion y mit Hilfe des abgebildeten programmierbaren Logikbausteins. Beachten Sie, dass der hier dargestellte Baustein die Variablen in den Spalten mit Hilfe eines NOR-Gatters anstelle eines ODER-Gatters zusammenfasst. Überlegen Sie sich deshalb zunächst, welche Auswirkungen dies auf die zu setzenden Verknüpfungen hat.

	x_4	x_3	x_2	x_1	y
0	0	0	0	0	1
1	0	0	0	1	1
2	0	0	1	0	0
3	0	0	1	1	1
4	0	1	0	0	–
5	0	1	0	1	1
6	0	1	1	0	0
7	0	1	1	1	0
8	1	0	0	0	1
9	1	0	0	1	0
10	1	0	1	0	–
11	1	0	1	1	1
12	1	1	0	0	1
13	1	1	0	1	0
14	1	1	1	0	1
15	1	1	1	1	1

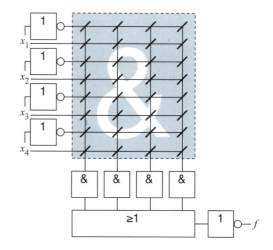

7.12 Übungsaufgaben

Aufgabe 7.8

Webcode 6134

Analysieren Sie das folgende Schaltnetz, das ausschließlich aus NAND-Gattern aufgebaut ist. Um welche Standardschaltung handelt es sich hier?

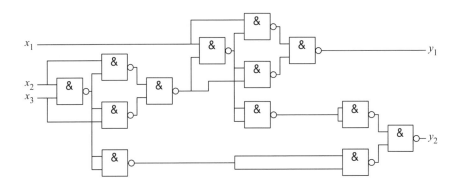

Aufgabe 7.9

Webcode 6867

Mit dem Komparator haben Sie in diesem Kapitel eine wichtige Schaltungskomponente zum Vergleichen zweier vorzeichenloser bzw. vorzeichenbehafteter Binärzahlen kennen gelernt.

a) Lässt sich der vorzeichenbehaftete n-Bit-Komparator auch für Zahlen verwenden, die im Einerkomplement oder der Vorzeichenbitdarstellung vorliegen? Begründen Sie Ihre Antwort.

b) Wie könnte ein Komparatorbaustein für den Vergleich zweier mehrziffriger BCD-Zahlen implementiert werden?

Aufgabe 7.10

Webcode 6876

In Abschnitt 7.9 haben Sie mit dem Barrel-Shifter einen Baustein kennen gelernt, der einen Datenvektor um ein oder mehrere Bits nach links oder rechts verschiebt.

a) In der Programmiersprache Java gibt es mit „>>", „<<" und „>>>" drei verschiedene Schiebeoperatoren. Welche Semantik besitzen diese Operatoren? Passen Sie die Implementierung des Barrel-Shifters so an, dass er alle drei Operatoren realisiert.

b) Nehmen Sie an, am Eingang eines Barrel-Shifters liegt die Zweierkomplementzahl x an. Durch das Schieben um i Bit nach links kann der Barrel-Shifter zur schnellen Multiplikation mit einer Zweierpotenz 2^i verwendet werden. Warum ist es nicht möglich, den Barrel-Shifter auch für die Division durch eine Zweierpotenz einzusetzen?

Aufgabe 7.11

Webcode 6559

Gegeben sei die folgende arithmetisch-logische Einheit (ALU). Die ALU nimmt als Eingabe 2 Zweierkomplementzahlen $x = x_3 x_2 x_1 x_0$ und $y = y_3 y_2 y_1 y_0$ entgegen und berechnet hieraus in Abhängigkeit der Steuersignale s_0, s_1, s_2 und s_3 die Zweierkomplementzahl $z = z_3 z_2 z_1 z_0$.

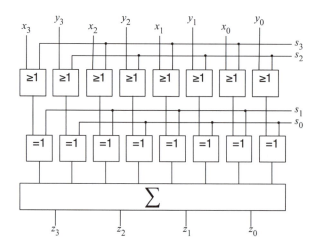

Analysieren Sie die Schaltung, indem Sie die folgende Tabelle ergänzen. Überlegen Sie sich hierzu zunächst, wie sich die vier Steuerleitungen auf den Datenfluss auswirken, und beachten Sie, dass alle Zahlen im Zweierkomplement dargestellt werden.

	s_3	s_2	s_1	s_0	z		s_3	s_2	s_1	s_0	z
0	0	0	0	0	$x+y$	8	1	0	0	0	
1	0	0	0	1		9	1	0	0	1	
2	0	0	1	0		10	1	0	1	0	
3	0	0	1	1		11	1	0	1	1	
4	0	1	0	0		12	1	1	0	0	
5	0	1	0	1		13	1	1	0	1	
6	0	1	1	0		14	1	1	1	0	
7	0	1	1	1		15	1	1	1	1	0

7.12 Übungsaufgaben

Mit dem Matrixmultiplizierer haben Sie eine wichtige Hardware-Implementierung zur parallelen Multiplikation zweier Binärzahlen kennen gelernt. Aufgrund seiner linearen Laufzeit ist der Matrixmultiplizierer jedoch nicht für große Bitbreiten geeignet. Wir wollen versuchen, die Laufzeiteigenschaften des Matrixmultiplizierers zu verbessern. Hierzu ersetzen wir die Kaskadenstruktur der Volladdiererketten durch eine Baumstruktur:

Aufgabe 7.12

Webcode 6219

- Kaskadenstruktur:

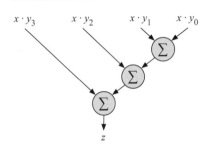

- Baumstruktur:

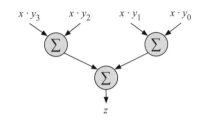

Angewendet auf den in diesem Kapitel vorgestellten 4-Bit-Matrixmultiplizierer erhalten wir das folgende Strukturbild:

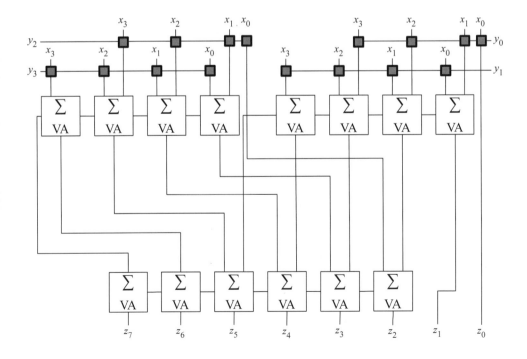

a) Dass wir die Anordnung der Volladdiererketten nach Belieben ändern können, ist keinesfalls selbstverständlich. Welche mathematische Regel verbirgt sich hier?

b) Im direkten Vergleich mit dem Matrixmultiplizierer fällt auf, dass die Anzahl der benötigten Volladdierer größer geworden ist. Wie unterscheidet sich die asymptotische Flächenkomplexität der beiden Implementierungsvarianten?

c) Berechnen Sie die Produkte 5·11 und 11·5 mit Hilfe der beiden abgebildeten Parallelmultiplizierer. Tragen Sie die entstehenden Bitwerte jeweils an allen mit „_" markierten Stellen ein.

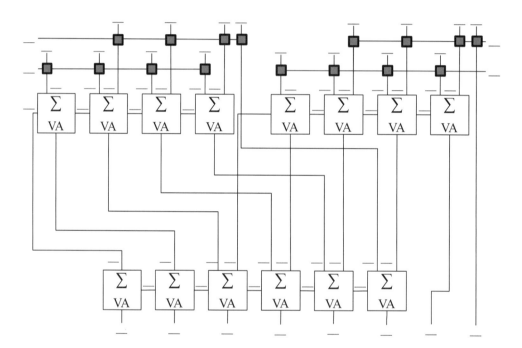

d) Durch die baumförmige Anordnung steigt die Anzahl der nacheinander zu durchlaufenen Volladdiererketten nur noch logarithmisch und nicht mehr linear mit der Bitbreite der Operanden an. Hat sich die asymptotische Laufzeit des Multiplizierers hierdurch verbessert?

e) Wie haben sich die Verdrahtungseigenschaften der Schaltung verändert? Ist der modifizierte Multiplizierer genauso einfach zu verdrahten wie der ursprüngliche Matrixmultiplizierer?

7.12 Übungsaufgaben

Aufgabe 7.13

Webcode 6295

Mit dem Wallace-Tree-Multiplizierer und dem Dadda-Tree-Multiplizierer wurden in diesem Kapitel zwei der für die Praxis wichtigsten Multiplizierwerke vorgestellt. In diesem Zusammenhang haben Sie erfahren, wie sich der Aufbau der Reduktionszellen mit Hilfe von Punktdiagrammen übersichtlich visualisieren lässt.

a) Skizzieren Sie den Aufbau der Reduktionszelle eines 6×6-Wallace-Tree-Multiplizierers und eines 6×6-Dadda-Tree-Multiplizierers, indem Sie die folgenden Punktdiagramme ergänzen:

Wallace-Tree-Reduktionszelle: Dadda-Tree-Reduktionszelle:

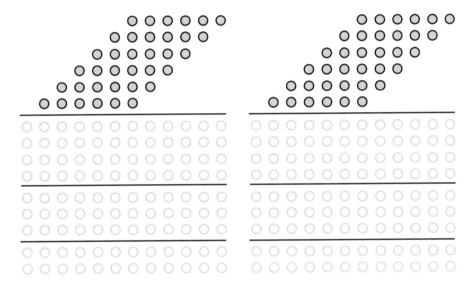

b) Wie viele Halbadditions- und Volladditionsschritte werden in beiden Reduktionszellen benötigt?

Aufgabe 7.14

Webcode 6658

In diesem Kapitel haben Sie gelernt, wie Carry-ripple- und Carry-look-ahead-Addierer zu einem gemeinsamen Addierwerk kombiniert werden können. Welche asymptotische Komplexität besitzt ein solcher Mischaddierer, wenn wir mit steigender Bitbreite n

a) die Größe der verbauten Carry-look-ahead-Addierer konstant halten bzw.

b) die Anzahl der verbauten Carry-look-ahead-Addierer konstant halten.

8 Schaltwerke

In diesem Kapitel werden Sie . . .

- sehen, wie sich mit Hilfe der elementaren Logikgatter digitale Speicherelemente implementieren lassen,

- den Unterschied zwischen asynchronen und synchronen Schaltungen verstehen,

- in der Pegel- und der Flankensteuerung die zwei grundlegenden Funktionsprinzipien synchroner Schaltelemente erkennen,

- mit den RS-, D-, T- und JK-Elementen die wichtigsten Varianten digitaler Speicherelemente kennen lernen,

- erlernen, wie sich durch die Verwendung digitaler Speicherelemente jedes beliebige Zustandsmodell systematisch in eine entsprechende Hardware-Schaltung umsetzen lässt.

8.1 Digitale Speicherelemente

In den vorangegangenen Kapiteln haben wir uns stets auf die Untersuchung *kombinatorischer Logik* beschränkt, d. h., alle der von uns untersuchten Logikelemente hatten die Eigenschaft, dass der Signalwert der Ausgangsleitungen *unmittelbar* und *ausschließlich* von den Signalwerten der Eingangsleitungen abhängt. *Unmittelbar*, da sich eine Änderung der Eingangssignale – sehen wir von der zeitlichen Verzögerung durch die endliche Signalausbreitungsgeschwindigkeit ab – sofort auf den Wert des Ausgangssignals auswirkt, und *ausschließlich*, da zur Berechnung des Ausgabewerts nur die *augenblicklich* anliegenden Werte der Eingangssignale genutzt werden. In anderen Worten: Kombinatorische Schaltelemente verfügen über keinerlei Gedächtnis und sind damit nicht in der Lage, die Vergangenheit in irgendeiner Form in die Berechnung des Ausgabewerts einfließen zu lassen.

In diesem Kapitel lösen wir uns von dieser Beschränkung und werden erarbeiten, wie sich aus den uns bekannten Logikgattern *digitale Speicherelemente* konstruieren lassen. Wie in Abbildung 8.1 angedeutet, werden die neu konstruierten Elemente in der Lage sein, einen Zustand persistent zu speichern. Folgerichtig wird das am Ausgang anliegende Signal nicht nur durch die aktuell anliegenden Eingabewerte, sondern zusätzlich durch den Zustand bestimmt, in dem sich das Schaltelement augenblicklich befindet. In Abhängigkeit des jeweiligen Zustands kann ein solches Schaltelement die Ausgabe bei gleicher Eingabe variieren und damit durch die gezielte Einnahme eines Zustands die Vergangenheit in die Berechnung der aktuellen Ausgabe mit einbeziehen. Erst mit Hilfe dieser Speicherelemente werden wir in die Lage versetzt, Schaltungen zu konstruieren, die komplexe Aufgaben in mehreren Einzelschritten erledigen können. Digitale Speicherelemente bilden damit nicht nur die Grundlage der Mikroprozessor-Technik, sondern die Basis der ganzen Rechnerarchitektur, wie wir sie heute kennen.

Digitale Speicherelemente werden auch als *sequenzielle Elemente* bezeichnet und wir sprechen in diesem Zusammenhang auch von einer *sequenziellen Schaltung* bzw. einem *Schaltwerk*. Bevor wir uns detailliert mit der Frage beschäftigen, wie wir taktgesteuerte Schaltwerke für nahezu jede beliebige Berechnungsaufgabe systematisch erzeugen können, werden wir im nächsten Abschnitt zunächst mit der Konstruktion einfacher sequenzieller Elemente beginnen und anschließend zeigen, wie wir diese zu komplexen Schaltwerken kombinieren können. Hierbei werden wir eine Reihe verschiedener Varianten kennen lernen, die sich neben der Ansteuerung insbesondere in ihrem zeitlichen Schaltverhalten deutlich unterscheiden.

- Kombinatorische Logik

Gewöhnliche kombinatorische Logikgatter verfügen über kein Gedächtnis, d. h., der am Gatterausgang anliegende Wert hängt ausschließlich von den aktuell anliegenden Werten der Gattereingänge ab. Damit ist es einem Logikgatter unmöglich, die Vergangenheit in die Berechnung des Ausgangssignals einfließen zu lassen.

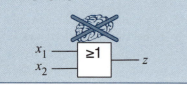

- Digitale Speicherelemente

Digitale Speicherelemente befinden sich zu jedem Zeitpunkt in einem bestimmten Zustand und verfügen damit über ein Gedächtnis. Für die Berechnung des am Ausgang anliegenden Werts beziehen digitale Speicherelemente neben den aktuell anliegenden Eingangssignalen auch den internen Zustand mit ein.

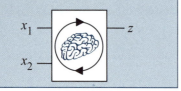

Abbildung 8.1: Kombinatorische Logik und digitale Speicherelemente im Vergleich

8.1.1 Asynchrone Speicherelemente

Wir beginnen unseren Streifzug durch die verschiedenen Varianten digitaler Speicherelemente mit den sogenannten asynchronen Speicherelementen. Im Gegensatz zu ihren synchronen Gegenspielern, die wir im Anschluss kennen lernen werden, besitzen asynchrone Elemente keine Taktleitung, d. h., die Zustandsübergänge verschiedener Elemente werden nicht koordiniert durchgeführt und können zu jeder beliebigen Zeit erfolgen.

Asynchrones RS-Latch

Abbildung 8.2 zeigt das Schaltsymbol sowie das Schaltverhalten des *asynchronen RS-Latches*. Das Element verfügt über die beiden Eingangsleitungen r (Reset) und s (Set) sowie die beiden Ausgänge q und $\bar{q}$. Wie bei den später vorgestellten Speicherelementen auch handelt es sich um einen binären Zustandsspeicher, d. h., das Latch kann sich zu jeder Zeit in einem der beiden Zustände 0 und 1 befinden. Der aktuell eingenommene Zustand wird am Ausgang q ausgegeben. Der zweite Ausgang $\bar{q}$ ist stets mit der Negation von q beschaltet und damit im Grunde genommen überflüssig. Da der Wert $\bar{q}$ aus implementierungstechnischen Gründen aber ohnehin intern verfügbar ist, wird er in den meisten Fällen zusätzlich nach außen geführt.

Von den vier möglichen Bitkombinationen der Eingangssignale r und s sind nur die drei Kombinationen $rs = 10$, $rs = 01$ und $rs = 00$ erlaubt. Durch die Bitkombination $rs = 10$ (Rücksetzen) können wir den sofortigen Wechsel des RS-Latches in den Zustand 0 erzwingen. In analoger Weise bewirkt das Anlegen der Kombination $rs = 01$ den sofortigen Wechsel in den Zustand 1. Die Speicherfähigkeit des Elements kommt durch die Kombination $rs = 00$ zum Tragen – das Element verharrt in seinem Zustand, bis es durch das Anlegen einer anderen Kombination entweder zurückgesetzt oder gesetzt wird. Legen wir die Kombination $rs = 11$ an, so ist das Verhalten des RS-Latches undefiniert. Wie wir später sehen werden, kann der Zustand des RS-Latches, abhängig von der physikalischen Implementierung, gesetzt werden, gelöscht werden oder ins Schwingen geraten.

In der Wahrheitstabelle in Abbildung 8.2 taucht die binäre Zustandsvariable q zweimal auf – einmal als q^t und einmal als q^{t+1}. q^t bezeichnet den *aktuell* eingenommenen Zustand. Da das Latch als digitales Speicherelement zur Berechnung seiner Ausgabe neben den Eingangssignalen auch den aktuellen Zustand mit einbezieht, taucht die Variable q^t

■ Schaltsymbole

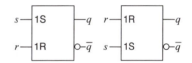

■ Schaltverhalten

r	s	q^t	q^{t+1}	
0	0	0	0	Speichern
0	0	1	1	Speichern
0	1	0	1	Setzen
0	1	1	1	Setzen
1	0	0	0	Rücksetzen
1	0	1	0	Rücksetzen
1	1	0	-	Vermeiden
1	1	1	-	Vermeiden

■ Reduzierte Darstellung

r	s	q^{t+1}	
0	0	q^t	Speichern
0	1	1	Setzen
1	0	0	Rücksetzen
1	1	-	Vermeiden

■ Zeitdiagramm

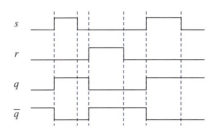

Abbildung 8.2: Schaltsymbol und Schaltverhalten des asynchronen RS-Latches

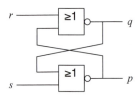

Abbildung 8.3: Implementierung eines asynchronen RS-Latches mit Hilfe zweier NOR-Gatter

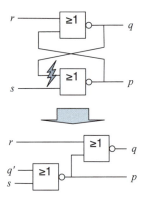

Abbildung 8.4: Zur Analyse wird die Schaltung an der markierten Stelle aufgetrennt

unter den Eingangsvariablen auf. q^{t+1} ist die Ausgangsvariable und bezeichnet den Folgezustand, in den das Latch übergeht, wenn es sich im Zustand q^t befindet und die Eingangssignale r und s anliegen. Die Wahrheitstabelle digitaler Speicherelemente wird in der Regel in einer reduzierten Form angegeben, die für unser asynchrones RS-Latch ebenfalls in Abbildung 8.2 dargestellt ist.

Um das Verhalten digitaler Speicherelemente zu verdeutlichen, haben sich neben den klassischen Wahrheitstabellen insbesondere die *Zeitdiagramme* als weitere Darstellungsvariante etabliert. Das Diagramm des asynchronen RS-Elements ist in Abbildung 8.2 (unten) dargestellt. Die Signalverläufe der Eingangssignale r und s sind im Prinzip willkürlich gewählt, jedoch wurde darauf geachtet, dass außer der zu meidenden Belegung $rs = 11$ alle anderen Bitkombinationen von r und s vorkommen. Um den direkten Zusammenhang der beiden Ausgangsleitungen q und $\overline{q}$ zu verdeutlichen, sind in diesem Beispiel beide Signalverläufe eingezeichnet. Da die Signalwerte beider Ausgänge stets invers zueinander sind, werden wir in den nachfolgenden Zeitdiagrammen immer nur einen der beiden Ausgänge angeben.

Ein asynchrones RS-Latch können wir auf erstaunlich einfache Weise implementieren, indem wir zwei NOR-Gatter, wie in Abbildung 8.3 skizziert, rekursiv zusammenschalten. Dass aus der rekursiven Verschaltung der beiden Logikgatter tatsächlich die Funktionalität eines RS-Latches erwächst, ist jedoch keineswegs auf den ersten Blick einsichtig. Nehmen Sie sich für die folgenden Betrachtungen ruhig ein bisschen mehr Zeit – erfahrungsgemäß gehört dieser Teil der technischen Informatik zu den am schwierigsten zu verstehenden.

Wollen wir die Schaltung in Abbildung 8.3 analysieren, so stehen wir hier vor einem prinzipiellen Problem. Der gesamte Apparat der Schaltalgebra basiert auf der Grundlage boolescher Funktionen, d. h., der Ausgabewert eines Schaltnetzes berechnet sich durch die boolesche Verknüpfung der Eingangsvariablen. Durch die Rekursion haben wir es hier allerdings mit einer Schaltung zu tun, die das Ausgabesignal wieder in die Schaltung zurückführt. Die klare Trennung zwischen Ein- und Ausgabe geht damit verloren und die Schaltalgebra ist für die Analyse solcher Strukturen nur noch ein stumpfes Schwert.

Wir wenden deshalb einen kleinen Trick an. Indem wir die Schaltung, wie in Abbildung 8.4 gezeigt, an einer der rückgekoppelten Leitungen auftrennen, entsteht ein konventionelles Schaltnetz, das wir mit den klassischen Mitteln der Schaltalgebra untersuchen können. Den durch die Auftrennung künstlich entstandenen Pseudoeingang bezeichnen wir mit q'.

8.1 Digitale Speicherelemente

Analysieren wir das neu konstruierte Schaltnetz wie jede andere kombinatorische Schaltung mit drei Eingangsvariablen, so erhalten wir als Ergebnis die Wahrheitstafel in Abbildung 8.5. Bei der Interpretation der Signalwerte müssen wir jedoch stets beachten, dass q und q' in der ursprünglichen Schaltung keine eigenständigen Signale sind, sondern durch ein und dieselbe Leitung verbunden sind.

Um zu verstehen, welche Auswirkung dies auf die reale Schaltung hat, wollen wir uns die in Zeile 5 beschriebene Wertebelegung genauer ansehen. Hier besitzt die Leitung q' den Wert 1. Wir nehmen ferner an, dass die Signale r und s gerade ihre neuen Werte 1 bzw. 0 angenommen haben. Der Definition der NOR-Operation entsprechend entsteht am Ausgang q des oberen NOR-Gatters der Wert 0. Durch die physikalische Verbindung von q und q' wird q' einen Bruchteil eines Wimpernschlags später ebenfalls mit 0 überschrieben. In anderen Worten: Sobald die in Zeile 5 beschriebene Bitkombination anliegt, stellt sich unmittelbar darauf die Bitkombination aus Zeile 4 ein. Wir sprechen in diesem Fall von einem *instabilen* Zustand. Im Gegensatz hierzu sind z. B. in Zeile 6 die Werte von q und q' beide gleich 0 und damit stabil.

Verallgemeinert beschreibt jede Zeile der Wahrheitstabelle, in der die Werte von q und q' unterschiedlich sind, einen physikalisch instabilen Zustand; sobald nämlich q seinen Wert wechselt, wird q' unmittelbar später mit dem neuen Wert von q überschrieben. An der Wahrheitstabelle lässt sich leicht überprüfen, dass jeder *instabile* in einen *stabilen* Zustand wechselt. Diese Eigenschaft ist keinesfalls selbstverständlich; im Übungsteil werden wir mehrere rückgekoppelte Schaltnetze kennen lernen, die für gewisse Eingabekombinationen zwischen zwei instabilen Zuständen zirkulieren und auf diese Weise in einen Schwingungszustand verfallen.

Interpretieren wir den aktuellen Wert von q' als den Zustand der Schaltung, so können wir aus der Wahrheitstafel in Abbildung 8.5 den *Zustandsübergangsgraphen* in Abbildung 8.6 ableiten. Die beiden Zustände sind in Form eines Kreises symbolisiert. Die möglichen Zustandsübergänge (Transitionen) werden durch Pfeile (Kanten) dargestellt, die mit einer oder mehreren Markierungen der Form rs/q' beschriftet sind. Um zu verstehen, wie die Kantenmarkierungen das Schaltverhalten beschreiben, betrachten wir die Kante mit der Markierung 01/0, die den linken Zustand mit dem rechten verbindet. Die Beschriftung ist wie folgt zu interpretieren: Befindet sich die Schaltung im Zustand $q' = 0$ und liegt die Kombination $r = 0$ und $s = 1$ an, so geht die Schaltung in den Zustand $q' = 1$ über. Jede Kante des Zustandsübergangsgraphen entspricht damit einer separaten Zeile in unserer Wahrheitstabelle. Die an den Kanten markierte Ausgabe ist mit dem aktuell eingenommenen

■ Wahrheitstabelle

	r	s	q'	q	p
0	0	0	0	0	1
1	0	0	1	1	0
2	0	1	0	1	0
3	0	1	1	1	0
4	1	0	0	0	1
5	1	0	1	0	0
6	1	1	0	0	0
7	1	1	1	0	0

■ Inkonsistente Zustände

Zustand in Zeile 2 geht unmittelbar in den Zustand in Zeile 3 über.

Zustand in Zeile 5 geht unmittelbar in den Zustand in Zeile 4 über.

Zustand in Zeile 7 geht unmittelbar in den Zustand in Zeile 6 über.

Abbildung 8.5: Mit Hilfe des neu erzeugten Schaltnetzes können wir 5 stabile und 3 instabile Zustände ableiten. Ein Zustand ist genau dann instabil, wenn die Werte der in der Originalschaltung verbundenen Signale q und q' verschieden sind.

Abbildung 8.6: Der Zustandsübergangsgraph der rückgekoppelten NOR-Schaltung aus Abbildung 8.4. Der Wert von q' definiert den Zustand, und die Kanten sind mit den Werten von rs und q' markiert. Die Pfeile zeigen, welcher Folgezustand eingenommen wird, wenn die Eingangsleitungen die Werte von r und s tragen. Während die Kombination $rs = 00$ den aktuellen Zustand bewahrt, zwingt die Kombination $rs = 10$ bzw. $rs = 01$ die Schaltung in den Zustand 0 bzw. 1.

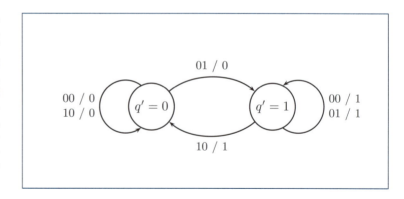

Zustand identisch. Eine Änderung des Zustands führt damit unmittelbar zu einer Änderung der Ausgabe.

Betrachten wir den Zustandsübergangsgraphen etwas genauer, so können wir exakt die Funktionalität des asynchronen RS-Latches erkennen. In beiden Zuständen bewirkt die Kombination $rs = 10$ einen Übergang in den Zustand $q' = 0$ und die Kombination $rs = 01$ einen Übergang in den Zustand $q' = 1$. Das Anlegen der Kombination $rs = 00$ hat zur Folge, dass kein Übergang erfolgt, d. h., der aktuelle Zustand wird gespeichert. Entsprechend der Konstruktion unserer Schaltung wird der binäre Wert des aktuellen Zustands an der oberen Ausgangsleitung ausgegeben, so dass der Wert der Leitung q exakt der Wahrheitstabelle des asynchronen RS-Latches entspricht. Ein Blick auf die oberen 6 Zeilen der Tabelle in Abbildung 8.5 macht ferner deutlich, dass p dort einen zum aktuellen Zustand komplementären Wert annimmt, sobald ein stabiler Zustand erreicht wurde. Damit liegt an der unteren Ausgangsleitung p stets der invertierte Wert der oberen Ausgangsleitung q an – genauso wie wir es in Abbildung 8.2 für das asynchrone RS-Latch gefordert haben.

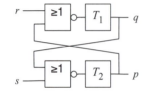

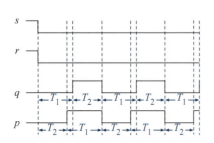

Abbildung 8.7: In der Praxis schalten die NOR-Gatter nicht sofort, sondern leicht zeitversetzt – hier modelliert durch zwei Verzögerungsglieder mit den Verzögerungszeiten T_1 und T_2. Fallen die Signale r und s zeitgleich von 1 auf 0 ab, so gerät die Schaltung ins Schwingen. Genau aus diesem Grund muss die Kombination $rs = 11$ an den Eingängen vermieden werden.

 Die rekursive Zusammenschaltung zweier NOR-Gatter implementiert ein asynchrones RS-Latch.

Die Kombination $rs = 11$ wird für die Implementierung der RS-Funktionalität nicht verwendet und sollte in der Praxis unter allen Umständen vermieden werden. Die Begründung hierfür liefert Abbildung 8.7. Liegt an beiden Eingangssignalen r und s eine 1 an, so gerät die Schaltung ins Schwingen, wenn beide Eingänge gleichzeitig auf 0 abfallen. Der Grund hierfür liegt in der Signalverzögerung, die sowohl durch die beiden NOR-Gatter als auch durch die Verbindungsleitungen zwischen den Gattern verursacht wird. In Abbildung 8.7 ist die zeitliche Verzögerung durch zwei künstlich eingefügte Verzögerungsglieder modelliert, die das Signal um T_1 bzw. T_2 zeitlich verschieben. Wie das abgeleitete Zeitdiagramm zeigt, beginnen beide Ausgangsleitungen mit einer Periodendauer von $T_1 + T_2$ zu schwingen. Im Zustandsübergangsgraphen in Abbildung 8.6 taucht die Eingabekombination $rs = 11$ aus diesem Grund erst gar nicht auf.

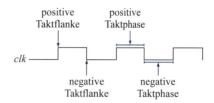

Abbildung 8.8: Das Taktsignal wechselt periodisch zwischen den Signalwerten 0 und 1 und dient zur Synchronisierung der Zeitpunkte, an denen die Zustände der Speicherelemente einer Schaltung potenziell wechseln können.

 Die Kombination $rs = 11$ ist an den Eingängen eines NOR-implementierten RS-Latches zu vermeiden. Aufgrund der gatter- und leitungsbedingten Laufzeitverzögerung kann das Latch in einen Schwingungszustand geraten.

- Schaltsymbol

8.1.2 Taktzustandsgesteuerte Speicherelemente

Das asynchrone RS-Latch besitzt die Eigenschaft, dass eine Zustandsänderung zu jeder beliebigen Zeit erfolgen kann. Konkret bedeutet dies nichts anderes, als dass der Ausgang q im selben Moment den Wert 1 annimmt, in dem an den Eingängen die Kombination $r=0, s=1$ angelegt wird. In analoger Weise bewirkt das Anlegen von $r=1, s=0$ einen sofortigen Wechsel des Ausgangs q auf den Wert 0.

Im Gegensatz hierzu sind Zustandsänderungen bei *synchronen* Schaltungen nur noch innerhalb ganz bestimmter Zeitintervalle oder zu fest definierten Zeitpunkten möglich. Die Synchronisierung wird durch das *Taktsignal* gesteuert, das alle synchronen Speicherelemente an einem zusätzlichen Eingang entgegennehmen. Das Taktsignal selbst entspricht einer periodischen Rechteckschwingung, wie sie in Abbildung 8.8 dargestellt ist. Die *Taktfrequenz* f_{clk} definiert, wie viele 1-Phasen das Taktsignal pro Sekunde erzeugt. Die meisten Schaltwerke arbeiten mit einem einzigen Taktsignal, das alle synchronen Speicherelemente gemeinsam versorgt. Aus diesem Grund sprechen wir landläufig auch von „dem Takt" einer Schaltung. Dass diese Einschränkung nicht selbstverständlich ist, zeigen eine Reihe moderner Hardware-Architekturen, in denen die Schaltlogik in verschiedene Zonen unterteilt ist, die jede für sich durch ein separates Taktsignal unterschiedlicher Frequenz betrieben werden.

- Schaltverhalten

clk	r	s	q^{t+1}	
0	-	-	q^t	Speichern
1	0	0	q^t	Speichern
1	0	1	1	Setzen
1	1	0	0	Rücksetzen
1	1	1	-	Vermeiden

- Zeitdiagramm

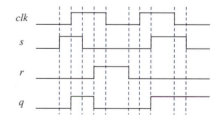

Abbildung 8.9: Schaltsymbol und Schaltverhalten des synchronen RS-Latches

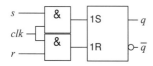

Abbildung 8.10: Erweiterung des asynchronen RS-Latch zu einem synchronen Speicherelement. Zustandswechsel können jetzt nur noch während der positiven Taktphase erfolgen.

Synchrones RS-Latch

Abbildung 8.9 zeigt das Schaltsymbol und die Wahrheitstabelle des synchronen RS-Latches. Äußerlich unterscheidet sich das Element nur durch den zusätzlichen Takteingang clk von seiner asynchronen Variante. Wie die Wahrheitstabelle verdeutlicht, reagiert das synchrone RS-Latch während der positiven *Taktphase* ($clk = 1$) genau wie das asynchrone RS-Latch. Während der negativen Taktphase bewahrt das Element jedoch seinen Zustand – unabhängig von der Belegung der Eingangsvariablen. Damit sind die möglichen Zustandswechsel zwar noch nicht auf ganz bestimmte Zeitpunkte, aber zumindest auf bestimmte Zeitintervalle festgelegt. Das synchrone RS-Latch gehört aufgrund dieser Eigenschaft in die Gruppe der *taktzustandsgesteuerten* Speicherelemente.

Das ebenfalls in Abbildung 8.9 dargestellte Zeitdiagramm verdeutlicht das Schaltverhalten nochmals auf grafische Weise. Ein vergleichender Blick auf das Zeitdiagramm des asynchronen RS-Latches zeigt, dass die Kurve des synchronen Latches für alle Zeitpunkte mit $clk = 1$ mit der Kurve des asynchronen Latches übereinstimmt. Während der gesamten negativen Taktphase sind die Ausgänge des synchronen Elements dagegen eingefroren und etwaige Zustandswechsel finden erst statt, wenn das Taktsignal wieder den Wert 1 erreicht.

Wie Abbildung 8.10 zeigt, können wir ein synchrones RS-Latch sehr einfach aus einem asynchronen RS-Latch aufbauen. Dazu führen wir die beiden Schaltungseingänge r und s zunächst durch zwei separate UND-Gatter, die als zweites Eingangssignal den Takt clk entgegennehmen. Ist $clk = 1$, so sind die UND-Gatter transparent und die konstruierte Schaltung verhält sich exakt wie ihr asynchrones Gegenstück. Ist $clk = 0$, so werden die Ausgänge beider UND-Gatter auf 0 gezwungen, so dass das RS-Element über die gesamte negative Taktphase hinweg den aktuellen Zustand speichert.

- Schaltsymbol

- Schaltverhalten

clk	d	q^{t+1}	
0	-	q^t	Speichern
1	0	0	Übernehmen
1	1	1	Übernehmen

- Zeitdiagramm

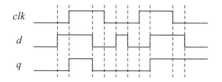

Abbildung 8.11: Schaltsymbol und Schaltverhalten des synchronen D-Latches

Synchrones D-Latch

Neben dem synchronen RS-Latch wird in der Praxis vor allem das *D-Latch* (*Delay-Latch*) eingesetzt. Hierbei handelt es sich ebenfalls um ein taktzustandsgesteuertes Speicherelement, das im Gegensatz zum RS-Latch neben dem Takteingang clk nur einen einzigen Dateneingang d besitzt. Abbildung 8.11 fasst das Schaltsymbol und Schaltverhalten des D-Latches zusammen. Wie die Wahrheitstabelle und das Zeitdiagramm demonstrieren, ist die Funktionalität des D-Elements wahrlich begrenzt.

8.1 Digitale Speicherelemente

Während der positiven Taktphase wird das anliegende Signal d übernommen und direkt auf den Ausgang q durchgeschaltet. Während der negativen Taktphase verhält sich das D-Latch genau wie das RS-Latch – es verharrt in seinem aktuellen Zustand und reagiert auf keine Veränderung der Eingangssignale.

Abbildung 8.12 zeigt, wie sich das synchrone D-Latch mit Hilfe eines synchronen RS-Latches aufbauen lässt. Wir müssen hierzu lediglich das Eingangssignal s mit d und das Eingangssignal r mit dem negierten Signal $\bar{d}$ verbinden. Hierdurch liegt im Fall $d = 1$ die Kombination $rs = 01$ und im Fall $d = 0$ die Kombination $rs = 10$ an, so dass die Ausgangsleitung während der gesamten positiven Taktphase stets den Wert von d annimmt.

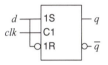

Abbildung 8.12: Implementierung eines D-Latches mit Hilfe eines RS-Elements

Obwohl die Funktionalität des D-Latches im direkten Vergleich mit dem RS-Latch kläglich erscheint – schließlich kann das Element ausschließlich den Eingabewert replizieren oder den aktuellen Zustand speichern –, sind D-Elemente vollkommen ausreichend, um alle anderen digitalen Speicherelemente zu implementieren. Insbesondere können wir auch das RS-Latch mit Hilfe eines D-Latches konstruieren. Da die Konstruktion in diesem Fall weniger offensichtlich ist, werden wir die Beschaltung der Eingänge systematisch herleiten.

Unser Ziel besteht in der Konstruktion eines Schaltnetzes, mit dessen Hilfe wir ein D-Latch so ansteuern können, dass die Gesamtschaltung nach außen wie ein RS-Latch wirkt. Im ersten Schritt bestimmen wir die Eingangs- und Ausgangsvariablen unserer Schaltung. Da wir ein RS-Element mit Hilfe eines D-Elements aufbauen wollen, stehen uns zunächst die Signale r und s als Eingangsvariablen zur Verfügung. Die dritte Eingangsvariable ist der aktuelle Zustand des D-Latches, den wir auch hier wieder mit q^t bezeichnen und am Ausgang des D-Latches abgreifen können. Die Ausgabevariable ist der Eingang d des D-Latches selbst. Abbildung 8.13 zeigt die resultierende Wahrheitstabelle, die den zu berechnenden Wert für d in Abhängigkeit der Variablen r, s und q^t beschreibt.

	r	s	q^t	q^{t+1}	d
0	0	0	0	0	0
1	0	0	1	1	1
2	0	1	0	1	1
3	0	1	1	1	1
4	1	0	0	0	0
5	1	0	1	0	0
6	1	1	0	–	–
7	1	1	1	–	–

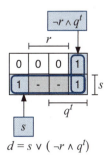

$$d = s \vee (\neg r \wedge q^t)$$

 Beschreibt eine Wahrheitstabelle die Beziehung zwischen dem aktuellen Zustand und dem Folgezustand eines Schaltwerks, so wird diese auch als *Übergangstabelle* bezeichnet.

Das D-Element besitzt die Eigenschaft, während der positiven Taktphase den Wert des Dateneingangs d einfach zu übernehmen. Folgerichtig

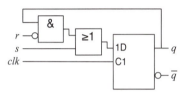

Abbildung 8.13: Implementierung eines RS-Latches mit Hilfe eines D-Elements

- Schaltsymbole

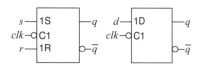

- Schaltverhalten

clk	r	s	q^{t+1}	
0	0	0	q^t	Speichern
0	0	1	1	Setzen
0	1	0	0	Rücksetzen
0	1	1	-	Vermeiden
1	-	-	q^t	Speichern

clk	d	q^{t+1}	
0	0	0	Übernehmen
0	1	1	Übernehmen
1	-	q^t	Speichern

- Zeitdiagramm

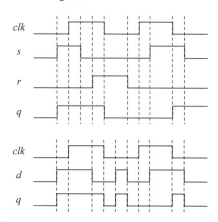

Abbildung 8.14: Schaltsymbol und Zeitverhalten der negativ zustandsgesteuerten Latch-Elemente

muss der an d angelegte Wert exakt dem Folgezustand entsprechen, der in der nächsten positiven Taktphase angenommen werden soll. Für die Kombination $rs = 11$ ist das Verhalten der Schaltung undefiniert. Minimieren wir die boolesche Funktion für d algebraisch oder, wie in Abbildung 8.13 gezeigt, mit Hilfe eines KV-Diagramms, so können wir das D-Latch durch das Einfügen zweier zusätzlicher Gatter in ein RS-Latch verwandeln.

In der vorgestellten Form schaltet das synchrone RS- bzw. D-Latch nur während der positiven Taktphase. Durch die einfache Invertierung des Taktsignals können wir jedoch stets ein funktional äquivalentes Element konstruieren, das nur während der negativen Taktphase reagiert. Um diesen Unterschied explizit zu machen, sprechen wir in Abhängigkeit der Beschaltung des Takteingangs entweder von einem *positiv zustandsgesteuerten* oder einem *negativ zustandsgesteuerten* Latch. Abbildung 8.14 fasst die Schaltsymbole des negativ zustandsgesteuerten RS- und D-Latches zusammen. Von ihren positiv beschalteten Gegenstücken unterscheiden sie sich ausschließlich durch den zusätzlichen Negationskreis am Eingang des Taktsignals.

8.1.3 Taktflankengesteuerte Speicherelemente

Vergleichen wir das asynchrone RS-Latch mit dem synchronen RS- oder D-Latch, so sind die Zeitpunkte, in denen Letztere ihren Zustand wechseln können, auf die Taktphase beschränkt. Durch diese Art der Zustandssteuerung erreichen wir zwar einen gewissen Grad der Synchronisation, in vielen Fällen ist es jedoch wünschenswert, potenzielle Zustandswechsel noch weiter einzuschränken und auf ganz bestimmte Zeitpunkte zu begrenzen.

Genau diese Idee verfolgen die *taktflankengesteuerten* Speicherelemente, die einen Zustandswechsel nicht mehr in einem gewissen Zeitintervall, sondern nur noch an den Taktflanken und damit zu fest definierten Zeitpunkten erlauben.

 Taktflankengesteuerte Elemente werden als *Flipflops* bezeichnet, im Gegensatz zu den *Latches*, die stets zustandsgesteuert sind.

Alle Flipflop-Typen, die wir im Folgenden kennen lernen werden, kommen in drei verschiedenen Ausprägungen vor:

8.1 Digitale Speicherelemente

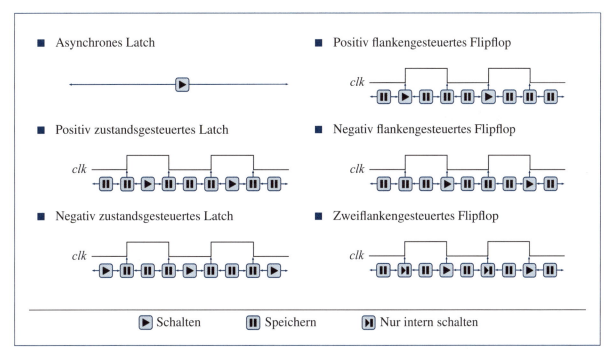

Abbildung 8.15: Die Wechselzeitpunkte der verschiedenen Speicherelemente in der Übersicht. Ein Zustandsübergang erfolgt bei den Latch-Elementen immer nur während der Taktphase, bei den Flipflop-Elementen nur an den Taktflanken.

- Positiv flankengesteuerte Speicherelemente

  Das Flipflop kann seinen Zustand nur bei einer *positiven* Taktflanke wechseln, d. h. bei einem Wechsel des *clk*-Signals von 0 auf 1.

- Negativ flankengesteuerte Speicherelemente

  Das Flipflop kann seinen Zustand nur bei einer *negativen* Taktflanke wechseln, d. h. bei einem Wechsel des *clk*-Signals von 1 auf 0.

- Zweiflankengesteuerte Speicherelemente

  Das Flipflop kann bei einer positiven Flanke einen internen Zustandswechsel vollziehen, macht diesen aber erst bei der nächsten negativen Flanke nach außen hin sichtbar.

Aufgrund ihrer Schaltcharakteristik werden sowohl die positiv als auch die negativ flankengesteuerten Flipflops als *einflankengesteuerte* Speicherelemente bezeichnet. Abbildung 8.15 fasst die verschiedenen Wechselzeitpunkte aller bisher vorgestellten Speicherelemente nochmals auf grafische Weise zusammen.

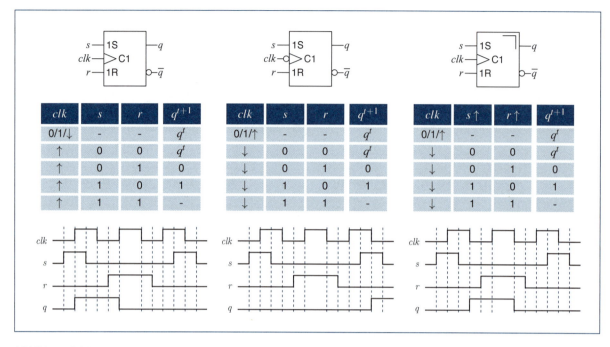

Abbildung 8.16: Schaltsymbole und Schaltverhalten der verschiedenen RS-Flipflops

Synchrones RS-Flipflop

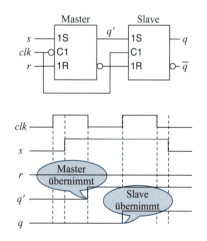

Abbildung 8.17: Implementierung eines RS-Flipflops mit Hilfe zweier im Gegentakt arbeitender Latch-Elemente

Als erstes flankengesteuertes Speicherelement betrachten wir das RS-Flipflop, dessen verschiedene Varianten in Abbildung 8.16 aufbereitet sind. Die Wahrheitstabellen sind wiederum reduziert dargestellt. Sofern möglich, sind wieder mehrere Zeilen der Wahrheitstafeln zu einer einzigen zusammengefasst. In der Spalte des Taktsignals *clk* werden jeweils vier Zustände unterschieden: 0 und 1 bezeichnen die negative bzw. positive *Taktphase*, während ↑ und ↓ die positive bzw. negative *Taktflanke* symbolisieren.

Wie Abbildung 8.17 zeigt, können wir ein RS-Flipflop implementieren, indem wir ein einzelnes RS-Latch um ein weiteres RS-Latch ergänzen, das im Gegentakt arbeitet. Da beide Speicherelemente seriell hintereinandergeschaltet sind, blockiert während der positiven und der negativen Taktphase stets eines der Elemente, so dass die Änderung der Ausgangssignale während dieser Zeit unterbunden wird. Das linke Latch wird als *Master* und das rechte Latch als *Slave* bezeichnet, so dass wir in diesem Zusammenhang auch von einem *Master-Slave-Flipflop* sprechen.

8.1 Digitale Speicherelemente

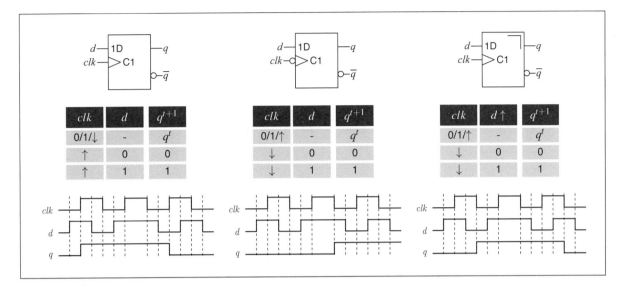

Abbildung 8.18: Schaltsymbole und Schaltverhalten der verschiedenen D-Flipflops

Das Zeitdiagramm in Abbildung 8.17 demonstriert, wie sich ein Signalwechsel der Eingangsvariablen innerhalb eines Master-Slave-Flipflops auswirkt. In dem abgebildeten Beispiel liegen die Eingänge s und r zunächst auf 0, bis der Eingang s innerhalb der positiven Taktphase auf 1 wechselt. Da das Master-Latch negativ taktgesteuert ist, wirkt sich der Signalwechsel erst zu Beginn der nächsten negativen Taktphase auf seinen Ausgang q' aus. Zu diesem Zeitpunkt hat das Slave-Latch jedoch bereits blockiert, so dass sich die Signaländerung von q' noch nicht auf den Ausgang q auswirkt. Erst zur nächsten *positiven Taktflanke* entriegelt das Slave-Latch und bewirkt hierdurch die Änderung des Ausgangssignals q. Folgerichtig implementiert die Schaltung in Abbildung 8.17 ein *positiv flankengesteuertes Flipflop*, wie es in Abbildung 8.16 (links) zu sehen ist. Durch die Änderung der Taktpolarität des Master- und des Slave-Latches können wir auf die gleiche Weise ein negativ flankengesteuertes Flipflop erzeugen. Das resultierende Schaltsymbol ist in Abbildung 8.16 (Mitte) dargestellt. Werden ein positiv und ein negativ flankengesteuertes Flipflop nach dem Master-Slave-Prinzip zusammengeschaltet, so entsteht ein zweiflankengesteuertes Element.

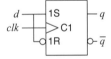

Abbildung 8.19: Implementierung eines D-Flipflops mit Hilfe eines RS-Flipflops

Synchrones D-Flipflop

Abbildung 8.18 zeigt die Schaltsymbole und das Zeitverhalten der verschiedenen D-Flipflops. Wie das D-Latch verfügt auch das D-Flipflop

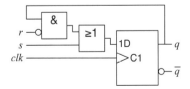

Abbildung 8.20: Implementierung eines RS-Flipflops mit Hilfe eines D-Flipflops

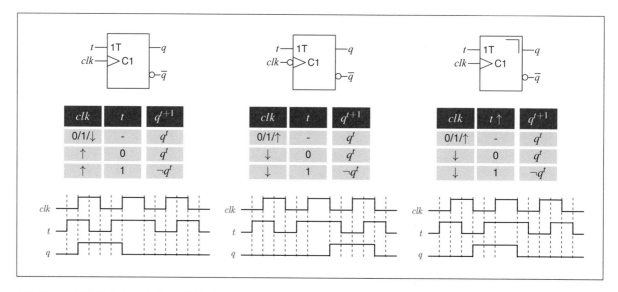

Abbildung 8.21: Schaltsymbole und Schaltverhalten der verschiedenen T-Flipflops

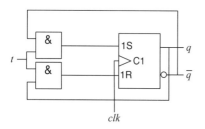

Abbildung 8.22: Implementierung eines T-Flipflops mit Hilfe eines RS-Flipflops

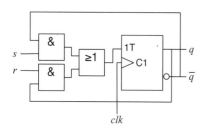

Abbildung 8.23: Implementierung eines RS-Flipflops mit Hilfe eines T-Flipflops

neben dem Taktsignal über einen einzigen Eingang d. Das Element speichert während der Taktphase seinen aktuellen Zustand und führt einen Zustandswechsel stets synchron zu einer der Taktflanken aus. Genau wie im Falle des zustandsgesteuerten D-Latches können wir das D-Flipflop mit Hilfe eines RS-Flipflops und umgekehrt aufbauen. In den Abbildungen 8.19 und 8.20 sind die entsprechenden Beschaltungen zusammengefasst.

Synchrones T-Flipflop

Neben dem RS- und dem D-Flipflop gibt es zwei weitere Flipflop-Typen, die von ähnlich großer Bedeutung sind. Einer davon ist das *T*-Flipflop, dessen verschiedene Varianten in Abbildung 8.21 zusammengefasst sind. Ähnlich wie das D-Flipflop verfügt das T-Flipflop über einen einzigen Dateneingang und einen einzigen Datenausgang. Der Name des Schaltelements wurde durch das englische Wort „toggle" geprägt, das so viel wie „hin- und herkippen" bedeutet.

Genau dieses Verhalten können wir an der abgebildeten Wahrheitstabelle und dem Zeitdiagramm ablesen – legen wir eine 1 am Eingang t an, so geht der Zustand des T-Flipflops entweder von 0 nach 1 oder von 1 nach 0 über. In anderen Worten: Der aktuelle Zustand wird *gekippt*. Liegt am Eingang t dagegen eine 0 an, so verhält sich das Speicher-

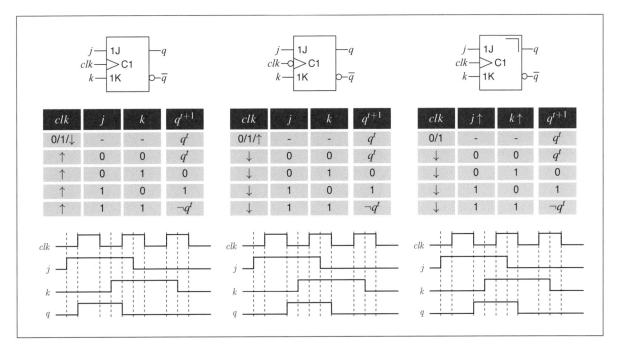

Abbildung 8.24: Schaltsymbole und Schaltverhalten der verschiedenen JK-Flipflops

element neutral und bewahrt seinen aktuellen Zustand. Abbildung 8.22 demonstriert, wie sich ein T-Flipflop mit Hilfe eines RS-Flipflops durch das Vorschalten zweier UND-Gatter konstruieren lässt. Die umgekehrte Richtung ist in Abbildung 8.23 dargestellt.

Synchrones JK-Flipflop

Als letzten Flipflop-Typ betrachten wir das *JK-Flipflop*, das die Funktionalität des RS-Elements mit der des T-Elements vereint.

Wie die Wahrheitstabelle und das Zeitdiagramm in Abbildung 8.24 zeigen, verhält sich das Speicherelement für die ersten drei Bitkombinationen von j und k exakt wie das RS-Flipflop. Die Eingänge j respektive k des JK-Flipflops entsprechen in ihrer Funktion den Eingängen s bzw. r des RS-Flipflops. Anders als im Falle des RS-Elements darf das JK-Element auch mit der Eingangskombination 11 betrieben werden. In diesem Fall imitiert das Speicherelement ein T-Flipflop und der aktuelle Zustand wird invertiert.

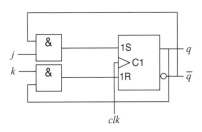

Abbildung 8.25: Implementierung eines JK-Flipflops mit Hilfe eines RS-Flipflops

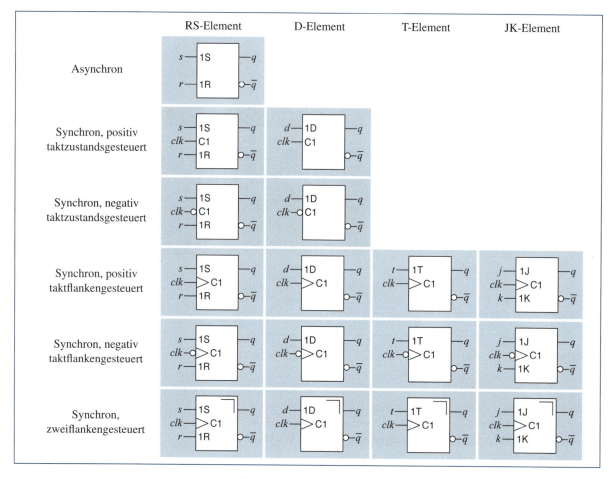

Tabelle 8.1: Sequenzielle Schaltelemente in der Übersicht

Wie in Abbildung 8.25 gezeigt, können wir ein RS-Flipflop zu einem JK-Flipflop erweitern, indem wir die Bitkombination 11 durch das Vorschalten zweier UND-Gatter abfangen. Hierdurch wird die Bitkombination in Abhängigkeit des aktuellen Zustands in eine für das RS-Flipflop verträgliche Kombination umgesetzt.

Tabelle 8.1 fasst die Schaltsymbole aller der in diesem Kapitel vorgestellten sequenziellen Schaltelemente in einer Übersichtsmatrix zusammen. Die Spalte, in der sich ein Schaltelement befindet, gibt Auskunft über dessen *Typ* (RS, D, T und JK), während die verschiedenen Varianten (asynchron, zustandsgesteuert, taktgesteuert etc.) zeilenweise unterschieden werden.

8.1.4 Bevorrechtigte Eingänge

In der Praxis besitzen viele Schaltelemente neben den Eingängen für den Takt und die Steuersignale weitere, sogenannte *bevorrechtigte Eingänge*. Wie der Name bereits andeutet, besitzen diese zusätzlichen Eingangssignale *Vorrang* vor den konventionellen Eingangssignalen. In der Praxis werden derartige Eingänge verwendet, um ein Speicherelement in einen initialisierten Zustand zu bringen (*Reset*) – unabhängig von den aktuell anliegenden Steuersignalen. Prinzipiell lassen sich zwei Arten bevorrechtigter Eingänge unterscheiden:

- Synchrone bevorrechtigte Eingänge werden über das gleiche Taktsignal gesteuert, das auch das Speicherelement selbst verwendet. Ein synchroner Reset-Eingang eines positiv flankengesteuerten Flipflops wechselt damit erst zum Zeitpunkt der nächsten positiven Taktflanke in seinen Initialzustand. Fehlt das Taktsignal, so ist auch kein Reset mehr möglich.

- Asynchrone bevorrechtigte Eingänge wirken sich unmittelbar auf das Speicherelement aus, unabhängig von der aktuellen Konstitution des Taktsignals. Mit Hilfe eines asynchron arbeitenden Reset-Eingangs kann ein Speicherelement hierdurch selbst bei einem Ausfall des Taktgebers noch in seinen Initialzustand zurückgesetzt werden.

Abbildung 8.26 zeigt, wie sich ein RS-Latch um einen synchronen bzw. einen asynchronen Reset-Eingang erweitern lässt. In der synchronen Schaltung werden die Eingänge des RS-Elements durch die zusätzlichen Logikgatter auf die Kombination $sr = 01$ gezwungen, sobald das Signal *rst* gleich 1 ist. Im asynchronen Fall ist die Reset-Leitung zusätzlich mit dem Takteingang verbunden, so dass eine künstliche positive Taktphase erzeugt wird, solange *rst* gleich 1 ist.

Ein weiterer, häufig anzutreffender bevorrechtigter Eingang ist der in Abbildung 8.27 skizzierte *Clock-Enable-Eingang e*. Die beiden UND-Gatter sorgen dafür, dass die Signale s und r nur dann unverändert das Flipflop erreichen, wenn e gleich 1 ist. Ist $e = 0$, so liegt an den Flipflop-Eingängen stets die Wertekombination 00 an und das Speicherelement verharrt in seinem aktuellen Zustand, bis e erneut auf 1 wechselt. Auf diese Weise kann die Wirkung des Clock-Signals, wie der Name „Clock Enable" bereits vermuten lässt, an- bzw. abgeschaltet werden.

- Synchroner Reset-Eingang

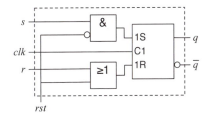

- Asynchroner Reset-Eingang

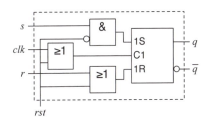

Abbildung 8.26: Erweiterung eines synchronen RS-Latches um einen asynchronen bzw. synchronen Reset-Eingang

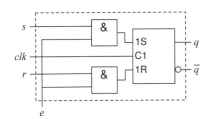

Abbildung 8.27: Erweiterung eines synchronen RS-Latches um einen Clock-Enable-Eingang

8.1.5 CMOS-Implementierung

In Abschnitt 8.1.1 haben wir herausgearbeitet, wie sich ein asynchrones RS-Latch durch die rekursive Zusammenschaltung zweier NOR-Gatter aufbauen lässt. Weitere zwei Gatter sind nötig, um aus dem asynchronen RS-Latch ein synchrones D-Latch zu konstruieren. Würden wir diese Schaltung eins zu eins in eine CMOS-Schaltung übersetzen, so würde sich die Anzahl der benötigten Transistoren auf 16 aufsummieren.

Glücklicherweise ermöglicht uns die CMOS-Technik, digitale Speicherelemente mit deutlich weniger Transistoren zu fertigen. Im Kern besteht ein CMOS-Speicherelement aus einer einfachen *Rückkopplungsschleife* (*Feedback Loop*), die durch zwei hintereinander geschaltete Inverter gespeist wird (vgl. Abbildung 8.28). Die serielle Beschaltung der Elemente hebt deren invertierenden Effekt auf und bewirkt, dass der eingestellte Signalpegel über die Zeit aufrecht erhalten wird. Aufgrund dieser Eigenschaft sprechen wir in diesem Zusammenhang auch von einer *Speicherschleife*.

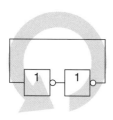

Abbildung 8.28: Aufbau einer einfachen Speicherschleife. Der aktuell anliegende Spannungspegel wird über die Zeit stabil gehalten.

Selbstverständlich bildet eine Speicherschleife alleine noch kein Schaltelement – der bestehende Pegelzustand wird zwar stabil gehalten, jedoch gibt es noch keine Möglichkeit, den Zustand von außen einzustellen. An dieser Stelle kommt das Transmissionsglied ins Spiel, dessen Aufbau und Funktionsweise in Abschnitt 5.1.2 detailliert vorgestellt wurde. Ergänzen wir die Speicherschleife mit zwei komplementär angesteuerten Tranmissonsgliedern, so entsteht in der Tat ein synchrones D-Latch. Abbildung 8.29 demonstriert die Funktionsweise des Schaltelements auf graphische Weise. Wir unterscheiden zwei Fälle:

- CMOS-D-Latch (speichernd)

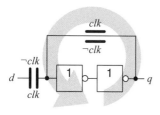

- $clk = L$

  Liegt das Clock-Signal auf dem Low-Pegel, so ist das linke T-Gate im sperrenden und das obere T-Gate im leitenden Zustand. Das Schaltelement verhält sich jetzt wie die unmodifizierte Speicherschleife und behält seinen aktuellen Wert bei. Änderungen am d-Eingang besitzen durch das sperrende T-Gate keine Wirkung.

- CMOS-D-Latch (übernehmend)

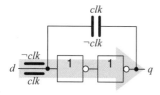

- $clk = H$

  Liegt das Clock-Signal auf dem High-Pegel, so ist das linke T-Gate im leitenden und das obere T-Gate im sperrenden Zustand. Jetzt ist die Speicherschleife unterbrochen und die Schaltung verhält sich exakt wie zwei in Serie geschaltete Inverter. Der Pegel des Eingangssignals d durchläuft die beiden Gatter und wird unmittelbar am Ausgang q sichtbar.

- Legende

Transmissionsglied (leitend)

Transmissionsglied (sperrend)

Abbildung 8.29: Schematischer Aufbau eines synchronen D-Latchs in CMOS-Technik. Das Schaltelement besteht aus einer Speicherschleife, die um zwei komplementär angesteuerte Transmissionsglieder ergänzt wird.

8.1 Digitale Speicherelemente   283

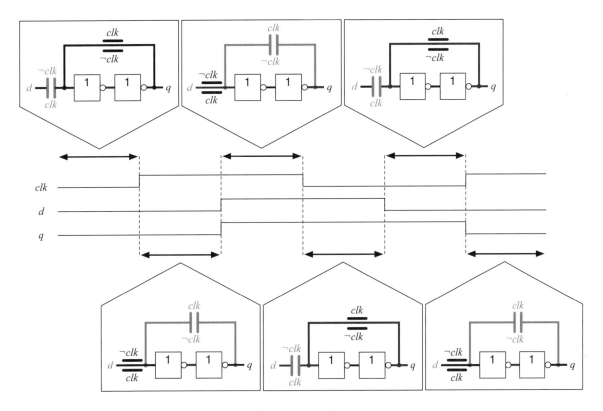

Abbildung 8.30: Schaltverhalten des synchronen CMOS-Latchs im Detail

Abbildung 8.30 demonstriert das interne Schaltverhalten des CMOS-Latchs über einen längeren Zeitraum. Im ersten Zeitintervall ist $clk = 0$, so dass der ursprüngliche Wert am Ausgang beibehalten wird. Sobald das Clock-Signal auf 1 schaltet, wird die Speicherschleife unterbrochen und alle Signalwechsel am d-Eingang wirken sich jetzt unmittelbar auf den q-Ausgang aus. Danach wechselt clk wieder auf 0 und koppelt den Eingang erneut von der Speicherschleife auf. Insgesamt entsteht das Zeitdiagramm eines D-Latches, wie es in Abschnitt 8.1.2 im Detail eingeführt wurde.

Vergleichen wir den NAND- bzw. NOR-basierten Aufbau mit der hier vorgestellten CMOS-Implementierung, so zeichnet sich letztere vor allem durch einen deutlich verringerten Platzverbrauch aus. Wie groß die Ersparnis wirklich ist, offenbart ein Blick auf das Schaltbild des vollständig mit Transistoren aufgebauten D-Latchs in Abbildung 8.31. Die Anzahl der benötigten MOSFETs reduziert sich von 16 auf nur noch 8 – eine Ersparnis von satten 50 %.

Abbildung 8.31: Zusammenspiel der Transistoren innerhalb eines synchronen D-Latchs in CMOS-Technik. Der Kern des Speicherelements wird durch die beiden Inverter gebildet, die in Form einer Speicherschleife zusammengeschaltet sind. Ist das obere Transmissionsglied leitend, so ist die Schleife geschlossen und der aktuelle Signalpegel wird stabil gehalten. Gleichzeitig befindet sich das linke Transitionsglied im sperrenden Zustand, so dass sich eine Änderung des Eingangssignals d nicht auswirkt. Wechselt das Clock-Signal, so geht das obere Transmissionsglied in den sperrenden Zustand über und unterbricht die Speicherschleife. Gleichzeitig schaltet das linke Transmissionsglied durch, so dass der Ausgang q den am Eingang d anliegenden Signalpegel unmittelbar übernimmt.

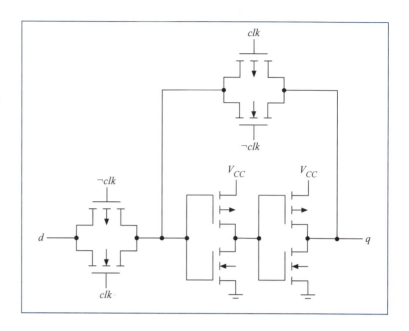

An dieser Stelle soll nicht unerwähnt bleiben, dass die Ansteuerungslogik der beiden Transmissionsglieder in der Rechnung unberücksichtigt bleibt. Um die beiden Gate-Anschlüsse mit dem komplementären Spannungspegel beschalten zu können, müssen wir die Schaltung im Grunde um einen Inverter ergänzen. Selbst wenn wir diesen in der Zählung mitberücksichtigen, ist das CMOS-Speicherelement mit 10 Transistoren immer noch deutlich sparsamer als die klassische Variante. In der Praxis werden zusätzliche Inverter allerdings so gut wie nie benötigt, da das Clock-Signal in den meisten Schaltungen in beiden Polaritäten zur Verfügung steht und damit nicht mehr eigenhändig negiert werden muss.

 In CMOS-Technik werden digitale Speicherelemente in Form einer Speicherschleife aufgebaut, die um zwei Transmissionsglieder erweitert wird. Im Vergleich zur klassischen Architektur auf der Basis rückgekoppelter NAND- bzw. NOR-Glieder sinkt die Anzahl der benötigten Transistoren um die Hälfte.

8.2 Vom Flipflop zum Schaltwerk

In diesem Abschnitt wollen wir uns mit der Frage beschäftigen, wie sich mit Hilfe der eingeführten binären Speicherelemente komplexe Hardware-Schaltungen konstruieren lassen. Hierzu werden wir einen systematischen Weg beschreiben, der es uns erlaubt, für nahezu jede beliebige Ablaufsteuerung eine entsprechende Hardware-Implementierung abzuleiten. Die Konstruktion eines Schaltwerks läuft dabei stets in zwei voneinander getrennten Schritten ab:

- Modellierung

  In dieser Phase erzeugen wir ein *Modell* der zu konstruierenden Schaltung. Hierunter verstehen wir eine formale Beschreibung, die das funktionale Verhalten spezifiziert, jedoch noch keine Details über die konkrete Umsetzung in Hardware enthält. Das Modell übernimmt damit die Rolle einer formalen *Spezifikation* und beschreibt präzise, *was* die Schaltung tut, jedoch nicht *wie* die konkrete Umsetzung aussieht. Die boolesche Algebra scheidet zur Modellierung von Schaltwerken aus, da wir mit ihrer Hilfe zwar den logischen Zusammenhang zwischen verschiedenen Signalen beschreiben können, jedoch keine Möglichkeit besitzen, den bei getakteten Schaltelementen hinzukommenden Aspekt der Zeit adäquat zu erfassen. Wir werden daher zur Modellierung der Schaltwerke auf die *endlichen Automaten* zurückgreifen, denen Sie vielleicht schon in der theoretischen Informatik begegnet sind.

- Implementierung

  Ist das Schaltverhalten in Form eines endlichen Automaten präzise beschrieben, erfolgt im Zuge der *Schaltwerksynthese* die Umsetzung der Modellbeschreibung in ein äquivalentes Schaltwerk. Haben wir den endlichen Automaten erst einmal vorliegen, ist die Transformation in ein entsprechendes Schaltwerk ein fast schon deterministischer Prozess und damit gut automatisierbar. In der Praxis wird die Schaltwerksynthese heute fast immer mit Hilfe spezieller Software-Werkzeuge durchgeführt. Die Umsetzung erfolgt hierbei entweder in einem vollautomatischen oder einem semiautomatischen Prozess, in dem der Hardware-Entwickler die Möglichkeit besitzt, auf die verschiedenen Freiheitsgrade bei der Transformation steuernd einzuwirken.

Vergleichen wir das Blackbox-Verhalten von Schaltnetzen und Schaltwerken, so unterscheiden sich beide in einem fundamentalen Punkt. Schaltnetze verfügen über keinerlei Speicherelemente und sind damit nicht in der Lage, mehrere Zustände zu speichern. Der Wert der Ausgabe y zum Zeitpunkt t berechnet sich daher ausschließlich aus dem aktuell anliegenden Wert der Eingabe x zum Zeitpunkt t. Schaltwerke hingegen befinden sich zu jedem Zeitpunkt in einem bestimmten Zustand, der sich aus den Einzelzuständen aller Speicherelemente zusammensetzt – wir sprechen in diesem Zusammenhang auch von einem *Zustandsvektor*. Hierdurch hängt der Wert der Ausgabe y zum Zeitpunkt t sowohl vom aktuellen Eingabewert x zum Zeitpunkt t als auch von dessen Vergangenheit $(x^{t-1}, x^{t-2}, \ldots, x^1)$ ab. Die folgende Skizze veranschaulicht den Unterschied beider Blackbox-Modelle auf grafische Weise:

- Schaltnetze:

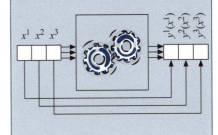

- Schaltwerke:

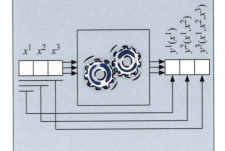

Vergleichen Sie den Begriff des endlichen Automaten im Sinne von Definition 8.1 mit den üblichen Definitionen aus der theoretischen Informatik, so werden Sie feststellen, dass wir uns hier auf einen ganz bestimmten Automatentypus, den *Transduktor*, beschränkt haben. Neben den Transduktoren existiert eine weitere Klasse von Automaten – die Klasse der *Akzeptoren*. Im Gegensatz zu den Transduktoren, die eine Eingabesequenz in eine entsprechende Ausgabesequenz umsetzen, besteht die Aufgabe eines Akzeptors lediglich darin, eine endliche Eingabesequenz entweder zu akzeptieren oder abzulehnen. Folgerichtig verfügt ein Akzeptor über kein Ausgabealphabet. An dessen Stelle tritt die Akzeptanzmenge A – eine beliebige Teilmenge der Zustandsmenge S, die alle akzeptierenden Finalzustände beschreibt. Befindet sich der Automat nach der Verarbeitung der Eingabesequenz in einem Zustand aus A, so wird die Sequenz akzeptiert und ansonsten abgelehnt. Im Gegensatz zu den Transduktoren verarbeiten Akzeptoren somit ausschließlich endliche Eingabefolgen.

Als Beispiel sei der folgende Akzeptor gegeben, der alle Bitsequenzen akzeptiert, in denen mindestens zwei Einsen vorkommen. Der Automat verfügt über einen einzigen akzeptierenden Zustand s_2, der doppelt umrandet dargestellt ist.

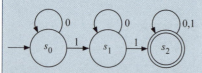

Akzeptoren sind insbesondere im Bereich der Berechenbarkeit, der formalen Sprachen und im Compilerbau von zentraler Bedeutung. In der technischen Informatik spielen sie jedoch nur eine untergeordnete Rolle – ganz im Gegensatz zu den Transduktoren.

8.2.1 Endliche Automaten

Grob ausgedrückt ist ein endlicher Automat nichts anderes als ein Übersetzer, der eine Folge von Eingabezeichen in eine Folge von Ausgabezeichen verwandelt. Hierzu verfügt ein solcher Automat intern über eine endliche Menge von Zuständen und Zustandsübergangsregeln. Wird ein Eingabezeichen verarbeitet, so berechnet der Automat in Abhängigkeit des aktuellen Zustands sowohl das Ausgabezeichen als auch den Folgezustand, der vor der Bearbeitung des nächsten Eingabezeichens eingenommen wird. Formal definieren wir den Begriff des endlichen Automaten wie folgt:

 Definition 8.1 (Endlicher Automat)

> Ein endlicher Automat (*Finite State Machine*, kurz FSM) besteht aus den folgenden Komponenten:
>
> - dem Eingabealphabet Σ,
> - dem Ausgabealphabet Π,
> - der endlichen Zustandsmenge S,
> - der Zustandsübergangsfunktion $\delta : S \times \Sigma \to S$,
> - der Ausgabefunktion $\lambda : S \times \Sigma \to \Pi$
> - und dem Start- bzw. Initialzustand $s_0 \in S$.
>
> Zu Beginn befindet sich jeder Automat in seinem Initialzustand s_0. Wird der Automat mit der Eingabe
>
> $$\sigma_0, \sigma_1, \sigma_2, \ldots$$
>
> stimuliert, so durchläuft er nacheinander die Zustände
>
> $$s_0, s_1, s_2, \ldots \quad \text{mit } s_{i+1} = \delta(s_i, \sigma_i)$$
>
> und produziert die Ausgabe
>
> $$\pi_0, \pi_1, \pi_2, \ldots \quad \text{mit } \pi_i = \lambda(s_i, \sigma_i)$$

Erinnert Sie der soeben definierte Begriff des endlichen Automaten an den Beginn dieses Kapitels? Dort haben wir mit dem Zustandsübergangsgraphen des asynchronen RS-Speicherelements in Abbildung 8.6

bereits einen ersten, wenngleich auch sehr einfachen endlichen Automaten kennen gelernt, ohne uns dessen bewusst zu sein. In der Tat ist die Darstellung mit Hilfe von Zustandsübergangsgraphen die gängige Beschreibungsmethode für endliche Automaten und wir werden in den folgenden Betrachtungen immer wieder auf diese Art der Darstellung zurückgreifen. Neben dem asynchronen RS-Latch besitzen auch alle anderen Speicherelemente eine äquivalente Automatendarstellung. Als Beispiel demonstriert Abbildung 8.32, wie sich das RS-Flipflop in Form eines endlichen Automaten beschreiben lässt.

An dieser Stelle ist es wichtig zu verstehen, wie der abstrakt gehaltene Begriff des *Eingabealphabets* aus Definition 8.1 mit den physikalisch existierenden Eingangs- und Ausgangsleitungen einer Hardware-Schaltung zusammenhängt. Werfen Sie hierzu erneut einen Blick auf die Eingabe- und Ausgabeleitungen des RS-Flipflops. Das Speicherelement verfügt über die beiden Eingänge r und s sowie die einzige relevante Ausgangsleitung q. Wie die Definitionen der Mengen Σ respektive Π zeigen, bestehen die Mengen jeweils aus Bitvektoren, deren Länge die Anzahl der Eingangs- bzw. der Ausgangsleitungen widerspiegelt. Bezogen auf ein beliebiges Schaltwerk ist ein einzelnes Eingabe- bzw. Ausgabezeichen laut Definition damit nichts anderes als die Menge der Belegungen *aller* Eingangs- bzw. Ausgangssignale.

Zwischen einem Schaltwerk mit n Eingangsleitungen und m Ausgangsleitungen und dem zugehörigen endlichen Automaten besteht der folgende Zusammenhang:

$$\Sigma = \{0,1\}^n \qquad \Pi = \{0,1\}^m$$

Vielleicht ist Ihnen aufgefallen, dass in Abbildung 8.32 die Definition des Startzustands s_0 fehlt. In der Tat hatten wir uns dort noch keinerlei Gedanken über den Initialzustand der Speicherelemente gemacht. Kommt keine andere Angabe vor, so nehmen wir für die folgenden Betrachtungen stets an, dass sich alle Speicherelemente initial im Zustand 0 befinden. In der Praxis muss dieser Initialzustand z. B. durch die Verbindung aller Speicherelemente mit einer gemeinsamen Reset-Leitung explizit hergestellt werden.

Betrachten wir die Ausgabefunktion λ des Automaten genauer, so können wir feststellen, dass wir zu deren Berechnung ausschließlich den aktuellen Zustand benötigen und die produzierte Ausgabe damit unabhängig von der aktuell anliegenden Eingabe ist. Automaten mit dieser Eigenschaft sind von so großer Bedeutung, dass sie in der Informatik einen eigenen Namen erhalten haben.

■ Zustandsübergangsgraph

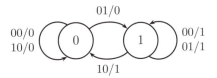

■ Formale Beschreibung

Eingabealphabet:

$\Sigma = \{00, 01, 10, 11\}$

Ausgabealphabet:

$\Pi = \{0, 1\}$

Zustandsmenge:

$S = \{0, 1\}$

Übergangsfunktion:

$\delta(0, rs) = \begin{cases} 0 & \text{falls} \quad rs = 10 \\ 0 & \text{falls} \quad rs = 00 \\ 1 & \text{falls} \quad rs = 01 \end{cases}$

$\delta(1, rs) = \begin{cases} 0 & \text{falls} \quad rs = 10 \\ 1 & \text{falls} \quad rs = 01 \\ 1 & \text{falls} \quad rs = 00 \end{cases}$

Ausgabefunktion:

$\lambda(s_i, rs) = \begin{cases} 0 & \text{falls} \quad s_i = 0 \\ 1 & \text{falls} \quad s_i = 1 \end{cases}$

Abbildung 8.32: Formale Beschreibung eines RS-Flipflops mit Hilfe endlicher Automaten

Abbildung 8.33: Der dargestellte Automat modelliert ein Schaltwerk mit genau einer Eingangsleitung x und genau einer Ausgangsleitung y. Im Initialzustand s_0 startend, nimmt das Schaltwerk einen kontinuierlichen Eingabestrom von Binärziffern entgegen, von denen jeweils drei Bit als eine zusammengehörige Binärzahl interpretiert werden (vgl. [89]). Das Schaltwerk übersetzt den eingelesenen Binärcode intern in den Gray-Code und gibt die resultierenden Bitmuster am Ausgang y aus.

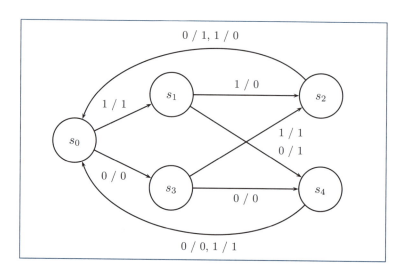

Definition 8.2 (Mealy- und Moore-Automat)

Gegeben sei ein beliebiger endlicher Automat $(\Sigma, \Pi, S, \delta, \lambda, s_0)$. Geht in die Berechnung des Ausgabezeichens sowohl der aktuelle Zustand als auch das aktuelle Eingabezeichen ein, gilt also

$$\pi_i = \lambda(s_i, \sigma_i),$$

so sprechen wir von einem *Mealy-Automaten*. Ist die Ausgabefunktion stattdessen nur vom aktuellen Zustand abhängig und damit

$$\pi_i = \lambda(s_i),$$

so sprechen wir von einem *Moore-Automaten*.

Dieser Terminologie folgend, handelt es sich bei unserem Beispielautomaten aus Abbildung 8.32 um einen Moore-Automaten.

Abbildung 8.33 zeigt ein Beispiel eines Mealy-Automaten mit fünf internen Zuständen $s_0, \ldots, s_4$. Der Automat realisiert einen seriellen Binär-Gray-Code-Wandler, der jeweils drei Eingabebits als Dualzahl interpretiert und den zugehörigen Gray-Code am Ausgang ausgibt. Dass es sich bei dem abgebildeten Automaten nicht um einen Moore-Automaten handeln kann, zeigt unter anderem die Beschriftung der Kante von s_2 nach s_0. Ob die Ausgabe 0 oder 1 ist, hängt unmittelbar von der aktuellen Eingabe ab. Hierdurch ist es unmöglich, die Ausgabefunktion für diesen Automaten in der Form $\lambda(s_i)$ auszudrücken.

8.2.2 Schaltwerksynthese

Nachdem wir mit den endlichen Automaten den passenden Beschreibungsformalismus zur Modellierung von Schaltwerken zur Verfügung haben, wollen wir uns der Umsetzung des Modells in eine reale Hardware-Schaltung zuwenden. Ausgehend von der Zustandsmenge S bestimmen wir zunächst eine binäre Codierung der einzelnen Zustände, d. h., wir ordnen jedem Zustand $s_i \in S$ einen Bitvektor der Länge k zu, der den Zustand eindeutig charakterisiert. Da wir mit Bitvektoren der Länge k genau 2^k Zustände unterscheiden können, gilt im Umkehrschluss $k = \lceil \log_2 |S| \rceil$, d. h., die Anzahl der für die Codierung benötigten Bits steigt logarithmisch mit der Anzahl der Zustände des Automaten.

Die Zuordnung der Bitvektoren zu den einzelnen Zuständen kann willkürlich erfolgen, in der Praxis hat die konkrete Wahl der Codierung jedoch einen erheblichen Einfluss auf die resultierende Hardware-Schaltung. Genau wie die geschickte Wahl der Zustandscodierung zu einer sehr kompakten Schaltung führen kann, lässt eine ungeschickte Wahl in vielen Fällen eine unnötig komplexe Schaltung entstehen. Das Auffinden einer geeigneten Zustandscodierung ist daher eine bedeutende Aufgabe im computergestützten Schaltungsentwurf, die in der Praxis mit Hilfe spezieller Software-Werkzeuge durchgeführt wird.

Die Automatenzustände werden auf die reale Hardware-Schaltung abgebildet, indem wir für jedes Bit der Zustandscodierung ein separates Flipflop erzeugen. An dieser Stelle müssen wir uns entscheiden, ob wir die Hardware-Schaltung mit Hilfe von RS-, D-, T- oder JK-Elementen implementieren wollen. Auch hier können wir im Prinzip eine beliebige Variante verwenden, da sich jedes dieser Speicherelemente mit Hilfe der anderen ausdrücken lässt. Genau wie im Falle der Zustandscodierung kann eine geschickte bzw. ungeschickte Wahl zu einer deutlich kompakteren bzw. unnötig großen Schaltung führen.

Sind alle Zustände binär codiert und haben wir uns auf den Typ der Speicherelemente geeinigt, so sind wir im nächsten Schritt in der Lage, die Übergangstabelle des endlichen Automaten aufzustellen. Aus dieser werden anschließend zwei konventionelle Schaltnetze mit den uns bekannten Mitteln abgeleitet:

- Das *Übergangsschaltnetz* berechnet aus dem aktuellen Zustand und der aktuellen Eingabe für jedes Speicherelement die Steuersignale, mit denen wir die Speicherelemente beschalten müssen, um sie im nächsten Takt in den korrekten Folgezustand zu überführen. Im Falle

- Moore-Automat:

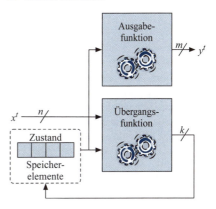

- Mealy-Automat:

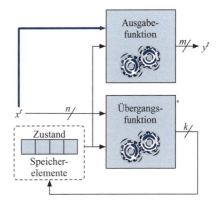

Abbildung 8.34: Die Huffman-Normalform. Hängt die generierte Ausgabe nur von dem aktuell eingenommenen Zustand ab, so sprechen wir von einem *Moore-Automaten*. Gehen die aktuell anliegenden Eingabesignale ebenfalls in die Berechnung der Schaltwerkausgabe ein, so sprechen wir von einem *Mealy-Automaten*.

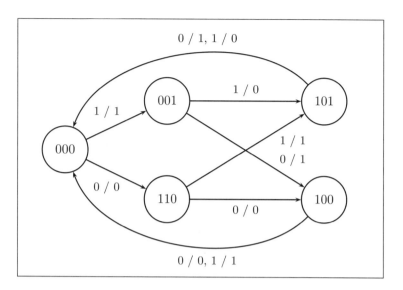

Abbildung 8.35: Der zustandscodierte Automat des seriellen Binär-Gray-Code Wandlers. Von den 8 möglichen Bitmustern werden nur die Kombinationen 000, 001, 100, 101 und 110 zur Codierung der fünf Zustände verwendet. Alle anderen Bitkombinationen haben keine Bedeutung. Die hierdurch entstehende Redundanz werden wir später in Form von Don't-Care-Kombinationen zur Minimierung der Zustandsübergangs- und Ausgabelogik verwenden.

von D-Flipflops ist die Beschaltung besonders einfach – das zu erzeugende Bitmuster an den Flipflop-Eingängen entspricht dann exakt dem Bitmuster des Folgezustands.

- Das *Ausgabeschaltnetz* berechnet die aktuelle Ausgabe des Schaltwerks. Handelt es sich bei dem zu Grunde gelegten Schaltwerkmodell um einen Moore-Automaten, so ist die Ausgabe nur vom aktuellen Zustand abhängig und die Flipflop-Ausgänge sind damit die alleinigen Eingänge des Ausgabeschaltnetzes. Liegt stattdessen ein Mealy-Automat vor, so werden die Eingangsleitungen zusätzlich in das Ausgabeschaltnetz hineingeführt.

Führen wir die Ausgänge des Ausgabeschaltnetzes direkt nach außen und die Ausgänge des Übergangsschaltnetzes zurück auf die Eingänge der Speicherelemente, so entsteht ein Schaltwerk in *Huffman-Normalform*, dessen Struktur in Abbildung 8.34 grafisch zusammengefasst wird. An der Huffman-Normalform eines Schaltwerks lässt sich auf besonders einfache Weise erkennen, ob ein Mealy- oder ein Moore-Automat implementiert wird. Per Definition berechnet sich die Ausgabe eines Mealy-Automaten aus dem aktuellen Zustand und der aktuellen Eingabe des Schaltwerks. In der Huffman-Normalform führen damit neben den Ausgängen der Speicherelemente auch ein oder mehrere Eingangsleitungen in das Schaltnetz zur Ausgabeberechnung. Im Gegensatz hierzu hängt die Ausgabe bei Moore-Automaten ausschließlich vom aktuellen Zustand des Schaltwerks ab. In der Huffman-Normalform drückt sich die Moore-Eigenschaft dadurch aus, dass keine

8.2 Vom Flipflop zum Schaltwerk

q_2^t	q_1^t	q_0^t	x	q_2^{t+1}	q_1^{t+1}	q_0^{t+1}	t_2	t_1	t_0	y
0	0	0	0	1	1	0	1	1	0	0
0	0	0	1	0	0	1	0	0	1	1
0	0	1	0	1	0	0	1	0	1	1
0	0	1	1	1	0	1	1	0	0	0
0	1	0	0	–	–	–	–	–	–	–
0	1	0	1	–	–	–	–	–	–	–
0	1	1	0	–	–	–	–	–	–	–
0	1	1	1	–	–	–	–	–	–	–
1	0	0	0	0	0	0	1	0	0	0
1	0	0	1	0	0	0	1	0	0	1
1	0	1	0	0	0	0	1	0	1	1
1	0	1	1	0	0	0	1	0	1	0
1	1	0	0	1	0	0	0	1	0	0
1	1	0	1	1	0	1	0	1	1	1
1	1	1	0	–	–	–	–	–	–	–
1	1	1	1	–	–	–	–	–	–	–

Tabelle 8.2: Übergangstabelle des seriellen Binär-Gray-Code-Wandlers

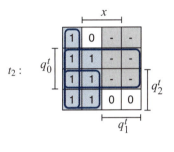

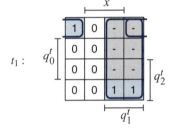

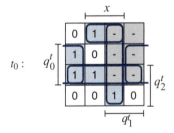

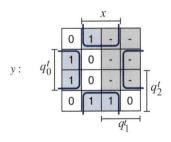

Abbildung 8.36: Die Karnaugh-Veitch-Diagramme der drei Übergangsfunktionen t_2, t_1 und t_0 sowie der Ausgangsfunktion y

direkte Verbindung zwischen den Eingangssignalen und den Eingängen des Ausgabeschaltnetzes mehr existiert.

Um die Schaltungssynthese praktisch zu demonstrieren, greifen wir das Beispiel des seriellen Binär-Gray-Code-Wandlers aus Abbildung 8.33 wieder auf. Für die Codierung der fünf Zustände des dort abgebildeten endlichen Automaten sind $\lceil \log_2 5 \rceil = 3$ binäre Speicherelemente erforderlich, so dass jeder Zustand durch einen dreielementigen Bitvektor $q_2 q_1 q_0$ repräsentiert wird. Die binären Variablen q_2, q_1, q_0 bezeichnen den aktuellen Zustand der drei verwendeten Speicherelemente. Wie oben erwähnt, kann die Auswahl der genutzten Bitmuster sowie die Zuordnung zu den verschiedenen Zuständen im Prinzip beliebig erfolgen. Für die weiteren Betrachtungen wählen wir die in Abbildung 8.35 dargestellte Zustandscodierung. Der Typ der verwendeten Speicherelemente kann ebenfalls frei gewählt werden. In diesem Beispiel werden wir zeigen, wie sich das Schaltwerk mit Hilfe von T-Flipflops realisieren lässt.

Nachdem die Zustandscodierung feststeht, sind wir in der Lage, die Übergangstabelle des endlichen Automaten aufzustellen. Das Ergebnis ist in Tabelle 8.2 zusammengefasst und besteht aus drei separaten Variablenblöcken. Der erste Variablenblock enthält die Eingangsvariablen, die sich aus den aktuellen Zuständen q_2^t, q_1^t und q_0^t der Speicher-

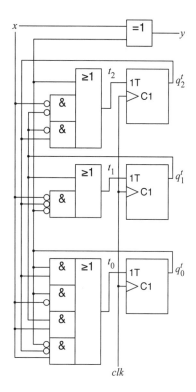

Abbildung 8.37: Die finale Implementierung des seriellen Binär-Gray-Code-Wandlers

elemente sowie der aktuellen Eingabe x zusammensetzen. Der zweite Variablenblock beschreibt mit den Variablen q_2^{t+1}, q_1^{t+1} und q_0^{t+1} den Folgezustand. Der letzte Block enthält neben der Ausgangsvariablen y die Variablen t_0, t_1 und t_2. Die drei Variablen beschreiben, wie wir die Eingänge der drei T-Flipflops beschalten müssen, damit das Schaltwerk vom Zustand (q_2^t, q_1^t, q_0^t) in den Zustand $(q_2^{t+1}, q_1^{t+1}, q_0^{t+1})$ wechselt. Wie weiter oben theoretisch dargelegt, müssen wir aus der Übergangstabelle zum einen das Übergangsschaltnetz mit den Ausgängen t_2, t_1, t_0 und zum anderen das Ausgabeschaltnetz mit dem einzigen Ausgang y ableiten. Bezogen auf die Übergangstabelle bedeutet dies, dass wir für die Variablen t_2, t_1, t_0 und y eine boolesche Funktion mit den freien Variablen q_2^t, q_1^t, q_0^t und x ableiten müssen. Um die Funktionen gleich in eine minimierte Form zu bringen, sind in Abbildung 8.36 die Karnaugh-Veitch-Tafeln aller vier Funktionen dargestellt. Hieraus erhalten wir auf einen Schlag die folgende Formeldarstellung:

$$t_2 = q_0^t \vee \overline{x}\,\overline{q_1^t} \vee \overline{q_1^t}\, q_2^t$$
$$t_1 = q_1^t \vee \overline{x}\,\overline{q_0^t}\,\overline{q_2^t}$$
$$t_0 = q_0^t\, q_2^t \vee q_0^t\,\overline{x} \vee q_1^t\, x \vee \overline{q_0^t}\,\overline{q_2^t}\, x$$
$$y = (x \wedge \overline{q_0^t}) \vee (\overline{x} \wedge q_0^t)$$
$$= x \leftrightarrow q_0^t$$

Dass es sich in unserem Beispiel tatsächlich um einen Mealy-Automaten handelt, spiegelt sich auch an der Formel für y wider, da die Eingabevariable x in der minimierten Formeldarstellung verbleibt. Läge ein Moore-Automat zu Grunde, so wäre die Ausgabe y ausschließlich vom aktuellen Zustand des Schaltwerks abhängig und die Variable x würde in der minimierten Formeldarstellung verschwinden. Schalten wir die Komponenten entsprechend dem allgemeinen Schema in Abbildung 8.34 zusammen, so erhalten wir als Ergebnis die in Abbildung 8.37 dargestellte Hardware-Implementierung.

8.3 Übungsaufgaben

Aufgabe 8.1

Webcode 7432

a) Analysieren Sie das folgende Schaltnetz, indem Sie die Schaltung an der markierten Stelle auftrennen und damit einen neuen Eingang q' erzeugen. Stellen Sie anschließend die Wahrheitstabelle auf und markieren Sie stabile und instabile Zustände. Leiten Sie aus der Tabelle einen endlichen Automaten ab, indem Sie q' als Zustandscodierung verwenden. Was implementiert die Schaltung und welche Bedeutung kommt den Variablen x_1 und x_2 zu?

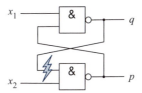

b) Welches bekannte Element entsteht, wenn wir die Schaltung, wie unten gezeigt, um zwei ODER-Gatter erweitern? Stellen Sie hierzu erneut die Wahrheitstabelle auf. Welche Bedeutung besitzt das zusätzliche Eingangssignal x_3?

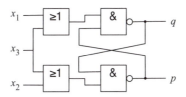

c) Was implementiert die folgende Schaltung? Verwenden Sie zur Analyse die Ergebnisse aus den vorherigen Teilaufgaben. Welches Implementierungsprinzip verfolgt die Schaltung?

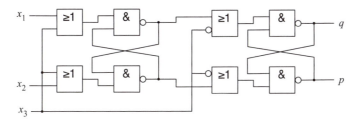

Aufgabe 8.2

Webcode 7047

Gegeben sei die folgende Auswahl digitaler Speicherelemente:

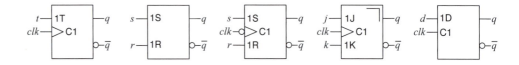

Ordnen Sie jedes dieser Elemente einem der Blätter des folgenden Dichotomie-Baums zu:

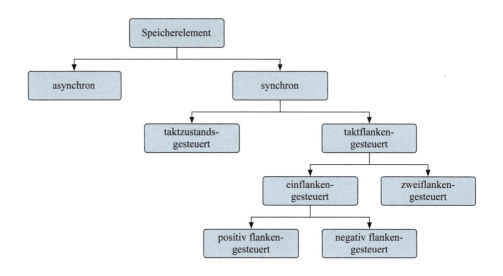

Aufgabe 8.3

Webcode 7924

Gegeben seien die folgenden Schaltwerke:

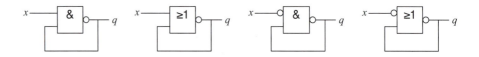

Leiten Sie aus den Strukturbildern die zugehörigen Wahrheitstabellen ab. Markieren Sie die stabilen Zustände, die Zustände, die instabil sind, aber in einen stabilen Zustand übergehen, sowie die Zustände, die permanent instabil bleiben und die Schaltung damit in einen Schwingungszustand versetzen.

Aufgabe 8.4

Gegeben seien die Werteverläufe der Eingangssignale clk und d bzw. clk, s und r. Benennen Sie die abgebildeten Speicherelemente und vervollständigen Sie den Signalverlauf der jeweiligen Ausgangssignale:

Webcode 7612

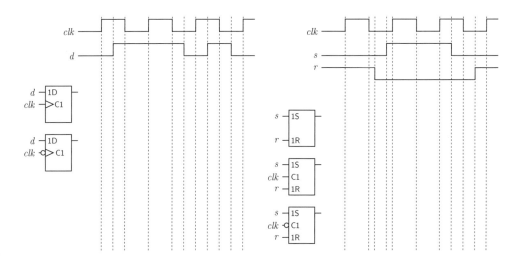

Aufgabe 8.5

Welcher der folgenden Automaten beschreibt ein D- und welcher ein T-Flipflop? Konstruieren Sie für jedes Flipflop eine Schaltung, die das Speicherelement jeweils mit Hilfe des anderen aufbaut.

Webcode 7940

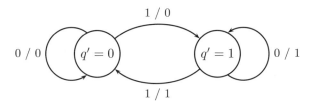

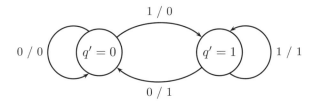

Aufgabe 8.6
Webcode 7103

Gegeben sei die folgende Schaltung:

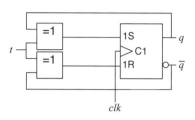

a) Stellen Sie die Wahrheitstabelle auf.

b) Welches bekannte Element verbirgt sich dahinter?

Aufgabe 8.7
Webcode 7754

Die folgende Hardware-Schaltung stellt die Implementierung eines *E-Flipflops* auf der Basis eines *RS-Flipflops* dar [10]:

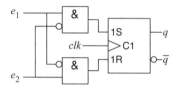

a) Stellen Sie die Wahrheitstabelle des E-Flipflops auf.

b) Wie unterscheidet sich das E-Flipflop von dem bekannten RS-Flipflop?

Aufgabe 8.8
Webcode 7119

Werfen Sie einen erneuten Blick in Tabelle 8.1. Wie Sie der Übersicht entnehmen können, sind einige Felder leer geblieben.

a) Warum gibt es in der Tabelle kein asynchrones D-Latch?

b) Warum kann es weder ein T-Latch noch ein JK-Latch geben?

Aufgabe 8.9

Gegeben seien die folgenden Hardware-Schaltungen:

Webcode 7365

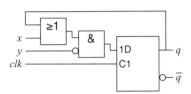 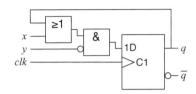

Welche der Ihnen bereits bekannten Speicherelemente werden hier implementiert?

Aufgabe 8.10

In den beiden abgebildeten Schaltungen wurde der serielle Binär-Gray-Code-Wandler um einen zusätzlichen Eingang a erweitert. Welche Funktionalität besitzt a in der linken bzw. rechten Schaltung?

Webcode 7899

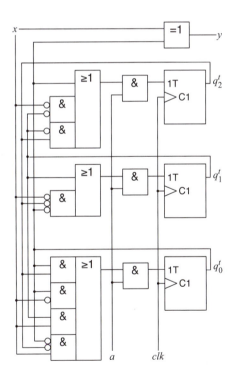 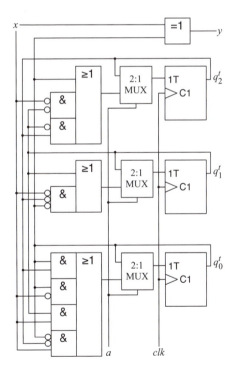

Aufgabe 8.11

Webcode 7562

Analysieren Sie die folgende in CMOS-Technik gefertigte Schaltung:

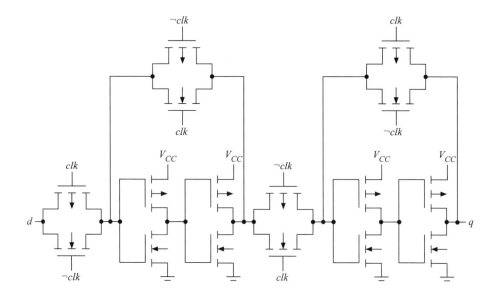

a) Welche Verknüpfungsglieder wurden hier verbaut?

b) Welches Ihnen bekannte Element realisiert die Schaltung?

9 Standardschaltwerke

In diesem Kapitel werden Sie ...

- sehen, wie sich Speicherelemente zu Registern erweitern lassen,

- mit dem Akkumulator und dem Programmzähler zwei Kernelemente eines Mikroprozessors kennen lernen,

- einen Einblick in die typischen Implementierungsvarianten digitaler Zähler erhalten,

- die verschiedenen Architekturen und Anwendungen von Schieberegistern verstehen,

- in der SRAM- und DRAM-Architektur die zwei grundlegenden Implementierungsmöglichkeiten von Speicherkomponenten erkennen.

9.1 Register

Unter einem *Register* verstehen wir eine parallele Anordnung von n Speicherelementen, die synchron über eine gemeinsame Taktleitung betrieben werden. Im Gegensatz zu singulär verbauten Speicherelementen, die jeweils nur ein einzelnes Bit speichern können, dienen Register zur Speicherung und Manipulation vollständiger Datenwörter. In den folgenden Abschnitten werden wir die am häufigsten verwendeten Registertypen genauer unter die Lupe nehmen.

9.1.1 Auffangregister

Das *Auffangregister* ist der einfachste Registertyp und eine wesentliche Grundkomponente eines jeden Mikroprozessors. Das Auffangregister dient einem einzigen Zweck: der Zwischenspeicherung eines Datenworts. Die *Registerbreite* n bezeichnet die Anzahl der gebündelten Speicherelemente und entspricht in der Praxis meist einer Zweierpotenz. Leistungsfähige Mikroprozessoren arbeiten heute mit 64 oder 128 Bit. Im Bereich eingebetteter Systeme sind aber auch heute noch Prozessoren verbaut, die über eine Registerbreite von 4, 8, 16 oder 32 Bit verfügen.

Abbildung 9.1 zeigt das Schaltsymbol eines 4-Bit-Auffangregisters. Neben der Taktleitung *clk* und dem Enable-Eingang *e* verfügt der Baustein über die vier Eingabeleitungen d_0 bis d_3, mit deren Hilfe ein vollständiges Datenwort parallel in das Register geladen werden kann. An der verwendeten Symbolik des Takteingangs können wir ablesen, dass es sich um ein positiv flankengesteuertes Register handelt. Das am Eingang anliegende Datenwort wird zu jeder positiven Taktflanke in das Register

- Schaltsymbol

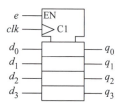

- Schaltverhalten

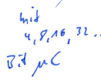

clk	e	Funktion
0/1/↓	–	Speichern
–	0	Speichern
↑	1	Übernehmen

Abbildung 9.1: Schaltsymbol und Schaltverhalten des 4-Bit-Auffangregisters

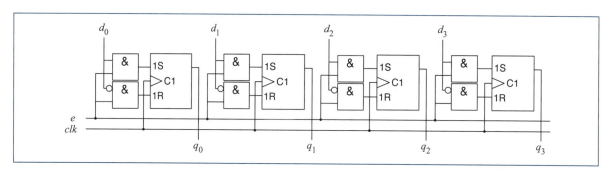

Abbildung 9.2: Strukturbild eines 4-Bit-Auffangregisters

übertragen, falls das Enable-Signal e zu diesem Zeitpunkt gleich 1 ist. Wird e auf 0 gesetzt, so wird das Register in einen permanenten Speicherzustand versetzt und bewahrt seinen Registerinhalt – unabhängig von den Signalwerten der Datenleitungen.

Eine mögliche Implementierung des 4-Bit-Auffangregisters auf Basis von RS-Flipflops ist in Abbildung 9.2 dargestellt. Ist das Enable-Signal e gleich 1, so wird in Abhängigkeit des Datensignals d_i am Eingang des i-ten Flipflops die Kombination 0 1 oder 1 0 erzeugt und damit die Übernahme des Datenbits d_i bewirkt. Im Falle $e = 0$ erzeugen die UND-Gatter an beiden Eingangsleitungen aller Flipflops den Signalwert 0, so dass der aktuelle Zustand unabhängig vom Wert der Datenleitungen gespeichert wird.

Wie das Strukturbild deutlich zeigt, verursacht der optionale Enable-Eingang einen erheblichen Mehraufwand – jedes Flipflop muss mit zwei zusätzlichen UND-Gattern maskiert werden. In der Tat scheint das Problem auf den ersten Blick deutlich einfacher lösbar zu sein, indem wir nicht länger die einzelnen Datensignale, sondern schlicht das Taktsignal maskieren. Abbildung 9.3 zeigt die resultierende Schaltung. Im Fall $e = 0$ wird das Taktsignal von den einzelnen Speicherelementen effektiv abgekoppelt, so dass kein Zustandswechsel mehr erfolgen kann.

Dass eine solche Schaltungskonstruktion jedoch erhebliche Risiken birgt, macht das Zeitdiagramm in Abbildung 9.3 deutlich. Wechselt nämlich das Enable-Signal seinen Wert während der positiven Taktphase von clk, so entsteht auf der Taktleitung ein Impuls mit einer im Vergleich zum ursprünglichen Taktsignal abweichenden Phasenlänge. Die korrekte Funktionsweise der angeschlossenen Speicherelemente kann so nicht mehr garantiert werden und die Wahrscheinlichkeit für ein undefiniertes Schaltverhalten nimmt mit abnehmender Impulslänge drastisch zu.

Trotzdem können wir das Problem auf elegante Weise lösen, indem wir durch den Einbau zusätzlicher Logik sicherstellen, dass ein Wechsel des Enable-Signals e bis zum Beginn der nächsten negativen Taktphase verzögert wird. Hierzu wird, wie in Abbildung 9.4 gezeigt, das Enable-Signal vor der Verknüpfung mit dem Taktsignal ganz einfach durch ein zusätzlich eingebautes D-Latch gefiltert. Das Latch ist negativ angesteuert, so dass sich ein etwaiger Signalwechsel von e nur während der unkritischen negativen Taktphase auswirken kann. Während der gesamten positiven Taktphase speichert das Latch hingegen seinen Zustand und blockt damit jede Veränderung von e bis zum Beginn der nächsten negativen Taktphase ab.

- Strukturbild

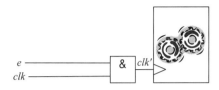

- Schaltverhalten

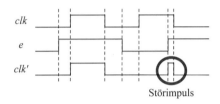

Abbildung 9.3: Erzeugen des Enable-Signals durch die Maskierung der Taktleitung

- Strukturbild

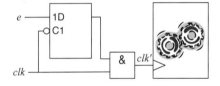

- Schaltverhalten

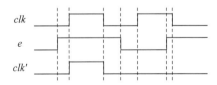

Abbildung 9.4: Vermeidung von Störimpulsen durch ein zusätzliches negativ angesteuertes D-Latch

- Schaltsymbol

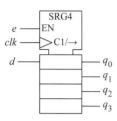

- Schaltverhalten

clk	e	Funktion
0/1/↓	–	Speichern
–	0	Speichern
↑	1	Rechts schieben

Abbildung 9.5: Schaltsymbol und Schaltverhalten des unidirektionalen Schieberegisters

9.1.2 Schieberegister

Neben dem Auffangregister spielt auch das Schieberegister in der Praxis eine bedeutende Rolle. Statt ein Datenwort parallel zu übernehmen, wird ein Schieberegister seriell geladen. Hierzu wird der Registerinhalt in jedem Takt um ein Bit nach links oder rechts geschoben und die frei werdende Stelle mit dem am Eingang anliegenden Wert überschrieben. Folgerichtig besitzt ein Schieberegister genau einen einzigen Dateneingang d – unabhängig von der Bitbreite n. Ausgangsseitig verfügt das Schieberegister, genau wie das Auffangregister, über n Ausgangsleitungen $q_0, \ldots, q_{n-1}$, an denen der Registerinhalt parallel ausgelesen werden kann. Abbildung 9.5 fasst das Schaltsymbol und Schaltverhalten eines 4-Bit-Schieberegisters zusammen. Die Bezeichnung $C1/\rightarrow$ am Takteingang deutet darauf hin, dass es sich hier um ein *rechtsschiebendes* Register handelt.

Wie Abbildung 9.6 demonstriert, kann ein Schieberegister auf besonders einfache Weise mit Hilfe von D-Flipflops implementiert werden. Die Schiebeeigenschaft wird erreicht, indem der jeweilige Ausgang eines Speicherelements direkt mit dem Eingang des nachfolgenden Elements verbunden wird. Das Flipflop ganz links repräsentiert die in jedem Takt frei werdende Bitstelle, so dass wir dessen Eingang direkt mit der Datenleitung d verbinden können.

Die folgenden Beispiele demonstrieren drei Anwendungen dieses Registertyps aus ganz unterschiedlichen Bereichen:

- Mit Hilfe von Schieberegistern können serielle Datenströme auf einfache Weise parallelisiert werden. Hierzu wird das Schieberegister nacheinander mit allen Bits eines Datenworts gefüllt und anschließend an den Registerausgängen $q_0, \ldots, q_{n-1}$ abgegriffen.

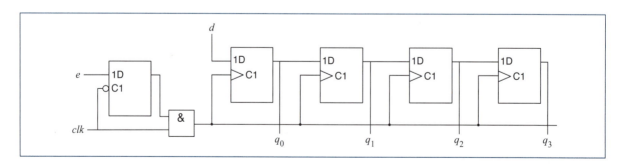

Abbildung 9.6: Strukturbild des unidirektionalen 4-Bit-Schieberegisters

9.1 Register

- Viele arithmetisch-logische Einheiten (ALUs) enthalten Schieberegister. Interpretieren wir den Registerinhalt als *vorzeichenlose* Dualzahl und füllen frei werdende Bitstellen stets mit 0 auf, so entspricht das Linksschieben der Multiplikation mit 2 und ein Rechtsschieben der Division durch 2. Die Multiplikation und Division mit einer Zweierpotenz lässt sich damit in vielen Fällen auf einfache Schiebeoperationen abbilden und in Arithmetikeinheiten hierdurch besonders effizient berechnen.

- Führen wir, wie in Abbildung 9.7 gezeigt, die Ausgangsleitung des letzten Registerbits auf den Dateneingang zurück, so wird das auf der einen Seite herausgeschobene Bit auf der anderen Seite wieder eingefügt. Auf diese Weise entsteht ein sogenanntes *Umlaufregister* (*Ringzähler*), das die gespeicherten Registerbits rotiert. In einem Umlaufregister der Breite n stellt sich nach n Takten stets wieder der Ausgangszustand ein.

Das vorgestellte Register ermöglicht die Weitergabe der einzelnen Bits in eine einzige Richtung, so dass wir in diesem Zusammenhang von einem unidirektionalen Schieberegister sprechen. Abbildung 9.8 zeigt das Symbol einer bidirektionalen Variante, die über eine zusätzliche Steuerleitung s verfügt, mit deren Hilfe die Schieberichtung gedreht werden kann. Gilt $s = 0$, so werden die Registerbits in jedem Takt nach rechts geschoben. Gilt $s = 1$, so erfolgt eine Verschiebung der Bits nach links. Der serielle Dateneingang ist in der dargestellten Registervariante ebenfalls zweifach ausgelegt. Im Falle des Linksschiebens wird das rechts frei werdende Bit mit dem Wert d_r überschrieben, im Falle des Rechtsschiebens wird das links frei werdende Bit durch den Wert d_l ersetzt.

Das Strukturbild einer möglichen Implementierung des bidirektionalen Registers ist in Abbildung 9.9 dargestellt. Die Eingänge der Speicherelemente sind mit 1-aus-2-Multiplexern beschaltet, die in Abhängigkeit der Steuerleitung d das entsprechende Eingabebit auswählen. Auf diese Weise entsteht eine flexible Registerarchitektur, die sich durch die Verwendung größerer Multiplexer beliebig erweitern lässt. Auf die Implementierung des Enable-Signals wurde im Strukturbild des bidirektionalen Schieberegisters verzichtet, die Schaltung lässt sich jedoch auf einfache Weise um ein solches Signal erweitern. Neben der immer vorhandenen Möglichkeit, das Taktsignal, wie oben gezeigt, mit Hilfe eines UND-Gatters und eines negativ angesteuerten D-Latches zu maskieren, können wir die Flexibilität der Multiplexer-Konstruktion ausnutzen, indem wir die Enable-Leitung den Steuersignalen der Multiplexer hinzufügen und den Flipflop-Ausgang auf die entsprechenden Multiplexer-Eingänge zurückführen.

- Schaltsymbol

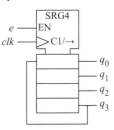

- Schaltverhalten

clk	e	Funktion
0/1/↓	–	Speichern
–	0	Speichern
↑	1	Rechts rotieren

Abbildung 9.7: Durch die Wiedereinspeisung des herausgeschobenen Bits wird ein Schieberegister zum Ringzähler

- Schaltsymbol

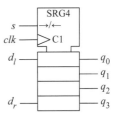

- Schaltverhalten

clk	s	Funktion
0/1/↓	–	Speichern
↑	0	Rechts schieben
↑	1	Links schieben

Abbildung 9.8: Schaltsymbol und Schaltverhalten des bidirektionalen Schieberegisters

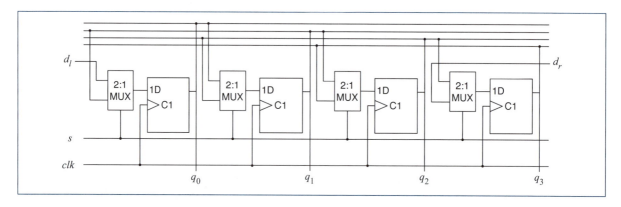

Abbildung 9.9: Strukturbild des bidirektionalen 4-Bit-Schieberegisters

9.1.3 Universalregister

Das Universalregister integriert die Eigenschaften des Auffang- und des Schieberegisters in einen einzigen Baustein. Dadurch verfügt das Universalregister gleich über zwei Möglichkeiten, ein Datenwort zu laden. Zum einen können, wie im Falle des Auffangregisters, über die n Datenleitungen $d_0, \ldots, d_{n-1}$ alle Registerbits parallel eingelesen werden. Zum anderen besitzt das Universalregister, genau wie das Schieberegister, ein oder zwei serielle Dateneingänge, über die in jedem Takt ein einzelnes Bit von links oder rechts in das Register geschoben werden kann. Ausgabeseitig besitzt der Baustein n Datenleitungen $q_0, \ldots, q_{n-1}$, die das parallel Auslesen des Registerinhalts erlauben. Die auszuführende Operation wird durch eine Reihe von Steuerleitungen $s_0, \ldots, s_m$ bestimmt, die als zusätzliche Eingänge zur Verfügung stehen.

Als Beispiel eines solchen Bausteins ist in Abbildung 9.10 das Schaltsymbol und Schaltverhalten eines 4-Bit-Universalregisters dargestellt. Über die beiden Steuerleitungen s_0 und s_1 wird einer der vier möglichen Betriebsmodi ausgewählt, die in tabellarischer Form ebenfalls in Abbildung 9.10 aufgelistet sind.

Abbildung 9.11 zeigt eine mögliche Implementierung des 4-Bit-Universalregisters. Die Steuerleitungen s_0 und s_1 werden direkt mit den Steuereingängen der Multiplexer-Bausteine beschaltet und die Multiplexer-Eingänge entsprechend der auszuführenden Operation mit einem der Flipflop-Ausgänge oder einem der parallelen oder seriellen Dateneingänge verbunden. Die Schaltung ist damit eine direkte Erweiterung der Multiplexer-basierten Architektur des bidirektionalen Schieberegisters.

- Strukturbild
- Schaltverhalten

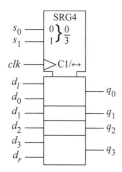

clk	s_1	s_0	Funktion
0/1/↓	–	–	Speichern
↑	0	0	Laden
↑	0	1	Rechts schieben
↑	1	0	Links schieben
↑	1	1	Speichern

Abbildung 9.10: Schaltsymbol und Schaltverhalten des Universalregisters

9.1 Register

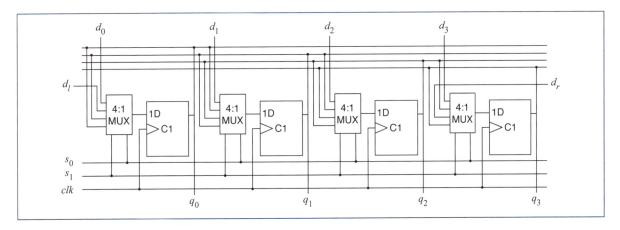

Abbildung 9.11: Strukturbild eines 4-Bit-Universalregisters

Im Gegensatz zum einfachen Schieberegister ist mit Hilfe des Universalregisters auch die Serialisierung eines parallelen Datenstroms möglich. Hierzu wird das Register parallel mit dem Datenwort geladen und die einzelnen Bits anschließend Schritt für Schritt hinausgeschoben. Ist das Register vollständig entleert, wird das nächste Datenwort parallel eingelesen.

Alle der drei oben vorgestellten Registertypen besitzen die gleiche Laufzeit- und Flächenkomplexität. Die Länge der einzelnen Signalwege innerhalb des Registers ist unabhängig von der Bitbreite und die Laufzeit somit konstant. Die Anzahl der Logikgatter, die pro Speicherelement zusätzlich benötigt werden, ist ebenfalls unabhängig von der Bitbreite, so dass der Flächenbedarf nur linear ansteigt.

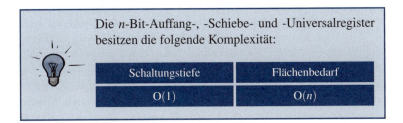

9.1.4 Akkumulatoren

Integrieren wir ein Register zusammen mit einer arithmetisch-logischen Einheit in einen rückgekoppelten Datenpfad, so entsteht die Struktur

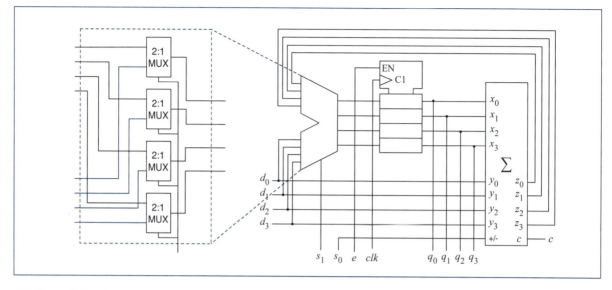

Abbildung 9.12: Ein einfacher 4-Bit-Akkumulator auf Basis eines Auffangregisters und eines Addierers

des *Akkumulators* – ein wichtiges Kernelement eines jeden Mikroprozessors. In der Tat sind in modernen Prozessoren nahezu alle internen Register als Akkumulator nutzbar, auch wenn sie heute nur noch selten explizit als solche bezeichnet werden. Abbildung 9.12 zeigt das Strukturbild eines 4-Bit-Akkumulators, der ein einfaches Auffangregister mit einem Addier-/Subtrahierwerk kombiniert.

Eingangsseitig verfügt der abgebildete Akkumulator neben dem Taktsignal *clk* über die Datenleitungen $d_0, \ldots, d_3$ und die Steuerleitungen s_0 und s_1. Das Steuersignal s_0 wird direkt in das Addier-/Subtrahierwerk weitergeleitet und entscheidet, ob der Registerinhalt mit dem an den Datenleitungen angelegten Wert erhöht ($s_0 = 0$) oder erniedrigt wird ($s_0 = 1$). Das Steuersignal s_1 ist mit dem intern verbauten parallelen Multiplexer-Baustein verbunden und definiert den Signalweg innerhalb des Akkumulators. Im Fall $s_1 = 0$ wird der obere Signalpfad und damit das Ergebnis der aktuell durchgeführten Addition bzw. Subtraktion auf die Dateneingänge des Registers geschaltet. In anderen Worten: Das extern angelegte Datenwort wird *akkumuliert*. Ist $s_1 = 1$, so wird der untere Signalpfad durchgeschaltet und der Registerinhalt unabhängig von den aktuell gespeicherten Werten mit dem Datenwort $d_0, \ldots, d_3$ geladen. Ausgangsseitig verfügt der Akkumulator über die Ausgangsleitungen $q_0, \ldots, q_3$ und c, die das im Addier-/Subtrahierwerk berechnete Ergebnis nach außen führen. Tabelle 9.1 fasst die Funktionsweise des Akkumulators zusammen.

e	s_1	s_0	Funktion
0	0	0	Speichern
0	0	1	Speichern
0	1	0	Speichern
0	1	1	Speichern
1	0	0	Addieren
1	0	1	Subtrahieren
1	1	0	Laden
1	1	1	Laden

Tabelle 9.1: Funktionsweise des Akkumulators

9.1 Register 307

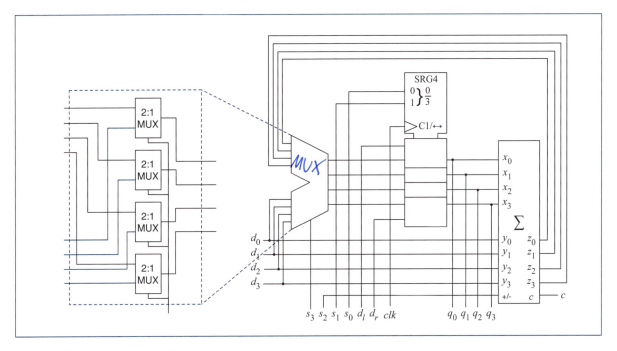

Abbildung 9.13: Erweiterung der Akkumulator-Funktionalität durch die Verwendung eines Universalregisters

Das Strukturbild des Akkumulators enthält einen verallgemeinerten Multiplexer-Baustein, der in Abhängigkeit des Steuersignals nicht mehr nur ein einzelnes Bit, sondern ein ganzes Datenwort von den Eingängen zu den Ausgängen durchschaltet. Die Implementierung eines solchen Bausteins kann auf einfache Weise auf die uns bekannten Multiplexer-Bausteine zurückgeführt werden und ist ebenfalls in Abbildung 9.12 dargestellt. Der erweiterte Multiplexer-Baustein ist in Form eines eingeschnittenen, sich zu den Ausgängen verjüngenden Trapezes abgebildet. Diese Darstellung wird insbesondere in Blockschaltbildern gerne verwendet, da sich der Datenfluss hierdurch in der Regel übersichtlicher beschreiben lässt, als es die entsprechenden DIN-Symbole an dieser Stelle erlauben. Im Folgenden werden wir mehrfach auf diese Art der Darstellung zurückgreifen.

Als weiteres Beispiel ist in Abbildung 9.13 das Strukturbild eines Akkumulators auf Basis des weiter oben eingeführten Universalregisters dargestellt. Die verschiedenen Betriebsarten des erweiterten Akkumulator-Bausteins werden über insgesamt vier Steuerleitungen aktiviert, deren Funktionsweise in Tabelle 9.2 zusammengefasst ist.

s_3	s_2	s_1	s_0	Funktion
0	0	0	0	Addieren
0	0	0	1	→ Schieben
0	0	1	0	← Schieben
0	0	1	1	Speichern
0	1	0	0	Subtrahieren
0	1	0	1	→ Schieben
0	1	1	0	← Schieben
0	1	1	1	Speichern
1	0	0	0	Laden
1	0	0	1	→ Schieben
1	0	1	0	← Schieben
1	0	1	1	Speichern
1	1	0	0	Laden
1	1	0	1	→ Schieben
1	1	1	0	← Schieben
1	1	1	1	Speichern

Tabelle 9.2: Funktionsweise des erweiterten Akkumulators

9.2 Zähler

Eine weitere wichtige Klasse sequenzieller Standardkomponenten stellen die *Zählerbausteine* dar, mit deren Hilfe sich zeitlich aufeinander folgende Ereignisse registrieren oder auch erzeugen lassen. In der Praxis kommen Zählerbausteine in den verschiedensten Formen vor und unterscheiden sich insbesondere in den folgenden Eigenschaften:

- Schrittlänge

  Die Schrittlänge bezeichnet den Wert, um den der Zählerstand bei Anliegen eines Impulses erhöht wird. Die meisten verbauten Zählerbausteine sind *Binärzähler*, die den Zählerstand entweder unverändert lassen oder um eins erhöhen. Im Gegensatz hierzu sind *Offsetzähler* in der Lage, den Zählerstand in jedem Takt um einen variablen Wert zu verändern.

- Implementierung

  Zählerbausteine können auf unterschiedliche Art und Weise aufgebaut werden und wir unterscheiden insbesondere asynchrone und synchrone Implementierungen. In den folgenden Abschnitten werden wir beide Varianten diskutieren und bezüglich ihrem Laufzeitverhalten und Flächenbedarf miteinander vergleichen.

- Zählrichtung

  Unidirektionale Zähler variieren den Zählerstand ausschließlich in eine Richtung und können weiter in *Vorwärts-* und *Rückwärtszähler* unterteilt werden. *Bidirektionale Zähler* sind in der Lage, sowohl vorwärts- als auch rückwärtszuzählen, und verfügen meist über eine separate Eingangsleitung, deren Signalwert die Zählrichtung spezifiziert.

- Zahlenformat

  Jeder Zählerbaustein muss den aktuellen Zählstand intern in einem bestimmten Format repräsentieren. Im Prinzip kann hierzu jeder der in Kapitel 3 vorgestellten Zahlencodes eingesetzt werden. Die Wahl des Zahlenformats hat in vielen Fällen einen deutlichen Einfluss auf die Komplexität der Umgebungslogik und beeinflusst mitunter auch ganz andere Parameter wie die Leistungsaufnahme der Schaltung.

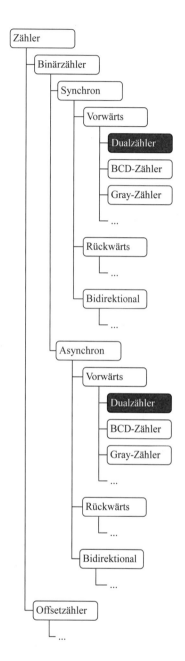

Abbildung 9.14: Dichotomie der am häufigsten in der Praxis eingesetzten Zählerbausteine. Die in diesem Abschnitt im Detail behandelten Varianten sind farblich hervorgehoben.

Abbildung 9.14 fasst die verschiedenen Zählervarianten in Form eines Dichotomie-Baums zusammen. In den folgenden Abschnitten werden

9.2 Zähler

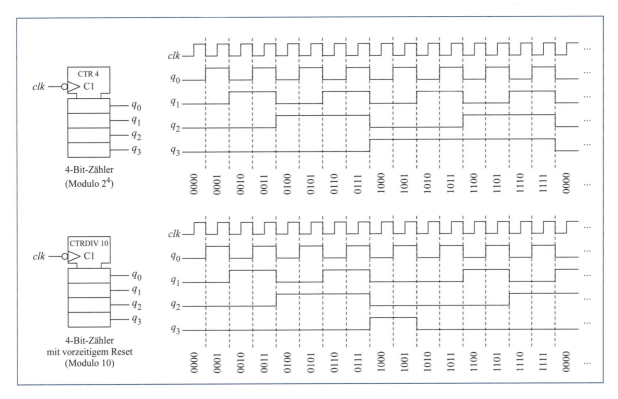

Abbildung 9.15: Symbol und Zeitverhalten zweier binärer 4-Bit-Zähler

wir sowohl die synchrone als auch die asynchrone Implementierung eines binären Vorwärtszählers genauer betrachten. Um unsere Überlegungen an dieser Stelle nicht zu sehr zu verkomplizieren, legen wir für beide Zählerimplementierungen das uns vertraute Binärsystem zu Grunde.

9.2.1 Synchrone Binärzähler

Synchrone Zählerbausteine sind dadurch charakterisiert, dass sämtliche Speicherelemente durch ein und dieselbe Taktleitung gespeist und damit alle Zustandswechsel stets synchron ausgeführt werden. Jedes der n Speicherelemente repräsentiert eine einzelne Ziffer des Zählerstands, der taktsynchron erhöht wird. Die einfachste Variante eines solchen Zählerbausteins verfügt neben dem Takteingang über keine weiteren Eingangssignale. Die Ausgänge des Zählerbausteins sind direkt mit den Ausgängen der Speicherelemente verbunden, so dass der Zählerstand direkt abgegriffen werden kann.

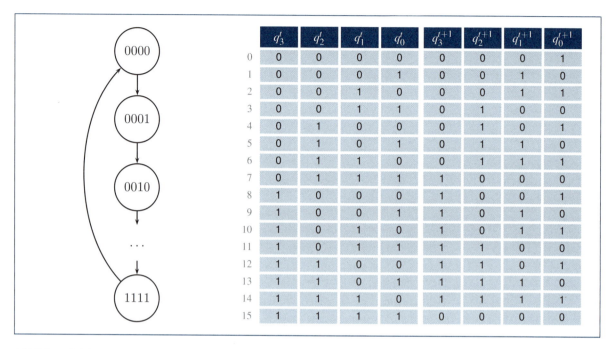

Abbildung 9.16: Entwurf des 4-Bit-Binärzählers als synchrones Schaltnetz

Als Beispiel zeigt Abbildung 9.15 die Schaltsymbole und das Zeitverhalten zweier synchroner 4-Bit-Binärzähler. Interpretieren wir den Ausgang q_0 respektive q_3 als das Bit mit der niedrigsten bzw. der höchsten Wertigkeit, so werden an den Ausgängen taktsynchron die Werte $0, 1, 2, \ldots$ ausgegeben. Der obere Zähler implementiert einen natürlichen numerischen Überlauf und iteriert nacheinander durch alle der 2^4 möglichen Bitmuster. Danach nimmt er erneut seinen Initialzustand ein und die Zählung beginnt von Neuem. Im Gegensatz hierzu wechselt der untere Zähler mit Hilfe eines vorzeitig ausgelösten Reset bereits nach 10 Takten wieder in den initialen Zustand 0000 zurück.

Unsere weiteren Betrachtungen beschränken wir auf 2^m-Zähler, d. h. Zähler mit natürlichem Überlauf. Werfen wir einen zweiten Blick auf deren Zeitdiagramm, so können wir zwei wichtige Eigenschaften ablesen:

■ Die Signalverläufe von $q_0, \ldots, q_3$ entsprechen einer idealen Rechteckkurve, die sich nur in der Frequenz von dem Taktsignal *clk* unterscheidet. Aufgrund dieser Eigenschaft werden Zähler dieser Bauart auch als *Frequenzteiler* bezeichnet.

9.2 Zähler

- Da sich die Signalverläufe von *clk* und $q_0, \ldots, q_3$ nur in der Frequenz unterscheiden, können wir das Taktsignal als zusätzliches Bit des Zählerstands interpretieren ohne die Zähleigenschaft der Schaltung zu verändern. In diesem Fall wird aus unserem 4-Bit-Zähler auf einen Schlag ein 5-Bit-Zähler, der mit der doppelten Taktfrequenz arbeitet.

Im Folgenden werden wir uns mit der Frage beschäftigen, wie wir den synchronen 4-Bit-Binärzähler mit dem im letzten Kapitel eingeführten Instrumentarium systematisch in ein Schaltwerk synthetisieren können. Dazu müssen wir zunächst entscheiden, mit welchen Speicherbausteinen das Schaltwerk aufgebaut werden soll. Wie wir bereits im letzten Kapitel herausgearbeitet haben, ist die Schaltwerksynthese mit D-Flipflops besonders einfach, so dass wir auch hier auf diese Art der Speicherelemente zurückgreifen wollen.

Im nächsten Schritt stellen wir die Übergangstabelle auf und extrahieren anschließend eine minimierte Formeldarstellung für die Übergangs- und Ausgabefunktion. Die Übergangstabelle des 4-Bit-Binärzählers ist in Abbildung 9.16 dargestellt. Da die Ausgangssignale des Zählerbausteins mit den Zuständen q_0, q_1, q_2 und q_3 identisch sind, können wir uns auf die Extraktion der Übergangsfunktion beschränken. Mit Hilfe der KV-Diagramme in Abbildung 9.17 erhalten wir das folgende Ergebnis:

$$d_0^t = q_0^{t+1} = \overline{q_0^t} \tag{9.1}$$

$$d_1^t = q_1^{t+1} = q_0^t \, \overline{q_1^t} \vee \overline{q_0^t} \, q_1^t$$

$$d_2^t = q_2^{t+1} = \overline{q_0^t} \, q_2^t \vee \overline{q_1^t} \, q_2^t \vee q_0^t \, q_1^t \, \overline{q_2^t}$$

$$d_3^t = q_3^{t+1} = \overline{q_0^t} \, q_3^t \vee \overline{q_2^t} \, q_3^t \vee \overline{q_1^t} \, q_3^t \vee q_0^t \, q_1^t \, q_2^t \, \overline{q_3^t} \tag{9.2}$$

Kombinieren wir die Funktionen (9.1) bis (9.2) mit den Speicherelementen zu einem Schaltwerk in Huffman-Normalform, so erhalten wir schließlich die in Abbildung 9.18 dargestellte Hardware-Implementierung des synchronen 4-Bit-Binärzählers.

Das Laufzeitverhalten eines Schaltwerks wird, ähnlich wie im Falle konventioneller Schaltnetze, durch den längsten Signalpfad von den Ein- zu den Ausgängen bestimmt. Hierbei zählen zu den Eingängen sowohl die externen Eingangssignale als auch die Zustandsvariablen (Flipflop-Ausgänge) und zu den Ausgängen die externen Ausgangssignale sowie die Steuerleitungen zum Anlegen des Folgezustands (Flipflop-Eingänge). Da wir zur Konstruktion des *n*-Bit-Binärzählers die Übergangsfunktion in Form der zweistufigen disjunktiven Minimal-

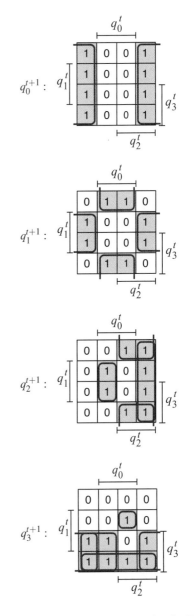

Abbildung 9.17: Minimierung der vier Zustandsvariablen des synchronen Binärzählers mit Hilfe der Methode von Karnaugh und Veitch

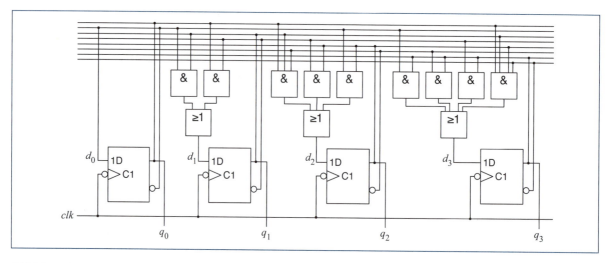

Abbildung 9.18: Synchrone Implementierung des 4-Bit-Binärzählers

form erzeugt haben, ist die Anzahl der zu durchlaufenden Gatter unabhängig von der Bitbreite n und die Laufzeit damit konstant. Mit anderen Worten: Der Binärzähler kann stets mit der gleichen Taktfrequenz betrieben werden, unabhängig von der Anzahl der verbauten Speicherelemente.

Erkauft wird die konstante Laufzeit des synchronen Binärzählers durch einen stets größer werdenden Flächenbedarf. Wie das Strukturbild des 4-Bit-Zählers bereits andeutet, steigt die Komplexität der Ansteuerungslogik von Bit zu Bit. Ist für die Bitstelle mit der niedrigsten Wertigkeit ein einzelnes Gatter ausreichend, sind für die nächsthöheren Bitstellen bereits 3, 4 bzw. 5 Gatter notwendig – bei gleichzeitiger Zunahme der Gattereingänge. Gewichten wir den Flächenbedarf der Schaltung auch hier wieder mit der Anzahl der Gattereingänge, so stellt sich insgesamt ein quadratisch anwachsender Flächenbedarf ein.

Der synchrone n-Bit-Binärzähler besitzt die folgende Komplexität:

Schaltungstiefe	Flächenbedarf
$O(1)$	$O(n^2)$

9.2 Zähler

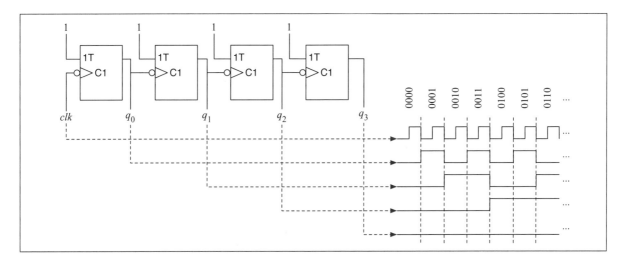

Abbildung 9.19: Aufbau des asynchronen n-Bit-Binärzählers mit Hilfe von T-Flipflops

9.2.2 Asynchrone Binärzähler

Der Implementierung eines Binärzählers mit Hilfe eines synchron arbeitenden Schaltwerks stellt weder die einzige noch in allen Fällen die beste Architekturvariante dar. Heben wir die strikte, für den synchronen Schaltungsentwurf typische Trennung zwischen Daten- und Taktleitungen auf, so lässt sich ein Binärzähler auf verblüffend einfache und vor allem flächensparende Weise implementieren. Abbildung 9.19 zeigt das Strukturbild eines asynchronen 4-Bit-Binärzählers auf Basis von T-Flipflops. Im Gegensatz zur synchronen Ausführung ist die Taktleitung nur noch mit dem ersten Speicherelement verbunden – alle anderen Takteingänge werden direkt durch den Datenausgang des vorhergehenden T-Flipflops gespeist. Die Dateneingänge der T-Elemente sind konstant mit 1 beschaltet, so dass der Zustand in jedem Takt wechselt. Wie ein genauer Blick auf die Schaltsymbole zeigt, sind die T-Flipflops negativ flankengesteuert, d. h., ein Zustandswechsel erfolgt immer dann, wenn das am Takteingang anliegende Signal von 1 auf 0 abfällt. Numerisch gesehen entspricht die auf diese Weise generierte Taktflanke einem Übertragsbit, das genau dann generiert wird, wenn das vorhergehende Flipflop mit dem Wechsel von 1 auf 0 einen numerischen Überlauf verursacht. Auf diese Weise produziert die abgebildete Beschaltung der T-Flipflops exakt den in Abbildung 9.15 spezifizierten Signalverlauf.

Vergleichen wir die Laufzeit- und Flächenkomplexität des asynchronen Zählers mit seinem synchronen Gegenspieler, so zeichnet sich ein durchweg entgegengesetztes Bild ab. Während der Flächenbedarf des synchronen Zählers quadratisch mit der Bitbreite n zunimmt, wächst der Flächenbedarf des asynchronen Zählers nur linear – außer den n T-Flipflops wird kein einziges weiteres Gatter benötigt. Auf der negativen Seite verschlechtert sich die Laufzeit der asynchronen Schaltung mit zunehmender Bitbreite, da das Taktsignal von links nach rechts durch alle T-Flipflops hindurchgereicht wird und die Speicherelemente hierdurch nicht mehr gleichzeitig, sondern zeitversetzt schalten. Damit können wir die Komplexität des asynchronen Binärzählers wie folgt zusammenfassen:

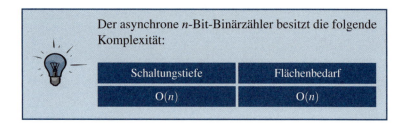

Der asynchrone n-Bit-Binärzähler besitzt die folgende Komplexität:

Schaltungstiefe	Flächenbedarf
$O(n)$	$O(n)$

9.2.3 Mischzähler

Durch die diametral entgegengesetzten Eigenschaften des synchronen und des asynchronen Zählers sind wir in der Lage, für verschiedenste Hardware-Anforderungen einen passenden Baustein zu konstruieren. Wird ein schneller Zähler benötigt, so bietet sich die synchrone Implementierung an. Stehen die Hardware-Kosten im Vordergrund, so lässt sich mit der asynchronen Beschaltung eine sehr kompakte Implementierung erstellen. Trotzdem stellen der synchrone und der asynchrone Zähler für viele in der Praxis auftretende Fälle keine optimale Lösung dar. Insbesondere für Zähler großer Bitbreite ist die synchrone Variante viel zu komplex und die asynchrone Variante schlicht zu langsam.

Abhilfe schaffen sogenannte *Mischzähler*, die durch die Kombination beider Architekturkonzepte einen Mittelweg zwischen Laufzeit und Flächenbedarf beschreiten. Wie Abbildung 9.20 schematisch aufzeigt, wird der Zählerbaustein aus zwei oder mehreren kleineren Synchronzählern aufgebaut, die mittels einer zwischengeschalteten Übertragslogik asynchron gekoppelt sind. Der erste Synchronzähler ist direkt mit der Leitung clk verbunden, so dass sich dessen Zählerstand in jedem Takt erhöht. Der nachfolgende Synchronzähler repräsentiert die jeweils nächsthöherwertigen Bits und muss genau dann erhöht werden, wenn der linke Synchronzähler einen Übertrag verursacht.

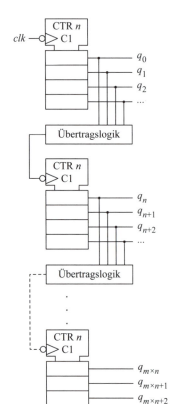

Abbildung 9.20: Ein Mischzähler entsteht durch die asynchrone Zusammenschaltung synchroner Zähler

9.2 Zähler

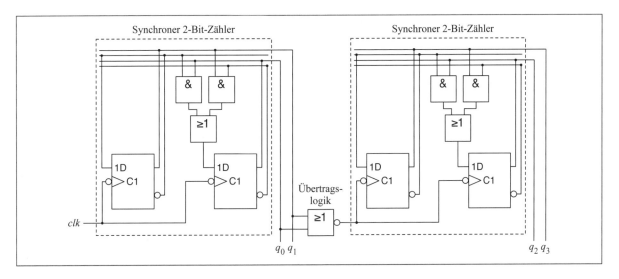

Abbildung 9.21: Der Mischzähler entsteht durch die asynchrone Verkettung mehrerer synchroner Zähler

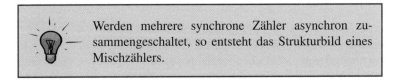

Werden mehrere synchrone Zähler asynchron zusammengeschaltet, so entsteht das Strukturbild eines Mischzählers.

Abbildung 9.21 demonstriert die Umsetzung des 4-Bit-Binärzählers auf Basis zweier asynchron zusammengeschalteter 2-Bit-Synchronzähler. Die Übertragslogik reduziert sich auf ein einziges NOR-Gatter mit zwei Eingängen, die mit den Ausgängen des vorangehenden Zählers beschaltet sind und das Taktsignal des nachfolgenden Zählers ansteuern. Genau dann, wenn der Zählerstand des linken Zählers im Zuge eines numerischen Überlaufs von 11 auf 00 wechselt, erzeugt das NOR-Gatter an dessen Ausgang eine positive Flanke und bedingt das Hochzählen des nachfolgenden Zählers.

Der Flächenbedarf und das Laufzeitverhalten des Mischzählers können wir maßgeblich beeinflussen, indem wir die Bitbreite der verbauten Synchronzähler und damit auch deren Anzahl verändern. Verkleinern wir die Bitbreite, so sinkt der Flächenbedarf der Gesamtschaltung, allerdings verringert sich auch die Schaltgeschwindigkeit durch die Erhöhung der asynchron zusammengeschalteten Komponenten. Vergrößern wir die Bitbreite der Synchronzähler, so verringert sich die Laufzeit, jedoch steigt der Flächenbedarf der Gesamtschaltung durch die immer komplexer werdenden Synchronzähler an. Insgesamt ermöglicht uns die

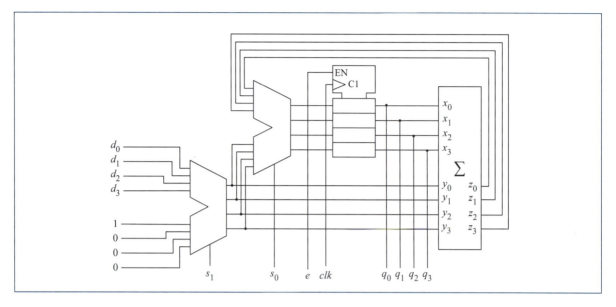

Abbildung 9.22: Beispielimplementierung eines 4-Bit-Instruktionszählers

flexible Architektur des Mischzählers, die Parameter *Laufzeit* und *Flächenbedarf* nahezu beliebig gegeneinander zu verschieben. Allerdings gibt es auch hier wieder zu beachten, dass die Verbesserung eines der Parameter stets zu einer Verschlechterung des anderen führt.

 Die Laufzeit- und Flächenkomplexität eines Mischzählers stellt einen Kompromiss zwischen dem schnellen, aber flächenintensiven synchronen Zähler und dem langsamen, aber flächenökonomischen asynchronen Zähler dar.

9.2.4 Instruktionszähler

In diesem Abschnitt betrachten wir mit dem als *Instruktions-* oder *Programmzähler* bezeichneten Schaltwerk eine weitere Schlüsselkomponente eines jeden Mikroprozessors. Der Instruktionszähler dient der Adressierung des Hauptspeichers und enthält zu jedem Zeitpunkt die Adresse der Speicherzelle, die den nächsten auszuführenden Befehl oder den nächsten zu ladenden Operanden beinhaltet. Für den Einsatz in heute typischen Prozessorarchitekturen erwachsen die folgenden Anforderungen an einen Instruktionszähler:

- Schrittzählung

  In fast allen Rechnerarchitekturen sind Befehle und Daten sequenziell im Hauptspeicher abgelegt. Die konsekutive Adressierung des Speichers wird erreicht, indem der Instruktionszähler in jedem Takt schrittweise erhöht wird. Die Schrittzählung ist damit die am häufigsten verwendete Betriebsart des Instruktionszählers.

- Relative Sprünge

  Alle modernen Prozessoren besitzen Sprungbefehle, die es erlauben, den Programmzähler um einen festen Wert zu erhöhen oder zu erniedrigen. Eingesetzt werden solche Befehle zur Programmierung von Schleifen oder zum Überspringen ein oder mehrerer Folgebefehle. Im Gegensatz zu den bisher vorgestellten Zählern, die ausschließlich in Einzelschritten operieren, handelt es sich im Falle des Instruktionszählers damit um einen echten Offsetzähler.

- Absolute Sprünge

  Absolute Sprungbefehle codieren die Zieladresse direkt und damit unabhängig vom aktuellen Wert des Programmzählers. Um solche Befehle verarbeiten zu können, benötigt der Instruktionszähler eine Lademöglichkeit, mit deren Hilfe der aktuelle Zählerstand mit einem extern angelegten Datenwort überschrieben wird.

Abbildung 9.22 zeigt eine mögliche Implementierung eines 4-Bit-Instruktionszählers. Der aktuelle Zählerstand kann an den Datenausgängen $q_0, \ldots, q_3$ abgegriffen werden, die in realen Prozessoren über den Adressbus direkt mit den Steuerleitungen des Hauptspeichers verbunden sind. Der Datenfluss wird mit Hilfe zweier Multiplexer-Bausteine eingestellt, die über die Steuerleitungen s_1 und s_0 kontrolliert werden. Zusätzlich ist das Enable-Signal e des Auffangregisters nach außen geführt, so dass der aktuelle Zustand des Programmzählers über längere Zeit eingefroren werden kann. Auf diese Weise kann der Prozessor in einen Wartezustand oder zum Zwecke der Fehlersuche in einen Einzelschrittmodus versetzt werden. Abbildung 9.23 fasst die verschiedenen Funktionsmodi des Instruktionsregisters zusammen.

Dass sich die Strukturbilder des Instruktionszählers und des Akkumulators (vgl. Abschnitt 9.1.4) nur geringfügig unterscheiden, ist bei Weitem kein Zufall. Da ein relativer Sprung der Akkumulation und ein absoluter Sprung dem Laden des Zählerstands entspricht, ist die Funktionalität beider Bausteine nahezu identisch.

- Indirekter Sprung ($s_1 = 0, s_0 = 0$)

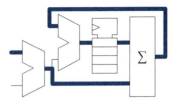

- Direkter Sprung ($s_1 = 0, s_0 = 1$)

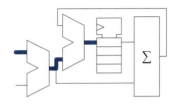

- Nächste Adresse ($s_1 = 1, s_0 = 0$)

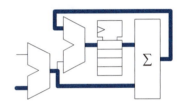

- Reset ($s_1 = 1, s_0 = 1$)

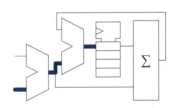

Abbildung 9.23: Datenfluss innerhalb des Instruktionszählers in Abhängigkeit der Steuersignale

9.3 Hauptspeicher

- Allgemeines Schema

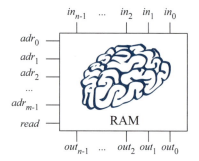

- Lesender Zugriff (Beispiel)

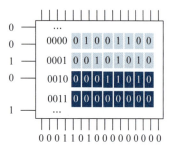

- Schreibender Zugriff (Beispiel)

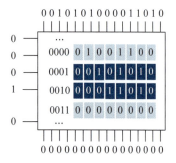

Abbildung 9.24: Schema und Funktionsweise eines primitiven Speicherbausteins

In diesem Abschnitt wenden wir uns einer weiteren Kernkomponente eines jeden Computers zu: dem *Hauptspeicher*. Wie der Name unmissverständlich sagt, dient ein Speicherbaustein einem einzigen Zweck – der persistenten Speicherung mehrerer Datenwörter. Zum Zugriff auf die Daten besitzt ein Speicherbaustein eine Reihe von Adressleitungen $adr_0, \ldots, adr_{m-1}$, über die jedes abgelegte Datenwort direkt angesprochen werden kann. Fast alle in der Praxis eingesetzten Speicher besitzen eine *Adressierungsgranularität* von 8 Bit, d. h., unabhängig von der Registerbreite der zu Grunde liegenden Computerarchitektur verbirgt sich hinter jeder Speicheradresse stets ein einzelnes Byte.

Wird die Adresse einer bestimmten Speicherzelle an den Datenleitungen angelegt, so bestimmt der Wert des *read*-Signals, ob der Inhalt gelesen oder beschrieben werden soll. Wird der Speicherbaustein im Lesemodus betrieben, so wird der Inhalt der Speicherzelle an den Datenleitungen $out_0, \ldots, out_{n-1}$ angelegt. Obwohl die Daten intern fast immer byteweise organisiert sind, verfügen moderne Speicherbausteine über mehr als 8 Dateneingänge. Auf diese Weise können nicht nur einzelne Bytes, sondern vollständige Datenwörter auf einen Schlag gelesen oder geschrieben werden.

Wird der Speicherbaustein im Schreibmodus betrieben, so wird zunächst der Wert der Dateneingänge $in_0, \ldots, in_{n-1}$ übernommen und anschließend in die spezifizierten Speicherzellen geschrieben. In der einfachsten Ausführung besitzt ein Speicherbaustein damit die in Abbildung 9.24 dargestellte Form.

Da der Hauptspeicher sowohl Lese- als auch Schreibzugriff erlaubt, wird er als RAM bezeichnet (*Random Access Memory*). In der Praxis kommen RAM-Speicher in einer Vielzahl verschiedener Varianten vor, die sich insbesondere im Hinblick auf ihre Implementierung deutlich unterscheiden. In den folgenden Abschnitten werden wir mit dem *statischen Speicher (SRAM)* und dem *dynamischen Speicher (DRAM)* die zwei grundlegenden Architekturprinzipien moderner Speicherkomponenten im Detail kennen lernen.

9.3.1 SRAM-Speicher

In einem SRAM-Speicher (*Static Random Access Memory*) wird jedes Bit, wie in Abbildung 9.25 am Beispiel eines 4×4-Bit-Speichers gezeigt, mit Hilfe eines separaten asynchronen RS-Latch gespeichert.

9.3 Hauptspeicher

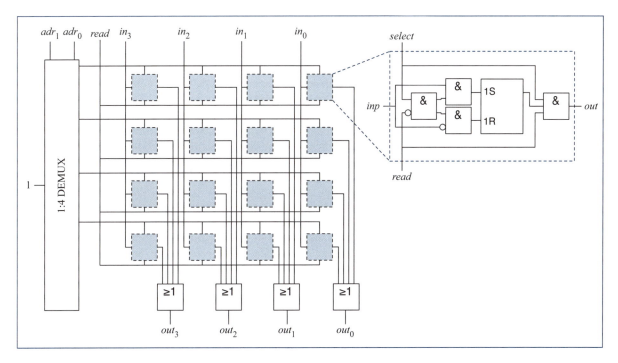

Abbildung 9.25: Schematischer Aufbau eines SRAM-Speichers

Zum Lesen einer Speicherzelle wird zunächst das *read*-Signal aktiviert (*read* = 1) und anschließend die betreffende Speicheradresse an den Leitungen adr_1 und adr_0 angelegt. Daraufhin wird der Speicherinhalt auf die Datenausgänge durchgeschaltet. Zum Beschreiben einer Speicherzelle wird an den Adressleitungen adr_1 und adr_0 die Zieladresse und an den Dateneingängen $in_3, \ldots, in_0$ das zu schreibende Datenwort angelegt. Wird anschließend das *read*-Signal auf 0 gesetzt (*write*), so schreibt der Baustein das angelegte Datenwort in den Speicher und blockiert die Ausgabe, bis das *read*-Signal erneut auf 1 gesetzt wird.

Wie die Implementierung zeigt, ist jedes asynchrone RS-Latch intern in eine separate Speicherzelle eingebettet, die über die drei Eingangsleitungen *select*, *input* und *read* sowie die Ausgangsleitung *out* verfügt. Über das Select-Signal *sel* wird die Zelle aktiviert. Solange die Leitung den Signalwert 0 besitzt, verharrt das RS-Latch unabhängig von den Werten der Eingangssignale in seinem aktuellen Zustand und der Wert der Ausgangsleitung *out* liegt konstant auf 0. Ist *sel* gleich 1, so entscheidet der Wert des *read*-Signals über die Funktion der Zelle. Ist *read* = 1, so wird der aktuelle Zustand des RS-Elements auf den Ausgang *out* durchgeschaltet. Ist *read* = 0, so wird der aktuelle Zustand mit

sel	read	inp	out	q^{t+1}
0	–	–	0	q^t
1	0	0	0	0
1	0	1	0	1
1	1	0	q^t	q^t
1	1	1	q^t	q^t

Tabelle 9.3: Schaltverhalten der statischen 1-Bit-Speicherzelle

■ Schematischer Aufbau

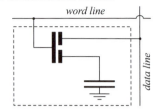

■ Laden

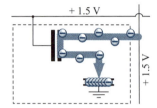

■ Entladen

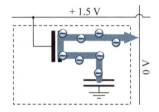

■ Speichern

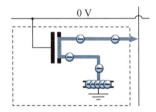

Abbildung 9.26: Aufbau und Funktionsweise einer DRAM-Zelle

dem Signalwert der Datenleitung *inp* überschrieben. Tabelle 9.3 fasst die Ansteuerung der Speicherzelle zusammen.

In der Gesamtschaltung sind die einzelnen Speicherzellen so in einer Matrix angeordnet, dass jede Zeile einem einzelnen Datenwort entspricht. Als Adressdecoder kommt ein 1-zu-4-Demultiplexer zum Einsatz, der in Abhängigkeit der beiden Adressleitungen adr_1 und adr_0 genau eine Zeile aktiviert. In Abhängigkeit des *read*-Signals, das alle Speicherzellen simultan versorgt, wird die Zeile entweder neu beschrieben (*read* = 0) oder der aktuelle Inhalt der Speicherelemente auf den Datenleitungen out_3 bis out_0 ausgegeben (*read* = 1).

Durch den Einsatz von Latch-Elementen halten die einzelnen Speicherzellen ihren Zustand über einen beliebig langen Zeitraum aufrecht. Dieser Eigenschaft verdankt der Latch-basierte Speicher seinen eigentlichen Namen: er wird als *statischer Speicher (Static RAM)* bezeichnet. Mit Hilfe der SRAM-Technologie lassen sich besonders schnell schaltende Speicherelemente herstellen, die vor allem zum Aufbau schneller Cache-Speicher verwendet werden. Mit 4 bis 6 Transistoren pro Speicherbit benötigen SRAM-Zellen jedoch vergleichsweise viel Fläche, so dass z. B. der üppige Hauptspeicher typischer Computersysteme nicht vollständig mit statischen RAM-Bausteinen realisiert werden kann. Stattdessen kommen *dynamische Speicherelemente (DRAMs)* zum Einsatz, die wir im nächsten Abschnitt einer genaueren Betrachtung unterziehen werden.

9.3.2 DRAM-Speicher

In einem DRAM-Speicher (*Dynamic Random Access Memory*) wird ein einzelnes Bit nicht mehr länger mit Hilfe eines konventionellen Latch- oder Flipflop-Elements gespeichert, sondern durch eine kleine Ladung repräsentiert, die transistorgesteuert auf einen Kondensator aufgebracht wird. Wie in Abbildung 9.26 gezeigt, reduziert sich die Komplexität zur Speicherung eines Bits damit auf einen einzigen Transistor, der direkt mit den beiden Steuerleitungen *word line* und *data line* verbunden ist.

Durch das Anlegen einer Spannung an die *word line* wird der Transistor durchlässig und der angeschlossene Kondensator dadurch mit der *data line* verbunden. In Abhängigkeit der an die *data line* angelegten Spannung wird entweder eine minimale Ladung auf den Kondensator aufgebracht oder von diesem entfernt. Ist die *word line* deaktiviert, so sperrt der Transistor und die gespeicherte Ladung kann nicht mehr ungehindert abfließen. Aufgrund des begrenzten Innenwiderstand des Transistors wird der Stromfluss jedoch nicht gänzlich gestoppt und baut sich

9.3 Hauptspeicher

in Form eines *Leckstroms* langsam über den Transistor ab. Damit eine DRAM-Zelle ihren Zustand über längere Zeit aufrechterhalten kann, muss deren Inhalt daher zyklisch ausgelesen und neu beschrieben werden.

Im Bezug auf die maximal erreichbare Schreib- und Lesegeschwindigkeit ist die DRAM-Technik der schnellen SRAM-Technik unterlegen. Aufgrund des wesentlich einfacheren Aufbaus einer einzelnen Speicherzelle lassen sich jedoch deutlich mehr Speicherbits auf gleichem Raum integrieren und hierdurch besonders kostenökonomisch produzieren. Die DRAM-Technik eignet sich deshalb insbesondere zum Aufbau großer Speicher.

In typischen Computersystemen ist der Hauptspeicher in Form standardisierter Speicherriegel realisiert, die sich auf der obersten Ebene in *SIMMs* und *DIMMs* unterteilen lassen. Sind die auf der Vorder- und Rückseite gegenüberliegenden Kontakte elektrisch miteinander verbunden, so sprechen wir von einem *Single Inline Memory Module* (SIMM). Befindet sich auf der Vorder- und Rückseite jeweils eine separate Kontaktreihe, so sprechen wir von einem *Double Inline Memory Module* (DIMM). Auf einem einzigen Speicherriegel sind mehrere DRAM-Chips integriert, die sich selbst bei Speichermodulen gleicher Bauform in Anzahl und Kapazität erheblich unterscheiden. In Abbildung 9.27 sind einige der in der Vergangenheit erschienenen Speichermodule exemplarisch gegenübergestellt.

Das obere Beispiel zeigt zwei Implementierungsvarianten eines Speicherriegels mit 30 Pins, wie er in Personal-Computern der ersten Generation zum Einsatz kam. Der Speicherriegel führt 8 Datenleitungen parallel nach außen, die jeweils mit einem separaten *Speicherchip* verbunden sind. Die zweite Implementierungsvariante verwendet Speicherchips mit 4 Datenleitungen pro Chip, so dass zwei Speicherchips ausreichend sind, um die 8 Datenleitungen zu versorgen. Typische Speicherchips besitzen 2, 4, 8 oder 16 Datenausgänge und wir sprechen in diesem Zusammenhang auch von ×2-, ×4-, ×8- bzw. ×16-Speicher. Generell gilt, dass die Anzahl der Datenausgänge pro Chip multipliziert mit der Anzahl der auf einem Speichermodul integrierten Bausteine stets der Breite des *Datenbusses* entspricht.

Das mittlere Beispiel in Abbildung 9.27 zeigt zwei Implementierungsvarianten eines 32-Bit-PS/2-SIMM. Das erste Modul verwendet 8 Speicherbausteine mit jeweils 4 Datenausgängen, das zweite Modul realisiert den gleichen Speicher durch 2 Speicherbausteine mit jeweils 16 Datenausgängen. Das dritte Beispiel zeigt ein DDR2-DIMM-Modul mit 240 Pins – aufgebaut mit ×8- bzw. ×16-Speicherchips.

- SIMM-Modul (30 Pins, 8 Bit)

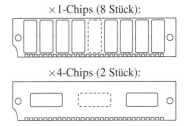

- SIMM-Modul (72 Pins, 32 Bit)

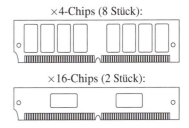

- DIMM-Modul (240 Pins, 64 Bit)

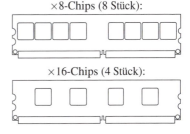

Abbildung 9.27: Speicherriegel verschiedener Kapazität und Bauart

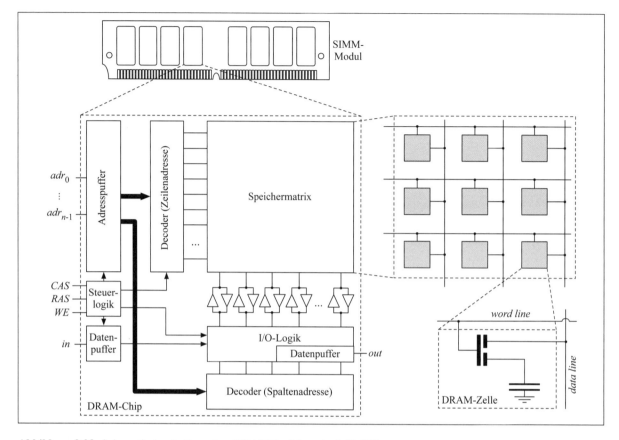

Abbildung 9.28: Schematischer Aufbau eines DRAM-Speichers (vgl. [4, 81])

Abbildung 9.28 skizziert den schematischen Aufbau eines einzelnen DRAM-Chips. Intern sind die Speicherzellen in einer *Speichermatrix* organisiert, so dass sich die Adresse eines Bits aus einem Zeilenanteil und einem Spaltenanteil zusammensetzt. Alle Speicherzellen einer Zeile werden als *Seite* (*page*) bezeichnet. Bei einem Zugriff auf ein Speicherbit wird die im Adresspuffer gespeicherte Adresse zerlegt und beide Komponenten an den Zeilen- und Spaltendecoder weitergeleitet. Der Belegung der Steuersignale entsprechend, sorgt die Kontroll- und I/O-Logik dafür, dass die Bitinhalte geschrieben oder ausgelesen werden.

Die Anzahl der in der Speichermatrix zusammengefassten Zellen und damit auch die Anzahl der benötigten Adressbits ist in den letzten Jahren kontinuierlich gestiegen. Um nicht für jedes Adressbit eine eigene externe Adressleitung vorhalten zu müssen, bedienen sich nahezu

9.3 Hauptspeicher

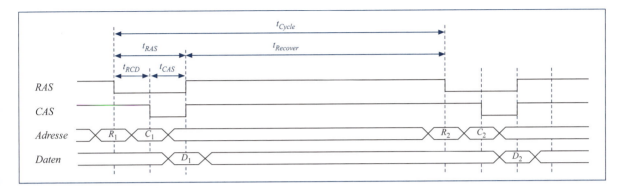

Abbildung 9.29: Ablauf eines DRAM-Speicherzugriffs. Die Balken in den letzten beiden Zeilen deuten an, dass es sich bei der *Adresse* und den *Daten* nicht um Binärsignale handelt, sondern um Zahlenwerte, die sich aus mehreren Binärsignalen zusammensetzen. Entsprechend sind die diagonal verlaufenden Linien nicht als Flanken zu verstehen; sie sind lediglich eine symbolische Darstellung für einen simultanen Wechsel der Einzelsignale.

alle heute gebräuchlichen DRAM-Bausteine eines Tricks in Form des *Adressmultiplexings*. Anstatt die Zeilen- und Spaltenadresse parallel über separate Eingangsleitungen einzulesen, werden beide Adressanteile nacheinander auf die gleichen Adresspins gelegt. Ob es sich bei einer aktuell angelegten Bitkombination um den Zeilen- oder den Spaltenanteil handelt, wird über die beiden zusätzlichen Steuersignale *RAS* (Row Address Strobe) und *CAS* (Column Address Strobe) bestimmt. Aus historischen Gründen sind beide Steuersignale bei nahezu allen DRAM-Chips *low active* ausgelegt, d. h., der Wert des *RAS*- und *CAS*-Signals ist im inaktiven Zustand gleich 1 und wird zum Übertragen der Zeilen- oder Spaltenadresse für kurze Zeit auf 0 gezogen.

Abbildung 9.29 fasst den zeitlichen Ablauf eines typischen DRAM-Zugriffs grafisch zusammen. Zunächst wird die Zeilenadresse angelegt und das *RAS*-Signal aktiviert. Ob der Speicher ausgelesen oder beschrieben werden soll, wird über das Signal $\overline{WE}$ bestimmt. Im Fall $\overline{WE} = 0$ wird lesend, im Fall $\overline{WE} = 1$ schreibend auf den Speicher zugegriffen. Intern bewirkt die Aktivierung des *RAS*-Signals das sofortige Auslesen und Zwischenspeichern der adressierten Speicherseite. Anders als bei SRAM-Speichern werden einzelne Speicherzellen nicht singulär angesprochen, sondern stets auf die Speicherzellen einer ganzen Zeile simultan zugegriffen.

Sobald die Zeilenadresse eingelesen ist, wird die Spaltenadresse auf die Adresspins gelegt und das *CAS*-Signal aktiviert. Im Fall eines Lesezugriffs kann der Inhalt der entsprechenden Speicherzelle kurze Zeit später an den Datenausgängen abgegriffen werden, im Fall eines Schreib-

RAS/CAS-Verzögerung t_{RCD}	
Zeitspanne zwischen dem Anlegen der Zeilenadresse (Aktivierung des *RAS*-Signals) und dem Anlegen der Spaltenadresse (Aktivierung des *CAS*-Signals).	
CAS-Zugriffszeit t_{CAS}	
Verstrichene Zeit zwischen der Aktivierung des *CAS*-Signals und dem Anliegen der Daten.	
RAS-Zugriffszeit t_{RAS}	
Verstrichene Zeit zwischen der Aktivierung des *RAS*-Signals und dem Anliegen der Daten. Die *RAS*-Zugriffszeit ist die Summe aus der *RAS/CAS*-Verzögerung und der *CAS*-Zugriffszeit.	
Erholzeit $t_{Recover}$	
Erholzeit, die nach einem erfolgten Speicherzugriff verstreichen muss, bis ein neuer Zugriff möglich ist.	
Zykluszeit t_{Cycle}	
Minimal verstreichende Zeit zwischen zwei Speicherzugriffen. Die Zykluszeit ist die Summe aus *RAS*-Zugriffszeit und Erholzeit.	

Tabelle 9.4: Zugriffs- und Zykluszeiten eines DRAM-Zugriffs

- Normal mode

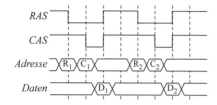

- Page mode

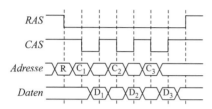

- Nibble mode

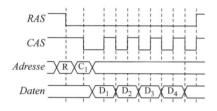

Abbildung 9.30: Verschiedene Zugriffsmodi eines SRAM-Speichers

zugriffs wird der zwischengespeicherte Inhalt der adressierten Speicherzelle verändert. In beiden Fällen wird anschließend die komplette Speicherseite zurückgeschrieben und damit implizit ein vollständiger Refresh-Zyklus durchgeführt. Beim Zugriff auf einen DRAM-Speicher sind die im Zeitdiagramm eingetragenen und in Tabelle 9.4 näher beschriebenen Zugriffs- und Zykluszeiten unbedingt zu beachten.

In der Vergangenheit wurden zahlreiche Optimierungen eingeführt, um die Zykluszeit t_{Cycle} eines Speicherchips zu verringern. Eine dieser Optimierungen basiert auf der Beobachtung, dass sich zwei aufeinander folgende RAM-Zugriffe in den meisten Fällen auf Speicherzellen der gleichen Speicherseite und in vielen Fällen auf direkt hintereinanderliegende Adressen beziehen. Zur Beschleunigung erlauben die meisten DRAM-Speicher den Zugriff im *page mode*. In diesem Fall bleibt das *RAS*-Signal über mehrere Speicherzugriffe hinweg aktiviert und die Zeilenadresse damit stets die gleiche. Durch das periodische Aktivieren und Deaktivieren des *CAS*-Signals wird anschließend nur noch die Spaltenadresse übertragen. Ab dem zweiten Speicherzugriff verringert sich die Zugriffszeit auf eine Speicherstelle damit von t_{RAS} auf t_{CAS}, allerdings müssen alle adressierten Speicherstellen die gleiche Zeilenadresse besitzen und sich somit auf der gleichen Speicherseite befinden.

Eine weitere Optimierung stellt der *nibble mode* dar, mit dessen Hilfe direkt hintereinanderliegende Speicherzellen effizient ausgelesen bzw. beschrieben werden können. Hierzu wird sowohl die Zeilen- als auch die Spaltenadresse genau einmal übertragen und der Spaltenadressanteil mit Hilfe eines auf dem Speicherchip integrierten Zählers bei jedem Zugriff automatisch um eins erhöht. Abbildung 9.30 stellt die verschiedenen Zugriffsmodi nochmals vergleichend gegenüber.

Das Zeitdiagramm in Abbildung 9.29 hat deutlich aufgezeigt, dass konsekutive Zugriffe auf den DRAM-Speicher nicht in beliebig schneller Abfolge ausgeführt werden können. Vielmehr muss nach jedem Zugriff eine Erholphase eingefügt werden, die in typischen DRAM-Chips bis zu 80 % der gesamten Zykluszeit in Anspruch nimmt. Genau hier setzt das Prinzip des *Interleavings* an, das den Speicherchip in mehrere *Speicherbänke* aufteilt. Jede Bank verfügt über eine separate *RAS*- und *CAS*-Leitung. Die Anzahl der Bänke eines Chips entspricht einer Zweierpotenz und kann an der Pin-Belegung des Speicherriegels abgelesen werden. Als Beispiel ist Abbildung 9.31 die Pin-Belegung eines 72-Bit-PS/2-SIMM-Moduls zusammengefasst. Die Speicherchips des abgebildeten Moduls verfügen jeweils über vier Bänke – zu erkennen an den vier *RAS*-Leitungen *RAS*0 bis *RAS*3 (Pin 33, 34, 44 und 45) und den vier *CAS*-Leitungen *CAS*0 bis *CAS*3 (Pin 40, 41, 42 und 43).

9.3 Hauptspeicher

1	Vss	13	A1	25	DA22	37	–	49	DQ8	61	DQ13
2	DQ0	14	A2	26	DQ7	38	–	50	DQ24	62	DQ30
3	DQ16	15	A3	27	DQ23	39	Vss	51	DQ9	63	DQ14
4	DQ1	16	A4	28	A7	40	CAS0	52	DQ25	64	DQ31
5	DQ17	17	A5	29	–	41	CAS2	53	DQ10	65	DQ15
6	DQ2	18	A6	30	Vcc	42	CAS3	54	DQ26	66	–
7	DQ18	19	–	31	A8	43	CAS1	55	DQ11	67	PD1
8	DQ3	20	DQ4	32	A9	44	RAS0	56	DQ27	68	PD2
9	DQ19	21	DQ20	33	RAS3	45	RAS1	57	DQ12	69	PD3
10	Vcc	22	DQ5	34	RAS2	46	–	58	DQ28	70	PD4
11	–	23	DQ21	35	–	47	WE	59	Vcc	71	–
12	A0	24	DQ6	36	–	48	–	60	DQ29	72	Vss

Abbildung 9.31: Pin-Belegung eines 72-Bit-PS/2-SIMM-Moduls

Intern ist jede Bank wie ein autonomer Speicherchip organisiert und besitzt neben einer separaten Speichermatrix auch eine separate I/O-Logik. Die einzelnen Speicherzellen werden dabei so auf die verschiedenen Segmente verteilt, dass bei einem konsekutiven Speicherzugriff alle Bänke in abwechselnder Reihenfolge angesprochen werden. Während sich die aktuell angesprochene Speicherbank noch in der Erholungsphase befindet, kann bereits mit dem Zugriff auf die nächste Speicheradresse begonnen werden. Die hierdurch erzielbaren Geschwindigkeitssteigerungen sind enorm, da der Durchsatz aufgrund der verschränkten Datenspeicherung nicht mehr durch die vergleichsweise lange Erholzeit $t_{Recover}$, sondern fast nur noch durch die Zugriffszeit t_{RAS} limitiert wird. Auf der negativen Seite steigen durch die Segmentierung der Speichermatrix und die Mehrfachauslegung der Ansteuerungslogik neben der Komplexität auch die Herstellungskosten eines DRAM-Chips.

Vielleicht ist Ihnen bei der Durchsicht der Pin-Belegung in Abbildung 9.31 aufgefallen, dass der Speicherriegel keinen Takteingang besitzt. In der Tat waren die DRAM-Speicher der ersten Generationen, zu denen auch der abgebildete PS/2-SIMM gehört, allesamt asynchron ausgelegt. Synchron arbeitende DRAM-Speicher – kurz SDRAMs – wurden erst Ende der Neunzigerjahre eingeführt, konnten sich aufgrund der deutlich höheren Geschwindigkeit jedoch rasch durchsetzen. SDRAM-Module werden über den Systembus mit dem nötigen Taktsignal versorgt und ermöglichen dadurch eine effiziente Kommunikation mit dem Hauptprozessor. Komplexe Handshaking-Protokolle, die für die Kommunikation mit asynchron arbeitenden Komponenten typisch sind, können bei der Anbindung von SDRAM-Speicher entfallen. Genau wie bei ihren asynchronen Verwandten wird die Übertragung der Zeilen- und Spaltenadresse über ein *RAS*- und *CAS*-Signal gesteuert –

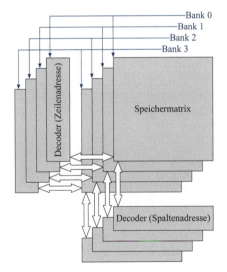

Abbildung 9.32: Aufteilung des Chip-Speichers auf verschiedene Bänke

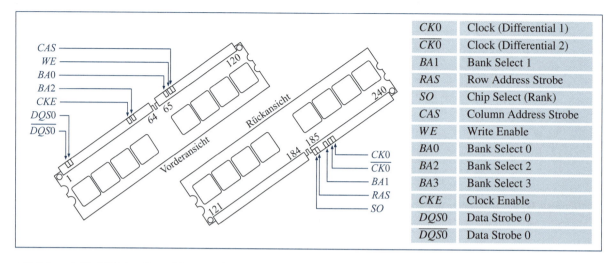

Abbildung 9.33: Wichtige Steuerleitungen eines 240-poligen 2-GByte-DDR2-Speichermoduls

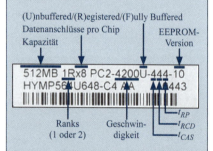

Über die konkreten Eigenschaften eines Speichermoduls gibt das Typenschild genauere Auskunft. Das folgende Beispiel entstammt einem DDR2-Modul (zu erkennen an dem Schlüsselwort PC2 in der Mitte des Typ-Bezeichners):

Das Modul besitzt eine Speicherkapazität von 512 MByte. Die Speicherchips sind in einem einzigen Rank organisiert, besitzen je 8 Datenausgänge und erreichen eine maximale Datenrate von 4.200.000.000 Byte pro Sekunde. Die nächsten drei Ziffern geben Auskunft über das Zeitverhalten. Neben t_{CAS} und t_{RCD} wird mit t_{RP} die Vorladezeit einer Zeilenleitung angegeben, die Teil der Erholzeit ist.

der Wert beider Signale wird jedoch nur noch taktsynchron ausgewertet. Ist das Speichermodul einflankengesteuert, so sprechen wir von *SDR-RAM (Single Data Rate RAM)*. Reagiert der Speicherriegel dagegen – wie heute üblich – sowohl auf die positive als auch auf die negative Taktflanke, so sprechen wir von *DDR-RAM (Double Data Rate RAM)*.

Abbildung 9.33 zeigt exemplarisch den Aufbau eines 240-poligen 2-GByte-DDR2-Speicherriegels, zusammen mit der Erklärung der wichtigsten Steuerleitungen. Bei dem abgebildeten Speicherriegel handelt es sich um ein beidseitig bestücktes Modul. Die 8 Speicherchips auf jeder Seite bilden zusammen jeweils einen sogenannten *Rank*. Welcher der beiden Ranks aktuell angesprochen wird, bestimmt der Signalwert der Steuerleitung CS (*chip select*). Jeder der 16 Speicherchips verfügt intern über 8 Bänke, die direkt angesprochen werden können. Anders als der weiter oben abgebildete PS/2-SIMM besitzt das DDR-Modul jedoch keine separate RAS- und CAS-Leitung für jede Speicherbank. Stattdessen wird die Speicherbank mit Hilfe der drei *Bank-select-Signale* BA0, BA1 und BA2 ausgewählt und über die gemeinsam genutzte RAS- und CAS-Leitung aktiviert. Auf diese Weise steigt die Anzahl der nach außen geführten Pins nur logarithmisch und nicht linear mit der Anzahl der zu adressierenden Speicherbänke an.

Der Takt wird *differenziell*, d. h. in Form zweier um 180 Grad phasenverschobener Rechtecksignale $CK0$ und $\overline{CK0}$, in das Speichermodul hineingeführt. Intern wird das eigentliche Taktsignal *clk* rekonstruiert, indem an jedem Schnittpunkt von CK und $\overline{CK}$ eine positive bzw.

negative Flanke erzeugt wird. Abbildung 9.34 fasst die Idee der differenziellen Signalübertragung grafisch zusammen. Zwar erfordert die differenzielle Übertragung die doppelte Anzahl Pins, überträgt ein Signal jedoch mit ungleich höherer Genauigkeit und deutlich verringerter Störanfälligkeit. Die hohe Präzision des Taktsignals ist eine Grundvoraussetzung, um Speicherriegel mit den heute üblichen Taktfrequenzen zuverlässig betreiben zu können.

Neben den beiden Taktsignalen verfügt der DDR2-DIMM-Baustein über weitere Pins zur Synchronisierung des Datentransfers. Insbesondere werden die Signaländerungen auf den Datenpins durch ein differenzielles Synchronisationssignal hoher Präzision begleitet. Hierzu führt das Speichermodul die Pins DQS und $\overline{DQS}$ nach außen, die bidirektional ausgelegt sind. Im Schreibfall nimmt das Speichermodul das Synchronisationssignal neben den Daten als weitere Eingabe entgegen. Im Lesefall wird das differenzielle Signal auf dem Speichermodul erzeugt und an den DQS- und $\overline{DQS}$-Pins differenziell nach außen geführt.

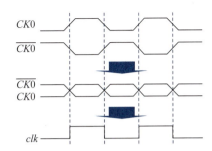

Abbildung 9.34: Das Prinzip der differenziellen Signalübertragung

9.3.3 Fehlererkennung und -korrektur

Im Vergleich zu statischen RAMs, deren Speicherzellen mit vergleichsweise komplexen Latch-Elementen aufgebaut sind, basieren dynamische RAMs auf wesentlich primitiveren Speicherzellen – bestehend aus einem einzigen Transistor und einem Kondensator. Der hiermit einhergehende Flächen- und Kostenvorteil bringt in Bezug auf die Störanfälligkeit und Zuverlässigkeit erhebliche Nachteile mit sich, die besondere Vorkehrungsmaßnahmen erfordern.

In jeder einzelnen DRAM-Zelle wird der gespeicherte Binärwert durch die Ladung bestimmt, die auf der negativen Kondensatorplatte aufgebracht ist. Durch die kontinuierlich auftretenden Leckströme reduziert sich die Anzahl der aufgebrachten Elektronen auf der Speicherplatte auch während der Speicherphase beständig, so dass der Kondensator ohne weiteres Zutun bereits nach wenigen Millisekunden faktisch entladen ist. Eine gespeicherte 1 ist dann nicht mehr von einer 0 zu unterscheiden. Um die gespeicherten Daten in einem DRAM-Speicher über längere Zeit aufrechtzuerhalten, müssen daher *alle* Zellen in kontinuierlichen Abständen ausgelesen und wieder neu beschrieben werden. Wie in Abbildung 9.35 skizziert, verfügt jedes DRAM-Modul hierzu über eine separate *Refresh-Logik*, die Speicherseite für Speicherseite permanent ausliest und unverändert zurückschreibt. Die Refresh-Logik wird durch einen speziellen Adressgenerator angesteuert, der kontinuierlich die Adressen aller Speicherseiten durchzählt.

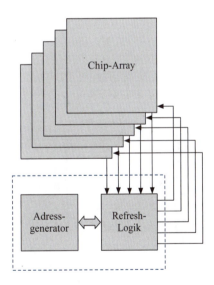

Abbildung 9.35: Aufgrund der auftretenden Leckströme müssen alle Speicherseiten eines DRAM-Speichers in regelmäßigen Abständen ausgelesen und neu beschrieben werden.

Des Weiteren reagieren Speicherzellen eines DRAM-Chips vergleichsweise anfällig auf äußere Störeinflüsse. Neben physikalischen Defekten und unkompensierten Spannungsschwankungen kann insbesondere auch das Einwirken natürlicher radioaktiver Strahlung das Kippen eines Speicherbits verursachen. Verantwortlich hierfür ist die geringe Anzahl von Elektronen, die sich auf der Kondensatorplatte einer Speicherzelle befinden. Zerfällt ein Atom z. B. aufgrund natürlicher Radioaktivität, so entstehen Alpha-Teilchen, die hinreichend tief in die Siliziumoberfläche eindringen und den Inhalt einer Speicherzelle verändern können. Wir sprechen in diesem Fall von einem *soft error*.

Ein Teil der Problematik ist herstellungsbedingt verursacht, da in der Chip-Produktion zahlreiche Materialien mit erhöhter natürlicher Radioaktivität zum Einsatz kommen. Viele dieser Materialien enthalten diverse Blei-Isotope, die sich aufgrund ihrer vergleichsweise hohen natürlichen Radioaktivität und der teilweise sehr langen Halbwertszeit negativ auswirken können. Durch den Einsatz von Materialien mit verringerter natürlicher Radioaktivität konnte die Halbleitertechnik in den letzten Jahren deutliche Fortschritte verzeichnen, das grundlegende Problem spontaner Bitfehler ist heute jedoch immer noch vorhanden – wenn auch in deutlich abgeschwächter Form.

Um das Risiko eines Soft-Errors abzuschwächen, werden in Systemen mit sehr hohen Zuverlässigkeitsanforderungen Speichermodule eingesetzt, die mit fehlererkennenden bzw. fehlerkorrigierenden Codes arbeiten. Die einfachste Variante fehlererkennender Speichermodule sichert die gespeicherten Daten mit einem zusätzlichen Paritätsbit ab. Im Zuge einer Schreiboperation wird jedes Datenwort um ein oder mehrere Prüfbits ergänzt und zusammen mit den Datenbits im Speicher abgelegt. Bei jeder Leseoperation werden die Datenbits gegen die Paritätsbits abgeglichen und ein erkannter Bitfehler durch das Setzen eines speziellen Fehlersignals angezeigt. In typischen Systemen wird durch ein Fehlersignal ein Interrupt ausgelöst und damit eine spezielle Routine des Betriebssystems aktiviert.

Abbildung 9.37 zeigt die Pin-Belegung eines PS/2-SIMMs mit Paritätsüberprüfung. Im Gegensatz zu dem in Abbildung 9.31 beschriebenen Speicherriegel enthält der SIMM einen zusätzlichen Speicherchip, der für jedes Byte der 32 Bit breiten Datenwörter ein separates Paritätsbit speichert. Die hierfür zusätzlich benötigten vier Datenleitungen sind auf den Pins 35 bis 38 (Signale $DQ33$ bis $DQ36$) nach außen geführt.

Sind die Daten durch Paritätsbits abgesichert, so kann ein einzelnes gekipptes Bit zwar sicher erkannt, jedoch nicht korrigiert werden – die Parity-Bits liefern nicht genug Informationen, um die fehlerhafte Bit-

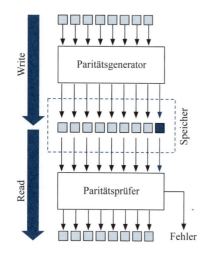

Abbildung 9.36: Absicherung der gespeicherten Datenwörter durch zusätzliche Paritätsbits

9.3 Hauptspeicher

1	Vss	13	A1	25	DA22	37	DQ35	49	DQ8	61	DQ13
2	DQ0	14	A2	26	DQ7	38	DQ36	50	DQ24	62	DQ30
3	DQ16	15	A3	27	DQ23	39	Vss	51	DQ9	63	DQ14
4	DQ1	16	A4	28	A7	40	CAS0	52	DQ25	64	DQ31
5	DQ17	17	A5	29	–	41	CAS2	53	DQ10	65	DQ15
6	DQ2	18	A6	30	Vcc	42	CAS3	54	DQ26	66	–
7	DQ18	19	–	31	A8	43	CAS1	55	DQ11	67	PD1
8	DQ3	20	DQ4	32	A9	44	RAS0	56	DQ27	68	PD2
9	DQ19	21	DQ20	33	RAS3	45	RAS1	57	DQ12	69	PD3
10	Vcc	22	DQ5	34	RAS2	46	–	58	DQ28	70	PD4
11	–	23	DQ21	35	DQ33	47	WE	59	Vcc	71	–
12	A0	24	DQ6	36	DQ34	48	–	60	DQ29	72	Vss

Abbildung 9.37: Pin-Belegung eines 72-Bit PS/2-SIMM-Moduls mit Paritätsüberprüfung

stelle zu lokalisieren. Abhilfe schafft die Verwendung von fehlerkorrigierenden Codes, mit deren Hilfe ein verfälschtes Bit nicht nur erkannt, sondern auch dessen Position bestimmt werden kann.

Der bekannteste Vertreter dieser Kategorie ist der *Hamming-Code* [38, 39]. Der Hamming-Code eines 32 Bit breiten Datenworts wird durch das Hinzufügen von 6 zusätzlichen *Prüfbits* erzeugt. Die Werte der Prüfbits werden durch die gezielte XOR-Verknüpfung der Datenbits so bestimmt, dass der resultierende Code eine *Hamming-Distanz* von 3 erreicht. Dies bedeutet, dass mindestens drei Bits kippen müssen, um aus einem gültigen Codewort ein anderes gültiges Codewort zu erzeugen. Insgesamt lassen sich hierdurch alle Einfachfehler korrigieren und alle Zweifachfehler zumindest noch erkennen.

Fehlerkorrigierende Speichermodule verfügen oft über eine erweiterte Refresh-Logik. Nach dem Auslesen einer Speicherseite werden die Datenwörter mit Hilfe der Prüfbits auf etwaig vorhandene Bitfehler getestet und gegebenenfalls die Position der verfälschten Bits bestimmt. Anschließend werden die gekippten Bits korrigiert und die bereinigte Speicherseite wieder zurückgeschrieben. Hierdurch wird der ohnehin notwendige Speicher-Refresh zu einem Korrektur-Refresh erweitert, der die Hauptspeicherintegrität permanent aufrechterhält. Abbildung 9.38 fasst die als *Scrubbing* bezeichnete Technik nochmals grafisch zusammen.

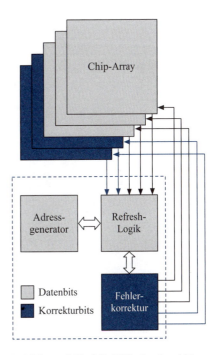

Abbildung 9.38: Mit Hilfe der Scrubbing-Technik werden gekippte Bits mit jedem Refresh-Zyklus wieder korrigiert.

9.4 Übungsaufgaben

Aufgabe 9.1

Webcode 8326

Weiter oben haben wir mit dem asynchronen Binärzähler eine wichtige Zählerarchitektur kennen gelernt.

a) Welche Laufzeitkomplexität besitzt der asynchrone Binärzähler?

b) Warum werden asynchrone Zähler trotzdem häufig eingesetzt?

c) Die in diesem Kapitel vorgestellte Implementierung des asynchronen Zählers basierte auf T-Flipflops, da sich die Schaltfunktion hiermit besonders einfach umsetzen lässt. Konstruieren Sie einen äquivalenten asynchronen 4-Bit-Binärzähler unter ausschließlicher Verwendung von D-Flipflops.

d) Implementieren Sie einen asynchronen 4-Bit-Binärzähler mit variabler Zählrichtung. Die Zählrichtung wird über die Steuerleitung s bestimmt. Im Fall $s = 0$ soll der Zählerstand erhöht, im Fall $s = 1$ erniedrigt werden. Verwenden Sie für Ihre Implementierung ausschließlich T-Flipflops und 1-aus-2-Multiplexer.

Aufgabe 9.2

Webcode 8684

Betrachten Sie das folgende Umlaufregister:

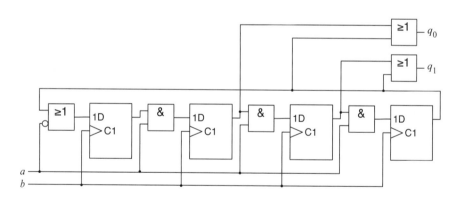

a) Welche Funktionalität erfüllt die Schaltung?

b) Welche Bedeutung besitzen die Eingänge a und b?

Aufgabe 9.3

Webcode 8340

Die folgende Hardware-Schaltung stellt eine alternative Implementierung eines synchronen Binärzählers dar:

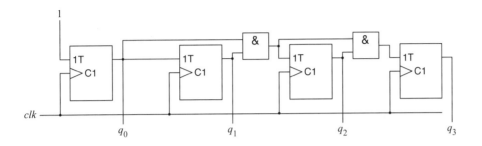

a) Stellen Sie die Übergangstabelle auf und vergewissern Sie sich, dass die Schaltung tatsächlich einen Zähler implementiert.

b) Welche Laufzeit- und Flächenkomplexität besitzt die Schaltung?

c) Ist es möglich, die Laufzeitkomplexität des Zählers zu verbessern, ohne die Flächenkomplexität zu verschlechtern?

Aufgabe 9.4

Webcode 8239

Gegeben sei das folgende Schaltwerk:

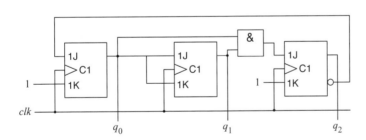

a) Analysieren Sie die Hardware-Schaltung, indem Sie zunächst die Übergangstabelle erzeugen und anschließend in einen endlichen Automaten übersetzen.

b) Erweitern Sie die Schaltung um eine Reset-Leitung rst, mit der sich der Zustand aller Flipflops auf 0 zurücksetzen lässt.

Aufgabe 9.5

Webcode 8280

Für die Lösung dieser Aufgabe stehen Ihnen die folgenden Hardware-Komponenten zur Verfügung:

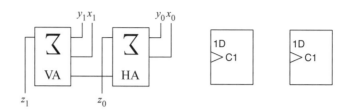

a) Beschreiben Sie knapp, um welche Bauteile es sich handelt.

Konstruieren Sie aus den bereitgestellten Komponenten ...

b) einen Modulo-4-Zähler, der den Zählerstand bei jeder positiven Taktflanke um eins erhöht.

c) einen Modulo-4-Zähler, der den Zählerstand bei jeder positiven Taktflanke um eins erniedrigt.

d) einen Modulo-4-Zähler, der über eine externe Eingangsleitung d verfügt und in jedem Takt entweder hochzählt ($d = 0$) oder runterzählt ($d = 1$).

Aufgabe 9.6

Webcode 8478

Gegeben sei das folgende Schaltwerk:

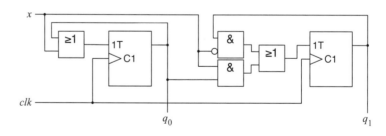

a) Stellen Sie die Übergangstabelle auf und übersetzen Sie diese anschließend in einen endlichen Automaten.

b) Was implementiert die Schaltung? Welche Aufgabe besitzt die Eingangsleitung x?

9.4 Übungsaufgaben

Aufgabe 9.7

Webcode 8913

Analysieren Sie das folgende Schaltwerk und beschreiben Sie dessen Funktion:

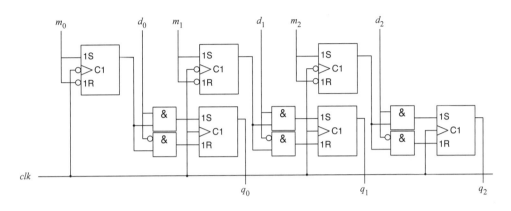

Aufgabe 9.8

Webcode 8982

Konstruieren Sie einen seriellen 4-Bit-Addierer, der in jedem Takt ein einzelnes Bit addiert.

a) Wie kann der serielle Addierer auf möglichst einfache Weise zu einem kombinierten Additions- und Subtraktionswerk erweitert werden? Die auszuführende Operation soll über eine zusätzliche Eingangsleitung *sub* gesteuert werden.

b) Wie viele zusätzliche Gatter benötigt Ihre Lösung und wo werden diese platziert?

Aufgabe 9.9

Webcode 8479

Ihre Aufgabe ist es, einen 2-Bit-Dualzähler zu entwerfen, der sowohl vorwärts als auch rückwärts zählen kann. Die Schaltung besitzt neben dem Takteingang nur eine weitere Eingangsleitung a, die die Zählrichtung angibt. Zu jeder positiven Taktflanke soll der Zählerstand bei $r = 0$ erhöht und bei $r = 1$ erniedrigt werden.

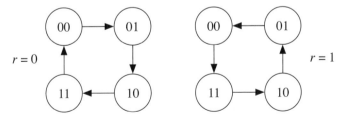

Zur Realisierung des Zustandsspeichers stehen Ihnen zwei T-Flipflops zur Verfügung, deren Eingänge in der nachstehenden Tabelle mit T_0 und T_1 bezeichnet sind. Ergänzen Sie in der Tabelle, wie die Eingänge beschaltet werden müssen und konstruieren Sie im Anschluss daran das Schaltwerk.

r	q_1^t	q_0^t	q_1^{t+1}	q_0^{t+1}	T_1	T_0
0	0	0	0	1		
0	0	1	1	0		
0	1	0	1	1		
0	1	1	0	0		
1	0	0	1	1		
1	0	1	0	0		
1	1	0	0	1		
1	1	1	1	0		

Aufgabe 9.10

Webcode 8223

Auf dem in Ihrem PC verbauten Speicherriegel entdecken Sie das folgende Typenschild:

1GB 1Rx4 PC2-3200R-333-11

a) Handelt es sich um einen SIMM- oder um einen DIMM-Baustein?

b) Wird das Modul ein- oder zweiflankengesteuert betrieben?

c) Wie groß ist die Zugriffszeit t_{RAS}?

d) Mit wie vielen Speicherchips ist das Modul aufgebaut?

Aufgabe 9.11

Webcode 8007

Die Wahrscheinlichkeit p, dass der Zustand einer DRAM-Speicherzelle durch den Einfall eines Alpha-Teilchens gekippt wird, sei in etwa

$$p = 4 \cdot 10^{-15} \frac{1}{\text{sec}}$$

In welchen Zeiträumen müssen Sie durchschnittlich mit einem fehlerhaften Bit rechnen, wenn das betrachtete Speichermodul eine der nachstehenden Kapazitäten besitzt?

a) 16 MByte,

b) 256 MByte bzw.

c) 2 GByte

10 Register-Transfer-Entwurf

In diesem Kapitel werden Sie . . .

- mit der Register-Transfer-Ebene eine abstrakte Entwurfsebene kennen lernen,
- die Aufgabenteilung zwischen Steuer- und Operationswerk verstehen,
- erlernen, fest verdrahtete Steuerwerke zu entwickeln,
- in der Mikroprogrammierung einen alternativen Implementierungsweg erkennen.

- Hardware:

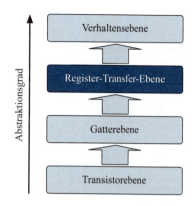

- Software:

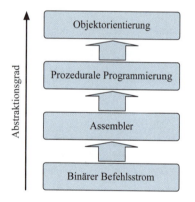

Abbildung 10.1: Genau wie in der Software-Entwicklung lässt sich auch im Hardware-Entwurf das zu entwickelnde Artefakt auf verschiedenen Abstraktionsebenen beschreiben.

10.1 Entwurf komplexer Systeme

In Abschnitt 8.2.2 haben wir mit der Schaltwerksynthese eine strukturierte und universell anwendbare Methodik kennen gelernt, um eine funktionale Verhaltensbeschreibung in eine reale Hardware-Schaltung zu transformieren. Ausgehend von der Spezifikation in Form eines endlichen Automaten haben wir zunächst die Zustandscodierung und daran anschließend die zur Implementierung benötigten Speicherelemente und Schaltnetze erzeugt. Vergleichen wir rückblickend die von uns erstellten Übergangsgraphen mit der erzeugten Hardware-Schaltung, so können wir feststellen, dass alle Variablen des endlichen Automaten durchweg boolescher Natur waren und sich eins zu eins in Form elektrischer Signalleitungen in der Implementierung wiederfinden lassen. Mit anderen Worten: Der Abstraktionsgrad der verwendeten Übergangsgraphen ist mit dem der erzeugten Schaltung identisch, so dass wir die in Abschnitt 8.2.2 durchgeführte Schaltwerksynthese als eine Entwurfsmethode der Gatterebene ansehen können. Aufgrund der stark steigenden Komplexität stößt das Verfahren beim Entwurf großer Systeme jedoch schnell an seine Grenzen.

Um die Entwurfskomplexität großer Systeme beherrschen zu können, müssen wir unser methodisches Vorgehen so erweitern, dass nicht mehr die Schaltdetails einzelner Gatter und Binärsignale, sondern vollständige Schaltungskomponenten sowie die Kommunikation zwischen denselben im Vordergrund stehen. Genau an dieser Stelle setzt die sogenannte *Register-Transfer-Ebene*, kurz RT-Ebene, an, die von den Wahrheitswerten 0 und 1 abstrahiert und stattdessen das *Datenwort* als grundlegende Einheit verwendet. In entsprechender Weise werden zusammengehörige Signalleitungen nur noch in gebündelter Form als *Signalpfad* betrachtet und einzelne Speicherelemente durch Register ersetzt. An die Stelle separater Logikgatter treten komplexe Funktionseinheiten wie Multiplexer, Demultiplexer, Zähler, Schieberegister, Addierer oder Multiplizierer.

Vergleichen wir für den Moment den Hardware- mit dem Software-Entwurf, so erweist sich der Übergang von der Gatter- zur Register-Transfer-Ebene als ein natürlicher Schritt. Die Modellierung einer Schaltung auf RT-Ebene ist in der Hardware-Welt nichts anderes als der Einsatz einer Hochsprache in der Software-Welt. Legen wir den Grad der Datenabstraktion zu Grunde, so entspricht der Übergang von der Gatter- auf die RT-Ebene in etwa dem Übergang von der Assembler-Sprache zu einer prozeduralen Programmiersprache wie C. Abbildung 10.1 fasst die verschiedenen Abstraktionsebenen grafisch zusammen.

10.1 Entwurf komplexer Systeme

Als Beispiel betrachten wir den Register-Transfer-Entwurf eines einfachen Akkumulators. Der Entwurf sieht zwei Register E und A vor, in denen zum einen der aktuell anliegende Eingabewert (E) und zum anderen der eigentliche Akkumulatorinhalt (A) gespeichert wird. In Abhängigkeit einer Steuerleitung c wird der Akkumulator mit dem Wert E überschrieben oder um diesen erhöht. Abbildung 10.2 zeigt den Register-Transfer-Entwurf des Akkumulators in Form eines Blockschaltbilds. Für die Umsetzung eines derartigen Schaltbilds in eine reale Hardware-Schaltung benötigen wir die folgenden vier Komponenten:

- Register zum Abspeichern der Eingabewerte und der Ergebnisse.
- Funktionale Einheiten, bestehend aus kombinatorischer Logik.
- Multiplexer zur Koordination der Datenströme.
- Steuerlogik zum Einstellen der zu durchlaufenden Signalpfade.

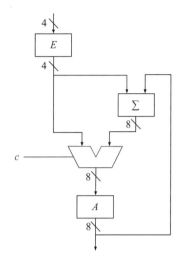

Abbildung 10.2: Blockschaltbild unserer Beispielschaltung.

Alle vier Komponenten kommen praktisch in jedem Register-Transfer-Entwurf vor, werden in typischen Blockschaltbildern jedoch nicht vollständig abgebildet. Anders als in Abbildung 10.2 gezeigt, werden sowohl die zur Zusammenführung der Datenpfade benötigten Multiplexer als auch deren Ansteuerungslogik in der Regel unterschlagen. Das so vereinfachte Blockschaltbild ist in Abbildung 10.3 dargestellt.

Betrachten wir die Beschaltung der Register genauer, so lassen sich diese in zwei Gruppen einteilen. Sind die Ausgänge eines Registers mit den Eingängen eines Funktionsblocks verbunden, so sprechen wir von einem *Eingaberegister*. Sind dagegen die Eingänge eines Registers mit den Ausgängen eines Funktionsblocks verbunden, so handelt es sich um ein *Ausgaberegister*. Wie das Register A in unserem Beispiel zeigt, kann ein Register sowohl als Eingabe- als auch als Ausgaberegister fungieren – anders wäre z. B. ein rückgekoppelter Datenfluss, wie er im Falle des Akkumulators vorhanden ist, unmöglich.

Der RT-Entwurf eignet sich insbesondere für den Aufbau synchroner Hardware-Schaltungen. In jedem Takt wird eine einzelne Register-Transfer-Operation ausgeführt, die sich aus drei Schritten zusammensetzt. Im ersten Schritt werden die Inhalte der Eingaberegister über die entsprechenden Datenpfade in die Funktionseinheiten geleitet. Dort angekommen werden die Daten im zweiten Schritt verknüpft und das Ergebnis im letzten Schritt in die entsprechenden Ausgaberegister geladen. Fungiert das Ausgaberegister gleichzeitig als Eingaberegister, so stehen die berechneten Daten in der nächsten Register-Transfer-Operation wieder als Eingabe zur Verfügung. In der realen Schaltungs-

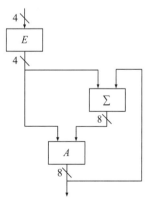

Abbildung 10.3: Auf die Darstellung der Multiplexer und der Steuerlogik wird in Blockschaltbildern häufig verzichtet.

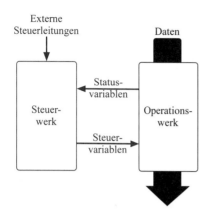

Abbildung 10.4: Aufteilung eines Register-Transfer-Entwurfs in ein Steuer- und ein Rechenwerk (vgl. [33])

implementierung laufen die drei beschriebenen Phasen nahezu gleichzeitig ab, da es sich bei den Funktionseinheiten um rein kombinatorische Elemente handelt.

Wie das Blockschaltbild in Abbildung 10.2 bereits erkennen lässt, kann die Steuerlogik vom Rest der Schaltung leicht separiert werden. Der Register-Transfer-Entwurf macht sich diese Eigenschaft zu Nutze und unterscheidet streng zwischen *Steuer-* und *Operationswerk*. Wie Abbildung 10.4 zeigt, werden die ein- und ausgehenden Datenwörter im Operationswerk verarbeitet. Welchen Weg die Daten dabei von den Eingabe- zu den Ausgaberegistern gehen, wird durch das Steuerwerk bestimmt, das über die *Steuer-* oder *Stellvariablen* die im Datenpfad enthaltenen Multiplexer ansteuert. Informationen bekommt das Steuerwerk über die sogenannten *Statusvariablen*, die neben externen Signalen auch Daten- und Signalleitungen aus dem Operationswerk einbeziehen können. Die Aufteilung bietet den Vorteil, dass sich sowohl das Operations- als auch das Steuerwerk nahezu unabhängig voneinander entwickeln lassen.

In den nächsten beiden Abschnitten werden wir an einem konkreten Beispiel zeigen, wie sich die skizzierte Vorgehensweise in die Tat umsetzen lässt.

10.1.1 Operationswerksynthese

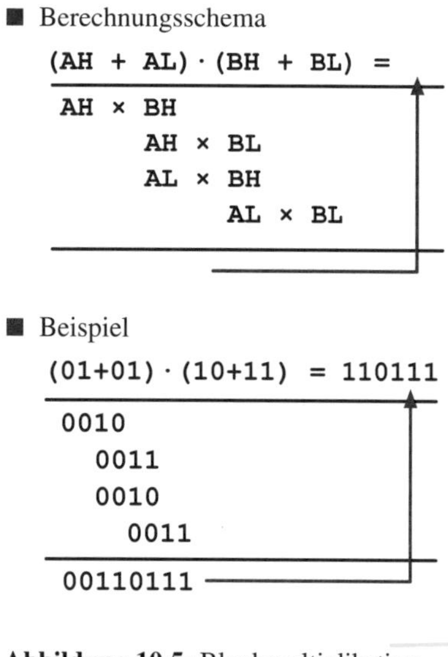

Um das Prinzip des Register-Transfer-Entwurfs zu verdeutlichen, betrachten wir den Entwurf eines 4-Bit-Multiplizierers auf Basis der *Blockmultiplikation*. Das Prinzip der Blockmultiplikation besteht darin, die beiden Operanden *A* und *B* zunächst in mehrere Blöcke zu zerlegen. Im einfachsten Fall partitionieren wir *A* und *B* in zwei gleich große Hälften A_H und A_L bzw. B_H und B_L. Legen wir die Bitbreite unseres Beispiels zu Grunde, so entsprechen A_H und B_H den oberen 2 Bits und A_L bzw. B_L den unteren 2 Bits der 4 Bit breiten Operanden *A* und *B*.

$$A = 2^2 \cdot A_H + A_L$$
$$B = 2^2 \cdot B_H + B_L$$

Damit lässt sich die Multiplikation wie folgt ausdrücken:

$$\begin{aligned} C &= A \cdot B \\ &= (2^2 A_H + A_L) \cdot (2^2 B_H + B_L) \\ &= 2^4 (A_H \cdot B_H) + 2^2 (A_H \cdot B_L) + 2^2 (A_L \cdot B_H) + A_L \cdot B_L \\ &= 2^4 (A_H \cdot B_H) + 2^2 (A_H \cdot B_L + A_L \cdot B_H) + A_L \cdot B_L \end{aligned} \quad (10.1)$$

- Berechnungsschema

```
(AH + AL) · (BH + BL) =
 AH × BH
    AH × BL
    AL × BH
       AL × BL
```

- Beispiel

```
(01+01) · (10+11) = 110111
 0010
  0011
  0010
   0011
 00110111
```

Abbildung 10.5: Blockmultiplikation

10.1 Entwurf komplexer Systeme

Gleichung (10.1) besagt nichts anderes, als dass wir das Produkt von A und B berechnen können, indem wir zunächst die vier Teilprodukte $A_L \cdot B_L$, $A_H \cdot B_L$, $A_L \cdot B_H$, $A_H \cdot B_H$ bilden und anschließend bitversetzt aufaddieren. Abbildung 10.5 fasst das entstehende Berechnungsschema nochmals auf grafische Weise zusammen.

Wie ein zweiter Blick auf Gleichung (10.1) zeigt, haben wir die Multiplikation durch die Zerlegung nicht vollständig eliminiert – zur Berechnung der vier Teilprodukte $A_H \cdot B_H$, $A_H \cdot B_L$, $A_L \cdot B_H$ und $A_L \cdot B_L$ wird die Multiplikationsoperation schließlich immer noch benötigt. Trotzdem sind wir der Lösung unseres Problems einen großen Schritt näher gekommen. Da die Breite der Operanden A_H, A_L, B_H und B_L nur noch 2 Bit beträgt, haben wir die 4-Bit-Multiplikation durch die Zerlegung auf vier 2-Bit-Multiplikationen reduziert und genau hier zeigt die Blockmultiplikation ihren Vorteil. Führen wir die vier verbliebenen 2-Bit-Multiplikationen nacheinander mit Hilfe eines einzigen Parallelmultiplizierers aus, so erhalten wir eine Schaltung, die immer noch deutlich schneller als ein rein sequenzieller Multiplizierer arbeitet. Auf der anderen Seite ist die Schaltung im direkten Vergleich mit einem 8-Bit-Parallelmultiplizierer durch die Verwendung einer Einheit mit halbierter Bitbreite erheblich platzsparender. Durch die freie Wahl der Partitionsgröße sind wir in der Lage, einen Multiplizierer zu konstruieren, der einen nahezu beliebigen Kompromiss zwischen Laufzeit und Flächenbedarf eingeht.

Der allgemeinen Methodik des Register-Transfer-Entwurfs folgend, entwerfen wir zunächst das Operationswerk und anschließend das Steuerwerk des Blockmultiplizierers. Über die Art und Anzahl der Komponenten, die wir zum Aufbau des Operationswerks benötigen, gibt uns die in Gleichung (10.1) formulierte Berechnungsvorschrift bereits vollständig Auskunft. Verzichten wir auf die parallele Berechnung von Teilergebnissen, so sind die folgenden drei Funktionseinheiten für den Bau des Blockmultiplizierers ausreichend:

- ein 2-Bit-Multiplizierer zur Berechnung der Teilprodukte,
- ein 8-Bit-Addierer zur Akkumulation der Teilergebnisse sowie
- ein 2-Bit-Links-Shifter zur Berechnung der Multiplikation mit 2^2.

Das Blockschaltbild in Abbildung 10.6 demonstriert das Zusammenspiel der Komponenten. Zur Eingabe der Operanden sieht der Entwurf die vier Eingaberegister A_L, A_H, B_L, B_H vor, jeweils mit einer Breite von 2 Bit. Die Datenpfade der Register laufen in einem 2×2-Multiplizierer zusammen, der das Produkt berechnet und das Ergebnis unmittelbar in

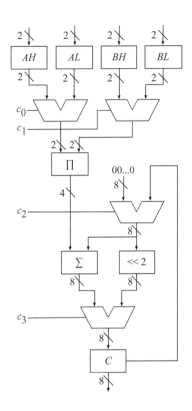

Abbildung 10.6: Das Operationswerk des 4-Bit-Blockmultiplizierers

- Ablaufsteuerung

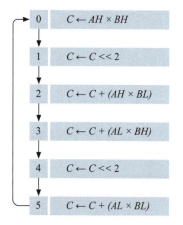

- Berechnung von 5×11

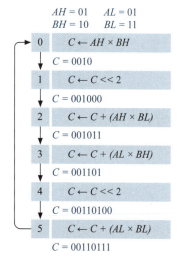

Abbildung 10.7: Ablaufsteuerung der Blockmultiplikation

den angeschlossenen Addierer weiterleitet. Das Ergebnis der Addition wird im Ausgaberegister C gespeichert und von dort erneut in den Addierer eingespeist. So kann der Inhalt von C in jedem Takt um die berechnete Summe erhöht werden. Die dritte Funktionseinheit erhält ihre Eingabe ebenfalls aus dem Ergebnisregister C und speichert ihr Ergebnis auch dort wieder ab. Damit ist es möglich, den Inhalt von C in einem Takt um zwei Bits nach links zu schieben, was einer Multiplikation mit dem Faktor $2^2 = 4$ entspricht.

10.1.2 Steuerwerksynthese

Nachdem das Operationswerk des Blockmultiplizierers vollständig konstruiert ist, wenden wir uns dem Aufbau des Steuerwerks zu. Hierzu setzen wir zunächst die Berechnungsvorschrift (10.1) in eine Sequenz von Register-Transfer-Operationen um. Wie das Ergebnis in Abbildung 10.7 zeigt, kann die Multiplikation mit 6 atomaren Register-Transfer-Operationen vollständig durchgeführt werden. In jedem Schritt wird eine der folgenden Grundoperationen durchgeführt:

- Laden (Takt 0)
- Akkumulieren (Takt 2,3 und 5)
- Schieben (Takt 1 und 4)

Abbildung 10.8 zeigt, wie die Multiplexer des Operationswerks angesteuert werden müssen, um die entsprechende Grundoperation zu berechnen. Über die Art der durchgeführten Operation entscheiden ausschließlich die Werte der Steuerleitungen c_2 und c_3. Die Werte von c_0 und c_1 bestimmen hingegen die Quelloperanden, die im Multiplizierwerk verarbeitet werden, und müssen im Fall des Ladens oder Akkumulierens entsprechend gesetzt sein. Befindet sich das Operationswerk im Schiebezustand, so ist der Ausgang des Multiplizierwerks effektiv vom Eingang des Zielregisters getrennt, so dass die Werte von c_0 und c_1 in diesem Fall beliebig gewählt werden dürfen.

Neben den vier Steuerleitungen $c_0, \ldots, c_3$ werden keine weiteren Signale zur Kommunikation zwischen dem Steuer- und Operationswerk benötigt. Da für jede Multiplikation – unabhängig von den Werten der Operanden – stets die gleichen 6 Berechnungsschritte durchgeführt werden, kommt unser Entwurf gänzlich ohne die in Abbildung 10.4 skizzierten Statusvariablen aus. Eingangsseitig benötigt das Steuerwerk ne-

10.1 Entwurf komplexer Systeme

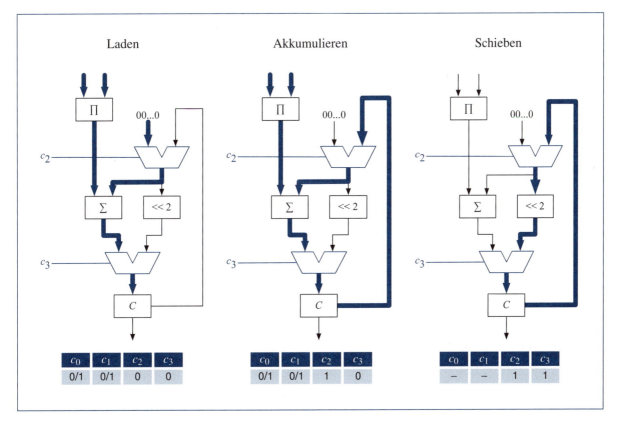

Abbildung 10.8: Konfiguration des Datenpfads zur Durchführung der Blockmultiplikation

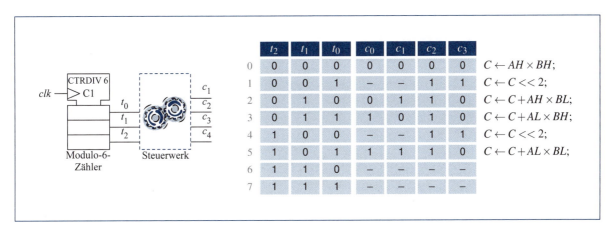

Abbildung 10.9: Das vollständig spezifizierte Eingabe- und Ausgabeverhalten des Steuerwerks

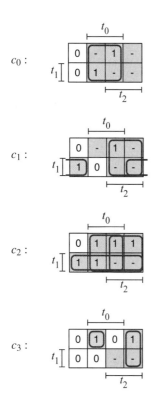

Abbildung 10.10: Vereinfachung der Steuerlogik zur Blockmultiplikation

ben der Taktleitung *clk* damit keine weiteren Signalleitungen, wenngleich eine Erweiterung der Schaltung mit den uns bekannten Mitteln problemlos möglich ist. Denkbar wäre ein Clock-Enable-Eingang oder eine separate Eingangsleitung, die das Schaltwerk explizit aktiviert.

Nach der oben skizzierten Ablaufsteuerung entspricht das Steuerwerk einem Moore-Automaten mit 6 Zuständen, für deren Repräsentation wir insgesamt $\lceil \log_2 6 \rceil = 3$ Zustandsvariablen benötigen. Da in jedem Multiplikationszyklus alle Zustände nacheinander durchlaufen werden, können wir die Werte der drei Zustandsvariablen q_0, q_1 und q_2 auf einfache Weise mit Hilfe eines Modulo-6-Zählers erzeugen. Die linke Seite von Abbildung 10.9 zeigt den skizzierten Aufbau des Steuerwerks. Die Wahrheitstafel auf der rechten Seite enthält die Beschaltung der Steuerleitungen $c_0, \dots, c_3$ in Abhängigkeit der Zustandsvariablen $q_0, \dots, q_2$. Minimieren wir die resultierenden Schaltfunktionen, z. B. mit Hilfe der in Abbildung 10.10 dargestellten KV-Diagramme, so erhalten wir das folgende Ergebnis:

$$c_0 = t_0$$
$$c_1 = \overline{t_0}\, t_1 \vee t_2$$
$$c_2 = t_0 \vee t_1 \vee t_2$$
$$c_3 = t_0\, \overline{t_1}\, \overline{t_2} \vee \overline{t_0}\, t_2$$

Setzen wir die minimierten Gleichungen in eine Schaltung um, so entsteht die in Abbildung 10.11 dargestellte Hardware-Implementierung.

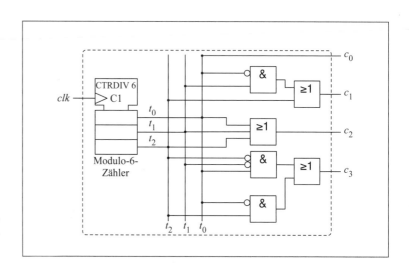

Abbildung 10.11: Das fertig implementierte Steuerwerk des Blockmultiplizierers

10.2 Mikroprogrammierung

Wird ein Steuerwerk mit den Mitteln der Schaltwerksynthese erzeugt, so erhalten wir ein spezialisiertes Schaltwerk, das sich wie im Beispiel der Blockmultiplikation aus einzelnen Logikgattern und Speicherelementen in Form von Flipflops oder Zählern zusammensetzt. In diesem Fall sprechen wir von einem *fest verdrahteten* Steuerwerk.

Eine alternative Implementierungsmöglichkeit stellen die *mikroprogrammierten* Steuerwerke dar, mit denen wir uns in diesem Abschnitt ausführlicher beschäftigen werden. Im Kern eines programmierten Steuerwerks steht ein ROM-Speicher, der die Ablaufsteuerung in Form von Mikrobefehlen enthält. Steuerwerke dieser Art sind insbesondere dann interessant, wenn die Ablaufsteuerung nicht wie im Fall der Blockmultiplikation stets die gleichen Zustände durchläuft, sondern durch den aktuellen Inhalt einer oder mehrerer Statusvariablen beeinflusst wird. In anderen Worten: Mikroprogrammierte Steuerwerke spielen ihre Vorteile insbesondere dann aus, wenn der zu Grunde liegende Kontrollfluss stark verzweigt.

Abbildung 10.12 stellt den schematischen Aufbau eines mikroprogrammierten Steuerwerks dar. Neben dem ROM-Speicher besteht das Steuerwerk aus einem einzigen Auffangregister der Bitbreite q, das den Zustand des Schaltwerks repräsentiert. In jedem Takt liest das Steuerwerk den ROM-Speicher an einer fest definierten Adresse aus, die sich aus den Werten der Statusvariablen und dem aktuellen Zustand zusammensetzt. Bezeichnen wir die Anzahl der Statusvariablen mit m, so besteht die Adresse insgesamt aus $q+m$ Bit.

An jeder Speicherstelle des ROMs ist eine Mikroinstruktion gespeichert, die sich ebenfalls aus zwei Komponenten zusammensetzt. Zum einen erhält jede Instruktion die Signalwerte, mit denen die Steuervariablen zu belegen sind, und zum anderen den Folgezustand, in den das Schaltwerk im nächsten Takt übergeht. Auf diese Weise codiert jede Mikroinstruktion einen Teil der Adresse des als Nächstes auszuführenden Befehls und ermöglicht hierdurch unter anderem die Programmierung bedingter Sprünge. In Abbildung 10.13 sind das Adress- sowie das Instruktionsformat des mikroprogrammierten Steuerwerks nochmals grafisch zusammengefasst.

Aufgrund der flexiblen Anpassbarkeit mikroprogrammierter Steuerwerke lassen sich selbst komplexe Ablaufsteuerungen mit vergleichsweise geringem Entwicklungsaufwand realisieren. Als Beispiel für die praktische Anwendung dieses Prinzips betrachten wir die Aufzugssteuerung in Abbildung 10.14. Der skizzierte Aufzug verbindet zwei Stockwerke

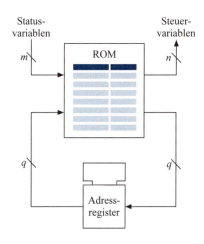

Abbildung 10.12: Schematischer Aufbau eines mikroprogrammierten Steuerwerks

- ROM-Adressierung

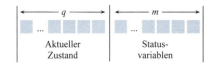

- Mikroinstruktion

Abbildung 10.13: Adress- und Instruktionsformat des mikroprogrammierten Steuerwerks

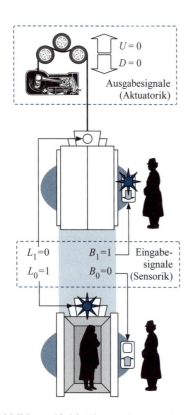

Abbildung 10.14: Eine einfache Aufzugssteuerung

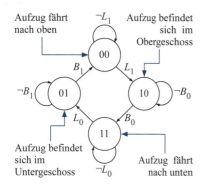

Abbildung 10.15: Übergangsautomat der Aufzugssteuerung

miteinander und wird über die beiden Aktuatoren U und D angesteuert. $U = 1$ bewegt die Kabine nach oben, $D = 1$ nach unten. Die Kabine wird angehalten, indem beide Variablen auf 0 gesetzt werden. Die Kombination $U = D = 1$ führt zu einem undefinierten Verhalten und ist daher unbedingt zu vermeiden.

Eingangsseitig stehen der Aufzugssteuerung vier Statusvariablen L_0, L_1, B_0, B_1 zur Verfügung, die Auskunft über die aktuelle Position der Kabine und die Fahrtwünsche der Passagiere liefern. Die Variable L_0 bzw. L_1 besitzt genau dann den Wert 1, wenn sich die Kabine in der Halteposition des unteren bzw. des oberen Stockwerks befindet. Hat die Kabine ihre Halteposition verlassen, so sind sowohl L_0 als auch L_1 gleich 0. Die Variable B_0 bzw. B_1 ist mit der Ruftaste des unteren bzw. des oberen Stockwerks verbunden. Um das Beispiel nicht unnötig zu verkomplizieren, nehmen wir an, dass die Signalwerte von B_0 und B_1 nach dem Drücken einer Taste erst dann auf den Wert 0 zurückspringen, wenn die Kabine das betreffende Stockwerk erreicht hat.

Sehen wir von der Ansteuerung der Türen und von diversen Sicherheitsmaßnahmen ab, so müssen wir für die Aufzugssteuerung die vier in Abbildung 10.15 zusammengefassten Zustände unterscheiden. Somit kommen wir bei der Codierung der Zustände mit lediglich 2 Zustandsvariablen aus, die wir mit q_1 und q_0 bezeichnen. Im Einzelnen legen wir die Zustandscodierung wie folgt fest:

- $q_1 q_0 = 00$: Der Aufzug befindet sich in der Aufwärtsbewegung. Der Zustand wird so lange beibehalten, bis die Kabine das Obergeschoss erreicht ($L_1 = 1$).

- $q_1 q_0 = 10$: Der Aufzug befindet sich im Obergeschoss. Der Zustand wird so lange beibehalten, bis ein Fahrgast im Untergeschoss einen Fahrtwunsch signalisiert ($B_0 = 1$).

- $q_1 q_0 = 11$: Der Aufzug befindet sich in der Abwärtsbewegung. Der Zustand wird so lange beibehalten, bis die Kabine das Untergeschoss erreicht ($L_0 = 1$).

- $q_1 q_0 = 01$: Der Aufzug befindet sich im Untergeschoss. Der Zustand wird so lange beibehalten, bis ein Fahrgast im Obergeschoss einen Fahrtwunsch signalisiert ($B_1 = 1$).

Zusammen mit den zwei Steuervariablen U und D und den vier Statusvariablen L_0, L_1, B_0, B_1 erhalten wir das in Abbildung 10.16 dargestellte Adress- und Instruktionsformat. Damit haben wir alle Bausteine zusammen, um die Aufzugssteuerung in ein mikroprogrammier-

10.2 Mikroprogrammierung

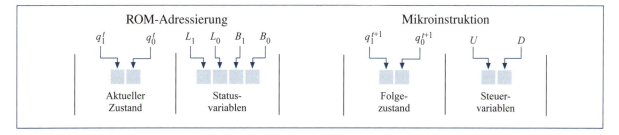

Abbildung 10.16: Adress- und Instruktionsformat der Aufzugssteuerung

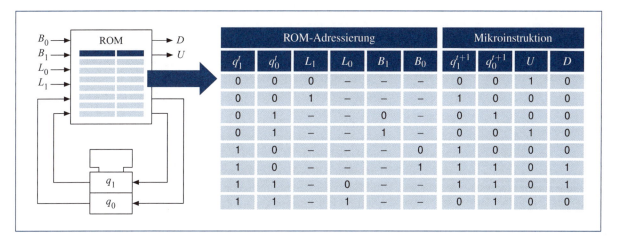

Abbildung 10.17: Fertig erstelltes Mikroprogramm zur Aufzugssteuerung

tes Steuerwerk zu übersetzen. Dem abgeleiteten Instruktionsformat entsprechend, benötigen wir zur Repräsentation des aktuellen Zustands ein 2-Bit-Auffangregister als Adressspeicher. Das Mikroprogramm wird im ROM-Speicher abgelegt, der eingangsseitig über die 6 Adressleitungen $B_0, B_1, L_0, L_1, q_0^t, q_1^t$ verfügt. Ausgangsseitig wird über die 4 Ausgangsleitungen $U, D, q_0^{t+1}, q_1^{t+1}$ das gespeicherte Mikroinstruktionswort ausgegeben, so dass wir insgesamt das in Abbildung 10.17 dargestellte Steuerwerk erhalten. Die im ROM gespeicherten Mikroinstruktionen lassen sich direkt aus dem weiter oben abgeleiteten endlichen Automaten der Aufzugssteuerung ermitteln – insbesondere entspricht jede Transition genau einer der in der Wahrheitstafel angegebenen Zeilen.

Obwohl das auf diese Weise konstruierte Steuerwerk voll funktionsfähig ist, offenbart es bei genauerer Untersuchung einen gravierenden Nachteil. Da die ROM-Adresse eine Breite von 6 Bit besitzt, besteht unser Programm aus insgesamt $2^6 = 64$ Mikrobefehlen. Kommen neue

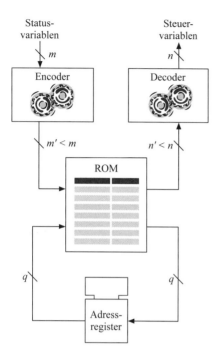

Abbildung 10.18: In vielen Anwendungsfällen lässt sich die Größe des ROM-Speichers durch die Umcodierung der Status- und Steuervariablen deutlich verringern.

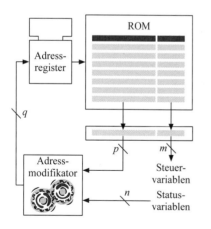

Abbildung 10.19: Allgemeines Schema eines adressmodifizierenden Mikrosteuerwerks

Statusvariablen hinzu, so verdoppelt sich die Programmlänge und damit auch die Größe des ROM-Speichers mit jeder Variable.

In vielen praktischen Anwendungen lässt sich das Problem abmildern, indem die Statusvariablen nicht direkt, sondern in codierter Form in die ROM-Adresse eingehen. Ein solches Vorgehen bietet sich immer dann an, wenn die verschiedenen Statusvariablen miteinander korreliert sind und nicht alle Bitkombinationen auftreten können. So ist es im Falle unserer Aufzugssteuerung niemals möglich, dass die Variablen L_0 und L_1 im selben Moment 1 sind – schließlich kann sich die Kabine nicht gleichzeitig im unteren und oberen Stockwerk befinden.

Besitzt ein Steuerwerk n Statusvariablen, die nur in $k < 2^n$ Bitkombinationen anliegen, so sind $n' = \lceil \log_2 k \rceil$ Bit zu deren Codierung ausreichend und die Bitbreite der ROM-Adresse reduziert sich auf $n' + q$. Die hierdurch erreichbaren Einsparungen können gewaltig sein, da die Programmlänge mit jeder eingesparten Variablen halbiert wird.

Wie die schematische Darstellung in Abbildung 10.18 zeigt, bleibt die Grundstruktur des Steuerwerks durch die Modifikation unverändert – die Statusvariablen werden lediglich durch einen Encoder auf die neu codierten Adressbits umgesetzt. Das gleiche Prinzip lässt sich auch auf die Steuervariablen anwenden. Kommen hier ebenfalls nur ganz bestimmte Belegungen vor, so lässt sich die Bitbreite der abgespeicherten Mikrobefehle ebenfalls durch eine Umcodierung verringern. Die ursprüngliche Belegung der Steuervariablen wird durch einen nachgeschalteten Decoder nachträglich wiederhergestellt.

Trotz solcher Optimierungen bleibt das Grundproblem unserer mikroprogrammierten Steuerwerke erhalten. Da die Transitionsbedingungen in endlichen Automaten typischerweise nur von wenigen Variablenwerten abhängen, ist die Belegung der meisten Statusvariablen für den auszuführenden Mikrobefehl irrelevant. Gehen die Werte der Statusvariablen – sei es in uncodierter oder codierter Form – voll in die ROM-Adresse ein, so hat dies zur Folge, dass im Mikroprogrammspeicher an vielen verschiedenen Speicherpositionen exakt die gleichen Mikroinstruktion gespeichert werden müssen. Gut zu erkennen ist der Sachverhalt an den vielen Don't-Care-Belegungen in der Wahrheitstabelle der Aufzugssteuerung: In den insgesamt 64 Speicherstellen kommen zusammen nur 8 verschiedene Mikroinstruktionen vor.

Eine Lösung dieses Problems liefern *adressmodifizierende Steuerwerke*, deren Grundschema in Abbildung 10.19 dargestellt ist. Anders als bisher setzt sich die ROM-Adresse ausschließlich aus den aktuellen Zustandsbits des Adressregisters zusammen, so dass sich insbesondere die

10.2 Mikroprogrammierung

Werte der Statusvariablen nicht mehr direkt auf die adressierte Speicherstelle auswirken. Stattdessen verfügt das Steuerwerk über einen separaten *Adressmodifikator*, der die Adresse des nächsten zu adressierenden Mikrobefehls aus den Statusvariablen und den im ROM-Speicher abgelegten Adressbits berechnet. Neben den Adressbits sind die Belegungen der Steuervariablen wie bisher Bestandteil der Mikroinstruktion und werden direkt auf die entsprechenden Signalleitungen geschaltet.

Eine konkrete Ausprägung eines adressmodifizierenden Steuerwerks ist in Abbildung 10.20 dargestellt. In der speziellen Implementierung sind die Adressbits nochmals in zwei Gruppen unterteilt, so dass eine Mikroinstruktion insgesamt aus drei Teilen besteht: der *Folgeadresse*, der *Sprungbedingung* und der Belegung der *Steuervariablen* (siehe Abbildung 10.21). Die im nächsten Verarbeitungsschritt ausgelesene ROM-Adresse wird über den Multiplexer-Baustein links unten bestimmt. Die Eingänge des Multiplexers sind zum einen mit der Folgeadresse der aktuellen Mikroinstruktion und zum anderen mit dem Ausgang des Inkrementierers beschaltet, der stets den um eins erhöhten Inhalt des Adressregisters wiedergibt. Welcher der Eingänge durchgeschaltet wird, bestimmt das Steuersignal des Multiplexers. Liegt der Wert 0 an, so erhöht sich die Adresse um eins, was einer kontinuierlichen Programmausführung entspricht. Liegt stattdessen der Wert 1 an, so wird die Folgeadresse der aktuell gelesenen Mikroinstruktion in das Adressregister kopiert und damit ein (bedingter) Sprung ausgelöst.

Ob ein Sprung ausgelöst oder die Programmausführung mit dem nächsten Befehl fortgesetzt wird, bestimmt die *Sprungbedingung* – ein einfaches boolesches Signal, das durch die logische Verknüpfung einer oder mehrerer Statusvariablen gebildet wird. Alle Sprungbedingungen werden dem Steuerwerk, wie in der schematischen Zeichnung rechts unten dargestellt, über separate Signalleitungen zugeführt. Über einen weiteren Multiplexer wird eine der Sprungbedingungen ausgewählt und direkt auf die Steuerleitung des Adressmultiplexers durchgeschaltet. Welche Sprungbedingung tatsächlich ausgewählt wird, bestimmt die aktuell ausgeführte Mikroinstruktion. Hierzu dienen die zusätzlichen Kontrollflussbits, die direkt auf die Steuerleitungen des Multiplexers geschaltet werden. Insgesamt erfolgt die Programmierung des adressmodifizierenden Steuerwerks damit in drei Schritten:

- Entwurf des Mikroprogramms
- Extraktion und Implementierung der Sprungbedingungen
- Codierung der Mikroinstruktionen

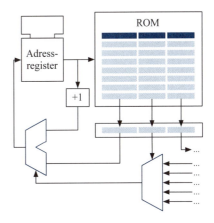

Abbildung 10.20: Implementierung eines adressmodifizierenden mikroprogrammierten Steuerwerks

- ROM-Adressierung

- Mikroinstruktion

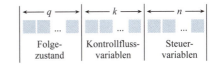

Abbildung 10.21: Instruktionsformat des adressmodifizierenden mikroprogrammierten Steuerwerks

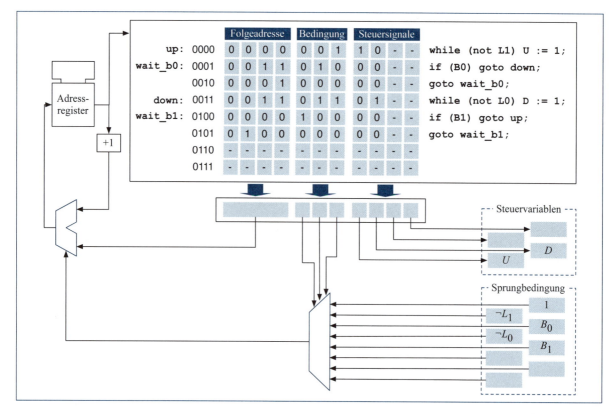

Abbildung 10.22: Das optimierte Mikroprogramm zur Aufzugssteuerung

Als Beispiel für die Programmierung eines adressmodifizierenden Steuerwerks ist in Abbildung 10.22 das Mikroprogramm für unsere Aufzugssteuerung dargestellt. Zur besseren Verständlichkeit sind einige der Speicheradressen mit speziellen Bezeichnern (*Labels*) versehen und der im ROM codierte Programmablauf zusätzlich in Form einer Pseudoprogrammiersprache formuliert.

Im direkten Vergleich mit der ersten Implementierungsvariante wird der Vorteil adressmodifizierender Steuerwerke besonders deutlich. Die ursprüngliche Programmgröße von 64 Mikroinstruktionen hat sich auf 6 Instruktionen reduziert, ohne die Länge einer einzelnen Mikroinstruktion zu vergrößern.

10.3 Übungsaufgaben

Aufgabe 10.1

Webcode 9070

Betrachten Sie erneut den in diesem Kapitel vorgestellten Register-Transfer-Entwurf zur Durchführung der Blockmultiplikation. Das Steuerwerk haben wir fest verdrahtet erstellt.

a) Ersetzen Sie das fest verdrahtete Steuerwerk durch ein mikroprogrammiertes.

b) Haben Sie ein adressmodifizierendes Steuerwerk eingesetzt? Falls ja, warum?

Die Blockmultiplikation haben wir bisher so durchgeführt, dass beide Operanden vor der Produktbildung in genau *zwei* Segmente zerlegt wurden. Wir können das Verfahren verallgemeinern, indem wir nicht zwei, sondern n Segmente bilden. Für den Fall $n = 3$ erhalten wir das folgende Berechnungsschema:

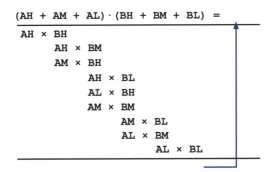

c) Konstruieren Sie mit Hilfe des Register-Transfer-Entwurfs eine Hardware-Schaltung zur Durchführung der Blockmultiplikation für den Fall $n = 3$. Wie unterscheidet sich das zu verwendende Operationswerk von dem in Abschnitt 10.1.1 konstruierten Werk?

d) Vergleichen Sie Laufzeit und Flächenbedarf Ihrer Implementierung mit der in diesem Kapitel vorgestellten Variante. Wo liegen die Vor- und Nachteile der neuen Schaltung?

e) In seiner bisherigen Form führt das Steuerwerk eine Blockmultiplikation nach der anderen durch, selbst wenn es nichts zu berechnen gibt. Stellen Sie die Funktionsweise auf ein Handshaking-Protokoll um, indem Sie die Statusvariablen um eine Variable s und die Steuervariablen um eine Variable r erweitern. Das modifizierte Steuerwerk lauscht permanent auf das Startsignal s und beginnt erst dann mit der Multiplikation, wenn s auf 1 gesetzt wird. Zur Rückkommunikation wird die Steuervariable r genau dann auf 1 gesetzt, wenn das Ergebnisregister C das zu berechnende Produkt enthält.

Aufgabe 10.2

Webcode 9568

Betrachten Sie noch einmal das in Abbildung 10.17 dargestellte Mikroprogramm der Aufzugssteuerung.

a) Lässt sich die Größe des ROM-Speichers in diesem Beispiel durch Umcodieren der Status- oder Steuervariablen verkleinern?

Das adressmodifizierenden Steuerwerks in Abbildung 10.22 brachte eine deutliche Verbesserung mit sich. Werfen Sie erneut einen Blick darauf.

b) Ist die Programmlänge bereits minimal oder lassen sich noch Zeilen einsparen?

c) Welches Problem besteht beim Einschalten des Steuerwerks bzw. bei einem Reset, wenn dabei sämtliche Speicherelemente in den Initialzustand 0 versetzt werden? Wie ließe sich das Problem lösen?

Aufgabe 10.3

Webcode 9487

Ihre Aufgabe ist es, die Steuerung des folgenden Bahnübergangs zu automatisieren:

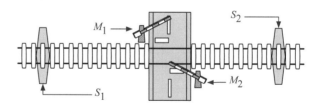

Auf der eingleisigen Strecke sind zwei binäre Sensoren S_1 und S_2 eingebaut, die genau dann den Wert 1 liefern, wenn sich ein Zug über ihnen befindet. Als Aktuatoren stehen Ihnen die beiden Steuervariablen M_1 und M_2 zur Verfügung, mit deren Hilfe sich die beiden Bahnschranken öffnen und schließen lassen. Ist M_1 bzw. M_2 gleich 1, so schließt sich die obere bzw. die untere Schranke und verharrt in diesem Zustand. Wechselt M_1 bzw. M_2 von 1 auf 0, so öffnet sich die obere bzw. untere Schranke und bleibt in diesem Zustand, bis das entsprechende Signal wieder auf 1 wechselt.

a) Entwerfen Sie ein mikroprogrammiertes Steuerwerk zur Steuerung der Bahnschranken. Sie dürfen davon ausgehen, dass der Abstand zwischen S_1 und S_2 stets kleiner ist als die Länge der Züge, die das Gleis befahren. Beachten Sie aber, dass das Gleis in beide Richtungen befahren werden kann.

b) Funktioniert Ihr Entwurf auch, wenn die Annahme über die Länge der Züge entfällt?

11 Mikroprozessortechnik

In diesem Kapitel werden Sie . . .

- die Von-Neumann-Architektur als ein Grundprinzip vieler Rechnersysteme kennen lernen,
- den internen Aufbau eines Mikroprozessors verstehen,
- die Implementierung eines voll funktionsfähigen Mikroprozessors nachvollziehen.

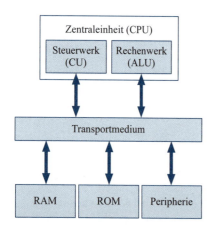

Abbildung 11.1: Aufbau eines Rechners nach dem Von-Neumann-Prinzip

11.1 Elemente eines Mikrorechners

11.1.1 Von-Neumann-Architektur

In diesem Kapitel wenden wir uns detailliert dem Herzstück eines jeden Computersystems zu: dem *Mikroprozessor*. Hierzu werden wir uns zunächst mit den fundamentalen Eigenschaften der *Von-Neumann-Architektur* beschäftigen und im Anschluss daran die verschiedenen Implementierungsmerkmale eines Prozessors ableiten. Obwohl die Ursprünge der Von-Neumann-Architektur bis in die Pioniertage der Computertechnik zurückreichen, prägt sie bis heute den Aufbau moderner Mikroprozessoren – wenn auch meist in abgewandelter Form [16]. Abbildung 11.1 skizziert den allgemeinen Aufbau eines Computersystems nach diesem Architekturprinzip. Unabhängig von der konkreten Ausprägung ist ein Von-Neumann-Rechner durch die folgenden Architekturmerkmale gekennzeichnet:

- Mit dem *Mikroprozessor* existiert ein zentrales Steuerelement, das neben der Befehlsausführung auch die Koordination des Restsystems übernimmt. Entsprechend seiner dominierenden Funktion wird der Prozessor auch als *Zentraleinheit* oder *CPU* (*Central Processing Unit*) bezeichnet. In der Regel verfügen Computersysteme heute zur Leistungssteigerung über mehrere, parallel arbeitende Prozessoren, so dass wir in diesem Zusammenhang auch von einem *Multiprozessorsystem* sprechen. Sind die Prozessoren auf einem einzigen Stück Silizium integriert, so handelt es sich um ein *Mehrkernprozessorsystem*. Für die folgenden Betrachtungen gehen wir zunächst von dem einfachen Fall eines singulären *Einzelkernprozessors* aus.

- Der Rechner ist *programmgesteuert*. Hierzu werden die im Speicher abgelegten Datenwörter von der CPU entsprechend einem definierten *Befehlssatz* interpretiert und ausgeführt. Ein Von-Neumann-Rechner ist durch die freie Programmierbarkeit universell einsetzbar und nicht für eine spezielle Aufgabe konzipiert. Vom theoretischen Standpunkt aus betrachtet liegt einem Von-Neumann-Rechner ein *universelles Berechnungsmodell* zu Grunde. Grob gesprochen bedeutet dies nichts anderes, als dass der Befehlssatz des Prozessors mächtig genug sein muss, um damit jeden denkbaren Algorithmus ausdrücken zu können. Der britische Mathematiker Alan Turing konnte bereits Mitte des zwanzigsten Jahrhunderts zeigen, dass ein universelles Berechnungsmodell schon dann erreicht wird, wenn die CPU neben dem Datenaustausch mit dem Speicher auch die Fähigkeit zu bedingten Sprüngen besitzt.

11.1 Elemente eines Mikrorechners

- In der Von-Neumann-Architektur werden Programmcode und Daten nicht strikt voneinander getrennt. Insbesondere werden beide in ein und demselben Hauptspeicher verwaltet und über dieselben Transportwege in die CPU geleitet. Es entscheidet alleine die CPU anhand des aktuell eingelesenen Befehls, ob das Datenwort an der nächsten Speicherstelle als Befehls- oder als Datenwort interpretiert wird. Die fehlende Trennung zwischen Daten und Programm wird in vielen Fällen als das zentrale Merkmal der Von-Neumann-Architektur angesehen, das sie insbesondere von der ebenfalls gebräuchlichen *Harvard-Architektur* unterscheidet. Der Name „Harvard-Architektur" geht auf die in Kapitel 1 beschriebene Harvard Mark I zurück und reflektiert die Idee, Daten und Programme in voneinander getrennten Speichern abzulegen.

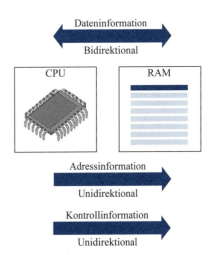

Abbildung 11.2: Kommunikationswege zwischen CPU und Speicher

Gehen wir, wie oben vereinbart, von dem einfachen Fall einer Einzelkern-CPU aus, so führt ein Von-Neumann-Rechner zu jedem Zeitpunkt genau einen Befehl aus. Ist ein Befehl abgearbeitet, so liest die CPU den an der nächsthöheren Speicherstelle abgelegten Befehl ein und führt diesen ebenfalls aus. Eine Ausnahme bilden die Sprungbefehle, die jede CPU in verschiedenen Varianten vorhält. Insgesamt entsteht durch die konsekutive Befehlsausführung ein streng sequenzielles Abarbeitungsschema, das die grundlegende Funktionsweise eines jeden Von-Neumann-Rechners prägt.

Um einen tieferen Einblick in die Arbeitsweise des Von-Neumann-Prinzips zu erhalten, wollen wir uns mit der Frage beschäftigen, wie die folgende Anweisung – beschrieben in einer höheren Programmiersprache – auf einer solchen Rechnerarchitektur ausgeführt wird:

```
if (x != 0) y = y + 1;
```

Auf der Ebene des Mikroprozessors müssen zur Ausführung des Befehls eine Reihe von Teiloperationen durchgeführt werden. Dazu betrachten wir zunächst, wie das Programm in der für den Prozessor verständlichen Sprache aussieht. Übersetzen wir das Programm mit Hilfe eines *Compilers* in die *Assembler-Sprache* des zu Grunde liegenden Mikroprozessors, so könnte das Ergebnis wie folgt aussehen:

```
start:  LDA (14)     // Operand laden (x)
        BRZ weiter:  // Bedingter Sprung
        LDA (15)     // Operand laden (y)
        ADD #1       // Addition von 1
        STA (15)     // Operand speichern (y)
weiter: ...
```

- Direkte Kommunikation

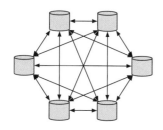

- Indirekte Kommunikation

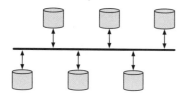

Abbildung 11.3: Direkte und indirekte Kommunikationsstrategie im Vergleich

Zunächst wird der Operand x aus dem Speicher – in diesem Fall aus der Speicherstelle 14 – eingelesen und danach mit der Zahl 0 verglichen. Fällt der Test positiv aus, werden die nachfolgenden Befehle übersprungen. Andernfalls wird der Operand y aus dem Speicher eingelesen, um eins erhöht und wieder in den Speicher zurückgeschrieben.

Wie das kleine Beispiel zeigt, kommt der Kommunikation mit dem Speicher eine zentrale Bedeutung zu. Insbesondere müssen, wie in Abbildung 11.2 gezeigt, die folgenden Informationen ausgetauscht werden:

- Adressinformation: In unserem Beispiel müssen die Adressen (14) und (15) an den Speicher gesendet werden. Die Kommunikation ist unidirektional, d. h., sie findet nur in eine Richtung statt.

- Dateninformation: In unserem Beispiel werden die Operanden x und y vom Speicher in die CPU und der neue Wert der Variablen y von der CPU in den Speicher übertragen. Die Datenkommunikation findet also bidirektional statt.

- Kontrollinformation: In unserem Beispiel sind die ersten beiden Zugriffe auf den Speicher lesender Art und der dritte Zugriff schreibender Art. Um den Betriebsmodus richtig zu steuern, kommuniziert die CPU über zahlreiche Steuersignale mit ihrer Außenwelt.

Neben dem Speicher existieren weitere Komponenten, mit denen die CPU einen regen Informationsaustausch pflegt. Hierzu zählen etwaig vorhandene ROM-Speicher genauso wie diverse *Eingabe-/Ausgabebausteine* (*Input/Output*, kurz *I/O*). So werden unter anderem die Schnittstellen, die ein Rechnersystem mit der Außenwelt verbinden, über spezielle I/O-Bausteine gesteuert und von der CPU auf die gleiche Weise angesprochen.

Müssen Daten zwischen mehr als zwei Komponenten ausgetauscht werden, so lassen sich zwei prinzipielle Kommunikationsstrukturen unterscheiden, die in der Praxis auch in gemischter Form auftreten:

- Direkte Kommunikation

  In diesem Fall existieren, wie der obere Teil von Abbildung 11.3 zeigt, separate Kommunikationswege zwischen allen Komponenten. Diese Art der Anbindung bietet sich immer dann an, wenn ein hoher Datendurchsatz im Vordergrund steht. Auf der negativen Seite steigt die Anzahl der Kommunikationswege quadratisch mit der Anzahl der verbundenen Komponenten an, so dass die entstehenden

11.1 Elemente eines Mikrorechners

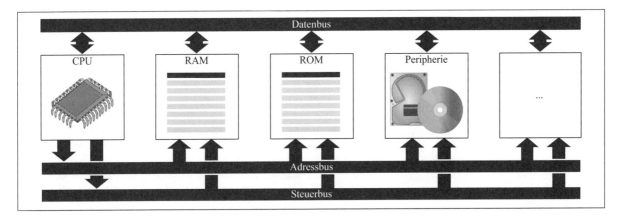

Abbildung 11.4: Typischer Aufbau eines prozessorgesteuerten Mikrorechners (vgl. [65])

Hardware-Kosten in der praktischen Umsetzung schnell zu einem limitierenden Faktor werden.

- Indirekte Kommunikation

  Anders als bei der direkten Kommunikation sind die Transportwege zwischen den einzelnen Komponenten nicht separat ausgelegt. An die Stelle direkter Verbindungen tritt ein zentraler Transportweg, der alle Komponenten miteinander verbindet und von diesen zur Kommunikation gemeinsam genutzt wird. Es entsteht eine *Bus-Topologie*, die im unteren Teil von Abbildung 11.3 skizziert ist. Jeder Bus entspricht im Grunde genommen einem verteilten Multiplexer, auf den die angeschlossenen Komponenten – die sogenannten *Bus-Knoten* – lesend oder schreibend zugreifen können.

  Der große Vorteil der Bus-Topologie besteht in der flexiblen Erweiterbarkeit, schließlich kann der Bus im Prinzip um eine beliebige Anzahl zusätzlicher Knoten ergänzt werden. Da jedoch immer nur maximal ein Bus-Knoten auf den Bus schreiben kann, ohne die transportierten Daten zu zerstören, wird der Bus schnell zum Flaschenhals der rechnerinternen Kommunikation.

Die klassische Von-Neumann-Architektur sieht für die rechnerinternen Transportwege eine Bus-Topologie vor und folgt damit dem Paradigma der indirekten Kommunikation.

Abbildung 11.4 fasst die entstehende Kommunikationsstruktur innerhalb eines Von-Neumann-Rechners in Form eines Blockschaltbilds zusammen. Wie aus der Darstellung hervorgeht, existiert mit dem *Daten-*,

Der Bus, der in der klassischen Von-Neumann-Architektur die CPU mit dem Speicher verbindet, wird heute landläufig als der *Von-Neumann-Flaschenhals* (*von Neumann bottleneck*) bezeichnet. Der Begriff geht auf den 1924 im amerikanischen Philadelphia geborenen Mathematiker John Warner Backus zurück, dem wir neben der Programmiersprache FORTRAN wertvolle Erkenntnis auf dem Gebiet der formalen Sprachen zu verdanken haben. So ist die *Backus-Naur-Form* noch heute die am häufigsten eingesetzte Meta-Sprache zur Beschreibung kontextfreier Grammatiken. Für seine Arbeiten wurde Backus 1978 mit dem *Turing Award* ausgezeichnet. In seiner Rede, die Backus anlässlich der Preisverleihung hielt, prägte er den Begriff des „von Neumann bottlenecks", der zur Charakterisierung der zu Grunde liegenden Architektur kaum treffender hätte gewählt werden können [3]:

> „*When von Neumann and others conceived it [the von Neumann computer] over thirty years ago, it was an elegant, practical, and unifying idea that simplified a number of engineering and programming problems that existed then. Although the conditions that produced its architecture have changed radically, we nevertheless still identify the notion of „computer" with this thirty year old concept. In its simplest form, a von Neumann computer has three parts: a central processing unit (or CPU), a store, and a connecting tube that can transmit a single word between the CPU and the store (and send an address to the store). I propose to call this tube the von Neumann bottleneck. The task of a program is to change the store in a major way; when one considers that this task must be accomplished entirely by pumping single words back and forth through the von Neumann bottleneck, the reason for its name becomes clear.*"
>
> J. Backus, 1978

dem *Adress-* und dem *Kontrollbus* für alle der drei oben identifizierten Kommunikationswege ein separater Transportkanal. Wie oben beschrieben, bringt die hohe Flexibilität der Bus-Topologie auch Nachteile mit sich. So können zu jedem Zeitpunkt genau zwei Komponenten Daten über den Bus austauschen – alle anderen Komponenten sind so lange blockiert, bis der Bus wieder freigegeben ist.

In der Von-Neumann-Architektur ist dieses Problem sogar noch tiefer verwurzelt, als es zunächst scheint. Selbst wenn wir für jede in Abbildung 11.4 eingezeichnete Komponente einen separaten Datenbus einführen würden, wäre das Problem noch immer vorhanden. Der Grund hierfür liegt in der fundamentalen Eigenschaft der Von-Neumann-Architektur, den gleichen Speicher sowohl für Programmbefehle als auch für Daten zu verwenden. In diesem Fall müssen Code und Daten zwangsläufig über ein und denselben Bus in die CPU transportiert werden. Da der Transport von Programm- und Datenwörtern den Hauptteil der Gesamtkommunikation ausmacht, verringert sich die maximal auftretende Buslast kaum – sie verlagert sich lediglich auf den dann separat ausgelegten Speicherbus.

11.1.2 Aufbau der CPU

Das Blockschaltbild in Abbildung 11.5 skizziert den internen Aufbau eines Mikroprozessors. Auf der obersten Ebene lässt sich eine typische CPU in *Registersatz*, *Steuerwerk* und *Rechenwerk* unterteilen:

- Das Steuerwerk ist gewissermaßen die Kommandobrücke der CPU und übernimmt die Aufgabe, den *Kontroll-* und *Datenfluss* zu überwachen und den korrekten Datentransport zwischen den Registern, dem Rechenwerk und der Außenwelt sicherzustellen. Wird ein Maschinenwort in die CPU geladen, wird es zunächst vom Steuerwerk mit Hilfe des *Instruktionsdecoders* analysiert und anschließend in eine Reihe von Steuersignalen übersetzt, die den weiteren Ablauf der Befehlsabarbeitung beeinflussen. Vergleichen wir die Steuerwerke verschiedener Prozessoren, so unterscheidet sich deren Implementierung mitunter erheblich. In der Praxis kommen sowohl Prozessoren mit mikroprogrammierten Steuerwerken als auch Prozessoren mit fest verdrahteten Steuerwerken zum Einsatz.

- Die eigentliche Verarbeitung der Daten geschieht in Rechenwerken, die sich je nach Prozessortyp in ihrer Komplexität erheblich unterscheiden. Angefangen bei kleinen Prozessoren, die neben einem einfachen Akkumulatorregister keine weiteren arithmetischen

11.1 Elemente eines Mikrorechners

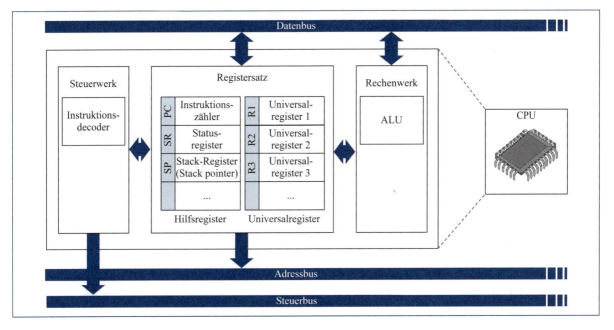

Abbildung 11.5: Die innere Struktur eines typischen Mikroprozessors

Funktionseinheiten besitzen und damit ausschließlich die Addition zweier Binärzahlen nativ berechnen können, reicht die Spannweite bis hin zu komplexen Signalprozessoren, die über umfangreiche arithmetisch-logische Einheiten mit mehreren parallel ausgelegten Operationseinheiten verfügen.

- Die Register einer CPU lassen sich grob in *Universal-* und *Hilfsregister* einteilen. Universalregister dienen zum Zwischenspeichern von Datenworten und können mit beliebigen Werten befüllt werden. Aus theoretischer Sicht ist ein einziges Universalregister völlig ausreichend – insbesondere lässt sich jedes Assembler-Programm, das mehrere Universalregister verwendet, durch ein funktional äquivalentes Programm ersetzen, das mit einem einzigen Universalregister auskommt. In diesem Fall müssen die in den zusätzlichen Universalregistern vorgehaltenen Zwischenergebnisse in den Speicher ausgelagert werden, was einen drastisch erhöhten Datentransport zwischen Speicher und Mikroprozessor zur Folge hat. Mit zunehmender Komplexität der entwickelten Mikroprozessoren hat sich auch die Anzahl der Universalregister im Laufe der Zeit sukzessiv erhöht. Sie liegt bei heutigen Prozessoren typischerweise im zweistelligen Bereich.

```
start: LDA #1   // A = 1
       ADD #-1  // A = 0
       ADD #-1  // A =-1
       ADD #1   // A = 0
```

- LDA #1

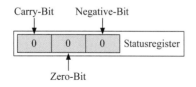

- ADD #-1

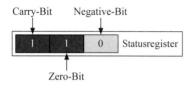

- ADD #-1

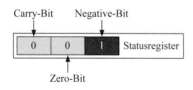

- ADD #1

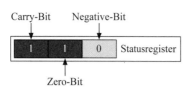

Abbildung 11.6: Mit Hilfe des Statusregisters lassen sich Informationen über die zuletzt ausgeführte arithmetische Operation auslesen.

Im Gegensatz zu den Universalregistern besitzen die Hilfsregister eine besondere Bedeutung. In nahezu allen Mikroprozessorarchitekturen lassen sich die folgenden Hilfsregister in der ein oder anderen Form wiederfinden:

- Der *Instruktionszähler* (*program counter*, kurz *PC*) enthält die Speicheradresse des nächsten auszuführenden Befehls. Zum Laden des nächsten Befehls wird der Registerinhalt zur Adressierung des Hauptspeichers verwendet und anschließend um eins erhöht. Insbesondere wird an dieser Stelle klar, wie Sprungbefehle innerhalb der CPU ausgeführt werden. Ein Sprung an eine feste Speicheradresse ist durch das einfache Überschreiben des PC-Registers realisierbar.

- Das *Statusregister* (*status register*, kurz *SR*) wird vom Rechenwerk beschrieben und enthält zahlreiche Statusbits, die Aufschluss über das Ergebnis der zuletzt durchgeführten Operation geben. So signalisiert z. B. das *Carry-Bit C*, ob im Rechenwerk bei der Ausführung der letzten Operation ein numerischer Überlauf verursacht wurde. Das *Zero-Bit Z* ist genau dann gleich 1, wenn das berechnete Ergebnis gleich 0 ist, und das *Negative-Flag N* ist genau dann gleich 1, wenn als Ergebnis eine negative Zahl berechnet wurde. In den gängigen Prozessorarchitekturen wird das Statusregister insbesondere zur Realisierung bedingter Sprünge eingesetzt. Das Überschreiben des Instruktionszählers ist in diesem Fall an den Wert eines oder mehrerer Statusbits gebunden.

- Das *Stapelregister* (*stack pointer*, kurz *SP*) wird zur Verwaltung von *Unterprogrammaufrufen* verwendet. Im Gegensatz zu einem direkten Sprung, der den Programmzähler unmittelbar überschreibt, wird bei einem Unterprogrammaufruf die aktuelle Adresse vor dem Sprung gesichert. Ist das Unterprogramm vollständig ausgeführt, erfolgt der Rücksprung an die aufrufende Adresse, indem der alte Zustand des Programmzählers wiederhergestellt wird. Um auch verschachtelte Unterprogrammaufrufe zu unterstützen, werden die Rücksprungadressen in einem speziellen Speicherbereich, dem *Stapel* (*Stack*), gespeichert und über das Stapelregister *SP* adressiert.

Nachdem wir mit dem grundsätzlichen Aufbau eines Mikroprozessors vertraut sind, wollen wir die Frage vertiefen, wie ein einzelner Maschinenbefehl innerhalb der CPU verarbeitet wird. Da die meisten Befehle eine komplexe Interaktion zwischen Steuerwerk, Rechenwerk und Registern bedingen, wird ein Befehl nicht als atomare Aktion, sondern in mehreren Einzelschritten ausgeführt. Im Allgemeinen durchläuft ein typischer Mikroprozessor zur vollständigen Ausführung eines Befehls, wie in Abbildung 11.7 skizziert, nacheinander die folgenden Phasen:

11.1 Elemente eines Mikrorechners

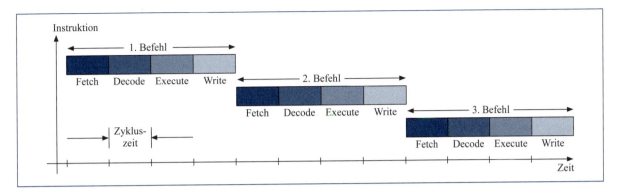

Abbildung 11.7: Zur Ausführung eines einzelnen Befehls durchläuft eine typische CPU nacheinander mehrere Phasen.

- Befehlsholphase (*Fetch*)

  Der Hauptspeicher wird mit dem aktuellen Inhalt des Instruktionszählers adressiert und der auszuführende Befehl über den Datenbus in die CPU eingelesen. Anschließend wird der Instruktionszähler um eins erhöht.

- Decodierphase (*Decode*)

  Im Steuerwerk wird aus dem eingelesenen Bitmuster das Instruktionswort decodiert und in Abhängigkeit des auszuführenden Befehls die Operanden nachgeladen.

- Ausführungsphase (*Execute*)

  Ist die Decodierphase abgeschlossen, wird das Rechenwerk aktiviert und die Operanden werden miteinander verknüpft.

- Speicherphase (*Write back*)

  Das berechnete Ergebnis wird zurückgeschrieben. In Abhängigkeit des auszuführenden Befehls wird der Ergebnisoperand in den Speicher zurückgeschrieben, in einem internen Register abgelegt oder – im Falle eines Sprungbefehls – in den Instruktionszähler geladen.

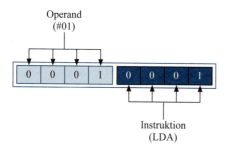

Abbildung 11.8: Das Instruktionsformat unseres Modellprozessors. Die oberen 4 Bit codieren den Operanden, die unteren 4 Bit den auszuführenden Befehl.

11.2 Ein einfacher Modellprozessor

Nachdem wir uns einen Überblick über den prinzipiellen Aufbau eines Mikroprozessors verschafft haben, werden wir in diesem Abschnitt unsere Kenntnisse in die Praxis umsetzen und einen voll funktionstüchtigen Mikroprozessor konstruieren (vgl. [65]). Obwohl sich die Komplexität und Rechenleistung des Modellprozessors in keiner Weise mit modernen Prozessoren vergleichen lässt, basiert er auf den gleichen Grundprinzipien und eignet sich dadurch bestens für einen praxisorientierten Einstieg in die Mikroprozessortechnik. Um die Komplexität des Modellprozessors gering zu halten, nehmen wir eine Reihe von Vereinfachungen vor:

- Die Registerbreite beträgt 4 Bit. Die Beschränkung ist lediglich der einfacheren Verdrahtung der beschalteten Komponenten geschuldet. Durch eine entsprechende Mehrfachauslegung der Register sowie der Ein- und Ausgangsleitungen lässt sich die Bitbreite ohne konzeptionelle Änderungen nahezu beliebig erweitern. Moderne Prozessoren der höheren Leistungskategorien arbeiten heute in der Regel mit einer Breite von 64 Bit, im Bereich eingebetteter Systeme sind jedoch auch 4- und 8-Bit-Prozessoren vertreten.

- Die Bitbreite des Adressbusses entspricht der Registerbreite. Das Zusammenfallen beider Größen erleichtert die Adressierung des Hauptspeichers erheblich, da die Speicheradresse nicht aus mehreren Datenwörtern zusammengesetzt werden muss. Diese Vereinfachung ist keineswegs praxisfern, schließlich können moderne 64-Bit-Prozessoren den gesamten Hauptspeicher ebenfalls mit einem einzigen Datenwort adressieren. 32-Bit-Prozessoren sind hier im Nachteil und benötigen eine komplexere Adressierungslogik.

- Jeder Befehl wird zusammen mit seinen Operanden in einem einzigen Datenwort codiert. Wie in Abbildung 11.8 dargestellt, besitzt jedes Datenwort eine Breite von 8 Bit, von denen die ersten 4 den Operanden und die letzten 4 den Maschinenbefehl codieren. Diese Vereinfachung bietet zwei wesentliche Vorteile. Zum einen werden Befehl und Operand in einem Schwung in die CPU geladen. Zum anderen gelangen wir, abgesehen von Sprungbefehlen, durch die Erhöhung des Instruktionszählers um eins stets zum nächsten Befehl. Trotzdem ist die Vereinfachung im Vergleich zu realen Prozessoren untypisch, da wir den möglichen Befehlssatz der CPU drastisch einschränken. Insbesondere lassen sich nur noch solche Befehle definieren, die mit maximal einem Operanden auskommen.

Des Weiteren bricht unser Modellprozessor an dieser Stelle mit den Grundsätzen der Von-Neumann-Architektur, da wir den Hauptspeicher durch unser Instruktionsformat effektiv in einen *Datenspeicher* und einen *Programmspeicher* separieren. Interpretieren wir die unteren und die oberen 4 Bit des Datenbusses als eigenständigen Transportweg, so verfügt unser Modellrechner über getrennte Daten- und Code-Speicher, die über separate Busse an die CPU angebunden sind. Unser Modellrechner folgt damit streng genommen dem Funktionsprinzip der Harvard-Architektur.

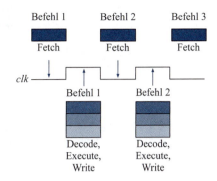

Abbildung 11.9: In jedem Taktzyklus führt die Modell-CPU genau ein Befehl aus.

- Unser Modellrechner führt jeden Befehl in genau einem Taktzyklus aus. Hierzu legen wir die CPU-Komponenten zweiflankengesteuert aus, so dass wir innerhalb des Prozessors zwei Phasen unterscheiden können. Wie in Abbildung 11.9 dargestellt, wird der aktuell auszuführende Befehl in der ersten Hälfte eines Taktzyklus in die CPU geladen (*Fetch*). Anschließend wird der Befehl in der zweiten Takthälfte decodiert, ausgeführt und das Ergebnis zurückgeschrieben. Dass sich alle drei Phasen in unserem Prozessor nahezu zeitgleich ausführen lassen, verdanken wir dem vergleichsweise einfachen Befehlssatz. So entfällt zum Beispiel das Nachladen jeglicher Operanden, da unsere Modell-CPU ausschließlich Befehle unterstützt, die genau einen, mit dem Befehl codierten Parameter verarbeiten.

  Der genaue zeitliche Ablauf innerhalb der einzelnen Taktphasen ist in Abbildung 11.10 grafisch zusammengefasst. Das Laden des auszuführenden Befehls wird während der negativen Taktphase vorbereitet und synchron zur positiven Taktflanke vollzogen. Während der positiven Taktphase wird der Befehl decodiert und ausgeführt. Am Ende der positiven Taktphase steht das berechnete Ergebnis bereit und wird synchron zur negativen Taktflanke zurückgeschrieben.

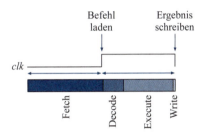

Abbildung 11.10: Zeitlicher Ablauf der Befehlsausführung

- Das Rechenwerk unseres Modellrechners wird durch ein einziges Akkumulatorregister gebildet und verfügt über keine weiteren Universalregister. Damit beschränken sich die arithmetischen Fähigkeiten unserer Modell-CPU auf die einfache Addition und Subtraktion zweier Binärzahlen. Wird das Akkumulatorregister durch eine komplexe arithmetisch-logische Einheit ersetzt, so lassen sich die arithmetischen Fähigkeiten des Modellprozessors erweitern, ohne dessen grundlegende Struktur zu ändern.

- Neben dem RAM-Speicher existieren keine weiteren externen Komponenten – insbesondere entfallen sämtliche ROM- und I/O-Bausteine. Jede Speicherstelle des RAMs enthält ein einzelnes Instruktionswort, das dem weiter oben eingeführten Maschinenformat entspricht. Da der Adressbus mit 4 Bit ausgelegt ist, können wir nur

Nr	Befehl	Codierung				Beschreibung
0	`NOP`	0	0	0	0	Wartezyklus (*No Operation*)
						Lade- und Speicherbefehle
1	`LDA #n`	0	0	0	1	Lädt den Akkumulator mit dem Wert *n*
2	`LDA (n)`	0	0	1	0	Lädt den Akkumulator mit dem Inhalt der Speicherstelle *n*
3	`STA (n)`	0	0	1	1	Überträgt den Akkumulatorinhalt in die Speicherstelle *n*
						Arithmetikbefehle
4	`ADD #n`	0	1	0	0	Erhöht den Akkumulatorinhalt um den Wert *n*
5	`ADD (n)`	0	1	0	1	Erhöht den Akkumulatorinhalt um den Inhalt der Speicherstelle *n*
6	`SUB #n`	0	1	1	0	Erniedrigt den Akkumulatorinhalt um den Wert *n*
7	`SUB (n)`	0	1	1	1	Erniedrigt den Akkumulatorinhalt um den Inhalt der Speicherstelle *n*
						Sprungbefehle
8	`JMP n`	1	0	0	0	Lädt den Instruktionszähler mit dem Wert *n*
9	`BRZ #n`	1	0	0	1	Addiert *n* auf den Instruktionszähler, falls das Zero-Bit gesetzt ist
10	`BRC #n`	1	0	1	0	Addiert *n* auf den Instruktionszähler, falls das Carry-Bit gesetzt ist
11	`BRN #n`	1	0	1	1	Addiert *n* auf den Instruktionszähler, falls das Negations-Bit gesetzt ist

Tabelle 11.1: Der vollständige Befehlssatz des Modellprozessors

magere 16 Speicherstellen adressieren, die für alle der später diskutierten Beispielprogramme jedoch vollkommen ausreichend sein werden.

Tabelle 11.1 fasst den Befehlssatz unseres Modellprozessors zusammen. Sehen wir von dem `NOP`-Befehl ab, der ausschließlich den Instruktionszähler weiterschaltet und keine sichtbare Aktion auslöst, so können wir die restlichen 11 Befehle in drei Gruppen einteilen:

- Lade- und Speicherbefehle

  Die Befehle dieser Gruppe dienen zum Laden des Akkumulators sowie dem Datenaustausch zwischen Akkumulator und Speicher. In der Form `LDA #n` lädt die CPU den Akkumulator mit dem konstanten Wert *n*, in der Form `LDA (n)` wird der in Adresse *n* gespeicherte Datenwert vom Hauptspeicher in den Akkumulator übertragen. In entsprechender Weise schreibt der Befehl `STA (n)` den Akkumulatorinhalt in die spezifizierte Speicherstelle zurück.

- Arithmetikbefehle

  Die Befehle dieser Gruppe dienen zur Durchführung arithmetischer Operationen. Unser Modellprozessor beschränkt sich mit den beiden Befehlen `ADD` und `SUB` auf die Addition und Subtraktion zweier Zahlen in Zweierkomplementdarstellung. In der Form `ADD #n` bzw. `SUB #n` wird der Akkumulatorinhalt um den konstanten Wert n erhöht bzw. erniedrigt. In der Form `ADD (n)` bzw. `SUB (n)` wird der Akkumulator stattdessen um den Inhalt der Speicherstelle n erhöht bzw. erniedrigt.

- Sprungbefehle

  Die Befehle dieser Gruppe dienen zur Manipulation des Instruktionszählers. Der Befehl `JMP n` überschreibt den Zähler mit n und implementiert auf diese Weise einen unbedingten Sprung. Zur Ausführung bedingter Sprünge stehen die Befehle `BRZ #n`, `BRC #n` und `BRN #n` zur Verfügung. So verzweigt der Befehl `BRZ` nur dann, wenn der Akkumulator den Wert 0 enthält – in diesem Fall wechselt das *Zero-Bit* Z auf 1. Im Gegensatz zum direkten Sprungbefehl, der die *absolute* Zieladresse als Argument entgegennimmt, führen die bedingten Sprungbefehle *relative* Sprünge aus. Folgerichtig wird der Instruktionszähler nicht überschrieben, sondern um n erhöht.

Obwohl der Befehlssatz im Vergleich zu modernen Prozessoren drastisch eingeschränkt ist, ändert dies nichts an der Universalität des Berechnungsmodells, das unserem Prozessor zu Grunde liegt. Nehmen wir an, dass die Größe des zur Verfügung stehenden Hauptspeichers unbegrenzt ist, so lässt sich jede berechenbare Funktion mit Hilfe unserer Modell-CPU implementieren. Insbesondere lässt sich damit jedes Assembler-Programm eines beliebigen Prozessors auf ein funktional äquivalentes Programm für unseren Modellprozessor reduzieren. Dass eine solche Reduktion ungeachtet der Komplexität des Befehlssatzes stets funktionieren muss, ist ein Ergebnis der Berechenbarkeitstheorie – eines der bedeutendsten Teilgebiete der theoretischen Informatik. Über die Länge und Effizienz des entstehenden Programms macht die Berechenbarkeitstheorie jedoch keine Aussage. In der Tat werden bereits unsere Beispielprogramme zeigen, dass sich die Umsetzung vieler Standardoperationen mitunter als reichlich umständlich erweist.

Abbildung 11.11 veranschaulicht die Architektur unseres Modellprozessors in Form eines Blockschaltbilds. In der Mitte der Darstellung ist mit dem Akkumulatorregister das Rechenwerk und damit der operative Kern der CPU abgebildet. Da der Prozessor neben dem Akkumulator keine weiteren Universalregister besitzt, müssen sämtliche arithmetischen Operationen hier ausgeführt werden. Über den aktuellen Zustand des Akkumulatorregisters gibt das Statusregister Aufschluss. Unser Modellprozessor beschränkt sich auf die drei Statusbits C, Z, N, die genau dann auf eins gesetzt werden, wenn das Addierwerk einen

---

1936 schlug der englische Mathematiker Alan Turing (1912 – 1954) ein universelles Automatenmodell vor, mit dem er den Grundstein der modernen Berechenbarkeitstheorie legte. Die sogenannte *Turing-Maschine* ist eine gedanklich konstruierte Steuereinheit, die ähnlich einem Tonband einzelne Zeichen lesen und schreiben kann. Hierzu steht neben einem Schreib-/Lesekopf ein – per Definition – unendlich langes Band zur Verfügung, das in einzelne Felder aufgeteilt ist. Jedes Feld kann mit genau einem Zeichen beschrieben werden.

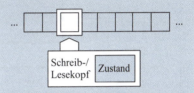

Der Schreib-/Lesekopf wird über einen endlichen Automaten angesteuert, der die auszuführende Aktion aus dem internen Zustand sowie dem Inhalt des adressierten Speicherfelds bestimmt. Der Funktionsumfang der Turing-Maschine ist dabei äußerst simpel: Neben der Veränderung des aktuellen Speicherfelds sowie der schrittweisen Bewegung des Lesekopfes nach links oder rechts beherrscht die Maschine keine weiteren Operationen.
Niemand würde je in Erwägung ziehen, eine Turing-Maschine real zu bauen – alleine das unendliche Band stellt die Ingenieurkunst vor ein technisch unüberwindbares Problem. Nichtsdestotrotz ist die Turing-Maschine von unschätzbarem Wert, da sich auf ihr jeder nur erdenkliche Algorithmus implementieren lässt. Mit anderen Worten: Das Berechnungsmodell der Turing-Maschine ist *universell*. Dieses Ergebnis ist Inhalt der *Church'schen These*, die der amerikanische Logiker Alonzo Church im Jahre 1936 formulierte und die heute eine allgemein anerkannte Erkenntnis der Berechenbarkeitstheorie ist.

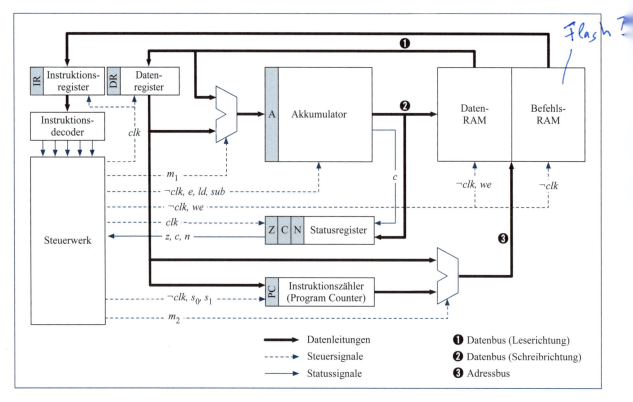

Abbildung 11.11: Schematischer Aufbau unseres Modellrechners

Überlauf verursacht (*Carry-Bit C*) oder der Akkumulator den Wert Null (*Zero-Bit Z*) bzw. einen negativen Wert enthält (*Negative-Bit N*).

Neben dem Akkumulator ist der Hauptspeicher abgebildet, der entsprechend unserem Instruktionsformat zweigeteilt ist. Während die linken vier Bits den Befehlsoperanden repräsentieren, codieren die rechten vier Bits den auszuführenden Befehl. Der RAM-Speicher ist im Lesemodus asynchron ausgelegt, so dass zu jedem Zeitpunkt der Inhalt der über den Adressbus ausgewählten Speicherzelle auf dem Datenbus anliegt. Um die Implementierung des Datenbusses in unserem Modellprozessor so einfach wie möglich zu halten, ist er nicht bidirektional konzipiert. Stattdessen werden beide Transportrichtungen durch zwei separate Busse implementiert, die jeder für sich unidirektional arbeiten.

In jedem Takt führt die Modell-CPU genau einen Maschinenbefehl aus. Zu Beginn eines Taktzyklus muss der Adressbus so beschaltet sein, dass die nächste auszuführende Maschineninstruktion auf dem Datenbus liegt. Mit der positiven Taktflanke liest die CPU das Maschinenwort ein, indem die oberen vier Bits in das *Datenregister DR* und die unteren vier Bits in das *Instruktionsregister IR* übernommen werden.

Das Instruktionsregister ist direkt mit dem Instruktionsdecoder verbunden, der das ankommende Bitmuster analysiert und aufschlüsselt. Die Ausgänge des Instruktionsdecoders werden in das Steuerwerk geführt und dort in entsprechende Steuersignale für die Befehlsausführung übersetzt. Zur Ausführung des decodierten Befehls muss die CPU die folgenden Steuerungsaufgaben erledigen:

- Ansteuerung des Akkumulators

  In Abhängigkeit des auszuführenden Befehls müssen die Steuerleitungen des Akkumulators so gesetzt werden, dass der Registerinhalt erhalten, überschrieben oder akkumuliert wird. Der Betriebsmodus des Akkumulators wird vom Steuerwerk über die beiden Signalleitungen e und ld eingestellt. Über die dritte Signalleitung sub legt das Steuerwerk fest, ob das Additionswerk die Summe oder die Differenz der angelegten Operanden berechnet.

- Ansteuerung des Instruktionszählers

  Neben der Ansteuerung des Rechenwerks muss das Steuerwerk in jedem Takt den Inhalt des Instruktionszählers in Abhängigkeit des auszuführenden Befehls verändern. Das jeweilige Verhalten des Zählers bestimmt das Steuerwerk über die beiden Signalleitungen s_0 und s_1. Eine rein sequenzielle Befehlsausführung wird erreicht, indem der Zähler sukzessive um eins erhöht wird. Direkte und indirekte Sprünge lassen sich ebenfalls einfach abbilden und entsprechen dem Laden bzw. dem Akkumulieren des Instruktionszählers. Das Beschreiben des Registers erfolgt in unserem Modellrechner synchron zur negativen Taktflanke. Auf diese Weise ist sichergestellt, dass der nächste auszuführende Befehl zu Beginn der nächsten positiven Taktflanke auf dem Datenbus liegt.

- Durchschalten der korrekten Transportwege

  Der Datenfluss innerhalb der CPU wird über zwei Multiplexer gesteuert. Der erste Multiplexer ist dem Dateneingang des Akkumulators vorgeschaltet. Ist das Steuersignal m_1 gleich 0, so werden die Dateneingänge des Akkumulators direkt mit dem Datenbus verbunden. Wird das Steuersignal m_1 stattdessen auf 1 gesetzt, so bezieht der Akkumulator die Daten direkt aus dem Datenregister. Der zweite Multiplexer steuert die Beschaltung des Adressbusses. Ist das Steuersignal m_2 gleich 0, so wird der Inhalt des Datenregisters auf den

Im direkten Vergleich mit unserem einfach strukturierten Modellprozessor, der jeden Befehl in genau zwei Ausführungsphasen abarbeitet, sind die Steuerwerke realer Prozessoren deutlich komplexer ausgelegt. Insbesondere Prozessoren mit mächtigen Befehlssätzen erfordern die Zerlegung eines Befehls in eine ganze Reihe sequenziell zu durchlaufender Phasen. Zu diesem Zweck enthalten Steuerwerke oft einen sogenannten *Mehrphasentaktgeber (sequencer)*, der das Taktsignal clk als Eingabe entgegennimmt und auf n Ausgangsleitungen $clk_1, \ldots, clk_n$ verteilt:

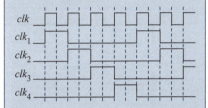

Der Mehrphasentaktgeber kann durch die Zusammenschaltung eines Binärzählers und eines Demultiplexers auf einfache Weise implementiert werden:

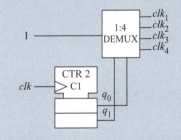

Die Steuerleitungen des Demultiplexers sind direkt mit den Ausgängen des Zählers verbunden, so dass der auf 1 liegende Eingang nacheinander auf jeden der Ausgänge clk_1 bis clk_n durchgeschaltet wird. Legen wir am Eingang des Demultiplexers den konstanten Wert 1 an, so entsteht an den Ausgängen des Demultiplexers auf einen Schlag der oben abgebildete Signalverlauf.

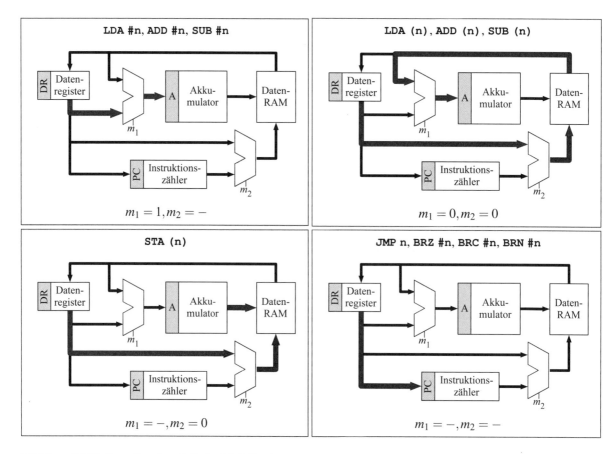

Abbildung 11.12: Datenfluss innerhalb des Modellrechners

Adressbus gelegt. Wird m_2 auf 1 gesetzt, so wird der Speicher über den Instruktionszähler *PC* adressiert.

Abbildung 11.12 zeigt, wie die Transportwege der CPU während der Ausführungsphase beschaltet werden müssen, um die weiter oben eingeführten Lade-, Speicher- und Sprungbefehle in ihren verschiedenen Adressierungsvarianten auszuführen. Von der **NOP**-Operation abgesehen, können wir jeden der 11 verbleibenden Befehle in eines der folgenden vier Datenflussszenarien einordnen:

■ **LDA #n**, **ADD #n** oder **SUB #n**

In allen drei Fällen wird der Akkumulator mit dem Inhalt des Datenregisters gespeist ($m_1 = 1$). Der Inhalt des Datenbusses spielt in diesem Fall keine Rolle, da er vollständig vom Rechenwerk abgekoppelt ist. Folgerichtig ist auch der Inhalt des Adressbusses irrelevant und m_2 kann mit einem beliebigen Wert beschaltet werden.

- **LDA (n)**, **ADD (n)** oder **SUB (n)**

  Im Falle der indirekten Adressierung wird n nicht selbst in den Akkumulator geleitet, sondern zur Adressierung des Speichers verwendet. Hierzu legen wir den Inhalt des Datenregisters auf den Adressbus ($m_2 = 0$) und leiten den Inhalt des Datenbusses direkt in den Akkumulator weiter ($m_1 = 0$).

- **STA (n)**

  Zur Übertragung des Akkumulatorinhalts in den Speicher wird zunächst der Inhalt des Datenregisters auf den Adressbus gelegt ($m_2 = 0$) und unmittelbar darauf das Schreibsignal *we* aktiviert. Die Beschaltung von m_1 spielt in diesem Fall keine Rolle, da der Inhalt des Akkumulatorregisters während der Befehlsausführung nicht verändert wird.

- **JMP n**, **BRZ #n**, **BRC #n**, **BRN #n**

  Zur Ausführung eines Sprungbefehls wird lediglich der Stand des Instruktionszählers verändert – das Rechenwerk bleibt in diesem Fall vollständig inaktiv. Zur Durchführung eines direkten Sprungs wird der Befehlszähler mit dem Inhalt des Datenregisters überschrieben, zur Durchführung eines indirekten Sprungs wird der Wert auf den aktuellen Stand addiert. Da sowohl das Rechenwerk als auch der Speicher bei der Ausführung eines Sprungbefehls außen vor gelassen werden, spielt die Beschaltung von m_1 wie auch von m_2 keine Rolle.

Um ein praktisches Verständnis für den Ablauf eines Maschinenprogramms zu erhalten, wollen wir unser bisher erworbenes Wissen anhand eines einfachen Beispielprogramms konkretisieren. Hierzu betrachten wir das in Abbildung 11.13 dargestellte Assembler-Programm zur Multiplikation zweier Zahlen. Werden Multiplikand und Multiplikator vor der Ausführung des Programms in die Speicherzellen 13 und 14 geschrieben, so enthält die Speicherzelle 15 nach der Ausführung das Produkt $(13) \times (14)$. Da unser Modellprozessor über kein Multiplikationswerk verfügt und damit auch keinen Multiplikationsbefehl kennt, wird die Multiplikation durch die wiederholte Ausführung der Addition berechnet. Hierzu implementiert das Programm eine Schleife, die in jeder Iteration den Multiplikator (Speicherzelle 13) um eins erniedrigt und den Inhalt der initial mit null beschriebenen Speicherzelle 15 um den

```
// Beispielprogramm
// zur Berechnung der
// Multiplikation
//
// Eingabe:
// (13) = Multiplikator
// (14) = Multiplikand
//
// Ausgabe:
// (15) = (13) * (14)

0: init:   LDA #0
1: begin:  STA (15)
2:         LDA (13)
3:         BRZ #6    // end:
4:         SUB #1
5:         STA (13)
6:         LDA (15)
7:         ADD (14)
8:         JMP 1     // begin:
9: end:    END
```

Abbildung 11.13: Ein Maschinenprogramm zur Ausführung der Multiplikation in der Sprache unserer Modell-CPU

Wert des Multiplikanden erhöht. Die Schleife wird beendet, sobald der Inhalt von Speicherzelle 13 auf null heruntergezählt wurde. In diesem Fall enthält die Speicherzelle 15 bereits das gesuchte Produkt und das Programm wird beendet.

Als letzten Befehl enthält das abgebildete Programm den *Makro-Befehl* **END**. Hinter einem Makro verbirgt sich kein Befehl im eigentlichen Sinne. Stattdessen handelt es sich um eine rein syntaktische Abkürzung, d. h., jedes Makro steht stellvertretend für ein oder mehrere Maschinenbefehle und dient lediglich zur Schreiberleichterung. In unserem Beispielprogramm ist das Makro

<n> : END</n>

als

<n> : JMP <n></n></n>

definiert. Der Sinn und Zweck dieses Befehls ist es, die CPU am Ende eines Programms in eine Endlosschleife zu versetzen und damit die sequenzielle Ausführung der CPU effektiv zu stoppen.

Tabelle 11.2 demonstriert, wie das Beispielprogramm Schritt für Schritt in unserer Modell-CPU abgearbeitet wird. Für jede Phase der Befehlsausführung enthält die Tabelle die aktuelle Belegung der internen Prozessor-Register, des Daten- und Adressbusses sowie die Inhalte der relevanten Speicherzellen. In dem abgebildeten Beispiel sind die Speicherzellen 13 und 14 initial mit den Werten 2 und 3 befüllt. Nach 2 Schleifeniterationen steht der Ergebniswert $2 \times 3 = 6$ in Speicherzelle 15 und das Programm terminiert.

Mit unserem erworbenen Wissen über die interne Befehlsausführung unseres Modellprozessors sind wir in der Lage, uns der Detailimplementierung der verbleibenden Komponenten zuzuwenden. Abbildung 11.14 stellt die Hardware-Umsetzung des Instruktionsdecoders dar. Das zweistufig ausgelegte Schaltnetz enthält vier Eingangsleitungen $i_3, \ldots, i_0$, die direkt mit dem Datenbus der Modell-CPU verbunden sind. Das Bit-Muster der anliegenden Maschineninstruktion wird mit Hilfe der kombinatorischen Logik analysiert und im Sinne einer One-Hot-Codierung eine der Ausgangsleitungen aktiviert. Wie das Strukturbild zeigt, verfügt der Decoder für die Befehle **LDA**, **ADD** und **SUB** jeweils nur über eine Ausgangsleitung. Um die beiden zur Verfügung stehenden Adressierungsarten dieser Befehle zu unterscheiden, wird im Falle der indirekten Adressierung die zusätzlich vorhandene Ausgangsleitung *ind* auf 1 gesetzt.

Als Nächstes wenden wir uns der Konstruktion des Statusregisters zu. Wie die Implementierung in Abbildung 11.15 zeigt, hält das Register

11.2 Ein einfacher Modellprozessor

Zyklus	clk	PC	Adressbus	Datenbus	(IR)	(DR)	(A)	(13)	(14)	(15)
01	↑	00	01	LDA #0	LDA	00	??	02	03	??
	↓	01	??	??	LDA	00	00	02	03	??
02	↑	01	02	STA (15)	STA	15	00	02	03	??
	↓	02	15	0	STA	15	00	02	03	00
03	↑	02	03	LDA (13)	LDA	13	00	02	03	00
	↓	03	13	02	LDA	13	02	02	03	00
04	↑	03	04	BRZ 06	BRZ	06	02	02	03	00
	↓	04	??	??	BRZ	06	02	02	03	00
05	↑	04	05	SUB #1	SUB	01	02	02	03	00
	↓	05	??	??	SUB	01	01	02	03	00
06	↑	05	06	STA (13)	STA	13	01	02	03	00
	↓	06	13	01	STA	13	01	01	03	00
07	↑	06	07	LDA (15)	LDA	15	01	01	03	00
	↓	07	15	00	LDA	15	00	01	03	00
08	↑	07	08	ADD (14)	ADD	14	00	01	03	00
	↓	08	14	03	ADD	14	03	01	03	00
09	↑	08	09	JMP 01	JMP	01	03	01	03	00
	↓	01	??	??	JMP	01	03	01	03	00
10	↑	01	02	STA (15)	STA	15	03	01	03	00
	↓	02	15	03	STA	15	03	01	03	03
11	↑	02	03	LDA (13)	LDA	13	03	01	03	03
	↓	03	13	01	LDA	13	01	01	03	03
12	↑	03	04	BRZ 06	BRZ	06	01	01	03	03
	↓	04	??	??	BRZ	06	01	01	03	03
13	↑	04	05	SUB #1	SUB	01	01	01	03	03
	↓	05	??	??	SUB	01	00	01	03	03
14	↑	05	06	STA (13)	STA	13	00	01	03	03
	↓	06	13	00	STA	13	00	00	03	03
15	↑	06	07	LDA (15)	LDA	15	00	00	03	03
	↓	07	15	03	LDA	15	03	00	03	03
16	↑	07	08	ADD (14)	ADD	14	03	00	03	03
	↓	08	14	03	ADD	14	06	00	03	03
17	↑	08	09	JMP 01	JMP	01	06	00	03	03
	↓	01	??	??	JMP	01	06	00	03	03
18	↑	01	02	STA (15)	STA	15	06	00	03	03
	↓	02	15	06	STA	15	00	00	03	06
19	↑	02	03	LDA (13)	LDA	13	00	00	03	06
	↓	03	13	00	LDA	13	00	00	03	06
20	↑	03	04	BRZ 06	BRZ	06	00	00	03	06
	↓	09	??	??	BRZ	06	00	00	03	06
21	↑	09	04	END	JMP	09	00	00	03	06
	↓	09	??	??	JMP	09	00	00	03	06

Tabelle 11.2: Ablaufprotokoll für die Berechnung von 2×3

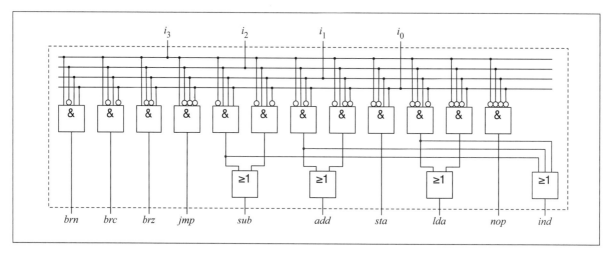

Abbildung 11.14: Implementierung des Instruktionsdecoders als zweistufiges Schaltnetz

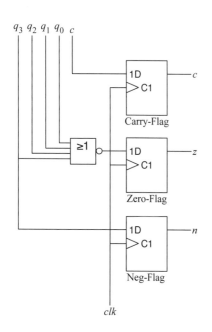

Abbildung 11.15: Das Statusregister unseres Modellrechners

für jedes Statusbit ein D-Flipflop vor, dessen Wert sich aus dem aktuellen Inhalt des Akkumulatorregisters berechnet. Das Statusregister wird über das Steuerwerk getaktet und ist positiv flankengesteuert ausgelegt. Damit ist sichergestellt, dass die Statusbits stets in der Mitte einer Taktperiode beschrieben werden. In anderen Worten: Die Statusbits werden zeitgleich mit dem Beginn der Decodierungsphase gesetzt und geben damit über das Ergebnis der letzten durchgeführten arithmetischen Operation Auskunft. Ausgewertet werden die Statusbits im Steuerwerk zur Durchführung bedingter Sprünge. So bewirken die Befehle **BRC**, **BRZ** und **BRN** nur dann einen Sprung, wenn das entsprechende Statusbit den Wert 1 besitzt. Insgesamt kommt dem Statusregister damit die Rolle eines Bindeglieds zwischen Rechen- und Steuerwerk zu. Ohne dieses Register wäre kein Informationsfluss zwischen beiden Komponenten mehr vorhanden und damit keine komplexe Kontrollflusssteuerung mehr möglich.

Keinerlei Probleme bereitet uns der Aufbau des Akkumulatorregisters sowie des Instruktionszählers. Für beide Komponenten haben wir bereits in Kapitel 9 eine Implementierung kennen gelernt, die wir für den Einsatz in unserer Modell-CPU nahezu vollständig übernehmen können. Einzig das Akkumulatorregister erfährt eine marginale Änderung. Damit ein im Addierer etwaig entstehender Übertrag auch noch im nächsten Takt vom Steuerwerk ausgewertet werden kann, speichern wir dessen Wert zusammen mit den Datenbits im Auffangregister zwischen. Das modifizierte Strukturbild des Akkumulators ist in Abbildung 11.16 dargestellt. Die Beschaltung der Steuervariablen zur Einstellung der je-

11.2 Ein einfacher Modellprozessor

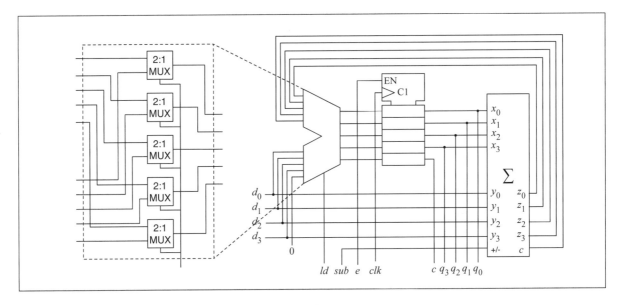

Abbildung 11.16: Das Akkumulatorregister unseres Modellrechners

weils benötigten Betriebsmodi können wir ohne Umschweife aus Tabelle 9.1 sowie Abbildung 9.23 entnehmen.

Der Hauptspeicher wird in Form eines SRAM-Speichers implementiert. Um zu vermeiden, dass im Falle des Beschreibens aufgrund unterschiedlicher Signallaufzeiten die falsche Speicherzelle adressiert wird, verwenden wir einen Speicher, der im Lesemodus ($we = 0$) asynchron, im Schreibmodus ($we = 1$) dagegen synchron arbeitet. Eine Speicherzelle wird genau dann beschrieben, wenn das Write-Enable-Signal we während der negativen Taktflanke gleich 1 ist. Im asynchronen Lesebetrieb bleibt der Wert des Taktsignals dagegen ohne Bedeutung.

Auf den in Kapitel 9 geleisteten Vorarbeiten aufbauend können wir für jeden Befehl die Beschaltung der Steuerleitungen für Akkumulator, Rechenwerk, RAM sowie die beiden Multiplexer ableiten. Das Ergebnis ist in Tabelle 11.3 zusammengefasst und wir erhalten für die Ausgangssignale des Steuerwerks die folgenden booleschen Gleichungen:

- Akkumulator

$$e = lda \lor add \lor sub$$
$$ld = lda$$
$$sub = sub$$

Befehl	Statusvariablen			Akkumulator			PC		RAM	Multiplexer	
	z	c	n	e	ld	sub	s_1	s_0	we	m_1	m_2
Fetch: $clk = 0$											
–	–	–	–	0	–	–	1	0	0	–	1
Decode + Execute + Write: $clk = 1$											
NOP	–	–	–	0	–	–	1	0	0	–	–
LDA	–	–	–	1	1	–	1	0	0	$\neg ind$	0
STA	–	–	–	0	–	–	1	0	1	–	0
ADD	–	–	–	1	0	0	1	0	0	$\neg ind$	0
SUB	–	–	–	1	0	1	1	0	0	$\neg ind$	0
JMP	–	–	–	0	–	–	0	1	0	–	–
BRZ	0	–	–	0	–	–	1	0	0	–	–
BRZ	1	–	–	0	–	–	0	0	0	–	–
BRC	–	0	–	0	–	–	1	0	0	–	–
BRC	–	1	–	0	–	–	0	0	0	–	–
BRN	–	–	0	0	–	–	1	0	0	–	–
BRN	–	–	1	0	–	–	0	0	0	–	–

Tabelle 11.3: Beschaltung von Akkumulator, Instruktionszähler, RAM und Multiplexer durch das Steuerwerk

- Instruktionszähler (PC)

$$s_1 = \overline{(brz \wedge z) \vee (brc \wedge c) \vee (brn \wedge n) \vee jmp}$$
$$s_0 = jmp$$

- RAM

$$we = sta$$

- Multiplexer

$$m_1 = \overline{ind}$$
$$m_2 = \overline{clk}$$

Die Beschaltung der Takteingänge der verschiedenen Komponenten ergibt sich direkt aus der Aufteilung eines Taktzyklus in zwei separate Phasen. Auf den Speicher wird im Schreibmodus während der negativen Taktflanke zugegriffen. Deshalb wird das Taktsignal clk vom Steuerwerk invertiert an den Hauptspeicher weitergereicht. Das Akkumulatorregister und der Instruktionszähler werden am Ende der Ausführungsphase aktiviert. Folgerichtig versorgt das Steuerwerk beide Komponenten ebenfalls mit dem invertierten Taktsignal.

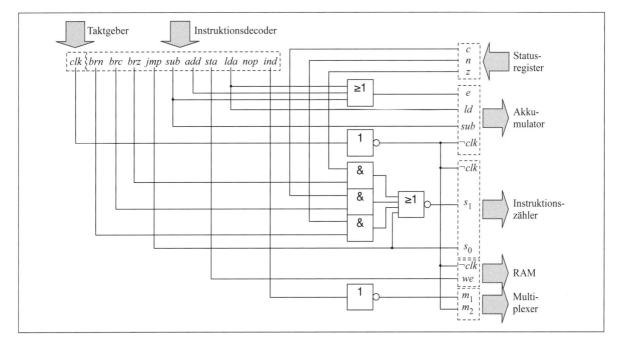

Abbildung 11.17: Vollständig implementiertes Steuerwerk unserer Modell-CPU

Insgesamt erhalten wir die in Abbildung 11.17 dargestellte Implementierung des Steuerwerks. Wie das Strukturbild zeigt, fällt die Implementierung erstaunlich einfach aus – eine Handvoll Logikgatter reicht aus, um die Kontrollzentrale unserer CPU vollständig zu realisieren. Der Grund hierfür liegt zum einen in dem vergleichsweise primitiven Befehlssatz unseres Mikroprozessors, der neben den atomaren Kontroll- und Datenflussoperationen keinerlei weiter gehende Operationen unterstützt. Zum anderen ist ein Teil der Kontrolllogik in den Befehlsdecoder ausgelagert. Durch die Aufschlüsselung des Instruktionscodes auf für jeden Befehl separate Signalleitungen wird die Implementierung des Steuerwerks deutlich vereinfacht.

11.3 Übungsaufgaben

Aufgabe 11.1

Webcode 0663

Gegeben sei das folgende Assembler-Programm in der Sprache unseres Modellrechners:

```
0000    low:    LDA (13)
0001            ADD (15)
0010            BRC ub:
0011            STA (15)
0100            LDA #0
0101            JMP high:
0110    ub:     STA (15)
0111            LDA #1
1000    high:   ADD (12)
1001            ADD (14)
1010            STA (14)
1011            END
```

a) Welche Funktion erfüllt das Programm? Spielen Sie hierzu den Programmablauf für eine Reihe von Eingabewerten durch.

b) Wie ließe sich unser Modellrechner verbessern, damit er Berechnungen dieser Art deutlich vereinfacht? Werfen Sie hierzu bei Bedarf einen Blick in die Instruktionssätze moderner Mikroprozessoren.

Aufgabe 11.2

Webcode 0121

Gegeben sei das folgende Assembler-Programm in der Sprache unseres Modellrechners:

```
0000            LDA #0
0001            STA (13)
0010    sub:    LDA (14)
0011            SUB (15)
0100            BRN exit:
0101            STA (14)
0110            LDA (13)
0111            ADD #1
1000            STA (13)
1001            JMP sub:
1010    exit:   END
```

Was berechnet dieses Programm? Spielen Sie hierzu erneut den Programmablauf für eine Reihe von Eingabewerten durch.

11.3 Übungsaufgaben

Das folgende C-Programm implementiert den *Euklidischen Algorithmus* zur Berechnung des größten gemeinsamen Teilers (ggT) zweier positiver ganzer Zahlen.

Aufgabe 11.3

Webcode 0870

```
int ggt(int x, int y) {
    int r;
    do {
        r = x % y;
        x = y;
        y = r;
    } while (y != 0);
    return x;
}
```

a) Implementieren Sie die Modulo-Operation (%) in der Sprache unseres Modellrechners.

b) Übersetzen Sie die C-Implementierung in ein entsprechendes Assembler-Programm.

c) Entwickeln Sie ein Assembler-Programm zur Berechnung des kleinsten gemeinsamen Vielfachen (kgV) zweier positiver ganzer Zahlen. Greifen Sie hierzu auf die Ergebnisse der vorhergehenden Teilaufgaben zurück.

Gegeben sei das folgende Programmgerüst in der Sprache unseres Modellrechners:

Aufgabe 11.4

Webcode 0422

```
0000           LDA  #0011
0001           STA  (1111)
0010           JMP  enter:
0011           ...
...            ...
0110           LDA  #1001
0111           STA  (1111)
1000           JMP  enter:
1001           ...
...            ...
1100  enter:   ...
...            ...
1111  exit:    JMP  0000
```

a) Welches bekannte Programmierkonzept wird in diesem Programm umgesetzt?

b) Wie könnte der Modellrechner erweitert werden, um Programme dieser Art besser zu unterstützen?

Aufgabe 11.5

Webcode 0987

Auf Seite 365 ist die Implementierung eines Mehrphasentaktgebers abgebildet. Das gewünschte Verhalten wird durch die Zusammenschaltung eines Binärzählers und eines Demultiplexers erreicht.

a) Welcher Ihnen bekannte Zahlencode wird durch den Mehrphasentaktgeber erzeugt?

b) Reimplementieren Sie den Taktgeber mit Hilfe eines Schieberegisters.

Aufgabe 11.6

Webcode 0558

Betrachten Sie erneut die in Abbildung 11.14 dargestellte Implementierung des Instruktionsdecoders unseres Modellrechners. Statt den Decoder als zweistufiges Schaltnetz zu implementieren, können die Befehle auch mit Hilfe eines ROM-Speichers decodiert werden. Programmieren Sie hierzu den folgenden ROM-Baustein, indem Sie die entsprechenden Verbindungen in die ODER-Matrix eintragen:

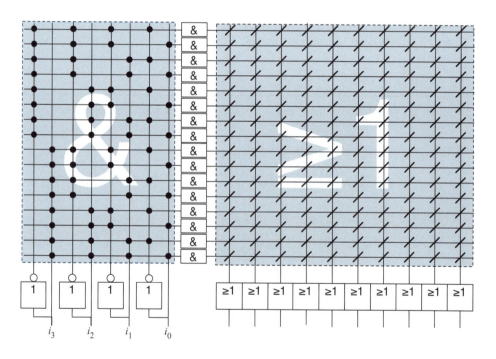

12 Rechnerstrukturen

In diesem Kapitel werden Sie . . .

- Rechnerarchitekturen mit Hilfe der Taxonomie von Flynn klassifizieren,
- in CISC und RISC zwei grundlegende Instruktionsarchitekturen erkennen,
- sehen, wie sich mit Hilfe der Fließbandverarbeitung die Prozessorleistung steigern lässt,
- die Funktionsweise und den Aufbau eines Cache-Speichers verstehen,
- die gebräuchlichsten Benchmarks zur Leistungsbewertung kennen lernen.

12.1 Rechnerklassifikation nach Flynn

Nachdem wir im letzten Kapitel die grundlegende Arbeitsweise eines Mikroprozessors am Beispiel einer einfachen Modell-CPU kennen gelernt haben, wenden wir uns jetzt den Organisationsprinzipien moderner Prozessoren zu. Vergleichen wir die heute verfügbaren Prozessoren untereinander, so unterscheiden sich diese nicht nur in ihrer Leistungsfähigkeit, sondern auch in ihrem internen Aufbau erheblich. Trotzdem lassen sich Prozessoren anhand mehrerer Merkmale in verschiedene Kategorien einteilen und auf diese Weise Ordnung in die auf den ersten Blick verwirrend erscheinende Prozessorenlandschaft bringen.

Bereits Ende der Sechzigerjahre formulierte Michael J. Flynn eine Systematik zur Klassifikation von Rechnerarchitekturen, die bis heute zu den am häufigsten verwendeten Taxonomien zählt [29, 30]. Als Ordnungsmerkmal legt Flynn die Anzahl der Befehls- und Datenströme zu Grunde, die in einem Mikroprozessor gleichzeitig verarbeitet werden. Auf diese Weise lässt sich jede Rechnerarchitektur, wie in Abbildung 12.1 gezeigt, in eine von vier Klassen einteilen:

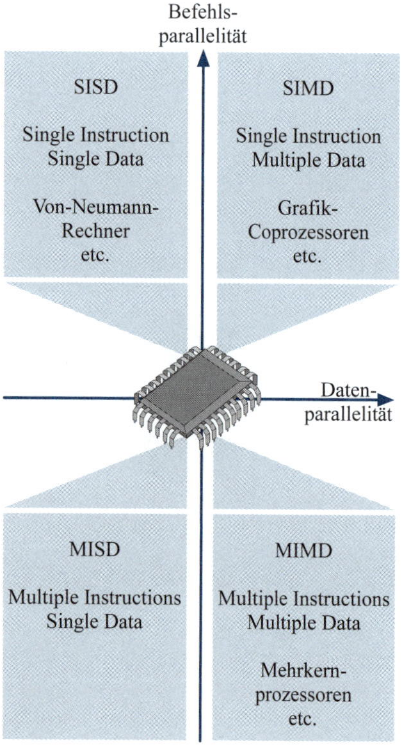

- **SISD** (*Single Instruction, Single Data*)

  Rechnersysteme dieser Art verarbeiten zu jeder Zeit genau einen Datenwert und entsprechen damit exakt dem klassischen Von-Neumann-Rechner.

- **SIMD** (*Single Instruction, Multiple Data*)

  Die Ursprünge dieser Technik gehen bis in die Siebzigerjahre zurück, als die ersten Vektorrechner ihren Weg in Forschungslabore und Rechenzentren fanden. Vektorrechner führen einen Befehl parallel auf mehreren Datenwörtern aus und sind damit besonders gut für rechenintensive Anwendungen geeignet.

- **MISD** (*Multiple Instructions, Single Data*)

  Diese Klasse umfasst alle Rechnersysteme, die einen einzelnen Datenwert mit mehreren Funktionseinheiten bearbeiten. Im Gegensatz zu den anderen Klassen ist diese spärlich besetzt. Neben einigen Spezialarchitekturen im Bereich fehlertoleranter Systeme gibt es keine weiteren Rechnertypen, die nach dem MISD-Prinzip arbeiten.

- **MIMD** (*Multiple Instructions, Multiple Data*)

  Rechnersysteme dieser Art verfügen über mehrere Verarbeitungseinheiten, die jede für sich mehrere Datenwerte gleichzeitig bearbeiten. Alle modernen Mikroprozessoren mit mehr als einem Verarbeitungskern fallen in diese Kategorie.

Abbildung 12.1: Klassifikation nach Flynn

12.2 Instruktionsarchitekturen

Mit ihren lediglich vier Kategorien ist die Klassifikation nach Flynn äußerst abstrakt und kann aus diesem Grund nur zur groben Orientierung dienen. Ein häufig formulierter Kritikpunkt betrifft die ungleiche Besetzung der verschiedenen Klassen. So ist die Klasse MISD so gut wie leer und wird fast ausschließlich zu systematischen Zwecken mit aufgelistet. Auf der anderen Seite nutzen moderne Rechnerarchitekturen heute allerlei Spielarten der Parallelität, um die Systemleistung immer weiter in die Höhe zu treiben. Folgerichtig fallen moderne Architekturen fast nur noch in die Klasse MIMD.

Aufgrund der Limitierungen haben sich in der Vergangenheit weitere Taxonomien entwickelt, die einige Grenzen der Flynn-Klassifikation beseitigen. Mehrere davon werden wir in den nächsten Abschnitten genauer unter die Lupe nehmen.

12.2 Instruktionsarchitekturen

Legen wir als Ordnungsmerkmal die *Instruktionsarchitektur* einer CPU zu Grunde, so lassen sich die gängigen Mikroprozessoren auf der obersten Ebene in zwei Gruppen einteilen:

- **CISC:** *Complex Instruction Set Computer*

  CISC-Prozessoren stellen einen umfangreichen Befehlssatz zur Verfügung, der die Programmierung komplexer Aufgaben mit einer geringen Anzahl von Befehlen ermöglicht. Intern zerlegt die CPU die komplexen CISC-Befehle in mehrere aufeinander folgende Teilschritte und benötigt hierdurch mehrere Takte, bis ein Befehl vollständig ausgeführt ist.

- **RISC:** *Reduced Instruction Set Computer*

  RISC-Prozessoren beschränken sich auf die Bereitstellung von wenigen elementaren Maschinenbefehlen, die von der CPU effizient ausgeführt werden können. Aufgrund des beschränkten Befehlssatzes werden zur Programmierung komplexerer Aufgaben hierdurch längere Befehlssequenzen benötigt.

In den folgenden Abschnitten werden wir die beiden Instruktionsmodelle genauer beleuchten und deren Vor- und Nachteile gegenüberstellen.

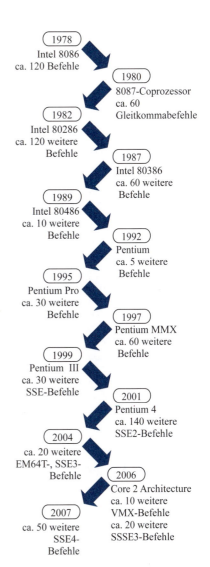

Abbildung 12.2: Der x86-Befehlssatz repräsentiert die bekannteste und mit großem Abstand am weitesten verbreitete CISC-Instruktionsarchitektur. Seit der Begründung dieser Architektur durch den Intel 8086 wurde der Befehlssatz permanent um weitere Befehle erweitert – Altlasten inklusive.

Der Zahn der Zeit hat in der x86-Architektur deutliche Spuren hinterlassen. Insbesondere die für den Markterfolg nicht zu unterschätzende Rückwärtskompatibilität hat zahlreiche Altlasten geschaffen, die den Befehlssatz z. B. im direkten Vergleich mit der PowerPC-Architektur deutlich antiquierter erscheinen lassen. Aus diesem Hintergrund heraus sind einige der Aufschreie erklärbar, die im Jahre 2006 die Umstellung der Macintosh-Produktlinie von PowerPC- auf Intel-Prozessoren begleiteten.

So wichtig die Ästhetik einer Mikroprozessorarchitektur auch für den Hardware-Entwickler sein mag, aus Anwendersicht spielt sie für die meisten kaum eine Rolle. Trotz der bekannten Unzulänglichkeiten gehören die Intel-Prozessoren zu den leistungsfähigsten ihrer Klasse und verhalfen auch den Apple-Rechnern zu einem regelrechten Leistungssprung. Auf der Benutzerebene ist die Umstellung kaum zu bemerken – einzig die Systemanzeige zeugt davon, dass im Innern zwei völlig unterschiedliche Prozessorarchitekturen ihre Dienste vollbringen.

12.2.1 CISC-Prozessoren

Blicken wir auf die vergleichsweise kurze, aber bewegte Geschichte der Mikroprozessortechnik zurück, so steht das CISC-Instruktionsmodell am Ende einer geradezu natürlichen Entwicklung. Mit der Fähigkeit, immer mehr und mehr Transistoren auf einem Stück Silizium integrieren zu können, stieg auch der Wunsch, die Leistungsfähigkeit der Mikroprozessoren durch immer mächtigere Befehlssätze in gleichem Maße zu steigern. Gut studieren lässt sich die Entwicklung der CISC-Technologie am Beispiel der Intel-Prozessoren. Die x86-Architektur wurde von Intel zusammen mit dem 8086-Prozessor ins Leben gerufen und hat sich bis heute zu dem am weitesten verbreiteten CISC-Instruktionsmodell entwickelt.

Stellen wir den ursprünglichen Instruktionssatz des 8086 dem eines modernen Intel-Prozessors gegenüber, so fällt es auf den ersten Blick schwer, die Gemeinsamkeiten beider zu erkennen. Wie in Abbildung 12.2 gezeigt, wurde der ursprüngliche Befehlssatz im Laufe der Zeit um immer weitere Befehle ergänzt – ein Trend, der bis heute ungebrochen ist. Allen Ergänzungen zum Trotz sind die Intel-Prozessoren rückwärtskompatibel ausgelegt, d. h., alte Maschinenprogramme aus den Anfangstagen der x86-Ära können heute immer noch ausgeführt werden. Die Rückwärtskompatibilität erfordert auf Hardware-Ebene vielerlei Kunstgriffe, da sich im Laufe der Zeit auch die Registerbreite immer wieder geändert hat. Heutige Intel-Prozessoren arbeiten intern mit einer Breite von 32 (IA-32-Architektur) oder 64 Bit (IA-64-Architektur, EM64T-Architektur), während der ursprüngliche 8086-Prozessor intern nur 16 Bit verarbeitet.

Um einen plastischeren Eindruck von dem CISC-Instruktionsformat zu erhalten, betrachten wir exemplarisch den folgenden Maschinenbefehl, der die ersten beiden Elemente des Stapelspeichers addiert und den zweiten Operanden mit dem berechneten Ergebnis überschreibt:

```
ADD (SP) (SP)+ // *(SP+1) = *(SP) + *(SP+1)
```

Der Befehl demonstriert zwei typische CISC-Eigenschaften:

- Speicher-Speicher-Transfer

    CISC-Prozessoren sind in der Lage, den Inhalt einer Speicherstelle direkt in eine andere zu übertragen, ohne dass der Wert explizit in einem Prozessorregister zwischengespeichert werden muss. In der Konsequenz besitzen CISC-Prozessoren in der Regel weniger interne Register als vergleichbare RISC-Prozessoren.

12.2 Instruktionsarchitekturen

- Unmittelbare Adressierung:

Der benötigte Operand ist unmittelbarer Bestandteil der Instruktion. Diese Art der Adressierung wird immer dann verwendet, wenn ein konstanter Wert als Argument dient, und kommt vollständig ohne weitere Speicherzugriffe aus.

- Relative Adressierung:

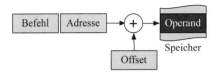

Die Speicheradresse des Operanden wird aus der in der Instruktion gespeicherten Adresse plus einem Offset ermittelt. Als Spezialfälle der relativen Adressierung ergeben sich die Stack-relative und die PC-relative Adressierung. Hier dient der Offset als relativer Versatz gegenüber dem Stack-Pointer oder dem Programmzähler.

- Absolute Adressierung:

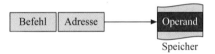

Die Instruktion enthält die absolute Speicheradresse des Operanden. Über einen zusätzlichen Speicherzugriff wird der Operand vom Hauptspeicher in die CPU geladen.

- Indirekte Adressierung:

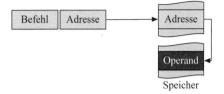

In diesem Fall codiert die Instruktion eine Speicheradresse, an der die eigentliche Adresse des Operanden abgelegt ist. Die CPU benötigt in diesem Fall zwei konsekutive Speicherzugriffe zum Einladen des Operanden.

Abbildung 12.3: Die elementaren Adressierungsarten eines Mikroprozessors

- Komplexe Adressierungsarten

Neben den elementaren, in Abbildung 12.3 zusammengefassten Adressierungsarten verfügen viele CISC-Prozessoren über komplexe Möglichkeiten der Adressmanipulation. In der oben dargestellten Maschineninstruktion wird z. B. die indirekte Adressierung mit dem Postinkrement-Operator + kombiniert, der den Inhalt des Stapelregisters SP nach dem Auslesen automatisch um eins erhöht.

Wie komplex die Adressierungsarten in realen CISC-Prozessoren werden können, zeigt das Beispiel in Abbildung 12.4. Dargestellt ist eine spezielle Variante der indirekten Adressierung, wie sie z. B. von der Motorola-MC680x0-Prozessorenfamilie unterstützt wird [28, 91]. Die Speicheradresse wird in einem mehrstufigen Prozess berechnet, der ne-

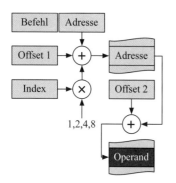

Abbildung 12.4: Beispiel einer komplexen CISC-Adressierung. Abgebildet ist die speicherindirekte Adressierung mit zweifachem *Displacement*, wie sie die MC680x0-Prozessorenfamilie von Motorola zur Verfügung stellt.

ben zwei Offset-Werten – den sogenannten *Displacements* – einen skalierbaren Index mit einbezieht. Zunächst wird der Instruktionsoperand um den ersten Offset sowie den skalierten Index-Wert erhöht. Das Ergebnis wird als Speicheradresse interpretiert und der Inhalt der entsprechenden Speicherstelle eingelesen. Erst die anschließende Addition des zweiten Offsets auf den eingelesenen Wert ergibt schließlich die Speicheradresse des Operanden.

Im Laufe ihrer Entwicklung haben sich die Befehlssätze moderner CISC-Prozessoren immer weiter spezialisiert. Typische Beispiele dieser Kategorie sind die Befehle zur schnellen String-Manipulation, wie sie von allen x86-kompatiblen Prozessoren bereitgestellt werden. Mit Hilfe dieser Befehle ist es unter anderem möglich, für einige Routinen der C-Bibliothek kompakte Implementierungen zu erzeugen. So lässt sich die Arbeitsweise der Funktion

```
void* memcpy(void* dst, void* src, size_t n);
```

auf Assembler-Ebene wie folgt abbilden:

```
CLD                 // clear direction flag
MOV ESI, [src]      // init ESI for MOVSB
MOV EDI, [dst]      // init EDI for MOVSB
MOV ECX, [n]        // init ECX for REP
REP MOVSB           // trigger hardware loop
```

Zunächst wird mit Hilfe des `CLD`-Befehls das *Direction Flag* `DL` gelöscht. Dies hat zur Folge, dass die spätere Ausführung eines String-Befehls – in unserem Fall die Byte-granulare Version `MOVESB` – eine implizite Erhöhung der Register `ESI` und `EDI` bewirkt. Anschließend wird der Kopiervorgang vorbereitet, indem die Register `ESI` und `EDI` mit der Start- und Zieladresse der zu kopierenden Daten beschrieben werden – beide Register lassen sich später durch den `MOVESB`-Befehl auslesen.

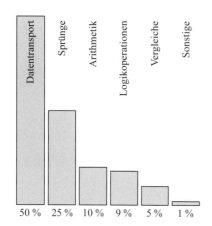

Abbildung 12.5: Verteilung der Auftrittswahrscheinlichkeit verschiedener CISC-Befehlsgruppen

Der eigentliche Kopiervorgang wird mit Hilfe einer *Hardware-Schleife* durchgeführt. Hierzu wird die Anzahl der auszuführenden Operationen in das `ECX`-Register geschrieben und die Schleife mit dem `REP`-Befehl gestartet. `REP` wiederholt die ihm nachfolgende Anweisung so lange, bis der Inhalt des Registers `ECX` gleich null ist. Am Ende jeder Iteration wird der Inhalt von `ECX` automatisch um eins verringert. Der große Vorteil der Hardware-Schleife liegt in ihrer hohen Effizienz, da das manuelle Testen der Schleifenabbruchbedingung sowie das Ausführen des sich anschließenden bedingten Sprungs von der Hardware durchgeführt wird und nicht manuell ausprogrammiert werden muss.

12.2 Instruktionsarchitekturen

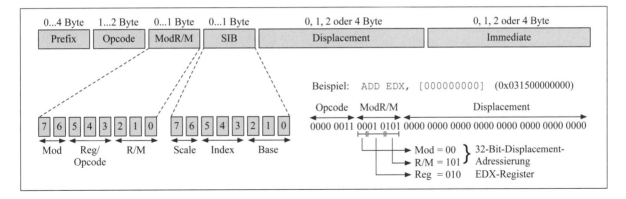

Abbildung 12.6: Das variable CISC-Befehlsformat der IA-32-Architektur

Die Mächtigkeit moderner CISC-Befehlssätze hat gleich mehrere Konsequenzen. Zum einen lassen sich, wie das obige Beispiel demonstriert, komplexe Aufgaben mit vergleichsweise wenigen Befehlen implementieren. Typische CISC-Programme sind daher im Allgemeinen deutlich kürzer als vergleichbare RISC-Implementierungen. Mit diesem nicht zu unterschätzenden Vorteil konnten CISC-Architekturen insbesondere in den Anfangstagen der Prozessortechnik überzeugen, als Speicher erheblich kostspieliger war als heute.

Zum anderen ist die Häufigkeit, mit der einzelne Befehle verwendet werden, höchst ungleich verteilt. Analysieren wir den von typischen CISC-Compilern erzeugten Maschinencode unter rein statistischen Gesichtspunkten, so entsteht eine charakteristische Verteilung, wie sie in Abbildung 12.5 angedeutet ist. Den mit Abstand größten Teil stellen die Datentransportbefehle, gefolgt von Befehlen zur Ausführung unbedingter oder bedingter Sprünge. Andere Befehle werden nur selten oder gar nicht erzeugt.

Moderne CISC-Prozessoren nutzen diesen Umstand aus, indem Befehle mit unterschiedlich langen Maschinenwörtern codiert werden. Für häufig verwendete Befehle werden kurze, für wenig verwendete Befehle lange Befehlscodes verwendet. Auf diese Weise ist es möglich, die Vielzahl an Befehlen und Adressierungsmodi zu codieren, ohne die Länge eines CISC-Programms auf der Bitebene deutlich anwachsen zu lassen. Abbildung 12.6 demonstriert die variable Befehlslänge am Beispiel des IA-32-Befehlsformats von Intel. Jeder Befehl setzt sich aus bis zu 6 Komponenten zusammen, die bis zu 4 Byte lang sein können.

Intern werden komplexe CISC-Befehle von der CPU in mehrere Elementaroperationen zerlegt, die anschließend nacheinander in mehre-

Schon alleine aufgrund ihrer größeren Chip-Fläche fallen CISC-Prozessoren im direkten Vergleich mit ihren RISC-Konkurrenten durch einen tendenziell größeren Stromverbrauch auf. Spielte die Stromaufnahme noch vor ein paar Jahren eine eher untergeordnete Rolle, so gehört deren Begrenzung heute insbesondere im Bereich mobiler Systeme zu den dringlichsten Aufgaben.

Die Industrie begegnet dem Problem mit immer ausgefeilteren Techniken. So verfügen moderne Prozessoren über die Möglichkeit, die Taktfrequenz während des Betriebs dynamisch an die Prozessorlast anzupassen. Wie sich die Absenkung auf die Leistungsaufnahme auswirkt, demonstriert die folgende Grafik am Beispiel der Enhanced-SpeedStep-Technologie des Pentium M.

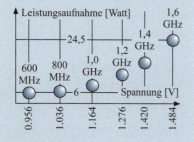

Andere Maßnahmen betreffen den Überhitzungsschutz. So wird die Hitzeentwicklung moderner Prozessoren von mehreren Hitzesensoren auf der CPU überwacht und die Taktfrequenz bei Bedarf gedrosselt. In Intel-Prozessoren wird das Taktsignal im Falle einer Überhitzung mit einem Rechtecksignal niedrigerer Frequenz UND-verknüpft und die Taktfrequenz durch das Auslöschen mehrerer Taktzyklen effektiv reduziert.

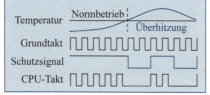

ren Taktzyklen ausgeführt werden. Aus welchen Elementaroperationen sich ein Befehl zusammensetzt, ist in den meisten CISC-Prozessoren in Form eines Mikroprogramms festgelegt.

Aus der Sicht des Hardware-Entwicklers bietet die Mikroprogrammierung nicht zu unterschätzende Vorteile. Zum einen kann die Chip-Fläche im Vergleich zu einer fest verdrahteten Implementierung kleiner gehalten werden, so dass sich die Technik günstig auf die Produktionspreise auswirkt. Zum anderen bringt die Mikroprogrammierung ein enormes Potenzial an Flexibilität mit sich. Durch minimale Änderungen des Mikroprogrammspeichers lassen sich die Implementierungen einzelner Befehle bis hin zum Befehlssatz selbst ändern. Die Adaption einer Prozessorarchitektur für den Einsatz in Spezialbereichen wird hierdurch auf einfache Weise möglich, ohne dass ein vollständiger Neuentwurf des Steuerwerks notwendig wird. Einige wenige Hersteller legen die Mikroprogramme in rekonfigurierbaren Speicherbausteinen ab, so dass der Befehlssatz sowie die Implementierung der einzelnen Maschineninstruktionen selbst nachträglich für einen speziellen Anwendungszweck angepasst werden kann.

In der Praxis hat jedoch auch die CISC-Technik ihre Grenzen. Zum einen steigt mit zunehmender Komplexität des CISC-Befehlssatzes auch die Komplexität der internen Verarbeitungsstrukturen, so dass primitive Elementaroperationen auf einem CISC-Prozessor meist langsamer ausgeführt werden als auf einem kompakten RISC-Kern. Zum anderen werden heute nur noch wenige Programme direkt in Assembler programmiert und die mächtigen Befehlssätze moderner CISC-Prozessoren meist nur zu einem Bruchteil ausgeschöpft – typische Compiler verwenden kaum mehr als 20 % der verfügbaren Befehle.

Die immer offensichtlicher werdenden Probleme des CISC-Konzepts haben heute auf breiter Front zu einem Umdenken in der gesamten Hardware-Industrie geführt. Herrschte bis Mitte der Achtzigerjahre die Meinung vor, dass die Prozessorleistung proportional mit der Hardware-Komplexität steigt, so hat sich dieser Trend heute deutlich abgeschwächt und mitunter sogar ins Gegenteil umgekehrt. Viele der heute produzierten Prozessoren bestehen aus einer Reihe hochoptimierter Prozessorkerne, die über vergleichsweise primitive, dafür aber besonders effizient ausführbare Befehle verfügen.

12.2.2 RISC-Prozessoren

Der Begriff RISC wurde Anfang der Achtzigerjahre von David Patterson eingeführt [72]. Die Idee, den Befehlssatz von Prozessoren mit einfachen, aber schnell auszuführenden Befehlen auszustatten, ist dagegen viel älter. Im Grunde genommen waren alle frühen Prozessoren RISC-CPUs – schon wegen der vergleichsweise geringen Anzahl integrierbarer Transistoren war an die Umsetzung komplexer Funktionen in Hardware zunächst überhaupt nicht zu denken. In diesem Sinne ist die sich seit Mitte der Achtzigerjahre abzeichnende Transition weg von der CISC- und hin zu der RISC-Architektur mehr als eine Renaissance der RISC-Technik und weniger als eine vollständige Neuorientierung zu verstehen.

Genau wie im Falle von CISC weisen auch RISC-Instruktionssätze typische charakteristische Merkmale auf, die wir im Folgenden genauer betrachten werden. Eines der Hauptmerkmale von RISC-Prozessoren ist die sogenannte *Load-Store-Architektur*. Wie in Abbildung 12.7 skizziert, ist der Datentransfer in dieser Architektur nur noch zwischen dem Hauptspeicher und den internen CPU-Registern möglich. Soll der Inhalt einer Speicherstelle an eine andere Stelle im Speicher verschoben werden, so sind auf einem RISC-Prozessor stets zwei Schritte notwendig. Im ersten Schritt wird der Inhalt der Speicherstelle ausgelesen und in einem CPU-Register zwischengespeichert. Im zweiten Schritt wird der Registerinhalt an den entsprechenden Zielort im Hauptspeicher zurückgeschrieben.

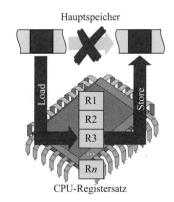

Abbildung 12.7: Nahezu alle RISC-Prozessoren basieren auf der *Load-Store-Architektur*. Der Datentransfer zwischen zwei Speicherzellen erfolgt damit stets in zwei Schritten. Zunächst wird der Inhalt des Quellregisters in eines der CPU-Register geladen (*Load*) und in einem zweiten Schritt in das Zielregister geschrieben (*Store*).

Des Weiteren unterstützen RISC-Prozessoren in der Regel deutlich weniger Adressierungsarten als ihre CISC-Konkurrenten. Viele Operationen, die sich mit Hilfe eines CISC-Instruktionssatzes in einen einzigen Befehl hineincodieren lassen, haben in einem RISC-Instruktionssatz keine direkte Entsprechung und müssen durch mehr oder weniger lange Befehlssequenzen ersetzt werden. So könnte die Umsetzung des weiter oben diskutierten CISC-Befehls

```
ADD (SP) (SP)+  // *(SP+1) = *(SP) + *(SP+1)
```

auf einem RISC-Prozessor in etwa wie folgt aussehen:

```
MOVE R1, (SP)   // R1 = *SP
ADD  SP, #1     // SP = SP + 1
MOVE R2, (SP)   // R2 = *R2
ADD  R2, R1     // R2 = R2 + R1
MOVE (SP), R2   // *SP = R2
```

Statt die beiden obersten Elemente des Stapelspeichers direkt zu addieren, werden die Operanden entsprechend dem Prinzip der Load-Store-Architektur zunächst in die Register **R1** und **R2** kopiert und dort addiert. Nach der Addition steht das Ergebnis im Register **R2** und wird mit Hilfe des anschließenden **MOVE**-Befehls in den Speicher zurückgeschrieben.

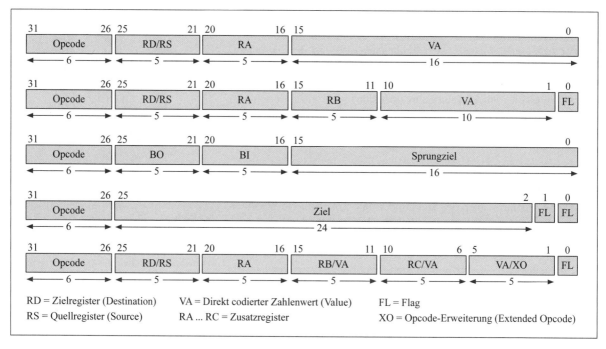

Abbildung 12.8: Befehlsformat der PowerPC-Architektur

Die Erhöhung des Stapelregisters ist im RISC-Code ebenfalls explizit ausprogrammiert, wenngleich viele der heutigen RISC-Prozessoren ebenfalls Präinkrement- und Postinkrement-Adressierungen unterstützen.

Bedingt durch die Load-Store-Architektur greifen RISC-Programme viel häufiger auf interne CPU-Register zurück als entsprechende CISC-Programme. Aus diesem Grund verfügen RISC-Prozessoren im Allgemeinen über einen umfangreicheren Registersatz als ihre Artgenossen aus der CISC-Welt. Darüber hinaus sind die Register eines RISC-Prozessors in der Regel universell verwendbar, d. h., in einem typischen Assembler-Programm lassen sich die verwendeten Register gegeneinander austauschen.

Im Gegensatz hierzu koppeln typische CISC-Prozessoren die Ausführung vieler Befehle an spezielle Register, wie wir mit den beiden x86-Befehlen **MOVESB** und **REP** weiter oben hautnah kennen lernen durften. So ist der String-Befehl **MOVESB** fest mit den Registern **ESI** (Quelle) und **EDI** (Ziel) und der Schleifeniterator **REP** fest mit dem Register **ECX** assoziiert.

12.2 Instruktionsarchitekturen

Eine weitere zentrale Eigenschaft von RISC-Prozessoren ist deren einheitliches Befehlsformat. Im Gegensatz zum CISC-Instruktionsformat, in dem verschiedene Maschinenbefehle mit einer ganz unterschiedlichen Anzahl Bytes codiert werden, belegen RISC-Befehle stets die gleiche Anzahl Bytes im Speicher. Als Beispiel ist in Abbildung 12.8 das Befehlsformat des PowerPC-Prozessors zusammengefasst. Die PowerPC-Architektur unterscheidet insgesamt 5 verschiedene Formatmuster, die einheitlich mit jeweils 4 Byte im Speicher codiert werden. Die 6 höchstwertigen Bits bilden zusammen das *Opcode-Feld* und entscheiden, in welcher Form die restlichen Bits zu interpretieren sind.

Einer der großen Vorteile eines einheitlichen Instruktionsformats liegt in der Vorhersagbarkeit der Startadressen nachfolgender Befehle. In einem PowerPC-Maschinencode beginnt der nächste bzw. übernächste Befehl stets 4 bzw. 8 Byte später. Ist das Befehlsformat, wie bei fast allen CISC-Prozessoren üblich, dagegen variabel, so lässt sich eine vergleichbare Aussage ohne eingehende Analyse der Bitmuster nicht treffen. Optimierungen, wie das in Abschnitt 12.3.1 im Detail vorgestellte Pipelining, lassen sich in RISC-Prozessoren aufgrund der einfacheren Befehlsformate deutlich einfacher implementieren.

Ließen sich frühere CISC- und RISC-Prozessoren klar voneinander abgrenzen, so ist die Trennung heute nicht mehr so deutlich – beide Welten nähern sich regelrecht einander an. So nimmt die Komplexität der Befehlssätze moderner RISC-Prozessoren seit einigen Jahren wieder kontinuierlich zu und auch einige Adressierungsarten, die ursprünglich in der CISC-Welt zu Hause waren, sind heute in RISC-Prozessoren ebenfalls implementiert.

Auf der anderen Seite nähert sich aber auch die CISC-Welt immer mehr der RISC-Welt an. So wurden viele CISC-Prozessoren im Laufe ihrer Entwicklung mit RISC-ähnlichen Instruktionserweiterungen ausgestattet oder arbeiten intern gar vollständig nach dem RISC-Prinzip. Auch die Anzahl der Register stellt heute kein verlässliches Kriterium zur Einteilung eines Prozessors in RISC und CISC mehr dar. Sah die x86-Architektur gerade einmal 8 Allzweckregister vor, so kamen im Zuge der zahlreichen Befehlserweiterungen wie MMX oder SSE permanent neue Register hinzu. Heute unterscheidet sich die Gesamtanzahl der Register kaum noch von der einer klassischen RISC-CPU.

Die Diskussion, ob nun die RISC-Technik der CISC-Technik überlegen sei oder umgekehrt, wird seit jeher geführt und wahrscheinlich niemals vollständig verstummen. Dass die Frage nach der überlegenen Architektur – wenn überhaupt – mit Bedacht geführt werden muss, wird am Beispiel der IA-32-Instruktionsarchitektur besonders deutlich. Im PC- und Server-Bereich hat sich die IA-32-Architektur unumstritten als De-facto-Standard etabliert. Doch bedeutet diese Tatsache in der Konsequenz den Sieg der CISC-Architektur? Die Antwort hierauf ist ein klares Nein. Obwohl die heutigen IA-32-Prozessoren die gleichen CISC-Befehle wie ihre Vorgänger verstehen, verrichten im Innern längst RISC-Kerne ihre Dienste. Statt die CISC-Befehle direkt zu interpretieren, werden sie von der CPU in einer Vorverarbeitungsstufe zunächst in ein internes RISC-Format umgesetzt und die RISC-Primitiven im Anschluss auf die verschiedenen Recheneinheiten verteilt. Erstmals eingeführt wurde die Hybridtechnik mit dem Pentium Pro der Firma Intel. Seither sind Intel-Prozessoren damit nichts anderes als hochoptimierte x86-Emulatoren, die mit der internen CISC-Architektur ihrer Vorgänger nur noch wenig gemeinsam haben.

Durch die Verwendung hochoptimierter RISC-Kerne konnten die ins Stocken geratenen Leistungszuwächse der Pentium-Prozessoren wieder an Fahrt aufnehmen, ohne die für die Marktakzeptanz so wichtige Rückwärtskompatibilität zu gefährden.

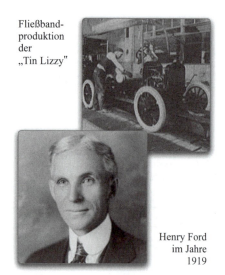

Fließbandproduktion der „Tin Lizzy"

Henry Ford im Jahre 1919

Abbildung 12.9: Henry Ford (1863 – 1947) gründete 1903 die „Ford Motor Company" und dominierte bereits wenige Jahre später mit dem „Model T" – der legendären „Tin Lizzy" – den US-amerikanischen Markt. Ein Teil des Erfolgs geht auf die konsequente Umsetzung der Fließbandproduktion zurück, mit der Ford die Serienfertigung von Grund auf revolutionierte.

12.3 Methoden zur Leistungssteigerung

In diesem Abschnitt werden wir einige der grundlegenden Techniken kennen lernen, die den dramatischen Leistungszuwachs moderner Prozessoren überhaupt erst möglich machten. Wir beginnen unsere Betrachtungen im nächsten Abschnitt mit dem Konzept des *Pipelining* und wenden uns danach den verschiedenen Varianten der parallelen Daten- und Befehlsverarbeitung zu. Abschließend werden wir mit dem *Caching* ein wesentliches Grundprinzip kennen lernen, um den vergleichsweise langsamen Datentransfer zwischen Prozessor und Speicher zu beschleunigen.

12.3.1 Pipelining

Die Idee des Pipelining ist nicht neu – bereits Anfang des zwanzigsten Jahrhunderts revolutionierte Henry Ford mit diesem Prinzip die industrielle Serienfertigung von Kraftfahrzeugen. Anstatt jedes Fahrzeug in einem einzigen großen Produktionsschritt separat zusammenzusetzen, wird der Produktionsprozess in mehrere kleine Einzelschritte zerlegt. Für jeden Teilschritt existiert eine eigene Station, die auf die durchzuführende Aufgabe optimiert ist. Die einzelnen Fahrzeuge werden auf einem Fließband durch die verschiedenen Stationen geleitet und auf diese Weise nach und nach vervollständigt.

Die Überlegenheit des Fließbandprinzips begründet sich auf zwei Faktoren: Zum einen ermöglicht der hohe Grad der Spezialisierung eine Steigerung der Produktionseffizienz, da an jeder Station immer die gleichen Aufgaben durchgeführt werden. Zum anderen lässt sich die Produktion mehrerer Fahrzeuge problemlos parallelisieren. Während in einer Station der Motor in ein Fahrzeug eingebaut wird, werden in der nächsten Station gleichzeitig die Räder des Folgefahrzeugs montiert.

Die Idee der Fließbandproduktion lässt sich ohne Umschweife auf die Befehlsverarbeitung eines Mikroprozessors übertragen. Wie wir in Kapitel 11 gelernt haben, wird ein Befehl innerhalb der CPU in mehreren Phasen abgearbeitet (*Fetch, Decode, Execute, Write*). Diesem Schema folgend existiert in einem Pipeline-Prozessor, wie in Abbildung 12.10 skizziert, für jede Ausführungsphase eine separate Verarbeitungseinheit. Die Einheiten sind so ausgelegt, dass sie völlig unabhängig voneinander operieren können. Ein Befehl wird abgearbeitet, indem er nacheinander alle Einheiten durchläuft. In den meisten Prozessoren sind die Verarbeitungseinheiten taktsynchron ausgelegt, d. h., jede Einheit

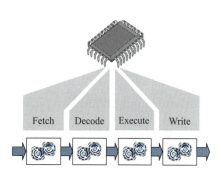

Abbildung 12.10: Vierstufige Pipeline-Architektur eines einfachen Mikroprozessors

12.3 Methoden zur Leistungssteigerung   389

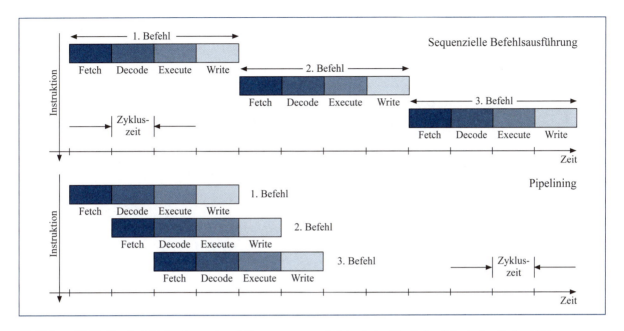

Abbildung 12.11: Der Befehlsdurchsatz eines Mikroprozessors wird durch das Pipelining-Prinzip drastisch erhöht.

nimmt zu Beginn eines Taktes einen Befehl entgegen und reicht ihn zu Beginn des nächsten Taktes an die Folgeeinheit weiter.

Durch die unabhängige Architektur der Verarbeitungseinheiten kann die konsekutive Ausführung mehrerer Befehle zu einem hohen Grad parallelisiert werden. Während die *Write*-Einheit das Ergebnis eines Befehls zurückschreibt, führt die *Execute*-Einheit bereits den nächsten Befehl aus. Gleichzeitig wird der übernächste Befehl in der *Decode*-Einheit analysiert und ein weiterer Befehl bereits von der *Fetch*-Einheit aus dem Speicher gelesen. Abbildung 12.11 demonstriert, wie sich durch das Pipelining-Prinzip die Gesamtleistung eines Mikroprozessors auf diese Weise deutlich erhöht.

An dieser Stelle gilt es unbedingt zu beachten, dass die *absolute* Ausführungszeit eines einzelnen Befehls in keiner Weise sinkt – jeder Befehl muss schließlich alle Ausführungsphasen nacheinander durchlaufen. Der Effizienzgewinn kommt erst bei der Ausführung langer Befehlsfolgen zum Tragen. In diesem Fall werden durch die verschränkte Ausführung zu jedem Zeitpunkt stets *alle* Funktionseinheiten ausgelastet, so dass sich die über *alle* Befehle gemittelte Bearbeitungszeit der Periodendauer eines einzigen Taktes annähert.

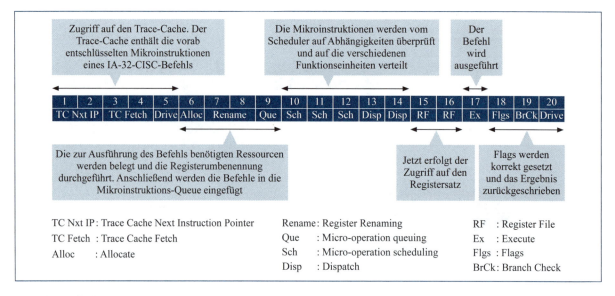

Abbildung 12.12: Die zwanzigstufige Pipeline des Pentium-4-Prozessors (Willamette-Kern)

Moderne Pipeline-Architekturen

Im Laufe der Zeit wurde das Pipeline-Konzept in mehrere Richtungen verfeinert. Zu den heute am weitesten verbreiteten Optimierungen gehören das *Superpipelining* sowie die *Superskalartechnik* [41, 48, 53].

- Superpipelining-Architekturen verfolgen die Idee, die Befehlsausführung in noch feinere Teilschritte zu zerlegen. Die Idee scheint zunächst wenig überzeugend, da die Anzahl der Pipeline-Stufen hierdurch immer weiter in die Höhe getrieben wird. Auf der anderen Seite führen die einzelnen Funktionseinheiten immer einfachere Operationen aus und lassen sich dadurch erheblich optimieren. Da die durchschnittliche Abarbeitungszeit eines Befehls durch die Geschwindigkeit der langsamsten Pipeline-Stufe und nicht durch die Anzahl der Stufen bestimmt wird, kann die Befehlsabarbeitung auf diese Weise weiter beschleunigt werden. Fast alle modernen Prozessoren machen sich diese Technik zu Nutze. So besteht die Pipeline des Pentium 4 (Willamette-Kern), wie in Abbildung 12.12 gezeigt, aus über 20 Stufen. In den später erschienenen und noch höher getakteten Prescott-Varianten des Pentium 4 wurde die Befehls-Pipeline gar auf 31 Stufen ausgeweitet. Abbildung 12.13 fasst die Entwicklung der Pipeline-Länge für die Generation der Pentium-Prozessoren grafisch zusammen.

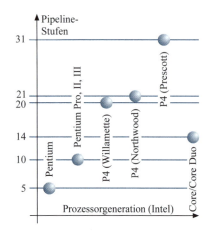

Abbildung 12.13: Entwicklung der Pipeline-Stufen innerhalb der Pentium-Prozessorenfamilie. Mit der Einführung der *Core Microarchitecture* im Jahre 2006 wurde die Anzahl der Pipeline-Stufen wieder drastisch reduziert.

12.3 Methoden zur Leistungssteigerung

- Die Superskalartechnik erhöht den Befehlsdurchsatz durch die Mehrfachauslegung der Funktionskomponenten. Ein Superskalarprozessor ist damit in der Lage, in jedem Taktzyklus mehrere Instruktionen in die Befehls-Pipeline einzuspeisen. Anders als z. B. die *VLIW-Prozessoren*, die mehrere Befehle in eine einzige Maschineninstruktion hineincodieren, besteht das Maschinenprogramm aber unverändert aus einem linearen Befehlsstrom. Auch die Superskalartechnik gehört heute in modernen Prozessoren zum Grundrepertoire. Intel führte die Technik mit dem Pentium-Prozessor ein, der seinerzeit 2 Befehle auf einen Schlag entgegennehmen konnte. Mit dem Pentium III wurde die Anzahl der gleichzeitig bearbeitbaren Befehle auf 3 erhöht und die Core Microarchitecture ist bereits 4-fach superskalar ausgelegt.

- Superpipelining

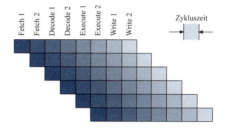

- Superskalartechnik

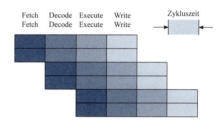

Abbildung 12.14: Superpipelining-Architektur und Superskalartechnik im Vergleich

In Abbildung 12.14 sind die beiden Techniken nochmals grafisch gegenübergestellt. Während das Superpipelining die Geschwindigkeitssteigerung durch die engere Verzahnung der Befehlsausführung erreicht, basiert die Superskalartechnik auf der Mehrfachauslegung der Funktionseinheiten. Die Art der jeweils angewendeten Parallelität ist damit eine vollständig andere und wir sprechen in diesem Zusammenhang auch von *temporaler Parallelität* (Superpipelining) und *räumlicher Parallelität* (Superskalartechnik). Beide Techniken sind orthogonal zueinander und werden in der Praxis meist miteinander kombiniert.

> Das Superpipelining-Prinzip erzielt seine Leistungssteigerung aufgrund *temporaler Parallelität*. Superskalare Architekturen erreichen ihre Leistungssteigerung durch *räumliche Parallelität*.

Pipeline-Hazards

Nachdem wir die Funktionsweise der Pipeline-Architektur zusammen mit ihren verschiedenen Fortentwicklungen kennen gelernt haben, wollen wir uns in diesem Abschnitt genauer mit dem wirklich zu erwartenden Laufzeitgewinn beschäftigen. Durch die verschränkte Ausführung des Befehlsstroms nähert sich die gemittelte Ausführungsgeschwindigkeit eines Befehls im Idealfall der Geschwindigkeit der langsamsten Pipeline-Stufe. Erledigen alle Pipeline-Stufen ihre Arbeit in einem einzigen Takt, so wird in jedem Takt ein Befehl ausgeführt.

In der Praxis wird dieser theoretisch erreichbare Wert jedoch nicht immer erzielt, da die Befehlsverarbeitung aufgrund der semantischen Abhängigkeiten der auszuführenden Instruktionen in einigen Fällen zu Verzögerungen führt. Als Beispiel betrachten wir das folgende Programmfragment:

```
start: BEQ R1, R2, else:   // if (R1 == R2)
       ADD R1, #1;         //    R1 = R1 + 1;
       JMP end:            // else
else:  ADD R2, #1;         //    R2 = R2 + 1;
end:   ...
```

Das Programm enthält eine einfache *Steuerflussabhängigkeit*, da die Registerinhalte von `R1` und `R2` bestimmen, welcher der beiden `ADD`-Befehle ausgeführt werden soll. Führen wir dieses Programm auf einem Pipeline-basierten Prozessor aus, so kommt es zwangsläufig zu einem Problem. Während der `BEQ`-Befehl in der Decode-Stufe noch analysiert wird, ist die Fetch-Stufe bereits damit beschäftigt, den nächsten Befehl einzulesen. Welcher Befehl dies sein muss, ist zu diesem Zeitpunkt allerdings noch überhaupt nicht klar, da die hierfür benötigte Information erst vorliegt, wenn der `BEQ`-Befehl die Execute-Stufe passiert hat. Ein sogenannter *Pipeline-Hazard* ist entstanden. Steuerflussabhängigkeiten lassen sich mit unterschiedlichen Strategien bekämpfen:

- Einfügen von Wartezyklen

  Steuerflussabhängigkeiten lassen sich besonders einfach auflösen, indem die Befehlsaufnahme der ersten Pipeline-Stufe so lange verzögert wird, bis die Verzweigungsbedingung eines vorangegangenen Sprungbefehls vollständig ausgewertet ist. Die Art und Weise, wie die Befehlsverarbeitung verzögert wird, unterscheidet sich erheblich zwischen verschiedenen Mikroprozessoren. Einige Prozessoren besitzen eine in Hardware implementierte Verzögerungslogik, die nach jedem Sprungbefehl automatisch eine Reihe von Wartezyklen in die Pipeline einspeist. Andere Prozessoren verzichten auf die zusätzliche Hardware-Logik und lösen das Problem softwareseitig. In diesem Fall wird dem Compiler die Aufgabe übertragen, nach jedem Sprungbefehl eine entsprechende Anzahl `NOP`-Befehle in den Maschinencode einzufügen und die Wartezyklen auf diese Weise über die Software zu erzeugen. Das so modifizierte Beispielprogramm ist in Abbildung 12.15 dargestellt.

- Spekulative Befehlsausführung

  Nach einem Sprungbefehl wird derjenige Folgebefehl in die Pipeline eingespeist, der als wahrscheinlicher gilt. Stellt sich nach der Abar-

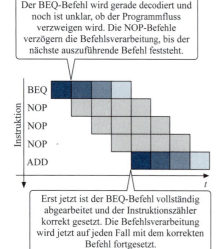

Abbildung 12.15: Durch das Einfügen von Wartezyklen lassen sich Steuerflussabhängigkeiten auf einfache Weise auflösen.

12.3 Methoden zur Leistungssteigerung

beitung des Sprungbefehls heraus, dass mit der falschen Befehlssequenz weitergearbeitet wurde, so wird die Pipeline geleert (*pipeline flush*) und die fälschlicherweise geänderten internen Zustände der CPU werden annulliert. Erst danach erfolgt das Weiterarbeiten mit der richtigen Befehlssequenz. Obwohl der Prozessor im Falle einer falschen Vorhersage deutlich ausgebremst wird – schließlich muss die gesamte Pipeline entleert werden –, hat sich die spekulative Befehlsausführung heute zu einer äußerst leistungsfähigen Technik entwickelt. So überwachen viele moderne Prozessoren das Sprungverhalten eines Programms während der gesamten Ausführung und nutzen die gewonnenen Erkenntnisse zu einer immer genauer werdenden Sprungvorhersage aus. Auf diese Weise kann die Trefferquote der spekulativen Befehlsausführung deutlich gesteigert werden und das zeitraubende Entleeren der Pipeline wird auf ein Minimum begrenzt [55].

12.3.2 Cache-Speicher

In Abschnitt 11.1.1 haben wir die Trennung zwischen Mikroprozessor und Arbeitsspeicher als eines der wesentlichen Merkmale eines Von-Neumann-Rechners identifiziert. Vergleichen wir die Arbeitsgeschwindigkeit beider Komponenten, so zeigt sich, dass moderne CPUs durch Speicherzugriffe regelrecht ausgebremst werden. Alleine die räumliche Distanz zwischen dem Prozessor und den Speicherbänken sorgt für eine physikalische Begrenzung der erreichbaren Datenübertragungsraten. Erst mit der Einführung der *Cache-Speicher* konnte dem Problem erfolgreich begegnet werden.

> Cache-Speicher sind vergleichsweise kleine, aber sehr schnelle SRAM-Speicher, die als Puffer zwischen Mikroprozessor und Hauptspeicher geschaltet werden.

Greift die CPU auf den Hauptspeicher zu, so überprüft der *Cache-Controller* zunächst, ob sich das Datenwort im Cache-Speicher befindet. Wird das Datenwort erfolgreich lokalisiert, so wird der Wert mit hoher Geschwindigkeit direkt aus dem Cache in die CPU geladen. Ist das Datenwort nicht im Cache vorhanden, wird es regulär aus dem Hauptspeicher gelesen. Ist ein angefragtes Datenwort im Cache-Speicher enthalten, so sprechen wir von einem *Cache-Hit*, andernfalls von einem *Cache-Miss*.

In den meisten Mikroprozessoren wird die spekulative Befehlsausführung durch eine ausgefeilte Sprungvorhersage auf Hardware-Ebene unterstützt. Im Falle der *dynamischen Sprungvorhersage* analysiert der Prozessor die Sprunghistorie einer Verzweigungsbedingung und berechnet hieraus einen spekulativen Wert für das zukünftige Sprungverhalten. Die Vorhersage wird hardwareseitig in einer speziellen Tabelle abgespeichert, der sogenannten *Branch prediction table*.

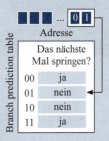

Um die Tabelle klein zu halten, verwendet die CPU zur Adressierung des Eintrags nur die letzten Bits der Speicheradresse eines Sprungbefehls. Wird ein Sprungbefehl erneut ausgeführt, wertet die CPU den prädizierten Wert aus und befüllt die Pipeline entsprechend der Vorhersage. Verschiedene CPUs verwenden unterschiedliche Algorithmen, um aus der Sprunghistorie eine Vorhersage zu treffen. Eine populäre Methode ist die unten skizzierte *2-Bit-Prädiktion*, die den Vorhersagewert genau dann wechselt, wenn ein Sprung zweimal hintereinander falsch prädiziert wurde.

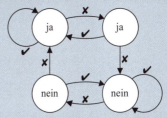

✗ : Die letzte Vorhersage war falsch.
✓ : Die letzte Vorhersage war richtig.

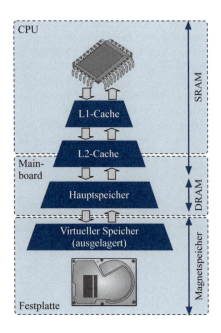

Abbildung 12.16: Die Speicherhierarchie moderner Rechnersysteme

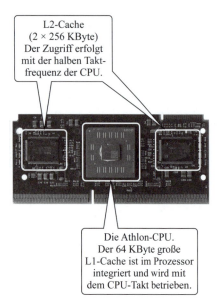

Abbildung 12.17: Aufteilung des Cache-Speichers am Beispiel des Athlon-Prozessors

Im Laufe der Zeit füllt sich der Cache-Speicher immer weiter auf, so dass die Trefferquote insbesondere bei lokal auf dem Speicher operierenden Programmen stark zunimmt. Der Caching-Mechanismus läuft für die CPU dabei völlig transparent ab und erfordert keinerlei Mitwirken der Software – alle in die CPU übertragenen Daten speichert der Cache-Controller selbstständig zwischen.

Konzeptionell ist die Idee des Cache-Speichers keine Erfindung der neueren Zeit. Sie wurde bereits Mitte der Sechzigerjahre zur Beschleunigung der damals aufkommenden Mainfraim-Computer entwickelt [21]. Im Laufe der Zeit wurde das Prinzip jedoch deutlich optimiert [83]. So besitzen moderne Rechnerarchitekturen nicht nur einen, sondern mehrere hintereinander geschaltete Cache-Speicher, die sich in Größe und Zugriffszeit deutlich unterscheiden. Auf diese Weise entsteht eine *Speicherhierarchie*, wie sie in abstrakter Form in Abbildung 12.16 skizziert ist.

Als konkretes Beispiel betrachten wir die in Abbildung 12.17 dargestellte Cache-Speicheranordnung eines geöffneten Athlon-Slot-A-Moduls. Der eigentliche Athlon-Prozessor befindet sich in der Mitte der Platine und beinhaltet einen 64 Kilobyte großen Level-1-Cache, kurz L1, der mit derselben Taktfrequenz betrieben wird wie der Prozessorkern selbst. Neben dem Prozessor sind zwei Speicherchips platziert, die zusammen den Level-2-Cache, kurz L2, bilden. Der L2-Cache ist mit 512 KByte achtmal so groß wie der L1-Cache, arbeitet jedoch nur noch mit der halben Taktfrequenz. Um die Geschwindigkeit weiter zu steigern, gehen viele Hardware-Hersteller dazu über, den L2-Cache ebenfalls in den Prozessorchip zu integrieren. Durch das Beibehalten der externen Speicherbausteine kann die Cache-Hierarchie in diesem Fall um eine dritte Ebene – den Level-3-Cache (kurz L3) – ergänzt werden.

Auf der Schaltungsebene lassen sich Cache-Speicher auf verschiedene Arten implementieren. Die einfachste Möglichkeit stellt der *direkt abgebildete Cache-Speicher* (*direct mapped cache*) dar, dessen Grundstruktur in Abbildung 12.18 gezeigt wird. Das Herzstück eines Cache-Speichers bilden die *Cache-Blöcke*, von denen der direkt abgebildete Cache-Speicher genau einen enthält. Ein Cache-Block besteht aus einer variablen Anzahl von Zeilen, die jede für sich ein einzelnes Datenwort aufnehmen können.

Damit ein zwischengespeichertes Datenwort später schnell wieder aufgefunden werden kann, verwendet der direkt abgebildete Cache-Speicher eine feste Zuordnung zwischen der Speicheradresse und der zu verwendenden Speicherzeile innerhalb des Cache-Blocks. Die meisten Cache-Implementierungen trennen hierzu n der niederwertigen Bits

12.3 Methoden zur Leistungssteigerung

aus der Speicheradresse heraus und nutzen diese als Index zur Adressierung der Speicherzeilen. Die restlichen Bits der Speicheradresse werden zusammen mit dem Datenwort in der ausgewählten Speicherzeile abgelegt. Damit lässt sich die Speicheradresse eines gespeicherten Datenworts stets eindeutig aus dem Inhalt des Tag-Felds und der Index-Nummer der Speicherzeile rekonstruieren.

Als dritte Komponente enthält jede Speicherzeile des Cache-Blocks ein *Valid-Bit*, das über die Gültigkeit des Inhalts der Zeile Auskunft gibt. Ist der Cache beispielsweise noch vollständig leer, so werden alle Zeilen durch das Löschen des jeweiligen Valid-Bits für ungültig erklärt. Auch während des Betriebs kann ein Speicherzeileneintrag ungültig werden, z. B. dann, wenn der Inhalt einer Speicherzelle auf einem Multiprozessorsystem von einer anderen CPU verändert wurde. Durch das Mithören auf dem Adressbus erkennt der Cache-Controller den Schreibzugriff und erklärt den aktuell im Cache zwischengespeicherten Wert automatisch für ungültig.

Um zu überprüfen, ob der Inhalt einer bestimmten Speicherzelle im Cache-Speicher abgelegt ist, geht der Cache-Controller wie folgt vor: Zunächst wird der Cache-Block mit den unteren n-Bits der angefragten Adresse angesprochen – sofern der Datenwert enthalten ist, muss er durch die direkte Speicherabbildung genau an dieser Stelle stehen. Die adressierte Speicherzeile wird ausgelesen und das Tag-Feld mit den restlichen Bits der angefragten Adresse verglichen. Stimmen beide überein und ist das Valid-Bit V ebenfalls auf 1 gesetzt, so meldet der Cache-Controller einen *Cache-Hit* und gibt den Inhalt der Speicherzeile auf den Datenleitungen nach außen. Stimmt der gespeicherte Tag nicht mit dem Tag der angefragten Adresse überein oder wurde der Inhalt der Speicherzeile als ungültig erklärt, so meldet der Cache-Controller einen *Cache-Miss*. In diesem Fall wird die Leitung *hit* auf 0 gesetzt und an allen Datenausgängen ebenfalls 0 ausgegeben.

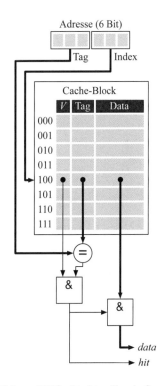

Abbildung 12.18: Struktureller Aufbau eines direkt abgebildeten Cache-Speichers

Der direkt abgebildete Cache-Speicher ist zwar die einfachste, aber bei weitem nicht die cleverste Implementierungsvariante. Um die Nachteile besser zu verstehen, betrachten wir das folgende Beispielprogramm, das nacheinander auf verschiedene Adressen des Hauptspeichers lesend zugreift.

```
LDA (34) // Tag = (100), Index = (010)
LDA (14) // Tag = (001), Index = (110)
LDA (6)  // Tag = (000), Index = (110)
LDA (14) // Tag = (001), Index = (110)
LDA (22) // Tag = (010), Index = (110)
```

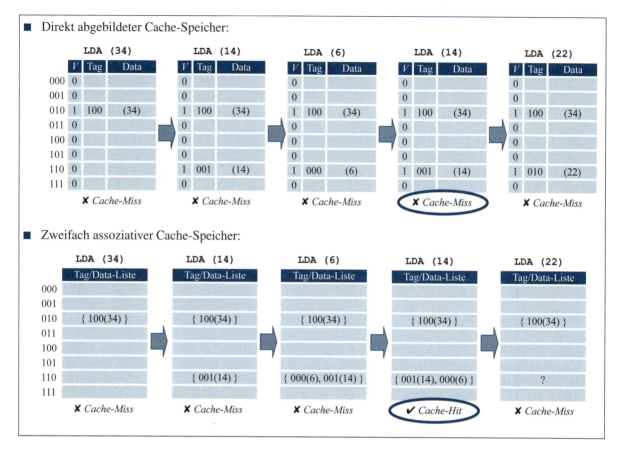

Abbildung 12.19: Speicherauszüge verschiedener Cache-Speicher-Implementierungen im Vergleich

Abbildung 12.19 (oben) zeigt, wie die schrittweise Ausführung des Programms den Inhalt des Cache-Blocks ändert. Obwohl nur ein Bruchteil des Cache-Speichers verwendet wird, führt der zweite Speicherzugriff auf die Adresse 14 zu einem *Cache-Miss*. Der Grund hierfür liegt in der Beschaffenheit der adressierten Speicherzellen. Die Index-Bits der Adressen 14, 6 und 22 sind allesamt identisch, so dass das gelesene Datenwort stets in der gleichen Speicherzeile abgelegt wird. Bei jedem Zugriff auf eine dieser Adressen geht der vorher gespeicherte Wert verloren.

In der Praxis wird das Problem typischerweise durch die Verwendung *assoziativer Caches* gelöst. In Cache-Speichern dieser Bauart sind die Speicherzeilen so erweitert, dass mehr als ein Datenwort gespeichert werden kann. Wir sprechen von einem *n*-fach assoziativen Cache, wenn jede Speicherzeile maximal *n* verschiedene Datenwörter aufnehmen kann. Der untere Teil von Abbildung 12.19 zeigt die schrittweise Ausführung des obigen Programms am Beispiel eines zweifach assoziativen Cache-Speichers. Da jede Speicherzeile zwei Einträge aufnehmen kann, können die Inhalte der Speicherstellen 6 und 14 gleichzeitig im Cache-Speicher gehalten werden und der zweite Zugriff auf Adresse 14 erzeugt einen Cache-Hit.

Doch wie verhält sich der zweifach assoziative Cache-Speicher bei der Ausführung der letzten Leseoperation (`LDA (22)`)? Entsprechend dem Index der Speicheradresse muss das Datenwort ebenfalls in Zeile 110 eingelagert werden, deren Kapazität durch die vorangegangenen Leseoperationen aber bereits erschöpft ist. Der Cache-Controller muss an dieser Stelle entscheiden, welcher der älteren Einträge in der betreffenden Speicherzeile mit dem neuen Eintrag überschrieben wird. In Abhängigkeit der Implementierung eines Cache-Speichers können sich die angewandten *Verdrängungsstrategien* erheblich unterscheiden. Viele Implementierungen löschen den jeweils ältesten Eintrag – in unserem Beispiel also den Eintrag `000(6)`.

Die Implementierung eines *n*-fach assoziativen Speichers lässt sich vergleichsweise einfach durch die parallele Zusammenschaltung von *n* direkt abbildenden Cache-Speichern erzeugen. Abbildung 12.20 zeigt die auf diese Weise entstehende Schaltung für den Fall $n = 4$.

Bisher haben wir uns fast ausschließlich mit dem Fall beschäftigt, dass auf eine im Cache gesicherte Speicheradresse lesend zugegriffen wird. Aber was passiert mit dem Cache-Inhalt, wenn eine Speicheradresse mit einem anderen Wert beschrieben wird? Auch in diesem Fall gibt es mehrere Möglichkeiten, den Cache-Speicher konsistent zu halten. Zwei dieser Möglichkeiten sind die *Write-Through-* und die *Write-In-Strategie*.

- Write-Through-Strategie

    Das neue Datenwort wird sowohl in den Cache-Speicher als auch in den Hauptspeicher geschrieben. Auf diese Weise bleiben Cache- und Hauptspeicher stets im Einklang und die Methode besticht durch eine technisch einfache Implementierung. Da die Schreiboperationen in den Hauptspeicher und den Cache miteinander synchronisiert werden, bremst der langsame Speicherzugriff den Cache-Zugriff beim Schreiben großer Datenmengen allerdings deutlich aus. Die *Buffered-Write-Through-Strategie* versucht dieses Problem zu beheben, indem die Daten zunächst in einen schnellen Pufferspeicher übertragen werden. Während die CPU mit der Programmbearbeitung ganz normal fortfährt, werden die Daten im Hintergrund aus dem Pufferspeicher in den Hauptspeicher übertragen.

> Die Caching-Technik ist eng mit dem Prinzip der virtuellen Speicherverwaltung verwandt. Genau wie der Cache als ein kleiner, aber extrem schnell zugreifbarer Ausschnitt des Hauptspeichers angesehen werden kann, so können wir auch den Hauptspeicher selbst als eine Art Cache für den deutlich größeren, aber wesentlich langsameren Plattenspeicher auffassen. Ebenso wie der Cache-Speicher eine Indirektionsebene zwischen der CPU und dem physikalischen Speicher bildet, so führt die virtuelle Speicherverwaltung eine weitere Indirektionsebene zwischen dem physikalischen Speicher und den in einem Maschinenprogramm verwendeten virtuellen Speicheradressen ein [51].
>
>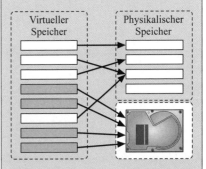
>
> Durch das Prinzip des virtuellen Speichers kann der adressierbare Hauptspeicher dramatisch vergrößert werden. Um sicherzustellen, dass sich die am häufigsten benötigten Speicherausschnitte mit hoher Wahrscheinlichkeit im Hauptspeicher befinden, verwendet die virtuelle Speicherverwaltung ganz ähnliche Techniken, wie wir sie im Zusammenhang mit dem Cache-Speicher kennen gelernt haben. Wird auf eine Speicherseite zugegriffen, die sich nicht im Hauptspeicher befindet (*page miss*), so wird die fehlende Seite in den Hauptspeicher geladen und eine selten benutzte Speicherseite verdrängt. Auch hier kommen die gleichen Verdrängungsstrategien zum Einsatz, die in Cache-Controllern ihre Dienste vollbringen.

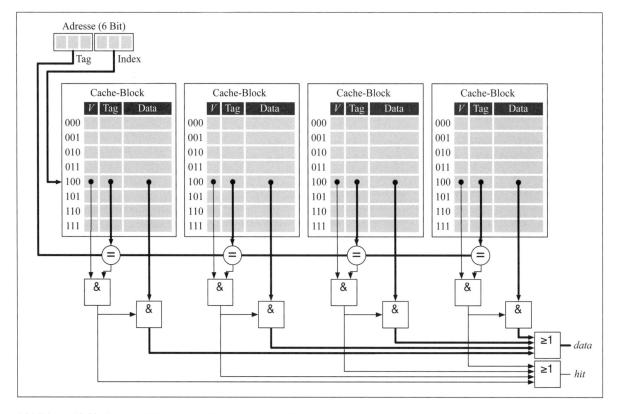

Abbildung 12.20: Strukturbild eines vierfach assoziativen Cache-Speichers (vgl. [41])

- Write-In-Strategie

    Das neue Datenwort wird ausschließlich in den Cache-Speicher geschrieben. Zusätzlich wird das *Valid-Bit V* auf 0 gesetzt, um die Inkonsistenz des Cache-Speichers mit dem Hauptspeicher zu signalisieren. Das Beschreiben des Hauptspeichers wird in dieser Strategie so lange verzögert, bis das betroffene Datenwort durch andere Einträge verdrängt wird. Die Write-In-Strategie ist deutlich effizienter als die vergleichsweise primitive Write-Through-Strategie, erfordert jedoch ein hohes Maß an Kommunikations- und Verwaltungsaufwand. Insbesondere in Mehrkern- oder Multiprozessorsystemen müssen die lokalen Cache-Speicher untereinander synchronisiert werden.

12.4 Leistungsbewertung

12.4.1 Maßzahlen zur Leistungsbewertung

Nachdem wir einige der zentralen Techniken zur Leistungssteigerung von Mikroprozessoren kennen gelernt haben, wollen wir uns an dieser Stelle mit der Frage beschäftigen, wie wir die Leistung eines Rechnersystems messen und damit auf eine objektive Grundlage stellen können. Jeder von uns besitzt intuitiv ein mehr oder weniger ausgeprägtes Verständnis von der „Leistung" eines Rechnersystems. Arbeiten wir an zwei Rechnersystemen gleichzeitig, so können wir in aller Regel sehr schnell beurteilen, welches der beiden über eine größere Leistung verfügt.

So intuitiv der Leistungsbegriff auch sein mag, so schwer lässt er sich formal definieren. Der Grund hierfür liegt im komplexen Zusammenspiel der verschiedenen Komponenten eines Computersystems, die jede für sich mit unterschiedlicher Gewichtung zur gefühlten Leistung des Gesamtsystems beitragen. In den folgenden Betrachtungen werden wir uns auf die Messung der CPU-Leistung konzentrieren – wenngleich an dieser Stelle nie vergessen werden darf, dass diese nur einen von vielen Bausteinen zur Beurteilung der Gesamtleistung eines Computersystems darstellt.

Werfen wir einen Blick in die aufwendig gestalteten Werbebroschüren, die uns tagtäglich die Unzulänglichkeit unseres aktuell genutzten Rechnersystems vor Augen führen möchten, so wird die Güte des angepriesenen Produkts mit Hilfe einiger weniger, einfacher Maßzahlen ausgedrückt (siehe Abbildung 12.21). Im Falle der CPU ist es neben der Anzahl der Prozessorkerne fast immer die Taktfrequenz, mit der potenzielle Kunden vom Kauf einer neuen CPU überzeugt werden sollen. Dementsprechend waren die Hersteller in der Vergangenheit besonders bemüht, mit jedem neuen Prozessormodell auch die Taktfrequenz weiter zu steigern.

Wie Abbildung 12.22 am Beispiel der Intel-Prozessoren zeigt, konnte die Taktfrequenz seit dem Erscheinen des 4004-Prozessors über etliche Jahre hinweg exponentiell gesteigert werden, bis das Gigahertz-Rennen durch die breit angelegte Einführung der Mehrkerntechnik im Jahr 2006 weitgehend gestoppt wurde. Ein Großteil der Leistungssteigerung wird seitdem durch die Integration von immer mehr physikalischen Prozessorkernen und der damit emulierten virtuellen Kerne sowie der Optimierung der internen CPU-Architektur erreicht.

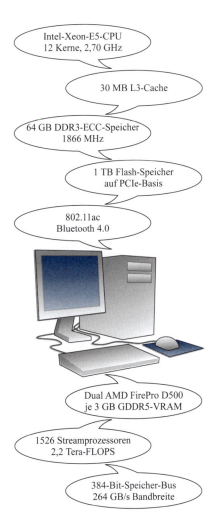

Abbildung 12.21: Die für den Laien häufig verwirrende Produktbeschreibung eines Rechnersystems macht deutlich, dass sich die Gesamtleistung aus vielen verschiedenen Komponenten zusammensetzt. Die Leistung der CPU wird für gewöhnlich über die Anzahl der Prozessorkerne und die Taktfrequenz spezifiziert. Die Bedeutung der Taktfrequenz wird in der Praxis regelmäßig überschätzt, da ihr nominaler Wert ohne genauere Kenntnisse über die Prozessorarchitektur keinerlei Rückschluss auf die eigentliche Leistungsfähigkeit der CPU zulässt.

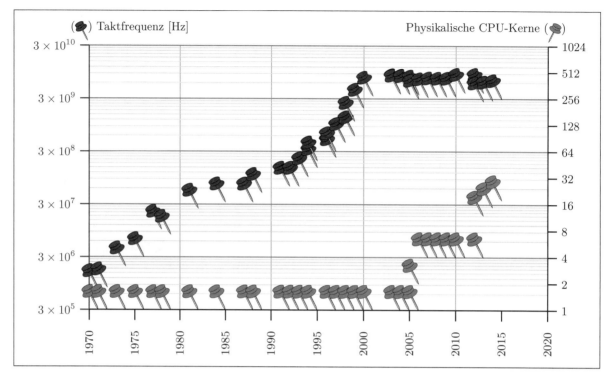

Abbildung 12.22: Entwicklung der Taktfrequenz am Beispiel der Intel-Prozessoren

Unbestritten hat die Taktfrequenz einen hohen Einfluss auf die Geschwindigkeit der Befehlsverarbeitung einer CPU. Ohne zusätzliche Informationen, wie z. B. die Mächtigkeit des Befehlssatzes, die Länge der Befehls-Pipeline oder den Grad der Superskalarität, ist ihre Aussagekraft jedoch begrenzt. So lassen sich zwei Prozessoren selbst dann nur bedingt anhand der Taktfrequenz gegenüberstellen, wenn sie auf der gleichen Instruktionsarchitektur beruhen. Insbesondere auf CISC-Prozessoren kann sich die Anzahl der zur Ausführung benötigten Takte in Abhängigkeit der internen Implementierung erheblich unterscheiden.

Dieses Phänomen zeigt sich besonders deutlich am Beispiel der Prozessoren der Firmen Intel und AMD. Obwohl sich die Instruktionsarchitekturen beider Prozessortypen nahezu gleichen, weichen deren interne Architekturen erheblich voneinander ab. Hierdurch unterscheidet sich auch die Anzahl der Taktzyklen, die für die Abarbeitung eines einzigen Befehls benötigt werden, so dass Intel- und AMD-Prozessoren auch bei gleicher Taktfrequenz eine unterschiedliche Leistung aufweisen.

12.4 Leistungsbewertung

In der Vergangenheit wurde von einigen Hardware-Herstellern das *P-Rating* (*performance rating*) vorgeschlagen, das zwei Prozessoren nicht anhand der Taktfrequenz, sondern anhand des Produkts der Taktfrequenz und des *IPC-Werts* vergleicht. Der IPC-Wert beschreibt, wie viele Instruktionen ein Mikroprozessor durchschnittlich in einem Takt ausführen kann.[1] Obwohl das P-Rating einen großen Fortschritt gegenüber der reinen Taktfrequenz darstellt, ist die korrekte Bestimmung des IPC-Werts immer wieder Gegenstand hitziger Diskussionen. Da die Aufkommenswahrscheinlichkeit der Maschinenbefehle von Programm zu Programm variiert, ist auch der IPC-Wert keine fixe Größe. Wird zur Berechnung z. B. der SPECint-Benchmark verwendet, so bleibt die Fließkommaleistung des Prozessors in der Leistungsbewertung nahezu vollständig außen vor.

In der Praxis wird die Leistung eines Prozessors häufig in *MIPS* (*Millions of Instructions Per Second*) angegeben. Ist der IPC-Wert eines Prozessors bekannt, so lässt sich die Leistungskennzahl durch einfache Multiplikation mit der Taktfrequenz berechnen. Die weiter oben beschriebenen Nachteile des IPC-Werts übertragen sich in direkter Weise auf die MIPS-Maßzahl. Insbesondere ist auch das MIPS-Leistungsmaß keine globale Größe und variiert in Abhängigkeit des zur Messung eingesetzten Programms. Aus diesem Grund wurden zur Berechnung der MIPS-Leistung in der Vergangenheit verschiedene Vorgehensweisen vorgeschlagen. Einige Hardware-Hersteller beschränken sich auf die Messung von Programmen, die ausschließlich RISC-ähnliche Befehle eines Prozessors verwenden (RISC-MIPS), andere Hersteller ermitteln die MIPS-Leistung eines Prozessors auf der Basis der gebräuchlichen Benchmark-Sammlungen. Andere Ansätze basieren auf einer Erweiterung des MIPS-Begriffs, der z.B auch Speicherbedarf und -zugriffszeit in die Maßzahl mit einbezieht [82].

Steht die Gleitkommaleistung eines Mikroprozessors im Vordergrund, so erfolgt die Leistungsangabe in vielen Fällen in *MFLOPS* (*Millions of Floating-point Operations Per Second*). So basiert beispielsweise der zur Leistungsmessung von Supercomputern eingesetzte *Linpack-Benchmark* auf dieser Maßzahl (siehe Abbildung 12.23). Auch hier handelt es sich um ein theoretisches Maß, da z. B. sämtliche Eingabe- und Ausgabeoperationen in der Leistungsmessung unberücksichtigt bleiben.

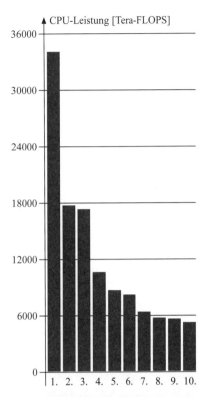

	Computer	R_{max}
1.	Tianhe-2 (NUDT)	33.862,7
2.	Titan (Cray)	17.590,0
3.	Sequoia (IBM)	17.173,2
4.	K computer (Fujitsu)	10.510,0
5.	Mira (IBM)	8.586,6
6.	Trinity (Cray)	8.100,9
7.	Piz Daint (Cray)	6.271,0
8.	Hazel Hen (Cray)	5.640,2
9.	Shaheen II (Cray)	5.537,0
10.	Stampede (Dell)	5.168,1

Abbildung 12.23: Die Rechenleistung moderner Supercomputer übersteigt die Leistung von Personal-Computern um mehrere Größenordnungen, hier gemessen in Tera-FLOPS mit Hilfe des Linpack-Benchmarks (Stand: Top-500-Liste vom November 2015).

---

[1] Anstelle des IPC-Werts wird in der Praxis häufig der reziproke CPI-Wert verwendet. Dieser beschreibt, wie viele Taktzyklen zum Ausführen eines Maschinenbefehls durchschnittlich benötigt werden.

12.4.2 Benchmarks

Obwohl die eingeführten Maßzahlen genaue Auskunft über bestimmte Architekturaspekte eines Mikroprozessors geben, lassen sie nur bedingt einen Rückschluss auf die wirklich erreichbare Geschwindigkeit zu, mit der gewöhnliche Programme unter realen Bedingungen ausgeführt werden können [27, 84]. Bereits in den Sechzigerjahren erkannte man die begrenzte Aussagekraft der verschiedenen Maßzahlen und begann, die Leistungsfähigkeit eines Rechnersystems verstärkt anhand der Ausführungsgeschwindigkeit realer Programme zu messen. Um die Vergleichbarkeit der gewonnenen Ergebnisse sicherzustellen, sind mehrere Dinge zu beachten:

- Die Leistung wird durch die Ausführung fest definierter, als *Benchmark* bezeichneter Referenzprogramme ermittelt. Als Leistungsmaß dient entweder die gemessene Laufzeit zwischen Start und Ende oder die Anzahl der Operationen, die in einer genormten Zeiteinheit ausgeführt werden. In der Praxis werden zur Leistungsbestimmung nicht nur eines, sondern mehrere Programme ausgeführt, so dass wir in diesem Zusammenhang auch von einer *Benchmark-Kollektion* (*benchmark suite*) sprechen. Häufig werden beide Begriffe nicht scharf voneinander getrennt und die Ausdrücke „Benchmark" und „Benchmark-Kollektion" in der täglichen Arbeit häufig synonym verwendet.

- Um unverfälschte Messergebnisse zu erhalten, müssen die verschiedenen Benchmark-Programme unter reproduzierbaren Bedingungen ausgeführt werden. Mit der zunehmenden Komplexität moderner Betriebssysteme wird die Herstellung einer entsprechenden Ausführungsumgebung zunehmend erschwert. Unter normalen Betriebsbedingungen laufen mehrere Prozesse gleichzeitig ab, die gegenseitig um die verschiedenen Ressourcen konkurrieren. Selbst unter Ausschluss aller anderen Anwendungsprogramme können die verschiedenen Dienstprozesse heutiger Betriebssysteme die Laufzeitmessung erheblich stören.

Ein wesentliches Problem der Benchmark-basierten Leistungsmessung besteht in der Auswahl der auszuführenden Referenzprogramme. In der Vergangenheit wurde eine Vielzahl verschiedener Benchmark-Kollektionen verabschiedet, die sich in ihrer Struktur und Zielsetzung teilweise erheblich unterscheiden. Insbesondere lassen sich synthetische und natürliche Benchmark-Kollektionen trennen:

12.4 Leistungsbewertung

- Synthetische Benchmark-Kollektionen bestehen aus künstlich erzeugten Programmen, die spezifische Leistungsparameter eines Prozessors oder eines ganzen Rechnersystems quantifizieren. Während einige Benchmark-Kollektionen hauptsächlich die Arithmetikleistung bewerten, fokussieren andere auf die Leistungsmessung verschiedener Kontrollflussoperationen.

- Natürliche Benchmark-Kollektionen enthalten eine Sammlung realer Programme und dienen zur Messung der Systemleistung aus Anwendersicht. Das Spektrum der eingesetzten Programme variiert dabei erheblich und reicht von einfachen Sortieralgorithmen bis hin zu komplexen Büroapplikationen.

In der Praxis besitzen insbesondere die folgenden Benchmark-Kollektionen eine große Bedeutung:

- Whetstone-Benchmark

    Der Whetstone-Benchmark wurde in den Siebzigerjahren von H. Curnow und B. Wichmann am National Physical Laboratory in Teddington, UK, entwickelt [22]. Die ursprüngliche Version war in der Programmiersprache Algol 60 verfasst und wurde später in die Sprachen FORTRAN und C übersetzt. Der Whetstone-Benchmark besteht aus einer Million maschinenunabhängig implementierter *Whetstone-Befehle* und fällt damit in die Klasse der *synthetischen Benchmarks*. Die Leistung eines Rechnersystems wird in *MWIPS* (*Mega Whetstone Instructions Per Second*) gemessen und entspricht der Anzahl der Whetstone-Befehle, die durchschnittlich innerhalb einer Sekunde ausgeführt werden können. Ein MWIPS entspricht damit der Leistung eines Computersystems, das zur Ausführung des Whetstone-Benchmarks genau eine Sekunde benötigt.

- Dhrystone-Benchmark

    Der Dhrystone-Benchmark wurde 1984 von R. P. Weicker entwickelt [93, 94]. Im Gegensatz zum Whetstone-Benchmark, der sehr stark die Gleitkommaleistung eines Prozessors bewertet, kommt der Dhrystone-Benchmark vollständig ohne Gleitkommaoperationen aus. Basierte die ursprüngliche Version auf Ada-Code, so werden heute fast ausschließlich C-Implementierungen zur Leistungsmessung herangezogen. Der Benchmark selbst wurde sehr sorgfältig entwickelt und enthält eine Mischung aus Befehlen, wie sie von typischen Compilern erzeugt werden. Die eine Hälfte der gerade einmal 100 Dhrystone-Befehle besteht aus einfachen Zuweisungen, die andere Hälfte aus Fallunterscheidungen, Schleifen, Sprüngen und

Dass auch die SPEC-Benchmarks nur einen begrenzten Rückschluss auf die reale Systemleistung zulassen, zeigte die Umstellung der Macintosh-Produktreihe der Firma Apple im Jahre 2006. Unter anderem wurde im *MacBook* der PowerPC-G4-Prozessor durch den Core-Duo-Prozessor der Firma Intel abgelöst. Bezogen auf die SPEC-Benchmarks schlägt der Core-Duo-Prozessor den G4-Prozessor um Längen – sowohl die Zuwächse im SPECint- als auch im SPECfp-Benchmark liegen um den Faktor 5.

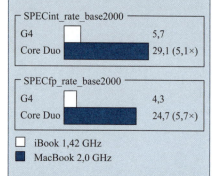

Vergleichen wir die reale Ausführungsgeschwindigkeit verschiedener Anwendungsprogramme auf beiden Plattformen, so zeigt sich ein deutlich durchwachseneres Bild:

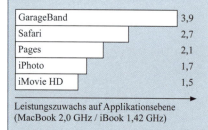

Obwohl die Geschwindigkeitszuwächse immer noch beachtlich sind, liegen sie aus Sicht des Anwenders teilweise deutlich unterhalb des nominalen Werts, den die SPEC-Benchmarks hier in Aussicht stellen.

Funktionsaufrufen. Alle Dhrystone-Befehle werden permanent in Form einer Schleife ausgeführt. Die Leistung eines Prozessors entspricht der Anzahl der in einer Sekunde durchgeführten Schleifendurchläufe.

- Linpack-Benchmark

Der Linpack-Benchmark wurde 1976 von Jack Dongarra entwickelt und besteht aus einer Reihe von FORTRAN-Routinen zum Lösen komplexer linearer Gleichungssysteme. Implementierungen in anderen Sprachen wie z. B. C oder C++ sind heute ebenfalls verfügbar. Als Leistungsmaß ermittelt der Linpack-Benchmark einen Kennwert in MFLOPS. Er wird heute vor allem zur Leistungsmessung von *Supercomputern* eingesetzt. In der Öffentlichkeit ist der Benchmark nicht zuletzt durch die regelmäßige Publikation der *Top-500-Liste* bekannt, in der die aktuell leistungsfähigsten Rechner der Welt verzeichnet sind (siehe Abbildung 12.23). Auch der Linpack-Benchmark ist nicht frei von Kritik. Da sich die eingesetzten Algorithmen beispielsweise auf dicht besetzte Matrizen beschränken und die Größe der Matrix so gewählt sein muss, dass sie vollständig im Hauptspeicher abgelegt werden kann, lassen sich die Ergebnisse nicht auf alle Anwendungsgebiete gleichermaßen übertragen. Später wurde der Linpack-Benchmark durch weitere Benchmark-Kollektionen wie *Lapack* oder *Eispack* ergänzt.

- SPEC-Benchmark

1988 wurde die *Standard Performance Evaluation Corporation*, kurz SPEC, ins Leben gerufen, der mittlerweile fast alle namhaften Hard- und Software-Hersteller angehören [85]. Die Organisation wurde mit dem Ziel gegründet, eine Reihe von Benchmark-Kollektionen zu entwickeln, mit denen sich die Leistungsfähigkeit eines Computersystems unter realen Bedingungen bewerten lässt. Ursprünglich waren die SPEC-Benchmarks in drei Kategorien eingeteilt. Während der SPEC89-Benchmark nicht numerische Testfälle enthält, waren der SPECfp89- bzw. SPECint89-Benchmark auf die Evaluierung der Gleitkomma- bzw. Integer-Leistung eines Prozessors zugeschnitten. Im Laufe der Zeit wurden die SPEC-Benchmarks durch zusätzliche Testprogramme, wie z. B. den SPECweb2005-Benchmark zur Leistungsmessung von Web-Servern, erweitert. Zur Beurteilung der Prozessorleistung ist heute insbesondere die SPEC-CPU2000-Benchmark-Kollektion von Bedeutung, die ihrerseits in die SPECint- und SPECfp-Benchmarks untergliedert ist.

12.5 Übungsaufgaben

Aufgabe 12.1

Webcode 1476

In diesem Kapitel haben Sie gelernt, wie sich die Instruktionsformate von CISC- und RISC-Prozessoren unterscheiden. Welche der folgenden Eigenschaften sind eher typisch für CISC- bzw. RISC-Prozessoren?

	CISC	RISC
Ein-Zyklus-Befehle	○	○
Leistungsfähige Befehle	○	○
Komplexe Adressierung	○	○
Load-Store-Architektur	○	○
Kleiner Registersatz	○	○
Feste Registersemantik	○	○
Mikroprogrammierung	○	○
Einheitliche Befehlslänge	○	○

Verschaffen Sie sich einen groben Überblick über die Befehlssätze der folgenden Mikroprozessoren und schließen Sie hieraus, ob es sich um einen CISC- oder um einen RISC-Prozessor handelt.

	CISC	RISC		CISC	RISC
Athlon-Prozessor	○	○	Itanium-Prozessor	○	○
SPARC-Prozessor	○	○	MIPS-Prozessor	○	○
Motorola 680x0	○	○	ARM-Prozessor	○	○
Cell-Prozessor	○	○	Xbox-360-Prozessor	○	○
ATI Radeon	○	○	Nvidia GeForce	○	○

Aufgabe 12.2

✍✍✍

Webcode 1089

In dieser Aufgabe betrachten wir die Registerorganisation des *SPARC-Prozessors* der Firma Sun Microsystems. Die SPARC-Architektur definiert eine große Anzahl an internen Registern, die in sogenannten *Registerfenstern* organisiert sind. Jedes Registerfenster ist in drei Bereiche geteilt und besteht aus 8 *In*-, 8 *Local*- und 8 *Out*-Registern. Die Registerfenster sind überlappend angeordnet, d. h., die *In*-Register des Fensters w_0 sind identisch mit den *Out*-Registern des Fensters w_1.

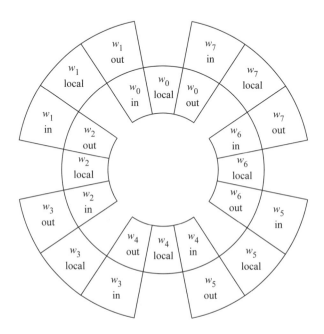

Zu jeder Zeit ist genau ein Registerfenster sichtbar, dessen Wert im *Current Windows Pointer*, kurz CWP, vermerkt ist. Soll auf ein anderes, aktuell nicht sichtbares Register zugegriffen werden, so muss zunächst das Registerfenster umgeschaltet werden. Hierzu hält der SPARC-Prozessor die Befehle **SAVE** und **RESTORE** bereit, die den CWP um eins erniedrigen bzw. erhöhen.

a) Wie lässt sich das Prinzip der Registerfenster für den schnellen Aufruf von Unterprogrammen ausnutzen?

b) Bedeutet die begrenzte Anzahl an Registerfenstern, dass die Schachtelungstiefe von Unterprogrammaufrufen auf SPARC-Prozessoren ebenfalls begrenzt ist?

Aufgabe 12.3

Webcode 1877

Die *Vertex*- und *Pixel-Shader* moderner 3D-Grafikprozessoren (GPUs) arbeiten nach der SIMD-Technik und sind in der Lage, in jedem internen Register vier Gleitkommazahlen parallel abzuspeichern. Die Durchführung einer arithmetischen Operation erfolgt zweischrittig. Zunächst werden die Operanden anhand einer optionalen *Swizzle-Maske* (z. B. .yxwz) in eine geänderte Reihenfolge gebracht und anschließend komponentenweise verknüpft. Die folgenden Beispiele demonstrieren das Berechnungsprinzip am Beispiel der Shader-Befehle ADD und MAD.

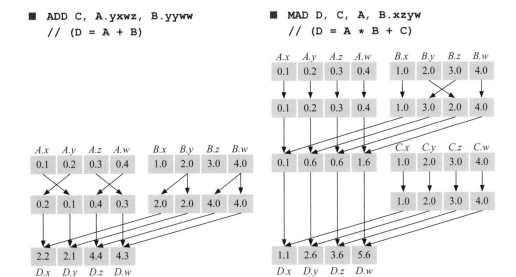

a) Implementieren Sie mit Hilfe der oben beschriebenen Befehle ADD und MAD ein Vertex-Shader-Programm zur Berechnung des *Kreuzprodukts*

$$\begin{pmatrix} Cx \\ Cy \\ Cz \end{pmatrix} = \begin{pmatrix} Ax \\ Ay \\ Az \end{pmatrix} \times \begin{pmatrix} Bx \\ By \\ Bz \end{pmatrix} = \begin{pmatrix} Ay \cdot Bz - Az \cdot By \\ Az \cdot Bx - Ax \cdot Bz \\ Ax \cdot By - Ay \cdot Bx \end{pmatrix}$$

Wie viele Takte benötigt Ihre Lösung? Nehmen Sie für Ihre Berechnung an, dass alle GPU-Befehle in einem einzigen Takt ausgeführt werden können.

b) Warum spielt die Berechnung des Kreuzprodukts gerade im Bereich der 3D-Grafik eine zentrale Rolle? Welche geometrische Bedeutung besitzt das Kreuzprodukt?

Aufgabe 12.4
Webcode 1148

In diesem Kapitel haben Sie mit dem Superpipelining und der Superskalartechnik zwei wichtige Methoden zur Leistungssteigerung moderner Prozessoren kennen gelernt.

a) Kann die Rechenleistung eines 2-fach superskalaren Prozessors verdoppelt werden, indem die Befehlspipeline 4-fach superskalar ausgelegt wird?

b) Warum wird mit Hilfe der Superpipelining-Architektur nicht in jedem Fall eine Leistungssteigerung gegenüber der herkömmlichen Pipelining-Architektur erreicht?

Aufgabe 12.5
Webcode 1821

Durch das Einfügen von Wartezyklen lassen sich die Steuerflussabhängigkeiten in einem Pipeline-basierten Prozessor auflösen.

a) Halten Sie es für geschickter, das Einfügen der Wartezyklen in Hardware zu implementieren oder dem Compiler zu überlassen?

b) Betrachten Sie das folgende Programmfragment, in dem die Steuerflussabhängigkeiten bereits durch das Einfügen von NOP-Befehlen beseitigt wurden.

```
start:  BEQ R1, R2, else:   // if (R1 == R2)
        NOP
        NOP
        NOP
        ADD R1, #1          //      R1 = R1 + 1;
        JMP end:            // else
        NOP
        NOP
        NOP
else:   ADD R2, #1          //      R2 = R2 + 1;
end:    LD R3, #0           // R3 = 0;
        LD R4, #0           // R4 = 0;
        LD R5, #0           // R5 = 0;
```

Überlegen Sie, ob sich die Programmausführung in diesem Fall trotzdem noch weiter beschleunigen lässt. Hat sich Ihre in Teil a) gegebene Antwort aufgrund des Ergebnisses verändert?

In diesem Kapitel haben Sie mit dem Cache-Speicher ein wesentliches Element zur Steigerung der Datenübertragungsrate zwischen Mikroprozessor und Speicher kennen gelernt.

Aufgabe 12.6

Webcode 1282

a) Gegeben sei ein direkt abgebildeter Cache-Speicher mit 8 Speicherzeilen. Ergänzen Sie die folgenden Speicherdiagramme und nehmen Sie dabei an, dass der Cache-Speicher zu Beginn jeweils leer ist.

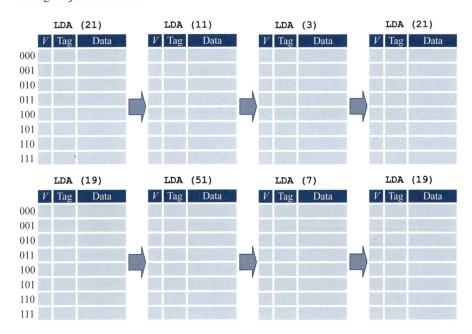

b) Ein Cache heißt *vollassoziativ*, wenn er aus einer einzigen Speicherzeile besteht. Welche Vorteile bieten vollassoziative Caches? Warum werden sie in der Praxis trotzdem kaum eingesetzt?

Erinnern Sie sich noch an den Modellprozessor aus dem letzten Kapitel?

Aufgabe 12.7

Webcode 1629

a) Handelt es sich bei unserem Modellprozessor um einen CISC- oder um einen RISC-Prozessor? Begründen Sie Ihre Antwort.

b) Nach welchem Architekturprinzip ist die Speicheranbindung der CPU ausgelegt?

A Notationsverzeichnis

Mengen und Relationen

$\emptyset$ oder $\{\}$	Leere Menge
$\{a,b,c,\dots\}$	Menge mit den Elementen $a,b,c,\dots$
$a \in A, a \notin A$	a ist enthalten in A, a ist nicht enthalten in A
$A \subset B$ oder $B \supset A$	A ist Teilmenge von B
$A \cup B$	Vereinigungsmenge von A und B
$A \cap B$	Schnittmenge von A und B
$A \times B$	Kartesisches Produkt (Kreuzprodukt) von A und B
A^n	$A \times A \times \dots \times A$ (n-mal)
$|A|$	Anzahl der Elemente von A (Kardinalität)
2^A	Menge aller Teilmengen von A (Potenzmenge)
$\mathbb{N}$	Menge der positiven Zahlen $(1,2,3,\dots)$
$\mathbb{N}_0$	Menge der nicht negativen Zahlen $(0,1,2,\dots)$
$\mathbb{R}$	Menge der reellen Zahlen
$\mathbb{R}^+$	Menge der positiven reellen Zahlen

Werte und Funktionen

i,j,k	Natürliche Zahlen
$[i;k]$	Geschlossenes Intervall von i bis k ($\{j \mid i \leq j \leq k\}$)
$]i;k[$	Offenes Intervall von i bis k ($\{j \mid i < j < k\}$)
$\lceil i \rceil$	Zur nächsten ganzen Zahl aufgerundeter Wert von i
$\lfloor i \rfloor$	Zur nächsten ganzen Zahl abgerundeter Wert von i
$f, g, h, \dots$	(Boolesche) Funktionen
$x_1, x_2, \dots, x_n$	(Boolesche) Variablen
$f: A \to B$	Funktion mit Definitionsbereich A und Wertebereich B
$f: a \mapsto b$	f bildet das Element a auf b ab
$\mathfrak{E}(f), \mathfrak{N}(f), \mathfrak{D}(f)$	Einsmenge, Nullmenge, Don't-Care-Menge von f
$f_{x=1} (f_{x=0})$	Positiver (negativer) Kofaktor von f bezüglich x
$\frac{\partial f}{\partial x_i}$	Boolesche Differenz bezüglich x
$\phi, \psi, \dots$	Boolesche Ausdrücke

A Notationsverzeichnis

Boolesche Algebra

0	Logisch falsch (*False*)
1	Logisch wahr (*True*)
$\neg x$ oder $\bar{x}$	Negation (NICHT x)
$x_1 \wedge x_2$	Konjunktion (x_1 UND x_2)
$x_1 \vee x_2$	Disjunktion (x_1 ODER x_2)
$x_1 \rightarrow x_2$	Implikation
$x_1 \nleftrightarrow x_2$ oder $x_1 \oplus x_2$	Antivalenz (XOR-Funktion)
$x_1 \leftrightarrow x_2$	Äquivalenz
$\overline{x_1 \wedge x_2}$ oder $x_1 \overline{\wedge} x_2$	NAND-Funktion
$\overline{x_1 \vee x_2}$ oder $x_1 \overline{\vee} x_2$	NOR-Funktion

Hardware

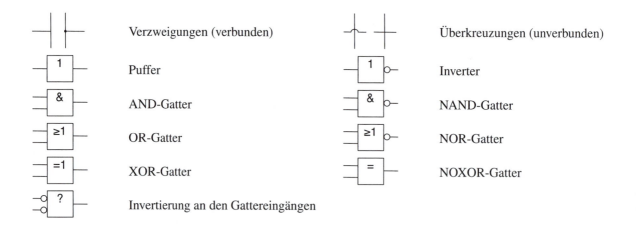

B Abkürzungsverzeichnis

ALU	Arithmetic Logic Unit	GPU	Graphics Processing Unit
ASCII	American Standard Code for Information Interchange	HDL	Hardware Description Language
		HW	Hardware
ASIC	Application Specific Integrated Circuit	Hz	Hertz
BA	Bank (select)	IA	Instruction Architecture
BCD	Binary Coded Decimal	IC	Integrated Circuit
BDD	Binary Decision Diagram	IEC	International Electrotechnical Commision
CAD	Computer Aided Design	IEEE	Institute of Electrical and Electronic Engineers
CAS	Column Adress Strobe		
CISC	Complex Instruction Set Computer	IPC	Instructions Per Clock Cycle
CMOS	Complementary Metal Oxide Semiconductor	IR	Instruction Register
CPI	Clock cycles Per Instruction	ISO	International Organization for Standardization
CPU	Central Processing Unit	I/O	Input/Output
CS	Chip Select	JK	Jump-Kill (Flipflop)
CWP	Current Window Pointer	KB	Kilobyte (10^3)
D	Delay (Flipflop)	KByte	Kilobyte (10^3)
DDR	Double Data Rate	KGV	kleinstes gemeinsames Vielfaches
DEMUX	Demultiplexer	KiB	Kilobyte (2^{10})
DF	disjunktive Form	KV	Karnaugh-Veitch (Diagramm)
DIMM	Double Inline Memory Module	KF	konjunktive Form
DMA	Direct Memory Access	KMF	konjunktive Minimalform
DMF	disjunktive Minimalform	KNF	konjunktive Normanform
DNF	disjunktive Normalform	L1	Level-1-Cache
DRAM	Dynamic Random Access Memory	L2	Level-2-Cache
DSP	digitaler Signalprozessor	L3	Level-3-Cache
EBCDIC	Extended Binary Coded Decimals Interchange Code	LSB	Least Significant Bit
		MB	Megabyte (10^6)
ECL	Emitter Coupled Logic	MByte	Megabyte (10^6)
EDA	Electronic Design Automation	MFLOPS	Millions of Floating Point Operations Per Second
EM64T	Extended Memory 64-Bit Technology		
EN	Enable	MiB	Megabyte (2^{20})
FDD	Functional Decision Diagram	MIMD	Multiple Instruction Multiple Data
FF	Flipflop	MIPS	Million Instructions Per Second
FPGA	Field Programmable Gate Array	MISD	Multiple Instruction Single Data
FSM	Finite State Machine (endlicher Automat)	MMX	Matrix Math Extension, später Multimedia Extension
GB	Gigabyte (10^9)		
GByte	Gigabyte (10^9)	MOS	Metal Oxide Semiconductor
GGT	größter gemeinsamer Teiler	MSB	Most Significant Bit
GiB	Gigabyte (2^{30})	MUX	Multiplexer

MWIPS	Mega Whetstone Instructions Per Second
NaN	Not a Number
OFDD	Ordered Functional Decision Diagram
PAL	Programmable Array Logic
PC	Personal-Computer oder Program Counter
PDP	Programmable Data Processor
PLA	Programmable Logic Array
PLD	Programmable Logic Device
P-Rating	Performance Rating
PR	Program Register
QMC	Quine-McCluskey (Verfahren)
RAM	Random Access Memory
RAS	Row Address Strobe
RCD	RAS/CAS Delay
RISC	Reduced Instruction Set Computer
RMF	Reed-Muller-Form
ROBDD	Reduced Ordered Binary Decision Diagram
ROM	Read Only Memory
RT	Register-Transfer (Ebene)
RS	Reset-Set (Flipflop)
SDRAM	Synchronous Dynamic Random Access Memory
SDR	Single Data Rate
SoC	System on Chip
SRAM	Static Random Access Memory
SIMD	Single Instruction Multiple Data
SIMM	Single Inline Memory Module
SISD	Single Instruction Single Data
SPEC	Standard Performance Evaluation Corporation
SSE	Internet Streaming SIMD Extensions
SSI	Small-Scale Integration
SW	Software
WE	Write Enable
T	Toggle (Flipflop)
TB	Terabyte (10^{12})
TByte	Terabyte (10^{12})
TiB	Terabyte (2^{40})
TTL	Transistor-Transistor-Logik
UTF	Unicode Transformation Format
VHDL	VHSIC Hardware Description Language
VHSIC	Very High Speed Integrated Circuit
VLIW	Very Long Instruction Word
VLSI	Very Large Scale Integrated
VMX	Virtual Machine Extensions

C Glossar

Abakus ☞ Seite 13
Das mit Stäben und Kugeln aufgebaute Rechenbrett ist die älteste bekannte mechanische Rechenhilfe der Menschheitsgeschichte. Aus dem chinesischen Ur-Abakus, dem Suan pan, gingen der russische Stschoty sowie der japanische Soroban hervor. In einigen asiatischen Ländern ist der Abakus noch heute im praktischen Gebrauch.

Addierer ☞ 7.5
Spezielles ☞*Schaltwerk* zur Durchführung der binären Addition und eine Grundkomponente des ☞*Rechenwerks* eines jeden ☞*Mikroprozessors*. ☞*Halb-* und ☞*Volladdierer* dienen der Addition zweier Binärziffern und lassen sich auf unterschiedliche Weise zu einem vollständigen Addierwerk für mehrziffrige Binärzahlen zusammenschalten. Wichtige Implementierungsvarianten sind der ☞*Carry-ripple-Addierer*, der ☞*Carry-look-ahead-Addierer*, der ☞*Conditional-Sum-Addierer*, der ☞*Präfix-Addierer* und der ☞*Carry-save-Addierer*.

Additionssystem ☞ 3.1
Spezielles ☞*Zahlensystem*, in dem sich der Wert einer Zahl ausschließlich aus der Summe der jeweiligen Ziffernwerte berechnet. Anders als in ☞*Stellenwertsystemen* hängt der Wert einer Ziffer nicht von deren Position innerhalb der Ziffernfolge ab. Additionssystemen sind z. B. das ☞*Kerbensystem* sowie die ☞*römischen Zahlen*.

Adressbus ☞ 11.1
Spezieller ☞*Bus*, der in einem ☞*Von-Neumann-Rechner* den ☞*Mikroprozessor* mit dem Hauptspeicher (☞*Speicher*) verbindet. Während eines Speicherzugriffs wird die Adresse der zu lesenden oder zu schreibenden Speicherzelle auf diesem Bus übertragen.

Adressierungsart ☞ 12.2.1
Regel zur Berechnung des Speicherbereichs oder des Datenwerts, auf den ein Maschinenbefehl zugreift. Zu den elementaren Adressierungsarten gehören

- die unmittelbare Adressierung,
- die absolute Adressierung,
- die relative Adressierung und
- die indirekte Adressierung.

Darüber hinaus unterstützen moderne ☞*CISC*-Architekturen weitere Adressierungsarten, die ein oder mehrere ☞*Displacements* in die Adressberechnung mit einbeziehen und den Speicherzugriff mit dem impliziten Inkrementieren oder Dekrementieren der Registerinhalte kombinieren.

Akkumulator ☞ 9.1.4
Register des ☞*Rechenwerks* eines ☞*Mikroprozessors* zur Durchführung arithmetischer Operationen.

Akzeptor ☞ 8.2.1
Spezieller ☞*endlicher Automat*, der in der theoretischen Informatik im Bereich der formalen Sprachen eine große Rolle spielt. Akzeptoren bestehen aus einer Menge von Zuständen, einem Eingabealphabet sowie einer Reihe von Akzeptanzzuständen. In jedem Verarbeitungsschritt nimmt der Automat ein einzelnes Eingabezeichen entgegen und geht in einen neuen Zustand über. Die Eingabesequenz wird genau dann akzeptiert, wenn die Verarbeitung in einem der Akzeptanzzustände endet.

Allzweckregister ☞ 11.1.2
Bezeichnung für ein ☞*Register* eines ☞*Mikroprozessors*, das zur Zwischenspeicherung beliebiger Werte eingesetzt werden kann. Obwohl jedes Programm mit Hilfe eines einzigen Allzweckregisters formuliert werden kann, halten moderne Prozessoren zur Steigerung der Effizienz eine Vielzahl solcher Register vor.

Arithmetisch-logische Einheit ☞ 7.10
Spezielles ☞*Schaltnetz* oder ☞*Schaltwerk*, das mehrere arithmetische (☞*Addierer*, ☞*Multiplizierer* etc.) und logische Verarbeitungseinheiten (UND- bzw. ODER-Maskierung, ☞*Schieberegister* etc.) in einer einzigen Hardware-Komponente integriert. Die von der arithmetisch-logischen Einheit – kurz ALU – tatsächlich ausgeführte Operation wird über die Werte der Steuerleitungen bestimmt, die neben den Datensignalen als zusätzliche Eingänge zur Verfügung stehen.

Assembler ☞ 11.1
Bezeichnung für eine Software-Applikation, die ein in ☞*Assembler-Sprache* verfasstes Programm in die für den Mikroprozessor verständliche Binärform übersetzt. Im gängigen Sprachgebrauch wird der Begriff auch synonym für die Assembler-Sprache verwendet.

Assembler-Sprache ☞ 11.1

Bezeichnung für eine symbolische Programmiersprache, deren Instruktionswörter eins zu eins auf die ☞*Maschinenbefehle* des zu Grunde liegenden ☞*Mikroprozessors* abgebildet werden können.

Auffangregister ☞ 9.1.1

Spezielles ☞*Register*, das parallel beschrieben und ausgelesen werden kann. Auffangregister dienen damit ausschließlich der Zwischenspeicherung von Datenwörtern und besitzen im Gegensatz zu ☞*Schieberegistern* oder ☞*Zählern* keinerlei arithmetischen Eigenschaften.

Barrel-Shifter ☞ 7.9

☞*Schaltnetz* zum schnellen Verschieben der Bits innerhalb eines Datenworts und typischer Bestandteil einer ☞*arithmetisch-logischen Einheit*. Im Gegensatz zu dem klassischen ☞*Schieberegister*, das ein Datenwort in einem Schritt jeweils nur um ein Bit nach links oder rechts verschiebt, erlaubt der Barrel-Shifter die gleichzeitige Verschiebung um eine beliebige Anzahl in konstanter Zeit.

Basis ☞ 3.1

In einem ☞*Stellenwertsystem* zur Basis b geht die Ziffer an der i-ten Position mit der Wertigkeit b^i in den dargestellten Zahlenwert ein. Darüber hinaus legt die Basis die Größe des Ziffernvorrats fest. So ist das ☞*Binärsystem* ein ☞*Zahlensystem* zur Basis 2 mit dem Ziffernvorrat 0 und 1 und das uns vertraute ☞*Dezimalsystem* ein Zahlensystem zur Basis 10 mit dem Ziffernvorrat $0,\ldots,9$.

BCD-Code ☞ 3.3

Spezieller ☞*Code*, der eine Dezimalzahl ziffernweise repräsentiert, indem jede Dezimalziffer mit vier ☞*Bit* dargestellt wird. BCD ist die Abkürzung für *Binary Coded Decimal*.

Befehlssatz ☞ 11.1.1

Bezeichnung für die Gesamtheit aller ☞*Maschinenbefehle*, die ein ☞*Mikroprozessor* verarbeiten kann.

Bevorrechtigte Eingänge ☞ 8.1.4

Bezeichnung für eine Reihe von zusätzlichen Eingangssignalen, die das Verhalten eines ☞*Schaltnetzes* oder ☞*Schaltwerks* mit hoher Priorität beeinflussen. Die meisten Standardschaltungen besitzen mit dem ☞*Reset*-Signal einen typischen bevorrechtigten Eingang. Wird die Reset-Leitung aktiviert, so werden alle ☞*Speicherelemente* in ihren Initialzustand zurückgesetzt – unabhängig vom Wert der anderen Signale.

Benchmark ☞ 12.4.2

Fest definiertes Referenzprogramm, das der Leistungsmessung eines Rechnersystems dient. Wird nicht nur ein einziges, sondern mehrere solcher Programme zur Leistungsmessung eingesetzt, so sprechen wir auch von einer Benchmark-Kollektion.

Binärcode ☞ 3.3

☞*Code*, dessen Codewörter $c_1,\ldots,c_n$ ausschließlich aus Bitvektoren bestehen ($c_1,\ldots,c_n \in \{0,1\}^*$). Ein Code der festen Länke k liegt vor, wenn alle Codewörter aus derselben Anzahl von Bits gebildet werden ($c_1,\ldots,c_n \in \{0,1\}^k$). Der ☞*BCD-Code* ist ein Binärcode fester Länge.

Big-Endian ☞ 3.2.1

Spezielle ☞*Speicherordnung*, in der das höchstwertige Byte zuerst und das niedrigstwertige Byte zuletzt im ☞*Speicher* abgelegt wird.

Binärsystem ☞ 3.1

☞*Stellenwertsystem* zur Basis 2 mit dem Ziffernvorrat 0 und 1. Das Binärsystem ist das wichtigste ☞*Zahlensystem* der technischen Informatik, da heute nahezu alle modernen Computerarchitekturen intern mit dem Binärsystem arbeiten.

Binäres Entscheidungsdiagramm ☞ 4.4.3

Spezielles ☞*Entscheidungsdiagramm* auf Basis des ☞*Shannon'schen Entwicklungssatzes*.

Bindungsenergie ☞ 2.1.1

Energiemenge, die aufgebracht werden muss, um ein Elektron von seinem Atom zu lösen und zu einem freien Leitungselektron werden zu lassen. In elektrischen Leitern ist die Bindungsenergie gering, in guten Isolatoren dagegen sehr hoch.

Bipolartransistor ☞ 2.2.2

Spezieller ☞*Transistor*, der durch den Zusammenschluss von drei dotierten Halbleitergebieten entsteht. In Abhängigkeit der Dotierungsreihenfolge entsteht ein npn- oder ein pnp-Transistor. Bipolartransistoren besitzen drei Anschlüsse (Basis, Kollektor und Emitter). Ein schwacher Stromfluss auf der Basis-Emitter-Strecke verursacht einen starken Stromfluss auf der Kollektor-Emitter-Strecke.

Bit ☞ 3.1

Ein Bit ist die kleinstmögliche Informationseinheit und kann die Werte 0 (falsch) und 1 (wahr) annehmen. Bits sind die Ziffern des ☞*Binärsystems*. Je acht Bit werden zu einem ☞*Byte* zusammengefasst. Bit ist die Abkürzung für *Binary Digit*.

Glossar

Blockmultiplikation ☞ 10.1.1
Verfahren zur Multiplikation zweier Binärzahlen, das auf der blockweisen Zerlegung der Operanden beruht. Die Laufzeit und der Flächenbedarf eines Blockmultiplikationswerks stellen einen Kompromiss zwischen dem flächenintensiven ☞*Parallelmultiplizierer* und dem langsamen seriellen Multiplizierer dar.

Boolesche Algebra ☞ 4.1
Eine Menge V zusammen mit zwei Funktionen

$$+ : V \times V \to V$$
$$\bullet : V \times V \to V$$

heißt boolesche Algebra, wenn die vier ☞*Huntington'schen Axiome* erfüllt sind. Eine spezielle boolesche Algebra, die für die technische Informatik eine bedeutende Rolle spielt, ist die ☞*Schaltalgebra*.

Boolescher Ausdruck ☞ 4.2
Aus booleschen Konstanten, Variablen und Operatoren rekursiv aufgebaute Zeichenkette zur Beschreibung ☞*boolescher Funktionen*. Jeder boolesche Ausdruck lässt sich eins zu eins in ein ☞*Schaltnetz* überführen.

Boolesche Funktion ☞ 4.1.2
Abbildung der Form $\{0,1\}^n \to \{0,1\}$ und die mathematische Grundlage zur Beschreibung von Hardware-Schaltungen. Neben der Darstellung als ☞*boolescher Ausdruck* lässt sich eine boolesche Funktion mit Hilfe einer ☞*Wahrheitstabelle* oder in Form eines ☞*Entscheidungsdiagramms* repräsentieren.

Boolesche Konstanten ☞ 4.1.2
Bezeichnung für die beiden Wahrheitswerte 0 (falsch) und 1 (wahr).

Bus ☞ 11.1
Gemeinsam genutzter Transportweg zwischen verschiedenen Funktionseinheiten. In einem klassischen ☞*Von-Neumann-Rechner* kommuniziert der ☞*Mikroprozessor* über den ☞*Adressbus*, den ☞*Datenbus* und den ☞*Steuerbus* mit den restlichen Funktionseinheiten.

Byte ☞ 3.1
Bezeichnung für die Zusammenfassung von 8 Bit. Nahezu alle modernen Computerarchitekturen legen Daten im ☞*Speicher* byteweise ab. In anderen Worten: Jedes Byte besitzt eine eigene ☞*Adresse* im Speicher und kann somit direkt angesprochen werden.

Cache-Speicher ☞ 12.3.2
Kleiner, aber sehr schneller Speicher, der zwischen den ☞*Mikroprozessor* und den Hauptspeicher (☞*Speicher*) geschaltet wird. Transferierte Daten werden im Cache zwischengespeichert und bei einem erneuten Zugriff direkt von dort übertragen. Der Einsatz von Caches führt in der Praxis zu einer drastischen Erhöhung der Datentransferrate zwischen Prozessor und Hauptspeicher.

Carry-look-ahead-Addierer ☞ 7.5.3
Spezieller ☞*Addierer* für die besonders schnelle Addition zweier Binärzahlen. Das Addierwerk besteht aus einer Reihe von ☞*Volladdierern* sowie spezieller Logik zur parallelen Berechnung der Übertragsbits. Die Übertragslogik ist als ☞*zweistufiges Schaltnetz* ausgelegt und die Addition zweier Zahlen hierdurch in konstanter Zeit möglich.

Carry-ripple-Addierer ☞ 7.5.2
Einfacher ☞*Addierer*, der durch die serielle Zusammenschaltung mehrerer ☞*Volladdierer* entsteht. Fläche und Laufzeit des Carry-ripple-Addierers steigen linear mit der Bitbreite der Operanden.

Carry-save-Addierer ☞ 7.5.6
Spezieller ☞*Addierer*, der immer dann eingesetzt wird, wenn mehrere Binärzahlen auf einen Schlag addiert werden müssen. Hierzu werden die Zwischenergebnisse im ☞*Carry-save-Format* gespeichert, das eine besonders effiziente Addition ermöglicht. Im letzten Schritt wird die Summe mit Hilfe eines gewöhnlichen Addierers in das ☞*Binärsystem* zurückkonvertiert.

Carry-save-Format ☞ 7.5.6
(x,y) Jedes Tupel ist eine Carry-save-Darstellung von $z = x + y$. Zahlen im Carry-save-Format lassen sich besonders schnell addieren, da die zeitraubende Propagierung des Übertragsbits entfällt. Eingesetzt wird diese Art der Darstellung im ☞*Carry-save-Addierer* und dem ☞*Carry-save-Multiplizierer*.

Carry-save-Multiplizierer ☞ 7.5.6
Spezieller ☞*Parallelmultiplizierer*, der zwei n-Bit-Zahlen in logarithmischer Zeit multipliziert. Den Kern der Schaltung bildet ein ☞*Carry-save-Addierer* zur Addition der n Partialprodukte.

Charakteristik ☞ 3.2.2
Spezielles Format zur Speicherung des ☞*Exponenten* einer ☞*Gleitkommazahl*. Die Charakteristik C entsteht aus dem Exponenten E durch die Addition einer Konstanten k. Hierdurch wird der Wertebereich von E vollständig in den positiven Zahlenbereich verschoben und kann ganz einfach als vorzeichenlose Binärzahl abgespeichert werden.

Charakteristische Funktion ☞ 5.3.2

Boolesche Funktion zur Beschreibung des funktionalen Verhaltens eines ☞*Schaltnetzes* und Grundlage der relationalen ☞*Formelsynthese*. Die charakteristische Funktion $f(x_1,\ldots,x_n,y_1,\ldots,y_m)$ beschreibt ein Schaltnetz mit den Eingängen $x_1,\ldots,x_n$ und den Ausgängen $y_1,\ldots,y_m$ und ist genau dann gleich 1, wenn die Eingangswerte $x_1,\ldots,x_n$ die Ausgangswerte $y_1,\ldots,y_m$ erzeugen.

CISC ☞ 12.2.1

Complex Instruction Set Computer verfügen über einen umfangreichen und leistungsfähigen ☞*Befehlssatz* und unterstützen in der Regel eine Vielzahl an ☞*Adressierungsarten*. Komplexe Algorithmen lassen sich daher mit einem vergleichsweise kompakten ☞*Assembler*-Programm formulieren. Im Gegensatz zu ☞*RISC*-Prozessoren können CISC-CPUs die meisten Befehle nicht mehr in einem einzigen Takt ausführen. Viele CISC-Prozessoren setzen intern ein ☞*mikroprogrammiertes* ☞*Steuerwerk* ein.

CMOS-Technik ☞ 5.1.2

☞*Schaltkreisfamilie*, deren Verknüpfungsglieder sowohl mit n-Kanal- als auch mit p-Kanal-☞*Feldeffekttransistoren* aufgebaut sind. Die CMOS-Technik ist die heute vorherrschende Basistechnologie für die Konstruktion integrierter Schaltkreise. Entsprechende Schaltungen lassen sich in sehr hoher Integrationsdichte herstellen und zeichnen sich durch eine vergleichsweise geringe Leistungsaufnahme aus.

Code ☞ Kapitel 3

Abbildung, die jedem Zeichen einer Ursprungsmenge eindeutig ein Zeichen einer Zielmenge zuordnet. In der technischen Informatik spielen insbesondere die ☞*Binärcodes* eine hervorgehobene Rolle. Alternativ wird der Begriff auch synonym für den Quelltext eines Computerprogramms verwendet.

Conditional-Sum-Addierer ☞ 7.5.4

Spezieller ☞*Addierer*, der nach dem Teile-und-herrsche-Prinzip aufgebaut ist. Die Operandenbits werden in zwei Hälften aufgeteilt und diese separat summiert. Die Addition der linken Hälfte wird zweimal durchgeführt, einmal für den Fall, dass bei der Addition der rechten Hälfte ein Übertragsbit generiert wird und einmal für den Fall, dass kein Übertrag entsteht. Anschließend wird über einen nachgeschalteten Multiplexer das passende Ergebnis ausgewählt. Aufgrund der rekursiven Konstruktion nimmt die Laufzeit nur logarithmisch mit der Bitbreite der Operanden zu. Der Flächenbedarf wächst mit $O(n^{\log_2 3})$.

Dadda-Tree-Multiplizierer ☞ 7.8.4

Spezieller ☞*Parallelmultiplizierer*, der sich eng an das Konstruktionsprinzip des ☞*Wallace-Tree-Multiplizierers* anlehnt, jedoch eine andere Anordnung der ☞*Halb-* und ☞*Volladdierer* innerhalb der Reduktionszelle einsetzt. Während der Wallace-Tree-Multiplizierer eine möglichst frühe Zusammenfassung der Koeffizientenbits anstrebt, verdichtet der Dadda-Tree-Multiplizierer die Koeffizientenmatrix so spät wie möglich.

Datenbus ☞ 11.1

Spezieller ☞*Bus*, der in einem ☞*Von-Neumann-Rechner* den ☞*Mikroprozessor* mit dem Hauptspeicher (☞*Speicher*) verbindet. Während eines Speicherzugriffs wird das ausgelesene oder zu schreibende Datenwort auf diesem Bus übertragen.

Definitorische Form ☞ 5.3

Spezielle Form eines ☞*booleschen Ausdrucks* zur kompakten Darstellung von Schaltnetzen. Die Größe des definitorischen Ausdrucks ist stets proportional zur Größe des Schaltnetzes, unabhängig von etwaig vorhandenen ☞*Rekonvergenzen*.

Demultiplexer ☞ 7.2

Hardware-Komponente mit einem einzigen Dateneingang, n Steuereingängen und 2^n Datenausgängen. Abhängig von der Belegung der Steuereingänge schaltet der Demultiplexer den Dateneingang auf genau einen der Datenausgänge durch. Demultiplexer werden immer dann eingesetzt, wenn ein Datenstrom auf eine von mehreren Datensenken verteilt werden muss.

Dezimalsystem ☞ 3.1

Das uns vertraute Dezimalsystem (Zehnersystem) hat seinen Ursprung in Indien und fand durch die Araber den Weg nach Europa. Mathematisch gesehen ist das Dezimalsystem ein ☞*Stellenwertsystem* zur Basis 10 mit dem Ziffernvorrat $0,\ldots,9$. Bei der Konvertierung von Dezimalzahlen in das ☞*Binär-*, ☞*Oktal-* und ☞*Hexadezimalsystem* ist Vorsicht geboten! Nicht alle Zahlen lassen sich verlustfrei zwischen den Systemen konvertieren.

Diode ☞ 2.2.1

Elektronisches Bauelement, das den Stromfluss in nur eine Richtung erlaubt. In Durchlassrichtung verhält sich die Diode neutral, in Sperrrichtung wie ein Isolator. Das Schaltverhalten lässt sich durch das Zusammenfügen zweier komplementär dotierter Halbleiterkristalle erzeugen. Um den ☞*pn-Übergang* bildet sich eine Sperrschicht aus, die den Ladungstransport in eine Richtung zulässt, in die andere jedoch blockiert.

Disjunktive Minimalform ☞ 4.4.1

Ein ☞*boolescher Ausdruck* ϕ liegt in disjunktiver Form vor, wenn er als eine Disjunktion von Konjunktionen aufgebaut ist:

$$\phi = (L_{11} \wedge \ldots \wedge L_{1i}) \vee \ldots \vee (L_{n1} \wedge \ldots \wedge L_{nk})$$

Jedes der ☞*Literale* L_{ij} steht entweder für eine nicht negierte oder eine negierte Variable. Eine disjunktive Minimalform liegt vor, wenn es keine andere disjunktive Form gibt, die die gleiche boolesche Funktion mit weniger Literalen darstellt. Die disjunktive Minimalform ist im Allgemeinen nicht eindeutig.

Disjunktive Normalform ☞ 4.4.1

Spezielle ☞*Normalformdarstellung* einer ☞*booleschen Funktion*. Ein ☞*boolescher Ausdruck* liegt in disjunktiver Normalform vor, wenn er als eine Disjunktion von paarweise verschiedenen ☞*Mintermen* aufgebaut ist. Die disjunktive Normalform enthält für jedes Element der ☞*Einsmenge* der dargestellten Funktion einen Minterm, so dass die Formelgröße im Allgemeinen exponentiell mit der Anzahl der freien Variablen zunimmt.

Displacement ☞ 12.2.1

Konstanter Wert, der zur Angabe einer Adressdistanz bei der Adressierung einer Speicherzelle dient. Viele der komplexeren ☞*Adressierungsarten* erlauben die Angabe eines Displacements und verwenden diesen Wert als Offset zur Bestimmung der effektiv adressierten Speicherzelle.

Don't-Care-Belegung ☞ 6.2.1

Variablenbelegung, für die der Funktionswert einer ☞*booleschen Funktion* keine Rolle spielt.

Dotierung ☞ 2.1.3

Die elektrische Leitfähigkeit eines Halbleiterkristalls lässt sich durch das gezielte Einbringen von Fremdatomen erheblich verbessern. Der Vorgang der Verunreinigung wird als Dotierung und die entstehende Kristallstruktur als dotierter Halbleiter bezeichnet. Wird ein Silizium- oder Germaniumkristall mit Elementen der dritten bzw. der fünften Hauptgruppe dotiert, so entsteht ein Elektronenmangelleiter (p-Gebiet) bzw. ein Elektronenüberschussleiter (n-Gebiet).

DRAM ☞ 9.3

Dynamisches ☞*RAM*. Die einzelnen Bits werden auf einem Kondensator gespeichert, der durch einen Transistor von den Schreib/Leseleitungen der Speichermatrix entkoppelt ist. Da die Kondensatoren einer permanenten Entladung unterliegen, müssen die Speicherbänke eines DRAM-Speichers periodisch ausgelesen und neu beschrieben werden. Im Vergleich mit der alternativen Technik des ☞*SRAM-Speichers* ist der DRAM-Speicher deutlich platzsparender und billiger herzustellen, besitzt aber eine erhöhte Zugriffszeit. Der DRAM-Speicher wird insbesondere zum Aufbau des Hauptspeichers (☞*Speicher*) eingesetzt.

Dualitätsprinzip ☞ 4.2.4

Fundamentale Gesetzmäßigkeit, die in jeder ☞*booleschen Algebra* gilt. Ist eine boolesche Aussage ausschließlich aus den ☞*Elementaroperatoren* aufgebaut, so wird die duale Aussage durch das gleichzeitige Vertauschen der Operationen $\vee$ und $\wedge$ sowie der booleschen Konstanten 0 und 1 erzeugt. Das Dualitätsprinzip besagt, dass aus der Gültigkeit einer Aussage stets auch die Gültigkeit der dualen Aussage folgt.

Dynamischer Hazard ☞ 5.5.2

Liegt vor, wenn der Signalpegel beim Wechsel seines Werts zunächst mehrfach fluktuiert, bevor der Ausgangswert stabil eingenommen wird. Ein dynamischer Hazard-Impuls kann durch einen ☞*Logik-Hazard* oder einen ☞*Funktions-Hazard* verursacht werden.

Einerkomplement ☞ 3.1

Spezielles ☞*Zahlenformat* zur Darstellung ganzer, vorzeichenbehafteter Zahlen. Im Einerkomplement wird eine Zahl durch die Invertierung sämtlicher Bits negiert.

Einsmenge ☞ 4.4.1

Menge aller Variablenbelegungen, für die eine gegebene ☞*boolesche Funktion* gleich 1 ist.

Elementaroperatoren ☞ 4.2.1

Bezeichnung für die Operatorenmenge $\{\neg, \wedge, \vee\}$. Die Elementaroperatoren bilden ein ☞*vollständiges Operatorensystem*.

EM64T ☞ 12.2

64-Bit-☞*CISC*-☞*Instruktionsarchitektur* der Firma Intel. EM64T ist eine abwärtskompatible Erweiterung der ☞*IA-32*-Architektur und wurde erstmals mit dem Pentium 4 (Prescott) eingeführt. EM64T ist nicht zu verwechseln mit der ☞*IA-64-Architektur*, die nur sehr eingeschränkt abwärtskompatibel zu dem De-facto-Standard IA-32 ist.

Endlicher Automat ☞ 8.2.1

Mathematisches Modell zur Beschreibung von ☞*Schaltwerken*. Entsprechend ihrer Funktionsweise werden endliche Automaten in ☞*Akzeptoren* und ☞*Transduktoren* eingeteilt.

Entscheidungsdiagramm ☞ 4.4.3

Datenstruktur zur Repräsentation ☞*boolescher Funktionen*. In der Vergangenheit wurden viele verschiedene Diagrammtypen entwickelt. Zu den wichtigsten Vertretern gehören das ☞*Binäre Entscheidungsdiagramm* sowie das ☞*Funktionale Entscheidungsdiagramm*.

Entscheidungsdiagramme gehören heute zu den wichtigsten Datenstrukturen zur Repräsentation ☞*boolescher Funktionen*. Im Gegensatz zu ☞*booleschen Ausdrücken* handelt es sich um eine ☞*Normalform*, so dass sich die Äquivalenz zweier Ausdrücke besonders einfach feststellen lässt. Im Vergleich zur ☞*Wahrheitstabelle*, die ebenfalls die Normalformeigenschaft besitzt, können boolesche Funktionen mit Hilfe von Entscheidungsdiagrammen im Allgemeinen deutlich kompakter dargestellt werden.

Exponent ☞ 3.2.2

Zentraler Bestandteil einer Zahl im ☞*Gleitkommaformat*. Der Wert des Exponenten bestimmt die Position des Kommas innerhalb der ☞*Mantisse*. Eine Erhöhung bzw. Erniedrigung um eins bewirkt eine Verschiebung des Kommas um eine Stelle nach rechts bzw. links. Damit verleiht erst der Exponent dem Zahlenformat die Eigenschaft, die Position des Kommas „gleiten" zu lassen.

Während die Bitbreite der Mantisse die Auflösungsgenauigkeit des Zahlenformats beeinflusst, bestimmt die Bitbreite des Exponenten maßgeblich die Größe des darstellbaren Wertebereichs.

Fehlererkennender Code ☞ 3.3.2

Ein ☞*Code* ist n-fehlererkennend, wenn der Empfänger einer Nachricht stets entscheiden kann, ob ein Codewort durch Kippen von bis zu n Bit verfälscht wurde. Die Fehlererkennungseigenschaft eines Codes wird durch die ☞*Hamming-Distanz* der einzelnen Codewörter bestimmt.

Fehlerkorrigierender Code ☞ 9.3.3

Ein ☞*Code* ist n-fehlerkorrigierend, wenn der Empfänger einer Nachricht stets entscheiden kann, ob ein Codewort durch Kippen von bis zu n Bit verfälscht wurde, und das gesendete Codewort aus der empfangenen Bitfolge rekonstruieren kann. Die Fehlerkorrektureigenschaft eines Codes wird durch die ☞*Hamming-Distanz* der einzelnen Codewörter bestimmt.

Feldeffekttransistor ☞ 2.2.3

Spezieller ☞*Transistor*, der im Bereich der integrierten Schaltungstechnik eine bedeutende Rolle spielt. Feldeffekttransistoren besitzen drei Anschlüsse (Gate, Drain und Source). Im Gegensatz zu ☞*Bipolartransistoren* fließt kein Strom über den Steueranschluss ab. Stattdessen wird der Stromfluss auf der Source-Drain-Strecke durch ein am Gate angelegtes elektrisches Feld beeinflusst. Zu den wichtigsten Feldeffekttransistoren gehören der JFET und der ☞*MOSFET*.

Festkommaformat ☞ 3.2.2

Neben dem ☞*Gleitkommaformat* eines der wichtigsten ☞*Zahlenformate* zur Darstellung rationaler Zahlen. Eine Festkommazahl setzt sich aus dem Vorzeichenbit Vz und der ☞*Mantisse M* zusammen und repräsentiert den folgenden Zahlenwert:

$$z = (-1)^{Vz} \cdot 0,M$$

Im Vergleich mit dem Gleitkommaformat fällt der im Festkommaformat abgedeckte Zahlenbereich drastisch kleiner aus, wird aber dafür mit einer konstanten Auflösungsgenauigkeit versehen. Des Weiteren lassen sich Festkommaoperationen vergleichsweise einfach und damit kostengünstig in Hardware implementieren.

Flipflop ☞ 8.1.3

Bezeichnung für ein taktflankengesteuertes ☞*Speicherelement*. Reagiert das Element nur auf die steigende oder die fallende Flanke, so sprechen wir von einem positiv bzw. negativ gesteuerten Flipflop. Führt das Element bei einer steigenden Flanke einen internen Zustandswechsel aus, der bei der nächsten fallenden Flanke sichtbar wird, so sprechen wir von einem zweiflankengesteuerten Flipflop. Während der positiven bzw. negativen Taktphase kann – im Unterschied zu einem ☞*Latch* – kein Zustandswechsel erfolgen.

Flynn-Taxonomie ☞ 12.1

Die Taxonomie nach Flynn ordnet jede Rechnerarchitektur anhand der eingesetzten Daten- und Befehlsparallelität in eine der folgenden Klassen ein:

- SISD: Single Instruction, Single Data
- SIMD: Single Instruction, Multiple Data
- MISD: Multiple Instruction, Single Data
- MIMD: Multiple Instruction, Multiple Data

Obwohl die Taxonomie für die Beurteilung moderner Rechnerstrukturen nur noch bedingt geeignet ist, gehört sie immer noch zu den am häufigsten eingesetzten Rechnerklassifikationen.

Formelsynthese ☞ 5.3

Bezeichnet die Umsetzung eines ☞*Schaltnetzes* in einen ☞*booleschen Ausdruck*. Die Formelsynthese kann funktional oder relational erfolgen. Durch die Verwendung einer ☞*definitorischen Form* lässt sich jedes Schaltnetz in einen booleschen Ausdruck gleicher Größe übersetzen.

Funktionales Entscheidungsdiagramm ☞ 4.4.3

Spezielles ☞*Entscheidungsdiagramm* auf Basis der positiven oder negativen Davio-Entwicklung. Funktionale Entscheidungsdiagramme bieten sich für die Darstellung verschiedener Funktionsklassen an, die sich mit Hilfe ☞*Binärer Entscheidungsdiagramme* nur sehr aufwendig repräsentieren lassen.

Funktions-Hazard ☞ 5.5.2

Liegt vor, wenn der Wechsel mehrerer Eingangssignale kurzzeitig zu einem Wechsel eines Ausgangssignals führt, obwohl der Wert des Schaltnetzausgangs nach den Regeln der booleschen Algebra konstant bleiben müsste. Der kurzzeitige Wechsel des Ausgangssignals wird als Störimpuls (*Glitch*) bezeichnet und wird im Allgemeinen durch Laufzeitdifferenzen der verschiedenen Signalwege verursacht. Funktions-Hazards können in einem Schaltnetz selbst dann auftreten, wenn es vollständig frei von ☞*Logik-Hazards* ist.

Gatter ☞ 5.2

Funktionales Hardware-Modell eines logischen Verknüpfungsglieds. Jede ☞*boolesche Formel* lässt sich eins zu eins in ein ☞*Schaltnetz* übersetzen, indem jeder boolesche Operator mit Hilfe eines funktional äquivalenten Logikgatters implementiert wird.

Gleitkommaformat ☞ 3.2.2

Zusammen mit dem ☞*Festkommaformat* das wichtigste ☞*Zahlenformat* zur Darstellung rationaler Zahlen. Eine Gleitkommazahl setzt sich aus dem Vorzeichenbit Vz, dem ☞*Exponenten* E sowie der ☞*Mantisse* M zusammen.

Im Vergleich mit dem Festkommaformat lassen sich deutlich größere Zahlen darstellen, da der Zahlenbereich zu den Rändern mit absteigender Auflösungsgenauigkeit überdeckt wird. Die Gleitkommadarstellung einer Zahl ist nicht eindeutig. Abhilfe schafft das Prinzip der ☞*Normalisierung*.

Halbaddierer ☞ 7.5.1

Der Halbaddierer berechnet die Summe zweier Binärziffern. Im Gegensatz zum ☞*Volladdierer* berücksichtigt der Halbaddierer keinen Übertrag.

Halbleiter ☞ 2.1

Festkörper, deren ☞*Bindungsenergie* zwischen der eines Isolators und jener eines elektrischen Leiters liegt. In Abhängigkeit der Temperatur können Halbleiter sowohl als Isolator wie auch als elektrischer Leiter auftreten. Für die Produktion integrierter Schaltkreise sind vor allem die Halbleiterelemente Silizium und Germanium von Bedeutung. Die Technik der ☞*Dotierung* erlaubt es, die elektrischen Eigenschaften in weiten Grenzen zu beeinflussen.

Hamming-Distanz ☞ 3.3.2

Zwei Codewörter gleicher Länge besitzen die Hamming-Distanz n, wenn sie sich in genau n ☞*Bit* unterscheiden.

Harvard-Architektur ☞ 11.1.1

Architekturprinzip, das die Trennung von Code und Daten forciert. Im Gegensatz zur ☞*Von-Neumann-Architektur* werden ☞*Maschinenbefehle* und Daten in unterschiedlichen ☞*Speichern* abgelegt, die jeweils über einen separaten ☞*Bus* an den ☞*Mikroprozessor* angebunden sind. Die Probleme des ☞*Von-Neumann-Flaschenhalses* werden durch die Mehrfachauslegung der Busse weitgehend vermieden.

Hazard → Gefahr ☞ 5.5.2

Ungewollte Störimpulse aufgrund von Laufzeitunterschieden auf zwei oder mehreren Signalwegen. Störimpulse werden entsprechend ihrer Auftrittscharakteristik in ☞*statische Hazards* und ☞*dynamische Hazards* und entsprechend ihrer Ursache in ☞*Logik-Hazards* und ☞*Funktions-Hazards* eingeteilt.

Hexadezimalsystem ☞ 3.1

☞*Stellenwertsystem* zur Basis 16 mit dem Ziffernvorrat $0, \ldots, 9$, $A, \ldots, F$. Binärzahlen lassen sich besonders einfach in das Hexadezimalsystem wandeln, indem je vier Binärziffern zu einer Hexadezimalziffer zusammengefasst werden.

Huffman-Normalform ☞ 8.2.2

Spezielle Implementierungsform eines ☞*Schaltwerks*. Ein Schaltwerk in Huffman-Normalform besteht aus drei Komponenten:

- eine Reihe von ☞*Registern*, die den Zustand des Schaltwerks repräsentieren,
- ein ☞*Schaltnetz* zur Implementierung der Zustandsübergangsfunktion sowie
- ein Schaltnetz zur Implementierung der Ausgabefunktion.

Die Huffman-Normalform entspricht in direkter Weise der Hardware-Implementierung eines ☞*endlichen Automaten*.

Huntington'sche Axiome ☞ 4.1

Die folgenden Gesetze werden als die Axiome von Huntington bezeichnet:

- Kommutativgesetz
- Distributivgesetz
- Neutrale Elemente
- Inverse Elemente

Sind alle Axiome erfüllt, so liegt eine ☞*boolesche Algebra* vor.

IA-32-Architektur ☞ 12.2

32-Bit-☞*CISC*-☞*Instruktionsarchitektur* der Firma Intel. IA-32 ist eine abwärtskompatible Erweiterung der ☞*x86-Architektur* und wurde erstmals mit dem 80386-Prozessor eingeführt. Die IA-32 Architektur ist heute der De-facto-Standard im Bereich der Personal-Computer und wird aufgrund ihrer Nähe zur älteren x86-Architektur auch als x86-32 bezeichnet.

IA-64-Architektur ☞ 12.2

64-Bit-☞*CISC*-☞*Instruktionsarchitektur* der Firma Intel, die mit dem Itanium-Prozessor eingeführt wurde. Aufgrund der sehr eingeschränkten Abwärtskompatibilität zu den De-facto-Standards ☞*IA-32* und ☞*x86* blieb die Marktakzeptanz jedoch hinter den Erwartungen zurück. IA-64 ist nicht zu verwechseln mit ☞*EM64T*, mit der Intel eine rückwärtskompatible 64-Bit-Erweiterung der IA-32-Architektur schuf.

IEEE 754 ☞ 3.2.2

Definiert mehrere Gleitkommaformate zur Darstellung rationaler Zahlen. Die wichtigsten Formate sind das 32 Bit breite *Single-precision-Format* und das 64 Bit breite *Double-precision-Format*.

Ingot ☞ 2.3.1

Zylinderförmiger Einkristall, der aus einer flüssigen Siliziumschmelze gezogen wird. Im nächsten Herstellungsschritt wird der Ingot in dünne Scheiben zersägt und diese mit einer ebenen Oberfläche versehen. Die entstandenen Scheiben werden als ☞*Wafer* bezeichnet.

Inkrementierer ☞ 7.6

Spezialfall eines ☞*Addierers*, optimiert auf die Addition von eins.

Instruktionsarchitektur ☞ 12.2

Oberbegriff für die Beschaffenheit des ☞*Befehlssatzes*, der ☞*Register* sowie der ☞*Speicher*- und I/O-Anbindung eines Mikrorechners. Auf der obersten Ebene lassen sich die Instruktionsarchitekturen in ☞*RISC*- und ☞*CISC*-Architekturen unterteilen. Im Bereich der Personal-Computer sind heute insbesondere die ☞*x86*-, die ☞*IA-32*- sowie die ☞*EM64T*-Architektur von Bedeutung.

Instruktionsdecoder ☞ 11.2

Teil des ☞*Steuerwerks* eines ☞*Mikroprozessors*. Der Instruktionsdecoder ist der eigentlichen Steuerlogik vorgeschaltet und dient der Analyse und Decodierung der eingehenden ☞*Maschinenbefehle*. Neben der Implementierung als festverdrahtetes ☞*Schaltnetz* kann ein Instruktionsdecoder auf einfache Weise in Form eines ☞*ROMs* realisiert werden.

Instruktionszähler ☞ 11.1.2

Spezielles Hilfsregister eines ☞*Mikroprozessors*. Das Instruktionsregister speichert die Adresse des nächsten auszuführenden ☞*Maschinenbefehls* und wird für die sequenzielle Befehlsabarbeitung eines ☞*Von-Neumann-Rechners* verwendet. Sobald ein Befehl abgearbeitet ist, wird der Inhalt des Instruktionsregisters auf den ☞*Adressbus* gelegt und der ausgewählte Befehl über den ☞*Datenbus* in die CPU übertragen. Anschließend wird der Inhalt des Instruktionszählers erhöht oder – im Falle eines Sprungbefehls – mit der Sprungadresse überschrieben.

Integrationsdichte ☞ 2.3.2

Maß für die Anzahl von Transistoren pro Flächeneinheit. Gemessen wird die Integrationsdichte zumeist in Form der ☞*Strukturbreite*, die mit der ☞*Kanallänge* eines einzelnen Transistors identisch ist.

Kanallänge ☞ 2.3.2

Entspricht dem Abstand zwischen dem Drain- und dem Source-Gebiet eines einzelnen Transistors. Die Angabe der Kanallänge lässt einen direkten Rückschluss auf die ☞*Integrationsdichte* eines Mikrochips zu.

Karnaugh-Veitch-Diagramm ☞ 6.2

Mit Hilfe von Karnaugh-Veitch-Diagrammen können boolesche Funktionen auf grafische Weise minimiert werden. Durch die Blocküberdeckung der Eins- bzw. der Nullmenge kann eine minimierte Schaltungsdarstellung sowohl in ☞*disjunktiver Minimalform* als auch in ☞*konjunktiver Minimalform* erzeugt werden.

Kerbensystem ☞ 3.1

Ist das älteste bekannte ☞*Zahlensystem*. Die Zahl n wird durch n Kerben oder Striche auf einem Knochen oder einem Stück Holz repräsentiert. Mathematisch gesehen fällt das Kerbensystem, das auch als Strichsystem bezeichnet wird, in die Klasse der ☞*Additionssysteme*.

Kofaktor ☞ 4.4.3

Entsteht aus einer booleschen Funktion $f(x_1, \ldots, x_n)$, indem eine der freien Variablen x_i durch einen konstanten Wert ersetzt wird. Je nachdem, ob die Variable x_i durch die Konstante 1 oder die Konstante 0 ersetzt wird, sprechen wir von dem positiven Kofaktor $f_{x_i=1}$ oder dem negativen Kofaktor $f_{x_i=0}$.

Komparator ☞ 7.3

Spezielles Schaltnetz zur Durchführung der Vergleichsoperation und typischer Bestandteil einer ☞*arithmetisch-logischen Einheit*. Eingangsseitig nimmt der Komparator zwei Binärzahlen x und y entgegen und signalisiert mit Hilfe von drei Ausgangsleitungen die Gültigkeit bzw. Ungültigkeit der drei Ordnungsbeziehungen $x < y$, $x = y$ und $x > y$.

Konjunktive Minimalform ☞ 4.4.1

Ein ☞*boolescher Ausdruck* ϕ liegt in konjunktiver Form vor, wenn er als eine Konjunktion von Disjunktionen aufgebaut ist:

$$y = (L_{11} \vee \ldots \vee L_{1i}) \wedge \ldots \wedge (L_{n1} \vee \ldots \vee L_{nk})$$

Jedes der ☞*Literale* L_{ij} steht entweder für eine nicht negierte oder eine negierte Variable. Eine konjunktive Minimalform liegt vor, wenn es keine andere disjunktive Form gibt, die die gleiche boolesche Funktion mit weniger Literalen darstellt. Die disjunktive Minimalform ist im Allgemeinen nicht eindeutig.

Konjunktive Normalform ☞ 4.4.1

Spezielle ☞*Normalformdarstellung* einer ☞*booleschen Funktion*. Ein ☞*boolescher Ausdruck* liegt in konjunktiver Normalform vor, wenn er als Konjunktion von paarweise verschiedenen ☞*Maxtermen* aufgebaut ist. Die konjunktive Normalform enthält für jedes Element der ☞*Nullmenge* der dargestellten Funktion einen Maxterm, so dass die Formelgröße im Allgemeinen exponentiell mit der Anzahl der freien Variablen zunimmt.

Kostenfunktion ☞ 6.1

Kostenfunktionen werden im Zuge der Schaltungsminimierung zur Beschreibung der Minimierungsziele eingesetzt. Jede Schaltung wird hierbei auf einen Wert abgebildet, der kleiner ist, je präziser die Minimierungsziele erfüllt sind.

Latch ☞ 8.1.1

Bezeichnung für ein taktzustandsgesteuertes ☞*Speicherelement*. Synchrone, positiv gesteuerte Latch-Elemente bewahren während der negativen Phase des ☞*Taktsignals* ihren Zustand. Ein Zustandswechsel kann – im Unterschied zu ☞*Flipflops* – während der gesamten positiven Taktphase erfolgen.

Literal ☞ 4.4.1

Spezieller ☞*boolescher Ausdruck*, der entweder aus einer Variablen (x_i) oder einer negierten Variablen ($\overline{x_i}$) besteht.

Little-Endian ☞ 3.2.1

Spezielle ☞*Speicherordnung*, in der das niedrigstwertige Byte zuerst und das höchstwertige Byte zuletzt im ☞*Speicher* abgelegt wird.

Load-Store-Architektur ☞ 12.2.2

Bezeichnung für das Arbeitsprinzip eines ☞*RISC*-Prozessors. Der Datenaustausch zwischen ☞*Mikroprozessor* und ☞*Speicher* erfolgt stets unter Beteiligung eines ☞*Registers*. Soll der Inhalt einer Speicherstelle an eine andere Stelle im Speicher verschoben werden, sind immer zwei Schritte notwendig. Zunächst wird der Inhalt des Quellregister in eines der CPU-Register geladen (*Load*) und erst anschließend in das Zielregister geschrieben (*Store*).

Logik-Hazard ☞ 5.5.2

Liegt vor, wenn der Wechsel eines einzigen Eingangssignals kurzzeitig zu einem Wechsel eines Ausgangssignals führt, obwohl der Wert des Schaltnetzausgangs nach den Regeln der booleschen Algebra konstant bleiben müsste. Der kurzzeitige Wechsel des Ausgangssignals wird als Störimpuls (*Glitch*) bezeichnet und im Allgemeinen durch Laufzeitdifferenzen der verschiedenen Signalwege verursacht. Logik-Hazards können mit Hilfe von ☞*KV-Diagrammen* erkannt und behoben werden.

Logikpolarität ☞ 5.1

Definiert, mit welchem elektrischen Pegelzustand (Low, High) die beiden booleschen Wahrheitswerte 0 und 1 dargestellt werden. In Abhängigkeit der Zuordnung unterscheiden wir ☞*positive Logik* und ☞*negative Logik*.

Mantisse ☞ 3.2.2

Bestandteil einer Zahl, die im ☞*Festkommaformat* oder im ☞*Gleitkommaformat* dargestellt wird. Die Mantisse repräsentiert die Nachkomma-Bits der dargestellten Zahl. Damit definiert die Bitbreite der Mantisse maßgeblich die Auflösungsgenauigkeit des zu Grunde liegenden ☞*Zahlenformats*.

Maschinenbefehl ☞ 11.1.1

Bezeichnung für eine Anweisung, die ein Mikroprozessor direkt verarbeiten kann. Maschinenbefehle bilden die elementaren Bestandteile eines ☞*Assembler*-Programms.

Master-Slave-Flipflop ☞ 8.1.2

Bezeichnung für zwei im Gegentakt zusammengeschaltete ☞*Speicherelemente*. Mit Hilfe dieses Prinzips lassen sich zwei zustandsgesteuerte ☞*Latches* zu einem flankengesteuerten ☞*Flipflop* kombinieren.

Matrixmultiplizierer ☞ 7.8.1

Spezieller ☞*Parallelmultiplizierer*, der die Partialprodukte nacheinander aufaddiert. Die Tiefe des entstehenden Schaltnetzes steigt dadurch linear mit der Bitbreite der Operanden an.

Maxterm ☞ 4.4.1

Spezieller ☞*boolescher Ausdruck*, der für genau eine Belegung der Eingangsvariablen gleich 0 ist. Ein Maxterm einer n-stelligen Funktion besteht aus n konjunktiv verknüpften ☞*Literalen*.

Mealy-Automat ☞ 8.2.1

Endlicher Automat, der die Ausgabe sowohl aus dem aktuellen Zustand als auch aus der aktuellen Eingabe berechnet. Aufgrund dieser Eigenschaft werden Mealy-Automaten auch als Übergangsautomaten bezeichnet.

Mikroprogrammierung ☞ 10.2

Allgemeines Verfahren zur Implementierung eines ☞*Steuerwerks*. Statt die Schaltfunktion fest zu verdrahten, wird ein mikroprogrammiertes Steuerwerk programmgesteuert betrieben. Hierzu besitzt das Steuerwerk eine universelle Ausführungseinheit sowie einen ☞*ROM-Speicher*, der das Mikroprogramm enthält.

Mikroprozessor ☞ Kapitel 11

Herzstück eines ☞*Von-Neumann-Rechners*. Der Mikroprozessor ist eine befehlsgesteuerte Verarbeitungseinheit, die neben der Programmausführung auch die Koordination der externen Funktionseinheiten übernimmt. Klassische Mikroprozessoren gliedern sich intern in ein ☞*Rechenwerk* und ein ☞*Steuerwerk*. Die Anbindung der externen Funktionseinheiten erfolgt in der Regel dezentral über spezielle ☞*Busse*. Abhängig von der ☞*Instruktionsarchitektur* lassen sich ☞*RISC*- und ☞*CISC*-Prozessoren voneinander unterscheiden.

Minimierung ☞ Kapitel 6

Bezeichnet die Suche nach einer reduzierten Darstellung einer ☞*booleschen Funktion*. In diesem Buch werden mit dem ☞*Karnaugh-Veitch-Diagramm* und dem ☞*Quine-McCluskey-Verfahren* zwei wichtige Techniken zur Erzeugung eines reduzierten ☞*zweistufigen Schaltnetzes* eingeführt.

Minterm ☞ 4.4.1

Spezieller ☞*boolescher Ausdruck*, der für genau eine Belegung der Eingangsvariablen gleich 1 ist. Ein Minterm einer n-stelligen Funktion besteht aus n disjunktiv verknüpften ☞*Literalen*.

Mnemonic → „Gedächnisstütze" ☞ 11.1

Englischer Ausdruck für eine Merkregel oder Eselsbrücke. In der Informatik werden die einzelnen Befehle einer ☞*Assembler-Sprache* als Mnemonics bezeichnet.

Moore-Automat ☞ 8.2.1

Endlicher Automat, der die aktuelle Ausgabe ausschließlich aus dem aktuellen Zustand berechnet. Aufgrund dieser Eigenschaft werden Moore-Automaten auch als Zustandsautomaten bezeichnet.

Moore'sches Gesetz ☞ Kapitel 1

Bezeichnung für die im Jahre 1965 von Gordon Moore postulierte Gesetzmäßigkeit über das exponentielle Wachstum der Chip-Komplexität. Obwohl das Moore'sche Gesetz auf rein empirischen Daten beruht und keine Gesetzmäßigkeit im naturwissenschaftlichen Sinne darstellt, hat es bis heute nichts von seiner Gültigkeit verloren.

MOSFET ☞ 2.2.3

Metal Oxide Semiconductor Field Effect Transistor. Spezieller ☞*Feldeffekttransistor*, der im Bereich der integrierten Schaltungen die mit Abstand größte Rolle spielt. Mit Hilfe der ☞*Planartechnik* lassen sich MOSFETs mit einer sehr hoher ☞*Integrationsdichte* fertigen.

MOS-Technik ☞ 5.1.2

Metal-Oxide-Semiconductor-Technik. Die MOS-Technik begründet mehrere ☞*Schaltkreisfamilien*, deren Verknüpfungsglieder mit ☞*MOSFETs* aufgebaut sind. In ☞*PMOS*- bzw. ☞*NMOS-Technik* gefertigte Schaltungen bestehen ausschließlich aus p-Kanal- bzw. n-Kanal-Transistoren. In der stromsparenden ☞*CMOS-Technik* kommen dagegen beide Transistor-Varianten zum Einsatz.

Multiplexer ☞ 7.2

Hardware-Komponente mit 2^n Dateneingängen, n Steuereingängen und einem einzigen Datenausgang. Abhängig von der Belegung der Steuereingänge schaltet der Multiplexer genau einen der Dateneingänge auf den Datenausgang durch. Multiplexer gehören zu den am häufigsten verwendeten Standardkomponenten und werden immer dann eingesetzt, wenn Datenströme aus verschiedenen Quellen zusammengeführt werden müssen.

Multiplizierer ☞ 7.8

Spezielles ☞*Schaltwerk* zur Durchführung der binären Multiplikation und eine Grundkomponente des ☞*Rechenwerks* eines jeden ☞*Mikroprozessors*. Neben dem seriell arbeitenden Multiplizierwerk ist insbesondere der ☞*Parallelmultiplizierer* aufgrund seiner hohen Laufzeiteffizienz von großer praktischer Bedeutung.

Negative Logik ☞ 5.1

Spezielle ☞*Logikpolarität*, die den Wahrheitswert 0 mit dem High-Pegel und den Wahrheitswert 1 mit dem Low-Pegel des elektrischen Signals darstellt.

NMOS-Technik ☞ 5.1.2

☞*Schaltkreisfamilie*, deren Verknüpfungsglieder ausschließlich mit n-Kanal-☞*Feldeffekttransistoren* aufgebaut sind. NMOS-Schaltungen werden mit einer geringeren Spannung betrieben als Schaltungen in ☞*PMOS-Technik*. Der höheren Schaltgeschwindigkeit steht eine reduziertere Störsicherheit entgegen.

Normalform ☞ 3.2.2

Eindeutige Darstellungsform eines zu repräsentierenden Objekts. Im Bereich der technischen Informatik spielen unter anderem die ☞*disjunktive Normalform* und die ☞*konjunktive Normalform* eine zentrale Rolle. Durch die Reduktion einer Darstellung auf deren Normalform lässt sich unter anderem die Gleichheit zweier Objekte überprüfen. So repräsentieren zwei ☞*boolesche Ausdrücke* genau dann die gleiche ☞*boolesche Funktion*, wenn ihre disjunktive oder konjunktive Normalform identisch ist. Andere wichtige Normalformen für boolesche Funktionen sind die ☞*Reed-Muller-Normalform*, die ☞*Wahrheitstabelle* sowie das ☞*binäre* und ☞*funktionale* ☞*Entscheidungsdiagramm*.

Normalisierung ☞ 3.2.2

Bezeichnet den Vorgang, eine im ☞*Gleitkommaformat* dargestellte Zahl in eine eindeutige Darstellung zu überführen. Hierzu wird der ☞*Exponent* in der Regel so angepasst, dass die erste Eins an eine feste Position verschoben wird. Eine Zahl heißt vor- bzw. nachkommanormalisiert, falls die erste Eins direkt vor bzw. direkt hinter das Komma geschoben wird.

Nullmenge ☞ 4.4.1

Menge aller Variablenbelegungen, für die eine gegebene ☞*boolesche Funktion* gleich 0 ist.

O-Kalkül ☞ 5.4

Mathematischer Beschreibungsformalismus für die Komplexität einer Funktion. Das O-Kalkül beurteilt ausschließlich die asymptotische Komplexität einer Funktion $f(n)$, d. h. die Entwicklung der Funktionswerte für sehr große n. Die abgeleiteten Komplexitätsklassen abstrahieren von sämtlichen konstanten Faktoren in einer Funktion und eignen sich daher sowohl zur implementierungsunabhängigen Beschreibung der Laufzeit als auch des Platzverbrauchs einer Hardware-Schaltung.

Oktalsystem ☞ 3.1

☞*Stellenwertsystem* zur Basis 8 mit dem Ziffernvorrat $0,\ldots,7$. Binärzahlen lassen sich besonders einfach in das Oktalsystem umwandeln, indem je vier Binärziffern zu einer Oktalziffer zusammengefasst werden.

One-Hot-Code ☞ 3.3.2

Spezieller ☞*Binärcode*, dessen Codewörter aus Bitsequenzen bestehen, die genau eine 1 enthalten. Die One-Hot-Codierung erzeugt eine ☞*Hamming-Distanz* von 2 und gehört damit in die Klasse der 1-☞*fehlerkorrigierenden* Codes.

Operationswerk ☞ 10.1.1

Neben dem ☞*Steuerwerk* die zweite zentrale Schaltungskomponente eines mit Hilfe des ☞*Register-Transfer-Entwurfs* erzeugten ☞*Schaltwerks*. Das Operationswerk enthält alle Funktionseinheiten für die Verarbeitung der Eingabedaten. Die Ablaufsteuerung ist kein Bestandteil des Operationswerks und stattdessen im Steuerwerk implementiert.

Packaging ☞ 2.3.1

Einer der letzten Verarbeitungsschritte in der Chip-Produktion. Die Chip-Kerne (*Dies*) werden in das Gehäuse eingepasst und die internen Anschlüsse mit den externen Pins verbunden. Das *Wire-Bond-Verfahren* überbrückt die Kontakte mit filigranen Golddrähten. Im moderneren *Flip-Chip-Verfahren* werden die Golddrähte durch Lötkontakthügel ersetzt, die eine direkte Verbindung mit den externen Pins herstellen.

Parallelmultiplizierer ☞ 7.8

Spezielles ☞*Schaltnetz* zur Durchführung der Multiplikation zweier Binärzahlen. Parallelmultiplizierer sind deutlich schneller als seriell arbeitende Multiplikationseinheiten, benötigen jedoch deutlich mehr Fläche. Die beiden wichtigsten Vertreter sind der ☞*Matrixmultiplizierer* und der ☞*Carry-save-Multiplizierer*. Eine flächensparende Alternative zur vollständig parallel ausgeführten Multiplikation stellt die geringfügig langsamere ☞*Blockmultiplikation* dar.

Partielle Funktion ☞ 6.2.1

Bezeichnung für eine ☞*boolesche Funktion*, die über mindestens eine ☞*Don't-Care-Belegung* verfügt.

Pipeline-Hazard ☞ 12.3.1

Ein Pipeline-Hazard tritt immer dann auf, wenn der nächste auszuführende Befehl noch nicht bestimmt werden kann oder aufgrund einer missglückten Vorhersage die falschen Befehle in die Pipeline eingespeist wurden. Eine Quelle von Pipeline-Hazards sind bedingte Sprünge, da der nächste auszuführende Befehl erst nach der Auswertung der Sprungbedingung eindeutig bestimmt werden kann.

Pipeline ☞ 12.3.1

In einem Pipeline-Prozessor existieren für alle Ausführungsphasen eines Befehls separate Verarbeitungseinheiten, die zur selben Zeit verschiedene Befehle abarbeiten können. Hierdurch wird die Ausführung eines Befehlsstroms hochgradig parallelisiert und die mittlere Ausführungsgeschwindigkeit eines einzelnen Befehls nähert sich der Ausführungsgeschwindigkeit der langsamsten Verarbeitungseinheit an. Durch ☞*Steuerflussabhängigkeiten* können ☞*Pipeline-Hazards* entstehen, die zum Ausbremsen der Befehlsverarbeitung führen. Durch eine ausgefeilte ☞*Sprungvorhersage* lassen sich die Effekte in der Praxis jedoch deutlich abmildern.

Planartechnik ☞ 2.3.1

Der am häufigsten eingesetzte Prozess für die Fertigung integrierter Schaltkreise. In mehreren Verarbeitungsschritten werden Transistoren, Leiter und Isolatoren schichtenweise hergestellt. Die Planartechnik basiert auf wenigen Basistechniken, die wechselweise angewendet werden. Hierzu gehören insbesondere die Beschichtungs-, Belichtungs-, Ätz- und Dotierungstechnik.

PMOS-Technik ☞ 5.1.2

☞*Schaltkreisfamilie*, deren Verknüpfungsglieder ausschließlich mit p-Kanal-☞*Feldeffekttransistoren* aufgebaut sind. Die PMOS-Technik ist für den Bau störsicherer Schaltungen geeignet. In Bezug auf die Schaltgeschwindigkeit der einzelnen Verknüpfungsglieder ist sie der ☞*NMOS-Technik* und der ☞*CMOS-Technik* unterlegen.

pn-Übergang ☞ 2.2.1

Werden ein p-dotiertes und ein n-dotiertes (☞*Dotierung*) Halbleiterkristall zusammengefügt, so rekombinieren die freien Ladungsträger im Übergangsbereich. Es bildet sich eine isolierende Grenzschicht aus, die durch eine angelegte Spannung vergrößert oder verkleinert werden kann.

Positive Logik ☞ 5.1

Spezielle ☞*Logikpolarität*, die den Wahrheitswert 0 mit dem Low-Pegel und den Wahrheitswert 1 mit dem High-Pegel des elektrischen Signals darstellt.

Präfix-Addierer ☞ 7.5.5

Spezielle Implementierungsvariante eines ☞*Addierers*. Der Präfix-Addierer berechnet die Übertragsbits mit Hilfe eines separaten Schaltnetzes und arbeitet damit nach dem gleichen Grundprinzip wie der ☞*Carry-look-ahead-Addierer*. Die Übertragslogik ist jedoch nicht als ☞*zweistufiges Schaltnetz*, sondern in Form von ☞*Präfix-Logik* realisiert. Hierdurch ist der Präfix-Addierer nur geringfügig langsamer, aber deutlich platzsparender als der Carry-look-ahead-Addierer.

Präfix-Logik ☞ 7.4

Schaltnetz zur Berechnung einer bestimmten Klasse rekursiv aufgebauter Logikfunktionen. Die Verwendung von Präfix-Logik ist immer dann von Vorteil, wenn eine entsprechende ☞*boolesche Funktion* $f_n(x_0, \ldots, x_n)$ nicht nur für eine feste Bitbreite n, sondern auch für alle Präfixe $f_i(x_0, \ldots, x_i)$ mit $0 \leq i < n$ berechnet werden soll. Direkte Anwendung findet die Präfix-Logik in Form des ☞*Präfix-Addierers*.

Programmierbare Logik ☞ 7.11

Programmable Logic Device, kurz PLD. Konfigurierbare Hardware-Komponente, die vor der ersten Verwendung individualisiert wird. Ein klassisches Beispiel eines PLDs ist der ☞*ROM*-Speicher.

Quantor ☞ 5.3.3

Der boolesche Existenzquantor $\exists$ und der boolesche Allquantor $\forall$ sind wie folgt definiert:

$$(\exists x_i : f) = (f_{x_i=1} \vee f_{x_i=0})$$
$$(\forall x_i : f) = (f_{x_i=1} \wedge f_{x_i=0})$$

Unter anderem werden die booleschen Quantoren in der relationalen ☞*Formelsynthese* eingesetzt. Sie bilden die Grundlage zur Erzeugung einer ☞*definitorischen Form*.

Quine-McCluskey-Verfahren ☞ 6.3

Das Quine-McCluskey-Verfahren (QMCV) geht auf die Arbeiten der beiden Amerikaner Willard Van Orman Quine und Edward J. McCluskey zurück und dient der Vereinfachung boolescher Funktionen. Im Gegensatz zur grafischen Minimierung mit Hilfe von ☞*Karnaugh-Veitch-Diagrammen* lässt sich das Verfahren gut automatisieren und bewältigt auch vielstellige Funktionen.

RAM ☞ 9.3

Random Access Memory. ☞*Speicher*, der sowohl gelesen als auch beschrieben werden kann. Abhängig von der gewählten Implementierung sprechen wir von statischem Speicher (☞*SRAM*) oder dynamischem Speicher (☞*DRAM*).

Rechenwerk ☞ 11.1.2

Bezeichnung für das ☞*Operationswerk* eines ☞*Mikroprozessors*. Die Komplexität des Rechenwerks unterscheidet sich zwischen denen CPUs erheblich und reicht von einfachen ☞*Addierern* bis hin zu komplexen ☞*arithmetisch-logischen Einheiten*.

Reed-Muller-Normalform ☞ 4.4.2

Spezielle ☞*Normalformdarstellung* eines ☞*booleschen Ausdrucks* auf Basis der Antivalenz-Funktion (XOR).

Register ☞ 9.1

Aus einer Reihe von ☞*Speicherelementen* aufgebautes ☞*Schaltwerk*, das zur Zwischenspeicherung vollständiger Datenwörter dient und je nach Ausprägung über zusätzliche arithmetische oder logische Verknüpfungseigenschaften verfügt. In diesem Buch werden die folgenden Registertypen behandelt:

- ☞*Auffangregister*
- Zählregister (☞*Zähler*)
- ☞*Schieberegister*
- ☞*Universalregister*

Typische ☞*Mikroprozessoren* enthalten neben einer Reihe von ☞*Allzweckregistern* spezielle Hilfsregister. Von zentraler Bedeutung sind das ☞*Stapel-* und das ☞*Statusregister* sowie der ☞*Instruktionszähler*.

Register-Transfer-Ebene ☞ 10.1

Beschreibungsebene für Hardware-Schaltungen, die von einzelnen Bits und Logikgattern abstrahiert. An die Stelle boolescher Signale und einzelner Signalleitungen treten Datenwörter und gebündelte Signalpfade. Separate Logikgatter werden durch komplexe Funktionseinheiten wie ☞*Multiplexer*, ☞*Demultiplexer*, ☞*Zähler*, ☞*Addierer* oder ☞*Multiplizierer* ersetzt.

Register-Transfer-Entwurf ☞ 10.1

Methode für den Entwurf von ☞*Schaltwerken* auf Register-Transfer-Ebene. Der Register-Transfer-Entwurf, kurz RT-Entwurf, verfolgt den Ansatz, die Logik einer Hardware-Schaltung in ☞*Rechenwerk* und ☞*Operationswerk* aufzuteilen. Die Zweiteilung führt zu einer deutlichen Vereinfachung des Schaltungsentwurfs, da sich beide Komponenten nahezu separat voneinander entwickeln lassen.

Rekonvergenz ☞ 5.3.1

Spezielle Verbindungsstruktur in einem ☞*Schaltnetz*. Wir sprechen von einer Rekonvergenz, wenn eine Signalleitung verzweigt und die unterschiedlichen Signalwege in einem nachfolgenden Gatter wieder zusammengeführt werden.

Reset ☞ 8.1.4

Signalleitung, mit der sich die betreffende Hardware-Komponente in ihren Initialzustand zurücksetzen lässt. Reset-Leitungen sind zum Betrieb eines ☞*Schaltwerks* nahezu unvermeidlich, da sich die ☞*Speicherelemente* nach ihrer Aktivierung in einem beliebigen Zustand befinden können.

RISC ☞ 12.2.2

Reduced Instruction Set Computer verfügen über einen vergleichsweise primitiven ☞*Befehlssatz* und unterstützen kaum mehr als die elementaren ☞*Adressierungsarten*. Aufgrund dieser Einschränkungen können RISC-Prozessoren besonders effizient arbeiten und benötigen für die Ausführung der meisten Befehle nur einen einzigen Takt. Ein zentrales Merkmal der RISC-Technik ist die ☞*Load-Store-Architektur*, die sie deutlich von der konkurrierenden ☞*CISC*-Technik abgrenzt.

ROM ☞ 7.11

Read-Only Memory. Vorprogrammierter ☞*Speicher*, der gelesen, aber nicht beschrieben werden kann.

Römische Zahlen ☞ 3.1

Im antiken Römischen Reich entwickeltes ☞*Additionssystem*.

Schaltalgebra ☞ 4.1.2

Die Schaltalgebra ist eine spezielle ☞*boolesche Algebra*, mit deren Hilfe sich der Aufbau und die Funktionsweise digitaler Schaltungen mathematisch beschreiben lässt. Auf der Menge der beiden Wahrheitswerte 0 und 1 definiert die Schaltalgebra die ☞*Elementaroperatoren* $\neg$, $\wedge$ und $\vee$ wie folgt:

$$\neg x = 1 \Leftrightarrow x = 0$$
$$x \wedge y = 1 \Leftrightarrow x = 1 \text{ und } y = 1$$
$$x \vee y = 1 \Leftrightarrow x = 1 \text{ oder } y = 1$$

Schaltkreis ☞ 5.1

Elektronische Schaltung, die aus einer Zusammenschaltung logischer Grundbausteine einer bestimmten ☞*Schaltkreisfamilie* entsteht.

Schaltkreisfamilie ☞ 5.1

Bezeichnung für eine Menge logischer Grundbausteine, die in der gleichen Basistechnologie gefertigt sind. Zu den wichtigsten Basistechnologien gehört neben der Transistor-Transistor-Logik (TTL) und der Emitter Coupled Logic (ECL) insbesondere die Metal-Oxide-Semiconductor-Technologie (MOS).

Schaltnetz ☞ 5.2

Funktionales Modell einer Hardware-Schaltung. Schaltnetze sind aus ☞*Gattern* aufgebaut und besitzen keine Speicherelemente. Die an den Ausgängen anliegenden Signalwerte berechnen sich damit ausschließlich aus den aktuell an den Eingängen anliegenden Signalwerten.

Schaltungssynthese ☞ 5.2
Bezeichnet die Umsetzung eines abstrakten Modells in eine konkrete Hardware-Schaltung.

Schaltwerk ☞ 5.2
Funktionales Modell einer Hardware-Schaltung. Im Gegensatz zu ☞*Schaltnetzen* sind zusätzliche ☞*Speicherelemente* vorhanden, die den Zustand des Schaltwerks definieren. Mathematisch gesehen können Schaltwerke mit Hilfe von ☞*endlichen Automaten* beschrieben werden. Die direkte Umsetzung eines Automaten in eine Hardware-Schaltung führt zu einer Schaltwerksimplementierung in ☞*Huffman-Normalform*.

Schieberegister ☞ 9.1.2
Spezielles ☞*Register* mit der Eigenschaft, die gespeicherten Bits um eine Stelle nach links oder rechts schieben zu können. Unter anderem können Schieberegister zur Serialisierung paralleler Datenströme, zur Parallelisierung serieller Datenströme oder zur Durchführung arithmetischer Operationen eingesetzt werden.

Sequencer ☞ 11.2
Spezielles ☞*Schaltwerk*, mit dessen Hilfe der ☞*Takt* zeitversetzt auf mehrere Taktleitungen verteilt wird. Die auch als Mehrphasentaktgeber bezeichnete Komponente ist Bestandteil vieler ☞*mikroprogrammierter* Steuerwerke.

Shannon'scher Entwicklungssatz ☞ 4.4.3
Besagt, dass sich jede ☞*boolesche Funktion* mit Hilfe ihrer negativen und positiven ☞*Kofaktoren* darstellen lässt. Durch die rekursive Anwendung des Shannon'schen Entwicklungssatzes auf alle freien Variablen einer booleschen Funktion lässt sich diese auf direktem Weg in ihr ☞*Binäres Entscheidungsdiagramm* überführen.

Speicher ☞ 9.3
Hardware-Komponente zur persistenten Speicherung von Daten und zentraler Bestandteil eines jeden Rechnersystems. Der Hauptspeicher eines Computers kann als statischer ☞*SRAM-Speicher* oder als dynamischer ☞*DRAM-Speicher* implementiert werden. In einem klassischen ☞*Von-Neumann-Rechner* ist der Hauptspeicher über den ☞*Adress-* und ☞*Datenbus* mit dem ☞*Mikroprozessor* verbunden. Die ☞*Speicherordnung* gibt an, in welcher Reihenfolge die einzelnen ☞*Bytes* eines Datenworts im Speicher abgelegt werden.

Speicherelement ☞ 8.1
Hardware-Komponente, die im Gegensatz zu einem ☞*Gatter* über einen internen Zustand und damit über eine Art Gedächtnis verfügt. Synchrone Speicherelemente koppeln den Wechsel des Zustands an einen ☞*Takt*. Abhängig von der Art der Taktsteuerung sprechen wir von ☞*Latches* oder ☞*Flipflops*.

Speicherhierarchie ☞ 12.3.2
Bezeichnung für die verschiedenen Speicherebenen eines Mikrocomputers. In der Speicherhierarchie sind die Ebenen in absteigender Geschwindigkeit und aufsteigender Speichergröße geordnet. Am oberen Ende der Speicherhierarchie steht mit den ☞*Registern* des Prozessors der kleinste, aber schnellste Speicher. Am unteren Ende befindet sich mit dem ☞*virtuellen Speicher* der größte, aber langsamste Speicher. Die Zwischenebenen der Speicherhierarchie werden durch den Hauptspeicher (☞*Speicher*) und die verschiedenen Varianten der ☞*Cache-Speicher* gebildet.

Speicherordnung ☞ 3.1
Legt fest, in welcher Reihenfolge die einzelnen Bytes eines Datenworts im ☞*Speicher* abgelegt werden. In Abhängigkeit der Anordnung sprechen wir von einer ☞*Little-Endian-* oder einer ☞*Big-Endian*-Architektur.

Sprungvorhersage ☞ 12.3.1
Technik zur Verringerung der in einem ☞*Mikroprozessor* auftretenden ☞*Pipeline-Hazards*. Hierzu wird das Verhalten der bedingten Sprungbefehle eines Programms statisch oder dynamisch analysiert und das Ergebnis zur Vorhersage des zukünftigen Sprungverhaltens verwendet.

SRAM ☞ 9.3
Statisches ☞*RAM*. Die einzelnen Bits werden mit Hilfe von ☞*Latches* oder ☞*Flipflops* gespeichert. Im Vergleich mit der alternativen Technik des ☞*DRAMs* ist der SRAM-Speicher schneller, aber auch deutlich flächenintensiver. SRAM-Speicher wird insbesondere zum Aufbau von ☞*Cache-Speichern* eingesetzt.

Stapelregister ☞ 11.1.2
Spezielles Hilfsregister eines ☞*Mikroprozessors*, das zur Verwaltung von Unterprogrammaufrufen dient. Der Inhalt des Registers fungiert als Schreib-/Lesezeiger auf den Stapelspeicher (Stack). Hierbei handelt es sich um einen speziellen Bereich des Hauptspeichers (☞*Speicher*), der die Rücksprungadressen der getätigten Unterprogrammaufrufe sichert.

Statischer Hazard ☞ 5.5.2
Liegt vor, wenn der Signalpegel aufgrund eines Störimpulses für kurze Zeit wechselt. Ein statischer Hazard-Impuls kann die Ursache eines ☞*Logik-Hazards* oder eines ☞*Funktions-Hazards* sein.

Statusbit ☞ 11.1.2

Bezeichnung eines einzelnen Bits des ☞*Statusregisters*. Zu den Statusbits gehören unter anderem das Carry-Bit C, das Zero-Bit Z und das Negative-Bit N.

Statusregister ☞ 11.1.2

Spezielles Hilfsregister eines ☞*Mikroprozessors*, dessen einzelne ☞*Statusbits* über das Ergebnis der letzten arithmetischen Operation bzw. den aktuellen Wert des ☞*Akkumulators* Auskunft geben. Über das Statusregister findet ein Informationsaustausch zwischen ☞*Rechenwerk* und ☞*Steuerwerk* statt.

Stellenwertsystem ☞ 3.1

Ein Stellenwertsystem ist ein spezielles ☞*Zahlensystem*, das zur Bestimmung des dargestellten Werts nicht nur die verwendeten Ziffern, sondern auch deren absolute Position innerhalb der Ziffernfolge in Betracht zieht. Neben dem uns vertrauten ☞*Dezimalsystem* sind das ☞*Binärsystem*, das ☞*Oktalsystem* sowie das ☞*Hexadezimalsystem* die wichtigsten Stellenwertsysteme der technischen Informatik.

Steuerbus ☞ 11.1

Neben dem ☞*Adressbus* und dem ☞*Datenbus* der dritte zentrale ☞*Bus* eines ☞*Von-Neumann-Rechners*. Der Bus verbindet den ☞*Mikroprozessor* mit den anderen Funktionseinheiten und dient der Übertragung von Kontroll- und Steuersignalen.

Steuerflussabhängigkeit ☞ 12.3.1

Bezeichnung für die semantischen Abhängigkeiten zwischen zwei Befehlen. Jeder bedingte Sprung erzeugt eine Steuerflussabhängigkeit, da die Auswertung der Sprungbedingung über den nächsten auszuführenden Befehl entscheidet. Steuerflussabhängigkeiten können zu ☞*Pipeline-Hazards* führen, da die frühen Verarbeitungseinheiten bereits mit der Bearbeitung eines Folgebefehls beschäftigt sind, bevor die Sprungbedingung vollständig ausgewertet ist.

Steuerwerk ☞ 10.1.2

Neben dem ☞*Operationswerk* die zweite zentrale Komponente eines Schaltwerks, das mit Hilfe des ☞*Register-Transfer-Entwurfs* erzeugt wurde. Das Steuerwerk implementiert die Ablaufsteuerung des Schaltwerks und ist direkt mit den Steuerleitungen der Funktionseinheiten im Operationswerk verbunden. Die Datenverarbeitung selbst findet vollständig im Operationswerk statt.

Strukturbreite ☞ 2.3.2

Anderer Begriff für die ☞*Kanallänge* eines einzelnen Transistors. Die Angabe der Strukturbreite lässt einen direkten Rückschluss auf die ☞*Integrationsdichte* eines Mikrochips zu.

Strukturelle Induktion ☞ 4.2.3

Variante der ☞*vollständigen Induktion*, mit der sich viele Aussagen über ☞*boolesche Ausdrücke* beweisen lassen. Hierzu wird die Aussage zunächst für alle atomaren booleschen Ausdrücke explizit bewiesen und anschließend gezeigt, dass sich die Gültigkeit der Aussage auf zusammengesetzte Ausdrücke überträgt. Formal entspricht die strukturelle Induktion einem vollständigen Induktionsbeweis, dem als Induktionsparameter n die Formellänge zu Grunde liegt.

Subtrahierer ☞ 7.7

Spezielles ☞*Schaltwerk* zur Durchführung der binären Subtraktion. Ein Subtrahierer kann auf einfache Weise aus einem ☞*Addierer* erzeugt werden, indem der zweite Operand zunächst in das ☞*Zweierkomplement* übersetzt wird.

Superpipelining ☞ 12.3.1

Erweiterung des ☞*Pipelining*-Prinzips, die die Befehlsausführung in noch feinere Teilschritte zerlegt. Hierdurch werden die in einer einzigen Verarbeitungseinheit durchgeführten Operationen sukzessive vereinfacht, so dass die Ausführungsgeschwindigkeit der einzelnen Pipeline-Stufe deutlich gesteigert werden kann. Das Superpipelining-Prinzip ist orthogonal zur ☞*Superskalartechnik* und lässt sich mit dieser nahtlos kombinieren.

Superskalartechnik ☞ 12.3.1

Erweiterung des ☞*Pipelining*-Prinzips, die den Befehlsdurchsatz durch die Mehrfachauslegung der Verarbeitungseinheiten erhöht. Hierdurch wird es möglich, in jedem Taktzyklus mehrere Instruktionen in die Befehls-Pipeline einzuspeisen. Die Superskalartechnik ist orthogonal zum Prinzip des ☞*Superpipelinings* und lässt sich mit diesem nahtlos kombinieren.

Takt ☞ 8.1.2

Binäres Rechtecksignal, das in periodischen Abständen zwischen den beiden Signalwerten 0 und 1 wechselt. Der Takt wird durch einen speziellen Generatorbaustein erzeugt und gibt gewissermaßen die Schlagzahl eines ☞*Schaltwerks* vor. Ist ein Schaltwerk taktzustandsgesteuert, so erfolgt ein Zustandswechsel innerhalb der positiven bzw. der negativen Taktphase. Ist ein Schaltwerk taktflankengesteuert, erfolgt ein Zustandswechsel stets zeitgleich mit der positiven bzw. negativen Taktflanke.

Tautologie ☞ 4.2.2

☞*Boolescher Ausdruck*, der für alle Variablenbelegungen gleich 1 ist. Tautologien werden auch als allgemeingültige Aussagen bezeichnet.

Transduktor ☞ 8.2.1

Spezieller ☞*endlicher Automat*, der zur Modellierung von ☞*Schaltwerken* eingesetzt wird. Transduktoren bestehen aus einer Menge von Zuständen sowie einem Ein- und einem Ausgabealphabet. In jedem Verarbeitungsschritt nimmt der Automat ein Eingabezeichen entgegen, produziert ein Ausgabezeichen und nimmt einen neuen Zustand ein. Abhängig von der Form der Ausgabefunktion werden Transduktoren weiter in ☞*Mealy-Automaten* und ☞*Moore-Automaten* unterschieden.

Transistor ☞ 2.2

Das wichtigste Halbleiterbauelement im Bereich der Computertechnik. Transistoren können dazu verwendet werden, ein elektrisches Signal zu verstärken oder im Falle einer digitalen Ansteuerung ein- oder auszuschalten. Auf der obersten Ebene werden ☞*Bipolartransistoren* und ☞*Feldeffekttransistoren* unterschieden. Mit Hilfe der ☞*Planartechnik* lassen sich Millionen mikroskopisch kleiner Transistoren auf einem einzelnen Siliziumträger herstellen.

Übergangstabelle ☞ 8.2.2

Spezielle ☞*Wahrheitstabelle* zum systematischen Entwurf von ☞*Schaltwerken*. Neben der Ausgabefunktion des zu Grunde liegenden ☞*endlichen Automaten* beschreibt die Tabelle die Beziehung zwischen dem aktuellen Zustand und dem Folgezustand. Aus der Übergangstabelle lässt sich die Übergangsfunktion mit konventionellen Mitteln der ☞*booleschen Algebra* ableiten und hieraus eine Implementierung des Schaltwerks in ☞*Huffman-Normalform* erzeugen.

Universalregister ☞ 9.1.3

Spezielles ☞*Register*, das die Eigenschaften des ☞*Auffangregisters* mit denen des ☞*Schieberegisters* in sich vereint.

Virtueller Speicher ☞ 12.3.2

Zur Vergrößerung des Hauptspeichers (☞*Speicher*) wird die ☞*Speicherhierarchie* am unteren Ende durch den Sekundärspeicher erweitert. Der Hauptspeicher übernimmt damit die Rolle eines schnellen ☞*Cache-Speichers*, der sich zwischen dem ☞*Mikroprozessor* und dem Sekundärspeicher befindet.

Volladdierer ☞ 7.5.1

Berechnet die Summe aus drei Binärziffern. Durch die Verwendung des dritten Bits als Übertragsbit lässt sich ein vollständiger ☞*Addierer* durch die kaskadierte Zusammenschaltung mehrerer Volladdierer aufbauen (☞*Carry-ripple-Addierer*). Ein einzelner Volladdierer kann auf einfache Weise mit Hilfe zweier ☞*Halbaddierer* und eines zusätzlichen ODER-Gatters aufgebaut werden.

Vollständige Induktion ☞ 4.2.3

Neben dem direkten und dem indirekten Beweis ist die vollständige Induktion die dritte klassische Beweistechnik der Mathematik. Das Beweisprinzip ist immer dann anwendbar, wenn eine parametrisierte Aussage $A(n)$ für alle natürlichen Zahlen n bewiesen werden soll.

Ein Induktionsbeweis erfolgt in drei Schritten: Zunächst wird im Induktionsanfang die Aussage für einen oder mehrere Basisfälle bewiesen. Im nächsten Schritt erfolgt die Annahme, dass die Aussage für ein gewisses n und alle kleineren Werte bewiesen sei (Induktionsannahme). Gelingt im Anschluss der Beweis, dass aus der Gültigkeit von $A(n)$ stets die Gültigkeit von $A(n+1)$ folgt, so ist die Aussage für alle n bewiesen.

Eine mit der vollständigen Induktion verwandte Beweistechnik ist die ☞*strukturelle Induktion*, mit deren Hilfe sich zahlreiche Aussagen der ☞*booleschen Algebra* beweisen lassen.

Vollständiges Operatorensystem ☞ 4.3.3

Jede Menge M von booleschen Operatoren bildet ein Operatorensystem. M ist vollständig, wenn sich jede ☞*boolesche Funktion* durch einen ☞*booleschen Ausdruck* beschreiben lässt, der ausschließlich Operatoren aus M enthält.

Von-Neumann-Architektur ☞ 11.1

Architekturprinzip des ☞*Von-Neumann-Rechners*. Die Von-Neumann-Architektur wurde 1965 durch John von Neumann postuliert und ist bis heute der dominierende universelle Rechnerarchitektur. Eine Alternative stellt die weniger flexible, aber effizientere ☞*Harvard-Architektur* dar, die heute insbesondere im Bereich digitaler Signalprozessoren weit verbreitet ist.

Von-Neumann-Flaschenhals ☞ 11.1

Plakative Bezeichnung für den Bus eines ☞*Von-Neumann-Rechners* und Hinweis auf ein zentrales Problem der ☞*Von-Neumann-Architektur*. Da die gesamte Kommunikation zwischen dem ☞*Mikroprozessor* und den restlichen Funktionseinheiten über einen einzigen ☞*Bus* abgewickelt wird, wird dieser schnell zum limitierenden Faktor für die maximal erreichbare Systemleistung.

Von-Neumann-Rechner ☞ 11.1

Herzstück des Von-Neumann-Rechners ist ein programmgesteuerter, sequenziell arbeitender ☞*Mikroprozessor*, der über verschiedene ☞*Busse* mit den restlichen Funktionseinheiten kommuniziert.

Ein wesentliches Merkmal eines Von-Neumann-Rechners ist die Gleichbehandlung von Programminstruktionen und Datenwörtern. Insbesondere werden Programme zusammen mit den zu verarbeitenden Daten in einem gemeinsamen ☞*Speicher* abgelegt. Auf diese

Weise ist ein einziger ☞*Daten-* und ☞*Adressbus* für die Kommunikation zwischen Hauptspeicher und ☞*Mikroprozessor* ausreichend, was den Bau eines Von-Neumann-Rechners deutlich vereinfacht.

Vorzeichenbitdarstellung ☞ 3.1

Spezielles ☞*Zahlenformat* zur Darstellung ganzer, vorzeichenbehafteter Zahlen. Ein festgelegtes Bit bestimmt das Vorzeichen und die restlichen Bits den Betrag der repräsentierten Zahl.

Wafer ☞ 5.2

Zur Steigerung der Produktionseffizienz werden Mikrochips stets im Verbund auf großen Siliziumscheiben – den sogenannten Wafern – hergestellt. Die einzelnen Chips werden erst sehr spät in der Produktionskette aus dem Wafer herausgetrennt und separat weiterverarbeitet.

Wahrheitstabelle ☞ 4.1.2

Tabellarische Darstellung einer booleschen Funktion. Die Wahrheitstabelle einer n-stelligen ☞*booleschen Funktion* besteht aus 2^n Zeilen. Jede Zeile steht für eine eindeutige Belegung der freien Variablen. Genau wie das binäre oder das funktionale ☞*Entscheidungsdiagramm* ist die Wahrheitstabelle eine ☞*Normalformdarstellung*.

Wallace-Tree-Multiplizierer ☞ 7.8.3

Spezieller ☞*Parallelmultiplizierer*, der nach dem Schema des ☞*Carry-save-Multiplizierers* arbeitet und sich lediglich im Aufbau der Reduktionszelle unterscheidet. Die Verdichtung der Koeffizientenmatrix findet in nacheinander durchlaufenen Stufen statt, die in einem iterativen Prozess konstruiert werden. Im direkten Vergleich mit dem Carry-save-Multiplizierer zeichnet sich der Wallace-Tree-Multiplizierer durch eine kompaktere Reduktionszelle aus, wenngleich sich die asymptotische Flächen- und Laufzeitkomplexität nicht ändern.

Wartezyklus ☞ 12.3.1

Künstlich verursachte Verzögerung, um eine ☞*Steuerflussabhängigkeit* aufzulösen. Wartezyklen können entweder prozessorseitig mit einer speziellen Verzögerungslogik oder softwareseitig durch das Einfügen von NOP-Befehlen über den Compiler erzeugt werden.

x86-Architektur ☞ 12.2

16-Bit-☞*CISC*-☞*Instruktionsarchitektur* der Firma Intel. Die x86-Architektur wurde bereits 1978 mit dem 8086-Prozessor eingeführt und begründete das Zeitalter der Personal-Computer. Die x86-Architektur wurde im Laufe der Zeit durch die ☞*IA-32-* und die ☞*EM64T*-Architektur abgelöst. Aufgrund der hohen Marktdurchdringung wurden alle Nachfolgearchitekturen abwärtskompatibel ausgelegt, so dass die x86-Architektur auch heute noch allgegenwärtig ist.

Zahlenformat ☞ 3.1

Definiert, wie ein Zahlenwert im Speicher eines Computers auf Bitebene repräsentiert wird. Zur Darstellung ganzer, vorzeichenbehafteter Zahlen besitzen die ☞*Vorzeichenbitdarstellung*, das ☞*Einerkomplement* sowie das ☞*Zweierkomplement* eine praktische Relevanz. Rationale Zahlen werden entweder im ☞*Festkommaformat* oder im ☞*Gleitkommaformat* dargestellt.

Zahlensystem ☞ 3.1

Besteht aus einem Ziffernvorrat sowie einer Berechnungsvorschrift, die jeder Ziffernfolge einen Zahlenwert zuordnet. Abhängig von der zu Grunde liegenden Berechnungsvorschrift sprechen wir von einem ☞*Additionssystem* oder einem ☞*Stellenwertsystem*.

Zähler ☞ 9.2

Spezielles ☞*Schaltwerk* zum Abzählen von Impulsen. Zählerbausteine werden anhand ihrer Implementierung (asynchron, synchron, gemischt), ihrer Zählrichtung (vorwärts, rückwärts, bidirektional) sowie des verwendeten Zahlenformats (☞*Binärsystem*, ☞*BCD-Code*, ...) unterschieden.

Zeitdiagramm ☞ 8.1.2

Grafische Darstellung des von einem ☞*Schaltwerk* erzeugten Signalverlaufs. Die Zeit wird auf der x-Achse und die überwachten Signale werden auf der y-Achse aufgetragen.

Zustandsvariable ☞ 8.1

Variable, die den aktuellen Zustand eines ☞*Speicherelements* beschreibt. Die Werte aller Zustandsvariablen definieren zusammengenommen den Zustand eines ☞*Schaltwerks*.

Zweierkomplement ☞ 3.1

Spezielles ☞*Zahlenformat* zur Darstellung ganzer, vorzeichenbehafteter Zahlen. Im Zweierkomplement wird eine Zahl negiert, indem zunächst das ☞*Einerkomplement* gebildet und der Ergebniswert anschließend um eins erhöht wird.

Zweistufiges Schaltnetz ☞ 5.2.1

Ein ☞*Schaltnetz* heißt n-stufig, wenn ein Signal von den Eingängen bis zu den Ausgängen maximal n ☞*Logikgatter* durchläuft. Jede ☞*boolesche Funktion* lässt sich in ein zweistufiges Schaltnetz überführen, indem zunächst die ☞*konjunktive Minimalform* oder die ☞*disjunktive Minimalform* erzeugt und diese anschließend in ein ☞*Schaltnetz* synthetisiert wird.

Literaturverzeichnis

Allgemeine Literatur

Bähring, H: *Mikrorechnertechnik, Bände I und II*. Heidelberg: Springer-Verlag, 2005

Becker, B.; Molitor, P.: *Technische Informatik: Eine einführende Darstellung*. München: Oldenbourg Wissenschaftsverlag, 2008

Beuth, K.: *Elektronik 4. Digitaltechnik*. Würzburg: Vogel-Verlag, 2006

Görke, W.; Schmid, D.; Eschermann, B.: *Skriptum zur Vorlesung Technische Informatik I*. 2. (korrigierte) Auflage. Universität Karlsruhe, 1990

Görke, W.; Ungerer, T.; Schmid, D.: *Skriptum zur Vorlesung Rechnerstrukturen*. 6. Auflage. Universität Karlsruhe, 1995

Modrow, E.: *Automaten, Schaltwerke, Sprachen*. Bonn: Dümmler-Verlag, 1989 (Bausteine Informatik)

Patterson, D. A.; Hennessy, J. L.: *Rechnerorganisation und Rechnerentwurf*. München: Oldenbourg Wissenschaftsverlag, 2011

Siemers, C.; Sikora, A.: *Taschenbuch Digitaltechnik*. München: Hanser-Verlag, 2007

Tanenbaum, A.: *Computerarchitektur*. München: Pearson Studium, 2005

Einzelnachweise

[1] Akers, S. B.: Binary Decision Diagrams. In: *IEEE Transactions on Computers* C-27 (1978), June, Nr. 6

[2] Ashar, P.; Devadas, S.; Ghosh, A.: Boolean Satisfiability and Equivalence Using General Binary Decision Diagrams. In: *International Conference on Computer Design (ICCD)*, IEEE Computer Society Press, 1991, S. 259–264

[3] Backus, J.: Can Programming be Liberated from the Von-Neumann Style? A Functional Style and its Algebra of Programs. In: *Communications of the ACM* 21 (1978), August, Nr. 8, S. 613–641

[4] Bähring, H.: *Mikrorechner-Technik*. 3. Auflage. Berlin, Heidelberg, New York: Springer-Verlag, 2002

[5] Bahar, R. I.; Frohm, E. A.; Gaona, C. M.; Hachtel, G. D.; Macii, E.; Pardo, A.; Somenzi, F.: Algebraic Decision Diagrams and their Applications. In: *International Conference on Computer Aided Design (ICCAD)*. Santa Clara, CA: IEEE Computer Society Press, November 1993, S. 188–191

[6] Bardeen, J.; Brattain, W. H.: The Transistor, a Semi-conductor Triode. In: *Physical Review* 74 (1948)

[7] Becker, B.; Molitor, P.: *Technische Informatik: Eine einführende Darstellung*. München: Oldenbourg Wissenschaftsverlag, 2008

[8] Bell, C. G.; Newell, A.: *Computer-Structures: Readings and Examples*. New York: McGraw-Hill, 1971

[9] Bell Telephone Laboratories (Hrsg.): *Press Release*. Juli. 463 West Street, New York 14, Chelsea: Bell Telephone Laboratories, 1948

[10] Beuth, K.: *Elektronik 4. Digitaltechnik*. Würzburg: Vogel-Verlag, 2006

[11] Boole, G.: *An Investigation of the Laws of Thought*. London: Walton and Maberley, 1854. – Nachgedruckt in [12]

[12] Boole, G.; Corcoran, J.: *The Laws of Thought (Reprint)*. New York: Prometheus Books, 2003

[13] Brace, K. S.; Rudell, R. L.; Bryant, R. E.: Efficient Implementation of a BDD Package. In: *Proceedings of the ACM/IEEE Design Automation Conference (DAC)*. Orlando, Florida: IEEE Computer Society Press, June 1990, S. 40–45

[14] Bryant, R. E.: Graph-based Algorithms for Boolean Function Manipulation. In: *IEEE Transactions on Computers* C-35 (1986), August, Nr. 8, S. 677–691

[15] Bryant, R. E.: Binary Decision Diagrams and Beyond: Enabling Technologies for Formal Verification. In: *International Conference on Computer Aided Design (ICCAD)*, 1995, S. 236–243

[16] Burks, A. W.; Goldstine, H. H.; von Neumann, J.: *Preliminary Discussions of the Logic Design of an Electronic Computing Instrument*. Nachgedruckt in [8], 1946

[17] Campbell-Kelly, M.; Aspray, W.: *Computer : A History of the Information Machine*. New York: Basic Books, 1996

[18] Cepheiden: *Aufbau CMOS-Chip 2000er.svg*. de.wikipedia.org. http://de.wikipedia.org/wiki/Datei: Aufbau_CMOS-Chip_2000er.svg. – Creative Commons License 3.0, Typ: Attribution-ShareAlike

[19] Clarke, E.; Fujita, M.; Zhao, X.: *Multi-terminal Decision Diagrams and Hybrid Decision Diagrams*. 1996. – In: Representations of Discrete Functions [77]

[20] Cocke, J.; Sweeney, D. W.: *High Speed Arithmetic in a Parallel Device*. February 1957. – Technical Report, IBM

[21] Conti, C. J.; Gibson, D. H.; Pitkowsky, S. H.: Structural Aspects of the System/360 Model 85 I: General Organization. In: *IBM Systems Journal* 7 (1968), Nr. 1, S. 2–14

[22] Curnow, H. J.; Wichmann, B. A.: A Synthetic Benchmark. In: *The Computer Journal* 19 (1976), Nr. 1, S. 43–49

[23] Dadda, L.: Some Schemes for Parallel Multipliers. In: *Alta Frequenza* 34 (1965), S. 349–356

[24] Dahn, B. I.: Robbins Algebras are Boolean: A Revision of McCune's Computer Generated Solution of Robbins Problem. In: *Journal of Algebra* 208 (1998), S. 526–532

[25] Drechsler, R.; Becker, B.: Ordered Kronecker Functional Decision Diagrams – a Data Structure for Representation and Manipulation of Boolean Functions. In: *IEEE Transactions on Computer-aided Design of Integrated Circuits and Systems* 17 (1998), Nr. 10, S. 965–973

[26] Edelman, A.: The Mathematics of the Pentium Devision Bug. In: *SIAM Review* 39 (1997), March, Nr. 39, S. 54–67

[27] Fleming, P. J.; Wallace, J. J.: How Not To Lie With Statistics: The Correct Way To Summarize Benchmark Results. In: *Communications of the ACM* 29 (1986), Nr. 3, S. 218–221

[28] Flik, T.: *Mikroprozessortechnik*. Berlin, Heidelberg, New York: Springer-Verlag, 2005

[29] Flynn, M.: Very High-Speed Computing Systems. In: *Proceedings of the IEEE* 54 (1966), December, Nr. 12, S. 1901–1909

[30] Flynn, M.: Some Computer Organizations and their Effectiveness. In: *IEEE Transactions on Computers* 21 (1972), Nr. 9, S. 948–960

[31] Fujita, M.; McGeer, P. C.; Yang, J. C.-Y.: Multi-Terminal Binary Decision Diagrams: An Efficient Data Structure for Matrix Representation. In: *Formal Methods in System Design* 10 (1997), Nr. 2-3, S. 149–169

[32] Gladstone-Millar, L.: *John Napier: Logarithm John*. Edinburgh: NMS Enterprises Limited, 2003

[33] Görke, W.; Schmid, D.; Eschermann, B.: *Skriptum zur Vorlesung Technische Informatik I*. 2. (korrigierte) Auflage. 1990

[34] Goldstine, H. H.: *The Computer: From Pascal to von Neumann*. Princeton, NJ: Princeton University Press, 1972

[35] Gray, F.: *U.S. Patent No. 2.632.058*. 1953

[36] Hally, M.: *Electronic Brains: Stories from the Dawn of the Computer Age*. Washington, D.C.: Joseph Henry Press, 2005

[37] Halmos, P. R.: *Lectures on Boolean Algebras*. Berlin, Heidelberg, New York: Springer-Verlag, 1974

[38] Hamming, R. W.: Error-detecting and Error-correcting Codes. In: *Bell System Technical Journal* 2 (1950), Nr. 26, S. 147–160

[39] Hamming, R. W.: *Coding and Information Theory*. Englewood Cliffs, NJ: Prentice Hall, 1980

[40] Hartshorne, C.; Weiss, P.: *Collected Papers of Charles Sanders Peirce*. Bd. 4. Cambridge, MA: Harvard University Press, 1960

[41] Hennessy, J. L.; Patterson, D. A.: *Computer Architecture: A Quantitative Approach*. San Francisco: Morgan Kaufmann, 2001

[42] Huntington, E. V.: Sets of Independent Postulates for the Algebra of Logic. In: *Transactions of the American Mathematical Society* 5 (1904), S. 288–309

[43] Huntington, E. V.: New Sets of Independent Postulates for the Algebra of Logic. In: *Transactions of the American Mathematical Society* 35 (1933), S. 274–304

[44] Huntington, E. V.: Boolean Algebras: A Correction. In: *Transactions of the American Mathematical Society* 35 (1933b), S. 557–558

[45] Hyman, A.: *Charles Babbage: 1791–1871; Philosoph, Mathematiker, Computerpionier*. Stuttgart: Klett-Cotta, 1987

[46] Jackson, T.: *Inside Intel*. New York: Dutton Books, 1999

[47] Josephson, M.: *Edison: A Biography*. New York: John Wiley and Sons, 1992

[48] Jouppi, N. P.; Wall, D. W.: Available Instruction-Level Parallelism for Superscalar and Superpipelined Machines. In: *Proceedings of the third conference on Architectural Support for Programming Languages and Operating Systems (ASPLOS)*, IEEE/ACM, April 1989, S. 272–282

[49] Karnaugh, M.: The Map Method for Synthesis of Combinational Logic Circuits. In: *Transactions of the AIEE, Communications and Electronics* 72 (1943), S. 593–599

[50] Kernighan, B. W.: *Programmieren in C*. München: Hanser Fachbuchverlag, 1990

[51] Kilburn, T.; Edwards, D. B. G.; Lanigan, M. J.; Summer, F. H.: One-level Storage System. In: *IRE Transactions on Electronic Computers* EC-11 (1962), April, S. 223–235

[52] Koenig, A.: *C Traps and Pitfalls*. Reading, MA: Addison-Wesley, 1989

[53] Kogge, P. M.: *The Architecture of Pipelined Computers*. Washington: Hemisphere Publ. Co., 1981

[54] Lee, C. Y.: Representation of Switching Circuits by Binary Decision Diagrams. In: *Bell Systems Technical Journal* 38 (1959), S. 985–999

[55] Lee, J. F. K.; Smith, A. J.: Branch Prediction Strategies and Branch Target Buffer Design. In: *IEEE Computer* 17 (1984), January, Nr. 1, S. 6–22

[56] Lilienfeld, J. E.: *Method and Apparatus for Controlling Electric Currents*. U.S. Patent 1.745.175, 1926

[57] Lilienfeld, J. E.: *Device for Controlling Electric Current*. U.S. Patent 1.900.018, 1928

[58] Linden, P. van d.: *Expert C Programming – Deep C Secrets*. Englewood Cliffs, NJ: SunSoft Press, Prentice Hall, 1994

[59] Marshall, E.: Fatal Error: How Patriot Overlooked a Scud. In: *Times Magazine* 13 (1992), March

[60] McCluskey, E. J.: Minimization of Boolean Functions. In: *Bell Systems Technical Journal* 35 (1956), November, Nr. 6, S. 1417–1444

[61] McCune, W.: Robbins Algebras are Boolean. In: *Association for Automated Reasoning Newsletter* 35 (1996), S. 1–3

[62] McCune, W.: Solution of the Robbins Problem. In: *Journal of Automated Reasoning* 19 (1997), Nr. 3, S. 263–276

[63] Micheli, G. D.: *Synthesis and Optimization of Digital Circuits*. New York: McGraw-Hill, 1994

[64] Minato, S.: Zero-suppressed BDDs for Set Manipulation in Combinatorial Problems. In: *Proceedings of the ACM/IEEE Design Automation Conference (DAC)*. Dallas, TX: ACM Press, June 1993, S. 272–277

[65] Modrow, E.: *Automaten, Schaltwerke, Sprachen*. Bonn: Dümmler-Verlag, 1989 (Bausteine Informatik)

[66] Monk, J. D.; Bonnet, R.: *Handbook of Boolean Algebras: 1*. Amsterdam: Elsevier-Verlag, 1989

[67] Monk, J. D.; Bonnet, R.: *Handbook of Boolean Algebras: 2*. Amsterdam: North-Holland Publishing, 1989

[68] Monk, J. D.; Bonnet, R.: *Handbook of Boolean Algebras: 3*. Amsterdam: North-Holland Publishing, 1989

[69] Moore, G.: Cramming More Components onto Integrated Circuits. In: *Electronics Magazine* 38 (1965), April, Nr. 8

[70] Morgan, A. D.: On the Symbols of Logic, the Theory of the Syllogism, and in particular of the Copula. In: *Transactions of the Cambridge Philosophical Society* 9 (1850)

[71] Morgan, A. D.: *Formal Logic: The Calculus of Inference, Necessary and Probale*. Honolulu, Hawaii: University Press of the Pacific, 2003

[72] Patterson, D.; Sequin, C.: RISC I: A Reduced Instruction Set VLSI Computer. In: *Proceedings of the 8th Annual Symposium on Computer Architecture*. Minneapolis, Minnesota, USA: IEEE Computer Society Press, 1981, S. 443–457

[73] Pratt, V.: Anatomy of the Pentium Bug. In: *Proceedings of the International Joint Conference on Theory and Practice of Software Development (TAPSOFT)* 915 (1995), S. 97–107

[74] Pugh, E. W.; Johnson, L. R.; Palmer, J. H.: *IBM's 360 and Early 370 Systems*. Cambridge: MIT Press, 1991

[75] Quine, W. V. O.: A Way To Simplify Truth Functions. In: *American Mathematical Monthly* 62 (1955), S. 627–631

[76] Robertson, J. E.: A New Class of Digital Division Methods. In: *IRE Transactions Electronic Computers* 7 (1958), September, Nr. 7, S. 218–222

[77] Sasao, T.; Fujita, M.: *Representations of Discrete Functions*. Norwell, MA: Kluwer Academic Publishers, 1996

[78] Shannon, C. E.: The Synthesis of Two-Terminal Switching Circuits. In: *Bell System Technical Journal* 28 (1949), S. 59–98

[79] Sheffer, H. M.: A Set of Five Independent Postulates for Boolean Algebras, with Application to Logical Constants. In: *Transactions of the American Mathematical Society* 14 (1913), S. 481–488

[80] Shockley, W.: The Theory of P-N Junctions in Semiconductors and P-N Junction Transistors. In: *Bell System Technical Journal* 3 (1949), Nr. 28, S. 435–489

[81] Siemers, C.: Prozessor-Technologie. In: *tecChannel Compact* 3 (2004), S. 153

[82] Siewiorek, D. P.; Bell, C. G.; Newell, A.: *Computer Structures: Principles and Examples*. Auckland: McGraw-Hill, 1984

[83] Smith, A. J.: Cache Memories. In: *ACM Computing Surveys* 14 (1982), September, Nr. 3, S. 473–530

[84] Smith, J. E.: Characterizing Computer Performance with a Single Number. In: *Communications of the ACM* 31 (1988), Nr. 10, S. 1202–1206

[85] SPEC: *SPEC Benchmark Suite Release 1.0*. Santa Clara, CA, October 2 2000

[86] Stern, N.: Who Invented the First Electronic Digital Computer? In: *Annals of the History of Computing* 2 (1980), October, Nr. 4, S. 375–376

[87] Tocher, K. D.: Techniques of Multiplication and Division for Automatic Binary Computers. In: *IRE Quaterly Journal of Mech. Applied Math.* 11 (1958), Juli – September, Nr. 11, S. 364–384

[88] Townsend, W. J.; E. E. Swartzlander, Jr.; Abraham, J. A.: A Comparison of Dadda and Wallace Multiplier Delays. In: *SPIE Advanced Signal Processing Algorithms, Architectures, and Implementations XIII* Bd. 5205. San Diego: SPIE Proceedings, August 2003, S. 552–560

[89] *Klausur Technische Informatik*. Universität Karlsruhe, Sommersemester 1991

[90] Veitch, E. W.: A Chart Method for Simplifying Truth Functions. In: *Proceedings of the Association of Computing Machinery* (1952)

[91] Wackerly, J.: *Microcomputer Architecture and Programming*. New York: John Wiley and Sons, 1989

[92] Wallace, C. S.: A Suggestion for a Fast Multiplier. In: *IEEE Transactions on Computers* 13 (1964), S. 14–17

[93] Weicker, R.: Dhrystone: A Synthetic Systems Programming Benchmark. In: *Communications of the ACM* 27 (1984), Nr. 10, S. 1013–1030

[94] Weicker, R.: Dhrystone Benchmark: Rationale for Version 2 and Measurement Rules. In: *ACM SIGPLAN Notices* 23 (1988), Nr. 8, S. 49–62

[95] Williams, M. R.: *A History of Computing Technology*. Los Alamitos, CA: IEEE Computer Society Press, 1997

[96] Zuse, K.: *Der Computer – Mein Lebenswerk*. Berlin, Heidelberg, New York: Springer-Verlag, 1993

Namensverzeichnis

A

Aiken, Howard, 19

B

Babbage, Charles, 15
Backus, John Warner, 356
Bardeen, John, 24
Bohr, Niels Henrik David, 34, 35
Boole, George, 90, 112
Brattain, Walter, 24
Brown, Robert, 38

C

Church, Alonzo, 363

D

Dadda, Luigi, 246
De Morgan, Augustus, 111, 112

E

Eckert, J. Presper, 20
Edison, Thomas, 20
Einstein, Albert, 35

F

Faggin, Federico, 27
Flynn, Michael J., 378
Ford, Henry, 388

G

Gauß, Carl Friedrich, 104, 223

Grove, Andrew, 27

H

Henry, Joseph, 17
Huntington, Edward Vermilye, 90

J

Jacquard, Joseph-Marie, 16

K

Karnaugh, Maurice, 187
Kepler, Johannes, 14
Kernighan, Brian, 63
Kilby, Jack, 24

L

Lilienfeld, Edgar, 24

M

Mauchly, John W., 21
McCluskey, Edward, 197
Moore, Gordon, 27, 32

N

Napier, John, 14
Newton, Isaac, 15
Nicely, Thomas, 74
Noyce, Robert, 27

O

Ockham, William of, 112

P

Patterson, David, 384
Peirce, Charles, 117

Q

Quine, Williard, 197

R

Ritchie, Dennis, 63
Rutherford, Sir Ernest, 34

S

Schickard, Wilhelm, 14
Sheffer, Henry Maurice, 117
Shockley, William, 23

T

Turing, Alan Mathison, 352, 363

V

Veitch, Edward W., 187
Von Neumann, John, 22

W

Wallace, Christopher S., 241
Watson, Thomas, Sr., 31

Z

Zuse, Konrad, 17

Sachwortverzeichnis

Symbole

2-Bit-Prädiktion, 393
2-aus-5-Code, 84
2421-Code, 83
7-Segment-Anzeige, 80, 135
74210-Code, 84, 85
8421-Code, 81

A

Abakus, 13, 415
Abgeleiteter Operator, 97
Abhängige Variable, 94
Absolute Adressierung, 381
Absoluter Sprung, 317
Absorptionsgesetz, 109
Addierer, 218, 415
    Carry-look-ahead-, **221**, 263
    Carry-ripple-, **220**, 263
    Carry-save-, 229
    Conditional-Sum-, 224
    Präfix-, 227
    serieller, 333
Additionssystem, 60, 415
Adressbus, 356, 360, 415
Adressdecoder, 320
Adresse, 254
Adressierung
    absolute, 381
    indirekte, 381
    postinkrementierende, 386
    relative, 381
    speicherindirekte, 382
Adressierungsart, 381, 415
Adressierungsgranularität, 318
Adressmodifikator, 347
Adressmultiplexing, 323
Adresspin, 323
Äquivalenz, 100

Äquivalenz-Operation, 99
Aiken-Code, 81, 83
Akkumulator, 305, 337, 415
Akzeptor, 40, 286, 415
Algorithmus
    Euklidischer, 375
Allgemeingültigkeit, 100
Allzweckregister, 415
Alphabet
    Ausgabe-, 286
    Eingabe-, 286
Alpha-Teilchen, 328, 334
Analytische Maschine, 16
Anstiegszeit, 170
Antivalenz-Operation, 99
Antivalenzfunktion, **125**, 157, 215
Arabisches System, 61
Architektur
    Big-Endian-, 68
    EM64T-, 380
    Harvard-, 20, **353**, 361
    IA-32-, 380
    IA-64-, 380
    Little-Endian-, 68
    Load-Store-, 385
    PowerPC-, 386
    Von-Neumann-, 352
    x86-, 379
Arithmetisch-logische Einheit, 251, 415
ASCC, 19
Assembler, 353, 415
Assembler-Sprache, 416
Assoziativer Cache, 396
Assoziativgesetz, 110
Asynchroner Zähler, 313, 330
Asynchrones RS-Latch, 267
Atom, 34
Auffangregister, 300, 416
Auflösungsgenauigkeit, 75, 77
Aufzugssteuerung, 343, 350

Ausdruck
    äquivalenter, 100
    allgemeingültiger, 100
    boolescher, 96
    erfüllbarer, 100
    tautologischer, 100
Ausführungsphase, 359
Ausgabealphabet, 286
Ausgabefunktion, 286
Ausgaberegister, 337
Ausgabeschaltnetz, 290
Ausgangslastfaktor, 155
Ausgangssignal, 140
Automat
    Akzeptor, 286
    endlicher, 286
    Mealy-, 288
    Moore-, 288
    Transduktor, 286
Axiome
    von Huntington, **90**
    von Robbins, 91

B

Back-end of line, 54
Backus-Naur-Form, 356
Bändermodell, 36
Bank, 324
Bank select, 326
Barrel-Shifter, **249**, 259, 416
Basis, 43, 61, 416
Basistechnologie, 140
    ECL, 141
    MOS, 141
    TTL, 140
Baumstruktur, 96
BCD-Code, **81**, 192, 259, 416
BDD, **125**, 158
Bedingter Sprung, 343, 363

Befehlsausführung
   spekulative, 392
Befehlsdecoder, 251
Befehlsholphase, 359
Befehlssatz, 352, 416
Benchmark, 402, 416
   Dhrystone-, 403
   Eispack-, 404
   Lapack-, 404
   Linpack-, 401, 404
   natürlicher, 403
   SPEC-, 404
   synthetischer, 403
   Whetstone-, 403
Benchmark-Kollektion, 402
Berechnungsmodell
   universelles, 352, 363
Bevorrechtigte Eingänge, 416
Bevorrechtigter Eingang, 281
Bidirektionaler Zähler, 308
Big-Endian, 416
Big-Endian-Architektur, 68
Bindungsenergie, 36, 416
Bindungslücke, 38
Bindungspriorität, 99
Binärcode, 416
Binärcodiertes Dezimalsystem, 80
Binäres Entscheidungsdiagramm, **125**, 158, 416
   geordnetes, 126
   reduziertes, 127
Binärsystem, 62, 416
Binärzähler, 308
Bipolartransistor, 416
Biquinär-Code, 84, 85
Bit, 67, 416
Blockbildung, 189
   inverse, 193
Blockmultiplikation, 338, 349, 417
Blue tape, 55
Bohr'sches Atommodell, 34
Boolesche Algebra, 90, 417
   Mengenalgebra, 91
   Schaltalgebra, 90, 93
Boolesche Differenz, 130
Boolesche Funktion, 94, 417
Boolesche Konstanten, 417
Boolescher Ausdruck, 96, 417

Branch prediction table, 393
Brown'sche Molekularbewegung, 38
Buffer, 170
Bug, 20
Bus, 417
Bus-Knoten, 355
Bus-Topologie, 355
Byte, 67, 417

C

Cache, 393
   assoziativer, 396
   -Block, 394
   -Controller, 393
   direkt abgebildeter, 394
   -Hit, 393, 395
   Level-n-, 394
   -Miss, 393, 395
   -Speicher, 417
   vollassoziativer, 409
Carry-Bit, 218, 358, 364
Carry-look-ahead-Addierer, **221**, 263, 417
Carry-ripple-Addierer, **220**, 263, 417
Carry-save-Addierer, 229, 417
Carry-save-Format, **229**, 238, 417
Carry-save-Multiplizierer, 238, 417
Cell delay, 170
Cell-Prozessor, 30
Central processing unit, 27, 352, **356**
Charakteristik, 75, 417
Charakteristische Funktion, 163, 418
Chipausbeute, 53
Chip select, 326
Church'sche These, 363
CISC, 405, 418
CISC-Prozessor, 380
Clock enable, 281
CMOS-Schaltung, 151, 282
CMOS-Technik, 418
Code, 418
   2-aus-5-, 84
   2421-, 83
   74210-, 84, 85
   8421-, 81
   Aiken-, 81, 83

BCD-, **81**, 192, 259
Biquinär-, 84, 85
einschrittiger, 83
Excess-3-, 81
fehlererkennender, 84
Glixon-, 88
Gray-, 81, **83**, 187, 288, 291
Hamming-, 329
m-aus-n-, 85
mehrschrittiger, 83
One-Hot-, 84, **85**, 368
progressiver, 83
reflektierter Biquinär-, 84, 85
Stibitz-, 81
Walking-, 85
Code-Distanz, 85
Column address strobe, 323
Compiler, 353
Conditional-Sum-Addierer, 224, 418
Core microarchitecture, 30
CPI-Wert, 401
CPU, 27, 352, **356**
Current window pointer, 406

D

D-Flipflop, 277
D-Latch, 272
Dadda-Tree-Multiplizierer, 246, 418
Data line, 320
Datenbus, 355, 418
Datenfluss, 356
   rückgekoppelter, 337
Datenregister, 365
Datenspeicher, 361
Datenwort, 336
Davio-Entwicklung
   negative, 130
   positive, 130
DCTL, 142
DDR-RAM, 326
De Morgan'sche Regel, 107, 111
   erweiterte, 134
Decode, 359, 388
Decoder, 212, 346
Decodierphase, 359
Defektdichte, 53

Defektelektron, 38
Definitorische Form, 418
Delay
    Cell, 170
    Net, 171
Demultiplexer, **211**, 257, 418
Dezimalsystem, 61, 418
    binärcodiertes, 80
Dhrystone-Benchmark, 403
Dicing, 55
Die, 55
Differenzenmaschine, 15
Differenzenmethode, 15
Digitaler Signalprozessor, 74, 251
Digitaltechnik, 140
DIMM, 321
DIN
    40900, 157
    66000, 97
Diode, 41, 418
Direkte Kommunikation, 354
Direkter Sprung, 363
Disjunktion, 93
Disjunktions-Matrix, 253
Disjunktive Minimalform, 418
Disjunktive Normalform, 119, 212, 419
Displacement, 382, 419
Distanz
    Code-, 85
    Hamming-, 85, 329
Distributivgesetz, 91
Division, 259
Don't-Care-Belegung, 192, 199, 419
Donator, 39
Doppelnegationsgesetz, 110
Dot diagram, 244
Dotierung, 39, 419
Double-precision-Format, 77
Drain, 47
DRAM, 27, 320, 419
DTL, 142
Duale Gleichung, 107
Dualer Operator, 108
Dualitätsprinzip, 105, 107, 419
Dynamische Sprungvorhersage, 393
Dynamischer Hazard, 419
Dynamischer Speicher, 320

E

E-Flipflop, 296
ECL-Technik, 141
Eigenleitung, 39
Ein-/Ausgabebaustein, 354
Einerkomplement, 70, 419
Eingabealphabet, 286
Eingaberegister, 337
Eingang
    bevorrechtigter, 281
    -ssignal, 140
    -slastfaktor, 155
Einkristall, 38
Einschrittiger Code, 83
Einsmenge, 120, 419
Einzelkernprozessor, 352
Eispack-Benchmark, 404
Electronic Design Automation, 171
Elektron
    Paarbildung, 38
    Rekombination, 38
Elektronenloch, 38
Elektronenmangelleiter, 40
Elektronenstrom, 39
Elektronenüberschussleiter, 39
Elementaroperatoren, 419
Eliminationsgesetz, 109
ELSI, 25
EM64T, 419
EM64T-Architektur, 380
Emitter, 43
Emitter-Basis-Strecke, 43
Emitter-Kollektor-Strecke, 43
Enable-Eingang, 213
Encoder, 346
Endlicher Automat, 286, 419
Endlosschleife, 368
ENIAC, 20
Entscheidungsdiagramm, 419
    Binäres, **125**, 158
    funktionales, **130**, 159
Entwicklungssatz
    von Shannon, 127
Erfüllbarkeit, 100
Erholzeit, 323
ESI, 386

Espresso, 199
Euklidischer Algorithmus, 375
Excess-3-Code, 81
Execute, 359, 388
Exponent, 74, 420
Extended-precision-Format, 79
Extra-large-scale integration, 25

F

Fallzeit, 170
Fan-In, 155
Fan-Out, 155
FDD, **130**, 159
FDIV-Bug, 74
Feedback loop, 282
Fehlererkennender Code, 84, 420
Fehlererkennung, 327
Fehlerkorrektur, 327
Fehlerkorrigierender Code, 420
Feldeffekttransistor, 47, 420
Ferritkernspeicher, 24
Festkommaformat, 18, 73, 420
Festwertspeicher, 254
FET, 47
Fetch, 359, 388
Finalzustand, 286
Flächenbedarf, 184
Flanke, 170
Flankensteuerung, 274
    negative, 275
    positive, 275
Flaschenhals
    Von-Neumann-, 356
Fließbandprinzip, 388
Fließkommazahl, 74
Flip-Chip-Verfahren, 56, 425
Flipflop, 274, 420
    D-, 277
    E-, 296
    JK-, 279
    Master-, 276
    RS-, 276
    Slave-, 276
    T-, 278
Floating state, 145
Flynn-Taxonomie, 378, 420

Folgeadresse, 347
Formelsynthese, 161, 420
　　definitorische, 164
　　funktionale, 161
　　relationale, 163
Freie Variable, 94
Frequenzteiler, 310
Front-end of line, 53
Funktion
　　charakteristische, 163
　　partielle, 190
Funktionales Entscheidungsdiagramm, **130**, 159, 420
Funktionseinheit, 337
Funktions-Hazard, 174, 421
Funktionstabelle, 94

G

Gate, 47
Gatter, 156, 421
Gatternetzliste, 157
Gauß'sche Summenformel, 104, 223
Gesetz von Moore, 32
ggT, 375
Gibi, 64
Giga-scale integration, 25
Gleichheitstest, 69
Gleichung
　　duale, 107
Gleitkommadivision, 74
Gleitkommaformat, 18, 74, 421
Glixon-Code, 88
GPU, 74, 407
Grafikprozessor, 74, 407
Grammatik, 96
Gray-Code, 81, **83**, 187, 288, 291
GSI, 25

H

Halbaddierer, 218, 421
Halbleiter, 34, 421
　　dotierter, 39
　　reiner, 37
Hamming-Code, 329
Hamming-Distanz, 85, 329, 421

Hamming-Würfel, 85
Handshaking, 325
Handshaking-Protokoll, 349
Hardware-Schaltung, 140
　　Hazard-freie, 194
　　Stromverbrauch, 174, 184
　　Zeitverhalten, 169
Hardware-Schleife, 382
Harvard-Architektur, 20, **353**, 361, 421
Harvard Mark I, 19
Hazard, 171, 194, 421
　　-frei, 194
　　dynamischer, 172
　　funktionaler, 174
　　Logik-, 194
　　logischer, 172
　　Pipeline-, 391
　　statischer, 171
Hexadezimalsystem, 63, 421
High-Pegel, 142
High-Pegelbereich, 142
Hilfsregister, 357
Hitzesensor, 384
Hochintegration, 140
Huffman-Normalform, 290, 421
Huntington'sche Axiome, **90**, 421

I

I/O, 354
IA-32-Architektur, 380, 422
IA-64-Architektur, 380, 422
Idempotenzgesetz, 109
IEEE 754, 422
IEEE-754, 77
Implikationsoperator, 99, 118
Indirekte Adressierung, 381
Indirekte Kommunikation, 355
Individualisierung, 253
Induktion
　　strukturelle, 102
　　vollständige, 102
Ingot, 51, 422
Initialzustand, 286
Inkrementierer, 232, 422
Input/Output, 354
Instabiler Zustand, 269

Instruktionsarchitektur, 379, 422
　　CISC-, 380
　　RISC-, 384
Instruktionsdecoder, 356, **368**, 376, 422
Instruktionsregister, 365
Instruktionszähler, 316, **358**, 365, 422
Integrationsdichte, **57**, 58, 422
Integrierter Schaltkreis, 26
Intel, 27
Interleaving, 324
Interrupt, 328
Intervallgrenze, 75
Inverses Element, 91
Inversionszone, 49
Ion, 35
IPC-Wert, 401

J

JFET, 47
JK-Flipflop, 279

K

Kanallänge, **57**, 58, 422
Karnaugh-Veitch-Diagramm, 186, 422
Kerbensystem, 60, 422
kgV, 375
Kibi, 64
Koeffizienten-Matrix, 235
Kofaktor, 422
　　negativer, 128
　　positiver, 128
Kollektor, 43
Kombinatorische Schaltung, 157
Kommunikation
　　direkte, 354
　　indirekte, 355
Kommutativgesetz, 91
Komparator, 213, 259, 422
Komplexgatter, 175
Komplexitätsanalyse, 167
Kondensator, 320, 327
Konjunktion, 93
Konjunktions-Matrix, 253
Konjunktive Minimalform, 423
Konjunktive Normalform, 119, 423

Konklusion, 99
Konsistenzfunktion, 164
Kontrollbus, 356
Kontrollfluss, 356
Korrektur-Tetrade, 82
Kostenfunktion, 184, 423
Kreuzprodukt, 407
Kristallgitter, 37
KV-Diagramm, 186
    dreidimensionales, 196

L

Label, 348
Ladung, 320, 327
Lapack-Benchmark, 404
Large-scale integration, 25
Lastfaktor, 155
Latch, 274, 423
    D-, 272
    RS-, asynchrones, 267
    RS-, synchrones, 272
Laufzeit, 184
Layer, 54
Leckstrom, 151, 321
Leistungsbewertung, 399
Leitungsband, 36
Leitungselektron, 36
Level-n-Cache, 394
Linpack-Benchmark, 401, 404
Literal, 119, 423
Little-Endian, 423
Little-Endian-Architektur, 68
Load-Store-Architektur, 385, 423
Löcherstrom, 39
Lochkarte, 16
Lochstreifen, 18
Logik
    -ebene, 156
    -gatter, 156
    -polarität, 144
    -zelle, 156
    negative, 143
    positive, 143
Logik-Hazard, 172, 194, 423
Logikpolarität, 423
Low-Pegel, 142

Low-Pegelbereich, 142
LSI, 25

M

m-aus-n-Code, 85
Mainframe, 25
Majoritätsträger, 40
Makro, 368
Manchester Mark 1, 23
Mantisse, 73, 423
Maschinenbefehl, 423
Master-Flipflop, 276
Master-Slave-Flipflop, 276, 423
Matrix
    Disjunktions-, 253
    Koeffizienten-, 235
    Konjunktions-, 253
Matrixmultiplizierer, 235, 261, 423
Maxterm, **119**, 424
Mealy-Automat, 288, 424
Mebi, 64
Medium-scale integration, 25
Mehrkernprozessorsystem, 352
Mehrphasentaktgeber, 365, 376
Mehrschrittiger Code, 83
Mengenalgebra, 91
MFLOPS, 401
Micromosaic, 25
Mikroprogramm, 347, 384
Mikroprogrammierung, 18, 343, 424
Mikroprozessor, 27, 352, **356**, 424
Mikrorechner, 352
MIMD, 378
Minicomputer, 26
Minimierung, 424
    grafische, 186
    mehrstelliger Funktionen, 196
    partieller Funktionen, 190, 199
    tabellarische, 197
Minimierungsziel, 182
Minoritätsträger, 40
Minterm, **119**, 212, 253, 424
MIPS, 401
Mischzähler, 314
MISD, 378
Mnemonic, 424

Mode
    Nibble, 324
    Page, 324
Modell
    funktionales, 156
Modellprozessor, 360
Modulo-Operation, 375
Moore's law, 32
Moore'sches Gesetz, 32, 424
Moore-Automat, 288, 424
MOS-Schaltung, 145
MOS-Technik, 141, 424
MOSFET, 424
    n-Kanal-, 145
    p-Kanal-, 145
MSI, 25
Multiple Instruction
    Multiple Data, 378
    Single Data, 378
Multiplexer, **207**, 256, 337, 424
Multiplexing, 28
Multiplikation, 259, 367
Multiplizierer, 234, 424
    Carry-save-, 238
    Dadda-Tree-, 246
    Matrix-, 235, 261
    Wallace-Tree-, 241
Multiprozessorsystem, 352, 395, 398
MWIPS, 403

N

n-Kanal, 49
n-Kanal-JFET, 47
n-Leiter, 40
Nachkommanormalisierung, 76
NaN, 79
NAND-Funktion, 99
Napierstäbchen, 14
Negation, 93, 252
Negationskreis, 157
Negationstheorem, 106
Negative Logik, 143, 424
Negative-Bit, 364
Negative-Flag, 358
Net delay, 171
Netzliste, 157

Neunerkomplement, 82, 85
Neutrales Element, 91
Nibble mode, 324
NMOS-Schaltung, 148
NMOS-Technik, 425
NOR-Funktion, 99
NOR-Gatter, 268
Normalform, 102, 425
    disjunktive, 119, 212
    konjunktive, 119
    Reed-Muller-, 122
Normalisierung, 425
    Nachkomma-, 76
    Vorkomma-, 76
Normalisierungsregel, 76
Not a number, 79
NP-hart, 199
Nullmenge, 120, 425

O

ODER-Matrix, 376
ODER-Verknüpfung, 93
OFDD, **130**, 159
Offsetzähler, 308
O-Kalkül, 167, 425
Oktalsystem, 62, 425
One-Hot-Code, 84, **85**, 368, 425
Opcode, 19
Opcode-Feld, 387
Operationswerk, 338, 425
Operationswerksynthese, 338
Operator
    abgeleiteter, 97
    dualer, 108
Operatorensystem
    vollständiges, 97, 117

P

p-Kanal-JFET, 47
p-Leiter, 40
p-Wanne, 53
Packaging, 55, 425
Page, 322
Page miss, 397
Page mode, 324

Parallele Präfix-Funktion, 216
Parallelmultiplizierer, 425
Paritätsbit, 125, 328
Paritätscode, 125
Paritätsfunktion, **125**, 157, 215
Partialprodukt, 234, 239
Partielle Funktion, 425
Patriot-Abwehrsystem, 66
Peirce-Funktion, 99
Performance rating, 401
Pipeline, 18, **388**, 426
    -Hazard, 391
    flush, 393
    Superpipelining, **390**, 408
Pipeline-Hazard, 425
Pixel-Shader, 407
PLA, 253
Planartechnik, 50, 52, 426
PLD, 253
PMOS-Schaltung, 145
PMOS-Technik, 426
pn-Übergang, 41, 426
Polaritätsindikator, 144
Positive Logik, 143, 426
Postinkrement, 381
Postinkrement-Adressierung, 386
PowerPC-Architektur, 386
Prädikatenlogik, 165
Prädiktion
    2-Bit-, 393
Präfix-Addierer, 227, 426
Präfix-Funktion
    parallele, 216
Präfix-Logik, 215, 426
Präfix-Schreibweise, 63
Prämisse, 99
Primblock, 190
Primimplikant, 190
Primimplikantentafel, 198
Program counter, 358
Programmable logic array, 253
Programmable logic device, 253
Programmierbare Logik, 253, 258, 426
Programmspeicher, 361
Programmsteuerung, 352
Programmzähler, 316
Progressiver Code, 83
Protected mode, 29

Prüfbit, 329
Pseudo-Tetrade, 81
Puffer, 170
Punktdiagramm, 243

Q

Quantor, 426
    boolescher, 165
Quine-McCluskey-Verfahren, 197, 426
Quine'sche Tabelle, 197

R

Radioaktive Strahlung, 328
Radix-4-SRT-Division, 74
RAM, 318, 426
Random access memory, 318
Range gate, 66
Rank, 326
Rationale Zahl, 63
Raumladungszone, 41
Read-only memory, 254
Read-Signal, 319
Rechenregel, 102
    abgeleitete, 109
Rechenwerk, 356, 426
Rechner, 352
Rechnerklassifikation
    nach Flynn, 378
    nach Instruktionsarchitektur, 379
Rechteckschwingung, 271
Reduktionszelle
    Carry-save-, 230, 239
Reed-Muller-Normalform, 122, 426
Reflektierter Biquinär-Code, 84, 85
Refresh-Logik, 327
    erweiterte, 329
Regel
    von De Morgan, 107, 111
Register, 300, 337, 427
    Akkumulator-, 305
    Auffang-, 300
    Ausgabe-, 337
    Daten-, 365
    Eingabe-, 337
    Hilfs-, 357

Instruktions-, 365
Schiebe-, 302
Stapel-, 358
Status-, 358, 363
Umlauf-, 303
Universal-, **304**, 357
Register-Transfer-Ebene, 336, 427
Register-Transfer-Entwurf, 427
Registerbreite, 300, 360
Registerfenster, 406
Registersatz, 356
Rekonfigurierbarer Speicher, 384
Rekonvergenz, 161, 172, 427
Relais, 17
Relative Adressierung, 381
Relativer Sprung, 317, 363
Reset, 281, 331, 350, 427
Resistor, 43
Resistor-Transistor-Logik, 142
Ringzähler, 303
RISC, 405, 427
RISC-Prozessor, 384
Robbins-Algebra, 91
ROBDD, **125**, 158
Röhre, 22
ROM, 254, 427
Römische Zahlen, 60, 427
Row address strobe, 323
RS-Flipflop, 276
RS-Latch
  asynchrones, 267
  synchrones, 272
RTL, 142
Rückkopplungsschleife, 282
Rücksprungadresse, 358
Rückwärtszähler, 308
Rundungsfehler, 67

S

Schalenmodell, 34
Schaltalgebra, 90, 93, 427
Schaltfunktion, 94
Schaltkreis, 427
  integrierter, 26
Schaltkreisfamilie, 140, 427
Schaltnetz, 157, 427

Ausgabe-, 290
Hazard-freies, 194
Übergangs-, 289
zweistufiges, 158
Schaltung
  kombinatorische, 157
  sequenzielle, 266
Schaltungssynthese, 156, 428
  BDD-basierte, 158
  FDD-basierte, 159
  zweistufige, 157
Schaltwerk, 266, 428
Schaltwerksynthese, 285, **289**
Schickard'sche Rechenuhr, 14
Schiebeoperation, 234
Schieberegister, 302, 428
  rotierendes, 250
Schrankensteuerung, 350
Schrittlänge, 308
Schrittzählung, 317
Schwebezustand, 145
Scrubbing, 329
SDR-RAM, 326
SDRAM, 325
Seite, 322
Sequencer, 365, 428
Sequenzielle Schaltung, 266
Sequenzielles Element, 266
Shader, 407
Shannon'scher Entwicklungssatz, 127, 428
Sheffer-Funktion, 99
Sheffer-Stroke, 117
Signal
  Ausgangs-, 140
  Eingangs-, 140
Signalausbreitung, 169
Signalflanke, 170
Signalpfad, 336
Signalverzögerung, 169
SIMD, 378, 407
SIMM, 321
Single cristal, 38
Single Instruction
  Multiple Data, 378
  Single Data, 378
Single-precision-Format, 77
SISD, 378

Slave-Flipflop, 276
SLSI, 25
Small-scale integration, 25
Soft error, 328
Soroban, 13
Source, 47
SPARC-Prozessor, 406
SPEC-Benchmark, 404
SpeedStep-Technologie, 384
Speicher, **318**, 428
  Cache-, 393
  Daten-, 361
  DDR-, 326
  dynamischer, 320
  Programm-, 361
  rekonfigurierbarer, 384
  SD-, 325
  SDR-, 326
  statischer, 318
  virtueller, 397
Speicherbank, 324
Speicherchip, 321
Speicherelement, **266**, 428
  asynchrones, 267
  D-Flipflop, 277
  D-Latch, 272
  einflankengesteuertes, 275
  flankengesteuertes, 274
  JK-Flipflop, 279
  RS-Flipflop, 276
  RS-Latch
    asynchrones, 267
    synchrones, 272
  T-Flipflop, 278
  taktzustandsgesteuertes, 271
  zweiflankengesteuertes, 275
Speicherhierarchie, 394, 428
Speicherindirekte Adressierung, 382
Speichermatrix, 322
Speicherordnung, 68, 428
Speicherphase, 359
Speicherschleife, 282
Speicherseite, 322
Speicherzeit, 169
Spekulative Befehlsausführung, 392
Spin-Coating-Verfahren, 52
Sprung
  absoluter, 317

bedingter, 343, 363
direkter, 363
relativer, 317, 363
unbedingter, 363
Sprungbedingung, 347
Sprungbefehl, 358, 367
Sprungvorhersage, 393, 428
dynamische, 393
SRAM, 318, 428
SRT-Division, 74
SSI, 25
Stabiler Zustand, 269
Stack, 358
Stapel, 358
Stapelregister, 428
Startzustand, 286
Statischer Hazard, 428
Statischer Speicher, 318
Statusbit, 429
Statusregister, 358, 363, 429
Statusvariable, 338
Stellensystem, 61
Stellenwertsystem, 61, 429
Stelligkeit, 94
Stellvariable, 338
Steuerbus, 429
Steuerflussabhängigkeit, 392, 408, 429
Steuerlogik, 337
Steuersignal, 354
Steuervariable, 338, 347
Steuerwerk, 338, 356, 429
-synthese, 340
adressmodifizierendes, 346
fest verdrahtetes, 343, 349
mikroprogrammiertes, 343, 349
Stibitz-Code, 81
Strahlung
radioaktive, 328
Strichsystem, 60
Stromverbrauch, 174, 184
Strukturbreite, 57, 429
Strukturelle Induktion, 102, 429
Stschoty, 13
Störimpuls, 171, 194
Suan pan, 13
Subtrahierer, 233, 429
Subtraktionsregel, 60
Suffix-Notation, 63

Summenbit, 219
Super-large-scale integration, 25
Supercomputer, 404
Superpipelining, **390**, 408, 429
Superskalartechnik, **391**, 408, 429
Swizzle-Maske, 407
Synchroner Zähler, 309, 331
Synchrones RS-Latch, 272
Synergistic Processing Unit, 30
Synthese
Operationswerk-, 338
Schaltwerk-, 285
Steuerwerk-, 340
System/360, 25

T

T-Flipflop, 278
T-Glied, 154
Takt, 372, 429
differenzieller, 326
Taktflankensteuerung, 274
Taktfrequenz, 271, 399
Taktgeber
Mehrphasen-, 376
Taktsignal, 271
Taktzustandssteuerung, 271
Tautologie, 100, 429
Taxonomie
nach Flynn, 378
nach Instruktionsarchitektur, 379
Teile-und-herrsche, 224
Terminal, 27
Tetrade, 81
Tetraden-Code, 80
Timing closure, 171
Top-500-Liste, 404
Transduktor, 286, 430
Transistor, 23, 42, 156, 320, 430
Transistorebene, 156
Transition, 269
Transmissionsglied, 154
Triode, 22
Trägermenge, 91
TTL-Technik, 140
Turing-Maschine, 363

U

Überdeckung
minimale, 198
Übergangsschaltnetz, 289
Übergangstabelle, 273, 430
Überhitzungsschutz, 384
Übertragsadditionsregel, 70
Übertragsbit, 218
Rekursionsschema, 221
Übertragslogik, 314
ULSI, 25
Ultra-large-scale integration, 25
Umladestrom, 151, 174
Umlaufregister, 303, 330
Unbedingter Sprung, 363
UND-Verknüpfung, 93
Universalregister, **304**, 357, 430
Universelles Berechnungsmodell, 352, 363
Unterprogrammaufruf, 358, 406

V

Vakuumröhre, 22
Valenzband, 37
Valenzelektron, 36
Variable
abhängige, 94
freie, 94
Status-, 338
Stell-, 338
Steuer-, 338, 347
Variablenbelegung
benachbarte, 186
inkonsistente, 164
konsistente, 164
Vektorrechner, 378
Venn-Diagramm, 92
Verdrängungsstrategie, 397
Verlustleistung, 151
Vertex-Shader, 407
Very-large-scale integration, 25
Verzögerung
RAS/CAS, 323
Verzögerungsglied, 271
Verzögerungslogik, 392

Verzögerungszeit, 169
Virtueller Speicher, 397, 430
VLIW-Prozessor, 391
VLSI, 25
Volladdierer, 218, 430
Vollassoziativer Cache, 409
Vollständige Induktion, 102, 430
Vollständiges Operatorensystem, 97, 117, 430
Von-Neumann-Architektur, 23, 352, 430
Von-Neumann-Flaschenhals, 356, 430
Von-Neumann-Rechner, 430
Vorkommanormalisierung, 76, 78
Vorwärtszähler, 308
Vorzeichenbitdarstellung, 69, 234, 431

W

Wafer, 51, 53, 431
Wahrheitstabelle, 94, 431
Wahrheitstafel, 94
Walking-Code, 85
Wallace-Tree-Multiplizierer, 241, 431
Wärmeentwicklung, 151
Wartezyklus, 392, 408, 431
Whetstone-Benchmark, 403
Widerstand
    spezifischer, 37
Wire-Bond-Verfahren, 56
Wiring layer, 54
Word line, 320
Write, 388
Write back, 359
Write enable, 371

Write-In-Strategie, 398
Write-Through-Strategie, 397

X

x86-Architektur, 379, 431
XLSI, 25
XOR-Verknüpfung, 99

Z

Z3, 17
Zahlencode, 80
Zahlendarstellung
    explizite, 77
    gepackte, 77
    implizite, 77
    ungepackte, 77
Zahlenformat, 431
    äquidistantes, 74
    Auflösungsgenauigkeit, 75
    Festkommadarstellung, 73
    Gleitkommadarstellung, 74
    rechnerinternes, 67
Zahlensystem, 60, 431
    b-adisches, 62
    binäres, 62
    eineindeutiges, 69
    hexadezimales, 63
    oktales, 62
    redundantes, 69
    symmetrisches, 69
    unäres, 60
Zähler, 308, 431
    asynchroner, 313, 330
    bidirektionaler, 308
    Binär-, 308
    gemischter, 314
    Instruktions-, 316, **358**, 365
    Offset-, 308
    synchroner, 309, 331
Zeitdiagramm, 268, 431
Zeitverhalten, 169
Zellbibliotheken, 185
Zelle, 156
Zentraleinheit, 352
Zero-Bit, 358, 364
Ziffer, 60
Zugriffszeit
    CAS-, 323
    RAS-, 323
Zustand
    -smenge, 286
    -ssteuerung
        negative, 274
        positive, 274
    -svariable, 267
    -svektor, 285
    -sübergang, 269
    -sübergangsfunktion, 286
    -sübergangsgraph, 269
    instabiler, 269, 294
    stabiler, 269, 294
Zustandsvariable, 431
Zweierkomplement, **71**, 233, 252, 431
Zweistufiges Schaltnetz, 431
Zwischenglied, 140
Zykluszeit, 323
Zählrichtung, 308

HANSER

Grundlagen verständlich erklärt

Dirk Hoffmann
Theoretische Informatik
3., aktualisierte Auflage
432 Seiten. Zweifarbig
€ 39,99. ISBN 978-3-446-44446-1

Auch einzeln als E-Book erhältlich
€ 31,99. E-Book-ISBN 978-3-446-44530-7

Das Buch führt umfassend in das Gebiet der theoretischen Informatik ein und behandelt den Stoffumfang, der für das Bachelor-Studium an Universitäten und Hochschulen in den Fächern Informatik und Informationstechnik benötigt wird. Die Darstellung und das didaktische Konzept verfolgen das Ziel, einen durchweg praxisnahen Zugang zu den mitunter sehr theoretisch geprägten Themen zu schaffen. Theoretische Informatik muss nicht trocken sein. Sie kann Spaß machen und genau dies versucht das Buch zu vermitteln. Die verschiedenen Methoden und Verfahren werden anhand konkreter Beispiele eingeführt und durch zahlreiche Querverbindungen wird gezeigt, wie die fundamentalen Ergebnisse der theoretischen Informatik die moderne Informationstechnologie prägen.

Mehr Informationen finden Sie unter **www.hanser-fachbuch.de**